제9전정판

이 책에서는 현대 투자이론을 소개하는 데 그치지 않고, 최근 금융시장에서 일어나고 있는 여러 가지 변화 속에서 현대 투자이론을 어떻게 응용할 수 있는지에 대해 이해하기 쉽게 설명하고 있다.

INVESTMENTS

투자론

지청 · 조담

학현사

PREFACE

제9전정판 머리말

저자들은 교과서가 이론에 치우쳐 현실을 제대로 반영하지 못하는 닫혀 있는 지식이어서는 안 된다고 생각해 왔다. 그런 생각 때문에 우리나라의 금융현실을 충실하게 반영하는 교과서를 만들고자 꾸준히 노력해왔고, 다행스럽게 많은 분들께서 호응을 보내주셔서 이제 제9전정판을 내기까지 이르렀다.

제9전정판도 저자들의 이런 의식과 노력을 담고 있다. 제9전정판에서는 일일이 열거하기 어려울 정도로 많은 부분이 추가 또는 수정되었다. 가장 중요한 것은 자본시장법 시행과 2008년 세계금융위기로 달라진 우리나라 자본시장의 현실을 폭넓게 반영하고자 하였다는 점이다. 자본시장법에서 도입 또는 정비된 제도를 반영하여 용어를 다시 정리하고 헤지펀드 등 새로운 제도에 관한 설명도 추가하였다. 또 2008년 세계금융위기의 시발점이 된 신용파생상품에 대해서도 그 구조와 위험을 알기 쉽게 정리하였다.

제9전정판에서는 내용뿐만 아니라 체제에 있어서도 상당한 변화를 주었다. 파생상품(선물과 옵션)을 채권에 관한 설명의 뒤에 배치함으로써 두 부분 사이의 연관성을 높게 하였다. 이전 판에 있었던 국제분산투자에 관한 내용을 해체하여 적절한 부분에 재배치하였다. 또 이전 판의 보론 부분은 강의실에서 다루기 곤란한 고급이론을 소개하고자 했던 것이었으나, 독자들의 관심을 끌지 못했기 때문에 이 책에서는 삭제하고 그 대신 이 부분을 저자의 홈페이지에 다시 정리하여 올려놓고자 한다.

이 책의 독자들께서는 반드시 http://myweb.jnu.ac.kr/~damcho를 방문하여 주시기 바란다. 이 홈페이지의 [제9전정판 투자론] 부분에는 이 책과 관련된 정오표, 연습문제 해답, 예시자료 파일 등이 올려져 있다.

2015년 1월

저자들 드림

PREFACE

제8전정판 머리말

이 책의 초판은 1981년에 출간되었다. 벌써 27년의 세월이 지났고 8번에 걸쳐 전면 개정을 거듭해 왔다. 결코 짧다고 할 수 없는 27년 동안, 이 책은 투자이론과 실무적 지식을 대학과 증권업계에 전달하는 데 선도적인 역할을 다하고자 노력해 왔고, 나름대로 큰 성과를 거두었다고 자부한다. 이 모든 것이 독자들의 격려 덕분이다.

이번 전정8판에서는 지난 수년간 나타난 자본시장의 두 가지 큰 변화를 반영하고 있다. 투자행동의 측면에서 나타난 큰 변화는 간접투자가 자산관리의 큰 흐름으로 자리잡게 되었다는 점이다. 이것은 포트폴리오이론, 특히 분산투자와 위험관리의 중요성을 강조하는 현상으로서, 이 책이 초판 이래 일관성 있게 지켜왔던 집필방향과 부합하는 것이다. 전정8판에서는 이런 흐름을 반영하여 위험의 측정기법을 보다 상세하게 설명하였다.

제도적인 측면에서 볼 때, 자본시장의 중요한 변화로서 자본시장통합법의 제정을 간과할 수 없다. 이 법은 새로운 금융자산의 자유로운 설계와 판매가 가능하도록 제정된 것이다. 이번 전정8판에서는 위험중립 가격결정이론을 비교적 상세하게 소개하고 있다. 이것은 독자들이 새로운 금융자산을 이해하고 설계하는 데 큰 도움을 주게 될 것이다.

또 전정8판에서 강조하고 있는 것은 채권가격의 평가에 관한 부분이다. 그 동안 교과서들이 우리나라 채권시장의 실무 관행을 제대로 반영하지 못하고 있다는 문제가 지적되어 왔다. 이 책에서는 실무 관행을 가능한 한 충실하게 반영하여 채권의 중요한 개념들을 다시 정리하였다.

위에서 언급한 것들 이외에도 이 책의 거의 모든 부분을 다시 정리하였다. 잘못된 설명과 예시들을 바로잡고 여러 가지 새로운 내용들을 보완하였다. 예를 들어, 요인모형을 이용한 포트폴리오선택, 행태론적 투자이론, 현물이자율 도출방법 등이 그런 것들이다.

이 책의 독자들께서는 반드시 http://altair.chonnam.ac.kr/~damcho를 방문하여 주시기 바란다. 이 홈페이지의 [전정8판 투자론] 부분에 정오표, 연습문제 해답, 예시자료 파일 등이 게시되어 있다.

2008년 2월

저자 드림

PREFACE

제7전정판 머리말

1997년 외환위기 이후 우리나라 증권시장은 다양한 측면에서 매우 발빠르게 변모하고 있다. 큰 틀의 제도적 변화와 함께 다양한 형태의 금융상품이 도입되었고, 이에 대응하여 투자자들의 포트폴리오관리도 한층 세련되어지고 있다. 코스닥, 선물거래소 및 다양한 장외시장이 활발하게 운영되고 있고, 소수종목의 주식투자에 머물던 다수의 개인투자자들이 다양한 형태의 파생상품에 투자하게 되었으며, 증권 및 외환 딜러와 증권분석 전문가가 인기직업의 높은 순위에 올라 있기도 하다.

이러한 외형적 변화보다 더 중요한 변화는 증권시장 내부에서 일어나고 있는 질적 변화이다. 먼저 지적하여야 할 질적 변화는 시장이자율이 국고채기준으로 5%대로 하락하였다는 점이다. 이러한 저금리 추세는 우리 경제에서 초유의 사태로서, 투자자들의 포트폴리오관리뿐만 아니라 모든 경제주체의 저축과 소비 및 투자 패턴에 대해 심대한 영향을 미치게 되리라는 것은 너무나도 분명하다.

또 다른 중요한 질적 변화는 주가변동성이 크게 증가하였다는 사실이다. 주가변동의 자료들은 1997년 외환위기 이후 주가변동성이 그 이전보다 2.5배 이상의 수준으로 증가하였다는 것을 보여주고 있다. 이것은 위험감소를 위한 분산투자나 헤징이 매우 중요한 의미를 갖게 되었다는 것을 의미한다.

제7전정판에서는 전판의 전체적 틀을 유지하면서, 위에서 언급한 최근의 제도적 · 질적 변화를 구체적 내용에 반영하고자 노력하였다. 저금리 추세에 맞추어 자산배분과 포트폴리오선택의 모든 설명과 예시를 고쳤다. 또 주가변동성이 증가할 때 중요시되는 위험관리의 대표적 기법인 VaR를 추가하여 설명하였고, 주가하락의 위험에 대처하기 위한 포트폴리오보험을 더 구체적으로 설명하였다. 그밖에, 새로이 도입된 금융상품과 최근 중요시되는 투자기법들을 해당되는 부분에서 보다 체계적으로 설명하고자 하였다. 새로운 전정판이 나올 때까지 많은 독자들이 보내주신 격려와 질책을 잊을 수 없다. 증권투자의 이론과 실무를 이끌어 가는 충실한 책을 위해 꾸준히 노력하는 것으로 감사의 뜻을 나타내고자 한다. 앞으로도 더 큰 격려와 질책을 바란다.

2003년 6월 저자들 올림

e-mail주소 : 지청 jeechung@korea.ac.kr / 조담 damcho@chonnam.ac.kr

PREFACE

제6전정판 머리말

최근 우리나라가 외환위기와 금융위기를 맞고 이를 극복하여 나가는 과정에서 경제 전반에 걸쳐 혁명에 가까운 변화들이 일어나고 있다. 그리고 이 변화의 핵심에는 금융시장의 개혁 또는 혁신이 자리잡고 있다.

그동안 不死의 神話를 자랑하던 대기업은 물론 여러 개의 시중은행들과 다른 금융기관들이 문을 닫거나 합병되어야 했다. 투자자들은 기업경영의 투명성과 소액주주의 권리 보호를 적극적으로 요구하게 되었다. 증권투자의 여러 가지 제한이 완화 또는 철폐되고 새로운 형태의 금융자산이 출현하게 되었다. 또한 우리나라에서도 주가지수뿐만 아니라 달러, 금, CD 등을 대상으로 하는 선물과 옵션이 거래되게 되었으며, 새로운 형태의 간접투자 방식인 뮤추얼 펀드가 투자자들의 많은 관심을 끌게 되었다.

이러한 변화 중에서 가장 중요한 것은 포트폴리오선택에 대한 투자자들의 태도가 크게 달라지고 있다는 사실이다. 즉, 투자자들은 금융자산의 수익과 위험을 보다 민감하게 인식하고, 효율적인 포트폴리오를 구성하기 위하여 보다 능동적인 태도를 취하게 되었다. 이런 변화는 우리나라에서도 포트폴리오선택이나 차익거래 또는 효율적 시장의 이론이 현실의 금융시장을 이해하는 데 필수적 수단으로 되었다는 것을 의미한다.

이 책은 투자이론과 실무를 체계적으로 설명하기 위해 집필한 대학교재이다. 이 책에서는 단순히 현대 투자이론을 소개하는 데 그치지 않고, 금융시장에서의 최근의 변화 속에서 현대 투자이론을 어떻게 응용할 수 있는지에 대하여 가능한 한 이해하기 쉽게 설명하고자 노력하였다. 따라서 이 책에서는 자산배분과 자본시장 효율성의 현실적 의미를 크게 강조하여 설명하였으며, 채권투자와 선물 및 옵션의 이용에 대하여 많은 내용을 담도록 노력하였다.

증권투자는 매우 역동적인 세계이다. 금융환경은 끊임없이 변하고 있고 투자자들은 새로운 투자기법을 지속적으로 만들어내고 있다. 따라서 현재의 이 책이 저자들에게조차 늘 불만족할 수밖에 없을 것이다. 저자들은 현실의 변화를 이해하고 새로운 기법을 보완하기 위해 끊임없이 노력하여 이 책의 내용을 채워가는 수밖에 없다고 생각한다. 많은 분들의 성원과 가르침을 바랄 따름이다.

1999년 7월 10일

저자들 올림

CONTENTS

차 례

제1부 증권과 증권투자

제1장 | 증권, 증권시장 및 증권투자

제2장 | 투자목표와 투자전략

제5장 | 자산배분

제6장 | 효율적 분산투자와 최적위험포트폴리오

제3부 자산가격결정의 이론과 실제

제7장 | 자본자산 가격결정모형

제4부 채권의 가치평가와 투자관리

제10장 | 채권의 가격과 수익률

제13장 | 옵션의 가치평가와 이용

제6부 증권분석과 포트폴리오관리

제14장 | 주식의 기본적 분석과 내재가치

제1부 증권과 증권투자

I N V E S T M E N T

I N V E S T M E N T

제1장 | 증권, 증권시장 및 증권투자

1.1 증권의 정의와 종류

1.1.1 증권의 정의

(1) 실물자산과 금융자산

실물자산(實物資産, real assets)은 재화와 서비스를 생산하는 데 사용되는 유형 · 무형의 자산을 의미한다. 예를 들어, 재화와 용역을 생산하는 데 이용되는 유형자산으로서 토지, 건물, 공장, 기계장치, 비품, 원재료 등을 들 수 있고, 재화와 용역의 생산에 이용되는 무형자산으로서 노하우, 기술, 특허권, 평판, 숙련도 등을 들 수 있다. 한 사회가 더 많은 소득을 얻기 위해서는 양질의 실물자산을 더 풍부하게 보유하고 있어야 한다. 따라서 한 사회의 부(富, wealth)는 궁극적으로 그 사회가 보유하는 실물자산의 양과 질에 의존한다.

실물자산으로부터 얻게 될 미래소득에 대한 청구권을 나타내는 자산을 금융자산(金融資産, financial assets)이라고 한다. 예를 들어, 어떤 회사가 은행차입금과 회사채 및 주식을 발행하여 토지, 건물, 기계, 설비, 특허권, 원재료 등의 실물자산을 구입하는 데 투자하였다고 하자. 이 경우 차입금을 대출해준 은행과 회사채 및 주식에 투자한 투자자들은 이 회사의 실물자산으로부터 얻어진 미래의 소득에 대하여 각각 약정된 바에 따라 청구권을 행사할 수 있다.

오늘날 금융자산은 주식, 채권, 예금, 어음, 옵션, 선물, 기타 여러 가지 유가증권 등과 같이 매우 다양한 형태로 존재한다. 이 금융자산은 그 자체가 재화와 서비스를 생산하는 데 사용되는 자산이 아니고, 실물자산을 이용하여 얻어진 소득에 대한 청구권을 나타내는 자산이다. 따라서 금융자산에 투자하여 얻게 될 미래소득의 크기는 실물자산의 수익력에 의존한다.

(2) 증권의 정의

증권(securities)은 시장에서 자유롭게 양도 또는 거래될 수 있는 금융자산, 즉 양도성 또는 시장성을 갖는 금융자산을 말한다. 일반적으로 증권은 금융시장에서 자유롭게 거래될 수 있기 때문에, 동일한 내용을 갖지만 양도성이 없는 다른 금융자산에 비해 더 큰 가치로 평가되어 거래된다.

예를 들어, 예금은 미래의 원리금에 대한 청구권을 나타내고 있기 때문에 금융자산의 일종이지만, 금융시장에서 다른 사람에게 양도될 수 없기 때문에 증권이 아니다. 그러나 양도성예금증서(certificate of deposit; CD)는 정기예금이지만 다른 사람에게 양도할 수 있는 성질을 부여한 것이므로 증권이라고 할 수 있다(이처럼 본래 양도성이 없는 금융자산에 양도성을 부여하는 것을 증권화(securitization)라고 한다).

증권은 그것이 담고 있는 권리의 내용에 따라 대체로 세 가지 종류로 구분될 수 있다. 첫째는 출자자의 권리 또는 지위를 나타낸 증권으로서, 그 대표적인 것이 주식이다. 주식(stock)은 주식회사의 출자자의 지분으로서 1주를 단위로 하여 다수의 단위로 세분되어 있다. 주권 이외에 특수법인의 출자증권도 출자자의 지위를 나타내고 있으므로 주식과 동일한 성질의 증권이다.

두 번째의 것은 원금과 이자에 대한 금전채권을 나타낸 증권으로서 채권(bond)이라고 한다. 대부분의 채권은 원금과 이자의 금액과 지급시기가 약정되어 있다.

세 번째의 것은 증권투자신탁과 부동산투자신탁의 수익증권 등과 같은 것으로서 신탁수익권을 나타낸 것이다.

이상과 같은 증권들은 발행자가 다수의 사람들로부터 거액의 장기자금을 조달하기 위하여 발행한 자본조달수단이며, 자유로운 양도가 보장되어 유동성을 갖고 있다는 특징을 갖고 있다.

증권 발행자의 입장에서 볼 때 증권은 필요한 자본의 분할수단이다. 현대 자본주의 경제에서 기업의 실물자산 투자규모는 막대한 자본의 투입을 필요로 하기 때문에, 한 개인이나 소수가 아닌 다수의 투자자로부터 소요자본을 조달하여야만 한다. 즉, 소요자본을 일정 금액을 단위로 하여 많은 증권으로 분할함으로써, 다수의 투자자들로부터 거액의 자본을 조달할 수 있게 된다.

특별한 경우를 제외하고 대부분의 증권은 자유로운 양도가 보장되어 있다. 따라서 투자자들은 소유하고 있는 증권의 매도를 통하여 언제라도 투자자금을 회수할 수 있으며, 증권의 매입을 통하여 언제라도 증권이 지닌 재산권을 획득할 수 있다. 현실적으로 이러한 증권의 매도와 매입은 증권시장에서 이루어진다. 즉, 다량의 증권이 증권시장에서 일정한 규칙에 의해 반복적으로 거래됨으로써, 증권으로부터 현금, 현금으로부터 증권으로의 가치 전환이 용이하게 이루어질 수 있으며, 이와 같은 증권의 성질을 시장성(marketability)이라고 한다.

오늘날의 경제를 흔히 증권자본주의라고 부른다. 이 말은, 오늘날 기업이 발행한 증권이 다수의 투자자에게 분산되어 소유되고 있으므로, 기업자본의 조달과 기업성과의 배분에 다수의 투자자들이 참여할 수 있게 되었다는 것을 뜻한다. 다른 한편으로 증권

참 고 자본시장법에서의 증권

우리나라에서 증권, 증권거래 및 증권시장을 규제하는 기본적인 법률은 '자본시장과 금융투자업에 관한 법률(흔히 자본시장법으로 줄여 부른다)' 이다. 이 자본시장법 제3조에서는 투자원금의 회수를 보장하지 않는 모든 금융자산을 금융투자상품으로 정의하고, 여기에 증권과 파생상품(장내 및 장외 파생상품)을 포함시키고 있다.

이 법의 제4조 ①항에서는 투자자가 취득과 동시에 지급한 금전등 외에 어떠한 명목으로든지 추가로 지급의무를 부담하지 아니하는 금융투자상품을 증권으로 정의하고, ②항에서는 그 구체적인 종류로서 채무증권, 지분증권, 수익증권, 투자계약증권, 파생결합증권 및 증권예탁증권을 나열하고 있다. 자본시장법에 의하면, 원금보장이 없고 투자자가 유한책임만을 부담하는 금융투자상품만이 증권에 해당된다. 따라서 양도성예금증서(CD)나 기업어음(CP)은 자유롭게 양도할 수 있는 금융자산이므로 이 책의 정의에 의하면 증권에 해당되는 것이지만, 원금이 보장되는 자산이므로 자본시장법에서는 증권으로 다루어지지 않는다.

의 기관화라는 현상도 지적되고 있다. 이 말은 증권의 소유와 거래가 은행, 보험회사, 투자신탁기관, 투자회사 등과 같은 기관투자자에게 집중되어가는 현상을 말한다.

1.1.2 증권의 분류

(1) 확정소득증권과 변동소득증권

증권은 법률적 · 경제적 특성에 따라 확정소득증권(fixed-income securities)과 변동소득증권(variable-income securities)으로 나누어진다. 전자는 계약에 의해 미래소득의 크기와 시기가 약정되어 있는 증권으로서 채권(bond)이 대표적인 형태이다. 변동소득증권은 미래소득의 크기와 시기가 약정되어 있지 않은 증권으로서 주식과 같은 지분증권이 대표적인 예이다. 지분증권(equity securities)은 확정소득증권에게 지급되고 남은 잔여소득 및 잔여재산에 대하여 청구권을 행사할 수 있는 잔여적 청구권(residual claim)이다.

(2) 1차증권과 파생상품

채권과 주식은 실물자산 투자를 위한 자본조달수단으로 발행되고 실물자산으로부터 얻어진 미래소득에 대해 직접 청구권을 행사한다는 점에서 흔히 1차증권(primary securities)이라고 부른다. 이와는 달리, 실물자산 가치, 1차증권의 가격, 금리, 환율, 채무자의 신용상태, 날씨 등에 따라 가치 또는 소득의 크기가 결정되는 증권이 있으며 이런 것을 흔히 파생상품(derivative securities)이라고 부른다. 파생상품으로서 다양한 형태의 옵션(option), 선도계약(forward contract), 선물계약(futures contract), 스왑(swap) 등이 존재한다.

일반적으로 파생상품은 실물투자를 위한 자본조달수단으로 발행된 것이 아니고, 가격변동의 위험을 회피하기 위한 헤징(hedging)이나 시세차익을 얻기 위한 투기의 수단으로 만들어져 거래되고 있다. 따라서 채권과 주식 등의 1차증권은 실물투자를 촉진하여 사회적 생산력의 증대에 직접적으로 공헌하는 것이지만, 옵션, 선물, 선도계약, 스왑과 같은 파생상품은 증권투자, 상품거래 또는 실물자산 투자에 따른 위험을 전가시킴으로써 사회 전체의 생산력 증대에 간접적으로 공헌한다.

(3) 위험자산과 무위험자산

금융시장을 지배하는 중요한 원리는 위험 · 수익의 교환관계(risk-return tradeoff)이다. 위험 · 수익의 교환관계는 어떤 투자자산의 미래이득이 더 큰 위험을 가질수록 그 자산의 기대수익률 역시 더 크다는 논리이다. 이 위험 · 수익의 교환관계를 기준으로 자산을 분류하면 위험자산(risky assets)과 무위험자산(risk-free assets)으로 나눌 수 있다. 이런 분류는 증권에 대해서도 해당된다.

위험자산은 미래에 얻게 될 소득의 크기가 불확실하거나 변동성을 갖는 자산으로서, 주식이 대표적인 예이다. 무위험자산은 예정된 미래의 소득이 확실하게 얻어지는 자산으로서 안전자산(safe assets)이라고도 한다. 국채는 원리금의 지급을 정부가 보장하는 채권이기 때문에 무위험자산의 대표적인 예라고 할 수 있다. 그러나 원리금이 확실하게 주어진다 하더라도 물가수준 변동을 고려한 실질가치는 변동성을 갖게 마련이므로, 엄격한 의미에서 무위험자산은 존재하지 않는다고 볼 수 있다.[1]

1.1.3 채권의 기본적 특성

채권(bond)은 원금과 이자의 크기와 지급시기가 약정되어 있는 확정소득증권이다. 대부분의 채권에서는 원금에 해당되는 액면가(face value)가 정해져 있으며, 원금의 최종상환일자인 만기(maturity)도 약정되어 있다. 채권의 발행주체가 채권을 발행할 때에는

1] 물가변동으로 인한 실질가치의 변동을 제거하기 위하여 물가연동채권(inflation-indexed bond)이 발행되는 경우도 있다. 이 물가연동채권은 원금의 크기가 물가지수를 반영하여 결정되는 채권이므로, 물가상승률이 변동성을 갖는다 하더라도 원금과 이자의 실질가치는 일정하게 보장될 수 있다.

다른 모든 조건이 동일하고 액면가만 다른 채권이 동시에 발행된다. 예를 들어, 200억원 규모의 채권을 발행할 때 100만원, 1,000만원, 1억원 등과 같이 액면가를 달리하는 채권이 동시에 발행된다. 또 채권에 대한 연간 지급이자의 크기는 액면가에 이표이율을 곱한 금액으로 결정된다.

(1) 국채

국채(sovereign bond)는 정부 또는 국가기관이 경제정책의 목적을 달성하기 위하여 발행된 채권이다. 투자대상으로서 국채는 약정된 시기에 확정이자를 지급하고 만기에 원금을 상환한다는 점에서 채권의 전형적인 특성을 가장 잘 나타내고 있으며, 정부가 발행주체이기 때문에 채무불이행 가능성이 거의 없는 것으로 간주된다. 따라서 국채의 수익률은 무위험이자율의 대용치로 흔히 사용된다.

그러나 모든 국가의 국채가 무위험자산인 것은 아니다. 1998년의 러시아 국채의 모라토리움(지급중지선언)이나 2012년 그리스 국채의 채무불이행에서 확인된 바와 같이 국채도 국가의 재정상태에 따라 채무불이행이 발생할 수 있다.

증권시장에서 국채가 차지하는 중요성은 거의 절대적이다. 그 이유는 국채의 거래가 다른 어떤 채권과 비교할 수 없을 정도로 활발하게 이루어지고 있고, 국채의 수익률은 은행 금리를 포함한 모든 이자율의 기준으로 간주되고 있기 때문이다.

세계 각국에서 발행되고 있는 국채의 규모는 지속적으로 증가하고 있다. 1930년 대공황 이후 국민경제에 대한 정부의 개입주의가 증가하여 왔을 뿐만 아니라 막대한 복지비용을 세수만으로 충당할 수 없게 됨에 따라 국채의 규모도 증가일로에 있기 때문이다. 정부가 국채를 발행하는 것은 주로 두 가지 동기에 기인한다.

그 하나는 정부의 재정지출 자금을 조달하기 위한 채권의 발행이고, 다른 하나의 이유는 통화량 조절을 위한 것이다. 전자의 경우는 정부가 경기조절, 복지사업, 사회간접자본투자 등에서 주도적 위치를 점할 때 특히 중요성을 갖는다. 후자의 경우는 통화팽창이 일어날 때 국채를 발행함으로써 통화량의 감소를 가져오고, 통화수축이 일어날 때 국채를 매입하거나 상환함으로써 통화량의 증가를 도모하는 것이다.

정부가 재정적자를 메우기 위해 발행하는 국고채와 환율안정을 위해 발행하는 외국환평형채권, 통화량 조절을 위해 한국은행이 발행하는 통화안정증권 등이 우리나라의 대표적인 국채이다. 각 지방자치단체도 다양한 종류의 채권을 발행하고 있으며, 그런 것들을 특히 지방채라고 한다.

특별법에 의해 설립된 공공기관이 발행한 채권도 사실상 정부가 원리금 지급을 보증하는 것이기 때문에 넓은 의미의 국채에 포함된다. 산업은행이 발행하는 산업금융채권, 예금보험공사가 발행하는 예금보험기금채권, 자산관리공사의 부실채권정리기금채권 등이 그 예이다. 또 한국토지주택공사, 한국수자원공사 등이 발행하는 채권도 정부의 원리금 지급보증을 받아 발행되므로 넓은 의미에서 국채에 포함될 수 있다. 이와 같이 정부의 원리금 지급보증을 받아 공공기관 또는 국영기업이 발행하는 채권을 따로 구분하여 공채라고 부르기도 한다.

(2) 회사채

회사채(corporate bond)는 회사가 일반 공중으로부터 거액의 장기자금을 조달하기 위하여 발행한 확정소득증권이다. 흔히 회사채는 주식회사가 발행한 것만을 뜻하며, 우리나라 상법 제3편 4장 8절(사채)에서는 회사채의 발행, 권리, 종류에 관한 상세한 조항을 두고 있다.

회사채의 종류는 매우 다양하다. 이것은 발행된 회사채가 자본시장에서 용이하게 소화될 수 있도록 투자자들이 원하는 바에 따라 다양한 형태의 유인을 제공하고 있기 때문이다. 가장 단순하고 아무런 유인이 주어지지 않은 회사채가 일반채권(straight bond)이다. 일반채권은 정기적으로 일정한 이자를 지급하고 만기(maturity)에 원금 전액을 상환하며, 아무런 담보나 보증도 제공하지 않는 채권이다.

어떤 종류의 채권이든 액면가(face value)와 이표이율(coupon rate, 표면이율)이 정해져 있다. 액면가는 1만원 또는 그 배수로 정해진다(상법 제472조). 일반적으로 만기상환액은 액면가와 일치하나 반드시 그럴 필요는 없으며 액면가를 초과하여 상환액을 정할 수도 있다. 이표이율은 액면가에 대한 지급이자의 비율이다. 이 이표이율은 이자지급액의 산정기준이 될 따름이기 때문에, 채권의 수익률과 구분하여 이해하여야 한다.

일반채권이 투자자에게 충분한 매력을 주지 못한 경우, 여러 가지 유인을 부가하여 채권을 발행한다. 그 유인의 종류에 따라 다양한 종류의 채권이 존재한다.

① **이자지급액의 크기** : 채권은 일반적으로 확정소득증권이기 때문에 매기에 지급하는 이자지급액의 크기가 일정하다. 그러나 이자율의 변동에 따라 이자지급액의 크기가 달라지는 변동금리사채(floating rate note; FRN)가 발행될 수 있다. 때로는 수익사채(income bond)나 이익참가사채(participating bond)를 발행하여 이자지급액을 기업의 이익과 연계시킬 수도 있다. 수익사채는 확정이자를 지급하는 것을 원칙으로 하되, 기업의 이익이 확정이자 지급액을 지급하기에 부족한 경우에는 기업이익의 범위

내에서만 이자를 지급하더라도 채무불이행이 되지 않는 사채이다. 그러나 기업의 이익이 회복되었을 경우에는 미지급된 이자를 지급하여야 한다. 이익참가사채는 기업의 이익이 양호할 경우 확정이자 지급액 이외에 이익의 일부를 액면가에 따라 사채권자에게 지급해 주는 사채이다.

② **담보와 보증** : 회사채는 발행회사의 자산에 의해 담보가 주어져 있는 담보부사채(secured bond), 제3자의 지급보증이 주어져 있는 보증사채(guaranteed bond), 담보와 보증이 전혀 주어지지 않은 무담보사채(debenture 또는 unsecured bond)가 있다. 채권시장이 발달하고 사채의 신용등급평가가 정착되어 있는 상황에서는 무담보사채가 일반적인 유형이다. 담보부사채도 담보로 제공되는 자산의 종류에 따라 부동산담보부사채(mortgage bond)와 유가증권담보부사채(collateral bond)가 있다. 최근 일부 금융기관들이 발행하고 있는 자산담보부사채(asset-backed securities; ABS)는 보유 유가증권이나 대출의 원리금을 담보로 하고 있으므로 담보부사채의 일종이다.

③ **상환방법** : 채권은 원래 상환기간이 정해져 있는 증권이므로, 만기에 원금 모두를 상환하는 만기전액상환채권이 가장 전형적인 형태이다. 그러나 발행규모가 거액이어서 일시상환이 기업의 재무상태와 유동성에 커다란 영향을 미치게 되므로, 일정한 거치기간(grace period)이 지난 후부터 만기에 이르기까지 원금을 분할상환하는 정시분할상환채권을 발행하기도 한다. 또 채권자를 보호하고 발행회사의 일시상환부담을 줄이기 위해 감채기금의 적립을 의무화한 감채기금사채(sinking fund bond)를 발행할 수도 있다.

④ **옵션의 부가** : 채권에 여러 가지 다양한 형태의 옵션이 부가되어 발행되는 경우가 최근 증가하고 있다. 원래 옵션(option)이란 일정기간 내에 일정한 가격으로 어떤 증권이나 자산을 매입할 수 있는 권리(call option) 또는 매도할 수 있는 권리(put option)를 말한다. 채권의 본래 특성에 주식매수권 또는 전환권, 신주인수권, 상환청구권 등과 같은 옵션을 부가한 채권이 발행될 수 있다.

1.1.4 주식의 특성

(1) 보통주

보통주(common stock)는 주식회사가 출자에 대한 증표로서 보통주주에게 발행한 주권이다. 보통주의 소유자는 자기가 소유하고 있는 지분에 따라 기업소유자로서의 권리를 행사한다. 따라서 보통주주는 기업소유자로서 기업의 이익과 재산에 대하여 잔여적 청구권을 행사하며 지분의 범위 내에서 기업 위험의 최종적 부담자가 된다. 한편 보통주주가 회사에 대해서 지고 있는 유일한 의무는 주식의 인수가액에 대한 납입의무뿐이므로, 회사의 채무에 대하여 납입자본을 한도로 하는 유한책임을 진다. 보통주도 그 특성에 따라 여러 가지로 나누어진다.

① **기명주식과 무기명주식** : 기명주식(registered stock)은 주권 또는 주주명부에 주주의 성명이 기재되어 있는 주식이다. 기명주식의 경우, 회사가 주식의 권리행사자를 명확히 할 수 있다는 장점이 있으나, 주권이 활발하게 거래될 경우 주주가 명의개서를 할 때에 비로소 권리행사자가 확정되기 때문에 사실상 무기명주식과 커다란 차이가 없다. 우리나라 상법에서는 기명주식을 원칙으로 하고 있다(상법 제337조). 무기명주식(bearer stock)은 주주의 성명이 주권이나 주주명부에 기재되지 않는 주식이다. 무기명주식의 경우, 회사는 주식의 권리행사자를 확정할 수 없기 때문에 그 주권을 회사에 공탁함으로써 권리행사자를 확정한다.

② **액면주와 무액면주** : 액면주(par value stock)는 주권의 표면에 액면가가 명확하게 기재되어 있는 주식이고, 무액면주(non-par value stock)는 액면가가 기재되어 있지 않은 주식이다. 우리나라 상법에서는 주권의 액면가가 100원 이상의 균등한 금액이어야 한다고 규정하고 있으므로(상법 제329조) 무액면주가 존재할 수 없다. 그러나 미국의 경우 무액면주가 보편적인 형태이다.

주식의 액면가는 1주의 납입자본이라는 의미를 갖지만, 주식의 할인발행이나 할증발행, 주식배당 또는 무상증자가 이루어지는 경우에는 액면가와 실제 납입자본이 서로 다를 수 있다. 그리고 주주는 납입자본뿐만 아니라 자기자본 전체에 대하여 청구권을 행사하기 때문에, 실제의 증권거래에서는 액면가가 그리 큰 의미를 갖지 못한다. 실제로 주주에게 중요한 의미를 갖는 것은 주가, 즉 주식의 시장가격이다.

③ **주주 권리의 차별** : 주식의 종류에 따라 주주의 권리에 차등을 주는 경우가 있다. 예컨대 의결권을 부여하지 않는 무의결권부주식(non-voting share)이 발행될 수 있다. 우리 상법에서는 무의결권부주식의 남발로 소수의 의결권부주식 소유자에 의해 기업이 지배될 가능성을 방지하기 위하여 무의결권부주식이 발행주식 총수의 1/4 이상을 넘지 못하도록 하고 있다(상법 제370조). 또 다른 주식보다 이익분배의 우선순위가 낮은 후배주(後配株, deferred stock)가 있다. 후배주는 창업자에 대한 공로의 대가로 주로 발행되는 것이지만 실제로는 거의 활용되지 않고 있다. 또 실제로 거의 발

행되고 있지 않지만, 동일한 의결권을 부여하되 보통주를 몇 개의 클래스로 나누어 이익분배의 우선순위와 분배비율을 달리하는 경우도 있다.

(2) 우선주

우선주(preferred stock)는 재무상태표에서 보통주와 함께 자본의 일부를 구성하지만, 실질적 성격은 채권과 보통주의 특성을 혼합한 혼성증권(hybrid securities)의 성격을 갖는다. 표준적인 형태의 우선주는 우선배당액이 확정되어 있고 보통주보다 우선하는 잔여재산 청구권을 지니고 있다는 점에서 채권과 유사한 성격을 갖고 있다. 그러나 채권에 대한 원리금 상환이 불가능한 경우 발행회사는 채무불이행(default) 상태에 빠져 파산의 원인이 될 수 있지만, 우선주에 대한 우선배당을 지급하지 못했다고 하여 채무불이행으로 간주되지 않고 우선배당액이 법인세 과세에서 손금처리되지 않는다는 점에서는 보통주의 특징과 같다.

우선주의 표준적인 형태는 고정적인 배당률이 확정되어 있으며, 우선주의 만기(상환일)가 도래하면 우선주를 상환하는 상환주식이다(상법 제345조). 이 상환주식은 투자자의 입장에서 볼 때, 일반사채와 다를 바가 없으므로 자금조달의 유인책으로 여러 가지 발행조건을 덧붙여서 우선주를 발행하는 경우가 있다.

우선주는 발행조건에 따라 여러 가지 형태가 있으며 주요한 것들을 간추리면 다음과 같다.

① **누적배당** : 우선주의 확정배당률은 배당가능한 최대치를 정해 놓은 것에 지나지 않는다. 따라서 우선배당액이 확정배당률에 미달하는 경우, 미지급액은 다음 회계연도에 이월하여 지급되지 않는다. 그러나 누적적 우선주(cumulative preferred stock)는 우선배당의 미지급액이 다음 회계연도에 이월하여 지급되도록 약정된 우선주이다.

② **전환권** : 일정시기에 일정가격으로 보통주로 전환할 수 있는 전환권을 부여한 우선주가 전환우선주이다. 우리나라에서는 보통주 발행에 따른 경영권 변동을 연기하거나, 종업원지주제의 실시를 위한 과도기적 형태로 발행되고 있다.

③ **이익분배 참가** : 기업의 이익이 매우 양호할 경우, 약정된 우선배당액 이상으로 이익의 일부를 배당할 수 있도록 약정된 우선주가 참가적 우선주(participating preferred stock)이다.

④ **의결권** : 우선주는 이익배당이나 잔여재산 청구권에 있어 보통주보다 우선한 대신, 의결권이 주어지지 않는 경우가 일반적이다. 그러나 미지급 우선배당액이 매우 크

거나 우선주주에 대한 다른 약속이 이행되지 않는 경우에는 우선주주에게 이사선임권을 주어 경영에 참여시키는 경우가 있다.
우리나라에서는 보통주의 배당률보다 1%를 더 배당하고 비누적적, 비참가적, 무기한부, 무의결권부 우선주가 흔히 발행되고 있다.

1.2 증권시장

1.2.1 증권시장의 구조

(1) 증권시장의 뜻

자금의 수요자와 공급자를 연결하여 주는 시장이 금융시장(financial market)이다. 금융시장은 크게 화폐시장(money market)과 자본시장(capital market)으로 나누어진다. 화폐시장과 자본시장은 모두 자본의 최적배분을 목표로 금융자산이 거래된다는 점에서 공통적인 성격을 가지고 있으나, 화폐시장에서는 위험이 적은 단기금융자산이 주로 거래되고 있고, 자본시장에서는 위험을 갖고 있는 장기금융자산이 주로 거래된다. 자본시장은 증권시장, 보험시장, 파생상품시장 등을 포함하고 있으며, 이 중 증권을 거래하는 시장이 증권시장(securities market)이다.

증권시장에서는 매우 많은 거래자가 많은 종류의 증권을 동시에 거래한다. 따라서 증권시장은 증권거래가 원활하게 이루어질 수 있도록 고도의 물적 설비와 규칙을 갖추고 있다. 그런 의미에서 증권시장은 일반적인 상품시장과는 달리 조직화된 시장(organized market)이라는 특징을 갖는다. 조직화된 증권시장에 있어서는 다수 투자자에 의한 대량의 증권거래가 완벽하게 이루어질 수 있도록 건물, 컴퓨터, 통신시설 등과 같은 구체적인 물적 설비를 갖추고 있으며, 일정한 규칙에 의해 매매거래를 표준화하고 법규에 의해 부당거래를 규제하고 있다.

(2) 증권시장의 구조

증권시장은 기업이나 공공단체가 발행한 증권이 처음으로 투자자들에게 매각되는 발행시장(new-issue market)과 이미 발행된 증권이 투자자들 사이에서 매매되는 유통시장

참 고 자본시장법

자본시장을 규제하는 가장 중요한 법률은 흔히 자본시장법이라고 줄여 부르는 "자본시장과 금융투자업에 관한 법률"이다. 자본시장법은 2007년 8월에 제정되어 2009년 2월에 처음 시행된 법으로서, 과거 자본시장과 증권거래를 규제하기 위해 적용되었던 증권거래법, 증권거래소법 등 다양한 관련 법규들을 일관성 있는 하나의 법률로 통합한 것이다. 이 법은 은행 중심인 우리나라 금융시스템을 자본시장 중심의 금융시스템으로 전환하기 위한 법적 기초를 마련하고 있다는 것 때문에 매우 의미있는 법으로 간주되고 있다.

이 법은 총 10편, 449조와 부칙으로 이루어져 있으며, 각 편의 내용은 다음과 같이 이루어져 있다.

제1편 총칙

제2편 금융투자업 : 금융투자업의 인가 및 등록, 금융투자업자의 지배구조, 건전경영 유지, 영업행위 규칙.

제3편 증권의 발행 및 유통 : 증권신고서, 기업의 인수 · 합병 관련 제도, 상장법인의 사업보고서 등, 주권 상장법인에 대한 특례, 장외거래.

제4편 불공정거래의 규제 : 내부자 거래, 시세조종, 부정거래행위.

제5편 집합투자기구 : 집합투자기구의 구성, 집합투자기구의 종류, 집합투자증권의 환매, 평가 및 회계, 집합투자재산의 보관 및 관리, 사모집합투자기구 등에 대한 특례, 감독 · 검사, 집합투자기구의 관계 회사, 사모투자전문회사에 대한 특례, 외국집합투자증권에 대한 특례.

제6편 금융투자업 관계 기관 : 한국금융투자협회, 한국예탁결제원, 금융투자상품거래 청산회사, 증권금융회사, 신용평가회사, 종합금융회사, 자금중개회사, 단기금융회사, 명의개서대행회사, 금융투자 관계 단체.

제7편 거래소 : 거래소의 허가, 조직, 시장, 시장감시 및 분쟁조정, 소유 등에 대한 규제, 감독.

제8편 감독 및 처분 : 명령 및 승인, 검사 및 조치, 조사, 과징금.

제9편 보칙 : 위법행위의 신고 및 신고자 보호, 증권선물위원회의 심의, 금융감독위원장에 대한 지시 · 감독, 금융투자상품 매매의 제한, 분담금.

제10편 벌칙

(circulating market)으로 이루어져 있다.

증권의 발행시장은 증권이 발행주체인 기업 또는 공공단체로부터 인수기관을 거쳐서 발행주체에게 자금을 제공하는 투자자에게 이르는 수직적인 거래과정으로서 1차시장(primary market)이라고도 불린다. 경제적 관점에서 볼 때, 발행시장의 기능은 기업, 정부 또는 공공단체의 소요자금이 증권화되는 과정이며, 투자자들이 가지고 있는 자금이 기업, 정부 또는 공공단체가 필요로 하는 장기자본으로 전환되는 직접금융(direct financing)의 과정이다.

증권의 유통시장은 발행시장을 통하여 일단 공급된 증권이 투자자들 사이에서 반복적으로 매매되는 시장이다. 유통시장은 발행시장을 통하여 공급된 증권이 다시 반복적으로 순환거래된다는 점에서 2차시장(secondary market)이라고도 한다.

참 고 중개시장, 딜러시장 및 경매시장

일반적인 상품시장에서 이루어지는 거래의 일반적인 과정은 매도자와 매수자가 직접 거래상대방을 탐색하고 가격, 수량, 인도방법 등의 거래조건을 합의하여 대금과 상품을 인수 · 인도하는 절차를 밟게 된다. 그러나 상품의 성격과 시장구조가 특수한 경우에는 이런 정상적 거래방식으로는 너무 많은 거래비용이 발생하거나 또는 거래가 불가능하게 되는 경우가 많다. 따라서 상품의 성격과 시장구조에 맞추어 특수한 형태의 거래방법이 설계되어 사용되고 있으며, 이 점은 증권시장에서도 동일하다. 증권시장은 거래방식에 따라 크게 중개시장, 딜러시장 및 경매시장으로 구분된다.

중개시장(broker market)은 중개인이 고객의 명의로 증권을 매매하는 시장이다. 고객은 본인이 원하는 증권의 수량과 가격 등을 명시하여 중개인에게 매매를 주문하고 중개인은 그 주문에 따라 거래를 이행한다. 중개시장에서는 고객이 상품의 인수 · 인도 의무를 지며, 손익에 대한 책임도 고객이 부담한다. 우리나라에서 일반 투자자들이 거래소에 상장된 주식이나 파생상품을 거래할 때, 투자자들이 금융투자회사를 통해 자산의 매수 또는 매도를 주문하여 거래하는 방식은 전형적인 중개시장에 해당된다.

딜러시장(dealer market)은 특정 상품 또는 자산의 거래를 전문으로 하는 딜러가 자신의 명의로 거래하고, 일반 고객은 그 딜러가 보유하고 있는 상품 또는 자산을 매수 또는 매도한다. 딜러가 일반 고객으로부터 상품을 매수하는 가격을 매수가격(bid price)이라고 하고 고객에게 매도하는 가격을 매도가격(ask price)이라고 하며, 매수가격과 매도가격의 차이를 매수 · 매도 가격차이(bid-ask spread)라고 한다. 우리나라에서 딜러시장의 전형적인 예는 채권의 유통시장이다. 채권의 유통시장에서는 주요 금융기관들이 딜러로서 일반적인 상품거래 방법에 따라 채권을 거래하며, 일반 투자자들은 그 딜러로부터 자기가 원하는 채권을 매입하거나 매도한다.

경매시장(auction market)은 매수자 또는 매도자의 한쪽이 소수이고 다른 쪽이 다수일 때 흔히 형성되는 시장이다. 예를 들어, 농산물시장에서 농산물 매수자는 다수이고 매도자는 1인일 때 다수의 매수자가 가격을 호가하도록 하고 매도자는 그 중 가장 높은 가격을 제시한 매수자에게 농산물을 매도한다. 우리나라 국채 발행시장에서는 정부가 국채전문딜러들을 상대로 경매방식에 의해 국채를 발행하고 있다.

증권의 발행시장과 유통시장은 어느 한 쪽의 존재가 다른 쪽의 존재에 필수적인 관계를 가지고 있다. 즉, 발행시장은 발행된 증권이 유통시장에서 활발하게 거래될 수 있어야 한다는 것을 전제로 하여 성립하고, 유통시장은 증권의 공급이 이루어지는 발행시장의 존재를 전제로 하여 성립하게 된다.

1.2.2 증권의 발행시장

증권의 발행시장은 새로이 발행된 주식이나 채권 등의 증권이 투자자들에게 처음으로 매출되는 시장이다. 우리나라의 경우 이미 발행된 증권이라 하더라도 기업의 대주주나 정부가 소유하고 있는 증권을 일반투자자에게 매각하는 경우에도 새로운 증권의 발행과 유사한 방법과 절차에 따라 이루어진다.

(1) 증권발행의 절차

증권의 발행규모(모집가액 또는 매출가액)가 큰 증권을 발행 또는 매출하고자 할 경우, 발행회사는 먼저 그 모집 또는 매출에 관한 신고서, 즉 증권신고서를 금융위원회에 제출하여 승인받아야 한다(자본시장법 119조 ①항). 증권신고서에는 증권의 권리내용, 발행규모와 조건, 투자위험, 인수기관의 의견, 증권분석기관의 평가(비상장법인에만 해당), 자금의 용도, 투자자 보호에 필요한 사항 등이 기재된다.

증권신고서가 금융위원회에 의해 수리되면 발행회사는 투자설명서를 작성하여 금융위원회에 제출하고 일반인이 열람할 수 있도록 지정된 장소에 비치하거나 인터넷 홈페이지에 공시하여야 한다. 투자설명서에는 증권신고서에 기재된 내용이 포함되어야 하며 미래의 재무상태와 영업실적에 대한 예측정보를 포함할 수도 있다.

투자설명서의 공시와 함께 투자자의 청약을 받고 미리 정해진 기준에 따라 발행증권을 배정하면 증권발행의 실질적 과정은 완료된다. 증권의 발행이 완료되면 발행회사는 증권발행실적보고서를 금융위원회에 제출하여야 한다.

(2) 증권발행의 방법

증권의 발행방법은 직접모집(사모)과 공개모집(공모)으로 구분된다. 직접모집(direct placement)은 증권의 발행자가 어떤 특정한 기관투자자나 소수의 투자자에게만 발행증권을 소화시키는 방법으로서 사모(私募, private placement)라고도 한다.

공개모집(public offering, public placement, 공모(公募)로 줄여 부른다)은 발행증권을 거래소에 상장시키는 것을 전제로 하여 일반 투자대중에게 널리 증권을 소화시키는 방법이다. 이 경우에는 거래소의 상장요건에 맞게 증권이 발행되어야 하며 증권관계법의 규제를 받게 된다.

증권을 공개모집할 때에는, 발행기관이 증권발행 절차를 직접 수행하지 않고 인수기관(underwriter)이 그 절차를 수탁받아 진행하는 것이 일반적이다. 인수기관은 증권발행에 대한 전문지식을 갖고, 증권의 발행 및 모집의 복잡한 절차를 진행하는 투자금융회사이다. 인수기관이 증권의 매출 및 모집과정에서 어느 정도의 역할을 할 것인가에 따라 총액인수(firm commitment), 잔액인수(stand-by) 및 모집주선(best efforts)의 세 가지로 나눌 수 있다.

총액인수는 인수기관이 증권발행에 대한 모든 위험을 부담하고 증권발행총액을 인

수(underwrite)하여 모집하는 방법으로서, 이 경우 인수기관은 일정한 발행가격으로 발행총량을 매입하고 여기에 일정한 마진(margin) 또는 수수료를 붙여서 일반투자자에게 증권을 매출한다. 총액인수의 경우, 투자자에게 매출하고 남은 증권을 인수기관이 모두 매수해야 하기 때문에 인수기관은 커다란 시장조성위험(market making risk)을 부담하게 된다. 따라서 발행규모가 큰 증권을 공모할 때에는 다수의 금융투자회사가 공동인수단(underwriting syndicate)을 구성하여 시장조성위험을 분담한다. 우리나라에서는 특수한 경우를 제외하면, 거의 모든 증권의 공모가 총액인수의 방법에 의해 이루어지고 있다.

잔액인수는 인수기관이 증권발행 및 매출에 관련된 사무만을 담당하고 발행증권의 미소화분이 있을 경우 그것만을 인수하는 것으로서 청부모집이라고도 한다. 모집주선은 수탁회사가 증권발행 및 매출 사무만을 담당하고 발행증권의 미소화분은 발행자에게 되돌려 주는 것이다.

공개모집은 발행가격을 결정하는 방법에 따라 경쟁공모와 협의공모로 나누어진다.

경쟁공모는 청약자로부터 경매방식으로 청약을 받은 후 최저 청약가격 이상의 청약에 대해 발행증권을 배정하는 방법이다. 예를 들어, 정부가 1,000억원 규모의 국채를 발행하고자 할 때, 국채전문 기관투자자들로부터 원하는 수량과 가격을 기재하여 청약을 받은 다음, 청약가격이 높은 순으로 누계하여 1,000억원에 도달하는 최저청약가격을 발행가격으로 결정하고, 이 최저청약가격 이상의 가격을 제시한 청약자에게 청약수량에 비례하여 발행증권을 배정한다.[2] 우리나라의 국채 발행은 이 경쟁공모의 방식에 의해 이루어지고 있다.

협의공모는 발행자와 인수기관이 증권의 발행가격에 대하여 협의하여 결정하는 방법이다. 우리나라에서 기업공개를 위한 주식의 공모가격은 기관투자자를 대상으로 수요예측을 실시하고 그 결과를 고려하여 인수기관과 발행회사가 협의하여 정한다.

(3) 기업공개와 상장

증권이 위에서 설명한 절차와 방법으로 발행되었다고 해서 모두가 거래소에서 거래되는 것은 아니다. 주식의 경우 거래소에서 거래되기 위해서는 기업이 공개되어야 하고 또 상장되어야 한다.

기업공개(going public)란 주식회사가 발행한 주식을 모든 투자자로부터 균등한 조건으

2] 이 예는 하나의 예에 불과하다. 국채의 실제 발행방법에서는 국채전문딜러들로부터 본문의 예와 유사한 경매방식으로 청약을 받지만, 인수기관을 별도로 지정하지 않고 최저청약가격 대신 최고청약수익률을 기준으로 배정한다는 점이 다르다.

로 공모하거나 대주주가 소유하고 있는 주식의 일부를 매출하여 다수의 주주에게 주식이 분산되는 것을 뜻한다. 기업공개를 위해 아직 상장되지 않은 주식을 처음 공모할 경우, 그 주식을 최초공모주(initial public offerings; IPO)라고 한다. 한국거래소의 유가증권 상장규정에서 주식상장의 형식적 요건으로 기발행 보통주식의 25% 이상이 일반주주에게 분산되어 있어야 할 것을 요구하고 있다.

상장(listing)은 거래소의 거래대상이 되는 것을 의미한다. 어떤 증권이 거래소에 상장되기 위해서는 거래소의 심사를 통과하여야 한다. 주식의 상장을 위한 심사요건은 형식적 요건과 질적 요건으로 구분되며, 형식적 요건에는 발행회사의 설립 후 3년 이상일 것, 보통주식 수가 100만주 이상이고 자기자본이 300억원 이상일 것, 일반주주가 보통주 총수의 25% 이상일 것, 경영성과(매출액, 이익 등)가 정해진 수준 이상일 것 등이 포함되며, 질적 요건으로서 기업의 계속성, 경영투명성, 경영안정성, 공익성과 투자자 보호 등이 포함된다.[3]

1.2.3 증권의 유통시장

증권의 유통시장은 이미 발행된 증권이 투자자들 사이에서 매매되는 시장이다. 발행시장이 자본의 증권화를 담당하는 1차시장인 데 반하여 유통시장은 증권의 현금화를 담당하는 2차시장이다.

증권의 유통시장은 흔히 거래소시장과 장외시장으로 구분된다. 거래소시장(exchange market)은 다수의 매도자와 매수자가 일정한 거래규칙에 따라 일정한 요건을 구비한 상장증권을 매매하는 시장이다. 장외시장은 거래소에서 거래될 수 없는 대량의 증권, 거래단위 미만의 증권 또는 비상장증권 등이 개별적, 산발적으로 매매되는 시장으로서 점두시장(over-the-counter market; OTC)이라고도 부른다.

증권의 유통시장과 관계되는 기관으로는 증권의 매매거래가 집중되는 시장으로서 구체적 거래장소인 거래소와 증권매매와 중개를 담당하는 금융투자회사가 있으며, 그 밖에 증권의 대체결제를 담당하는 대체결제회사와 증권의 유통금융을 담당하는 증권금융회사, 금융투자회사들의 모임으로서 자율규제 조직인 금융투자협회가 있다.

3] 이 요건은 한국거래소, "유가증권시장 상장규정" 29조와 30조에 구체적으로 열거되어 있다. 채권의 경우는 이 규정의 88조에 열거되어 있으며, 그 주요내용은 신규상장신청회사의 자본금이 5억원 이상일 것, 해당 채권이 모집 또는 매출로 발행되었을 것, 해당 채권의 발행액면총액과 미상환액면총액이 3억원 이상일 것 등이다.

(1) 거래소

거래소는 상장된 증권의 대량거래를 행할 수 있도록 거래설비를 갖추고 증권의 매매를 집중하는 조직화된 증권거래의 장을 말한다. 우리나라에서는 공식적 거래소로서 한국거래소가 자본시장법 제373조에 근거하여 설립·운영되고 있다. 이에 대하여서는 다음 절에서 상세하게 설명하기로 한다.

(2) 금융투자회사

금융투자회사는 자본시장법 제6조에 규정된 업무를 영위하는 회사로서 흔히 증권회사라고도 부른다. 금융투자회사는 인가 조건에 따라 투자매매업, 투자중개업, 집합투자업, 투자자문업, 투자일임업, 신탁업 등을 수행할 수 있다. 우리나라에서는 한국거래소의 회원으로서 법에 정해진 규모 이상의 자기자본을 갖춘 주식회사가 금융위원회의 인가를 받아야 금융투자회사로 등록할 수 있도록 규정되어 있다(자본시장법 11~16조, 같은 법 시행령 15~23조).

금융투자회사가 행하는 업무는 크게 증권의 매매, 중개 및 인수업무로 구분할 수 있다. 매매(dealing)업무는 금융투자회사 자신의 명의와 책임으로 증권을 매수 또는 매도하는 활동을 말한다. 금융투자회사는 다른 금융투자회사 또는 기관투자자를 상대로 증권을 매수·매도하는 거래를 행할 뿐만 아니라 일반투자자를 상대로 매수·매도하는 거래를 행하기도 한다. 예를 들어, 채권의 대부분은 금융투자회사를 비롯한 기관투자자들 사이에서 자신의 명의로 거래된다. 어떤 투자자가 채권에 투자하고자 할 경우 금융투자회사가 보유하고 있는 채권을 매입하게 된다.

금융투자회사가 투자자들로부터 어떤 증권을 매수할 때 제시하는 가격을 매수가격(bid price)이라고 하고 그 증권을 매도할 때 제시하는 가격을 매도가격(ask price)이라고 한다. 따라서 금융투자회사는 매도가격과 매수가격의 차이, 즉 매수·매도 가격차이(bid-ask spread)를 매매거래의 보수로 얻게 된다.

중개(brokerage)업무는 고객의 주문을 받아 증권의 매매를 대행하여 주는 서비스이다. 금융투자회사는 중개서비스의 대가로 거래수수료만을 받을 따름이므로 증권거래의 손익에 대해 책임을 지지 않고 고객이 모든 책임을 부담한다.

인수(underwriting)업무는 금융투자회사가 발행시장에서 인수기관으로서 활동하는 것이다. 이미 설명한 대로 인수기관은 증권인수 및 매출의 서비스를 제공하고, 그 대가로 인수 마진 또는 수수료를 수취한다. 증권의 인수업무를 주된 업무로 수행하는 회사를 투자은행(investment banker)이라고 한다.

(3) 예탁결제회사

예탁결제회사는 증권의 집중예탁과 계좌 간 대체, 매매거래에 따른 결제업무를 담당하는 회사이다. 우리나라에서는 자본시장법 제294조에 근거하여 한국예탁결제원(www.ksd.or.kr)이 설립되어 예탁결제업무를 독점적으로 수행하고 있다. 예탁결제회사는 증권을 매매할 때마다 증권을 일일이 인수·인계하는 번거로움을 피하기 위하여, 금융투자회사나 기타 증권관계기관이 계좌를 설정하도록 하고 증권의 매매가 이루어질 때마다 계좌 사이에 대체결제하여 준다. 이처럼 대체결제 업무를 예탁결제회사에 집중하여 처리하는 것은 낮은 거래비용으로 신속하게 증권거래가 이루어질 수 있도록 할 뿐만 아니라, 증권의 위조, 변조, 도난, 사기, 분실 등의 사고를 예방할 수 있다는 장점도 갖고 있다.

(4) 증권금융회사

증권금융(securities financing)이란 증권의 인수(underwriting)나 매매(dealing)에 필요한 자금을 공급하는 것을 의미한다. 증권금융에는 증권인수금융, 증권유통금융, 증권담보금융의 세 가지가 있으며, 이를 담당하는 회사가 증권금융회사이다.

증권인수금융은 증권의 인수기관에게 증권금융회사가 인수자금을 대여하는 것과, 증권금융회사가 발행증권을 직접 인수하여 보유하는 것이 있다. 전자는 증권의 인수를 위한 자금을 공급함으로써 증권발행을 촉진시키는 역할을 한다. 후자의 경우는 금융기관이 발행증권을 매입하게 되므로 증권의 발행자에게 자금을 직접 제공하는 역할을 한다.

증권유통금융은 증권의 유통거래를 촉진시키기 위하여 증권매입의 결제대금을 대여하는 것이다. 이 유통금융은 증권투자자들이 투자자금을 차입하여 자기자본 이상의 규모로 투자하도록 하여 줌으로써 증권시장의 거래를 활발하게 한다. 따라서 이 유통금융의 규모를 조절함으로써, 증권금융회사는 증권시장의 수요와 공급을 조절하고 증권의 가격에 영향을 미칠 수 있다.

증권담보금융은 일반투자자에게 투자자가 필요로 하는 자금을 소유증권을 담보로 하여 대여하는 것이다. 증권담보금융은 증권가격이 급격하게 하락하지 않는 한, 투자자에게 지속적인 증권거래를 행할 수 있는 자금력을 제공하여 줄 수 있으며, 다른 한편으로 증권의 현금화를 보다 용이하게 하여 주는 역할을 한다.

우리나라에서는 이 세 가지 증권금융을 모두 담당할 수 있는 회사로서 한국증권금융주식회사(www.ksfc.co.kr)가 운영되고 있다.

(5) 집합투자기구

자본시장법 제6조에서는 금융투자회사의 업무의 일종으로 "집합투자업"이라는 것을 포함시키고, "집합투자"는 2인 이상에게 투자권유를 하여 모은 금전 또는 여유자금을 투자자로부터 일상적인 운용지시를 받지 아니하면서 재산적 가치가 있는 투자대상자산을 취득, 처분 또는 그 밖의 방법으로 운용하고 그 결과를 투자자에게 배분하여 귀속시키는 것으로 정의하고 있다. 그리고 자본시장법 제5편에서는 집합투자업을 전문으로 하는 집합투자기구, 즉 투자신탁, 투자회사, 투자조합 등에 관한 조항들을 상세하게 나열하고 있다.[4]

집합투자의 가장 전형적인 형태는 투자신탁(investment trust)이다. 투자신탁은 집합투자업자의 일종인 투자신탁회사가 일반대중투자자로부터 자금을 모아서 은행 또는 신탁회사에 신탁하고, 그 신탁재산을 다수의 증권에 투자하여 그 투자수익을 투자자에게 분배하는 제도이다(자본시장법 188~193조).

투자신탁은 수익자(=투자자, beneficiary), 위탁자(=투자신탁회사, trustor) 및 수탁자(trustee)로 이루어져 있다. 수익자(투자자)는 투자자금을 투자신탁회사나 금융기관에 제공하고, 투자신탁회사는 수익자에게 수익권을 표시하는 수익증권을 발행한다. 위탁자는 일반대중투자자(수익자)들로부터 투자자금을 모아서 신탁은행이나 신탁회사에 위탁하고 투자자금을 운용하는 자산운용회사 또는 투자신탁회사이다. 수탁자는 위탁자로부터 수탁받은 신탁재산을 위탁자의 지시에 따라 보관 또는 처분한다.

투자신탁은 수익자, 위탁자 및 수탁자 사이에 위에서 설명한 바와 같은 신탁계약에 기초하여 성립하며, 다시 단위형(unit)과 기금형(fund)으로 나누어진다. 단위형은 수탁자에게 맡길 투자신탁 원금이 서로 독립된 여러 개의 단위로 나뉘어져서, 이 각 단위마다 상이한 수익증권이 발행되는 방식이다. 따라서 각 종류의 수익증권이 그것이 속하는 단위에 대하여서만 수익의 청구권을 가진다. 보통 단위형은 일정한 계약기간을 가지며, 그 기간이 지나면 각 단위는 해소된다.

기금형은 단위의 구별이 없이 투자신탁원금이 전체로서 하나의 기금을 구성하며 이에 대해 한 종류의 수익증권이 발행된다. 이 기금의 가치는 언제라도 계산될 수 있으며, 따라서 기금에의 가입과 탈퇴는 언제라도 이루어질 수 있다.

투자회사는 투자신탁 그 자체가 투자회사가 되고 투자자들이 투자회사의 주주가 되

4] 자본시장법 제5편에서는 본문에 언급된 것들 이외에 투자유한회사, 투자합자회사, 투자익명조합에 대해서도 규정하고 있다. 또, 같은 법 제229조에서는 집합투자재산의 운용대상에 따라 증권집합투자기구, 부동산집합투자기구, 특별자산집합투자기구, 혼합자산집합투자기구, 단기금융집합투자기구로 구분하고 있다.

는 집합투자기구로서, 흔히 뮤추얼펀드(mutual fund)라고도 한다(자본시장법 194~206조). 투자자가 투자회사의 주주가 되기 때문에, 수익증권 대신에 주식이 투자자들에게 발행된다. 투자회사는 다시 폐쇄형과 개방형으로 구분된다. 폐쇄형 투자회사는 투자자들에게 주식을 발행하여 투자자금을 일단 형성하면 추가적으로 주식을 더 이상 발행하지 않고 원래 형성된 투자자금만을 운용하는 투자회사이다. 폐쇄형 투자회사가 발행한 주식은 증권시장에 상장되어 거래될 수 있으므로, 폐쇄형 투자회사의 주식을 소유한 투자자는 납입한 자본에 대하여 상환을 청구할 수 없는 것이 일반적이다.

개방형 투자회사는 투자회사가 투자자에게 주식을 발행하여 투자자금을 형성한다는 점에서 폐쇄형과 동일하지만, 투자자들이 언제든지 납입한 자본의 상환을 청구할 수 있다는 점에서 폐쇄형과 다르다.

투자조합은 투자회사의 역할을 수행하는 조합 형태의 집합투자기구이다(자본시장법 218~223조). 투자조합은 조합의 채무에 대해 무한책임을 지는 업무집행조합원(집합투자업자가 담당) 1인과 출자액을 한도로 유한책임을 지는 유한책임조합원으로 구성된다는 것을 제외하면 위의 투자회사와 크게 다르지 않다.

집합투자는 일반 대중투자자들이 개인적으로는 행할 수 없는 전문적 투자와 분산투자를 가능하도록 하여 준다. 일반적으로 대중투자자들은 증권투자에 관한 전문적 지식을 결여하고 있을 뿐만 아니라, 경험 및 시간 역시 충분하지 못하다. 이런 대중투자자들은 그들의 자금을 집합투자기구에 맡김으로써 전문적 투자관리의 서비스를 받을 수 있고, 자금의 소규모로 인하여 분산투자를 행할 수 없다는 한계를 극복하여 투자위험을 크게 감소할 수 있도록 해주며, 전문적인 증권분석에 기초한 투자가 이루어질 수 있도록 하여 준다. 따라서 증권투자신탁은 투자관리의 전문화, 투자위험의 감소 등을 실현하여 줌으로써 증권투자인구를 확대하고 경제민주화를 실현하는 데 공헌한다.

집합투자가 갖고 있는 중요한 단점은 대리인 문제(agency problem)가 심각할 수 있다는 점이다. 투자자 개개인이 비용, 시간 및 전문지식의 제약 때문에 집합투자기관의 자산운용 과정을 충분히 감시할 수 없고, 집합투자기구에 대한 보수가 대체로 운용자산의 규모에 비례하기 때문에, 집합투자기관은 감시가 소홀한 상태에서 거액의 투자자산을 운용하는 경향을 갖게 된다. 이로 인해 투자자와 집합투자기구 사이에 대리인 문제가 발생한다. 그 결과, 집합투자기구의 보수가 투자성과와 연계되지 않는 한, 집합투자기구는 투자자의 최선의 이익을 위하여 투자관리를 행하지 않고 집합투자기구 임직원의 보수를 위하여 규모 극대화만을 추구할 수도 있다.

(6) 사모투자전문회사

사모투자전문회사는 PEF(private equity fund)를 도입한 것으로서, 1인 이상의 무한책임사원과 1인 이상의 유한책임사원으로 이루어지고 사원의 총수가 49명 이하이어야 하는 투자회사이다(자본시장법 268~278조). 사모투자전문회사는 다른 회사의 의결권있는 지분의 10% 이상 또는 사실상의 지배력 행사가 가능한 지분에만 투자하여야 하고 유한책임사원의 최저 출자액이 정해져 있기 때문에, 사모투자전문회사는 일반적인 집합투자기구와는 달리 고위험 · 고수익의 투자를 전문으로 하는 투자조합이라고 할 수 있다.

1.2.4 거래소

증권이 거래되는 조직화된 구체적 시장을 거래소(exchange, bourse)라고 부른다. 거래소는 대량의 증권을 매우 효율적으로 거래할 수 있도록 적절한 설비와 조직 및 규칙을 갖추고 있는 구체적 시장이다.

증권시장에서는 다수의 매도자와 매수자가 다양한 증권을 거래할 뿐만 아니라 증권시장에서 형성되는 증권가격은 국민경제 전체의 자원배분에 대해 매우 중요한 영향을 미친다. 따라서 이용가능한 정보를 충분히 반영하여 공정한 증권가격이 결정될 수 있고 거래에 수반되는 거래비용이 최소화될 수 있도록 증권거래가 이루어져야 한다. 이것은 적합한 조직과 설비 및 규칙을 갖춘 시장에서 체계적인 방법으로 증권거래가 이루어져야 한다는 것을 의미한다. 이런 이유 때문에 일반적인 상품과는 달리, 증권거래를 위한 특수한 거래조직인 거래소가 일찍부터 발전되어 왔으며, 오늘날 거의 모든 국가에서 증권거래를 위한 가장 중요한 기관으로서 거래소가 이용되고 있다.

물론 모든 증권거래가 거래소를 통해 이루어지는 것은 아니다. 어떤 증권은 거래소의 상장요건을 충족시키지 못할 수도 있으며 어떤 거래는 거래규모가 너무 작거나 너무 커서 거래소에서의 거래에 부적합할 수 있다. 이런 거래를 위해 거래소가 아닌 특수한 형태의 장외시장이 형성되어 있다.

(1) 거래소의 성격

거래소는 증권이 거래되는 추상적인 의미의 시장이 아니라, 다양한 증권이 대량으로 원활하게 거래될 수 있도록 구체적인 장소와 적절한 시장설비를 갖추고 일정한 규칙에 의하여 거래를 형성시키는 구체적 시장이다. 우리나라에서는 자본시장법 제373조를 근거로 설립된 한국거래소가 공식적 거래소이다.

한국거래소(www.krx.co.kr)는 자본금의 대부분을 금융투자회사들이 출자한 주식회사로서, 대기업 주식을 주로 거래하는 유가증권시장(KOSPI market), 중소기업과 벤처회사 주식을 주로 거래하는 코스닥시장(KOSDAQ market), 선물과 옵션을 거래하는 파생상품시장(derivative market)의 3개 하위시장으로 이루어져 있다.

증권거래가 활발한 모든 국가는 거래소를 설립하여 운영하고 있다. 예를 들어, 미국의 대표적인 증권거래소는 뉴욕증권거래소(New York Stock Exchange; NYSE, www.nyse.com)이지만 아메리칸증권거래소(American Stock Exchange; AMEX, www.amex.com)와 지방의 소규모 거래소들이 설립되어 운영되고 있다. 또 선물과 옵션을 거래하는 거래소로서 시카고상품거래소(Chicago Mercantile Exchange; CME)와 다른 많은 상품거래소가 운영되고 있다. 다른 나라들도 그 나라를 대표하는 거래소를 갖고 있다. 일본의 토쿄거래소(www.tse.or.jp), 영국의 런던거래소, 독일의 독일거래소(deutsche-boerse.com)가 대표적인 거래소이다.

(2) 거래소의 기능

거래소는 증권의 대량적인 거래를 통하여 자본전환기능과 가격형성기능을 행한다. 자본전환기능은 증권의 매매를 통하여 증권의 인도와 대금의 결제가 이루어짐으로써, 증권자본과 화폐자본 사이의 전환이 이루어지는 기능이다. 자본전환기능이 활발하게 이루어질 때, 증권은 시장성, 유동성 및 담보능력을 갖게 되며 증권투자의 대중화가 이루어진다.

가격형성기능은 증권의 수요와 공급이 일치하도록 가격을 결정하는 기능이다. 거래소는 충분히 공개된 증권정보에 기초하여 다수의 거래자가 참여하는 자유경쟁시장이기 때문에, 거래소에서 결정되는 가격은 공정가격(fair price)으로 인정되고 있다. 또 증권시장에서 형성된 가격은, 개별증권의 가격을 결정하는 과정에서 다수의 투자자들이 갖고 있는 개별 기업뿐만 아니라 경제전반에 관한 정보가 반영되기 때문에, 증권시장 전체의 가격 변화는 미래의 경제동향을 알려주는 예측치로서 중요한 의미를 갖는다.

1.2.5 장외시장

장외시장(over-the-counter market; OTC)은 비상장 증권이나 상장증권의 단주, 상장 폐

참 고 거래소의 어원과 역사

거래소는 흔히 bourse라고 한다. 이 단어의 어원에 대한 하나의 견해는 13세기경 상인들의 집회장소 앞에 지갑의 표시를 걸어놓았던 데서 유래한 것으로서, 지갑 또는 가방을 의미하는 라틴어의 burse가 어원이라는 견해이다. 다른 견해에 의하면, 13세기말 네덜란드 Bruges 지방의 상품거래인들이 Van der Burse라는 사람의 집에서 모임을 갖곤 하였는데, 1309년에 그 모임이 조직화되어 Bruges Bouse라고 불리어졌으며 곧바로 프랑다르나 암스테르담에도 유사한 조직이 만들어져 Bourses라고 부르게 되었던 데에서 어원을 찾기도 한다.

거래소의 효시는 1602년 네덜란드 동인도회사가 발행한 주식을 암스테르담 거래소에서 거래하기 시작한 것에서 찾고 있다.[5] 그 이후 1698년에는 런던에서 상품 및 주식의 시세표가 발행되었고 1792년에는 뉴욕증권거래소(New York Stock Exchange; NYSE, www. nyse.com)가 개설되어 오늘날 세계 최대의 거래소로 성장하였다.

우리나라에서는 1956년 3월에 대한증권거래소(1963년 한국증권거래소로 개칭)가 개장되어 건국국채, 지가증권 및 소수의 주식을 거래하여 오다가 1968년 자본시장육성법과 1972년 기업공개촉진법의 시행을 계기로 본격적인 거래소로 발전하기 시작하였다. 그 이후 1992년 1월부터 외국인의 직접투자를 허용하고, 1996년에 코스닥증권시장, 1999년에 한국선물거래소가 설립되었다. 2005년에는 기존의 한국증권거래소, 코스닥증권시장 및 한국선물거래소를 통합하여 주식회사 체제의 한국증권선물거래소(Korea Exchange; KRX, www.krx.co.kr)로 통합하고 그 산하에 유가증권시장, 코스닥시장, 선물시장의 3개 시장본부를 두었다.[6] 2009년 자본시장법의 시행으로 설립근거가 이 법의 373조로 바뀌었으며 명칭도 한국거래소로 바꾸었으며 산하의 선물시장도 파생상품시장으로 부르게 되었다.

지 또는 정지된 종목, 거래소 시장에서 거래가 부진한 상장증권에 대하여 시장성을 부여하여 거래소 시장의 기능을 보완해 주고 있다.

장외시장은 3차시장과 4차시장으로 다시 분류하기도 한다(1차시장은 발행시장, 2차시장은 거래소 시장을 의미한다). 3차시장(third market)은 거래소에 상장된 증권을 장외에서 거래하는 것을 의미한다. 거래소 시장에서 일정 규모 이상의 증권을 자유롭게 매매할 수 없으므로 다량의 증권을 저렴한 거래비용으로 거래하기 위한 경우와 거래소 시장에서 거래단위 미만의 단주를 거래할 수 없기 때문에 장외에서 거래하고자 하는 경우에 3차시장이 발생한다. 우리나라에서 단주거래를 중심으로 금융투자회사의 영업점 내에서 형성되고 있는 장외거래는 이 3차시장에 해당한다. 4차시장(fourth market)은 거래소 시장에 상장되어 있지 않은 증권을 거래하는 장외시장이다.

5] http://en.wickypedia.org 참조.

6] 우리나라 증권거래소의 역사를 일제하 1920년에 설립된 京城株式現物取引市場에까지 거슬러 올라가기도 한다. 이 거래소는 식산은행, 실업은행, 동아연초, 동양척식 등의 주식을 거래하였다. 이영훈, 박기주, 이명휘, 최상오 공저, 『한국의 유가증권시장 100년사』(증권예탁결제원, 2005), 제3장 참조.

채권거래의 대부분은 장외시장에서 기관투자자들 사이에 이루어지고 있다. 채권 장외거래는 대상 채권에 대하여 딜러들 사이에 합의된 수익률을 기준으로 이루어진다.

미국의 경우 주식 장외시장이 매우 발달되어 있다. 특히 1971년 이후 증권 딜러들이 부른 매수가격과 매도가격에 관한 정보를 컴퓨터 시스템을 통해 즉시적으로 제공함으로써 주문량이나 가격제한폭의 제약이 없이 딜러들 사이에 거래가 성립하도록 하는 자동호가시스템이 설립되었으며, 이를 NASDAQ(National Association of Securities Dealers Automated Quotation System, www.nasdaq.com)이라고 부른다. NASDAQ의 거래종목과 거래량이 세계최대 증권거래소인 NYSE에 버금갈 정도로 성장하자 일본의 자스닥, 한국의 코스닥 등 여러 나라에서 NASDAQ을 벤치마킹한 장외시장이 개설되었다.[7]

1.3 증권거래

1.3.1 거래규칙

거래소에서의 증권거래는 대량의 거래가 신속하게 이루어질 수 있도록 거래원(금융투자회사)만이 직접 참여하여 일정한 준칙에 따라 행하여지도록 되어 있다.

(1) 거래의 위탁

거래소의 매매거래에 직접 참가할 수 있는 자는 증권업의 허가를 받고 거래원으로 등록한 금융투자회사에 한정되어 있으며, 일반투자자는 직접 참가할 수 없다. 따라서 일반투자자는 증권의 매매를 금융투자회사에 위탁하여야 하며, 이때에는 주문표에 매매거래의 종류, 종목, 매도 또는 매수의 구별, 수량, 가격의 지정, 매매를 행할 시기, 현금거래 또는 신용거래의 구분 등을 표시하여 제출하여야 한다.

7] 우리나라의 코스닥시장은 유망한 비상장 중소기업에 대하여 직접금융의 기회를 부여하고 투자자에게 새로운 투자수단을 제공하기 위하여 1987년에 장외시장의 성격을 갖는 증권업협회 중개시장의 형태로 개설했던 것으로부터 출발하였다. 당시 협회 중개시장을 코스닥이라고 부르게 된 이유는 장외시장으로서 가장 성공적인 미국의 NASDAQ을 벤치마킹하여 만들어졌기 때문이다. 1996년에 전자주문체결시스템을 이용한 경쟁매매 시장인 코스닥으로 개편되었으며, 2005년에는 한국증권선물거래소(현재의 한국거래소)에 통합됨으로써 장외시장의 성격을 벗고 거래소 시장으로 전환되었다.

투자자가 금융투자회사에 매매거래를 위탁할 때 가격을 지정하는 방법은 크게 두 가지 방법이 있다. 첫째는 지정가주문(limit order)으로서 특정 가격을 지정하고 그 가격 이상으로 매도하거나 그 가격 이하로 매입하도록 주문하는 것이고, 둘째는 시장가주문(market order)으로서 시장에서 호가된 가격 중 가장 유리한 가격으로 매입 또는 매도하여 달라는 주문이다. 이 두 가지를 절충한 것으로서 조건부지정가주문도 사용된다. 이것은 특정 가격을 지정하여 주문하되 거래가 성립되지 못한 경우 시장을 마감할 때의 시장가로 매입 또는 매도하겠다는 주문이다.

(2) 호가단위와 수량단위

다양한 종류의 증권을 대량으로 거래하기 위해서는 거래방식이나 계약체결 방법, 거래의 단위 등에 대하여 일정한 규칙이 주어져야 한다. 매매거래의 단위는 호가단위와 수량단위로 나뉘어 있다. 호가(呼價)라는 것은 사거나 팔고자 하는 증권의 종목, 수량, 가격을 거래 상대방에게 제시하는 것으로서, 호가단위는 1주당 주가의 수준에 따라 다르게 정해져 있다.[8]

수량단위(round lot unit)는 증권거래의 대량화를 도모하기 위하여 결정된 거래수량의 기준단위를 말한다. 우리나라의 수량단위는 주식에 대해 10주를 수량단위로 하며 채권에 대해서는 액면 10만원 단위로 하고 있다. 이 수량단위에 미달하는 증권수량은 단주(odd lot)라고 하며 이는 주로 장외시장에서 거래된다.

(3) 거래시간

거래소 시장에서는 개장 및 폐장 시간이 정해져 있다. 우리나라 유가증권시장의 경우, 월요일부터 금요일까지 오전 9시에 개장하여 오후 3시에 폐장한다. 투자자들은 오전 8시부터 매매주문을 낼 수 있으며 1.4.1항에서 설명하게 될 동시호가 방식에 의해 오전 9시에 시가(始價, opening price)가 결정된다. 그 이후 이른바 접속매매 방식에 의해 오후 2시 50분까지 거래가 진행되다가 다시 동시호가 방식으로 전환되어 오후 3시에 종가(closing price)가 결정된다. 한국거래소 선물시장본부에서는 오후 3시 15분에 폐장한다(오후 3시 5분 이후는 동시호가 방식이며, 선물 및 옵션의 최종거래일에는 오후 2시 45분 폐장).

8] 주식의 호가단위는 가격이 5,000원 미만인 주식은 1주당 5원, 1만원 미만인 주식은 10원, 5만원 미만인 주식은 50원, 10만원 미만인 주식은 100원, 50만원 미만인 주식은 500원, 50만원 이상인 주식은 1,000원이다. 채권의 호가단위는 소수점 아래 두 자리의 수익률(%)을 단위로 한다.

(4) 결제방법

증권의 매매거래는 결제방법과 결제기한에 따라 현물거래와 선도거래로 나누어진다. 현물거래(spot(또는 cash) transactions)는 매매계약이 성립됨과 동시에 현금과 증권이 인도되는 거래형태이다. 선도거래(forward transactions)는 매매계약 시기와 현금 및 증권의 인도기일 사이에 일정한 시차가 존재하는 거래이다. 이 기간 동안에 증권의 전매와 환매가 인정되어 시장성을 갖게 되면 이를 선물거래(futures transactions)라고 부른다.

우리나라 거래소에서는 현물거래의 일종인 보통거래(regular-way transaction)가 사용되고 있다. 보통거래는 매매계약이 체결된 날로부터 3일째 되는 날에 증권과 대금이 인도되는 결제방식이다. 또 신주발행의 경우에는 신주청약이 이루어지고 주권이 발행된 후에 거래소가 지정하는 일자에 증권과 대금이 인도되는 발행일결제거래(when-issued transactions)가 이루어진다.

(5) 매입보유와 공매

매입보유(buy-and-hold)는 증권을 어느 정도의 기간 동안 보유하다가 미래에 매각할 목적으로 매입하는 거래로서 롱 포지션(long position)이라고도 한다. 매입보유는 투자자들이 가장 흔히 행하는 거래로서, 미래의 가격상승이나 배당으로부터 투자이익을 얻고자 할 때 행하여진다. 배당을 고려하지 않을 경우, 매입보유를 하게 되면 증권의 매도시의 가격이 매입시의 가격보다 크면 클수록 투자이익은 증가한다.

투자자가 보유하고 있지 않은 증권을 증권금융회사나 금융투자회사로부터 빌려 매도할 수 있으며, 이를 공매(空賣, short selling) 또는 쇼트 포지션(short position)이라고 부른다. 공매는 증권의 매도자가 매입자에게 증권을 매도하고 매수인으로부터 매도대금을 받는다는 점에서는 일반적인 증권의 매매와 아무런 차이가 없다. 그러나 매도인이 보유하지 않는 증권을 매도하였으므로, 증권을 매입자에게 양도하여 주기 위해서는 다른 제3자로부터 그 증권을 일정기간 동안 빌려야 하며, 그 기간이 경과한 후에 그 증권을 시장에서 매입하여 상환하여야 한다.

따라서 매도자의 입장에서 볼 때, 공매는 증권을 빌려서 매도하는 것이므로 증권을 빌려주는 제3자의 입장에서는 대주(貸株)거래라고 할 수 있다. 공매에 필요한 증권은 금융투자회사나 증권금융회사로부터 빌릴 수 있으며, 이때 증권의 대여에 따른 수수료가 부과된다.

투자자가 공매를 행하는 이유는 증권가격의 하락으로부터 이득을 얻고자 하기 때문이다. 예를 들어, 어떤 투자자가 A주식 100주를 1개월간 빌려서 다른 투자자에게

12,000원에 매도하는 공매를 행하였다고 하자. 만일 1개월 후의 주식가격이 13,000원으로 상승하였다면 그 투자자는 주당 13,000원에 100주를 매입하여 빌린 주식을 상환하여야 하며, 그 결과 10만원(=100주×1,000원)의 손실을 보게 된다. 그러나 1개월 후의 주식가격이 11,000원으로 하락한다면 주당 11,000원에 100주를 사서 빌린 주식을 상환하게 되므로 이 투자자는 10만원의 이득을 얻게 된다.

이상으로 설명한 바와 같이 매입보유는 가격상승으로부터 이득을 얻고자 하는 반면, 공매는 가격하락으로부터 이득을 얻고자 하는 데 목적이 있다. 이런 점에서 매입보유가 (+)의 투자라고 한다면 공매는 (−)의 투자라고 할 수 있다.

1.3.2 거래비용과 세금

(1) 거래비용

증권을 사고 팔거나 증권투자로부터 소득을 실현하였을 때, 투자자들은 거래비용과 소득세를 부담하여야 한다.

거래비용은 증권거래의 위탁수수료뿐만 아니라 증권거래와 관련되는 여러 가지 부수적 경비(정보수집비용, 교통비, 투자자의 시간비용 등)까지 포함된다. 그러나 좁은 의미로는 금융투자회사에 대한 거래의 위탁수수료로서 매입 또는 매도할 때 지급하는 직접비용만을 거래비용이라고 한다. 현재 증권거래 위탁수수료는 각 금융투자회사가 자율적으로 결정하고 있다. 일반적으로 투자자가 금융투자회사에서 직접 주문할 경우보다 인터넷거래를 이용할 때 훨씬 낮은 위탁수수료를 부담한다.

(2) 증권투자에 따른 세금

투자자가 증권거래와 관련하여 부담하는 세금은 거래행위 그 자체에 대하여 부과되는 증권거래세와 투자소득에 대하여 부과되는 소득세(이자소득세, 배당소득세, 양도소득세)가 있다.

① **증권거래세** : 증권거래세는 증권거래세법에 의하여 주권 또는 지분을 매도할 때 부과하는 세금으로서, 투자손익에 관계없이 부과된다. 세율은 원칙적으로 0.5%이며 유가증권시장의 거래에 대해서는 0.15%, 코스닥시장의 거래에 대해서는 0.3%가 부과된다. 주식을 매입하나 채권을 거래할 경우에는 부과되지 않는다.

② **이자소득세** : 이자소득세는 이자 및 할인료의 형태로 얻어지는 모든 이자소득에 대하여 부과되는 소득세이다. 소액의 일반투자자들이 국공채나 회사채로부터 얻은 소득에 대하여 14%의 이자소득세가 원천징수되지만, 주민세로 이자소득세의 10%가 부가되므로 채권투자자가 실제로 부담하는 이자소득세율은 15.4%에 달한다. 그러나 연 2,000만원 이상의 금융소득은 종합소득에 포함되어 종합과세되기 때문에 더 높은 세율을 부담하게 된다.

③ **배당소득세** : 배당소득세는 주식으로부터 얻어진 현금배당, 주식배당 및 무상증자(이익잉여금의 자본금 전환에 따른 무상증자만 해당)에 대하여 부과되는 소득세이다. 상장법인의 소액주주가 지급받은 배당소득에 대하여 이자소득세와 같은 수준의 배당소득세가 원천징수된다.

④ **양도소득세** : 증권을 양도할 때 실현되는 자본이득(capital gain)에 대하여 부과되는 세금으로서 자본이득세라고도 한다. 우리나라에서는 한국거래소를 통해 이루어진 증권거래로부터 얻어진 자본이득에 대해서는 과세되고 있지 않다.

1.4 증권가격

1.4.1 증권가격의 결정

(1) 증권가격과 증권정보

증권시장에서 형성되는 시장가격(market price)은 일반적인 상품의 가격과 마찬가지로 수요와 공급에 의하여 결정된다. 즉, 증권의 시장가격은 매 시점에서의 증권에 대한 수요와 공급이 일치되도록 결정된다. 그러나 상품가격을 결정하는 수요와 공급이 상품의 사용가치에 기초하여 이루어지는 반면, 증권의 수요와 공급은 증권의 미래소득에 대한 투자자의 예상에 기초하여 이루어진다.

증권의 미래소득에 대한 투자자의 예상은 주어진 증권정보에 따라 달라진다. 특정 증권의 미래소득을 결정하는 여러 요인에 대한 정보가 주어지면, 투자자들은 이에 기초하여 증권의 미래소득에 대한 위험과 수익을 예상하고 이에 따라 투자자들의 주관적 가치가 결정된다. 이 투자자들이 평가한 증권의 주관적 가치는 이미 이루어진 시장가

그림 1.1 증권가격의 결정과정

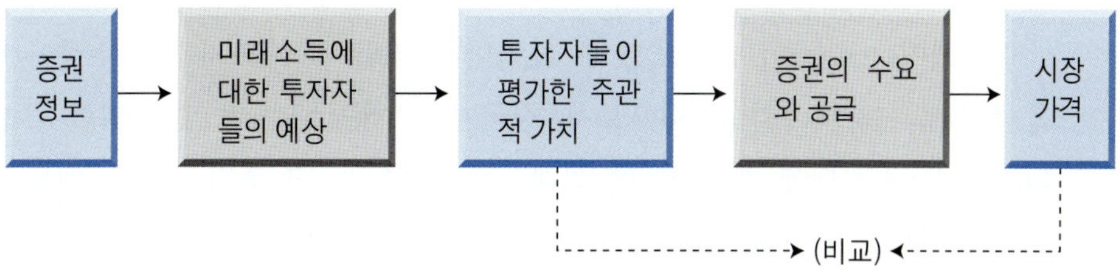

격과 비교되어 수요와 공급으로 구체화된다. 어떤 투자자가 평가한 주관적 가치가 시장가격보다 높으면 증권을 매입하려고 할 것이며, 반대로 주관적 가치가 이미 이루어진 시장가격보다 낮다면 증권을 매도하려 할 것이다. 이렇게 나타난 증권에 대한 수요와 공급이 시장경쟁을 통하여 새로운 시장가격을 형성하게 된다.

이상의 시장가격 결정과정은 [그림 1.1]과 같이 나타낼 수 있다. 따라서 증권의 시장가격은 궁극적으로 증권정보의 산물이라고 할 수 있다. 만일 새로운 증권정보가 투자자들에게 주어진다면 이는 투자자의 예상을 변경시킴으로써 증권의 주관적 가치의 변경을 가져올 것이고 마침내 시장가격의 변동을 가져온다. 증권정보는 일반적으로 수시로 불규칙적으로 주어지기 때문에 증권시장의 가격 역시 불규칙적으로 변동하게 된다.

(2) 가격결정방식

우리나라 거래소에서 주식가격을 결정하는 방식은 동시호가와 접속매매의 두 가지 방법이 사용되고 있다. 동시호가(simultaneous bids and offers) 방식은 매일의 개장 또는 폐장시점의 주가를 결정할 때 사용하는 방법으로서, 일정시간 동안 들어온 주문을 모아 하나의 가격으로 거래를 성립시키는 방법이다(이러한 매매방식을 동시호가에 의한 단일가 매매라고도 부른다). 한국거래소에서는 개장 직전과 폐장 직전의 10분 동안 주문만을 접수한 다음, 거래량이 최대가 되도록 하는 하나의 가격을 결정하여 시가(始價) 또는 종가(終價)를 결정한다.[9] 동시호가는 충분히 많은 수량과 다양한 호가를 반영하여 가격이 결정되기 때문에 특정 증권에 대한 모든 정보를 반영할 수 있으며 아직 반영되지 못한 정보를 가격에 모두 반영시킬 수 있다는 장점을 갖고 있다. 그러나 새로운 정보가 즉

9] 개장 직전의 동시호가는 유가증권시장과 파생상품시장 모두 오전 8시 50분부터 9시까지 주문을 접수하여 9시에 시가를 결정하고 폐장 직전의 동시호가는 유가증권시장의 경우 오후 2시 50분부터 3시까지, 파생상품시장은 오후 3시 5분부터 3시 15분까지 주문을 접수하여 3시 15분에 종가를 결정한다.

시적으로 가격에 반영되지 못하기 때문에, 가격에 반영된 정보가 어느 정도 시간이 경과된 정보일 가능성이 있다.

접속매매는 주문이 들어오는 매 순간마다 매입 및 매도가격과 수량이 맞으면 거래를 성립시키는 가격결정방식으로서, 한국거래소에서는 시가 및 종가를 결정할 때를 제외한 모든 시간대에 접속매매에 의해 가격을 결정하고 있다. 접속매매는 특정 순간에 주어진 정보를 즉시적으로 가격에 반영할 수 있다는 장점을 갖고 있지만, 비교적 소량의 매입 및 매도주문만으로 가격이 결정되기 때문에 미확인 또는 조작된 정보를 이용한 시세조작을 방지하기 어렵다는 단점을 갖는다.

(3) 가격제한폭

증권시장에 새로운 정보가 주어지면 이를 반영하여 새로운 가격이 결정되므로 하루 중 거래개시 시점에 결정된 가격과 폐장 시점에 결정된 가격이 다를 수 있으며, 전자를 시가(始價, opening price), 후자를 종가(終價, closing price)라고 부른다. 종가는 하루 동안 반복적으로 이루어진 매매거래의 결과 그날에 주어진 모든 정보를 반영하여 최종적으로 도달된 가격이기 때문에 그날의 시장가격을 대표한다.

우리나라에서는 매일 매일의 종가의 변동폭을 제한하고 있으며, 이를 가격제한폭(price limit)이라고 한다. 한국거래소에서의 상장주식에 대한 가격제한폭은 2014년 8월말 현재 전일 종가의 15% 이내이지만, 점차 30% 수준으로 완화하는 방향으로 이행하고 있다.[10] 일반적으로 어떤 증권의 종가가 하한가나 상한가로 결정되었다면, 그 증권의 가격은 초과수요나 초과공급을 아직 완전히 흡수하지 못하여, 다음날에도 가격이 하락 또는 상승할 가능성이 크다는 것을 의미한다.

가격제한폭 제도는 과도한 증권가격 변동을 억제함으로써, 증권가격의 안정화를 도모하고 나아가 투기의 과열을 방지하기 위한 목적에서 만들어진 것이다. 그러나 매우 큰 충격을 줄 정도로 중요한 정보가 발생할 경우, 이 정보가 가격제한폭 때문에 그날의 가격에 충분히 반영되지 못할 수 있으며, 이로 인해 증권시장의 효율성이 낮아질 수도 있다.

10] 코스피 지수가 전일보다 10% 이상 하락한 상태가 1분간 지속되면 모든 주식의 매매가 20분간 정지되고 이후 10분간 동시호가 거래를 거친 후 정상적인 매매가 이루어진다.

참 고 서킷 브레커와 사이드카

서킷 브레커(circuit breakers)는, 시장에 너무 큰 충격이 주어지거나 또는 투자자들이 일시적으로 비이성적 행태를 보일 때, 이를 적절하게 통제하여 시장이 정상을 회복하도록 도와주기 위한 장치이다. 한국거래소 유가증권시장과 코스닥시장에서는 코스피 또는 코스닥종합지수가 전일종가 대비 10% 이상 하락하여 1분 이상 지속될 때 서킷 브레커가 발동된다. 서킷 브레커가 발동되면 해당되는 시장의 모든 주식, 지수선물과 옵션의 거래가 20분 동안 완전히 중단되고 그 후 10분 동안 호가만 접수하여 단일가격으로 거래를 체결시킨다.

선물시장에서는 전일 거래량이 가장 큰 선물종목을 기준으로 전일종가 대비 5% 이상 상승 또는 하락하면서 이론가격에 비해 ±3% 이상의 차이를 보일 때 서킷 브레커가 발동된다. 서킷 브레커가 발동되면 처음 5분 동안 거래가 완전히 중단되고 나중 10분 동안 호가만을 받아 단일가로 매매를 체결시킨다.

서킷 브레커는 1987년 10월 19일 블랙 먼데이(Black Monday)의 주가 대폭락을 경험하고 난 다음 NYSE에서 처음 도입되었다. 우리나라에서는 1998년 12월 7일 가격제한폭이 전일종가 대비 15%로 확대됨과 동시에 도입되었다.

가격변동 억제장치로서 서킷 브레커와 관련이 깊은 것으로서 사이드카(side car)가 있다. 이것은 선물시장에서 발생한 가격 급등 또는 급락이 현물시장에 미치는 큰 충격을 억제하기 위한 장치로서, 전일 거래량이 가장 큰 종목의 선물가격이 6% 이상 상승 또는 하락하여 1분간 지속되면 자동적으로 발동되며, 사이드카가 발동되면 선물 및 현물시장의 관련종목에 대한 호가가 5분간 정지된다. 사이드카는 오전 9시 5분부터 오후 2시 20분까지만 발동될 수 있다.

1.4.2 증권시장의 효율성

증권시장은 가격변동을 통하여 경제전체적으로 축적되어 있는 투자자금을 가장 효율적으로 이용되도록 배분하는 기능, 즉 자원배분기능을 행한다. 이때 효율적 자원배분은 일정한 투자액으로부터 최대의 투자수익이 얻어졌을 때 달성된다. 이를 위해서는 각 투자자산, 즉 증권의 수익성과 위험에 관한 정보가 모든 투자자들에게 충분히 알려져야 하고, 증권거래를 저해하는 마찰적 요인이 존재하지 않아야 한다.

증권시장이 자원배분기능을 원활하게 수행하고 있을 때, 그런 상태를 효율적 시장(efficient market) 또는 시장효율성(market efficiency)이라고 부른다. 일반적으로 증권시장의 효율성은 배분효율성, 정보효율성 및 운영효율성의 세 가지 측면으로 구분하여 설명되고 있다.

(1) 배분효율성

배분효율성(allocational efficiency)은 희소한 자원으로서의 투자자금이 모든 사람들에게 가장 큰 이득을 가져다줄 수 있는 방식으로 생산적 투자에 배분되는 상태를 말한다.

이 배분효율성이 달성되면 모든 투자기회의 위험조정 후 수익률이 동일해진다. 환언하면, 모든 증권의 가격이 각 증권의 위험도에 적합한 위험프리미엄만을 실현할 수 있도록 결정될 때 배분효율성이 달성되었다고 할 수 있다.

예를 들어, 어떤 회사가 수익성이 큰 신기술을 개발하였으므로 미래의 현금흐름이 크게 증가할 것으로 예상된다고 하자. 이 경우 투자자들은 수익성이 낮은 주식을 팔고 수익성이 높은 이 회사의 주식에 투자할 것이고, 그 결과 이 회사의 주가는 상승할 것이다. 이 회사의 주가가 충분히 상승하여 다른 주식과 동일한 수익률(위험조정 후)을 가져다줄 것으로 기대될 때, 이 회사의 주식에 대하여 더 이상의 초과수요는 존재하지 않을 것이다.

(2) 정보효율성

정보효율성(informational efficiency)은 시장에서 결정된 가격이 이용가능한 모든 정보를 충분히 반영하고 있는 상태를 말한다. 이 정보효율성은 증권정보가 즉시적으로 공평하고 저렴하게 모든 투자자들에게 배분되고, 그 정보가 가격에 정확하게 반영될 때 달성된다. 정보의 배분이 즉시적으로 이루어진다는 것은 정보가 발생하면 그것이 시차를 두지 않고 시장가격에 반영된다는 것을 의미한다. 정보가 공평하고 저렴하게 배분되어야 한다는 것은 모든 투자자들이 아무런 차별과 비용이 없이 모든 정보를 이용할 수 있어야 한다는 것을 뜻한다. 그리고 정보가 정확하게 반영되어야 한다는 것은 어떤 정보가 의미하는 바가 왜곡되지 않고 그대로 시장가격에 반영되는 것을 말한다.

증권시장에서 정보효율성이 달성되면, 어떤 투자자가 특정한 정보를 이용하여 비정상적 투자성과를 얻어낼 수 없다. 왜냐하면, 모든 투자자들이 공평하고도 즉시적으로 정보를 이용하기 때문에, 일부의 투자자만 특정한 정보를 유리하게 이용할 수 없기 때문이다. 그러나 현실의 증권시장에서는 정보효율성이 충분히 달성되지 못하고 있다는 여러 가지 증거들이 존재하고 있으며, 이 점에 대하여서는 제9장에서 구체적으로 설명할 것이다.

(3) 운영효율성

운영효율성(operational efficiency)은 증권의 거래에 지장을 주는 마찰적 요인이 존재하지 않는 상태를 말한다. 증권을 사거나 팔고자 할 때, 투자자들은 증권시장의 여러 기구로부터 거래에 따른 서비스를 제공받아야 하며 이에 대한 대가로서 거래비용을 지급하여야 한다. 또 증권의 발행자 역시 여러 가지 발행비용을 지급하지 않으면 안 된다.

이러한 거래비용이나 발행비용이 거의 0에 가까워질 때, 즉 증권거래가 아무런 마찰이나 장애가 없이 이루어질 수 있을 때 운영효율성이 달성되었다고 할 수 있다.

오늘날 증권시장은 고도로 발달된 설비와 규칙에 의존하기 때문에, 다른 종류의 시장에 비하여 상대적으로 운영효율성이 높다고 볼 수 있다. 그렇다고 해서 증권시장에 마찰적 요인이 전혀 없다는 것은 아니다. 따라서 증권시장 내부에서는 보다 저렴한 비용으로 보다 좋은 질의 거래 서비스를 제공하기 위한 노력이 경쟁적으로 이루어지고 있다.

궁극적으로 증권시장이 존재하는 목적은 배분효율성을 달성함으로써, 최적의 자원배분을 달성하는 데 있다고 할 수 있다. 이를 위해서는 자본의 거래, 즉 증권거래가 충분한 정보를 가지고 아무런 마찰적 요인이 없이 이루어져야만 한다. 따라서 위에서 설명한 정보효율성과 운영효율성은 배분효율성을 달성하기 위한 두 가지 중요한 조건이라고 볼 수 있다.

흔히 시장효율성은 세 가지 개념 중에서 특히 정보효율성만을 의미하는 경우가 많다. 왜냐하면 증권가격이 미래의 수익과 위험에 관한 정보를 반영하여 결정되는 것이므로, 증권시장의 배분효율성은 시장가격이 증권정보를 어느 정도 효율적으로 반영하는가에 절대적으로 의존하기 때문이다.

이상과 같은 시장효율성의 개념은 현실에서 그대로 실현되고 있다고 말할 수 없다. 시장효율성의 개념은 현실의 가격기구를 검증하기 위한 일종의 기준 또는 척도라고 할 수 있다. 따라서 증권시장이 효율적인지 여부가 중요한 것이 아니라 어느 정도 효율적인지가 중요하다. 오늘날 증권시장은 다른 유형의 시장보다도 효율적인 것으로 간주되고 있으며, 앞으로도 효율적이기를 바라고 있다. 왜냐하면, 현대의 자본주의 경제는 상품시장의 독과점으로 가격기구가 제대로 작동하지 못하고 있다는 문제를 안고 있으며, 만일 자본시장마저도 효율적이지 못하다면 자본주의 경제의 핵심인 자본배분이 제대로 이루어질 수 없을 것이기 때문이다.

1.5 시장지표

시장지표(market index)는 증권시장 전체의 가격수준을 표시하여 주는 척도이다. 시장지표는 증권시장의 경기수준을 간단한 하나의 지표로 나타내주기 때문에, 투자자들에게 커다란 도움을 준다. 오늘날 시장지표는 포트폴리오분석기법의 발전과 함께 그 중요성이 더욱 강조되고 있다. 즉, 여러 증권에의 투자비율을 결정함에 있어, 증권시장 전체의 변동과 개별 증권의 가격변동 사이의 관계를 파악할 필요가 있으며, 이때 시장 전체의 변동을 나타내 주는 수단이 시장지표이기 때문이다. 주식시장의 지표는 주가지수와 주가평균의 두 가지 종류가 있다.

1.5.1 주가지수와 주가평균

(1) 주가지수

주가지수(price index)는 어떤 기준시점의 주식시장 전체의 가격수준을 100으로 하고 비교시점의 가격수준을 이 100에 대한 상대치로 환산하여 표시하는 방법이다. 주가지수는 그 계산방식에 따라 두 가지로 나눌 수 있다.

단순주가지수(equally weighted price index)는 채용 종목의 가격의 단순합계를 기준시점과 비교시점별로 따로 계산하고, 비교시점의 가격 합계를 기준시점의 가격 합계로 나누어서 그 상대치를 구하여 주가지수로 삼는 방법이다. 만일 채용하는 주식이 N가지라고 하고, 기준시점의 각 증권의 가격을 P_{j0}(단, $j = 1, \cdots, N$)이라 하고, 비교시점(t)에서의 각 증권의 가격을 P_{jt}로 놓으면, 단순주가지수는 다음의 식과 같이 계산된다.

$$\text{단순주가지수} = \frac{\sum_{j=1}^{N} P_{jt}}{\sum_{j=1}^{N} P_{j0}} \times 100 \tag{1.1}$$

단순주가지수가 각 증권의 상대적 중요도를 반영하지 않는 반면, 가중(加重)주가지수(weighted price index)는 각 증권의 상대적 중요도를 가중치로 한 주가지수이다. 이때 가중치로 사용하는 것은 거래액이나 시가총액 등이다. 특히 각 주식의 시가총액(=주식수×주가)을 가중치로 하여 계산된 주가지수를 가치가중 주가지수(value-weighted price index)라고 부른다. 일반적으로 가중주가지수는 다음의 식과 같이 계산된다.

$$\text{가중주가지수} = \frac{\sum_{j=1}^{N} w_{jt} P_{jt}}{\sum_{j=1}^{N} w_{j0} P_{j0}} \times 100 \tag{1.2}$$

단, w_{j0}와 w_{jt}는 기준시점(0)과 비교시점(t)에서의 증권 j의 가중치.

대표적인 가중주가지수는 1983년 이후 우리나라에서 사용하고 있는 코스피(KOSPI)이다. 코스피는 유가증권시장 상장주식의 시가총액을 가중치로 한 가치가중 주가지수로서 1980년 1월 4일을 기준시점으로 하고 있다. 미국의 대표적인 주가지수인 스탠더드 · 푸어500(Standard & Poor' s 500; S&P500)도 미국 뉴욕증권거래소(NYSE) 및 나스닥에 상장되어 있는 주요 500개 주식의 시가총액을 가중치로 한 가치가중 주가지수로서 1957년 4월부터 발표되었다.

(2) 주가평균

주가평균(price average)은 어떤 특정시점에 있어서 각 주식의 가격에 대한 평균치이다. 이 주가평균은 기준시점과 비교시점의 주가를 비교하는 것이 아니며, 오직 특정시점에서의 주식가격의 평균을 나타낼 따름이다. 주가평균은 구하는 계산방법에 따라 단순주가평균, 가중주가평균, 수정주가평균의 세 가지로 구분된다.

단순주가평균(equally weighted price average)은 채용종목의 가격을 단순평균한 것이다. 따라서 단순주가평균은 채용하고 있는 주식의 주가합계를 채용종목수로 나눈 것이며, 다음의 식과 같이 계산된다.

$$\text{단순주가평균} = \frac{1}{N}\sum_{j=1}^{N} P_{jt} \tag{1.3}$$

단순주가평균은 채용하고 있는 주식들이 모두 동일한 중요도를 갖고 있는 것으로 가정하고 있으므로, 주식시장 전체의 가격수준을 표시함에 있어 중요도가 상대적으로 크거나 작은 주식의 영향을 적절하게 반영하지 못한다.

채용하고 있는 주식의 상대적 중요도를 반영하여 주식시장 전체의 가격수준을 표시하고자 하는 방법이 가중주가평균(weighted price average)이다. 가중주가평균은 채용하고 있는 주식들의 가격을 각 주식의 상대적 중요도를 반영하는 가중치로써 가중평균한 것이다. 이때 가중치로 사용하는 것은 거래액이나 시가총액의 구성비율 등이다. 이 가중주가평균은 다음과 같이 계산된다.

$$\text{가중주가평균} = \sum_{j=1}^{N} w_{jt} P_{jt} \tag{1.4}$$

단, w_{jt}는 비교시점(t)에서의 증권 j의 가중치.

유상증자나 무상증자 또는 액면분할 등이 이루어진 경우에는 주식가격의 연속성이 단절된다. 이런 경우 주가의 연속성을 유지하기 위하여 일정한 수정을 가하여 주어야 하며, 수정을 가한 후의 주가를 수정주가(adjusted price)라 한다.

예를 들어, 1주에 대하여 0.5주의 무상주를 나누어 준 경우를 생각해 보자. 무상주 배정 직전의 주가가 10,000원이었고 무상주를 배정한 후의 주가가 8,000원이었다고 가정한다. 이 경우 주식가격의 비교를 행할 수 있기 위해서는 주식가격의 연속성을 유지시켜 줄 필요가 있다. 즉, 과거에 1주를 가진 투자자가 무상주 배정이 이루어진 후에 1.5주가 되었으므로 그의 부의 크기는 무상주 배정 후의 주가에 1.5주를 곱한 12,000원이 되며, 이 12,000원이 수정주가이다. 유상주 배정이나 액면분할의 경우에도, 이런 조치가 주주의 부의 크기에 어떤 영향을 미치는가를 고려하여 수정주가를 계산한다.

수정주가평균(adjusted price average)은 채용하고 있는 주식의 수정주가에 대한 단순평균 또는 가중평균이다. 이 수정주가평균은 특정시점의 주식시장 전체의 가격수준을 나타내는 데에는 적합하지 않으나 서로 다른 여러 시점에 걸친 투자자 전체의 부의 변동을 표현하는 데에는 가장 적절한 시장지표이다.

미국 주가의 움직임을 나타낼 때 흔히 인용되는 다우 · 존스 주가평균(Dow & Jones Industrial Average; DJIA30)은 뉴욕증권거래소에 상장된 30개 대기업 주식의 가중주가평균으로 만들어진 것이다. 다우 · 존스 주가평균은 1986년 5월에 처음 작성 · 발표된 후 지속적으로 편입종목의 수정주가를 계산하고 이를 평균해 왔으며 편입종목도 경제의 주력산업을 반영하여 개편되어 왔다. 일본 주식시장을 대표하는 니케이225(Nikkei225) 주가평균도 다우 · 존스 주가평균과 유사한 방법으로 일본의 대표적인 225개 주식의 주가평균으로 계산된 것이다.

1.5.2 시장지표 작성상의 몇 가지 문제

시장지표를 작성하는 목적은 증권시장 전체를 나타내줄 수 있는 평균치 또는 대표치를 구하는 것이다. 따라서 시장지표 작성에서 부딪치는 문제점은 일반적으로 평균치를 구할 때 발견되는 문제점과 같다. 여기에서 특히 언급하고자 하는 문제점은 어떤 주식을 채용종목으로 할 것인가, 각 채용종목의 가중치를 어떻게 부여할 것인가, 그리고 어떤 방법으로 평균할 것인가와 같은 문제들이다.

(1) 채용종목

이상적으로 말하면, 시장지표를 작성하는 데 포함되어야 할 채용종목은 증권시장에서 거래되는 모든 주식들이어야 한다고 할 수 있다. 그러나 시장지표 작성상의 편의를 위하여 일부의 주식만을 선택하여 채용종목으로 삼는 것이 일반적이다.

몇 가지 대표적인 주식만을 택하여 채용종목으로 삼는 것은 ① 증권시장에서 매매되는 총 거래액의 상당부분이 일부의 대표적 주식에 의해 이루어지고 있고 ② 대부분의 주식들의 가격이 서로 같은 방향으로 움직인다는 사실 때문에 정당화될 수 있다. 그러나 일부의 대표적인 주식만을 채용종목으로 삼는다 할지라도, 이에 의해 얻어진 시장지표가 주식시장을 적절히 대표할 수 있기 위해서는 충분한 수의 주식이 채용되어야 한다.

(2) 가중방법

가중평균의 목적은 시장지표의 작성목적에 부합하도록 각 주식의 상대적 중요도를 반영하는 것이다. 이 상대적 중요도는 가중치의 크기로써 나타내지며, 흔히 각 증권의 거래액이나 상장주식수 등이 사용된다.

그러나 시장지표는 단순히 주식시장 전체의 가격수준을 나타내는 데 그치지 않고, 투자자 전체의 富의 변동을 나타내는 지표로도 이용될 수 있어야 한다. 이를 위해서 흔히 가치가중지수(value-weighted index)가 더 합리적인 가중방법인 것으로 인정되고 있다. 이 가치가중지수는 채용종목 전체의 시장가치 총계에 대한 각 주식별 시장가치(=주식수×주가)의 비율을 가중치로 한 가중평균이다.

(3) 평균의 방법

평균을 구하는 방법으로써 흔히 사용되고 있는 것은 산술평균(arithmetic average)과 기하평균(geometric average)이다. 산술평균은 어떤 특정시점에 있어서의 평균치를 나타내는 데 적합하고, 기하평균은 지수나 성장률처럼 변화의 패턴 또는 상태를 나타내는 데 적합하다. 따라서 시장지표를 구할 때에는 그 사용목적에 따라 어떤 평균의 방법을 택할 것인가를 결정하여야 한다.

1.5.3 우리나라의 시장지표

(1) 코스피

우리나라 주식시장의 가격변동을 대표하는 주가지수는 코스피(Korean Stock Price Index; KOSPI)이다. 이 지수는 1980년 1월 4일을 기준시점으로 하고 매일의 시가총액을 기준시점의 시가총액으로 나누어 계산된 가치가중 주가지수이다.

$$\text{KOSPI} = \frac{\text{비교시점의 시가총액}}{\text{1980년 1월 4일의 시가총액}} \times 100 \tag{1.5}$$

시가총액을 구할 때의 채용종목은 모든 상장된 보통주식이며, 신규상장, 유상증자, 상장폐지, 채용종목 교체 등이 발생할 경우에는 이를 반영하여 기준시점의 시가총액을 수정하여 주고 있다. 그리고 코스피를 작성하는 것과 동일한 방법으로 업종별 지수와 규모별 지수를 작성 · 발표하고 있다.

(2) 코스피200

코스피200 주가지수는 주가지수선물과 옵션의 거래대상으로 사용하기 위해 주식시

그림 1.2 코스피와 S&P500

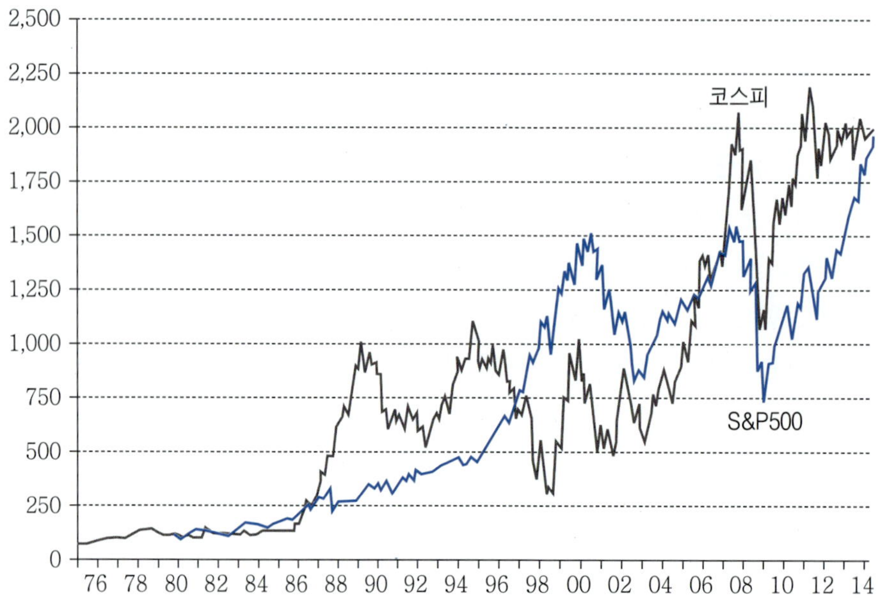

참 고 코스피의 움직임(1980~2013년)

[그림 1.2]는 1975년 1월부터 2006년 12월말까지의 코스피와 미국 S&P500 지수의 움직임을 보여주고 있다(1979년까지의 코스피는 거래소가 역산하여 발표한 것임). 코스피의 움직임을 보면 1985년 하반기부터 가파른 상승국면을 보이기 시작하여 1989년 4월에는 사상 최초로 1,000포인트를 기록하였다.

그 이후 상승과 반복을 되풀이하다가 1997년 외환위기 직후인 1989년 8월에는 300포인트 아래로까지 하락하였으나 2000년 1월 4일 1,059포인트까지 다시 반등함으로써 외환위기로부터 벗어나고 있다는 강력한 신호를 보여주었다. 그 이후 IMF 채무 전액상환, 대우그룹 해체, 신용카드 위기 등을 거치면서 주가지수가 등락을 거듭하였다.

2000년 이후 본격적으로 전개된 세계적인 IT(정보통신) 붐과 뒤이은 부동산 경기의 영향으로 2003년 3월(3월 17일 515포인트)부터 2007년 10월말(10월 31일 2,064포인트)까지 4년 반에 걸친 장기 상승국면을 보였다. 이 시기는 코스피의 연평균 상승률이 30%를 초과할 정도의 장기호황이었다. 그러나 2007년 하반기 미국에서 시작된 서브프라임 파동과 2008년 9월 리만브라더스 파산으로 촉발된 세계금융위기 때문에 코스피는 2008년 10월 24일 938포인트 수준으로 다시 하락하였다.

그 이후 2012년 3월에는 다시 2,000포인트 수준을 회복하였지만, 그리스, 이탈리아, 스페인 등의 재정위기의 영향으로 코스피는 1,750에서 2,050포인트 사이에서 등락을 거듭하고 있다.

장의 실세를 나타내는 200종목의 시가총액을 기준으로 작성한 가치가중 주가지수이다. 기준시점은 1990년 1월 3일이며 지수계산방법은 코스피와 유사하다. 코스피200의 계산에 편입되는 종목은 전년도의 시가총액, 거래량 및 업종대표성 등을 고려하여 선정되며 한국거래소의 유가증권시장 전체 시가총액의 70% 이상을 포함하고 있다. 한국거래소는 코스피200 이외에 2000년 1월 4일을 기준시점으로 한 코스피100과 코스피50 지수도 작성하여 발표하고 있다.

(3) KRX100 지수와 코스닥종합지수

한국거래소는 2005년 증권시장 통합의 취지를 반영하여 2001년 1월 2일의 시가총액을 1,000으로 하고 유가증권시장과 코스닥시장의 대표종목 100종목으로 구성된 KRX 100(Korea Exchange 100) 지수를 개발하여 발표하고 있다. KRX100의 구성종목은 시가총액과 거래액뿐만 아니라 수익성, 안정성, 건전성 등 다양한 기준을 반영하여 우량종목이 편입되도록 하였다.

코스닥종합지수(KOSDAQ Composite Index)는 코스닥시장을 대표하는 시가총액 기준 가중주가지수로 1996년 7월 1일을 1,000으로 하고 있으며, 1997년 1월 3일부터 산출 · 발표하고 있다.

1장 연습문제 Exercises

01 보통주, 우선주, 회사채 등이 수익성, 위험도, 지배권에 어떤 차이를 갖고 있는지 설명하시오.

02 한국거래소 홈페이지(www.krx.co.kr)에서 우리나라 주식시장의 상장회사 수, 시가총액 규모, 투자자 수 등이 1980년대 이후 어떻게 변동하여 왔는지 알아보시오.

03 한국거래소 홈페이지(www.krx.co.kr)에서 우리나라 상장주식 소유자가 유형별로 어떻게 분포되어 있는지 알아보시오. 특히 외국인투자자의 주식소유비율이 외국인 증권투자가 허용된 1992년 이후 어떻게 달라져왔는지 알아보시오.

04 거래소의 성격 및 기능을 설명하시오.

05 가격제한폭, 서킷 브레커 및 사이드카가 어떤 제도이며 증권시장에서 어떤 역할을 하는지 설명하시오.

06 2008년 세계금융위기와 관련하여 다음에 대해 답하시오.

(1) 2007년 1월 이후 지금까지 코스피와 S&P500 지수의 움직임을 조사하고 그림으로 나타내시오.

(2) 특히 2008년 7월부터 2009년 5월까지의 주가동향을 관찰하고 그 특징에 관한 자신의 의견을 정리하시오.

07 2008년 7월부터 2009년 5월까지 사이에 우리나라 유가증권시장과 선물시장에서 서킷 브레커와 사이드카가 발동된 사례를 조사하여 실행의 배경과 효과에 대한 자신의 의견을 정리하시오.

08 증권거래에 관련되는 거래비용 및 세금이 어떻게 부과되고 있는지 설명하시오.

09 증권시장의 효율성에 대해 설명하시오.

10 1980년 1월 이후 코스피 지수의 추이를 그림으로 나타내고 지수변동의 배경이 무엇인지 자신의 의견을 정리하시오.

INVESTMENT

제2장 | 투자목표와 투자전략

2.1 증권투자자의 투자결정

투자자들의 증권투자는 더 큰 富를 얻기 위하여 주식, 채권, 파생상품 등과 같은 다양한 종류의 투자자산을 매입하고 매도하는 일련의 활동으로 이루어져 있다. 증권투자에는 인간의 경제행동이 내포하고 있는 전형적인 특징들을 잘 보여준다. 즉, 투자자들은 자신의 선택행동에 관련된 다양한 정보를 수집하여 이용하고, 미래에 어떤 결과가 얻어질 것인지를 충분히 예상하고서 행동한다. 그런 의미에서 증권투자는 인간의 합리적 선택행동의 대표적인 사례이다.

투자자들은 증권투자를 통하여 달성하고자 하는 투자목표를 갖고 있으며, 투자환경으로부터 주어지는 제약조건 하에서 그 목표를 가장 효과적으로 달성하고자 투자전략을 선택하고 실천하고자 한다. 그리고 투자자가 어떤 투자목적과 제약조건 하에서 어떤 투자전략을 선택하게 될 것인지는 그들의 법률적 지위, 투자규모, 연령, 소득, 성별, 투자자금 축적과정, 취미 등에 따라 달라진다.

(1) 투자목표

투자자들은 그들이 목표로 하는 기대수익률과 위험의 크기를 설정해 두고 있다. 일반적으로 고령의 투자자들은 기대수익률은 낮더라도 위험이 적은 증권에 투자하고자 하며, 젊은 투자자들은 더 큰 위험을 부담하더라도 더 높은 기대수익률을 얻기를 원한다. 이처럼 투자자들이 목표로 하는 기대수익률과 위험의 수준은 투자자의 투자동기, 연령 등에 따라 달라진다.

일반적으로 40대 이하 연령층의 투자자들은 고위험 · 고수익의 투자목표를 갖고 있고 노령층은 저위험 · 저수익의 투자목표를 추구한다. 일부의 투자신탁이나 헤지펀드는 높은 기대수익률과 위험을 투자목표로 제시한다.

(2) 제약조건

투자자들은 사회적 또는 개인적 제약조건(constraints) 하에서 행동하여야 하기 때문에, 시장에서 거래되는 모든 투자자산을 마음대로 선택할 수 없다. 흔히 투자자의 투자행동을 제약하는 조건으로 다음과 같은 것들이 언급되고 있다.

① **투자규모** : 현실적으로 투자자에게 가장 중요한 제약조건은 투자자금의 크기이다.

일반적으로 투자자금 규모가 클수록 투자자산의 선택범위는 넓어진다. 어떤 투자자들은 투자규모의 제약을 완화시키기 위해 외부로부터 투자자금을 차입하여 더 큰 규모로 투자하기도 한다. 이 경우에는 투자규모의 제약이 완화되지만 그 대가로 더 큰 위험을 부담해야만 한다.

② **유동성** : 유동성(liquidity)이란 공정한 가격을 받고 어느 정도 용이하게 어떤 자산을 처분할 수 있는지를 의미한다. 화폐시장의 단기금융자산들은 대체로 유동성이 높으며, 부동산 등은 유동성이 낮다. 따라서 투자자들은 투자자금을 어느 정도 긴급하게 회수할 필요가 있는가를 고려하여 투자자산을 선택하여야 한다.

③ **투자기간** : 투자기간(investment horizon)은 투자자금의 전부 또는 일부를 회수하고자 예정하는 시기를 의미한다. 봉급생활자들이 정년퇴직 때까지 적금에 들거나, 연금공단이나 공제회가 연금지급시기에 맞추어 장기채권에 투자하는 것은 모두 투자기간을 고려하여 투자자산을 선택하고 있는 예이다.

④ **증권분석 및 예측능력** : 증권분석 및 예측능력도 투자자들의 투자행동을 제약하는 조건으로 작용한다. 일반적으로 증권분석 및 예측능력이 클수록 더 다양한 종류의 투자자산을 투자대상으로 고려할 수 있다. 예를 들어, 증권투자에 관한 지식을 갖고 있지 못한 투자자들은 정기예금과 같은 안전자산에만 투자대상을 한정한다. 또 주가지수 예측능력을 갖고 있다고 생각하는 투자자들은 주가지수 선물이나 옵션에 투기적 목적으로 투자한다.

⑤ **법규** : 투자자들은 법이 허용하는 범위 내에서 투자자산을 선택하고 관리한다. 특히 기관투자자들은 개인투자자보다 강한 법규의 제약을 받는다. 기관투자자는 선량한 관리자의 의무에 따라 고객들의 이익을 최대한 보호해야 하기 때문에 과도하게 큰 위험을 갖고 있는 투자자산에 투자할 수 없도록 제약되어 있는 경우가 많다.

⑥ **세금** : 투자수익에 대한 세율은 투자자에 따라 다르기 때문에 투자전략 역시 달라질 수 있다. 예를 들어, 면세투자자들은 큰 고배당 주식에 투자하여도 좋지만, 고액납세 투자자는 배당이 적고 자본이득이 큰 주식을 택하게 된다.

(3) 투자전략

투자자들은 제약조건 하에서 투자목적, 즉 원하는 수준의 기대수익률과 위험을 달성하기 위하여 구체적이고 실천 가능한 투자전략을 수립하여야 한다. 투자전략을 구성하는 내용으로서 자산배분, 증권분석, 분산투자, 자산배분 변경의 시기선택, 투자성과의 사후적 측정 등이 포함된다. 이에 대해서는 다음 절에서 상세하게 설명하고자 한다.

2.2 투자자의 종류와 특성

2.2.1 투자자 유형에 따른 투자목적

(1) 개인투자자, 전문투자자 및 기관투자자

투자자를 유형에 따라 크게 구분하면, 개인투자자(individual investors), 전문투자자(professional investors) 및 기관투자자(institutional investors)로 나누어진다.[1] 개인투자자는 연령, 성별, 직업, 가족구성 등에 따라 매우 다양한 성격을 보인다. 일반적으로 개인투자자가 보유하는 자산은 인적자본(human capital), 부동산, 각종 금융자산 등으로 이루어져 있다.

전문투자자는 수수료를 받고 투자관리의 서비스를 제공하는 기관이다. 전문투자자의 가장 전형적인 형태는 다수의 개인 또는 기관으로부터 투자자금을 위탁받아 운용하는 투자신탁회사, 자산운용회사, 투자회사 등과 같은 집합투자기구이며, 헤지펀드(우리나라의 사모투자전문회사)와 투자일임업을 영위하는 회사도 전문투자자로 분류된다.

기관투자자는 특정 기관이 자신의 채무와 비용에 충당하거나 수익을 얻을 목적으로 투자자금을 운용하는 투자자이다. 은행, 보험회사, 연금기금, 공제회, 학교법인, 종교재단 등이 기관투자자의 대표적인 예이다.

일반적으로 전문투자자나 기관투자자들은 거액의 투자자금을 운용하므로 투자관리 업무를 전문적으로 담당하는 포트폴리오관리자—흔히 펀드매니저라고 부르는 사람—를 고용한다. 1인의 포트폴리오관리자가 관리할 수 있는 투자규모에는 일정한 한도가 있고 또 포트폴리오관리자들 사이의 경쟁을 유도하기 위하여, 거액의 투자자금을 작은 규모의 몇 개의 펀드로 구분하고 각 펀드를 펀드매니저(fund manager)가 관리하도록 하는 것이 일반적이다.

(2) 투자자 유형별 투자목적

투자자들이 목표로 하는 수익과 위험은 〈표 2.1〉과 같이 정리할 수 있다.

개인투자자의 경우 그들의 라이프 사이클에 따라 투자목적이 달라진다. 대체로 나이가 많아지면 낮은 위험을 부담하여 낮은 기대수익률을 얻고자 한다. 특히 은퇴하거나

1] 한국거래소에서는 투자자 유형을 개인, 기관투자자, 외국인 등으로 분류하여 소유주식수 통계와 거래량과 거래금액 통계를 제공하고 있다. 이 중 외국인에는 외국의 개인도 포함되지만 대부분은 외국의 전문투자자이다.

표 2.1 투자자 유형별 투자목적

투자자 유형	기대수익률	위험
개 인	라이프 사이클에 의존 (교육, 자녀, 주택, 은퇴 등)	라이프 사이클에 의존 (젊을수록 큰 위험부담)
투자신탁	고객의 요구에 따라 다르다	고객의 요구에 따라 다르다
연금기금	연금지급 스케줄에 의존	대체로 보수적
생명보험	장기금융자산 수익률보다 높은 수익률	대체로 보수적
손해보험	단기금융자산 수익률 수준	보수적
은 행	대출금리와 예금금리의 차이를 고려	보수적

은퇴시기에 임박하면 거의 모든 자산을 안전자산에 투자하고자 한다. 또 근로소득이 안정적인 투자자는 그렇지 않은 투자자보다 더 큰 위험을 부담하여 더 높은 기대수익률을 얻고자 하는 투자목표를 설정할 수 있다.

전문투자자와 기관투자자는 고객의 요구와 설립목적 및 재무상태에 따라 투자목적이 달라진다. 예를 들어, 투자운용회사는 고객의 요구에 맞추어 다양한 펀드를 설정하고 투자자금을 모집 · 운용한다. 예컨대, “성장주 펀드”는 더 많은 위험을 부담하고 더 높은 기대수익률을 얻고자 하는 고객을 겨냥하여 설정된 펀드이고, “채권형 펀드”는 보수적인 투자자들을 겨냥하여 설정된 펀드이다.

연금기금(pension fund)은 연금수혜자에 대한 연금지급 스케줄에 따라 목표수익률이 결정된다. 연금기금의 연금지급액은 반드시 이행하여야 할 채무이므로, 연금기금은 투자자금을 위험이 큰 자산에 운용할 수 없다. 생명보험 역시 연금기금과 거의 비슷한 투자목적을 갖고 있다. 손해보험은 빈번하게 발생하는 우발적 사태에 대비하여 투자자금을 운용하여야 하므로 유동성이 큰 단기자산에 투자하여야 한다.

은행의 이익은 주로 예대마진(예금과 대출의 이자율 차이)에 의해 얻어진다. 은행은 고위험 대출 또는 장기대출의 비중을 증가시킴으로써 예대마진을 증가시킬 수 있지만, 이러한 대출정책은 은행의 위험을 증가시키고 지급능력을 약화시킨다.

2.2.2 투자자 유형별 제약조건

투자자가 투자전략을 선택할 때 받는 제약조건의 강도도 〈표 2.2〉에 정리된 바와 같이 투자자 유형에 따라 다르다. 일반적으로 전문투자자나 기관투자자의 경우, 투자규

표 2.2 투자자 유형별 제약조건의 강도

투자자 유형	투자규모	유동성	투자기간	분석능력
개 인	작다	가변적	가변적	적다
투자신탁	크다	가변적	가변적	많다
연금기금	크다	낮다	길다	가변적
생명보험	크다	낮다	길다	많다
손해보험	크다	높다	짧다	가변적
은 행	크다	낮다	짧다	가변적

모도 크고 풍부한 여유자금을 보유하고 있으므로 유동성의 제약을 크게 받지 않으며 정보의 분석 및 예측능력의 제약도 적은 편이다. 그러나 개인의 경우 작은 투자규모와 분석능력의 제약조건 하에서 투자결정을 내려야만 한다.

2.3 투자전략

투자목적과 제약조건이 어느 정도 명확하게 정의되면, 투자자는 투자자금을 자신이 직접 관리하여 투자할 것인지, 또는 전문투자기관에게 투자관리를 위탁할 것인지를 결정해야만 한다. 투자자 자신이 포트폴리오관리를 직접 담당하는 것은 자신의 투자목표와 제약조건을 자신이 가장 잘 알 수 있고, 포트폴리오 관리수수료 부담이 없다는 점에서 유리한 점이 있다. 그러나 일반적으로 개인투자자들은 투자자금의 제약 때문에 충분한 분산투자를 행할 수 없고, 증권분석 및 예측능력의 한계 때문에 이용가능한 모든 투자기회를 충분히 활용할 수 없다는 문제를 안고 있다.

전문투자자에게 포트폴리오관리를 위탁하는 경우, 전문적 증권분석 및 예측능력과 분산투자의 이득을 얻을 수 있다는 장점을 갖고 있다. 그러나 전문투자자가 개인의 투자목적 및 제약조건의 상세한 내용을 충분히 이해하지 못하거나 포트폴리오관리에 반영하지 못할 가능성이 있다. 이런 문제점 때문에 전문투자기관에서는 수탁받은 투자자금을 고객의 요구에 따라 다수의 포트폴리오로 구분하고 각각의 포트폴리오관리를 투자관리 전문가에게 위임한다. 이와 같이 포트폴리오 관리기능을 위임받아 포트폴리오관리를 행하는 전문가를 포트폴리오관리자(portfolio manager) 또는 펀드매니저(fund manager)라고 부른다.

여기에서는 개인투자자이든 전문투자기관의 포트폴리오관리자이든, 공통적으로 고려하여야 할 투자전략의 개괄적 내용을 요약하여 설명하기로 한다.

2.3.1 자산배분

(1) 자산배분

투자전략을 수립하는 첫 번째 단계는 자산배분(asset allocation)이다. 자산배분이란 투자자금 전체를 몇 가지 자산유형(asset class)별로 나누어 배분하는 것을 말한다. 자산배분에서는 자산유형을 크게 위험자산과 안전자산(또는 무위험자산)으로 구분하고, 이를 다시 다음과 같이 더 세분된 자산유형으로 구분할 수도 있다.

위험자산 : 국내 대형주, 국내 소형주, 선진국 주식, 신흥시장 주식, 회사채, 전환사채, 외화자산, 선물, 옵션, 금, 부동산 등

안전자산 : 국채, 단기금융자산(CD, CP, 예금 등)

위에서 위험자산을 크게 주식, 채권, 기타 자산 등으로 단순하게 구분할 수도 있고, 골동품, 명화 등을 위의 위험자산에 추가할 수도 있다. 이처럼 자산유형의 구분은 일정한 형식에 따라 이루어지는 것이 아니고 운용하는 투자자금의 규모, 투자자의 기호 또는 다른 제약조건을 고려하여 융통성있게 이루어진다.

위험자산으로 구성된 포트폴리오의 부분을 위험포트폴리오(risky portfolio)라고 부른다. 다른 종류의 위험자산에 비하여 주식은 충분한 유동성을 갖고 있으므로, 투자자들이 가장 선호하는 위험포트폴리오는 주식포트폴리오이다.

구체적으로 위험포트폴리오를 어떻게 구성할 것인지는 투자자의 투자전략에 따라 달라진다. 만일 어떤 투자자가 소극적 투자전략, 즉 특별한 증권분석과 예측의 노력을 기울이지 않고 자본시장의 평균적 성과만을 얻고자 하는 전략을 택한다면, 그는 주식시장 전체의 구성과 동일한 포트폴리오인 시장포트폴리오(market portfolio)를 위험포트폴리오로 보유하게 된다. 실제로 이런 시장포트폴리오는 지수펀드(index fund)라는 형태로 일반화되어 있다. 그러나 투자자가 우월한 예측능력을 구사하여 시장평균보다 높은 투

자성과를 얻기 위해 개별증권에 선별적으로 투자하는 적극적 투자전략을 택한다면, 투자자가 선별한 소수의 주식만으로 위험포트폴리오를 구성하여 더 큰 기대수익률과 위험을 얻고자 할 것이다.

안전자산(safe assets) 또는 무위험자산은 투자소득이 확실한 자산, 즉 원리금이 거의 확실하게 주어지는 투자자산이다. 안전자산에서 '안전'의 개념은 상대적인 개념이다. 만기가 긴 보증사채는 명목적 원리금은 확실하게 주어지겠지만, 불확실한 인플레이션의 영향으로 실질가치는 변동성을 갖는다. 그러나 CD와 같은 단기금융자산은 원리금도 확실하게 주어지고 인플레이션의 영향도 비교적 적게 받는다. 일반적으로 특별한 언급이 없는 한, 안전자산 또는 무위험자산은 미래의 명목가치와 명목소득이 확실하게 예상되는 자산을 의미한다.

투자자가 위험포트폴리오와 안전자산을 결합하여 최종적으로 보유하고자 하는 포트폴리오를 완성포트폴리오(complete portfolio)라고 부른다. 예를 들어, 어떤 투자자가 위험포트폴리오에 60%, 안전자산에 40%를 투자하는 자산배분을 행하고 있다. 그리고 위험포트폴리오는 주식 a, b, c에 각각 25%, 40%, 35%를 투자하여 이루어진 포트폴리오이고, 안전자산 포트폴리오는 국고채와 CD에 70% 및 30%를 투자하여 이루어진 포트폴리오이다.

이렇게 투자하여 만들어진 완성포트폴리오는 주식 a, b, c에 각각 총투자액의 15%, 24%, 21%를 투자하고 국고채와 CD에 각각 28%와 12%를 투자한 포트폴리오가 된다.

이 투자자가 완성포트폴리오를 구성하는 과정은 두 단계로 나누어진다. 하나의 단계는 증권선택(security selection)으로서, 각 개별증권을 결합하여 자산유형별 포트폴리오를 구성하는 단계이다. 위의 예에서 위험포트폴리오를 구성하는 세 가지 주식 a, b, c를 선택하고 각 주식에의 투자비율을 결정하는 과정이 증권선택이다. 국고채와 CD에 어느 정도 투자할 것인지를 결정하는 것도 증권선택의 과정에 해당된다.

다른 단계는 자산배분으로서 자산유형별 포트폴리오를 결합하여 최종적인 완성포트폴리오를 구성하는 단계이다. 위의 예에서 위험포트폴리오와 무위험포트폴리오의 투자비율을 결정하는 것이 자산배분이다.

완성포트폴리오를 구성하기 위하여 어떻게 접근할 것인가에 따라, 포트폴리오관리는 "아래에서 위로(bottom-up)"의 방식과 "위에서 아래로(top-down)"의 방식으로 나누어 생각해 볼 수 있다. "아래에서 위로"의 방식은 증권선택을 먼저 행하고, 그 결과 얻어진 자산유형별 포트폴리오를 가지고 자산배분을 행하여 최종적인 완성포트폴리오를 구성하는 방식이다. 이 방법은 투자기회를 구성하는 개별자산의 종류가 비교적 단순할 때 사용하기 쉬운 방법이다.

"위에서 아래로"의 방식은 먼저 자산배분을 먼저 결정하고 다음 단계로 증권선택을 행하여, 최종적인 완성포트폴리오를 구성하는 방식이다. 투자기회를 구성하는 개별자산의 종류가 많을 경우 모든 자산을 함께 고려하여 증권선택을 행하는 것이 현실적으로 불가능하기 때문에, 투자자금을 자산유형별로 크게 배분한 다음 각 자산유형별 포트폴리오를 구성할 개별증권을 선택하는 방법이 사용된다. 오늘날 대규모 투자신탁이나 투자회사들의 대부분은 "위에서 아래로"의 방식으로 완성포트폴리오를 구성한다.

(2) 시기선택전략

증권시장에서 여러 가지 여건의 변동이 발생하면 다시 각 자산유형별 수익과 위험을 분석하여 새롭게 자산배분을 행하여야 한다. 만일 투자자가 충분한 시장예측능력을 갖고 있다면, 각 자산유형의 수익률을 예측하여 적절한 시기에 자산배분을 변경하고자 할 것이며 이를 시기선택(market timing)전략이라고 한다. 예를 들어, 주식시장의 호경기가 예상되는 시기에는 주식포트폴리오에 더 많은 자산배분을 행하고, 주식시장의 침체가 예상되어 안전자산의 수익률이 더 높을 것으로 예상되면 무위험포트폴리오에 더 많은 자산배분을 행하는 것이 시기선택이다.

이 시기선택전략은 주식시장, 채권시장 또는 화폐시장 등의 자산유형별 시장에 대한 예측능력을 전제로 하므로, 뒤에서 설명하게 될 적극적 투자전략의 중요한 수단이 된다. 만일 완전한 시장예측능력을 갖고 있다면, 투자자는 각 시기마다 가장 유리한 자산유형에만 100% 투자하도록 자산배분을 변경하여 나갈 것이다. 그러나 전혀 시장예측능력을 갖고 있지 않는다면, 각 시장의 수익률 변동에 관계없이 고정적인 자산배분을 유지하여 나갈 것이다. 그 중간에 해당하는 불완전한 시장예측능력을 갖고 있다면, 투자자금의 일부에 대해서만 예측결과를 반영하여 자산배분을 변경하고 나머지 일부는 고정적인 자산배분을 유지하게 된다.

2.3.2 증권선택과 증권분석

(1) 증권선택

증권선택(security selection)은 각 자산유형별 포트폴리오를 구성하는 의사결정이다. 예를 들면, 주식 a, b 및 c를 25%, 40%, 35%의 투자비율로 결합하여 위험포트폴리오를 구성하고, 국고채와 CD를 70%와 30%의 투자비율로 결합하여 안전자산포트폴리오를 구성하는 의사결정이 증권선택이다. 증권선택은 개별자산의 위험 · 수익 특성과 여러 가지 제약조건들을 고려하여 이루어진다.

특히 개별자산의 위험 · 수익 특성을 파악하기 위한 증권분석능력의 수준은 증권선택의 구체적인 내용에 매우 중요한 영향을 미친다. 즉, 개별자산의 위험 · 수익에 대하여 우월한 예측능력을 갖고 있는 투자자 또는 투자기관은 소수의 개별자산만으로 포트폴리오를 구성하는 적극적 투자전략을 구사한다. 그리고 전혀 증권분석의 노력을 행하지 않는 투자자는 증권시장 전체의 평균적 성과만을 얻는 데 만족하는 소극적 투자전략을 구사한다.

(2) 증권분석

증권분석(security analysis)은 개별증권의 수익과 위험에 대한 분석 및 예측활동을 말한다. 즉, 여러 가지 정보로부터 증권의 미래이득에 대한 기대치와 위험도를 예측하고자 하는 활동이 증권분석이다. 증권분석의 초점은 위험도에 비하여 상대적으로 큰 수익을 실현할 수 있는 투자자산 또는 투자전략을 찾아내고자 하는 데 있다. 일반적으로 증권분석은 기본적 분석, 기술적 분석 및 포트폴리오분석의 세 가지 접근방법으로 나누어진다.

① **기본적 분석** : 기본적 분석(fundamental analysis)은 증권의 내재가치를 발견하고 이 내재가치와 시장가격을 비교하여 적절한 투자전략을 선택하는 방법이다. 내재가치(intrinsic value)란 증권의 기본요인(fundamentals)에 기초한 가치로서, 흔히 증권의 미래 소득을 투자자의 요구수익률로 할인하여 얻어진 현재가치(present value)에 의해 평가된다. 기본적 분석은 시장가격이 내재가치를 중심으로 변동할 것이라는 가정에 기초하고 있다. 따라서 증권의 시장가격이 내재가치보다 높을 때에는 그 증권을 매도하고, 반대로 증권의 시장가격이 내재가치보다 낮을 때에는 그 증권을 매입하는 투자전략을 택한다.

② **기술적 분석** : 기술적 분석(technical analysis)은 증권가격이나 거래량의 추세와 패턴을 분석함으로써 특정한 투자전략을 선택하려는 방법이다. 기술적 분석에 의하면, 증권가격이나 거래량은 상당기간 동안 지속하는 추세를 지니고 있으며, 반복적으로 나타나는 일정한 패턴이 존재한다고 믿는다. 따라서 기술적 분석은 증권가격과 거래량의 과거 자료에 나타난 추세와 패턴들을 관찰함으로써 미래의 증권가격 변동

의 방향과 크기를 알려 줄 수 있는 어떤 신호를 포착하고자 한다. 이때 증권가격 및 거래량의 움직임을 그린 도표(chart)를 흔히 사용한다.

③ **포트폴리오분석** : 포트폴리오분석(portfolio analysis)은 위험 · 수익분석(risk-return analysis)이라고도 불린다. 포트폴리오분석은 증권의 미래소득을 기대수익률과 위험의 두 가지 척도로 요약하고, 원하는 수준의 기대수익률에 대하여 위험을 최소화하거나, 부담하고자 하는 수준의 위험에 대하여 기대수익률을 최대화하도록 여러 가지 증권을 결합하는 방법이다. 이와 같이 원하는 수준의 기대수익률에 대하여 위험을 최소화하기 위한 분산투자를 효율적 분산투자(efficient diversification)라고 한다. 포트폴리오분석은 효율적 분산투자를 실현하는 데 일차적 목적이 있다. 오늘날 포트폴리오분석의 이론은 증권시장에서 균형가격이 어떻게 결정되고 있는가를 설명하는 자본자산 가격결정모형(capital-asset pricing model; CAPM)으로까지 발전하였다.

(3) 소극적 투자전략과 적극적 투자전략

투자자가 어느 정도의 증권분석 및 예측능력을 갖고 있는가에 따라 투자자가 구사하는 투자전략이 달라진다. 만일 투자자가 특별한 증권분석이나 예측을 행하지 않고 증권시장의 평균적 성과만을 얻고자 할 수 있으며, 이러한 투자전략을 소극적 투자전략(passive strategy)이라고 한다. 소극적 투자전략에서는 투자자는 시장을 대표할 수 있을 정도로 충분히 많은 수의 증권에 분산투자하여야만 한다. 소극적 투자전략의 전형적인 예는 지수펀드(index fund)에 투자하는 것이다. 지수펀드는 주식시장 전체를 나타내는 주가지수와 거의 동일한 투자성과를 얻을 수 있도록 구성된 포트폴리오이다. 따라서 지수펀드에 투자하면 따로 증권분석을 위한 노력과 비용을 부담하지 않고 주식시장 전체의 평균적 성과를 얻어낼 수 있다.

어떤 투자자가 다른 평균적 투자자들보다 우월한 예측능력을 갖고 있다면, 그는 그 예측능력을 이용하여 더 나은 투자성과를 가져다줄 것으로 예측되는 소수의 증권만을 가지고 포트폴리오를 구성하려 할 것이다. 이와 같이 우월한 예측능력에 기초하여 자산배분 및 증권선택을 행하고자 하는 투자전략을 적극적 투자전략(active strategy)이라고 한다.

일반적으로 적극적 투자전략을 구사할 경우, 비교적 소수의 증권만을 가지고 포트폴리오를 구성하므로 투자자는 비교적 큰 위험을 부담하게 된다. 따라서 미래의 결과가 예측대로 얻어지면 적극적 투자자들은 시장평균보다 우수한 비정상성과(abnormal performance)를 얻게 되지만, 예측이 틀리면 시장평균보다 나쁜 투자성과를 얻게 된다. 그리고 적극적 투자전략을 실행하기 위해서는 고도의 증권분석능력을 갖추기 위해 많은 전문인력과 설비를 갖추어야 하므로 커다란 포트폴리오 관리비용을 필요로 한다.

모든 정보를 충분히 반영하는 효율적 시장에서는 어떤 투자자가 특정한 정보를 이용하여 비정상성과를 얻어낼 수 없다. 즉, 증권시장이 효율적이라면 적극적 투자전략을 구사한다 하더라도 증권시장 전체의 평균적 성과 이상의 투자성과를 얻어낼 수 없다. 따라서 효율적 시장에서는 투자자들이 많은 비용과 위험을 부담하고서 적극적 투자전략을 택하지 않고, 평균적 성과만을 가져다주는 소극적 투자전략을 택하게 된다.

2.3.3 포트폴리오 성과측정

증권투자는 더 큰 부를 얻기 위한 목적을 갖고 이루어지는 행위이다. 따라서 사후적으로 실현된 투자성과가 원래 설정된 목표수준과 어떤 차이를 보이고 있는지를 측정하여야 하며, 이를 포트폴리오 성과측정(performance evaluation)이라고 한다.

포트폴리오성과를 사후적으로 측정하는 데에는 몇 가지 목적이 있다. 첫째는 투자결정의 유효성(effectiveness)을 알고자 하는 목적이다. 즉, 실적과 목표의 차이를 상대적으로 비교함으로써, 투자결정의 목표수준이 어느 정도 달성되었는가를 알 수 있다.

둘째 목적은 포트폴리오관리의 질을 개선하는 것이다. 즉, 투자목표와 실적을 비교하는 과정에서 낮은 투자성과의 원인이 무엇인지를 알 수 있으므로, 포트폴리오관리능력을 향상시키는 계기를 마련할 수 있다.

셋째 목적은 포트폴리오관리자의 포트폴리오관리능력—증권선택능력이나 시장예측능력 등—을 측정하고자 하는 것이다. 즉, 포트폴리오성과를 측정함으로써 앞으로 어떤 포트폴리오관리자에게 자신의 투자자금을 맡길 것이며, 그 대가로 어느 정도의 보수를 주는 것이 적절할 것인가를 결정하는 기준을 얻을 수 있다.

2장 연습문제 *Exercises*

01 어떤 사립대학 재단이 1,000억원의 기금을 운용하고 있다고 하자. 이 기부금의 운용에 따른 투자목적과 제약조건을 정리해 보시오.

02 우리나라 개인투자자들의 일반적인 투자행태를 나름대로 정리하여 보시오. 그리고 그 이유가 무엇인지 생각해 보시오.

03 증권분석의 세 가지 방법에 대해 설명하시오.

제2부 포트폴리오 선택

I N V E S T M E N T

I N V E S T M E N T

제3장 | 위험과 효용

3.1 위험의 정의와 측정

3.1.1 위험의 정의

흔히 경제이론에서는 미래의 결과에 대하여 어느 정도의 지식을 갖고 있는가에 따라 의사결정의 상황을 확실성, 위험 및 불확실성으로 구분한다. 확실성은 미래 결과에 대하여 완전한 지식을 가지고 예측할 수 있는 경우이고 불확실성은 미래 결과에 대하여 완전한 무지인 경우를 의미한다. 현실적으로, 완전한 예측을 의미하는 확실성이나 완전한 무지를 의미하는 불확실성은 지극히 예외적으로만 존재한다.

위험(risk)은 미래 결과에 대하여 부분적인 지식을 갖고 의사결정이 이루어지는 상황을 의미한다. 즉, 위험은 의사결정자가 미래에 얻어지게 될 결과에 대하여 부분적인 지식, 즉 확률분포로 예상될 수 있는 상황을 가리킨다. 이처럼 미래 결과가 확률분포로 예상될 수 있는 의사결정 문제의 대표적인 예가 증권투자이다. 투자자들은 투자수익이 취하게 될 다양한 경우의 크기와 확률을 예상하고 투자하기 때문에, 증권투자는 위험 하에서 이루어지는 의사결정의 전형적인 예라고 할 수 있다.

주식이나 채권과 같은 자산에 투자하여 투자자가 얻게 될 미래의 소득은 이자 또는 배당소득과 자본이득이다. 이자 또는 배당소득은 자산의 보유로 인하여 얻게 될 이자와 배당을 의미한다. 대부분의 투자자들은 미래에 얻게 될 이자 또는 배당소득의 크기에 대하여 부분적인 지식만을 갖고 있으며, 이 지식에 기초하여 그 크기를 확률분포로 예상할 수 있다. 따라서 미래의 이자소득이나 배당소득은 확률변수(random variable)이다. 채권에 투자할 경우, 이자소득은 계약으로 약정되어 있긴 하지만, 이자지급의 연기나 불이행과 같은 사태가 발생할 가능성이 있으므로 이자소득도 확률변수이다.

자본이득(capital gain)은 자산의 매입가격과 매도가격의 차이, 즉 시세차익이다. 매수가격은 투자시점에 확실하게 알고 있는 값인 반면, 미래의 매도가격은 확실하게 예측될 수 없는 확률변수이다.

이상과 같이 증권투자에 따른 이자 또는 배당소득과 자본이득 모두가 불확실하기 때문에, 증권투자로부터 얻게 될 수익률 역시 확률변수이다. 즉, 기간 t에 얻게 될 자산 j의 수익률은 다음과 같이 정의된다.

단일기간 수익률

$$R_{jt}=\frac{(P_{jt}-P_{j,t-1})+C_{jt}}{P_{j,t-1}} \tag{3.1}$$

단, P_{jt} 및 $P_{j,t-1}$은 t시점과 $t-1$시점에서의 자산 j의 가격이고, C_{jt}는 t기 중에 자산 j로부터 얻게 될 이자 또는 배당소득이다.

특히 일간수익률과 같이 짧은 기간의 수익률을 계산하고자 할 때에는 다음 식에서와 같이 자산가격의 로그값의 변동에 의해 수익률을 계산하기도 하며, 이것을 로그수익률이라고 한다.

로그수익률

$$R_{jt}=ln(P_{jt}+C_{jt})-ln(P_{j,t-1}) \tag{3.2}$$

단, ln은 e(=2.7182818)를 밑수로 하는 로그 값을 나타낸다.

이 로그수익률은 연속적으로 복리계산할 때의 수익률과 동일한 것이기 때문에 연속복리수익률이라고도 한다.

위의 두 식에서, $t-1$시점에서 볼 때 $P_{j,t-1}$은 이미 알려져 있는 값이지만, P_{jt}와 C_{jt}는 불확실한 미래의 값으로서 확률변수이므로, R_{jt} 역시 확률변수이다. 일반적으로 어떤 자산에 투자할 것인지 여부는 그 자산의 수익률 R_{jt}에 대한 예상에 기초하여 이루어진다. 즉, 투자수익률 R_{jt}에 대한 예상을 확률분포로 나타내고, 이 확률분포에 기초하여 어떤 자산에 투자할 것인지를 결정하게 된다.

투자수익률 R_{jt}가 확률분포로 나타내질 수 있는 경우, 수익률의 확률분포가 갖고 있는 몇 가지 통계적 특성을 이용하여 위험의 크기를 양적으로 측정할 수 있다.

일반적으로, 위험은 투자수익률의 변동성(variability 또는 volatility), 즉 미래의 실제수익률이 기대수익률로부터 편차를 갖게 될 가능성의 크기를 의미한다. 만일 어떤 투자로부터 미래에 얻게 될 실제의 수익률이 기대수익률과 큰 편차를 가질 것으로 예상되거나 또는 그 편차의 발생확률이 클 것으로 예상된다면, 그 투자는 큰 위험을 갖고 있다고 말할 수 있다. 따라서 수익률의 변동성을 나타내 주는 통계적 척도인 분산(variance)이나 표준편차(standard deviation)에 의하여 투자위험의 크기를 측정할 수 있다.

증권투자에 수반되는 위험의 많은 부분은 이자율, 환율, 주가와 같은 금융자산의 시장가격 변동에 기인하여 발생하기 때문에 시장위험(market risk)이라고도 부른다. 오늘날 금융기관들은 투자자금의 많은 부분을 시장에서 거래되는 금융자산에 투자하고 있기 때문에 시장위험의 크기를 측정하고 이를 관리하기 위해 많은 노력을 기울이고 있다.

3.1.2 개별자산의 위험

위에서 정의한 바대로, 위험을 투자수익률의 변동성으로 정의하게 되면 위험의 크기가 비교적 용이하게 양적으로 측정될 수 있다. 즉, 투자수익률의 변동성은 수익률의 확률분포로부터 계산되는 분산 또는 표준편차, 왜도(歪度) 등과 같은 통계적 척도에 의하여 그 크기가 측정되므로, 이런 척도들을 이용하여 위험의 크기를 측정할 수 있다.

여기서는 위험의 계량적 척도로 가장 널리 사용되는 분산 또는 표준편차를 설명하고, 앞으로 자주 이용하게 될 통계적 척도인 공분산이나 상관계수 역시 덧붙여 설명하기로 한다.

어떤 자산 j의 수익률의 확률분포가 주어지면, 확률분포 전체를 대표하는 값으로서 기대수익률(expected rate of return)이 다음과 같이 계산된다.

기대수익률

$$E(R_j)=\sum_{s=1}^{S}p_s\cdot R_{js} \tag{3.3}$$

단, $E(R_j)$는 자산 j의 기대수익률, R_{js}는 상태 s에서 얻어질 것으로 예상되는 자산 j의 수익률이다. p_s는 상태 s가 발생할 확률이다($s=1, 2, \cdots, S$).

기대수익률은 어떤 자산의 수익성을 나타내는 척도로서 기대수익률이 클수록 그 자산의 가치가 더 크게 증가할 것이라는 것을 의미한다. 따라서 다른 조건이 동일하다면, 투자자들은 기대수익률이 큰 자산을 더 선호할 것이다.

자산의 위험의 크기를 나타내는 대표적인 척도는 수익률의 확률분포로부터 계산된 분산(分散, variance)과 표준편차(標準偏差, standard deviation)이다. 자산 j의 수익률의 분산(variance)은 다음과 같이 계산된다(σ는 sigma로 읽는다).

분산

$$\sigma_j^2 = \sum_{s=1}^{S} p_s [R_{js} - E(R_j)]^2 \tag{3.4}$$

단, σ_j^2는 자산 j의 수익률의 분산이다.

위의 식(3.4)에서 분산은 편차제곱에 대한 평균으로 구해진다. 즉, 먼저 각 상태에서의 편차(=실제수익률과 기대수익률의 차이)를 구하고 이 편차의 제곱을 구한 다음, 이 편차제곱에 확률을 곱하여 합계한 값이 분산이다.

그리고 자산 j의 표준편차(standard deviation)는 분산의 제곱근으로서 다음과 같이 계산된다.

표준편차

$$\sigma_j = \sqrt{\sigma_j^2} = \sqrt{\sum_{s=1}^{S} p_s [R_{js} - E(R_j)]^2} \tag{3.5}$$

투자위험의 크기를 나타내는 통계적 척도로서 위의 분산과 표준편차는 사실상 동일한 의미를 갖고 있다. 즉, 분산은 언제나 0 또는 양(+)의 값이고 표준편차는 분산의 제곱근이므로, 투자위험의 크기는 분산과 표준편차 중에서 어느 것을 사용하여 측정하여도 좋다. 그러나 표준편차는 수익률의 척도와 동일한 척도로 나타내지므로 분산보다 더 친숙하게 사용되고 있다.

어떤 자산의 수익률의 확률분포가 주어져 있을 경우, 그 자산의 분산과 표준편차를 어떻게 계산하는가를 간단한 예를 가지고 살펴보기로 하자. 〈표 3.1〉에는 각 상태의

표 3.1 주식 A의 수익률의 확률분포와 편차 및 편차제곱

상태(s)	확률(p_s)	수익률(R_{As})	$R_{As} - E(R_A)$	$[R_{As} - E(R_A)]^2$
1	0.10	−0.10	0.23	0.0529
2	0.15	0.00	−0.13	0.0169
3	0.25	0.10	−0.03	0.0009
4	0.35	0.20	0.07	0.0049
5	0.15	0.30	0.17	0.0289
평균		0.13		0.0141

확률과 그때 주식 A로부터 얻게 될 수익률이 두 번째와 세 번째 열에 주어져 있다.

수익률의 분산을 계산하기 위해서는 먼저 기대수익률을 계산하여야 한다. 주식 A의 기대수익률은 식(3.3)에 의해 다음과 같이 계산된다.

$$E(R_A)=\sum_{s=1}^{5}p_s R_{As}=(0.10)(-0.10)+\cdots+(0.15)(0.30)=0.13$$

그리고 주식 A의 분산과 표준편차는 식(3.4)와 (3.5)에 의해 다음과 같이 계산된다.

$$\sigma_A^2=\sum_{s=1}^{5}p_s[R_{As}-E(R_A)]^2$$
$$=(0.10)(-0.10-0.13)^2+\cdots+(0.15)(0.30-0.13)^2=0.0141$$
$$\sigma_A=\sqrt{0.0141}=0.1187$$

일부 학자들은 투자위험을 측정하기 위해서 분산이나 표준편차 이외에 왜도(skewness)나 첨도(kurtosis)와 같은 다른 통계적 척도도 함께 고려하여야 한다는 견해를 제시하고 있다.[1] 그러나 일반적으로 증권분석 및 재무관리의 실무와 이론에서는 위험의 척도로서 분산이나 표준편차만을 중시하여 왔다. 그 이유는, 자산의 수익률이 정규분포(normal distribution)인 것으로 가정한다면, 분산 또는 표준편차만으로도 투자위험을 측정할 수 있기 때문이다.

이처럼 수익률의 확률분포를 정규분포로 가정하는 경우, 정규분포는 기대치와 분산(또는 표준편차)에 의해서만 그 형태가 결정되는 대칭분포이므로, 투자자산의 수익성은 기대수익률로 측정되고 위험은 분산이나 표준편차로 측정될 수 있다. 그리고 투자자들은 기대수익률과 분산(또는 표준편차)만을 기준으로 그들이 원하는 포트폴리오를 선택할 수 있게 되며, 이러한 포트폴리오 선택기준을 평균 · 분산기준이라고 부른다. 이 평균 · 분산기준에 대해서는 다음 항에서 상세하게 설명될 것이다.

1] 어떤 자산 j의 수익률의 왜도(歪度, skewness)는 확률분포의 비대칭의 방향과 정도를 나타내는 척도로서 왜도 sk는 다음과 같이 계산된다(정규분포의 왜도는 0이다).

$$sk_j=\frac{\sum_{i=1}^{S}p_s\cdot[R_{js}-E(R_j)]^3}{\sigma_j^3}$$

첨도(尖度, kurtosis)는 확률분포가 어느 정도 뾰족한지를 나타내는 척도로서 첨도 k는 다음과 같이 계산된다(정규분포의 첨도는 3이다).

$$k_j=\frac{\sum_{i=1}^{S}p_s\cdot[R_{js}-E(R_j)]^4}{\sigma_j^4}$$

참 고 관찰자료의 공분산과 상관계수

위에서는 수익률의 확률분포가 주어진 경우, 분산과 표준편차를 어떻게 계산하는지에 대해 설명하였다. 그러나 증권분석의 실무에서는 과거의 수익률 자료를 사용하여 자산의 위험을 추정하는 경우가 많다. 과거 자료를 이용하여 얻어진 분산이나 표준편차는 확률분포로부터 구하는 것과 약간 다른 방법으로 계산된다.

어떤 자산 j에 대해 제1기부터 T기에 걸친 수익률 자료가 주어져 있다 하자. 이처럼 과거 자료가 주어져 있는 경우, 자산의 평균수익률(average rate of return)은 다음과 같이 구해진다.

평균수익률

$$\overline{R}_j = \frac{1}{T}\sum_{t=1}^{T} R_{jt} \tag{3.6}$$

단, R_{jt}는 t기에 얻어진 자산 j의 수익률($t = 1, 2, \cdots, T$)이고, $\overline{R}_j$ 는 자산 j의 평균수익률이다.

그리고 자산 j의 수익률의 분산은 다음과 같이 계산된다.

관찰자료의 분산

$$\text{Var}(R_j) = \frac{1}{T-1}\sum_{t=1}^{T}[R_{jt} - \overline{R}_j]^2 \tag{3.7}$$

식(3.7)에서는 분산이 관찰자료로부터 계산되었다는 것을 나타내기 위하여 Var라는 기호를 사용하고 있다. 그러나 분산이 편차제곱의 평균으로 계산되고 있다는 점에서 식(3.7)은 (3.4)와 거의 동일한 계산방법을 사용하고 있다. 다만 식(3.7)에서 편차제곱의 합계를 T가 아닌 $T-1$로 나누어주고 있다는 점에 주목할 필요가 있다.

그리고 관찰자료를 이용하여 자산 j의 표준편차 s_j는 다음과 같이 계산된다.

관찰자료의 표준편차

$$s_j = \sqrt{\text{Var}(R_j)} = \sqrt{\frac{1}{T-1}\sum_{t=1}^{T}[R_{jt} - \overline{R}_j]^2} \tag{3.8}$$

위의 공식들을 실제로 적용하여 보기 위하여 [부표 3]의 수익률 자료를 사용해 보기로 하자(이 자료는 저자 홈페이지(http://myweb.jnu.ac.kr/~damcho)의 binv9eExamples.xls 파일에도 주어져 있다). 이 자료를 가지고 수익률의 분산을 계산하기 위해서는 먼저 평균수익률 $\overline{R}_j$ 를 계산하여야 한다. SS주식의 평균수익률과 분산은 다음과 같다.

$$\overline{R}_{ss} = \frac{1}{60}(0.15016 - 0.13333 + \cdots - 0.24543) = 0.01427$$

SS주식의 분산과 표준편차는 다음과 같이 계산된다.

$$\text{Var}(R_{ss}) = \frac{1}{60-1}[(0.15016 - 0.01427)^2 + \cdots + (-0.24543 - 0.01427)^2] = 0.015689$$

$$s_{ss} = \sqrt{0.015689} = 0.125256$$

3.1.3 포트폴리오의 위험 : 2개의 자산

지금까지는 개별자산의 위험을 어떻게 측정하는가에 대하여 설명하였다. 실제의 증권투자에서 여러 가지 자산의 위험의 크기는 다양한 차이를 보이고 있다. 예를 들어, 어떤 자산은 매우 큰 표준편차를 갖고 있지만 어떤 자산은 0의 표준편차를 갖고 있다. 우리는 위험을 갖고 있는 자산, 즉 수익률의 표준편차가 0보다 큰 자산을 위험자산(risky asset)이라고 부른다. 그리고 수익률의 표준편차가 0인 자산, 즉 미래에 얻게 될 수익률을 확실하게 예측할 수 있는 자산을 무위험자산(risk-free asset) 또는 안전자산(safe asset)이라고 부른다.

투자자들은 일반적으로 어떤 하나의 자산에 자신의 모든 투자자금을 투자하지 않고, 기대수익률과 위험이 서로 다른 다양한 자산들을 결합한 포트폴리오(portfolio)에 투자한다. 포트폴리오란 자산의 모임 또는 자산의 결합으로 정의된다. 단순하게 삼성전자 주식과 포스코 주식만으로 이루어진 자산의 결합도 하나의 포트폴리오이고 국내주식, 해외주식, 국채 및 회사채로 이루어진 대형 펀드도 하나의 포트폴리오이다. 극단적으로 투자자금 전액을 은행예금에 넣어 둔 경우도 하나의 포트폴리오이다.

투자자들은 위험자산만으로 포트폴리오를 구성하기도 하고, 위험자산과 무위험자산을 결합한 포트폴리오에 투자하기도 한다. 여기에서는 설명을 단순하게 하기 위하여, 두 개의 위험자산만으로 이루어진 포트폴리오의 기대수익률과 위험이 어떻게 결정되는지 알아보기로 한다.

두 개의 자산 1과 2에 각각 x_1과 x_2의 투자비율로 투자하여 포트폴리오 P를 구성하는 경우를 생각해 보기로 하자. 이 경우 포트폴리오 P의 수익률은 다음과 같이 표현된다.

$$R_P = x_1R_1 + x_2R_2 \tag{3.9}$$

단, R_1과 R_2는 자산 1과 2의 수익률로서 확률변수이다. R_P는 포트폴리오 P의 수익률로서 확률변수이다.

포트폴리오 P의 기대수익률은 식(3.9)에 기대치를 취하여 구할 수 있으므로 다음과 같이 표현된다.

두 가지 자산으로 이루어진 포트폴리오의 기대수익률

$$E(R_P) = E(x_1R_1 + x_2R_2) = x_1E(R_1) + x_2E(R_2) \tag{3.10}$$

식(3.10)에서 알 수 있는 바와 같이 포트폴리오의 기대수익률은 두 자산의 투자비율을 가중치로 하여 기대수익률을 가중평균한 것과 같다.

포트폴리오의 분산과 표준편차는 기대수익률을 계산하는 경우와 같이 단순하지 않다. 이를 계산하기 위해서는 먼저 공분산 또는 상관계수의 계산방법을 이해하여야 한다.

(1) 공분산과 상관계수

어느 하나의 자산에만 투자하는 것이 아니라 여러 가지 자산을 결합한 포트폴리오에 분산투자하는 경우에도 포트폴리오의 위험은 그 포트폴리오의 분산(또는 표준편차)에 의하여 측정된다.

포트폴리오의 분산은, 그 포트폴리오를 구성하는 각 자산들의 분산(또는 표준편차)에 의해서만 결정되는 것이 아니라, 각 자산 서로 사이의 공분산이나 상관계수에 의해서도 결정된다. 따라서 여기에서는 공분산 또는 상관계수를 어떻게 계산하는지를 간단히 설명하기로 하자.

공분산(共分散, covariance)은 어떤 두 개의 확률변수가 함께 움직이는 정도를 나타낸다. 예를 들어, 자산 i의 수익률과 자산 j의 수익률이 함께 움직이는 정도를 나타내고자 할 때 공분산을 이용한다. 자산 i와 자산 j의 수익률이 확률분포로 주어져 있을 경우, 두 자산 i와 j 사이의 공분산은 σ_{ij}로 표시하며, 다음 공식과 같이 계산한다.[2]

공분산

$$\sigma_{ij}=\sum_{s=1}^{S}[R_{is}-E(R_i)]\,[R_{js}-E(R_j)] \tag{3.11}$$

이 식에서 공분산은 두 자산의 편차의 곱에 대한 기대치와 같다는 것을 알 수 있다. 두 자산의 수익률이 동일한 방향으로 변동한다면, 두 자산의 편차가 모두 (+)이거나 (−) 값이 될 것이고 그 곱은 (+)가 될 것이다. 반대로 두 자산의 수익률이 서로 다른 방향으로 움직인다면, 한 자산의 편차가 (+)일 때 다른 자산의 편차는 (−) 값을 갖을 것이고 그 곱도 (−)가 될 것이다. 따라서 공분산의 값이 (+)이라면 두 자산의 수익률이 동일한 방향으로 움직이는 경향이 강하다는 것을 의미하고 (−) 값이라면 서로 다른 방향으로 움직이는 경향이 강하다는 것을 의미한다.

2] 이 공분산의 공식을 보면, 동일한 주식 사이의 공분산, 즉 주식 i와 주식 i 사이의 공분산은 그 주식의 분산과 동일함을 알 수 있다. 즉, $\sigma_{ii}=\sigma_i^2$이다.

공분산은 두 자산의 수익률의 변동성의 크기에 의해서도 영향을 받는다. 즉, 변동성이 큰 자산 사이의 공분산의 절대값은 큰 값을 갖게 되고 변동성이 작은 자산 사이의 공분산의 절대값은 작은 값을 갖는다. 따라서 개별자산의 변동성의 영향을 제거하고 순순하게 함께 움직이는 정도만을 나타내기 위한 척도로서 상관계수(coefficient of correlation)가 사용된다. 두 자산 i와 j 사이의 상관계수는 ρ_{ij}로 표시하며, 다음 공식에 의하여 계산된다(ρ는 rho로 읽는다).[3]

상관계수

$$\rho_{ij}=\frac{\sigma_{ij}}{\sigma_i\sigma_j} \tag{3.12}$$

이 식에서 알 수 있는 바와 같이, 상관계수는 i와 j 사이의 공분산을 표준편차의 곱으로 나눈 값이기 때문에, 공분산을 상대적 척도로 바꾼 것이라고 할 수 있다. 따라서 상관계수는 언제나 1과 −1 사이의 값을 갖는다.

만일 자산 i와 j의 수익률이 완전한 (+)의 관계를 갖고 변동한다면, 두 자산의 수익률은 (+)의 완전상관을 갖는다고 말하며 두 자산 사이의 상관계수는 1이 된다. 반대로 자산 i와 j의 수익률이 완전한 (−)의 관계를 갖고 변동한다면, 두 자산의 수익률은 (−)의 완전상관을 갖는다고 말하며 두 자산 사이의 상관계수는 −1이 된다. (+) 또는 (−)의 완전상관을 갖는 경우는 [그림 3.1]에서 위의 왼쪽 그림으로 나타내진다.

자산들이 (+) 또는 (−)의 완전상관을 갖는 경우는 매우 예외적인 경우에 해당하며, 대부분의 경우는 +1과 −1 사이의 어떤 상관계수를 갖는다. 두 자산 사이의 상관계수가 0인 경우는 자산 i와 j의 수익률이 아무런 관련이 없이 독립적으로 변동하는 경우로서, [그림 3.1]의 왼쪽 아래 그림에 해당한다. 주식시장의 대부분의 자산들은 오른쪽 위의 그림과 같이 (+)의 불완전 상관을 보인다. 이 경우는 어떤 두 자산의 수익률이 동일한 방향으로 변동하는 경우가 반대 방향으로 움직이는 경우보다 더 자주 관찰될 수 있을 때 나타난다.

예를 들어, 어떤 두 개의 자산 A와 B에 대하여 예상되는 수익률의 확률분포가 〈표 3.2〉와 같이 주어져 있다 하자. 두 주식의 기대수익률은 각각 0.13과 0.1725이고 표준편차는 각각 0.118743과 0.344047이다. 식(3.11)과 같이 주식 A와 B 사이의 공분산을 구하

3] 상관계수는 공분산을 표준편차의 곱으로 나누어 얻어진 값이므로, 역으로 상관계수를 알면 공분산도 쉽게 구해질 수 있다. 즉, 공분산은 상관계수와 $\sigma_{ij}=\rho_{ij}\sigma_i\sigma_j$의 관계를 갖는다.

그림 3.1 여러 가지 상관계수

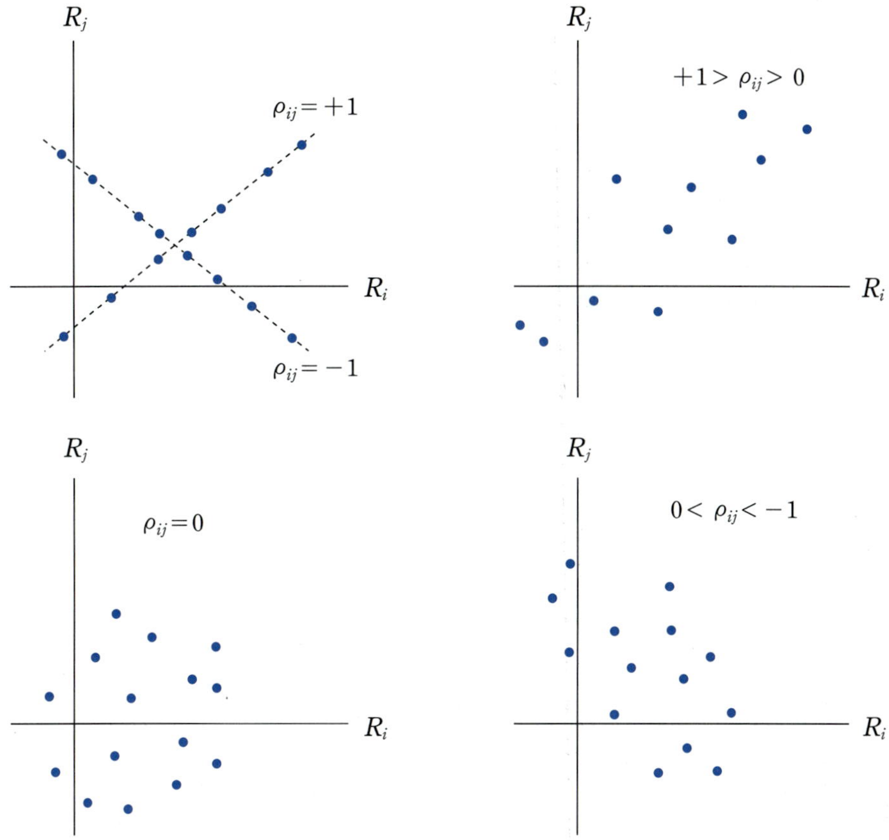

기 위해서는 먼저 두 주식의 각 상태에서의 편차와 그 곱을 구해야 한다. 주식 A와 B의 편차는 〈표 3.2〉의 5열과 6열에 계산되어 있고 편차의 곱은 7열에 주어져 있다. 7열의 편차의 곱에 확률을 곱하여 합계하면, −0.017675가 얻어진다. 이 값이 주식 A와 B의 수익률 사이의 공분산이다.

두 주식 사이의 상관계수는 식(3.12)와 같이 공분산을 표준편차의 곱으로 나누어 계산된다. 주식 A와 B의 표준편차는 각각 0.118743과 0.344047이므로, 상관계수는 다음과 같이 −0.4326으로 계산된다.

$$\rho_{AB} = \frac{-0.017675}{0.118743 \times 0.344047} = -0.4326$$

참 고 관찰자료의 공분산과 상관계수

자산 i와 j의 수익률 자료가 T기에 걸쳐 주어져 있다면, 두 자산 사이의 공분산 $\mathrm{Cov}(R_i, R_j)$는 다음의 공식에 의하여 구해진다.

관찰자료가 주어진 경우의 공분산

$$\mathrm{Cov}(R_i, R_j)=\frac{1}{T}\sum_{t=1}^{T}(R_{it}-\overline{R}_i)(R_{jt}-\overline{R}_j) \tag{3.13}$$

그리고 T기에 걸쳐 두 자산 i와 j의 수익률 자료가 주어져 있을 경우, 상관계수 $\mathrm{Corr}(R_i, R_j)$는 다음 공식에 의하여 계산된다.

관찰자료가 주어진 경우의 상관계수

$$\mathrm{Corr}(R_i, R_j)=\frac{\mathrm{Cov}(R_i, R_j)}{s_i s_j} \tag{3.14}$$

단, $\mathrm{Corr}(R_i, R_j)$는 자산 i와 j 사이의 상관계수, s_i와 s_j는 각각 자산 i와 j의 표준편차이다.

공분산과 상관계수를 [부표 3]에 있는 *SS*와 *BB* 주식의 월간수익률 자료를 가지고 실제로 계산하여 보기로 하자. 이 두 주식의 수익률이 어떤 상관관계를 갖고 변동하는가를 눈으로 확인하기 위하여 두 주식의 수익률을 산포도로 그린 것이 [그림 3.2]이다. [그림 3.2]를 보면 *SS*와 *BB*의 수익률은 약한 (+)의 상관관계를 보이고 있다.

그림 3.2 *SS*와 *BB* 주식의 수익률의 상관관계

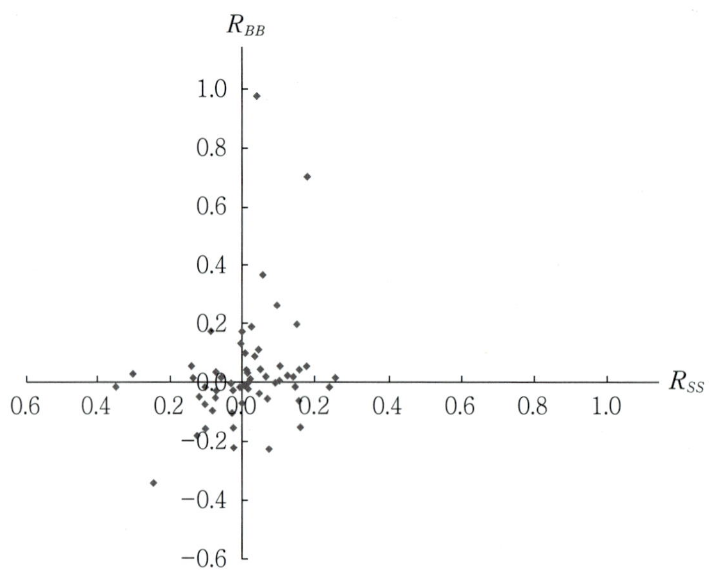

먼저 두 주식의 평균수익률과 표준편차를 계산한 결과는 다음과 같다.

평균수익률 : $\overline{R}_{SS}=0.01427$ $\overline{R}_{BB}=0.03107$
표준편차 : $s_{SS}=0.125256$ $s_{BB}=0.193847$

위의 식(3.14)를 사용하여 두 주식 사이의 공분산은 다음과 같이 계산된다.

$$\text{Cov}(R_{SS}, R_{BB})=\frac{1}{60}[(0.15016-0.01427)(0.20408-0.03107)+\cdots$$
$$+(-0.24543-0.01427)(-0.34006-0.03107)]=0.004582$$

그리고 SS와 BB 주식 사이의 상관계수는 다음과 같이 계산된다.

$$\text{Corr}(R_{SS}, R_{BB})=\frac{0.004582}{0.125256\times0.196847}=0.191908$$

표 3.2 주식 A와 B의 수익률 사이의 공분산

상태	확률	R_{As}	R_{Bs}	$R_{As}-E(R_A)$	$R_{Bs}-E(R_B)$	$[R_{As}-E(R_A)]\times[R_{Bs}-E(R_B)]$
1	0.10	−0.10	0.45	−0.23	0.2775	−0.063825
2	0.15	0.00	0.65	−0.13	0.4775	−0.062075
3	0.25	0.10	−0.25	−0.03	−0.4225	0.012675
4	0.35	0.20	0.35	0.07	0.1775	0.012425
5	0.15	0.30	−0.20	0.17	−0.3725	−0.063325
평균		0.13	0.1725			−0.017675

지금까지는 자산의 수익률이 확률분포로 예상될 경우 어떻게 공분산과 상관계수를 계산하는지 설명하였다. 그러나 투자분석의 많은 경우 자산의 과거 수익률 자료를 가지고 여러 자산들 사이의 공분산이나 상관계수를 구한다. 이 경우에도 위의 식(3.11)과 (3.12)를 약간 수정하여 공분산과 상관계수를 구할 수 있다.

(2) 포트폴리오의 분산과 표준편차

지금까지 어떤 두 자산 사이의 공분산과 상관계수를 설명하였다. 공분산과 상관계수를 알면, 복수의 자산으로 이루어진 포트폴리오의 분산과 표준편차도 쉽게 구할 수 있다. 예를 들어, 두 개의 자산 1과 2에 각각 x_1과 x_2의 투자비율로 투자하여 포트폴리오 P

를 구성하는 경우, 포트폴리오 P의 수익률을 나타내는 식(3.9)에 대한 분산을 취하면 포트폴리오의 분산과 표준편차는 다음 식과 같이 얻어진다(도출과정은 각주를 참조할 것).[4]

두 가지 자산으로 이루어진 포트폴리오의 분산과 표준편차

$$\sigma_P^2 = x_1^2\sigma_1^2 + x_2^2\sigma_2^2 + 2x_1x_2\rho_{12}\sigma_1\sigma_2 \tag{3.15}$$

$$\sigma_P = \sqrt{\sigma_P^2} = \sqrt{x_1^2\sigma_1^2 + x_2^2\sigma_2^2 + 2x_1x_2\rho_{12}\sigma_1\sigma_2} \tag{3.16}$$

〈표 3.2〉에서 예로 든 주식 A와 B에 투자자금의 40%와 60%를 투자하여 만들어진 포트폴리오의 분산과 표준편차는 식(3.15)와 (3.16)에 의하여 다음과 같이 계산된다.

$$\begin{aligned}\sigma_P^2 &= x_A^2\sigma_A^2 + x_B^2\sigma_B^2 + 2x_Ax_B\rho_{AB}\sigma_A\sigma_B \\ &= (0.4)^2(0.1187)^2 + (0.6)^2(0.3440)^2 + 2(0.4)(0.6)(-0.4326)(0.1187)(0.3440) \\ &= 0.03638\end{aligned}$$

$$\sigma_P = \sqrt{\sigma_P^2} = \sqrt{0.03638} = 0.1907$$

이 계산에서 흥미 있는 사실은 두 주식을 결합하여 투자자는 19.07%의 표준편차를 부담하게 되었으며, 이 값은 두 주식의 표준편차를 투자비율로 가중평균한 값보다 작은 값이라는 점이다. 이것은 두 주식에 분산투자함으로써 더 적은 위험을 부담하게 된다는 것을 의미한다.

주식 A의 표준편차는 0.118743이고 주식 B의 표준편차는 0.344047이므로, 두 주식에 4 : 6의 투자비율로 투자하여 얻어진 포트폴리오의 표준편차가 두 주식의 표준편차의 가중평균인 25.39%(=(0.4)(0.118743)+(0.6)(0.344047))와 같은 크기라면, 분산투자로 위험의 감소가 이루어졌다고 말할 수 없다. 그러나 두 주식에 분산투자하여 얻어진 포트폴리오의 표준편차가 19.07%로서 두 주식의 표준편차의 평균인 25.39%보다 6.32%만큼 적기 때문에, 분산투자로 위험의 감소효과가 얻어졌다고 말할 수 있다. 분산투자로 얻게 될

4] 식(3.4)에 분산을 취하여 정리하면 다음과 같다.

$$\begin{aligned}\sigma_P^2 &= \sum_{s=1}^{S} p_s \cdot [x_1R_{1s} + x_2R_{2s} - x_1E(R_1) - x_2E(R_2)]^2 \\ &= \sum_{s=1}^{S} p_s \cdot [x_1(R_{1s} - E(R_1)) + x_2(R_{2s} - E(R_2))]^2 \\ &= \sum_{s=1}^{S} p_s \cdot [x_1^2(R_{1s} - E(R_1))^2 + x_2^2(R_{2s} - E(R_2))^2 + 2x_1x_2(R_{1s} - E(R_1))(R_{2s} - E(R_2))] \\ &= x_1^2\sigma_1^2 + x_2^2\sigma_2^2 + 2x_1x_2\sigma_{12} = x_1^2\sigma_1^2 + x_2^2\sigma_2^2 + 2x_1x_2\rho_{12}\sigma_1\sigma_2\end{aligned}$$

이러한 위험감소효과는 투자자의 증권투자 및 포트폴리오 선택에서 매우 중요한 의미를 갖고 있으므로, 다음의 제4장과 6장에서 다시 구체적으로 설명할 것이다.

3.2 기대효용과 평균 · 분산기준

3.2.1 기대효용

참 고 효용 개념을 만들어낸 상트페테르부르크의 역설

경제이론이나 재무이론의 기초를 이루는 가장 중요한 개념은 효용(utility)이다. 이 효용이라는 개념을 체계적인 학문적 개념으로 맨 먼저 제시한 학자는 스위스의 유명한 수학자 다니엘 베르누이(Daniel Bernoulli)이다. 그는 1738년에 쓴 "위험의 측정에 관한 새로운 이론의 설명"이라는 논문에서 "어떤 물건의 가치는 그것의 가격에 의해서가 아니라, 그것이 가져다 줄 효용에 의하여 결정된다"고 주장하였다.[5]

베르누이가 효용이라는 개념을 중시하게 된 것은 사람들이 불확실한 투자수익의 확률분포에 관한 기대치, 즉 기대수익만을 고려하여 경제적 행동을 취하지 않는다는 사실에 주목하였기 때문이다. 그는 효용이라는 개념의 존재를 보이기 위하여 이른바 상트페테르부르크의 역설(St. Petersburg Paradox)이라는 가상적인 도박을 예로 들고 있다. 이 도박의 내용은 다음과 같은 것이다.

"상트페테르부르크의 거리 한복판에 천막을 쳐놓고 도박판을 벌린다 하자. 만일 어떤 사람이 동전던지기를 시행하여 첫 번째 던지기에서 '앞'이 나오면 2원을 받고, 두 번째 던지기에서야 비로소 처음 '앞'이 나오면 4원을 받고, 또 세 번째 던지기에서야 비로소 처음 '앞'이 나오면 8원을 받는 등으로 도박을 할 수 있다고 하자. 이 도박의 기대치는 얼마인가? 그리고 이 도박을 행하기 위하여 사람들은 어느 정도의 돈을 치르고자 하겠는가?"

이런 도박에서 n번째 던지기에 비로소 '앞'이 처음 나온다고 한다면 상금은 2^n원을 받게 될 것이다. 그러나 '앞'이 처음 나오는 시행의 횟수에 따라 상금의 크기가 결정되므로, 상금의 크기는 〈표 3.3〉과 같은 확률분포를 갖게 될 것이다. 이 확률분포에서, 이론적으로 시행의 횟수 n은 무한대(∞)까지 가능하므로 기대치는 다음과 같이 계산된다.

$$\text{상금의 기대치} : E(W)=\sum_{i=1}^{\infty}\left(\frac{1}{2}\right)^i\times 2^i=\sum_{i=1}^{\infty}(1)^i=\infty \tag{3.17}$$

5] D. Bernoulli, "Exposition of a New Theory on the Measurement of Risk," *Papers of the Imperial Academy of Sciences in Petersburg* (1738). Louise Sommer의 영문번역은 S. Archer and C. A. D'Ambrosio (1976, eds.), *The Theory of Business Finance: A Book of Readings*, 2nd ed. (Macmillan), pp.50-63에 실려 있다. 이 문헌은 베르누이의 상트페테르부르크 역설을 인용하고 이에 대하여 효용이론적인 해를 최초로 제시한 것이다.

표 3.3 동전던지기의 확률분포

H가 처음 나오는 횟수	결과	확률	상금(W)
1	H	1/2	2
2	TH	$(1/2)^2$	2^2
3	TTH	$(1/2)^3$	2^3
4	TTTH	$(1/2)^4$	2^4
…	…	…	…
n	$[(n-1)T]H$	$(1/2)^n$	2^n

단, H는 앞면, T는 뒷면을 의미한다.

만일 사람들이 상금의 기대치만을 고려하여 행동한다면, 이 도박을 행하는 기회를 얻기 위해 유한한 크기의 어떤 금액이라도 지급하고자 할 것이다. 그러나 실제로 이러한 도박의 기회를 얻기 위하여 지급하려고 하는 돈의 크기는 2, 3원에 지나지 않으며 기껏해야 8원을 넘지 않는다고 한다. 도박이 가져다주는 무한대의 기대소득과 도박의 기회를 얻기 위해 지급하는 유한한 가격 사이에 존재하는 이러한 모순은 이른바 상트페테르부르크의 역설이라고 하는 것으로서 18세기 수학자들의 중요한 관심사가 되었다.

상트페테르부르크의 역설을 해결하기 위하여 다니엘 베르누이는 화폐적 이득에 관하여 일관성 있는 선호체계를 반영하는 효용함수가 존재한다고 주장하였다. 그는 효용함수가 화폐적 이득의 크기에 대하여 증가함수이지만, 선형적으로 증가하지 않고 체감적으로 증가하기 때문에, 로그함수의 형태를 갖게 될 것이라고 주장하였다. 이와 같은 베르누이의 주장은 오늘날의 효용이론적 관점에서 볼 때, 한계효용체감의 원칙을 개인의 선택행동에 적용하고자 하는 시도로서, 위험회피형 투자자의 효용함수를 설명한 것이라고 할 수 있다.

(1) 효용

효용(效用, utility)은 선호의 지수(preference index) 또는 선호의 척도(measure of preference)로 정의된다. 즉, 효용이란 어떤 경제적 결과—흔히 富 또는 수익률로 나타내지는 것들—에 대하여 선호하는 정도를 나타낸 지수를 의미한다. 예를 들어, 어떤 사람이 100만원에 대하여 10 정도의 선호의 지수를 부여하고 200만원에 대하여 17 정도의 선호의 지수를 부여하였다면, 이 10 또는 17의 지수가 곧 효용이다.

효용은 개인의 선호의 태도를 반영하는 것이기 때문에, 효용의 크기는 금액의 크기에 반드시 비례하여야 할 필요가 없다. 예를 들어, 어떤 사람이 100만원에 대하여 10의 효용을 부여하고 200만원에 대하여 17의 효용을 부여하지만, 다른 사람은 100만원에 대하여 동일한 10의 효용을 부여하지만 200만원에 대하여 15의 효용을 부여할 수도 있고 23의 효용을 부여할 수도 있다. 이처럼 사람들이 부여하는 효용의 크기는 각자의 선호의 태도에 따라 달라질 수 있다.

(2) 효용함수

개인의 선호의 태도가 일관성 있는 체계를 보여 준다면, 우리는 이 선호의 태도를 효용함수(utility function)로 나타낼 수 있다. 예를 들어, 어떤 사람이 더 큰 부로부터 더 큰 효용을 얻는다고 생각한다면, 그는 부의 크기와 효용의 관계를 나타내는 어떤 효용함수를 갖고 있다고 볼 수 있다. 이 사람이 다양한 투자기회 중 가장 바람직한 것을 선택하고자 할 때, 이 효용함수를 이용하여 각 투자기회로부터 얻을 수 있는 효용의 크기를 계산하고 가장 큰 효용을 가져다주는 투자기회를 선택하려 할 것이다. 이를 위해서는 먼저 富에 대한 효용함수의 구체적인 형태를 알아야 한다.

효용함수가 갖는 일차적인 특성은 사람들이 적은 부보다는 많은 부를 선호한다는 점이다. 예를 들어, 사람들이 100만원보다는 150만원을 더 선호하고 150만원보다는 200만원을 더 선호한다. 이것은 경제활동에서 발견되는 매우 보편적인 특성이다. 이 특성은 효용함수가 부에 대한 증가함수라는 것을 의미한다.

사람들에게서 흔히 관찰되는 다른 특성은 한 단위의 부의 증가분으로부터 얻어지는 효용의 증가분이 현재의 부의 수준에 따라 다르다는 점이다. 예를 들어, 대부분의 사람들의 경우, 10억원의 재산을 갖고 있을 때 얻어지는 100만원의 소득 증가보다 1,000만원의 재산이 있을 때 얻어지는 100만원의 소득 증가가 더 큰 효용의 증가를 가져다준다고 생각한다. 이것은 한 단위의 부의 증가로부터 얻어지는 효용의 증가분—이것을 한계효용(marginal utility)이라고 한다—이 부의 증가에 따라 점차 감소한다는 것을 의미한다. 이런 현상을 흔히 한계효용체감의 원칙(principle of diminishing marginal utility)이라고 부른다. 이와 같이 한계효용이 체감하는 효용함수는 위험을 싫어하기 때문에 위험부담의 대가가 주어지지 않는 한 위험을 부담하지 않으려는 사람들에게서 발견되는 중요한 특성이다(이 점에 대해서는 저자 홈페이지의 [보론 B]를 참고하기 바란다).

예외적이긴 하지만 위험부담을 좋아하는 사람들도 있으며 이런 사람들의 효용함수는 한계효용이 체증하는 형태를 갖는다.

증가함수이면서 한계효용이 체감하는 효용함수의 한 가지 예는 [그림 3.3]의 로그함수 형태의 효용함수이다. 즉, [그림 3.3]의 효용함수에서 효용 U는 부(W)의 증가와 함께 증가하고 있으며, 한계효용은 부의 증가에 따라 감소하고 있다(ln은 e(=2.7182818)를 밑수로 하는 로그 값임).

그림 3.3 효용함수의 예 : $U=a+b\cdot ln\left(\frac{W}{k}\right)$ (단, b와 k는 (+)의 상수, a는 임의의 상수)

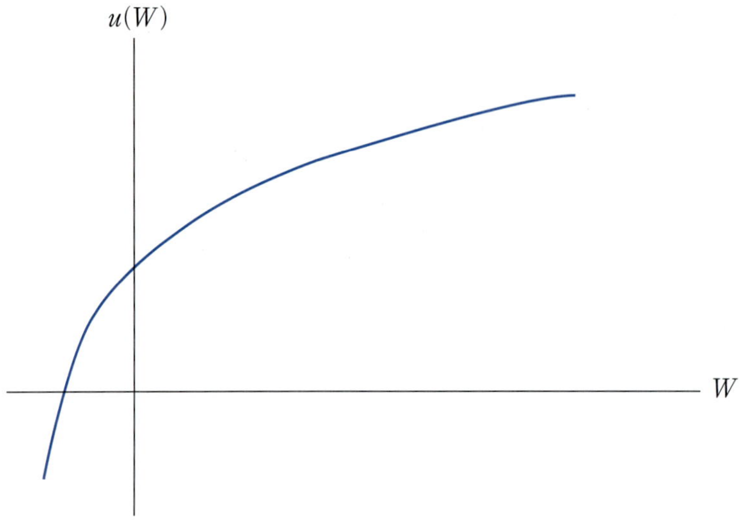

(3) 기대효용

증권투자에서 다루는 거의 모든 자산들이 미래에 가져다주는 부의 크기는 불확실하므로, 그 부의 크기는 확정된 값이 아니라 확률분포로 나타내진다. 따라서 효용함수의 구체적 형태가 알려져 있다면, 어떤 자산에 투자하여 얻게 될 부의 확률분포로부터 효용의 확률분포를 얻어낼 수 있다. 또 효용의 확률분포가 얻어지면 효용의 기대치, 즉 기대효용(expected utility)도 쉽게 구할 수 있다. 기대효용 $E(U)$는 단순히 효용의 확률분포로부터 구해진 기대치이므로 다음과 같이 계산된다.

기대효용

$$E(U)=E[u(W)]=\sum_{s=1}^{S}p_s u(W_s) \tag{3.18}$$

단, $u(W_s)$는 상태 s에 얻게 될 부(W_s)에 대한 효용이고, p_s는 상태 s가 발생할 확률이다.

이 기대효용과 관련하여 이해해야 할 것은 확실성등가(確實性等價, certainty equivalent)라는 개념이다. 확실성등가는 어떤 불확실한 부의 기대효용과 동일한 효용을 갖는 확실한 부(富)의 크기로 정의된다. 위의 식(3.18)에서와 같이 상태 s에 W_s의 부가 확률 p_s로 얻어지고 이에 대한 기대효용이 $E[u(W)]$라면, 이에 대한 확실성등가는 다음 식을 만족시키는 확실한 부의 크기 CE이다.

확실성등가

$$u(CE)=E[u(W)] \tag{3.19}$$

단순한 예로서, 어떤 사람의 효용함수가 $u(W)=3-10{,}000{,}000\div W$로 나타낼 수 있다 하자(독자들이 이 효용함수를 그림으로 그려 보면 한계효용이 체감하는 증가함수임을 확인할 수 있을 것이다). 그리고 그 사람이 다음과 같이 800만원을 어떤 주식에 투자하여 0.5의 확률로 1,500만원을 얻거나 0.5의 확률로 500만원을 얻게 될 것이라고 예상하고 있다 하자.

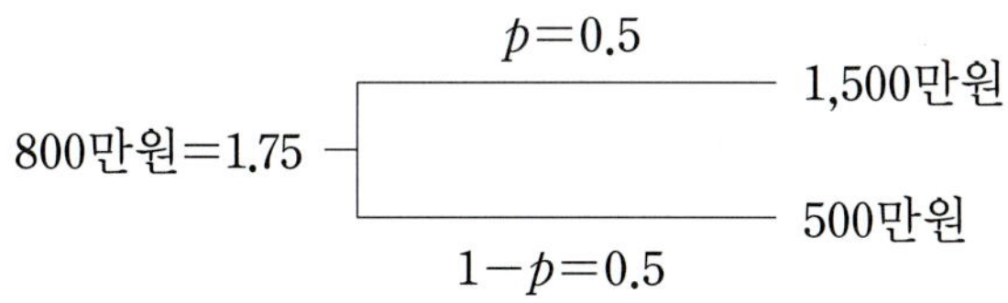

이 투자의 기대부(expected wealth)는 1,000만원(=0.5×1,500만원+0.5×500만원)이다. 즉, 이 투자는 800만원의 투자액을 희생하여 1,000만원의 기대부를 얻는 투자이므로, 기대부만을 기준으로 하면 200만원의 부의 증가를 기대할 수 있는 투자이다.

각각의 금액에 대한 효용의 크기는 이 투자자의 효용함수로부터 다음과 같이 계산된다.

$$u(800\text{만원})=3-\frac{10{,}000{,}000}{800\text{만원}}=1.75$$

$$u(1{,}500\text{만원})=3-\frac{10{,}000{,}000}{1{,}500\text{만원}}=2.3333$$

$$u(500\text{만원})=3-\frac{10{,}000{,}000}{500\text{만원}}=1$$

따라서 위의 투자는 u(800만원)=1.75의 효용을 희생하여, u(1,500만원)=2.3333의 효용을 0.5의 확률로 얻거나 u(500만원)=1의 효용을 0.5의 확률로 얻는 투자로 나타낼 수 있다.

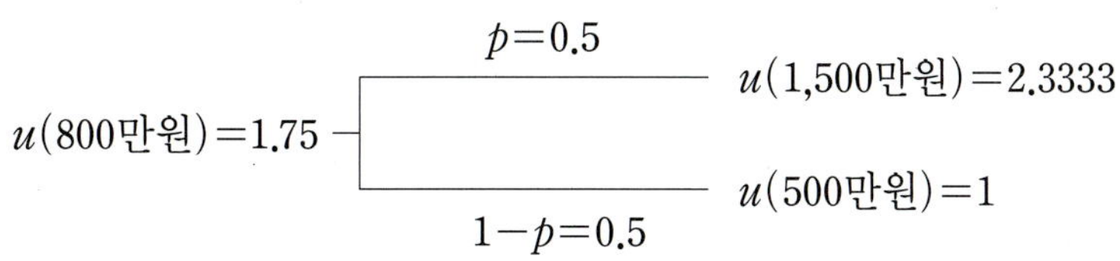

참 고 상트페테르부르크 역설에 대한 효용이론적 해답

상트페테르부르크의 역설을 다시 상기하여 보기로 하자. 이미 설명한 바대로 이 도박의 기대부는 다음과 같이 무한대의 값이다.

상금의 기대치 : $E(W)=\sum_{i=1}^{\infty}\left(\frac{1}{2}\right)^{i}\times 2^{i}=\infty$

만일 사람들이 기대부를 기준으로 행동한다면, 이 도박의 기대부가 무한대이므로 이 도박을 행하는 기회를 얻고자 어떤 커다란 금액이라도 지급하려 할 것이다. 그러나 현실에서 그렇게 행동하는 사람은 없다. 대부분의 정상적인 사람들은 이 도박을 행하기 위하여 매우 적은 금액만을 치르고자 할 것이며, 그것도 심심풀이 도박 정도로만 생각할 것이다. 따라서 불확실성하에서 인간의 행동은 기대부 또는 기대수익만으로 적절하게 설명할 수 없다.

이 역설에 대하여 다니엘 베르누이 등이 생각한 대로 사람들이 로그함수 중에서 가장 단순한 형태인 $u(W)=lnW$의 효용함수를 갖고 있다고 하자. 그 경우 이 동전던지기의 기대효용은 다음과 같이 1.3863으로 계산된다.

$$E[u(W)]=\sum_{i=1}^{\infty}\left(\frac{1}{2}\right)^{i}\times ln(2^{i})=1.3863$$

단, ln은 e(=2.7182818)를 밑수로 하는 로그.

이 1.3863의 기대효용과 동일한 효용을 가져다주는 확실성등가 CE는 다음과 같이 4원으로 계산된다.

$$u(CE)=ln\,CE=1.3863 \qquad \therefore CE=4$$

따라서 사람들이 위와 같은 로그함수 형태의 효용함수를 갖고 있다면, 이러한 동전던지기 도박에 대하여 4원 이상의 돈을 걸려고 하지 않을 것이다. 이와 같이 기대효용을 고려하면, 앞에서 제기한 상트페테르부르크의 역설은 더 이상 역설이 아니라, 기대효용을 극대화하려는 인간행동의 한 가지 표현일 따름이다.

이 투자의 기대효용 $E(U)$는 다음과 같이 1.6667로 구해진다.

$$E(U)=(0.5)(2.3333)+(0.5)(1)=1.6667$$

이 투자는 1.75(=u(800만원))의 효용을 희생하여 1.6667의 기대효용을 얻는 투자이므로, 기대효용을 기준으로 하면 이 투자는 효용의 감소를 가져다주는 투자라고 할 수 있다.

이 1.6667의 기대효용과 동일한 효용을 가져다주는 확실성등가 CE는 다음과 같이 약 750만원으로 구해진다.

$$u(CE)=3-\frac{10,000,000}{CE}=1.6667 \qquad \therefore CE=750\text{만원}$$

이 투자자가 0.5의 확률로 1,500만원을 얻거나, 0.5의 확률로 500만원을 얻게 될 주식투자의 기대효용과 확실한 금액 750만원의 효용은 동일하다. 즉, 이 투자자의 입장에서 볼 때, 이 투자를 정당화할 수 있는 투자액은 750만원 또는 그 이하라고 할 수 있다. 따라서 위의 주식투자에 800만원을 투자하는 것은 이 투자자에게 바람직한 투자라고 볼 수 없다.

3.2.2 위험회피

(1) 투자자의 위험에 대한 태도

이미 지적한 대로 개인의 행동에서 언제나 발견되는 보편적 현상은 적은 富보다는 더 큰 부를 선호한다는 사실이다. 따라서 효용함수는 부의 크기와 증가함수의 관계를 갖게 된다. 즉, 부에 대한 효용함수의 1차도함수는 (+)이다($du/dW>0$). 그러나 부의 증가에 따라 효용 역시 언제나 비례적으로 증가하는 것이 아니며, 위험에 대한 개인의 태도에 따라 효용함수의 형태가 달라진다.

투자자는 위험에 대한 태도에 따라 위험회피형 투자자, 위험중립형 투자자, 위험추구형 투자자의 세 가지로 구분될 수 있다.

위험회피형(risk averse) 투자자는 위험을 싫어하는 투자자로서, 다른 조건이 일정하다면, 가능한 한 적은 위험을 부담하려는 투자자이다. 따라서 그들은 위험에 대한 대가, 즉 위험프리미엄(risk premium)이 적절한 정도로 주어질 때에만 위험을 부담하고자 한다. 이러한 위험회피형 투자자들의 효용함수는 [그림 3.4]의 (a)와 같이 부의 증가에 따라 효용이 증가하면서 한계효용이 체감하는 형태를 갖는다. 어느 정도의 재산과 소득을 갖는 대부분의 투자자들은 위험회피형이다. 따라서 대부분의 경제이론에서는 (a)와 같이 아래로 오목한 형태의 효용함수를 전제로 사람들의 경제행동을 설명하고 있다.[6]

이와 반대로 위험추구형(risk seeking) 투자자는 더 큰 위험을 선호하는 사람들이다. 그

6] 저자 홈페이지(http://myweb.jnu.ac.kr/~damcho) 투자론 전정9판 보충자료의 [보론 A]에 위험회피형 효용함수와 위험회피도에 관한 수학적 설명이 주어져 있다.

그림 3.4 위험에 대한 태도와 효용함수

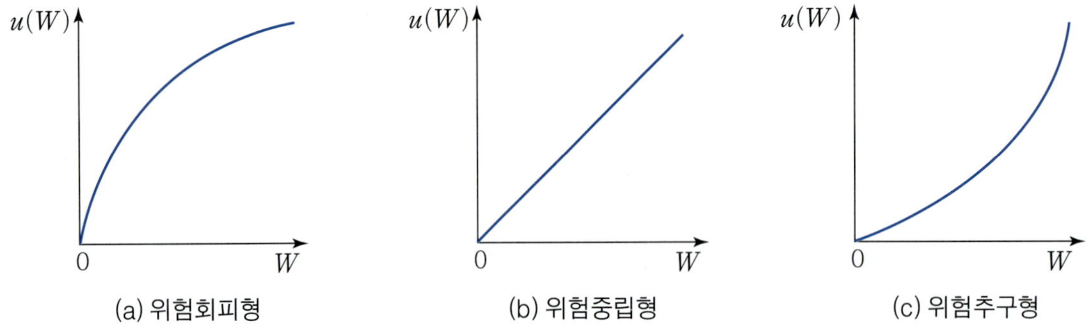

들의 효용함수는 [그림 3.4]의 (c)와 같이 부의 증가에 따라 효용이 증가하지만, 한계효용이 체증하는 효용함수로 나타낼 수 있다. 재산과 소득이 매우 낮은 사람들은 로또와 같이 위험이 큰 투자를 선호한다. 실패하더라도 더 잃을 것이 없고 성공하면 무엇인가 큰 것을 얻을 수 있기 때문에 더 큰 위험을 선호한다. 주식투자에 실패하여 거의 모든 재산을 잃은 사람들이 위험이 매우 큰 선물이나 옵션에 투자하는 경우를 가끔 관찰할 수 있는데, 이런 행동은 (c)와 같은 형태의 효용함수를 갖고 있을 때 나타날 수 있다.

위험중립형(risk neutral) 투자자는 위험의 크기에 관계없이 기대부에 의해서만 의사결정을 행하는 사람들이다. 이 위험중립형 투자자들의 효용함수는 부의 증가에 따라 효용도 증가하지만 한계효용은 부의 수준에 관계없이 일정한 크기이며, 따라서 [그림 3.4]의 (b)와 같이 효용함수가 직선으로 나타내진다.

(2) 위험회피형 투자자의 효용함수

현실의 경제생활에서 관찰되는 대부분의 투자자들은 위험회피형 투자자이다. 이들은 위험을 싫어하고 회피하려 하기 때문에, 불확실한 기대치보다는 동일한 금액의 확실한 富를 언제나 더 선호한다. 예컨대 어떤 불확실한 투자로부터 얻어지게 될 기대부(期待富)가 100만원이라고 한다면, 위험회피형 투자자는 위험을 갖고 있는 기대부 100만원보다는 위험이 없는 확실한 100만원의 부를 선호한다.

이러한 위험회피형 투자자의 효용함수는 아래쪽으로 오목한 증가함수로 나타내지며, 그들에게 있어 위험을 갖고 있는 투자에 대한 확실성등가는 그 투자의 기대부보다 작다(그 이유는 저자 홈페이지의 [보론 B]를 참고하기 바란다). 또 위험을 갖고 있는 투자의 기대부와 확실성등가의 차이는 위험부담에 대한 대가로 볼 수 있으며, 이를 위험프리

참 고 행태재무학에서 중시하는 전망이론

많은 사람들이 의사결정으로 달성하게 될 부의 수준보다 그로 인해 얻게 될 이익 또는 손실의 크기에 더 큰 관심을 갖고 있고 이익보다 손실에 대해 더 민감하게 반응하는 현상이 흔히 관찰된다. 사람들의 이런 현상을 행태재무학에서는 손실회피(loss aversion)라고 하며 이에 기초한 효용이론이 전망이론(prospect theory)이라고 부르는 이론이다.[7]

전망이론에서는 전통적인 효용이론과 다른 각도에서 효용을 설명한다. 첫째, 사람들은 동일한 크기의 이득 또는 손실에 대해 자신이 어떤 상태에 있는가에 따라 평가하는 효용의 크기가 달라질 수 있다. 예컨대 어떤 사람이 손실영역에 있을 때 추가적 손실에 대해 고통을 덜 느끼므로 위험부담에 더 적극적일 수 있다. 둘째, 사람들은 가능성이 높은 결과에 대해 반드시 일어날 것이라는 과잉확신(over-confidence)을 갖고 행동한다. 즉, 사람들은 상대적으로 일어나기 어려운, 그러나 불가능하지는 않은 결과에 대해 0의 가중치를 주고, 상대적으로 확실성이 큰, 그러나 꼭 일어난다고 보증할 수는 없는 결과에 대해 1의 확률을 부여한다. 이것은 사람들이 진정한 확률을 과장하려는 경향이 있다는 것을 의미한다.

미엄(risk premium)이라고 한다. 이처럼 위험을 부담함으로써 충분한 크기의 위험프리미엄이 기대된다면 위험회피형 투자자도 위험이 상당히 큰 투자를 행할 수 있다. 왜냐하면 더 큰 위험을 부담한 대가로 더 큰 기대부를 얻음으로써 기대효용의 증가를 가져올 수도 있기 때문이다.

위험회피형 투자자의 행동으로서 중요한 점은 일반적으로 분산투자(diversification)를 행한다는 사실이다. 왜냐하면 분산투자는 투자위험을 감소시켜 줌으로써 위험회피형 투자자의 기대효용을 증가시켜 주기 때문이다. 예를 들어, 증권 A의 기대효용이 10이고 증권 B의 기대효용이 20이라고 한다면, 이 두 가지 증권을 50 : 50으로 결합하여 얻어진 포트폴리오의 기대효용은 두 증권의 기대효용의 평균인 15보다 크게 되기 때문이다.

3.2.3 평균 · 분산기준

(1) 평균 · 분산기준

3.1절에서 투자자산의 위험의 크기는 수익률의 분산이나 표준편차로 측정한다는 것을 설명하였다. 그리고 투자자들이 현실적으로 고려하는 적절한 위험의 척도는 분산(또는 표준편차)이라고 언급하였다. 이것은 투자자들이 기대수익률과 분산(또는 표준편차)이라는

7] 전망이론의 구체적인 내용은 http://myweb.jnu.ac.kr/~damcho의 [보론 C]를 참고하기 바란다.

두 가지 척도만을 고려하여 투자자산 또는 포트폴리오를 선택할 것이라는 것을 의미하며, 이를 평균 · 분산기준(mean-variance criterion)이라고 한다. 평균 · 분산기준을 더 명확하게 정의하면, "투자자는 동일한 기대수익률을 갖는 포트폴리오들 중에서 가장 작은 분산(또는 표준편차)을 갖는 포트폴리오를 선택하고, 동일한 분산을 갖고 있는 포트폴리오들 중에서 가장 높은 기대수익률을 갖고 있는 포트폴리오를 선택한다"는 것으로 정의된다.

평균 · 분산기준의 의미를 명확하게 이해하기 위하여 [그림 3.5]를 보기로 하자. 어떤 자산 P를 기준으로 볼 때, 영역 I에 있는 투자기회들은 자산 P보다 큰 기대수익률과 작은 위험을 갖고 있다. 따라서 투자자들은 자산 P보다는 영역 I에 있는 투자기회를 선호한다. 즉, 투자자들은 자산 P보다는 자산 1을 선호한다. 반대로 영역 III에 있는 투자기회들은 자산 P보다 작은 기대수익률과 큰 위험을 갖고 있다. 따라서 투자자들은 영역 III에 있는 투자기회보다 자산 P를 선호한다.

영역 II와 IV에 있는 투자기회와 자산 P 사이의 선호관계는 기대수익률과 표준편차만을 비교하여 결정할 수 없다. 왜냐하면 영역 II에 있는 자산들은 P보다 높은 기대수익률을 갖고 있으면서, 또 P보다 큰 위험을 갖고 있기 때문이다(영역 IV는 그 반대이다). 따라서 영역 II와 IV에 있는 자산 3이나 7과 자산 P 중에서 어느 것이 더 큰 기대효용을 가져다 줄 것인지를 결정하기 위해서는 투자자의 효용함수에 각 자산의 기대수익률과 표준편차를 대입하여 계산해 보아야만 한다.

이 평균 · 분산기준은 마코위츠(H. Markowitz)가 투자자들의 분산투자 행동을 설명하기 위해 1952년에 처음 제시한 투자기준이다.[8] 이 책의 제4장부터 제7장까지 설명하게 될

그림 3.5 평균 · 분산기준

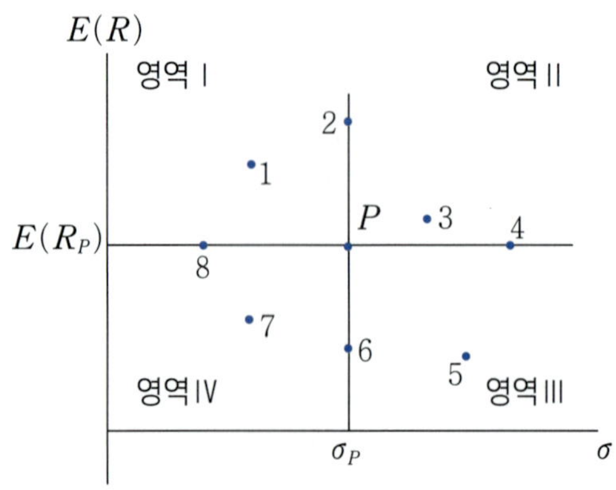

포트폴리오 선택이론과 자본자산 가격결정모형은 모두 투자자들이 평균 · 분산기준에 따라 행동한다는 것을 가정하고 있는 이론들이다.

(2) 한 가지 유용한 효용함수

평균 · 분산기준은 투자자산의 수익률에 대한 기대효용이 기대수익률과 분산만으로 결정될 수 있다는 것을 의미하므로, 기대효용은 다음과 같이 기대수익률과 분산의 함수로 나타내진다.

$$E[u(R)]=u[E(R),\sigma^2] \tag{3.20}$$

그리고 투자자들은 일반적으로 더 큰 기대수익률을 선호하고, 더 큰 분산을 싫어할 것이므로 이 식(3.20)의 효용함수는 다음과 같은 특성을 갖는다.

$$\frac{dE(u)}{dE(R)}>0 \text{ 및 } \frac{dE(u)}{d\sigma^2}<0 \tag{3.21}$$

즉, 기대수익률이 클수록 기대효용은 증가하고, 분산이 커질수록 기대효용은 감소한다. 이런 특성을 갖는 효용함수는 여러 가지가 있을 수 있지만, 실무적으로 간편하게 사용할 수 있는 효용함수는 다음과 같은 형태의 효용함수이다.

$$u(R)=E(R)-\frac{1}{2}A\sigma^2 \tag{3.22}$$

단, A는 투자자의 위험회피도로서 (+)의 상수이다.

이 식(3.22)에서 위험회피도 A는 투자자의 위험에 대한 태도를 반영하는 상수로서 위험회피형 투자자는 (+)의 값을 갖는다.[9] 만일 어떤 투자자가 위험에 대하여 덜 회피적이라면 그 사람의 A는 더 작은 값을 취한다. 또 더 위험회피적이라면 그 사람의 A는 더 큰 값을 취한다(두 번째 항의 1/2은 이 식을 더 간편하게 이용할 수 있도록 하기 위해

8] Harry Markowitz (1952), "Portfolio Selection," *Journal of Finance*, 8, pp.77-91 및 Harry Markowitz (1959), *Portfolio Selection : Efficient Diversification of Investments* (Wiley).

9] 위험회피도 A는 투자자의 부의 수준에 관계없이 동일한 값일 것으로 가정하므로, 이 A는 효용이론에서 말하는 상대위험회피도(relative risk aversion)에 해당되는 개념이다. 이에 대비되는 개념으로서 절대위험회피도(absolute risk aversion)라는 개념도 있다. 이것은 부의 영향을 수정하지 않은 위험회피도이다. 일반적으로 부가 클수록 절대위험회피도가 클 것으로 판단된다. 위험회피에 대한 이론적 설명은 저자 홈페이지(http://myweb.jnu.ac.kr/~damcho) 보충자료의 [보론 A]에 주어져 있다.

그림 3.6 효용의 무차별곡선(효용함수 : $u(R)=E(R)-\frac{1}{2}(4)\sigma^2$)

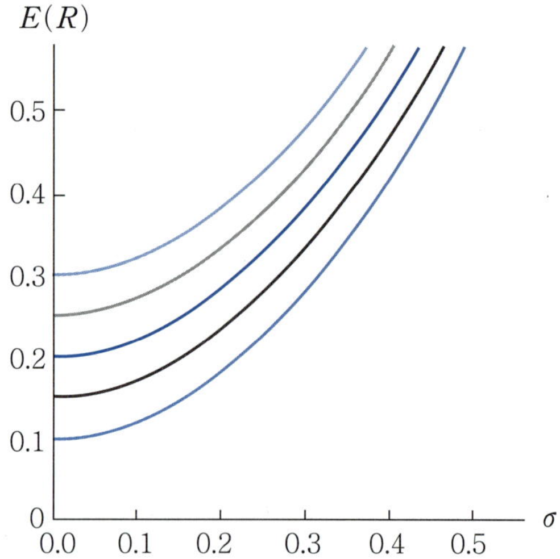

포함된 상수이다). 이 효용함수는 기대수익률에 대하여 증가함수이고 분산에 대하여 감소함수이다. 따라서 평균·분산기준에 따라 투자하는 투자자의 행동을 적절하게 나타내 주고 있다.

(3) 효용의 무차별곡선

위의 식(3.20)에서 제시된 효용함수에서 동일한 효용을 가져다주는 기대수익률과 표준편차의 여러 가지 조합을 만들 수 있으며, 이 조합들은 [그림 3.6]의 무차별곡선(indifference curve)으로 나타낼 수 있다([그림 3.6]의 X축은 표준편차를 표시하며, Y축은 기대수익률을 표시하고 있다는 점에 주목하자). 이 [그림 3.6]에는 어떤 투자자의 위험회피의 정도를 나타내는 A값이 4일 때, $E(u)$=0.1 또는 0.2의 효용을 달성할 수 있는 무차별곡선—즉, 기대수익률과 표준편차의 여러 가지 조합—들이 그려져 있다. 예를 들어, 기대수익률과 표준편차의 다음 세 가지 조합은 모두가 동일한 0.1의 효용을 가져다준다.

기대수익률	표준편차	기대효용
0.10	0.0	$0.10-(0.5)(4)(0.0)^2=0.1$
0.12	0.1	$0.12-(0.5)(4)(0.1)^2=0.1$
0.18	0.2	$0.18-(0.5)(4)(0.2)^2=0.1$

3.3 투자위험의 새로운 척도 : VaR

3.3.1 VaR의 의미와 계산

지난 수십 년 동안 각국에서 발생한 금융위기는 세계경제를 지속적으로 괴롭혀 왔다. 80년대 이래 간헐적으로 발생한 남미 각국의 채무위기, 90년대 초 북유럽 각국에서 발생한 금융위기, 1990년 이후 부동산 가격폭락에서 비롯된 일본의 금융위기와 장기불황, 1995년 베어링스(Bearings Bank) 사건, 1997년 말레이시아, 타일랜드, 인도네시아, 한국에서 연쇄적으로 발생한 아시아 금융위기, 1998년의 러시아 정부채무 모라토리엄과 미국 LTCM(Long-Term Capital Management Co.) 사건, 서브프라임 모기지의 부실로 촉발된 2008년의 세계금융위기, 2011년부터 2012년에 걸쳐 발생한 그리스, 이탈리아, 스페인 등의 재정위기 등이 그 예이다.[10] 이런 사례들은 금융자산의 시장가격 변동이 국민경제에 얼마나 중요한 영향을 미치고 있는지를 절실하게 말해 주고 있다.

금융위기가 더욱 심각하게 확대되는 중요한 이유는 오늘날 많은 금융기관들이 투자자금의 많은 부분을 변동성이 큰 채권, 외화, 주식, 파생상품 등과 같은 금융자산에 투자하고 있고, 그 결과 금융기관들이 금융자산 가격변동 때문에 발생하는 시장위험(market risk)에 더욱 크게 노출되었기 때문이다. 따라서 금융위기가 발생하였을 때 시장위험을 적절하게 관리함으로써 예금주와 투자자들을 보호하여야 할 필요성도 더욱 커지고 있다.

시장위험의 관리에 사용되는 가장 중요한 위험척도는 VaR(Value-at-Risk)라는 척도이다. VaR는 1994년 J. P. Morgan사가 리스크메트릭스(RiskMetrics)라는 시장위험 관리시스템을 개발하여 전세계에 보급하면서 널리 이용되게 되었다. 리스크메트릭스는 금융자산 및 부채의 위험도 측정결과를 매일 일정시간, 예컨대 오후 4시 30분에 경영자에게 보고하도록 하는 시스템이다. 이때 어떤 금융기관이 시장위험에 어느 정도 노출되어 있는가를 측정하는 척도가 VaR이다.

VaR는 '정상적인 시장상황에서 목표기간 중에 발생할 수 있을 것으로 예상되는 포트폴리오의 최대손실액'으로 정의된다. 이 정의의 의미를 이해하기 위하여, 먼저 h일의

10] 모라토리엄(moratorium)이란 천재지변이나 경제위기로 인한 국가채무 지급연기를 의미한다. 서브프라임 모기지는 신용등급이 낮은(subprime) 부동산담보대출(mortgage)이다.

목표기간 중에 발생하게 될 포트폴리오 가치변동액을 다음과 같이 나타내기로 하자.

$$\triangle_h P_t = P_{t+h} - P_t \tag{3.23}$$

이 식에서 P_{t+h}는 h일 후의 포트폴리오 가치이고 P_t는 t일 현재의 포트폴리오 가치이다. 따라서 $\triangle_h P_t$는 h일 동안에 발생할 것으로 t시점에 예상한 포트폴리오의 가치변동액이다. 예를 들어, 어떤 뮤추얼펀드의 t시점의 가치가 100억원이며, 정상적인 시장 상황에서 1일 동안에 예상되는 포트폴리오의 기대수익률이 0이고 수익률의 표준편차가 1.5%라고 하자. 그리고 수익률의 분포는 정규분포에 따른다고 하자. 이 수익률의 확률분포는 1일 동안에 발생할 수 있는 포트폴리오 가치변동의 표준편차가 1억5,000만원(=100억×0.015)이라는 것을 의미한다.

정상적인 상황에서 투자자가 감당할 수 있는 포트폴리오 가치변동의 범위가 [그림 3.7]과 같은 확률분포에서 99%의 범위로 정해져 있다 하자([그림 3.7]에서 가치변동의 분포는 편의상 정규분포로 나타내져 있지만, 반드시 그럴 필요는 없다). 이것은 포트폴리오 가치가 아래쪽 1% 범위로 하락하는 경우는 비정상적으로 심각한 손실이 발생한 것으로 간주된다는 것을 의미한다.

정상적 상황에서 예상되는 가치변동의 범위는 [그림 3.7]에서 신뢰수준(confidence level) $1-\alpha$로 표시되어 있고, 비정상적으로 심각한 손실의 범위는 유의수준(significance level) α로 나타나 있다.

위의 예에서 신뢰수준이 99%로 정해져 있다면, 정상적인 상황에서 예상되는 최대손실액인 VaR는 확률분포의 오른쪽 99% 범위의 가장 낮은 수준으로서, 유의수준 1%의 임계값으로 결정된다. VaR는 발생 가능한 최대손실액을 의미하므로, 일반적으로 그 값은 (−)의 가치변동액으로 계산된다. 그러나 절대치로 나타낸다 하더라도 오해의 여지가 없으므로, VaR는 편의상 (−)부호를 생략하고 절대치만으로 그 크기를 나타낸다.

만일 가치변동의 확률분포가 정규분포라면 1% 유의수준의 임계값은 표준편차의 2.3263배를 평균에서 뺀 값과 같다.[11] 실무에서는 임계값을 구하기 위해 사용하는 표준편차의 배수를 흔히 조정계수라고 부른다. 위의 예에서 가치변동의 표준편차는 1억 5,000만원(=0.015×100억원)이므로, 목표기간이 1일이고 유의수준이 1%일 때의 VaR는 다

11] 이 2.3263이라는 수치는 표준정규분포의 아래쪽 1% 누적확률에 해당하는 z값이 −2.3263이기 때문에 얻어진 것이다.

그림 3.7 포트폴리오 가치변동의 확률분포와 VaR

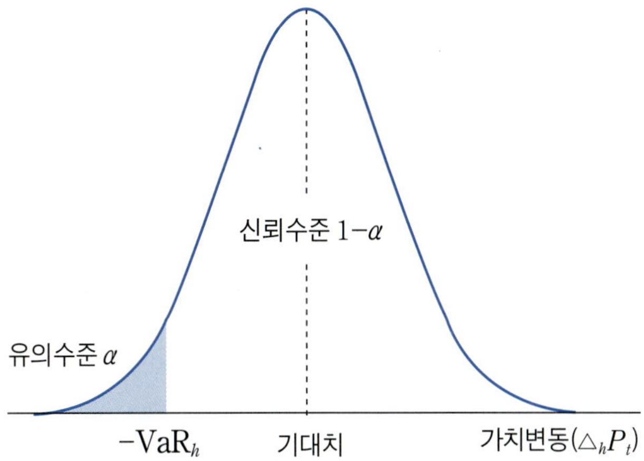

음과 같이 3억4,985만원으로 계산된다.

VaR=2.3263×0.015×100억원=3억4,985만원

즉, 이 뮤추얼펀드가 정상적 시장상황에서 1일 동안에 발생할 수 있을 것으로 예상되는 최대손실액은 3억4,985만원이다. 만일 이 크기의 VaR가 투자자들이 감당할 수 있는 수준보다 큰 것이라면 펀드매니저는 위험이 더 작은 포트폴리오로 수정하여야만 한다.

[그림 3.7]에서 알 수 있는 것처럼 VaR는 포트폴리오의 다운사이드 리스크(downside risk), 즉 포트폴리오 가치가 하락할 위험의 크기를 나타낸다. VaR가 크다는 것은 정상적인 시장 상황에서 포트폴리오의 가치가 하락할 위험에 더 크게 노출되어 있다는 것을 의미한다.

VaR의 계산과 관련하여 특히 두 가지 점을 염두에 둘 필요가 있다.

첫째, 가치변동의 확률분포가 정규분포일 경우,[12] 신뢰수준 $1-\alpha$ 또는 유의수준 α를 어떻게 설정하느냐에 따라 조정계수가 달라지므로 VaR의 크기도 달라진다. 국제결제은행(Bank for International Settlements; BIS)이 은행의 위험관리를 위해 적용하도록 권고하고 있는 신뢰수준의 크기는 99%이며, 전세계의 은행을 비롯한 많은 금융기관들은 이 권

12] 가치변동의 확률분포가 정규분포가 아닐 경우 위에서 사용한 방법보다 훨씬 더 복잡한 방법을 사용하여야 한다.

고에 따르고 있다. 이 신뢰수준 99%에 해당하는 조정계수는 2.3263이다.[13] 신뢰수준 또는 유의수준의 값을 어떻게 설정하느냐에 따라 VaR가 크게 달라질 수 있으므로, 설정된 신뢰수준을 분명히 나타내기 위하여 99% VaR 또는 95% VaR와 같이 신뢰수준 $(1-\alpha)$의 값을 앞에 붙여 부르기도 한다.

둘째, 원래부터 VaR는 장기적 위험이 아니라 단기적 위험에 노출되는 정도를 측정하기 위해 고안된 개념이다. 목표기간(h)이 장기일 경우 포트폴리오 가치변동의 기대치는 0이 아닌 어떤 값이 되겠지만, 1일 또는 1주일 등과 같이 단기간의 가치변동의 기대치는 0으로 가정해도 큰 문제가 없다. 따라서 목표기간이 짧을 경우의 VaR를 계산할 때에는 가치변동의 기대치는 무시하고 포트폴리오의 위험만을 고려한다. 이런 맥락에서 리스크메트릭스에서는 다음 식에 의해 VaR를 계산하고 있다.[14]

$$\text{VaR}_h = P_t \times z^* \times \sigma \times \sqrt{h} \tag{3.24}$$

단, VaR_h는 유의수준이 α일 때, h일 동안에 발생할 것으로 예상되는 최대손실액이다. z^*는 조정계수로서 유의수준 α에 따라 그 값이 주어져 있다. σ는 일간수익률의 표준편차이고, h는 가치변동이 발생하는 목표기간(일)을 나타낸다.

위의 뮤추얼펀드의 예에서 신뢰수준이 99%일 때 10일의 목표기간 동안에 발생할 수 있는 최대손실액인 VaR10은 다음과 같이 구해진다.

$$\text{VaR}_{10} = 100\text{억원} \times 2.3263 \times 0.015 \times \sqrt{10} = 11\text{억}346\text{만원}$$

3.3.2 시간가변 변동성의 계산

식(3.22)에서 VaR의 크기는 변동성(σ)의 크기에 의존한다. 이미 지적한 바대로 VaR는 단기적으로 노출되어 있는 위험의 크기를 나타낸다. 따라서 VaR를 계산할 때에는 시간의 흐름에 따라 변동성의 크기가 변동한다는 사실을 충분히 고려할 필요가 있다. 이처럼 시간의 흐름에 따라 변동성의 크기가 달라지는 현상을 흔히 시간가변 변동성(time-

13] 이와는 달리, VaR를 처음 제시한 J. P. Morgan사는 95% 신뢰수준에 상응하는 1.6449의 조정계수를 권고하고, 뱅크 오브 아메리카(Bank of America)는 97.5% 신뢰수준에 상응하는 1.96의 조정계수를 권고하고 있다.

14] 매일의 일간수익률이 서로 독립적이고 표준편차가 σ일 때 t일간 수익률의 표준편차는 $\sigma\sqrt{t}$에 의해 구해진다.

varying volatility)이라고 한다.

시간가변 변동성을 고려한다면, 식(3.24)의 우변의 표준편차는 시간의 흐름에 따라 달라지는 변수인 σ_t로 표시되어야 하고, 또 t일의 σ_t를 계산할 수 있는 구체적인 방법이 제시되어야 한다. VaR를 계산하기 위해 흔히 사용되는 변동성의 계산방법은 다음 세 가지 방법이다.

① **역사적 분산**(historical variance) : t일의 분산은 t일 이전의 일정 기간(예컨대 252일) 동안의 일간수익률 자료를 사용하여 다음과 같이 계산될 수 있다.

$$\sigma_t^2 = \frac{1}{T-1}\sum_{t=1}^{T} R^2_{t-i} \tag{3.25}$$

단, R_{t-i}는 t일로부터 i일 전의 일간수익률이다.

이 식은 평균수익률을 0으로 가정하고 과거의 일간수익률 자료를 사용하여 분산을 계산하는 식이다. 이처럼 평균수익률을 0으로 가정하는 것은 금융자산의 일간수익률의 평균이 0에 가깝기 때문이다. 일반적으로 과거 자료는 최소한 1년 이상, 즉 252 영업일 이상의 자료를 포함하여야 하는 것으로 알려져 있다.

[그림 3.8]은 코스피200의 249일간 일간수익률 자료를 사용하여 계산된 역사적 표준편차를 보이고 있다(우리나라 주식시장의 연평균 영업일 수는 249일 정도이다).

[그림 3.8]을 보면, 1997년 외환위기 기간에 코스피200의 변동성이 거의 3.5% 수준까지 상승하였으며 그 이후 경제의 안정과 함께 2007년에는 1% 수준까지 크게 하락하였다. 주가의 변동성은 2008년 세계금융위기에 2.5% 수준 이상으로 상승하였으며 2012년 유럽재정위기에도 크게 상승하였다.

② **지수가중 이동평균**(exponentially weighted moving average; EWMA) : 이 방법은 리스크메트릭스에서 사용하고 있는 방법으로서, t일의 분산은 다음과 같이 $t-1$일의 분산과 일간수익률 제곱을 가중평균하여 계산된다.

$$\sigma_t^2 = (1-\lambda)R^2_{t-1} + \lambda\sigma^2_{t-1} \tag{3.26}$$

단, λ는 0과 1 사이의 값을 취하는 가중치이다.

이 식의 우변에서 σ^2_{t-1}은 변동성의 추세값이라고 할 수 있는 부분으로서 과거의 수익률 변동에 관한 정보를 모두 내포하고 있는 부분이다. R^2_{t-1}은 $t-1$일에 발생한

그림 3.8 코스피200 일간수익률의 역사적 표준편차

변동성의 실현치라고 할 수 있다. 따라서 지수가중 이동평균에서는 t일의 변동성이 $t-1$일의 추세값과 실현치를 가중평균하여 구해진다고 할 수 있고, 가중치 λ가 1에 가까울수록 추세값의 비중이 크기 때문에 분산의 움직임이 평활화된 모습을 보이게 된다. λ를 어느 정도로 하는 것이 좋을 것인지에 대해서 일정한 기준이 있는 것은 아니다. 흔히 λ의 크기로서 0.94, 0.97, 0.99 등이 사용되고 있다.

식(3.25)에 의해 분산을 계산하기 위해서는 먼저 충분히 먼 과거 시점(예; 252일 전)을 기준으로 그 이전의 일간수익률 자료를 사용하여 역사적 분산을 계산해 둘 필요가 있다. 그 이후에는 식(3.25)에 의해 순차적으로 매일의 분산을 계산해 나가면 된다.

③ **조건부변동성** : 조건부변동성(conditional volatility)이란 변동성이 과거의 변동성에 의해 설명될 수 있는 t시점의 변동성을 말한다. 조건부변동성을 추정하기 위해 다양한 모형이 제시되어 있지만, 그 중에서도 실무에서 자주 사용되고 있는 모형은 GARCH(1,1)으로서 다음과 같이 표현된다.[15]

15] 조건부변동성 모형에 관한 구체적인 설명은 http://myweb.jnu.ac.kr/~damcho의 [보론 B]를 참조하기 바란다.

$$\begin{cases} \text{평균방정식} : R_t = \mu_t + \varepsilon_t \\ \text{분산방정식} : \sigma_t^2 = \alpha_0 + \alpha_1 \varepsilon^2_{t-1} + \beta_1 \sigma^2_{t-1} \end{cases} \quad (3.27)$$

단, μ_t는 t일의 평균수익률이고 ε_t는 t일의 잔차로서 R_t가 평균수익률(μ_t)로부터 어느 정도의 편차를 보이고 있는지를 나타낸다. 분산방정식에서 α_0, α_1 및 β_1은 회귀계수이다.

식(3.27)은 평균방정식과 분산방정식의 두 부분으로 이루어져 있다. 평균방정식은 평균수익률을 추정하는 식이다. 실제의 평균방정식에서는 μ_t 대신에 보다 복잡한 회귀방정식이 들어갈 수 있지만, VaR를 계산할 목적으로 일간수익률을 사용하여 이 식을 추정할 때에는 평균수익률을 흔히 0으로 가정하므로, 이 경우 잔차항 ε_t는 일간수익률 그 자체와 같다. 분산방정식은 분산을 추정하기 위한 식으로서 t일의 분산이 하루 전($t-1$일)의 잔차제곱(즉, ε^2_{t-1})과 분산의 추세치(즉, σ^2_{t-1})에 의존한다는 것을 나타낸다. 이 식에서 α_0, α_1, β_1은 자료를 사용하여 추정하여야 하는 회귀계수이다.

3.3.3 VaR의 이용

오늘날 많은 금융기관과 규제기관에서 VaR는 주로 내부 위험관리 목적과 외부규제 목적을 위해 사용된다.

(1) 내부 위험관리 목적

VaR는 금융자산에 투자하는 금융기관이나 투자자들이 단기적 거래한도를 설정하는 데 사용된다. 오늘날 금융기관이나 투자자들은 거액의 자금을 위험이 큰 금융자산에 운용하고 있으므로, 포트폴리오가 과다하게 큰 위험에 노출되지 않도록 통제될 필요가 있다. 특히 거액의 자금을 위탁하고 있거나 포트폴리오 관리권한을 하부에 위양하고 있는 경우 포트폴리오 위험관리지침과 위험의 최대한도를 미리 설정해 놓을 필요가 있다.

과거에 흔히 사용된 지침은 주로 포트폴리오 성과측정에 사용된 척도들이었다(이에 대해서는 제16장에서 구체적으로 설명하게 될 것이다). 이 척도들은 투자위험과 위험프리미엄을 함께 고려한 척도들로서 주로 장기적 투자성과를 측정하기 위해 고안된 것들이다. 따라서 이런 척도들은 단기적 투자위험과 이로 인한 투자손실의 한도를 설정하는 데에는 적절하지 못한 것들이다.

VaR는 포트폴리오 가치의 단기적 변동성을 중시하는 척도이므로, 단기적으로 발생할 수 있는 투자손실의 한도를 설정하는 데 사용될 수 있다. 즉, 포트폴리오관리자에게 h일 동안에 발생할 수 있는 VaR의 값을 가이드라인으로 제시함으로써 충동적인 투기적 거래의 가능성을 예방할 수 있다. 예를 들어, 100억원의 투자자금을 운용할 때 '5일기준 95% VaR가 1억5천만원 이내' 이어야 한다는 지침을 펀드매니저에게 제시할 수 있다.

또 많은 금융기관에서는 실시간(real-time) VaR 시스템이 운영되고 있다. 이것은 금융기관 내부의 어떤 부서에서 금융자산 거래의 주문을 냈을 때, 즉시적으로 해당 부서 및 전체의 VaR가 계산되어 경영자에게 보고되는 시스템이다. 이 시스템은 특정 거래로 인한 투자위험의 급격한 증가를 사전에 방지하기 위해 사용된다.

(2) 외부규제 목적

VaR는 본래 내부통제 목적을 위해 만들어진 것이지만 오늘날에는 금융규제기관이 금융기관의 건전성을 규제하기 위한 목적으로도 사용된다. 외부규제의 가장 대표적인 예는 흔히 BIS기준으로 알려져 있는 최저자기자본 기준이다.[16] 지금까지 사용하고 있는 BIS기준은 은행이 건전성을 유지하기 위하여 위험가중 총자산의 8%를 자기자본으로 보유하여야 한다는 것이었다. 이 기준은 흔히 Basel I 기준이라고 부르는 것으로서, 신용위험(credit risk)—즉, 채무자가 차입금을 상환하지 못하게 될 위험—만을 중시하는 기준이다.[17]

오늘날 많은 금융기관들은 주식, 외환, 파생상품 등과 같은 고위험 자산에 더 많이 투자하게 되었을 뿐만 아니라 금융지주회사를 통하여 다양한 형태의 금융산업에 진출하고 있다. 그 결과 금융기관들은 신용위험뿐만 아니라 자산가격변동으로 인한 시장위험(market risk)에도 크게 노출되어 있는 형편이다. 또 금융서비스가 컴퓨터 등과 같은 정보통신기술에 크게 의존하게 됨에 따라 시스템 장애, 사고, 횡령, 사기 등과 같은 운영위험(operational risk)도 크게 증가하는 경향을 보이고 있다.

이런 상황을 반영하기 위하여 BIS의 바젤은행감독위원회는 1996년에 발표한 Basel II라는 금융기관 규제기준에 의해 신용위험뿐만 아니라 시장위험과 운영위험의 크기를 반영하여 금융회사의 필요자기자본을 설정하도록 요구하였다. 특히 시장위험과 관련

16] BIS는 국제결제은행(Bank for International Settlements)의 약자이다. BIS기준은 바젤은행감독위원회(Basel Committee on Bank Supervision)가 설정한 최저자기자본 기준이다. 이 위원회는 각국의 은행감독당국이 상호 협력하기 위하여 국제결제은행(BIS)의 후원 하에 1974년 12월에 설립되었으며, 회원국은 벨기에, 캐나다, 프랑스, 독일, 이탈리아, 일본, 룩셈부르크, 네덜란드, 스웨덴, 스위스, 영국, 미국 등 12개국으로 구성되어 있다.

17] 신용위험이 큰 자산에 대해 더 큰 위험가중치를 부여하여 가치를 평가하기 때문에 신용위험이 큰 대출이 많은 은행은 더 많은 자기자본을 보유하여야 한다.

참 고 블랙스완

2008년 세계금융위기 이후 금융시장의 특성을 나타내는 중요한 단어는 블랙스완(black swan)이라는 말이다. 블랙스완은 매우 적은 확률이지만 현실적으로 나타날 수 있는 위기라는 의미로 흔히 사용된다. 사람들은 검은 백조의 출현을 믿지 않지만, 유전학적으로 하얀 백조 속에서 검은 백조가 출현할 확률은 매우 작지만 실제 존재한다. 1987년 10월의 블랙먼데이, 1997년 아시아 외환위기, 2008년 세계금융위기 등이 그 예라고 할 수 있다.

이 단어는 레바논 출신의 헤지펀드 매니저이자 인기있는 책들의 저술가이며 금융수학에 관한 중요한 논문을 저술한 학자이기도 한 나심 탈렙(Nassim N. Taleb)이 2000년대 금융시장이 지닌 투자위험의 특성을 묘사하기 위해 사용함으로써 대중화되었다. 그가 여러 권의 베스트셀러를 저술하였지만 이 용어와 관련하여 블랙스완(The Black Swan, 2007)이라는 책이 관심을 끈다. 그는 세계금융시장이 서로 사이에 복잡한 거래관계를 맺고 있는 소수 거대 금융회사의 지배하에 있다고 주장하고, 소규모의 위기만 발생하더라도 세계적 규모의 위기, 즉 블랙스완으로 확대될 가능성이 있다고 예측하였다. 이러한 그의 주장은 2008년 세계금융위기를 예측한 것으로 받아들여지고 있다.

주식시장에서의 블랙스완은 상당히 큰 확률로 출현하고 있다. 1980년 1월 4일부터 2013년 12월 30일까지(9,276 거래일) 코스피 일간수익률의 평균은 0.03236%이고 표준편차는 1.52845%이었다. 코스피가 하루에 5% 이상 하락하면 방송과 신문에 주가폭락 기사가 나올 정도로 큰 뉴스이다. 이 기간 중 하루에 코스피가 5% 이상 하락한 경우가 63일(전체의 0.6792%, 대략 150번에 1회 정도)에 달했다. 만일 정규분포에 따라 코스피가 변동한다면 하루에 5% 이상 하락할 확률은 0.0497%(대략 2,000번에 1회 정도)이다. 따라서 5% 이상 하락한 경우의 실제 빈도는 정규분포에서의 확률보다 14배나 크다.

이 통계는 우리가 발생가능성이 아주 작다고 판단하는 불리한 사태가 실제로는 상당히 큰 빈도로 발생하고 있다는 것을 말해주고 있다. 재무학에서는 이런 현상을 "두꺼운 꼬리(fat tail)"라고 부른다. 즉, 주가변동이 정규분포보다 훨씬 두꺼운 꼬리를 갖고 있으므로, 주가폭락의 빈도는 정상적으로 예상한 것보다 훨씬 크게 발생한다.

하여, Basel II에서는 각 은행의 형편에 따라 표준방법과 내부모형접근법(internal models approach) 중 하나를 선택하여 시장위험기준 필요자기자본(market risk charge; MRC)을 산정하도록 요구하고 있다. 표준방법은 위험 종류(예; 이자율위험, 환율위험, 주가변동위험, 상품가격변동위험 등)별로 BIS가 미리 정해 놓은 방법에 따라 포지션 크기를 계산하고 포지션 총액의 8% 또는 그 이상을 MRC로 보유하도록 하는 방법이다.

내부모형접근법은 각 은행이 보유하고 있는 자산에 대해 99% 신뢰구간과 10일의 목표기간에 대한 VaR를 계산하고 이 VaR의 3배를 시장위험기준 필요자기자본(MRC)으로 보유하도록 하는 방법이다. 이때 자산의 변동성과 VaR의 계산방법에 대하여, 개별은행이 적합한 방법을 선택하여 감독당국의 승인을 받아 사용할 수 있다. 만일 과거 1년 동안에 실제 발생된 일간 손실액이 1일기준 VaR보다 더 큰 경우가 일정 횟수를 초과하면, 10일기준 VaR에 3보다 큰 배수를 곱한 값을 MRC로 보유하도록 규정되어 있다.

3장 연습문제 Exercises

01 어떤 위험자산으로부터 연말에 500만원과 1,000만원이 각각 50%의 확률로 얻어질 것으로 예상된다 하자. 무위험자산으로 간주되는 통안증권의 수익률은 연 3%이다.

(1) 이 위험자산에 대해 투자자가 요구하는 위험프리미엄이 8%라면, 이 위험자산의 시장가격은 얼마이어야 하는가?

(2) 실제의 시장가격이 위의 (1)에서 구해진 가격과 같다면, 이 위험자산의 기대수익률과 표준편차는 어느 정도인가?

02 20%의 기대수익률과 30%의 표준편차를 갖는 위험포트폴리오가 있다. 무위험자산은 6%의 수익률을 가져다준다. 효용함수가 식(3.22)와 같을 경우, 투자자가 무위험자산과 위험포트폴리오를 동일한 정도로 선호하고 있다면, 그의 위험회피도 A의 크기는 얼마인가?

03 식(3.22)와 같은 효용함수에서 A=2이다.

(1) 기대효용 수준이 10%인 경우의 무차별곡선의 식을 구하시오.

(2) 표준편차가 20%일 때 기대수익률이 어느 정도이어야 동일한 효용을 얻을 수 있는가?

04 세 개의 주식에 대한 수익률의 확률분포가 다음과 같다. 이 자료를 기초로 물음에 답하시오.

확률	A	B	C
0.25	0.10	0.15	−0.05
0.25	−0.05	−0.05	0.10
0.25	0.20	0.20	−0.15
0.25	0	0.05	0.05

(1) 각 주식의 기대수익률을 구하시오.

(2) 각 주식의 표준편차를 구하시오.

(3) 각 주식 서로 사이의 공분산을 구하시오.

05 한국거래소 홈페이지(www.krx.co.kr)에서 코스피200과 코스피200 하위지수(특히 조선/운송, 정보통신, 금융, 필수소비재, 자유소비재, 고배당 지수)의 지난 5년간 지수자료를 다운로드 받고, 월간수익률의 평균, 표준편차를 계산하고 코스피200 지수와 각 하위지수 사이의 상관계수를 구하시오(엑셀을 이용).

06 어떤 사람의 효용함수가 $U=E(R)-\frac{1}{2}(4)\sigma^2$이다(단, R은 자산의 수익률, σ는 표준편차). 그리고 어떤 두 자산의 기대수익률과 표준편차는 다음과 같이 주어져 있다.

	$E(R)$	σ
자산 1	0.20	0.20
자산 2	0.40	0.50

* 두 자산의 수익률의 상관계수=0.6

(1) 이 두 자산 각각의 효용의 크기를 계산하시오.

(2) 이 두 자산을 결합하여 포트폴리오를 구성할 경우, 포트폴리오의 기대수익률, 표준편차 및 효용의 크기를 알고자 한다. 아래 표의 빈칸을 채우시오.

투자비율		기대수익률	표준편차	효용
자산 1	자산 2			
0	1			
0.25	0.75			
0.5	0.5			
0.75	0.25			
1	0			

07 김갑돌 씨의 富의 효용함수가 다음과 같이 주어졌다.

$$U=100\times ln(W)$$, 단, W는 부의 크기를 나타낸다.

현재 김갑돌 씨의 부는 1억원이며, 이 중 4천만원을 투자하여 3천만원의 현금흐름을 40%의 확률로 얻거나 5천만원의 현금흐름을 60%의 확률로 얻는 투자기회를 갖고 있다.

(1) 김갑돌 씨가 이 투자기회를 실행하게 되면 그의 기대효용은 어떻게 달라질 것인가?

(2) 김갑돌 씨가 이 투자기회를 실행할 경우 그의 부의 확실성등가는 얼마가 되는가?

08 VaR의 의미를 설명하고 금융기관의 적정 자기자본을 설정할 때 VaR가 어떻게 사용되는지

설명하시오.

09 어떤 보험회사가 1,000억원의 자금을 주식에 투자하고 있다. 이 주식투자의 일간수익률의 표준편차는 0.9%이다. 목표기간이 10일이고 신뢰수준이 97.5%일 때의 VaR를 계산하시오.

제4장 체계적 위험과 비체계적 위험

4.1 시장모형

투자위험은 그 위험이 어떤 원천 때문에 발생하는가에 따라 두 부분으로 나누어진다. 그 하나는 체계적 위험이며 다른 하나는 비체계적 위험이다. 이 절에서는 자산의 위험을 분산(variance)으로 측정하는 경우, 시장모형을 이용하여 투자위험이 발생하는 원천에 따라 체계적 위험과 비체계적 위험으로 나누어 측정하는 방법을 살펴보고, 나아가서 여러 가지 자산에 분산투자할 때 투자자가 어느 정도의 위험감소효과를 얻을 수 있는가를 설명하기로 한다.

4.1.1 시장모형과 특성선

(1) 시장모형

흔히 어떤 자산의 수익률이 위험자산을 거래하는 자본시장 전체의 수익률, 즉 시장수익률(market rate of return)과 어떤 관계를 갖고 있는지를 분석함으로써 그 자산의 수익률 변동이 지니고 있는 여러 가지 통계적 특성을 알아낼 수 있다. 특정 자산의 수익률이 시장수익률 변동에 대하여 어떤 관계를 갖고 변동하는가를 나타내는 모형이 시장모형(market model)이다. 시장수익률은 위험자산을 거래하는 자본시장 전체의 수익률로서, 일반적으로 우리나라의 코스피, 미국의 S&P500, 일본의 Nikkei225 등과 같은 주가지수의 수익률에 의해 구한다.

시장모형은 어떤 자산 j의 수익률 R_j가 시장수익률 R_M에 대하여 선형적 관계를 갖고 생성된다는 것을 나타내고 있으므로, 어떤 자산 j의 시장모형은 다음과 같이 쓸 수 있다.

시장모형

$$R_{jt}=\alpha_j+\beta_j R_{Mt}+\varepsilon_{jt} \tag{4.1}$$

단, R_{jt}는 자산 j의 t기 수익률이고 R_{Mt}는 t기의 시장수익률, 즉 자본시장 전체의 수익률이다. α_j는 절편이고 β_j는 기울기이다. ε_{jt}는 자산 j의 t기의 잔차이다.

시장모형에서는 시장수익률만이 자산의 수익률에 영향을 미치는 유일한 공통요인이

그림 4.1 시장모형과 특성선

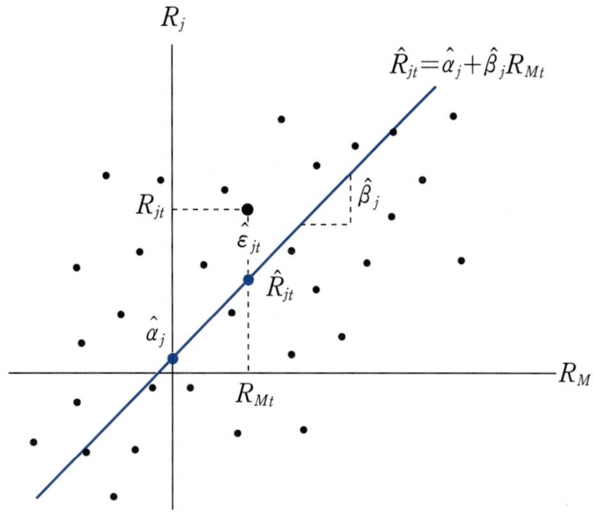

라고 가정한다. 이 가정은 개별자산의 잔차 ε_{jt}는 시장수익률(R_{Mt})과 상관관계를 갖지 않고($\text{Corr}(\varepsilon_{jt},\ R_{Mt})=0$), 서로 다른 자산 i와 j의 잔차 사이에도 상관성이 없다 ($\text{Corr}(\varepsilon_{it},\varepsilon_{jt})=0$)고 가정하는 것과 동일한 의미를 갖는다.

이 시장모형에서 기울기 β_j는 자산 j의 베타계수(beta coefficient)라고 한다. 이것은 자산의 위험을 나타내는 척도로서 매우 중요한 의미를 갖고 있으므로 다시 상세하게 설명할 것이다. 그리고 잔차항 ε_{jt}는 자산 j의 수익률(R_{jt}) 중에서 시장수익률(R_{Mt})과 무관하게 변동하는 부분을 나타낸다.

(2) 특성선

식(4.1)의 시장모형을 그림으로 보인 것이 [그림 4.1]이다. [그림 4.1]의 각 점들은 어떤 t기에 R_{Mt}만큼의 시장수익률이 얻어졌을 때 자산 j의 수익률은 R_{jt}만큼 얻어졌다는 것을 나타낸다. 이렇게 그려진 산포도로부터 R_{jt}가 R_{Mt}와 어떤 관계를 갖고 있는지를 전체적으로 대표하는 하나의 직선을 얻을 수 있으며, 이 직선은 다음 식(4.2)로 나타낼 수 있다(^표시는 회귀분석에 의해 얻어진 추정치임을 나타낸다).

$$\hat{R}_{jt}=\hat{\alpha}_j+\hat{\beta}_j R_{Mt} \tag{4.2}$$

식(4.2)의 직선은 자산 j의 수익률이 시장수익률과 어떤 관계를 갖고 있는지에 대한 평균적 경향을 나타낸다. 이 직선은 그 자산의 수익률 변동에 관한 기본적인 특징을 요약하여 표현하여 주기 때문에 흔히 특성선(characteristic line)이라고 한다. 우리는 R_{jt}와 R_{Mt}의 자료에 대해 단순회귀분석을 행하여 특성선을 얻어낸다.

예를 들어, 지난 5년간의 주식 A와 코스피 지수의 월간수익률 자료를 사용하여 특성선을 추정한 결과, 주식 A의 특성선의 기울기가 $\hat{\beta}_A=0.7$이고 절편이 $\hat{\alpha}_A=-0.004$로 추정되었다 하자. 그리고 2014년 8월의 시장수익률($R_{M,Aug14}$)이 2.8%일 때, A의 실제수익률($R_{M,Aug14}$)이 1.2%이었다 하자. 이 자산의 특성선에 의해 추정된 수익률은 $\hat{R}_{M,Aug14}=-0.004+0.7\times0.028=1.56\%$이다. A의 실제수익률 1.2% 중 1.56%의 부분은 시장수익률의 영향을 받아 결정된 부분이고 나머지 −0.36%(=1.2%−1.56%) 부분은 잔차로서 주식 A의 고유의 요인 때문에 얻어진 부분이다.

(3) 베타계수

특성선의 기울기는 베타계수(beta coefficient)라고 하는 것으로서, 어떤 자산의 수익률이 시장수익률(R_M)의 변동에 대하여 어느 정도 민감하게 반응하고 있는지를 나타낸다. 위의 예에서 자산 A의 베타계수는 0.7이므로 시장수익률이 1%만큼 증가 또는 감소할 때 자산 A의 수익률은 평균적으로 0.7%만큼 증가 또는 감소하게 된다. 만일 다른 어떤 자산 B의 베타계수가 1.3이라면, 시장수익률이 1%만큼 증감할 때 자산 B의 수익률은 1.3%만큼 증감하게 된다. 베타계수는 시장수익률에 대한 자산 j의 민감도(sensitivity)이다.

시장수익률 그 자체의 베타계수는 1이다. 어떤 주식의 베타계수가 1보다 크다면, 이 자산의 수익률은 시장수익률이 주는 충격에 대해 그보다 더 큰 폭으로 반응한다는 것을 의미하며 이런 주식을 공격적 자산(aggressive asset)이라고 부른다. 반대로 베타계수가 1보다 작은 주식을 방어적 자산(defensive asset)이라고 한다.

(4) 잔차

위의 식(4.2)와 [그림 4.1]에서 t기의 시장수익률이 R_{Mt}일 때 자산 j의 수익률은 $\hat{R}_{jt}$로 추정된다. 시장수익률이 R_{Mt}일 때 자산 j로부터 얻어진 실제수익률이 R_{jt}라면, 이 실제수익률 R_{jt}는 특성선에 의하여 추정된 수익률 $\hat{R}_{jt}$와 $\hat{\varepsilon}_{jt}$만큼의 차이를 갖으며, 이 차이를 잔차(residual)라고 한다. 이 잔차는 다음의 식(4.3)과 같이 나타낼 수 있다.

$$\hat{\varepsilon}_{jt} = R_{jt} - \hat{R}_{jt} \\ = R_{jt} - (\hat{\alpha}_j + \hat{\beta}_j R_{Mt}) \tag{4.3}$$

[그림 4.1]에서 실제 수익률 R_{jt} 중에서 $\hat{R}_{jt}$만큼은 시장수익률에 의해 설명되는 부분

참 고 단순회귀분석

회귀분석(regression)은 인과관계를 추정하는 대표적인 통계분석 기법이다. 흔히 인과관계의 원인이 되는 변수를 독립변수(X)라고 하고 결과가 되는 변수를 종속변수(Y)라고 한다. 식(4.1)의 시장모형에서는 R_M이 독립변수이고 R_j가 종속변수이다. 식(4.1)과 같이 독립변수가 1개인 경우를 특히 단순회귀분석이라고 한다. 회귀분석에서 추정하고자 하는 회귀계수는 절편 α와 기울기 β이다. 회귀계수를 추정하기 위해 흔히 사용하는 방법은 통상적 최소제곱(ordinary least squares; OLS)이라고 부르는 방법이다. 이 방법은 잔차가 독립변수와 0의 상관성을 갖고 있고 잔차들 서로 사이에도 자기상관성이 0이라는 가정 하에서, 잔차제곱의 합계를 최소화하도록 하는 추정치 $\hat{\alpha}$와 $\hat{\beta}$를 구하는 방법이다. 관찰치의 수가 T개일 때, OLS에 의해 추정치를 구하는 공식은 다음 식과 같다.

$$\hat{\beta} = \frac{\sum_{t=1}^{T}(y_t - \bar{y})(x_t - \bar{x})}{\sum_{t=1}^{T}(x_t - \bar{x})^2} \tag{4.4}$$

$$\hat{\alpha} = \bar{y} - \hat{\beta}\bar{x} \tag{4.5}$$

그리고 이렇게 추정된 회귀식의 적합도(goodness of fit)—즉, 종속변수의 변동이 추정된 회귀식에 의해 어느 정도 잘 설명되고 있는지—는 결정계수(coefficient of determination; R^2)에 의해 측정된다. 결정계수가 36.3%라면 종속변수의 분산 중 36.3%가 독립변수에 의해 설명될 수 있다는 것을 의미한다.

회귀식의 추정결과를 해석할 때 특히 주목하는 것은 t값이라고 부르는 통계량이다. 이 값은 '실제 추정된 추정치'가 '분석자가 염두에 두고 있는 회귀계수의 진정한 값'과 유의한 차이를 갖고 있는지를 검증할 때 사용된다. 베타계수의 t값은 다음 식에 의해 구해진다(절편의 경우도 동일한 방법으로 구해진다).

$$t = \frac{\hat{\beta} - \beta}{\sigma_{\hat{\beta}}} \tag{4.6}$$

이 식에서 분자의 β는 분석자가 염두에 두고 있는 진정한 값으로서, 다른 특별한 언급이 없으면 $\beta = 0$으로 놓는다. 분모의 $\sigma_{\hat{\beta}}$는 추정치인 $\hat{\beta}$의 표준오차(standard error)로서 표본추출오차 때문에 발생하는 회귀계수 추정치의 변동성을 나타내는 값이다.

어떤 분석자가 베타계수 추정치가 0과 유의한 차이를 갖고 있는지를 검증하고자 할 때, 추정된 베타계수가 0.7이고 표준오차가 0.045라면 t값은 (0.7−0)/0.045=15.57이다. 유의수준 5%에서 t값이 ±1.98의 범위를 벗어나면 그 추정치는 0과 유의한 차이를 갖는다고 판단한다(유의수준이란 실제로는 차이가 없는데도 불구하고 차이가 있는 것으로 잘못 판단할 가능성을 의미한다).

참 고 시장모형 추정의 예

[부표 3]에 주어진 *SS*주식과 코스피의 월간수익률 자료를 사용하여 위에서 설명한 시장모형을 추정해 보기로 하자. *SS*주식과 코스피의 월간수익률의 자료를 산포도로 나타낸 것이 [그림 4.2]이다.

*SS*주식의 시장모형을 추정하기 위해서는 이 수익률 자료를 가지고 단순회귀분석을 행하여야 한다. 자료의 수가 많지 않은 경우에는 특성선의 계수를 손으로 직접 계산할 수도 있다. 그러나 오늘날에는 통계소프트웨어가 저렴한 가격으로 이용될 수 있기 때문에, 그런 통계소프트웨어를 이용하여 단순회귀분석을 행한다. [부표 3]에 주어진 자료를 가지고 단순회귀분석한 결과는 다음과 같다.

그림 4.2 *SS*주식의 특성선

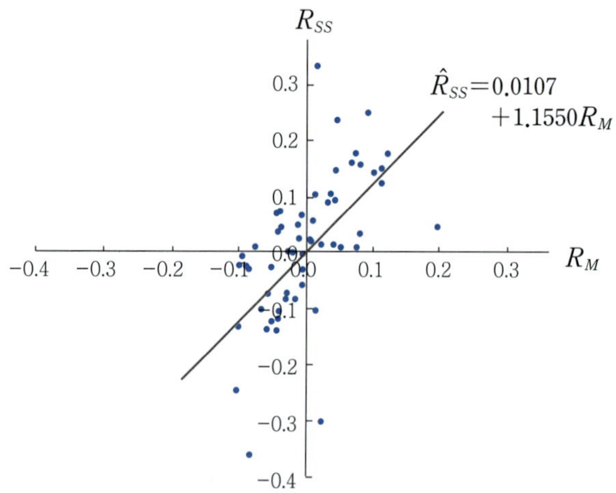

	회귀계수	표준오차	t값
절편	0.0107	0.0130	0.8182
기울기	1.1550	0.2009	5.7495

따라서 위의 회귀분석 결과를 가지고 *SS*주식의 특성선은 다음과 같이 나타낼 수 있다.

$$\hat{R}_{SS,\,t}=0.0107+1.1550\times R_{Mt} \quad \text{(결정계수 } R^2=0.3630\text{)}$$

이 회귀분석 결과를 보면 *SS*주식의 특성선의 절편(알파계수)은 0.0107 정도이고, 기울기(베타계수)는 1.1550 정도인 것으로 추정된다. 즉, 코스피 수익률이 1% 변동하면 *SS*주식은 평균적으로 1.1550% 정도 변동한다.

이고, 잔차 $\hat{\varepsilon}_{jt}$는 시장수익률에 의해 설명되지 않은 부분이다. 즉, 잔차 $\hat{\varepsilon}_{jt}$는 자산 j의 실제수익률 중에서 자본시장 전체의 수익률 변동과 무관하게 얻어진 부분으로서 자산 j의 고유의 요인 때문에 얻어진 부분이다.

4.1.2 초과수익률 시장모형

최근 식(4.1)을 약간 수정한 초과수익률 시장모형(excess-return market model)도 활발하게 이용되고 있다. 이 초과수익률 시장모형은 어떤 자산의 초과수익률이 자본시장 전체의 초과수익률과 어떤 관계를 갖고 생성되고 있는지를 나타낸 모형으로서 다음과 같이 표시된다.

초과수익률 시장모형

$$R_{jt}-R_{ft}=\alpha'_j+\beta'_j(R_{Mt}-R_{ft})+\varepsilon'_{jt} \tag{4.7}$$

단, α'_j은 절편, β'_j은 기울기, ε'_{jt} 은 절편이다. R_{ft}는 t기의 무위험수익률이다.

여기에서 초과수익률(excess return)은 어떤 자산의 수익률에서 무위험수익률을 뺀 값이고 초과수익률의 평균, 즉 평균초과수익률은 어떤 자산의 실제 얻어진 위험프리미엄의 추정치로 사용될 수 있다.

초과수익률 시장모형의 식(4.7)은 종속변수가 자산 j의 초과수익률($=R_{jt}-R_{ft}$)이고 독립변수는 시장수익률의 초과수익률($=R_{Mt}-R_{ft}$)이라는 점이 일반적인 시장모형의 식(4.1)과 다를 뿐, 기본적인 구조는 거의 같다.

식(4.7)에 의해 추정된 베타계수(β'_j)는 식(4.1)에 의해 추정된 베타계수와 동일하다. 이 점은 식(4.7)을 정리한 각주의 식은 식(4.1)과 같아야 하므로 R_{Mt}의 계수인 β'_j도 식(4.1)의 β_j와 같아야 한다.[1] 따라서 식(4.7)의 기울기를 추정하여 자산의 베타계수로 사용하더라도 별다른 문제가 없다.

식(4.7)이 주는 중요한 장점은 식(4.7)의 α'_j가 어떤 자산의 비정상성과(abnormal performance)를 나타내는 척도로 이용될 수 있다는 점이다(이 점을 강조하기 위해 증권실무에서는 이를 알파계수라고 부른다). 이를 분명하게 이해하기 위해, 식(4.7)의 평균을 구하여

1] 식(4.7)을 R_{jt}에 관해 정리하면 다음 식이 얻어진다(단, $\overline{R}_f$는 무위험이자율의 평균이고 $e_{R_{ft}}$는 t기 무위험이자율의 평균으로부터의 편차($e_{R_{ft}}=R_{ft}-\overline{R}_f$)이다).

$$\begin{aligned}R_{jt}&=\alpha'_j+R_{ft}+\beta'_j(R_{Mt}-R_{ft})+\varepsilon'_{jt}\\&=\alpha'_j+(1-\beta'_j)R_{ft}+\beta'_jR_{Mt}+\varepsilon'_{jt}\\&=\alpha'_j+(1-\beta'_j)(\overline{R}_f+e_{R_{ft}})+\beta'_jR_{Mt}+\varepsilon'_{jt}\\&=\alpha'_j+(1-\beta'_j)\overline{R}_f+\beta'_jR_{Mt}+\varepsilon'_{jt}+(1-\beta'_j)e_{R_{ft}}\end{aligned}$$

이 식도 식(4.1)과 마찬가지로 R_{jt}를 R_{Mt}에 의해 설명한 회귀분석 모형이므로 두 식은 동일한 식이다. 따라서 식(4.1)의 α_j는 $\alpha'_j+(1-\beta'_j)\overline{R}_f$와 같고 β_j는 β'_j과 같으며 ε_j는 $\varepsilon'_{jt}+(1-\beta'_j)e_{R_{ft}}$와 같다.

α'_j에 관해 정리하면 다음 식이 얻어진다.

$$\alpha'_j = (\overline{R}_j - \overline{R}_f) - \beta'_j(\overline{R}_M - \overline{R}_f) \tag{4.8}$$

이 식의 우변의 첫 번째 항은 자산 j의 평균초과수익률($=\overline{R}_j - \overline{R}_f$)로서 자산 j로부터 실제 얻어진 위험프리미엄의 크기를 나타낸다. 두 번째 항은 시장전체의 평균초과수익률($=\overline{R}_M - \overline{R}_f$)에 베타계수를 곱한 값이므로 자산 j와 동일한 수준의 베타계수를 갖고 있는 자산으로부터 자본시장에서 정상적으로 얻어낼 수 있는 위험프리미엄을 나타낸다. 따라서 식(4.7)의 알파계수(α'_j)는 자산 j로부터 실제 얻어진 위험프리미엄과 동일한 크기의 위험부담으로 자본시장에서 정상적으로 얻어낼 수 있는 위험프리미엄의 차이, 즉 비정상성과의 크기를 나타낸다.

4.2 체계적 위험과 비체계적 위험

4.2.1 체계적 위험과 비체계적 위험

시장모형에서 알 수 있는 중요한 사실은, 어떤 자산의 수익률 변동이 자본시장 전체의 수익률 변동에 기인한 부분과 시장수익률 변동과 무관하게 자산 고유의 요인에 기인한 부분으로 구성되어 있다는 점이다. 즉, 어떤 자산의 총위험(total risk)이 시장수익률 변동에 기인한 위험과 고유 요인에 기인한 위험의 합계로 이루어져 있다는 점이다.

어떤 자산의 총위험 중에서 시장수익률의 변동 때문에 발생한 위험의 부분을 체계적 위험(systematic risk)이라고 부르고, 시장수익률 변동과 무관한 고유의 요인 때문에 발생한 위험의 부분을 비체계적 위험(unsystematic risk)이라고 부른다. 자산의 총위험을 체계적 위험과 비체계적 위험으로 분할하여 측정하는 것은 그리 어렵지 않다. 시장모형인 식(4.1)에 대하여 분산을 구하면 다음의 식을 얻을 수 있다.[2]

2] 식(4.1)에서 α_j는 상수이므로 그것의 분산은 0이다. $\beta_j R_M$의 분산은 $\beta^2_j \sigma^2_M$과 같다. 잔차항 ε_j의 분산을 $\sigma^2(\varepsilon_j)$으로 표기하면, R_j의 분산인 σ^2_j은 $\beta^2_j \sigma^2_M$과 $\sigma^2(\varepsilon_j)$의 합계와 같아야 한다.

체계적 위험과 비체계적 위험

총위험 = (체계적 위험) + (비체계적 위험)

$$\sigma_j^2 \quad = \quad \beta^2{}_j\sigma_M^2 \quad + \quad \sigma^2(\varepsilon_j) \tag{4.9}$$

단, σ_j^2는 자산 j의 분산이고 σ_M^2은 시장수익률 R_M의 분산이다. $\sigma^2(\varepsilon_j)$는 자산 j의 오차항의 분산이다.

(1) 체계적 위험

식(4.9)의 우변 첫 항은 체계적 위험으로서 자본시장 전체의 변동성을 나타내는 σ_M^2과 베타계수의 제곱인 $\beta^2{}_j$의 두 요소로 이루어져 있다. 이 중 σ_M^2은 거시경제적인 경기변동, 이자율 변동, 구매력 변동 또는 자본시장 전체에 대하여 영향을 미치는 정치, 경제, 사회적 변동 등과 같은 원천으로부터 발생되는 부분이다. 투자자의 포트폴리오 선택의 관점에서 볼 때, 이 부분은 자본시장 전체가 주는 거시적 여건으로서의 의미를 갖고 있으므로 개별 투자자가 선택하거나 통제할 수 있는 대상이 아니다.

자산의 체계적 위험의 구성에 있어 특히 중요한 의미를 갖는 것은 베타계수이다. 왜냐하면 시장수익률의 분산인 σ_M^2은 모든 자산에 대하여 동일한 크기로 작용하지만, 각 자산은 서로 다른 크기의 베타계수를 갖고 있으므로 베타계수가 클수록 더 큰 체계적 위험을 갖게 될 것이기 때문이다.

베타계수와 관련하여 다음 몇 가지 사실을 기억해 둘 필요가 있다.

① 어떤 자산의 베타계수는 다음 식에서 알 수 있는 바와 같이 자산 j의 수익률과 시장수익률 사이의 상관계수와 관련되어 있다.[3]

$$\beta_j = \frac{\rho_{jM}\sigma_j\sigma_M}{\sigma^2{}_M} \tag{4.10}$$

단, ρ_{jM}은 자산 j와 시장수익률 사이의 상관계수이다.

한 가지 특수한 경우로서, 시장수익률의 베타계수는 1이다. 왜냐하면 시장수익률 자체 사이의 상관계수는 1이므로 식(4.10)의 분자와 분모가 모두 시장수익률의 분산인 $\sigma^2{}_M$이기 때문이다.

3] 이 식이 어떻게 얻어지는지를 이해하기 위해, 식(4.4)의 베타계수 계산공식의 우변의 분모와 분자를 관찰치 수인 N으로 나누어 보면, 분모는 공분산과 같고 분자는 독립변수의 분산과 같다는 것을 알 수 있다.

② 시장모형에서 가정하는 바와 같이 잔차와 시장수익률 사이의 상관계수가 0이고 임의의 두 자산의 잔차 사이의 상관계수도 0이므로, 두 자산 i와 j 사이의 공분산은 다음 공식에 의해 구해진다.[4]

$$\sigma_{ij} = \beta_i \beta_j \sigma_M^2 \tag{4.11}$$

③ 베타계수의 크기는 여러 가지 요인의 영향을 받아 결정된다. 각 자산의 베타계수의 크기가 어떤 요인에 의해 결정되는가에 대하여 여러 가지 실증적 검증이 이루어져 왔으며, 기업의 업종, 자본구조, 제품의 경기변동 특성과 경영위험 등이 주된 결정 요인인 것으로 간주되고 있다.

④ 체계적 위험은 자본시장 전체의 수익률 변동에 기인하는 것이기 때문에, 여러 종류의 자산에 분산투자하더라도 감소하지 않으므로 분산불능위험(undiversifiable risk)이다. 즉, 투자자들이 분산투자에 의해 포트폴리오의 총위험을 감소시킬 수 있지만, 그것은 비체계적 위험이 감소하기 때문이지 체계적 위험이 감소하기 때문이 아니다. 따라서 투자자들은 베타계수가 클수록 더 큰 위험프리미엄과 기대수익률을 요구한다. 이러한 기대수익률과 베타계수의 관계는 자본자산 가격결정모형(capital asset pricing model; CAPM)에 의해 설명되고 있으며, 이에 대해서는 제7장에서 상세하게 설명될 것이다.

⑤ 자산의 총위험 중에서 체계적 위험이 차지하는 비율은 개별자산 j의 특성선의 결정계수(R^2)에 의하여 측정된다. 일반적으로 결정계수는 종속변수의 분산 중에서 독립변수의 변동에 의해 설명된 분산(explained variance)의 비율을 나타낸다. 식(4.9)에서 체계적 위험은 시장수익률에 의해 설명된 부분을 나타내므로, 체계적 위험을 총위험으로 나눈 비율($=\beta_j^2\sigma_M^2/\sigma_j^2$)이 결정계수이다.

(2) 비체계적 위험

식(4.9)의 두 번째 항인 $\sigma^2(\varepsilon_j)$는 비체계적 위험(unsystematic risk)을 나타낸다. 이 $\sigma^2(\varepsilon_j)$는 시장모형에서 잔차분산(residual variance)이라고도 부른다. 비체계적 위험 $\sigma^2(\varepsilon_j)$는 시

4] 이 식은 다음과 같이 구해진다.

$$\begin{aligned}\sigma_{ij} &= E[(R_i - E(R_i))(R_j - E(R_j))] \\ &= E[(\alpha_i + \beta_i R_M + \varepsilon_i - E(\alpha_i + \beta_i R_M + \varepsilon_i))(\alpha_j + \beta_j R_M + \varepsilon_j - E(\alpha_j + \beta_j R_M + \varepsilon_j))] \\ &= \beta_i \beta_j E[(R_M - E(R_M)]^2 + \beta_j E[(R_M - E(R_M))\varepsilon_i] + \beta_i E[(R_M - E(R_M))\varepsilon_j] + E[\varepsilon_i \varepsilon_j]\end{aligned}$$

마지막 식의 두 번째, 세 번째 및 네 번째 항은 가정에 의해 모두 0과 같다. 따라서 식(4.11)이 얻어진다.

장수익률의 변동에 기인하지 않는 잔차 ε_j의 분산이므로, 자본시장 전체의 변동과 관계없는 기업 고유의 요인, 예컨대 경제 전반의 경기변동과 무관하게 이루어진 어떤 회사의 매출액 변동, 조업상태, 경영능력, 노사관계, 광고캠페인, 소송, 대정부 관계, 기업이미지 등에 기인하는 위험이다.

비체계적 위험이 갖는 중요한 특성은 다수의 자산에 분산투자함으로써 감소될 수 있는 위험, 즉 분산가능위험(diversifiable risk)이라는 점이다. 분산투자에 의해 비체계적 위험이 감소하는 이유는 자산 고유의 요인 때문에 발생하는 위험이기 때문이다. 즉, 개별자산 고유의 요인은 다른 자산의 고유 요인과 서로 독립적으로 발생하는 것이기 때문에, 다수의 자산에 분산투자하면 각 자산의 고유 요인들이 서로 상쇄되어 포트폴리오 전체적으로는 비체계적 위험이 감소하게 된다.

(3) 체계적 위험과 비체계적 위험의 추정

위에서 다룬 *SS*주식의 수익률 자료를 가지고 체계적 위험과 비체계적 위험을 추정해 보기로 하자. *SS*주식의 총위험도 식(4.9)와 같은 방법으로 체계적 위험과 비체계적 위험으로 구분된다. 다만, [부표 3]에 주어진 수익률 자료가 미래의 예상된 수익률이 아니고 과거에 실현된 수익률 자료이므로, 총위험을 $\mathrm{Var}(R_{SS})$으로 표기하기로 한다.

$$\mathrm{Var}(R_{SS})=\hat{\beta}^2_{SS}\mathrm{Var}(R_M)+\mathrm{Var}(\hat{\varepsilon}_{SS}) \qquad (4.12)$$

제3장의 3.1.2항에서 *SS*주식의 분산은 0.015689로 계산되었고, 동일한 방법으로 계산된 시장수익률의 분산은 0.004270이다. *SS*주식의 베타계수는 약 1.1550으로 추정되었다. 따라서 이 주식의 체계적 위험은 다음과 같이 계산된다.

체계적 위험 : $\hat{\beta}^2_{SS}\mathrm{Var}(R_M)=(1.1550)^2(0.004270)=0.005696$

이미 총위험 중에서 체계적 위험이 차지하는 비중은 결정계수(R^2)와 같다고 언급한 바 있다. 이를 확인하기 위하여 *SS*주식의 체계적 위험의 크기인 0.005696을 분산(=총위험)인 0.015689로 나누어 보면, 결정계수 0.3630이 얻어진다.

*SS*주식의 비체계적 위험은 총위험에서 체계적 위험을 뺀 부분과 같다.

비체계적 위험 : $\mathrm{Var}(\hat{\varepsilon}_{SS})=0.015689-0.005696=0.009993$

따라서 SS주식의 총위험은 다음과 같이 체계적 위험의 부분과 비체계적 위험의 부분으로 이루어져 있다는 것을 알 수 있다.

체계적 위험	: $\hat{\beta}^2_{SS}\text{Var}(R_M)=0.005696$
(+) 비체계적 위험	: $\text{Var}(\hat{\varepsilon}_{SS})=0.009993$
총위험	: $\text{Var}(R_{SS})=0.015689$

4.2.2 분산투자의 위험감소효과

이미 설명한 바와 같이, 여러 가지 자산에 분산투자할 경우 포트폴리오의 체계적 위험은 분산투자의 정도에 관계없이 감소하지 않지만, 비체계적 위험은 더 많은 종류의 자산에 분산투자할수록 더 큰 폭으로 감소하는 효과가 얻어진다. 그 결과 포트폴리오의 총위험 역시 분산투자에 의하여 감소하게 되며, 이런 효과를 분산투자의 위험감소효과 또는 분산투자의 이득(gain from diversification)이라고 부른다.

위험감소를 위하여 투자자들이 행하는 투자전략으로서 가장 단순한 것은 순진한 분산투자(naive diversification)로서, 무작위로 원하는 수의 자산을 선택하여 분산투자하는 것이다. 즉, 순진한 분산투자는 특별한 자산선택 기준이 없이 원하는 수의 자산을 무작위로 선택하여 동일 금액의 투자자금을 투자하는 것이다. 물론 투자자들은 그렇게 단순하게 분산투자하지 않고, 평균·분산기준에 따라 동일한 기대수익률을 갖는 포트폴리오들 중에서 위험이 가장 작은 포트폴리오를 선택하여 투자하고자 한다. 이 방법은 효율적 분산투자(efficient diversification)라고 한다.

효율적 분산투자에 의하여 위험감소효과가 얻어지리라는 것은 두말할 나위 없다. 그러나 효율적 분산투자를 행하지 않고 순진한 분산투자만을 행하더라도 투자자들은 비체계적 위험을 감소시킬 수 있으며, 그 결과로서 총위험의 감소효과를 얻어낼 수 있다. 효율적 분산투자의 위험감소효과에 대해서는 제6장에서 구체적으로 설명하기로 하고, 여기에서는 순진한 분산투자에 의해 어떻게 위험감소효과가 얻어지는지를 설명하기로 한다.

순진한 분산투자에 의하여 얻어지는 위험감소효과는 시장모형에 의하여 설명될 수 있다. 순진한 분산투자를 행하는 어떤 투자자가 N가지 자산을 무작위적으로 선택하여 포트폴리오 P를 구성한다면, 각 자산에의 투자비중은 $1/N$이 될 것이고 포트폴리오의 위험은 다음 식과 같을 것이다.

$$\sigma_P^2 = \beta_P^2 \sigma_M^2 + \sigma^2(\varepsilon_P) \qquad (4.13)$$

단, β_P와 $\sigma^2(\varepsilon_P)$는 포트폴리오 P의 베타계수와 비체계적 위험이다.

이 식(4.13)에서 체계적 위험의 부분을 먼저 생각해 보기로 하자.

포트폴리오 P의 베타계수 β_P는 P를 구성하고 있는 개별자산의 베타계수의 평균과 같다. 예를 들어, 베타계수가 0.5인 주식과 1.3인 주식에 1/2씩 투자할 경우 포트폴리오의 베타계수는 (1/2)(0.5)+(1/2)(1.3)=0.9가 된다. 따라서 N가지 자산으로 구성된 포트폴리오 P의 베타계수는 다음과 같이 나타낼 수 있다.

$$\beta_P = \frac{1}{N}\sum_{j=1}^{N}\beta_j \qquad (4.14)$$

이 식(4.14)에서 개별자산 j의 베타계수(β_j)에 대하여 생각해 보기로 하자. 이미 정의한 바대로, 순진한 분산투자를 행하는 투자자는 시장에서 거래되고 있는 아무런 자산이나 무작위로 N가지를 선택하여 포트폴리오를 구성하게 되므로, 우연하게 선택된 N가지 자산의 베타계수의 평균은 자본시장 전체의 베타계수인 1과 같아야 할 것이다.[5] 즉, N의 크기에 관계없이, 순진한 분산투자에 의하여 얻어진 포트폴리오 P의 베타계수의 기대치는 1이다. 이런 이유 때문에 포트폴리오 P의 체계적 위험의 부분은 다음과 같이 정리될 수 있다.

$$\text{포트폴리오 } P\text{의 체계적 위험 : } \beta_P^2\sigma_M^2 = 1\times\sigma_M^2 = \sigma_M^2 \qquad (4.15)$$

식(4.15)는 충분히 많은 수의 자산에 분산투자한다 하더라도 체계적 위험이 감소하지 않는다는 것을 의미한다. 따라서 체계적 위험은 이미 언급한 바와 같이 분산불능위험이다.

다음으로 순진한 분산투자에 의하여 얻어진 포트폴리오 P의 비체계적 위험의 부분

5] 투자론 수업이 100명의 수강생으로 이루어져 있다 하자. 수강생 각자의 투자론 성적은 서로 다르지만 전체의 평균이 80점이라고 하자. 100명의 수강생 중에서 무작위로 5명의 학생을 선택할 경우, 그 다섯 학생의 평균성적은 얼마일까? 물론 어떤 학생이 뽑힐 것인가에 따라 평균성적이 달라질 수 있지만, 평균성적의 기대치는 전체 평균인 80점일 것이다. 이와 마찬가지로 자본시장에서 거래되는 모든 자산의 평균 베타계수는 1이므로 임의로 몇 개의 자산을 선택하여 베타계수의 평균를 구하면 그것도 1이 된다.

그림 4.3 순진한 분산투자의 위험감소 효과

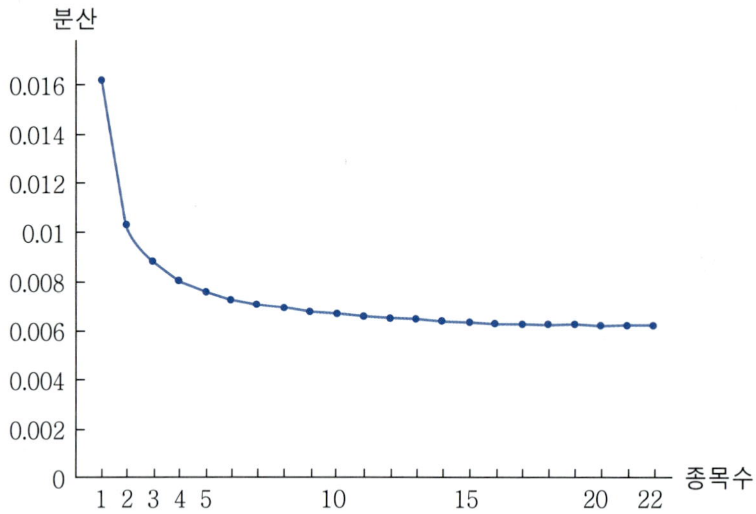

을 보기로 하자.

N가지 자산의 각각에 $1/N$만큼 투자되었으므로, 위의 식(4.13)의 두 번째 항에서 포트폴리오 P의 오차 ε_P는 다음과 같이 N가지 개별자산의 오차의 평균과 같다.

$$\varepsilon_P = \frac{1}{N}\sum_{j=1}^{N}\varepsilon_j \tag{4.16}$$

따라서 포트폴리오 P의 비체계적 위험은 다음과 같다.

$$\sigma^2(\varepsilon_P) = \frac{1}{N^2}\sum_{j=1}^{N}\sigma^2(\varepsilon_j) = \frac{1}{N}\left[\frac{1}{N}\sum_{j=1}^{N}\sigma^2(\varepsilon_j)\right] = \frac{1}{N}\,\overline{\sigma^2(\varepsilon)} \tag{4.17}$$

단, $\overline{\sigma^2(\varepsilon)}$는 개별자산의 비체계적 위험의 평균이다.

식(4.17)의 우변은 포트폴리오 P의 비체계적 위험이 개별자산의 비체계적 위험의 평균을 N으로 나눈 값과 같다는 것을 의미한다. 개별자산의 비체계적 위험의 평균은 N에 관계없이 일정한 값이다. 따라서 포트폴리오 P를 구성하는 자산의 수 N이 커질수록, 즉 더 많은 수의 자산에 분산투자할수록 포트폴리오 P의 비체계적 위험은 작아진다. 만일 충분히 많은 수의 자산에 분산투자하게 되면 N이 매우 커지게 되므로, 포트폴리오 P의 비체계적 위험은 거의 0에 가까워진다. 환언하면, 충분히 많은 수의 자산에 분산투자함으로써 포트폴리오의 비체계적 위험이 거의 대부분 제거된다. 따라서 비체계적 위험은 분산투자에 의하여 감소시킬 수 있는 분산가능위험(diversifiable risk)이다.

이상의 설명에서 알 수 있는 바와 같이 순진한 분산투자에 의하여 체계적 위험은 감소하지 않지만 비체계적 위험은 감소한다. 따라서 총위험은 분산투자에 의하여 감소하며, 이는 비체계적 위험의 감소에 기인하는 것이다. [그림 4.3]은 유가증권시장본부 상장주식 중 시가총액이 큰 22개 종목의 월간수익률 자료(2001년 7월부터 2006년 6월까지 60개월)를 가지고 순진한 분산투자를 행하였을 경우, 위험이 어떻게 감소하는가를 보여주고 있다. 이 22개 종목의 월간수익률의 분산은 0.0162이었고 베타계수 평균은 1.1357이었으며 잔차분산의 평균은 0.0092이었다. [그림 4.3]에 의하면, 무작위로 선택된 1개의 주식에만 투자할 경우 포트폴리오의 분산은 0.0162이다. 그러나 10개 종목에 나누어 투자하면 분산의 크기는 0.0067로 감소하고, 22개의 종목에 나누어 투자하면 0.0062로 감소한다. 물론 더 많은 주식을 대상으로 분산투자하여 구성한 포트폴리오의 총위험은 더 크게 감소한다.

4.3 베타계수 추정 상의 문제들

4.3.1 베타계수의 불안정성

베타계수는 어떤 자산의 체계적 위험의 크기를 나타내줄 뿐만 아니라 기대수익률의 크기를 결정하는 중요한 요인이다. 따라서 자산의 베타계수의 크기를 추정하는 것은 투자이론뿐만 아니라 투자실무에서도 매우 중요한 과제이다. 여기에서 기억해야 할 사실은 투자이론과 실무에서 필요로 하는 베타계수가 어떤 자산 또는 포트폴리오에 투자하여 "과거에 어느 정도의 체계적 위험을 부담하였는지를 나타내는 베타계수"가 아니라, "앞으로 어느 정도의 체계적 위험을 부담하게 될 것인지를 나타내는 베타계수"라는 점이다.

베타계수를 추정하는 가장 단순한 방법은 위의 예에서와 같이 과거의 시장자료를 이용하는 방법이다. 이와 같이 과거의 수익률 자료에 의해 추정된 베타계수를 역사적 베타(historical beta)라고 부른다. 만일 시간의 흐름에도 불구하고 베타계수의 크기가 안정적이라면, 미래의 체계적 위험을 나타내는 척도로 역사적 베타계수를 이용할 수 있다.

그러나 현실의 실증적 연구결과들은 베타계수가 안정적이 아니라는 것을 보여주고 있다. 블룸(M. Blume)은 1926년 7월부터 1968년 6월의 42년간 수익률 자료를 7년씩 6개의 기간으로 나누어 개별 주식의 역사적 베타계수를 매 기간별로 계산하였다. 그리고 인접하는 두 기간의 베타계수가 0.6 정도의 상관계수만을 보여주고 있다는 것을 발견하였다.[6]

이와 같은 베타계수의 불안정성이 어떤 이유에 기인하는 것인지에 대하여 충분히 설득력 있는 이론이 주어지지 못하고 있다. 블룸(1971)에 의하면 베타계수는 시간의 흐름에 따라 시장 전체의 베타계수인 1에 접근하는 경향을 보이고 있기 때문에, 베타계수가 불안정적인 것처럼 보인다고 주장한다. 또 학자에 따라서는 생산제품의 구성, 경영위험과 재무위험 등과 같은 경영특성이 시간의 흐름에 따라 달라지기 때문에 베타계수도 변동한다고 보고 있다.

4.3.2 베타계수의 회귀성향

베타계수가 시기별로 불안정하게 변동한다면, 역사적 베타계수를 그대로 이용할 수 없게 된다. 따라서 미래의 베타계수를 추정하기 위해서는 역사적 베타계수를 적절한 방법으로 수정하거나, 기업의 경영특성과 베타계수 사이의 인과관계를 통계적으로 추정할 필요가 있다. 이 중 비교적 단순한 방법은 역사적 베타계수를 적절한 방법을 사용하여 수정하는 것으로서 블룸이 제시한 방법이 대표적인 방법이다.

블룸에 의하면, 미래기간의 베타계수는 그 직전 기간의 자료로 추정된 베타계수와 가장 가까운 값을 가질 것이기 때문에, 직전 기간의 베타계수를 수정하여 미래기간의 베타계수를 구하여야 한다고 주장한다.

블룸의 연구에 의하면, 시간의 경과에 따라 주식의 베타계수는 1에 접근하여 가는 회귀성향(regression tendency)을 보여 준다. 즉, 어떤 기간의 자료를 사용하여 추정된 베타계수가 1로부터 벗어나 있으면, 그 다음 기간의 베타계수는 시장 전체의 베타계수인 1에 접근하는 경향을 보인다. 이와 같이 시간의 흐름에 따라 베타계수가 1에 접근하는 경향을 보인다면, 이를 반영하여 미래의 베타계수가 구해질 수 있다. 미국의 메릴 린

6] Marshall Blume, "Betas and Their Regression Tendencies," *Journal of Finance*, 10, 3 (Jun. 1975), pp.785–795.

치(Merrill Lynch)회사는, 블룸의 연구결과에 기초하여 과거 60개월의 월간수익률 자료를 이용하여 역사적 베타계수를 추정하고, 다음 기간의 베타계수를 다음의 식(4.18)을 이용하여 구하고 있다.

$$\beta_{jt}=0.35+0.65\beta_{j,t-1} \tag{4.18}$$

단, $\beta_{j,t-1}$은 과거($t-1$기) 자료로 추정된 주식 j의 역사적 베타계수이고 β_{jt}는 다음 기(t기)의 베타계수이다.

이 식(4.18)에 의하면, $t-1$기의 역사적 베타계수에 0.65의 가중치를 주고 시장 전체의 베타계수(=1)에 0.35의 가중치를 주고 있다. 예를 들어, 지난 60개월의 자본시장 자료를 이용하여 어떤 주식의 베타계수가 1.8로 계산되었다면, 그 다음 기간의 베타계수는 0.35+0.65(1.8)=1.52로서 1에 더 접근하게 된다. 이와는 달리 직전 기간의 베타계수가 0.7이었다면 다음 기간의 베타계수는 0.35+0.65(0.7)=0.805로서 1에 더 접근하게 된다. 이렇게 구한 베타를 메릴 린치에서는 수정베타(adjusted beta)라고 부르고 있다.

4.3.3 베타계수의 결정요인

베타계수의 회귀성향을 이용하여 사전적 베타를 얻고자 하는 시도와는 달리, 베타계수를 결정하는 요인들이 존재한다고 보고 그 요인들과 베타계수 사이의 이론적 또는 실증적 관계를 파악함으로써 더 나은 베타계수를 얻고자 하는 시도도 있다.

(1) 자본구조와 베타계수의 관계

베타계수의 결정요인에 대한 이론적 모형을 개발하려는 시도의 대표적인 예는 하마다(R. Hamada)의 모형이다. 하마다는, 자본구조를 제외한 모든 점에서 동일하지만 하나는 부채사용기업(levered firm)이고 다른 하나는 부채를 전혀 사용하지 않은 순수자기자본기업(all-equity firm)인 두 기업의 주식의 베타계수가 다음의 식(4.19)와 같은 관계를 갖는다는 것을 증명하였다.[7]

7] Robert Hamada, "Portfolio Analysis, Market Equilibrium and Corporation Finance," *Journal of Finance* (Mar. 1969), pp.13–31.

$$\beta_L = \beta_U\left[1+(1-T_C)\frac{B_L}{S_L}\right] \tag{4.19}$$

단, β_L과 β_U는 각각 부채사용 기업과 순수자기자본 기업의 주식의 베타계수이다. B_L과 S_L은 부채사용 기업의 부채가치와 자기자본의 시장가치로 계산된 부채비율이다. T_C는 법인세율이다.

식(4.19)에 의하면, 어떤 주식의 베타계수는 그 회사의 부채비율($=B_L/S_L$)의 증가함수이다. 예를 들어, 어떤 순수자기자본 기업의 베타계수가 0.8이라 하자. 만일 동종 업종에 속하고 거의 모든 경영특성이 동일하지만 자본의 일부를 부채로 조달하고 있는 L회사의 자기자본의 시장가치가 10억원이고 부채의 시장가치가 12억원이라고 한다면(법인세율은 30%), 이 회사의 주식의 베타계수는 1.472이다. 이 L회사의 주식의 베타계수 1.472 중에서 0.672의 부분은 부채 사용으로 인한 재무위험을 반영한 것이다.

(2) 기본베타

회계자료 및 다른 시장자료를 이용하여 베타계수를 추정하고, 베타계수의 결정요인을 설명할 수 있는 모형을 제시하고자 많은 실증적 연구가 이루어졌다. 이와 같이 베타계수를 결정하는 몇 가지 기본요인이 존재하고 있다고 보고, 이 기본요인에 의하여 추정된 베타계수를 기본베타(fundamental beta)라고 부른다.

베타계수의 결정요인을 식별하고 이를 이용하여 상업적 목적으로 베타계수를 추정해주는 BARRA라는 회사는 고객들에게 베타계수 추정치를 제공하기 위하여 60개가 넘는 독립변수와 매우 세련된 계량경제모형을 이용하여 기본베타를 추정하고 있으며, 이를 BARRA 모형이라고 칭했다. 이 회사가 사용하고 있는 것으로 알려진 독립변수들은 다음과 같다.[8]

① **주식수익률의 변동성** : 최근의 일간수익률 자료로부터 얻어진 베타계수와 분산 등을 포함한 변수들.

② **기업성과** : 과거 5년간 회계이익의 증감, 배당의 증감, 시장모형에서 추정된 절편의 추정치 등.

③ **기업규모** : 자기자본의 시장가치, 총자산의 로그 값 등.

④ **주식의 유동성** : 지난 12개월간의 거래량과 회전율 등.

8] G. Foster, *Financial Statements Analysis*, 2nd ed. (Prentice Hall, 1986), Ch.10.

⑤ **성장성** : 회계이익 및 EPS의 증감 등.

⑥ **주당이익/주가비율** : 과거 5년간의 주당이익/주가비율.

⑦ **자산가치** : 주식의 장부가치/시장가치 비율.

⑧ **회계적 이익의 변동성** : 회계적 이익의 분산, 회계적 이익의 공분산, 현금흐름의 분산 등.

⑨ **재무레버리지** : 부채/자산비율, 이자보상률 등.

⑩ **기타** : 해외영업비중, 노동집약도, 배당수익률 등.

4장 연습문제 Exercises

01 시장모형에 의해 어떤 자산의 위험이 어떻게 구성되어 있는지를 설명하시오.

02 순진한 분산투자에 의하여 투자위험이 어떻게 감소되는지 설명하시오.

03 다음 자료를 사용하여 각 주식의 베타계수, 체계적 위험, 비체계적 위험을 계산하시오.

	주식 A	주식 B	주식 C
표준편차	12%	20%	16%
시장수익률(R_M)과의 상관계수	0.3	0.7	0.6
시장수익률의 표준편차 = 12%			

* 베타계수는 $\beta_j = \dfrac{\rho_{jM}\sigma_j\sigma_M}{\sigma_M^2}$ 의 공식을 사용하여 계산할 것.

04 다음은 어떤 두 개의 주식에 대한 추정치이다.

주식	기대수익률	베타계수	잔차분산
A	0.14	0.6	0.1024
B	0.25	1.3	0.1369

* 시장포트폴리오의 표준편차는 0.26이다.

(1) 주식 A와 B의 표준편차를 구하시오.

(2) 두 주식과 단기국채를 다음과 같이 결합하여 포트폴리오를 만들었다. 이 포트폴리오의 기대수익률, 표준편차, 베타계수, 잔차분산을 구하시오.

자산	구성비율
주식 A	30%
주식 B	40%
단기국채(R_f=5%)	30%

05 어떤 두 가지 주식 A와 B에 대하여 특성선을 추정한 결과가 다음과 같다.

주식 A : $R_A = 0.15 + 0.65R_M + \varepsilon_A$ (결정계수 $R^2 = 0.23$)

주식 B : $R_B = 0.14 + 1.13R_M + \varepsilon_B$ (결정계수 $R^2 = 0.35$)

시장포트폴리오의 표준편차 : $\sigma_M = 0.35$

(1) 두 주식의 표준편차는?

(2) 각 주식의 분산을 체계적 위험과 비체계적 위험으로 구분하시오.

(3) 두 주식 사이의 공분산과 상관계수는?

(4) 두 주식 각각은 시장수익률과 어느 정도의 상관계수를 갖고 있는가?

(5) 두 주식에 투자자금의 60%와 40%를 투자하여 만들어진 포트폴리오 P에 대하여, 위의 문제 (1), (2) 및 (4)의 답을 구하시오.

(6) 문제 (5)에서 만들어진 포트폴리오 P에 40%, 자본시장 전체를 그대로 흉내 낸 어떤 지수펀드에 40%, 그리고 무위험자산에 20%를 투자하여 포트폴리오 Q를 만들었다 하자. 이 포트폴리오 Q에 대하여, 위의 문제 (1), (2) 및 (4)의 답을 구하시오.

06 기업 A는 7억원의 부채를 사용하고 있고 자기자본의 시장가치는 3억원으로 평가되고 있다. 기업 B는 전혀 부채를 사용하고 있지 않다는 점을 제외하면 다른 모든 점에서 기업 A와 동일하다. 기업 A의 주식의 베타계수가 1.8이고, 두 기업 모두의 법인세율이 25%이라면, 기업 B의 주식의 베타계수는 얼마이어야 하는가?

07 코스피200과 코스피200 하위지수(조선/운송, 정보통신, 금융, 필수소비재, 자유소비재, 고배당 지수)의 지난 5년간 월간수익률로부터 각 하위지수의 알파와 베타계수를 구하시오(엑셀을 이용).

제5장 | 자산배분

5.1 자산배분의 의의

5.1.1 자산배분의 뜻

(1) 자산배분과 증권선택

투자자들은 자산배분과 증권선택으로 구분되는 두 가지 의사결정 단계를 거쳐 최종적으로 자신이 보유하게 될 완성포트폴리오(complete portfolio)를 선택하게 된다. 자산배분(asset allocation)은 자신의 투자자금을 크게 구분된 자산범주별로 나누어 투자하는 의사결정이다. 일반적으로 자산배분에서 고려하는 자산범주는 주식이나 회사채와 같은 위험자산(risky asset)과 국채와 같은 무위험자산(risk-free asset)의 두 가지이다.[1] 따라서 대부분의 투자자들은 그들의 투자자금을 위험포트폴리오(risky portfolio)—위험자산으로 이루어진 포트폴리오—와 무위험자산에 나누어 투자한다.

증권선택(security selection)은 어떤 개별자산에 얼마만큼을 투자하여 위험포트폴리오 또는 무위험포트폴리오를 구성할 것인지를 결정하는 것이다. 예를 들어, 위험포트폴리오를 구성하기 위하여 어떤 주식에 어느 정도의 투자비율로 투자할 것인지를 결정하는 것이 증권선택이다.

제5장에서는 투자자가 어떻게 자산배분하는 것이 최적인지를 설명하고자 한다. 이를 위해 위험포트폴리오가 이미 결정되어 있고 무위험자산도 하나만 존재한다고 가정하기로 한다. 위험포트폴리오를 어떻게 선택할 것인지에 대해서는 다음 장에서 다룰 것이다.

(2) "아래에서 위로"의 방식과 "위에서 아래로"의 방식

투자자들은 최종적으로 보유하게 될 완성포트폴리오를 선택하기 위하여 흔히 두 가지 접근방법 중의 하나를 이용한다. 그 하나는 "아래에서 위로(bottom-up)"의 방식이고, 다른 하나는 "위에서 아래로(top-down)"의 방식에 의해 완성포트폴리오를 선택하는 방법이다.

"아래에서 위로"의 방식은 먼저 증권선택을 행하고 다음에 자산배분을 행하는 방식

1] 필요에 따라서는 위험자산도 더 상세하게 국내 대형주식, 국내 소형주식, 해외주식, 회사채 등으로 더 상세하게 구분할 수도 있고 무위험자산도 CD, 단기 통화안정증권 등과 같은 단기 무위험자산과 국고채와 같은 장기 무위험자산으로 구분할 수도 있다.

이다. 따라서 "아래에서 위로"의 방식은 먼저 여러 가지 위험자산들을 결합하여 최적위험포트폴리오(optimal risky portfolio)를 선택하고, 그 다음 최적위험포트폴리오와 무위험자산을 결합하여 투자자가 최종적으로 원하는 최적완성포트폴리오(optimal complete portfolio)를 선택하는 방법이다. 이론적으로 볼 때, 최적위험포트폴리오의 기대수익률과 위험의 크기가 자산배분에 영향을 미칠 수 있으므로, 먼저 최적위험포트폴리오를 결정하는 "아래에서 위로"의 방식이 권장된다.

"위에서 아래로"의 방식은 자산배분을 먼저 결정한 다음 증권선택을 나중에 행하는 방식이다. 즉, 먼저 위험포트폴리오와 무위험자산의 적절한 투자비율을 결정하는 자산배분을 행하고, 다음으로 위험포트폴리오를 구성하는 여러 가지 위험자산의 최적 투자비율을 결정하는 방법이다.

실무에서 일반적으로 사용하는 것은 "위에서 아래로"의 방식이다. 예를 들어, 투자회사의 많은 자산운용 담당자들은 일단 투자자금이 형성되면, 미래의 자본시장 전망에 따라 위험포트폴리오(또는 주식포트폴리오)와 무위험포트폴리오의 구성비율을 결정한다.[2] 이렇게 자산배분이 결정되면, 그 다음 단계로서 개별 주식과 채권 또는 단기금융자산에 관한 정보를 수집하여, 위험포트폴리오를 구성하는 개별 주식의 투자비율, 장기 무위험포트폴리오를 구성하는 개별 채권의 투자비율 및 단기 무위험포트폴리오를 구성하는 개별 단기금융자산의 투자비율을 결정하고 있다.

실무에서 "위에서 아래로" 방식이 사용되는 현실적인 이유는 투자자산의 다양성과 전문투자자의 대규모화에 있다. 오늘날 투자자산 종류가 매우 다양하게 존재하고 있으므로 모든 투자자산을 동시에 고려하여 하나의 포트폴리오를 선택한다는 것은 현실적으로 거의 불가능하다. 따라서 자산의 특성에 따라 몇 가지 종류로 구분된 자산유형에 따라 투자자금을 배분하는 "위에서 아래로"의 포트폴리오 관리방식이 현실적인 대안이다. 또 전문투자자의 자산운용 규모가 대규모화됨에 따라, "위에서 아래로"의 방식에 의해 내부조직을 자산 유형별로 전문화하는 경영조직이 일반화되었다.

2] 규모가 큰 펀드의 경우, 위험포트폴리오를 다시 국내주식, 해외주식, 회사채 등의 하위 위험포트폴리오로 더 상세하게 구분하고 이 하위 포트폴리오들의 투자비율을 결정하는 것도 자산배분이라고 말한다. 이처럼 하위 포트폴리오를 결합하여 상위 위험포트폴리오를 결정하는 과정은 사실상 제6장에서 설명하는 위험포트폴리오 선택에 해당된다. 따라서 여기에서 다루는 자산배분에서는 위험포트폴리오와 무위험자산을 결합하여 완성포트폴리오를 구성하는 과정만을 포함한다.

5.1.2 자산배분의 예

자산배분의 예로서 어떤 위험포트폴리오 P와 무위험자산을 보유하는 경우를 생각해 보기로 하자. 예를 들어, 현재의 시장가치로 1억원의 투자자금을 갖고 있는 어떤 투자자가 무위험자산인 1년만기 통안증권에 4,000만원을 투자하고 나머지 6,000만원은 위험포트폴리오에 투자하고 있다고 하자. 그리고 위험포트폴리오에 투자된 6,000만원 중 25%인 1,500만원은 현대차 주식에, 50%인 3,000만원은 삼성전자 주식에, 그리고 25%인 1,500만원은 포스코 주식에 투자하고 있다 하자.

이 경우, 이 투자자가 갖고 있는 모든 자산으로 이루어진 포트폴리오, 즉 완성포트폴리오(complete portfolio) 중에서 위험포트폴리오에의 투자비율(w)은 60%이고 무위험자산에의 투자비율($1-w$)은 40%이다. 따라서 이 투자자가 갖고 있는 완성포트폴리오는 다음과 같이 구성되어 있다고 할 수 있다.

$$
\begin{array}{lll}
\text{위험포트폴리오} & w \quad = 60\% & \left\{\begin{array}{l}\text{현대차 주식} \quad : 15\% \\ \text{삼성전자 주식} : 30\% \\ \text{포스코 주식} \quad : 15\%\end{array}\right. \\
\text{무위험자산} & 1-w = 40\% &
\end{array}
$$

그런데 이 투자자가 위험을 더 적게 부담하기 위하여 위험포트폴리오에의 투자비율을 40%로 줄이고자 한다. 즉, 위험포트폴리오 P의 일부를 매도하고 그 대금으로 무위험자산을 추가로 매입함으로써 자산배분을 변경하고자 한다. 투자자가 위험포트폴리오의 구성을 바꾸고자 하는 의도가 없으므로, 위험포트폴리오를 구성하는 개별 주식의 투자비율은 그대로 유지된다. 따라서 위험자산의 매도도 동일한 비율로 이루어진다. 즉, 현대차 주식을 500만원(=2,000만원×0.25), 삼성전자 주식을 1,000만원(=2,000만원×0.5), 포스코 주식을 500만원(=2,000만원×0.25) 어치 매도하게 되므로, 자산배분을 변경한 후에도 위험포트폴리오를 구성하는 각 주식의 투자비율은 원래의 그것과 동일하다.

이 예에서 알 수 있는 바와 같이, 자산배분의 기본적인 사고방식은 현대차, 삼성전자 및 포스코 주식을 별개로 생각하기보다는 이 세 주식으로 이루어진 위험포트폴리오를 마치 하나의 위험자산인 것처럼 간주하고, 이 위험자산과 무위험자산에 얼마만큼 투자할 것인지를 결정하는 것이다. 현실적으로 이러한 사고방식은 충분히 타당하다. 왜냐하면 자산배분을 변경한다 하더라도, 그것 때문에 각 개별 주식의 기대수익률과 위험이 달라져야 할 이유가 없으며, 위험포트폴리오 내에서 각 개별 주식의 구성 비율이 달라져야 할 이유도 없기 때문이다. 자산배분의 변경으로 달라지는 것은 완성포트폴리오의 기대수익률과 위험뿐이다.

5.2 자산배분결정

5.2.1 위험자산과 무위험자산을 결합한 포트폴리오

설명의 편의상, "최적"위험포트폴리오의 구성이 이미 결정되어 있고, 따라서 각 위험자산에의 투자비율이 이미 주어져 있다 하자(최적위험포트폴리오를 어떻게 선택할 것인지의 문제는 제6장에서 구체적으로 설명될 것이다). 앞 절에서 설명한 "위에서 아래로"의 방식에 의하면, 투자자들은 위험포트폴리오와 무위험자산을 적절한 투자비율로 결합하여, 그들이 바라는 완성포트폴리오를 구성하게 된다.

이 말을 기호를 사용하여 표현하면, 투자자들은 그들이 갖고 있는 투자자금 중에서 위험포트폴리오 P에 w만큼 투자하고, 나머지 $(1-w)$를 무위험자산에 투자하여 완성포트폴리오 C를 구성한다고 표현할 수 있다. 그리고 위험포트폴리오 P의 수익률을 R_P로 나타내고 그것의 기대수익률과 표준편차를 각각 $E(R_P)$와 σ_P로 나타내기로 하자. 또 무위험자산의 수익률은 R_f로 표시하기로 한다.

만일 어떤 투자자가 위험포트폴리오 P에 w만큼 투자하고 무위험자산에 $(1-w)$만큼 투자하면, 그 결과 얻어지는 완성포트폴리오 C의 수익률 R_C는 다음과 같다.

$$R_C = w \times R_P + (1-w) \times R_f \tag{5.1}$$

이 식의 기대치를 취하면, 완성포트폴리오 C의 기대수익률 $E(R_C)$는 다음과 같이 얻어진다.

$$\begin{aligned} E(R_C) &= wE(R_P) + (1-w)R_f \\ &= R_f + [E(R_P) - R_f]w \end{aligned} \tag{5.2}$$

표 5.1 완성포트폴리오의 기대수익률과 표준편차

w	$E(R_C)$	σ_C
0	0×0.15+1×0.05=0.05	0×0.25=0
0.5	0.5×0.15+0.5×0.05=0.1	0.5×0.25=0.125
1	1×0.15+0×0.05=0.15	1×0.25=0.25
1.5	1.5×0.15+(−0.5)×0.05=0.2	1.5×0.25=0.375

식(5.2)의 아래 식에서 괄호 안의 $[E(R_P)-R_f]$는 위험포트폴리오 P의 위험프리미엄이다. 만일 투자자가 위험포트폴리오에 전혀 투자하지 않는다면(즉, $w=0$), 그 투자자의 완성포트폴리오는 무위험자산만으로 이루어진 포트폴리오가 될 것이므로 R_f의 무위험수익률을 얻는다. 그리고 위험포트폴리오에 더 많이 투자할수록, 완성포트폴리오의 기대수익률은 1차함수 관계를 갖고 증가하게 될 것이다.

만일 위험포트폴리오 P에 w만큼 투자할 경우 이 투자자가 보유하게 될 완성포트폴리오 C의 위험은 어느 정도일까? 제3장의 식(3.16)을 이용하여 완성포트폴리오의 표준편차는 다음과 같이 구해진다.

$$\begin{aligned}\sigma_C&=[w\sigma_P^2+(1-w)(0)\times 2w(1-w)(0)]^{1/2}\\&=w\sigma_P\end{aligned} \tag{5.3}$$

이 식(5.3)에 의하면, 위험포트폴리오 P에의 투자비율이 증가할수록 완성포트폴리오 C의 위험은 비례적으로 증가한다. 위의 식(5.2)와 (5.3)을 보면, 완성포트폴리오의 기대수익률과 표준편차 모두가 w에 대하여 1차함수 관계를 갖고 있다는 것을 알 수 있다. 이 관계를 표시한 것이 다음 항에서 설명하게 될 자본배분선이다.

예를 들어, 위험포트폴리오 P의 기대수익률이 15%이고(즉, $E(R_P)=0.15$) 표준편차가 25%이며($\sigma_P=0.25$), 무위험자산의 수익률이 5%라고 하자($R_f=0.05$). 이 경우, 위험포트폴리오 P에의 투자비율이 달라짐에 따라 완성포트폴리오 C의 기대수익률과 표준편차는 〈표 5.1〉과 같이 결정된다. 〈표 5.1〉에서 w가 1.5인 경우는 위험포트폴리오 C에 투자자가 갖고 있는 투자자금의 150%를 투자하고 부족한 자금 50%를 무위험수익률의 이자를 주기로 하고 차입한다는 것을 의미한다.

5.2.2 자본배분선

위의 수치 예에서 확인할 수 있는 것과 같이, 위험포트폴리오 P에의 투자비율 w가 증가함에 따라 투자자는 더 많은 위험을 부담하게 되고 그 대가로 더 많은 기대수익률을 얻게 된다. 이 관계는 다음과 같이 식(5.2)와 (5.3)을 정리함으로써 명확하게 이해될 수 있다.

먼저 식(5.3)을 w에 관하여 정리하면 $w=\sigma_C/\sigma_P$가 얻어지고, 이 식을 식(5.2)에 대입하면 다음의 식(5.4)가 얻어진다.

자본배분선(CAL)

$$E(R_C)=R_f+\frac{E(R_P)-R_f}{\sigma_P}\sigma_C \tag{5.4}$$

식(5.4)는 위험포트폴리오에의 투자비율 w를 달리함에 따라 완성포트폴리오 C의 기대수익률이 어느 정도 얻어지게 될 것인가를 나타낸다. 식(5.4)는 위험포트폴리오 P에 더 많이 투자할수록 완성포트폴리오 C의 표준편차(σ_C)가 증가할 것이며, 이러한 위험부담의 대가로 더 큰 기대수익률이 얻어지게 될 것이라는 것을 말해 주고 있다. 식(5.4)는 자산배분의 결과로 투자자가 얻게 될 위험과 기대수익률이 어떤 관계를 갖고 있는지를 나타내는 식이므로 자본배분선(capital allocation line; CAL)이라고 부른다.

위험포트폴리오 P의 자본배분선인 식(5.4)의 기울기는 다음 식의 $RVAR_P$와 같다.

위험보상률(RVAR)

$$RVAR_P=\frac{E(R_P)-R_f}{\sigma_P} \tag{5.5}$$

$RVAR_P$는, 위험포트폴리오 P를 이용하여 자산배분을 행할 때 1단위의 위험을 추가적으로 부담함으로써 P의 위험프리미엄인 $E(R_P)-R_f$가 얼마나 더 얻어질 것인지를 측정하고 있으므로, 위험보상률(reward-to-variability ratio; RVAR)이라고 부른다. 이 위험보상률은 샤프(W. Sharpe)가 포트폴리오 성과측정을 위하여 처음 제시한 척도이기 때문에 흔히 샤프비율(Sharpe's ratio)이라고도 부른다.

위의 수치 예에서 위험포트폴리오 P의 기대수익률이 15%이고 표준편차가 25%이며, 무위험수익률은 5%이다. 따라서 투자자가 위험포트폴리오 P에 더 많이 투자하여 완성포트폴리오의 표준편차(σ_C)를 1%만큼 더 부담한다면, 투자자는 그 대가로서 0.4%(=(0.15

그림 5.1 자본배분선

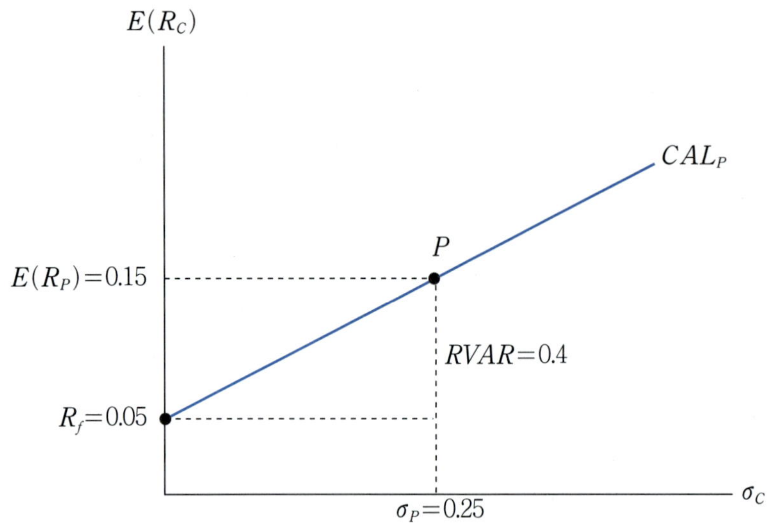

−0.05)/0.25)만큼의 위험프리미엄이 주어진다.

[그림 5.1]은 이 수치 예를 가지고, 식(5.4)의 자본배분선을 그림으로 나타낸 것이다. [그림 5.1]에서 CAL_P는 위험포트폴리오 P와 무위험수익률 R_f를 잇는 자본배분선이다. 투자자가 위험포트폴리오 P에 w만큼 투자하고 무위험자산에 $(1-w)$만큼 투자하여 구성하게 될 완성포트폴리오 C는 이 자본배분선 상의 어떤 하나의 포트폴리오가 될 것이다. 따라서 자본배분선은 위험포트폴리오 P와 무위험자산을 결합하여 얻게 될 투자기회집합(investment opportunity set)을 의미한다.

예를 들어, 위험포트폴리오 P에 투자자금의 100%를 투자하면, 그가 보유하게 될 완성포트폴리오는 위험포트폴리오 P와 동일하다. 또 위험포트폴리오 P에 50%만큼 투자하고 무위험자산에 나머지 50%를 투자하면, 그가 보유하게 될 완성포트폴리오는 P와 무위험수익률 R_f의 중간에 있는 포트폴리오이다. 경우에 따라서는 투자자금의 50%를 무위험이자율로 차입하여 150%를 위험포트폴리오 P에 투자할 수 있으며, 이 경우의 완성포트폴리오는 위험포트폴리오 P보다 더 큰 위험과 기대수익률을 갖게 되며 자본배분선 상에서 P의 오른쪽에 위치하게 된다. 따라서 자본배분선 상에서 P의 오른쪽에 있는 완성포트폴리오는 투자자금의 일부를 무위험자산에 투자(대여)하여 얻어진 대여포트폴리오(lending portfolio)이고 P의 왼쪽에 있는 완성포트폴리오는 무위험이자율로 차입하여 얻어진 차입포트폴리오(borrowing portfolio)이다.

그림 5.2 차입이자율이 더 높은 경우의 자본배분선

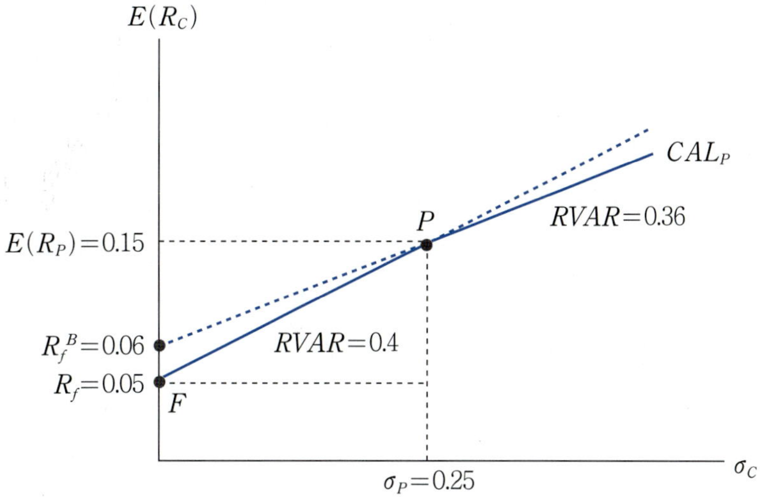

현실에서는 투자자들이 무위험을 차입하거나 대여할 때 적용받는 이자율이 서로 다를 수 있다. 일반적으로 투자자들에게 적용되는 차입이자율(borrowing rate) R_f^B는 무위험자산에 투자하여 얻게 될 대여이자율 R_f보다 높다. [그림 5.2]에서 차입이자율은 6%로서 무위험자산에 투자할 때의 이자율인 5%보다 더 높게 표시되어 있다.

이 경우 자본배분선에서 점 P의 오른쪽 부분은 투자자금의 일부를 R_f보다 높은 R_f^B의 차입이자율로 차입하여 위험포트폴리오 P에 투자한다는 것을 의미하기 때문에, 자본배분선의 기울기는 더 낮아지게 된다. 차입이자율이 6%라면 점 P의 오른쪽 영역에서 자본배분선의 기울기는 0.36(=(0.15−0.06)÷0.25)으로 낮아진다.

대부분의 전문투자기관에서 차입이자율과 대여이자율은 뚜렷하게 큰 차이를 보이지 않는다. 따라서 설명의 편의를 위해 차입이자율 R_f^B와 무위험수익률 R_f가 차이를 갖고 있지 않은 것으로 가정하더라도 크게 문제될 것이 없다.

5.2.3 최적완성포트폴리오의 선택

앞 절에서는 위험포트폴리오와 무위험자산에의 자산배분을 달리하여 얻어낼 수 있는 모든 이용가능한 투자기회들의 집합이 자본배분선(CAL)으로 나타내질 수 있으며, 이 자본배분선이 어떻게 구해질 수 있는지를 설명하였다. 이와 같이 자본배분선이 일단 구해지면, 투자자는 이 자본배분선 상에서 그가 바라는 최적완성포트폴리오를 선택하여야 한다.

제3장에서 투자자들은 일반적으로 위험회피적이지만 각자의 위험회피도는 다를 수 있다고 설명하였다. 따라서 동일한 위험포트폴리오와 무위험자산이 주어져 있다 하더라도, 즉 동일한 자본배분선을 갖는다 하더라도, 각 투자자들이 선택하는 최적완성포트폴리오(optimal complete portfolio)는 투자자마다 서로 다를 수 있다.

그러면 각 투자자는 어떤 포트폴리오를 최적완성포트폴리오로 선택하게 될 것인가? 이 문제에 대한 답은 투자자 개개인의 효용함수에 따라 다르다. 제3장에서 투자자들이 평균 · 분산기준에 따라 포트폴리오를 선택할 것이라고 가정하고, 이에 알맞은 효용함수로서 다음과 같은 간단한 형태의 효용함수를 제시한 바 있다.

$$u(R)=E(R)-\frac{1}{2}A\sigma^2 \tag{5.6}$$

단, A는 투자자의 위험회피도이다.

투자자가 위험중립적이라면 위험회피도 A의 크기는 0이다. 그러나 대부분의 투자자는 위험을 싫어하므로 그들의 위험회피도는 (+)이며, 위험을 싫어하는 정도가 클수록

표 5.2 최적완성포트폴리오의 선택

w	$1-w$	$E(R_C)$	σ_C	$u(A=4)$	$u(A=2)$
0.0	1.0	0.05	0.000	0.0500	0.0500
0.1	0.9	0.06	0.025	0.0588	0.0594
0.2	0.8	0.07	0.050	0.0650	0.0675
0.3	0.7	0.08	0.075	0.0688	0.0744
0.4	0.6	0.09	0.100	0.0700	0.0800
0.5	0.5	0.10	0.125	0.0688	0.0844
0.6	0.4	0.11	0.150	0.0650	0.0875
0.7	0.3	0.12	0.175	0.0588	0.0894
0.8	0.2	0.13	0.200	0.0500	0.0900
0.9	0.1	0.14	0.225	0.0388	0.0894
1.0	0.0	0.15	0.250	0.0250	0.0875
1.1	−0.1	0.16	0.275	0.0087	0.0844
1.2	−0.2	0.17	0.300	−0.0100	0.0800

더 큰 A 값을 갖는다.

예를 들어, 어떤 투자자의 위험회피도 A가 4라고 하자. 이 투자자가 위험포트폴리오 P의 기대수익률이 15%이고 표준편차가 25%인 위험포트폴리오와 수익률이 5%인 무위험자산을 결합하여 완성포트폴리오를 만들려고 한다. 이 경우 이 투자자가 효용을 극대화하기 위해서 위험포트폴리오의 투자비율 w를 어떻게 결정해야 할 것인지 생각해보자.

〈표 5.2〉는 위험포트폴리오 P와 무위험자산에의 투자비율(1열과 2열)이 달라짐에 따라 완성포트폴리오의 기대수익률(3열)과 표준편차(4열)가 어떻게 달라지는가를 계산하고, 위험회피도 A가 4인 보수적인 투자자와 2인 덜 보수적인 투자자의 효용(5열과 6열)이 어떻게 얻어지는지를 보여준 것이다. 투자자의 효용은 식(5.6)을 사용하여 구한 값이다.

위험회피도 A가 4인 보수적 투자자의 경우 위험포트폴리오에 0.4, 무위험자산에 0.6의 투자비율로 구성한 완성포트폴리오로부터 효용극대화가 달성되며(u=0.07), 이 완성포트폴리오로부터 9%의 기대수익률을 얻고 10%의 위험(표준편차)을 부담하게 될 것이다. 그러나 위험회피도 A가 2인 투자자의 경우 위험포트폴리오에 0.8, 무위험자산에 0.2의 투자비율로 구성한 완성포트폴리오로부터 효용극대화가 달성되며(u=0.09), 이 완성포트폴리오로부터 13%의 기대수익률을 얻고 20%의 위험(표준편차)을 부담하게 될 것이다.

이 예는 투자자의 위험에 대한 태도에 따라 최적 자산배분이 달라진다는 것을 말해주고 있다. 위험회피도가 큰 보수적 투자자는 위험자산에 적게 투자된 최적완성포트폴리오를 선택함으로써 적은 위험만을 부담하고 그 대가로 낮은 기대수익률에 만족한다. 반대로 위험회피도가 낮은 투자자는 위험자산에 많이 투자함으로써 커다란 위험과 높은 기대수익률을 가져다주는 포트폴리오를 최적완성포트폴리오로 선택한다.

위의 예를 일반화해서 효용극대화를 달성하는 최적완성포트폴리오를 어떻게 선택할 것인지를 살펴보자. 위험포트폴리오 P의 기대수익률은 $E(R_P)$이고 표준편차는 σ_P이고 무위험수익률은 R_f이다. 위험회피도가 A인 투자자가 위험포트폴리오에 w, 무위험자산에 $1-w$ 만큼을 투자하여 구성한 완성포트폴리오의 기대수익률과 표준편차는 식(5.2)와 (5.3)에 의하여 다음과 같이 주어진다.

$$E(R_C)=R_f+[E(R_P)-R_f]w$$
$$\sigma_C=\sigma_P w$$

이 투자자는 적절한 w의 값을 선택하여 그의 효용을 극대화하고자 할 것이므로 그의 자산배분 문제는 다음과 같이 표현할 수 있다.

$$\text{Max}_w \ u(R_C)=E(R_C)-\frac{1}{2}A\sigma_C^2 \tag{5.7}$$

이 식에 완성포트폴리오의 기대수익률과 분산의 식을 대입하면, 위의 효용극대화 문제는 다음과 같이 정리된다.

$$\text{Max}_w \ u(R_C)=R_f+[E(R_P)-R_f]w-\frac{1}{2}A\sigma_P^2w^2 \tag{5.8}$$

이 식은 2차함수의 최대값을 구하는 문제이다. 즉, u를 극대화하는 w를 구하기 위해서 이 식을 w에 관하여 미분하여 0으로 놓고 w의 값을 구하여야 한다. 효용함수 u를 극대화하는 w의 값을 w^*로 나타내면, 이 w^*는 다음과 같이 구해진다.

$$w^*=\frac{E(R_P-R_f)}{A\sigma_P^2} \tag{5.9}$$

앞 절에서 예로 든 위험포트폴리오 P의 기대수익률은 0.15이고 표준편차는 0.25이었다. 또 무위험수익률은 0.05이었다. 따라서 위험포트폴리오에의 최적투자비율은 다음과 같이 주어진다.

그림 5.3 최적완성포트폴리오의 선택

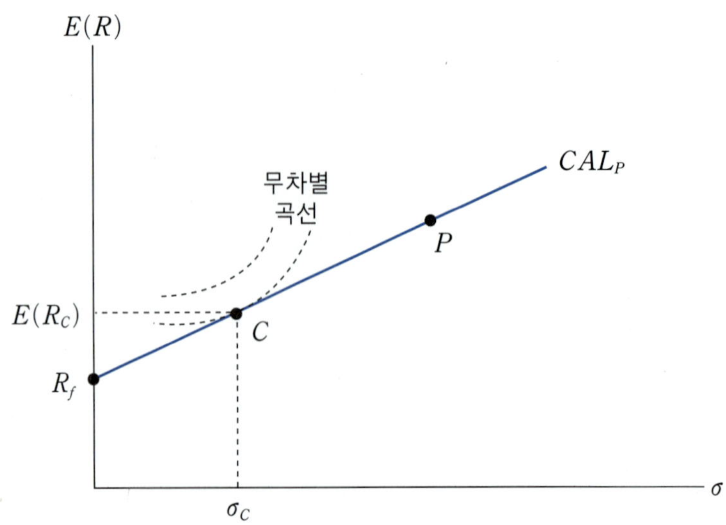

$$w^* = \frac{0.15-0.05}{A(0.25)^2}$$

이 식에서 A가 4인 투자자는 w^*=0.4, A가 2인 투자자는 w^*=0.8의 최적투자비율이 얻어진다. 즉, 위험회피도 A가 큰 투자자가 효용을 극대화하기 위해서는 위험포트폴리오 P에 더 적게 투자하고 무위험자산에 더 많이 투자한다. 그 결과 위험회피도가 큰 투자자는 자본배분선 상에서 무위험자산에 가까운 완성포트폴리오를 선택하고, 반대로 위험회피도가 작은 투자자는 점 P 또는 그보다 더 오른쪽에 있는 완성포트폴리오를 선택한다.

최적완성포트폴리오 선택에 관한 위의 설명은 [그림 5.3]으로 나타낼 수 있다. 어떤 투자자에게 [그림 5.3]과 같은 자본배분선(CAL_P)이 주어져 있다면, 그는 CAL_P 상에 있는 포트폴리오들 중에서 그의 효용을 극대화하는 포트폴리오를 선택하고자 한다. 효용의 크기는 [그림 5.3]에서 서로 겹치지 않는 무차별곡선들로 표시되어 있으며, 위쪽으로 갈수록 더 큰 크기의 효용을 나타내는 무차별곡선이다. 투자자는 가능한 한 가장 큰 효용을 얻고자 하기 때문에, 가장 높은 수준에 있는 무차별곡선과 접하는 점에 있는 포트폴리오 C를 선택하고자 할 것이며, 이 포트폴리오 C가 최적완성포트폴리오이다.

5.3 자본시장선 : 소극적 투자전략의 자산배분

5.3.1 소극적 투자전략

자본배분선(CAL)은 특정한 위험포트폴리오 P와 무위험자산을 결합하여 얻어질 수 있는 투자기회의 집합이다. 투자자가 어떤 자산에 얼마만큼 투자하여 위험포트폴리오 P를 구성할 것인가는 그 투자자가 갖고 있는 투자전략에 따라 달라진다.

흔히 투자전략은 적극적 전략(active strategy)과 소극적 전략(passive strategy)으로 나누어진다. 적극적 전략에서는 투자자가 자본시장의 평균적 투자성과보다 더 높은 투자성과를 얻기 위해 비용과 시간을 투입하여 증권분석을 행하고 우수한 투자성과를 가져다줄 것으로 예상되는 소수의 위험자산을 선택하여 위험포트폴리오를 구성하게 된다.

이와는 달리, 소극적 전략에서는 위험포트폴리오를 구성하기 위하여 개별 위험자산에 관한 정보를 전혀 이용하지 않고 자본시장 전체의 평균적인 투자성과를 얻는 것을 목표로 한다. 따라서 소극적 전략을 택하는 투자자들은 증권분석을 행하지 않고 자본시장을 구성하는 모든 위험자산의 구성비와 동일하게 투자된 포트폴리오-이것을 시장포트폴리오(market portfolio)라고 한다-에 투자하고자 하므로, 코스피나 S&P500과 같은 주가지수와 거의 동일한 수익률을 얻도록 만들어진 지수펀드(index fund)에 투자한다.

소극적 투자전략이 증권분석을 행하지 않는다는 의미에서 언뜻 보기에 매우 순진한 투자전략인 것처럼 보인다. 그러나 제6장과 7장 및 9장에서 구체적으로 설명하겠지만, 이용가능한 정보가 자산가격에 충분히 반영되는 효율적 시장에서는 투자자가 힘들여 증권분석을 행하여 특히 유망하다고 판단되는 자산을 찾아낸다 하더라도, 그 자산에 투자하여 자본시장 전체의 평균적인 수익률 이상의 비정상성과를 얻어낼 수 없다. 따라서 이런 경우에는 소극적 전략이야말로 가장 합리적이고 세련된 투자전략이 된다.

소극적 투자전략은 두 가지 이득을 갖고 있다.

첫 번째의 이득은 정보비용을 절약하도록 해 준다는 점이다. 적극적 투자전략은 다른 투자자들이 알지 못하는 사적 정보(private information)를 이용하는 투자전략이므로, 많은 시간과 비용을 들여 사적 정보를 얻거나 전문적 증권분석기관으로부터 그런 정보를 매입하여야 한다. 이와는 달리 소극적 투자전략은 특별한 증권분석을 행하지 않기 때문에 정보의 수집 및 가공에 소요되는 시간과 비용을 절약하도록 하여 준다.

소극적 투자전략이 갖는 두 번째의 이점은 무임승차(free riding)의 이득이다. 소극적 투자전략은 자본시장이 효율적일 때에만 유효한 투자전략이다. 효율적 시장에서 시장포트폴리오는 모든 정보가 반영된 최적위험포트폴리오이므로, 소극적 투자자가 시장포트폴리오에 투자한다는 것은 다른 적극적 투자자들이 제공한 정보를 아무런 대가도 치루지 않고 이용하는 것, 즉 무임승차의 이득을 누리는 것과 동일하다.

5.3.2 자본시장선

소극적 전략은 어떤 특정 자산 또는 주식에 관한 정보를 중요시하지 않고 자본시장 전체의 자산에 분산투자하는 투자전략이다. 따라서 소극적 투자전략을 취하는 투자자는 자본시장을 구성하는 모든 위험자산 또는 주식에 충분히 분산투자하여 위험포트폴리오를 구성한다. 이때 위험포트폴리오를 구성하는 각 개별자산의 투자비율은 그 자산의 시장가치 구성비, 즉 (어떤 주식의 주식수×주가)÷(자본시장 전체의 시가총액)의 비율에 따라 투자한 포트폴리오이다. 이처럼 자본시장 전체의 구성과 동일하게 투자한 포트폴리오를 시장포트폴리오(market portfolio)라고 부른다(설명의 편의를 위해 시장포트폴리오는 언제나 M으로 표기하기로 한다).

오늘날 시장포트폴리오는 지수펀드(index fund)의 형태로 일반화되어 있다. 지수펀드는 미국의 S&P500이나 우리나라의 코스피200 지수와 같이 자본시장을 대표하는 주가지수와 거의 1에 가까운 상관계수를 갖고 있고 거의 동일한 기대수익률과 위험을 가져다 주는 포트폴리오이다. 미국의 경우 지수펀드는 뮤추얼펀드의 대표적인 금융상품으로 이미 자리 잡고 있고, 우리나라에서도 상장지수펀드(exchange-traded fund; ETF)의 형태로 상장되어 활발하게 거래되고 있으며 투자신탁의 어떤 것들은 수백 종의 주식에 분산투자되어 있어 사실상 지수펀드의 역할을 하고 있다. 따라서 증권분석에 비용과 시간 및 노력을 따로 들이지 않고 이런 지수펀드에 투자하면 본래 목적하던 소극적 투자를 행할 수 있게 된다.

시장포트폴리오 M과 무위험자산을 결합하여 얻게 되는 자본배분선을 특히 자본시장선(capital market line; CML)이라고 부른다. 즉, 자본시장선(CML)은 무위험자산과 시장포트폴리오로 이루어진 투자기회집합의 기대수익률과 표준편차의 관계를 의미한다. 자본시장선은 다음과 같이 표시된다.

자본시장선(CML)

$$E(R_C)=R_f+\frac{E(R_M)-R_f}{\sigma_M}\sigma_C \tag{5.10}$$

단, $E(R_M)$과 σ_M은 시장포트폴리오 M의 기대수익률과 표준편차이다.

소극적 투자자들은 자본시장선 상에서 그들이 원하는 최적완성포트폴리오를 선택한다. 시장포트폴리오와 무위험자산에의 투자비율은 개별 투자자의 위험회피도에 따라 달라진다. 위험회피도 A가 작은 투자자일수록 시장포트폴리오에의 투자비율이 더 크고, 그 결과로서 더 큰 위험 σ_C를 부담하여 더 큰 기대수익률 $E(R_C)$를 얻게 될 것이다.

식(5.10)에서 완성포트폴리오의 위험(σ_C)이 한 단위 증가하면 기대수익률 $E(R_C)$도 CML의 기울기만큼 증가한다. 즉, 시장포트폴리오와 무위험자산을 이용하여 자산배분을 행하는 투자자가 한 단위의 표준편차를 더 부담할 경우 그 대가로서 CML의 기울기, 즉 시장포트폴리오의 위험보상률만큼의 기대수익률을 더 얻게 된다. 따라서 자본시장선의 기울기를 위험의 시장가격(market price of risk)이라고도 부른다.

5장 연습문제 Exercises

01 자산배분의 방법으로 "bottom-up" 방식과 "top-down" 방식이 있다. 실제의 투자자들의 입장에서 두 가지 방법의 장단점을 비교하시오.

02 최적완성포트폴리오가 어떻게 결정되는지를 설명하시오.

03 당신이 여러 고객들의 투자자금을 맡아서 관리해 주는 펀드매니저라고 하자. 당신은 현재 15%의 기대수익률과 40%의 표준편차를 갖고 있는 위험포트폴리오 P를 관리하고 있다. 그리고 시장에서 이용가능한 무위험자산 포트폴리오인 MMF의 수익률은 6%이라고 한다.

(1) 당신의 고객이 투자자금의 70%를 당신의 펀드(위험포트폴리오 P)에 투자하고 30%를 MMF에 투자하고자 결정하였다고 하자. 이 고객이 갖게 될 포트폴리오의 기대수익률과 표준편차는 얼마가 되겠는가?

(2) 당신이 관리하고 있는 위험포트폴리오가 A주식 24%, B주식 42%, C주식 34%로 이루어져 있다고 하자. 당신의 고객이 갖고 있는 완성포트폴리오 전체를 구성하고 있는 각 자산(MMF 포함)의 투자비율은 어떻게 이루어져 있는가?

(3) 당신이 관리하고 있는 위험포트폴리오의 위험보상률(RVAR)은 얼마인가?

(4) 이 위험포트폴리오 P에 알맞은 자본배분선을 그리고, 위의 고객이 갖고 있는 완성포트폴리오의 위치를 표시하시오.

(5) 당신의 고객이 18%의 기대수익률을 얻도록 하기 위하여, 위험포트폴리오에 w만큼 투자하고 $(1-w)$를 MMF에 투자하고자 한다.

① 위험포트폴리오에의 투자비율 w는 얼마이어야 하는가?
② 당신 고객이 갖게 될 완성포트폴리오는 각 자산별로 어떻게 구성되어 있는가?
③ 당신의 고객이 갖게 될 완성포트폴리오의 표준편차의 크기는?

(6) 당신의 고객에게 알맞은 위험회피계수가 A = 3이라고 하자.

① 위험포트폴리오에의 최적 투자비율은 얼마인가?
② 당신의 고객이 보유하게 될 최적완성포트폴리오의 기대수익률과 표준편차는?

04 어떤 자산운용회사가 코스피200 주가지수를 거의 그대로 흉내 낸 지수펀드를 개발하여 팔고 있다. 회사측은 이 지수펀드의 기대수익률이 13%이며 표준편차가 25% 정도일 것이라고 밝히고 있다. 현재 무위험수익률은 6% 수준이다.

(1) 투자자들이 이 지수펀드와 무위험자산을 결합하여 얻을 수 있는 CML을 그림으로 그려보고 CML의 기울기를 구하시오.

(2) 어떤 투자자의 위험회피 정도를 나타내는 A 값이 3.5이다. 이 투자자의 최적완성포트폴리오를 구하시오.

05 시장포트폴리오의 기대수익률은 15%이고 표준편차는 20%이다. 무위험수익률은 5%이다.

(1) 자본시장선의 기울기는 얼마인가?

(2) 어떤 소극적 투자자가 20%의 기대수익률을 얻고자 한다면, 그는 완성포트폴리오를 어떻게 구성하여야 하는가? 그리고 그의 완성포트폴리오의 표준편차는 어느 정도가 될 것인가?

(3) 어떤 소극적 투자자가 15%의 표준편차만을 부담하고자 한다면, 그는 완성포트폴리오를 어떻게 구성하여야 하는가? 그리고 그의 완성포트폴리오의 기대수익률은 어느 정도가 될 것인가?

(4) 무위험 대여이자율은 5%이지만 차입이자율은 6%라고 하자. 시장포트폴리오의 투자비율 w가 0과 1 사이일 때와 1 이상일 때의 자본시장선의 기울기는 각각 어느 정도인가?

제6장 효율적 분산투자와 최적위험포트폴리오

6.1 위험포트폴리오의 기대수익률과 위험

6.1.1 포트폴리오 선택의 의의

포트폴리오(portfolio)는 자산의 묶음 또는 자산의 집합으로 정의된다. 포트폴리오는 일반적으로는 여러 자산으로 이루어진 자산의 집합을 의미하지만, 극단적으로는 어떤 하나의 자산도 하나의 포트폴리오라고 할 수 있다. 그러나 위험을 줄이고자 여러 가지 자산에 분산투자하는 현상을 나타내기 위해 포트폴리오라는 어휘가 널리 사용되었으므로, 포트폴리오는 분산투자하여 얻어진 여러 가지 자산의 집합으로 이해할 수 있다.[1]

분산투자에 의해 포트폴리오를 구성하는 것은 이재(理財)의 원칙으로서 옛날부터 매우 중요시되어 왔다. 예를 들어, 현금, 증권 및 부동산에 재산의 1/3씩 나누어 투자한다는 이재3분법(理財三分法)이나, "달걀은 한 바구니에 담지 말라!"는 격언은 분산투자의 중요성을 말해 주는 전통적 믿음을 나타내 주는 것들이다. 그러나 이런 수준의 분산투자는 단순히 여러 종류의 자산에 재산을 나누어 투자하는 순진한 분산투자(naive diversification)에 지나지 않는 것으로서, 위험을 최소화하고자 하는 효율적 분산투자(efficient diversification)와는 거리가 먼 것이다.

오늘날 분산투자의 원칙은 투자실무에서 매우 중요시되고 있다. 그 이유는 자본시장에서 경기변동성의 확대와 전문투자기관의 비중 증가에서 찾을 수 있다. 즉, 다수의 고객으로부터 수탁 받은 거대한 투자자금을 운용하는 전문투자기관들은 여러 가지 자산에 분산투자함으로써 투자위험을 감소하지 않으면 안 된다. 특히 1970년대 이후 자원위기, 변동환율, 구조적 불황과 금융위기 때문에 자산가격과 투자수익률의 변동성이 더욱 크게 되었으며, 분산투자에 의한 위험감소의 필요성도 더욱 커졌다. 이런 상황에서 고도의 포트폴리오 분석능력을 갖추고 있는 전문투자기관들은 위험을 최소화하고자 하는 효율적 분산투자의 원리를 투자실무에 적용하게 되었다.

포트폴리오이론에 의하면, 투자자들은 동일한 기대수익률 수준에서 최소의 위험을

1] Webster 사전에 의하면, portfolio는 라틴말의 portare(=to carry)와 foglio(=leaf, sheet)의 합성어라고 한다. portfolio라는 말은 사회의 변화와 함께 점차 그 뜻이 확대되어 간 것으로 보인다. 이 말의 뜻은 본래의 서류가방이라는 뜻에서 재산목록 또는 유가증권 목록으로까지 확대되었으며, 오늘날에는 투자자가 보유하는 유가증권의 묶음이라는 뜻으로 일반화되어 있다. 최근 portfolio는 기업경영의 유행어로 되어 있다. 예를 들어, 전략포트폴리오 또는 제품포트폴리오 등이 그것이다. 이것은 다각화 또는 분산투자라는 의미를 갖는 포트폴리오가 오늘날의 기업경영에서 그만큼 중요시되고 있다는 것을 뜻한다.

참 고 해리 마코위츠(Harry Markowitz)[2]

재무학 분야에서 가장 권위 있는 학술지인 저널 오브 파이낸스(Journal of Finance)의 1952년 3월호에 마코위츠가 발표한 "포트폴리오선택(Portfolio Selection)"만큼 현대 재무학의 학문적 발전에 커다란 전기를 제공해 준 논문도 없을 것이다. 당시 마코위츠는 불과 25세의 시카고대학 대학원 학생이었다. 이 논문이 발표되던 그 당시에 포트폴리오라는 말은 일반인은 물론이고 전문가들에게도 생소한 단어였다. 따라서 이 논문이 하나의 이정표가 되어 38년 후 1990년에 마코위츠에게 노벨경제학상을 가져다주리라고 생각한 사람은 거의 없었을 것이다. 이 사실은 그의 논문이 1960년경에 이르기까지 학술적 문헌에 인용된 횟수가 20회도 안 된다는 점으로 확인할 수 있다.

본래 마코위츠는 1927년에 시카고 근교의 중산층 가정에서 외아들로 태어났다. 본인의 말로는 고등학교 시절 학교 오케스트라의 바이올린 연주자이었고 체스와 독서를 즐겼다고 한다. 시카고대학에 진학해서 경제학을 전공하면서 마코위츠의 학문적 재능이 드러나기 시작하였다. 그는 시카고대학의 대학원에 입학하자마자 당시 경제학을 주도하고 있던 시카고대학 코울즈경제연구소의 연구조교로 일하게 되었다. 마코위츠는 당시 연구소 소장이고 선형계획법(LP)의 개발로 유명한 쿠프만스(T. Koopmans)의 지도를 받으면서 자신의 연구영역을 개척하기 시작하였다. 특히 선형계획을 응용한 자원배분문제의 해법을 구하는 데 많은 관심을 기울였다.

마코위츠는 박사학위논문 주제를 선택하기 위하여 시카고대학 경영대학원장인 케첨(M. Ketchum)을 찾아갔다. 케첨 교수는 금융자산의 가치에 관하여 연구하도록 하고 윌리엄스(John B. Williams)가 1937년에 저술한 투자가치의 이론이라는 책을 읽도록 권하였다. 이 책은 주식의 내재가치가 미래 배당의 장기 예상치를 현재가치로 평가한 것이라는 것을 설명한 책이다. 따라서 이 책은 시장가치가 내재가치보다 가장 낮은 어떤 하나의 주식만을 선택하여 투자하는 것이 가장 바람직한 투자전략이라는 것을 시사하고 있다.

마코위츠는 윌리엄스의 이런 주장이 현실을 제대로 반영하지 못하고 있다고 생각하였다. 즉, 윌리엄스의 이론만으로는 투자자들이 여러 가지 유형의 자산과 주식을 동시에 보유하고 있는 현상을 설명할 수 없었다. 그래서 마코위츠는 "수익"뿐만 아니라 "위험" 역시 투자자에게 중요하며, 위험은 분산으로 측정될 수 있고, 일반적으로 투자자들은 위험을 싫어한다는 점에 생각이 미치게 되었다. 또 위험을 싫어하는 투자자가 가능한 한 적은 위험을 부담하기 위해서는 여러 가지 자산에 분산투자하지 않으면 안 된다는 생각도 갖게 되었다.

이와 같은 마코위츠의 아이디어가 수학적 형태로 표현된 것이 우리가 공부하고 있는 효율적 포트폴리오선택이론이다. 그 후 마코위츠의 아이디어는 이론적으로 자본자산 가격결정모형(CAPM)으로 발전하였고, 투자실무에서도 "위험"이라는 개념이 자본시장의 핵심 개념이 되도록 하는 계기가 되었다.

가져다주는 포트폴리오를 선택하고자 한다. 즉, 투자자들은 하나하나의 개별자산을 독립적으로 선택하는 것이 아니라, 복수의 자산을 결합하여 위험을 최소화하고자 한다. 이 경우에 개별자산은 독자적으로 존재하는 것이 아니라, 포트폴리오를 구성하는 성분자산(component asset)으로 존재한다고 인식되어야 한다.

2] 이 부분은 Peter L. Bernstein, *Capital Ideas* (Free Press, 1992), Ch.2에서 발췌한 것임.

현대 포트폴리오이론은 마코위츠(Harry Markowitz)의 업적에 기초한 것이다.[3] 그는 투자자들이 평균 · 분산기준에 따라 행동할 경우, 동일한 기대수익률을 가져다주는 포트폴리오들 중에서 분산(=위험)이 가장 작은 포트폴리오를 선택할 수 있는 수학적 해법을 제시하였다. 이 장에서는 먼저 마코위츠(1952)가 제시한 포트폴리오선택이론을 이용하여 최적위험포트폴리오를 어떻게 선택할 것인지에 대하여 공부하고자 한다.

6.1.2 두 가지 위험자산으로 이루어진 포트폴리오

(1) 포트폴리오의 기대수익률과 위험

포트폴리오를 구성하는 가장 간단한 경우는 두 가지 위험자산을 결합하여 포트폴리오를 구성하는 경우이다. 이미 제3장에서 두 가지 위험자산으로 이루어진 포트폴리오의 기대수익률과 표준편차에 관한 공식을 공부한 바 있다. 여기에서는 제3장에서의 설명을 다시 간단하게 요약하기로 한다.

두 개의 위험자산 1과 2의 기대수익률이 각각 $E(R_1)$과 $E(R_2)$이고 두 자산의 수익률의 표준편차가 σ_1과 σ_2라고 하자. 어떤 투자자가 두 자산에 각각 x_1과 x_2의 투자비율(단, $x_1+x_2=1$)로 투자하여 구성한 포트폴리오 P의 기대수익률 $E(R_P)$는 다음과 같이 주어진다.

$$E(R_P)=x_1E(R_1)+x_2E(R_2) \tag{6.1}$$

그리고 포트폴리오 P의 분산과 표준편차는 다음과 같이 나타내진다.

$$\sigma^2{}_P=x^2{}_1\sigma^2{}_1+x^2{}_2\sigma^2{}_2+2x_1x_2\rho_{12}\sigma_1\sigma_2 \tag{6.2}$$

$$\sigma_P=\sqrt{\sigma^2{}_P}=\sqrt{x^2{}_1\sigma^2{}_1+x^2{}_2\sigma^2{}_2+2x_1x_2\rho_{12}\sigma_1\sigma_2} \tag{6.3}$$

이 식의 구체적인 계산 예를 보기 위해 주식 1과 주식 2의 기대수익률이 각각 15% 및 30%이고 표준편차가 15%와 40%이며, 두 주식의 수익률 사이의 상관계수가 0.2라고

3] Harry Markowitz, "Portfolio Selection," *Journal of Finance*, Vol. 8, No. 1 (Mar. 1952), pp.77–91 및 *Portfolio Selection : Efficient Diversification of Investments* (Wiley, 1959).

표 6.1 두 주식으로 구성한 포트폴리오

x_1	x_2	$E(R_P)$	σ_P
0.0	1.0	0.30	0.4000
0.2	0.8	0.27	0.3273
0.4	0.6	0.24	0.2588
0.6	0.4	0.21	0.1986
0.8	0.2	0.18	0.1570
1.0	0.0	0.15	0.1500

그림 6.1 2개 주식을 결합한 경우의 투자기회집합

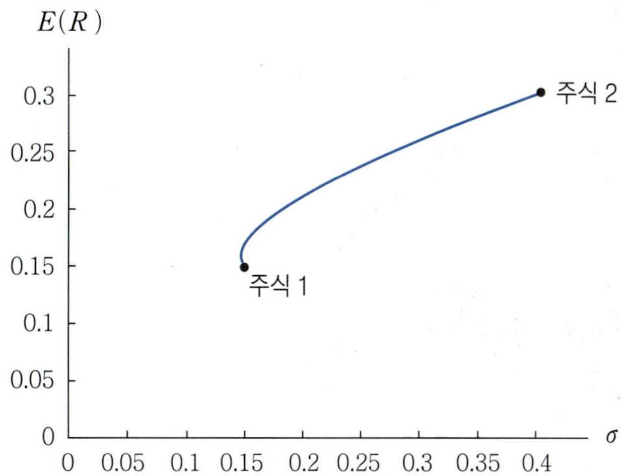

하자. 두 주식에 투자자금의 40%와 60%를 투자하여 얻어진 포트폴리오의 기대수익률과 표준편차는 다음과 같이 계산된다.

$$E(R_P) = (0.4)(0.15) + (0.6)(0.3) = 0.24$$
$$\sigma_P = \sqrt{(0.4)^2(0.15)^2 + (0.6)^2(0.4)^2 + (2)(0.4)(0.6)(0.2)(0.15)(0.4)} = 0.2588$$

그러면 주식 1과 2에 0.4 및 0.6의 투자비율이 아닌 다른 투자비율로 투자하면 어떻게 될까? 주식 1과 2에 여러 가지 투자비율로 투자한 경우 포트폴리오의 기대수익률과 표준편차는 위의 계산방법을 사용하여 구할 수 있으며, 그 결과는 〈표 6.1〉과 같다.

그리고 투자비율을 달리함에 따라 포트폴리오의 기대수익률과 표준편차가 어떻게 얻어지는지를 그림으로 그린 것이 [그림 6.1]이다. [그림 6.1]에서 주식 1과 2를 잇는 곡선은 두 자산을 결합하여 얻어질 수 있는 여러 가지 포트폴리오들의 기대수익률과 표준편차의 조합을 표시하고 있다.

(2) 분산투자의 이득

[그림 6.1]에서 두 자산을 잇는 곡선은 왼쪽 방향으로 볼록하다. 그 이유는 두 자산의 수익률이 1보다 작은 상관계수를 갖고 있기 때문이다. 이 점을 명확하게 이해하기 위하여 두 자산의 상관계수가 0.2가 아니고, +1이거나 −1인 경우를 생각해 보기로 하자.

① $\rho_{12}=+1$인 경우 : 만일 두 자산 1과 2의 수익률이 1의 상관계수(양의 완전상관)를 갖고 있다고 하자. 그 경우 두 자산으로 구성한 포트폴리오 P의 표준편차는 다음과 같이 구해진다.

$$\begin{aligned}\sigma_P&=\sqrt{x_1^2\sigma_1^2+x_2^2\sigma_2^2+2x_1x_2(+1)\sigma_1\sigma_2}\\&=\sqrt{(x_1\sigma_1+x_2\sigma_2)^2}\\&=x_1\sigma_1+x_2\sigma_2\end{aligned} \tag{6.4}$$

이 식이 의미하는 바는, 두 자산이 1의 상관계수를 갖는 경우, 포트폴리오의 표준편차가 두 자산의 표준편차(σ_1과 σ_2)의 가중평균과 같다는 점이다(여기에서 포트폴리오의 기대수익률도 두 자산의 기대수익률의 가중평균과 같다는 점을 상기하자). 따라서 상관계수가 +1인 경우, 투자자금을 두 자산에 나누어 투자하여 구성한 포트폴리오의 위험은 개별자산 위험의 평균과 같아질 따름이지 위험이 감소하지는 않는다.

이 점은 [그림 6.2]를 보면 더 분명해진다. [그림 6.2]에서 $\rho_{12}=+1$인 경우, 두 자산에의 투자비율을 달리한 여러 가지 포트폴리오의 기대수익률과 표준편차의 조합은 두 자산을 잇는 직선으로 나타내진다.

앞에서 예로 든 두 개의 주식 1과 2의 상관계수가 실제로는 0.2이지만, 편의상 +1이라고 가정하자. 그 경우 두 주식에 0.4 : 0.6으로 투자하여 얻어진 포트폴리오의 기대수익률은 〈표 6.1〉에서 계산한 바와 같이 0.24이고, 표준편차는 다음과 같이 0.3으로 계산된다.

$$\sigma_P=(0.4)(0.15)+(0.6)(0.4)=0.3$$

+1의 상관계수를 갖는 경우, 즉 위험감소효과가 얻어지지 않는 경우의 포트폴리오의 표준편차는 30%이다. 그러나 실제의 상관계수가 0.2이기 때문에 포트폴리오의 실제 표준편차는 25.88%이다. 따라서 포트폴리오의 실제 표준편차는 +1의 상관계수인 경우에 비하여 4.12%(=30%−25.88%)만큼 적으며, 이것은 상관계수가 +1보다 작은 자산에 분산투자하였기 때문에 얻어진 위험감소효과이다. 이러한 위험감소효과는 분산투자에 의해 얻어진 이득이므로 분산투자의 이득(gain from diversification)이라고 부른다.

② **$\rho_{12}=-1$인 경우** : +1보다 작은 상관계수를 갖는 자산에 분산투자하면 언제나 위험감소의 효과가 얻어지며, 상관계수가 작을수록 위험감소효과는 더 커진다. 극단적인 경우로서 상관계수가 −1인 자산에 분산투자하면 위험감소효과가 가장 크게 얻어진다. 자산 1과 2의 수익률이 −1의 상관계수(음의 완전상관)를 갖고 있다고 하자. 그 경우 포트폴리오 P의 표준편차는 다음과 같다.

$$\begin{aligned}\sigma_P&=\sqrt{x_1^2\sigma_1^2+x_2^2\sigma_2^2+2x_1x_2(-1)\sigma_1\sigma_2}\\&=\sqrt{(x_1\sigma_1-x_2\sigma_2)^2}\\&=|x_1\sigma_1-x_2\sigma_2|\end{aligned}\tag{6.5}$$

위에서 예로 든 두 주식 1과 2의 상관계수가 −1일 경우, 두 주식에 0.4 : 0.6으로 투자하여 얻어진 포트폴리오의 표준편차는 다음과 같이 18%로 계산된다.

$$\sigma_P=|(0.4)(0.15)-(0.6)(0.4)|=0.18$$

표 6.2 상관계수와 포트폴리오의 위험

x_1	x_2	$E(R_P)$	포트폴리오 표준편차(σ_P)		
			$\rho_{12}=+1$	$\rho_{12}=0.2$	$\rho_{12}=-1$
0.0	1.0	0.30	0.40	0.4000	0.40
0.2	0.8	0.27	0.35	0.3273	0.29
0.4	0.6	0.24	0.30	0.2588	0.18
0.6	0.4	0.21	0.25	0.1986	0.07
0.7273	0.2727	0.1909	0.2182	0.1690	0.00
0.8	0.2	0.18	0.20	0.1570	0.04
1.0	0.0	0.15	0.15	0.1500	0.15

그림 6.2 상관계수와 포트폴리오의 위험

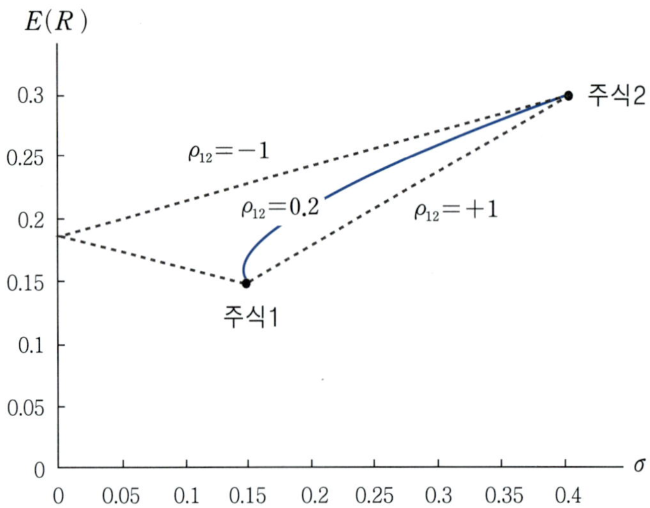

상관계수가 −1인 경우 얻어지는 18%의 표준편차는 상관계수가 +1인 경우에 비해 12%나 적고, 상관계수가 0.2인 경우에 비해서도 7.88%가 적다. 이것은 상관계수가 더 낮은 자산을 결합하여 포트폴리오를 구성할 경우, 더 큰 위험감소효과가 얻어진다는 것을 의미한다.

상관계수가 −1일 경우 두 자산에 적절한 투자비율로 투자하면 포트폴리오의 위험을 0으로 만들 수 있다. 위의 예에서 식(6.5)를 0으로 만드는 투자비율(즉, $\sigma_P = |x_1 \times 0.15 - (1 - x_1) \times 0.4| = 0$의 x_1)을 구하면 $x_1 = 0.7273$과 $x_2 = 0.2727$이 얻어진다. 따라서 이 투자비율로 두 자산에 투자하면 위험을 완전히 제거하면서 19.09%의 기대수익률을 얻을 수 있다.

〈표 6.2〉는 지금까지 예로 든 주식 1과 2의 상관계수가 +1 또는 0.2 또는 −1일 경우 두 주식에의 투자비율을 달리함에 따라 포트폴리오의 기대수익률과 표준편차가 어떻게 얻어지는지를 보여주고 있다.

〈표 6.2〉와 같은 계산을 더 상세하게 하여 그 결과를 그림으로 그린 것이 [그림 6.2]이다. [그림 6.2]를 보면, 상관계수가 1일 경우 분산투자에 의하여 위험이 감소하지 않지만, 상관계수가 0.2일 경우 상당한 크기의 위험감소효과가 얻어지고, 상관계수가 −1일 경우 위험감소효과가 가장 크게 얻어진다.

6.1.3 두 가지 위험자산으로 이루어진 최적위험포트폴리오

(1) 위험보상률(RVAR)의 극대화

위에서는 두 개의 위험자산에 투자하는 경우만 설명하였다. 그러나 무위험자산에도 투자할 수 있는 경우, 제5장에서 설명한 바와 같이 위험포트폴리오와 무위험자산을 결합하는 자산배분을 행할 수 있다. 투자자는 두 개의 위험자산으로 매우 다양한 위험포트폴리오를 만들 수 있으므로, 최적 자산배분을 행하기 위해 사용하는 최적위험포트폴리오가 어떤 것인지 알아야 할 필요가 있다.

예를 들어, 〈표 6.1〉에 주어진 포트폴리오들 중에서 주식 1과 2에 0.8과 0.2의 투자비율로 결합한 포트폴리오를 Q라 하면, Q의 기대수익률은 18%, 표준편차는 15.7%가 된다. 무위험수익률이 5%라면, 투자자는 포트폴리오 Q와 무위험자산을 결합함으로써 다음과 같은 자본배분선을 얻게 된다.

$$E(R_C)=R_f+\frac{E(R_Q)-R_f}{\sigma_Q}\sigma_C=0.05+\frac{0.18-0.05}{0.1570}\sigma_C=0.05+0.8280\sigma_C$$

Q의 자본배분선의 기울기, 즉 위험보상률(RVAR)은 0.8280이다. 이것은 투자자가 Q와 무위험자산을 결합하여 완성포트폴리오를 만들고자 할 경우 1%의 표준편차를 더 부담

그림 6.3 포트폴리오 Q의 자본배분선

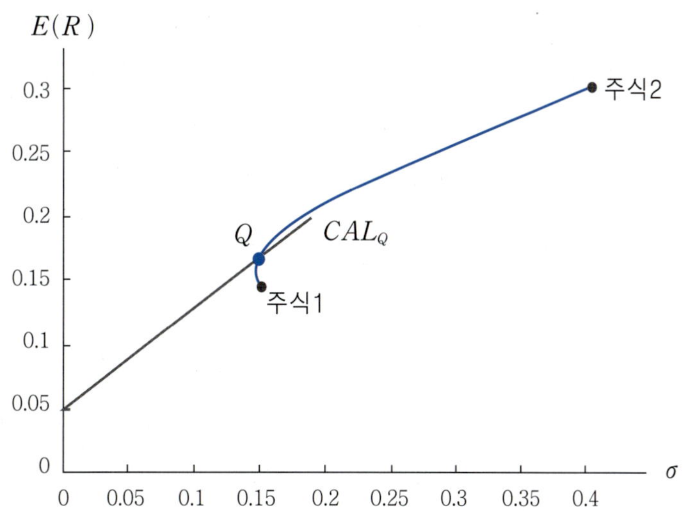

하면 그 대가로 0.8282%의 위험프리미엄을 더 얻게 될 것이라는 것을 의미한다.

투자자가 위와 같이 포트폴리오 Q와 무위험자산을 결합하는 자산배분 방법에 만족할 수 있을까? 당연히 동일한 위험을 부담하면서 더 큰 기대수익률을 가져다주는 다른 자산배분 방법이 존재한다면 그것을 택하여야 할 것이다. 환언하면, 동일한 위험(σ_C)을 부담하면서도 더 큰 기대수익률을 얻기 위해서는 더 큰 위험보상률(RVAR)을 갖는 자본배분선을 선택하여 자산배분을 행하고자 할 것이다. [그림 6.3]에서, CAL_Q보다 큰 기울기를 갖는 자본배분선이 이용될 수 있다면, 그 자본배분선을 선택하는 것이 더 바람직하다.

(2) 최적위험포트폴리오

위에서는 무위험자산과 결합할 위험포트폴리오로서 포트폴리오 Q만을 고려하였다. 그러나 투자자들은 자산배분을 위하여 위험포트폴리오 Q만을 이용할 필요가 없다. 왜냐하면, 두 개의 위험자산 1과 2를 가지고 만들어낼 수 있는 위험포트폴리오의 가짓수는 무수히 많고, 투자자는 그 중 어떤 것이라도 자유롭게 선택해서 자산배분을 행할 수 있기 때문이다.

그러면 이처럼 많은 위험포트폴리오들 중에서 어떤 포트폴리오를 선택하는 것이 가장 바람직할 것인가? 그 해답은 자본배분선의 기울기인 위험보상률(RVAR)을 극대화하는 위험포트폴리오를 선택하는 것이다. 위험보상률이 극대화되는 포트폴리오는 [그림 6.4]에서와 같이 투자기회집합과 자본배분선이 접하는 점에 있는 포트폴리오이다. 이 접점에 있는 위험포트폴리오 P는 다른 어떤 위험포트폴리오보다 유리한 자산배분의 기회를 제공하여 주기 때문에 최적위험포트폴리오(optimal risky portfolio)가 된다.

그러면 최적위험포트폴리오를 구성하기 위해서는 각 자산에 어떻게 투자하여야 할까? 이미 위에서 설명한 대로 최적위험포트폴리오는 RVAR를 극대화하는 포트폴리오이므로 최적위험포트폴리오 P를 선택하는 문제는 다음 식으로 표현할 수 있다.

$$\text{Maximize } RVAR_P = \frac{E(R_P) - R_f}{\sigma_P} \tag{6.6}$$

$$\text{subject to } x_1 + x_2 = 1$$

이 식은 투자비율의 합계가 1이어야 한다는 제약조건 하에서 RVAR를 극대화하는 투자비율(x_1과 x_2)을 구하는 문제이다. 이 식(6.6)의 극대화 문제를 그림으로 나타낸 것이 [그림 6.4]이다. [그림 6.4]에서 위험보상률(RVAR)을 극대화하는 포트폴리오는 자본배분

그림 6.4 최적위험포트폴리오 : 2가지 자산의 결합

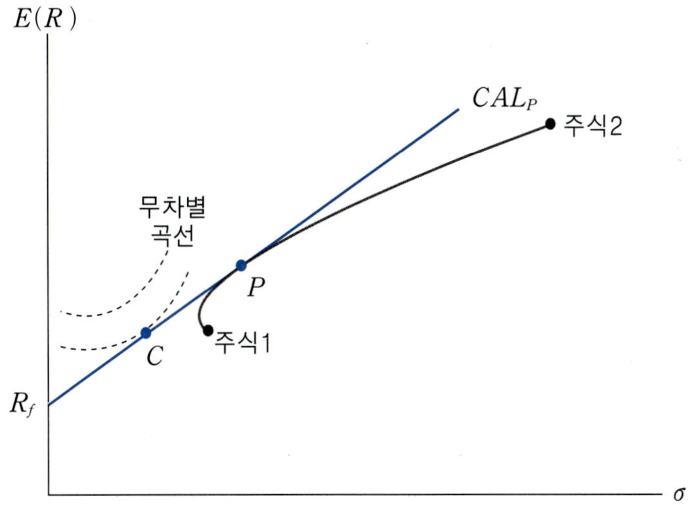

선의 기울기가 가장 큰 위험포트폴리오이므로, 자본배분선과 투자기회선이 접하는 점에 있는 포트폴리오인 P가 식(6.6)에서 찾고자 하는 최적위험포트폴리오이다. 일반적으로 식(6.6)과 같은 극대화 문제의 해를 구하려면 미분이라는 수학적 방법을 사용하여야 한다.

그러나 자산의 수가 2개에 지나지 않으므로, 두 자산을 결합하여 다양한 위험포트폴리오를 만들어보고 이 중 가장 큰 RVAR를 가져다주는 위험포트폴리오를 찾아내는 방법을 사용할 수도 있다. 〈표 6.1〉과 〈표 6.2〉에 주어진 두 주식의 실제의 상관계수가 0.2이었고 무위험자산의 수익률은 5%이었다. 주식 1과 2를 0.76과 0.24의 투자비율로 구성한 위험포트폴리오의 RVAR는 0.834로서 다른 어떤 위험포트폴리오보다 더 큰 RVAR를 갖고 있다. 따라서 이 위험포트폴리오가 최적위험포트폴리오이다(이 계산결과를 확인하기 위해 이 책의 예시자료 파일인 binv9eExamples.xlsx를 참조하기 바란다).

여기에서 강조할 필요가 있는 사실은 최적위험포트폴리오의 선택이 투자자의 위험에 대한 태도와 무관하다는 사실이다. 즉, 모든 투자자가 위험자산의 기대수익률, 표준편차 및 공분산에 대해 동일하게 예상하고 있으면, 투자자 개개인의 위험에 대한 태도가 다르더라도 모든 투자자들은 [그림 6.4]에서와 같이 접점에 있는 포트폴리오 P를 최적위험포트폴리오로 선택한다.

일단 최적위험포트폴리오가 결정되면, 최적완성포트폴리오는 투자자의 위험에 대한 태도에 따라 달라질 수 있다. 즉, 위험회피도가 큰 투자자는 무위험자산에 더 많이 투자하고 위험회피도가 작은 투자자는 최적위험포트폴리오에 더 많이 투자할 것이다. 이처럼 위험에 대한 태도를 반영하여 선택된 최적완성포트폴리오는 [그림 6.4]에서 포트폴리오 C로 표시되어 있다.

6.2 효율적 분산투자

6.2.1 N가지 위험자산으로 이루어진 포트폴리오

분산투자에 의한 위험감소효과는 포트폴리오를 구성하는 위험자산의 수가 많을수록 더 크게 얻어질 수 있다. 예를 들어, 3가지의 자산으로 포트폴리오를 구성하는 경우 포트폴리오의 기대수익률은 식(6.1)과 마찬가지로 다음의 식에 의하여 얻어진다.

$$E(R_P)=\sum_{j=1}^{3}x_jE(R_j) \tag{6.7}$$

세 가지 자산을 결합하여 얻어진 포트폴리오의 분산도 식(6.2)와 거의 마찬가지 방법으로 얻어진다. 다만 3가지 자산을 결합할 경우, 3가지 자산 서로 사이의 상관계수는 3개이므로 상관계수를 포함하는 항 역시 3개로 늘어난다. 따라서 세 가지 자산을 결합하여 얻어진 포트폴리오의 분산은 다음의 공식으로 얻어진다.

$$\begin{aligned}\sigma^2_P&=x^2_1\sigma^2_1+x^2_2\sigma^2_2+x^2_3\sigma^2_3+2x_1x_2\rho_{12}\sigma_1\sigma_2+2x_1x_3\rho_{13}\sigma_1\sigma_3+2x_2x_3\rho_{23}\sigma_2\sigma_3\\&=\sum_{j=1}^{3}\sum_{k=1}^{3}x_jx_k\rho_{jk}\sigma_j\sigma_k\end{aligned} \tag{6.8}$$

이 식의 아래쪽 식에 두 개의 합계 기호가 사용되고 있다. 이것은 식의 표현을 단순화하기 위한 것으로서 이 식을 풀면 위쪽의 식과 같다는 것을 확인할 수 있다.

현실의 자본시장에서 투자할 수 있는 위험자산의 가짓수는 두세 가지 정도가 아니다. 실제로 우리나라 유가증권시장과 코스닥시장에서 이용할 수 있는 주식만 해도 2,000종목 가까이 된다. 세계적인 뮤추얼펀드들은 전세계적으로 수천 종목의 위험자산으로 위험포트폴리오를 구성한다.

일반적으로 N가지의 자산을 결합하여 포트폴리오 P를 구성하는 경우, 포트폴리오 P의 기대수익률은 다음 식과 같이 계산된다.

N가지 자산으로 이루어진 포트폴리오의 기대수익률

$$E(R_P)=\sum_{j=1}^{N}x_jE(R_j) \tag{6.9}$$

그리고 N가지 자산을 결합하여 구성한 포트폴리오 P의 분산은 다음과 같이 계산된다.

N가지 자산으로 이루어진 포트폴리오의 분산

$$\sigma^2_P=\sum_{j=1}^{N}\sum_{k=1}^{N}x_jx_k\rho_{jk}\sigma_j\sigma_k \tag{6.10}$$

자산의 가짓수가 많아지면 식(6.10)을 이루는 항의 수도 매우 많아진다. 즉, 식(6.8)에서와 같이 첫 번째 부분은 (투자비율)×(분산)으로 이루어진 N개의 항으로 이루어져 있고, 상관계수를 포함하는 두 번째 부분은 $N(N-1)/2$개의 항으로 이루어진다. 예를 들어, 50개의 자산을 결합할 경우 식(6.10)을 계산하기 위해서는 50개의 분산과 50×49/2=1,225개의 상관계수를 필요로 한다.

6.2.2 효율적 포트폴리오와 효율적 투자기회선

(1) 효율적 포트폴리오

어떤 투자자가 N가지 위험자산을 결합하여 포트폴리오를 선택하고자 한다 하자. 이 경우 투자자는 이미 설명한 평균 · 분산기준에 따라 효율적 분산투자를 행하고자 할 것이다. 환언하면, 동일한 수준의 기대수익률을 갖는 포트폴리오들 중에서는 가장 적은 분산(또는 표준편차)을 갖는 포트폴리오를 선택하고, 동일한 수준의 분산을 갖는 포트폴리오들 중에서는 가장 높은 기대수익률을 갖는 포트폴리오를 선택하고자 할 것이며, 이런 포트폴리오를 효율적 포트폴리오(efficient portfolio)라고 부른다.

평균 · 분산기준에 따라 효율적 포트폴리오를 선택하는 것은 투자자가 원하는 기대수익률을 얻으면서 포트폴리오의 분산을 최소화하도록 개별자산에의 투자비율을 결정하는 의사결정 문제와 동일하다. 이 의사결정 문제는 포트폴리오의 분산을 최소화하는 것을 목적함수로 하고, 원하는 수준의 기대수익률과 투자비율의 합계를 제약조건으로 하는 식으로 정리될 수 있으며, 그 식이 식(6.11)이다.

효율적 포트폴리오를 구하는 완전공분산모형

$$\text{Minimize} \quad \sigma_P^2 = \sum_{j=1}^{N}\sum_{k=1}^{N} x_j x_k \rho_{jk} \sigma_j \sigma_k \tag{6.11}$$

$$\text{Subject to} \quad \sum_{j=1}^{N} x_j E(R_j) = E(R_P)^*$$

$$\text{and} \quad \sum_{j=1}^{N} x_j = 1$$

단, $E(R_P)^*$는 원하는 수준의 기대수익률이다.

식(6.11)의 목적함수는 포트폴리오의 분산을 최소화하는 투자비율(x_j)을 구하겠다는 것을 나타낸다. 첫 번째 제약조건은 포트폴리오의 기대수익률이 원하는 어떤 수준($E(R_P)^*$)을 달성하여야 한다는 것을 나타낸다. 예컨대 투자자가 원하는 기대수익률 $E(R_P)^*$가 20%라면, 식(6.11)은 20%의 기대수익률을 가져다주는 포트폴리오들 중에서 분산을 최소화하는 포트폴리오를 찾는 문제가 된다.

두 번째 제약조건은 각 자산의 투자비율의 합계가 1이어야 한다는 제약조건이다. 만일 공매(short selling)가 허용되어 있지 않다면, 투자비율이 0보다 커야 한다는 제약조건($x_j \geq 0$)이 식(6.11)에 추가되어야 한다.

식(6.11)에서 목적함수의 분산을 구하기 위해서는 N가지의 자산의 분산과 서로 사이의 모든 공분산(또는 상관계수)에 관한 자료를 알아야 한다. 따라서 식(6.11)에 의해 효율적 포트폴리오를 구하는 방법을 완전공분산모형(full covariance model)이라고 부른다.[4]

(2) 효율적 투자기회선

완전공분산모형은 원하는 수준의 기대수익률에 대하여 최소의 분산을 갖는 효율적 포트폴리오를 구하는 방법이다. 따라서 원하는 수준의 기대수익률의 크기를 작은 것부터 큰 것까지 조금씩 달리 하고, 각각의 기대수익률에 대응하여 최소의 분산을 갖는

4] 식(6.11)에서 투자자의 결정변수들은 각 자산에의 투자비율인 $x_1, x_2, \cdots, x_N$이다. 이 식의 목적함수에서 σ_P^2의 우변을 풀면 각 자산에의 투자비율(x_j)에 대한 2차함수의 식으로 정리된다. 또 제약조건의 식들은 모두 1차 방정식 또는 부등식의 형식을 취하고 있다. 따라서 식(6.11)은 목적함수가 2차함수이고 제약조건이 1차함수인 2차계획(quadratic programming) 문제이다.

참 고 단일지표모형

완전공분산모형은 너무 많은 정보를 필요로 하므로 실무적으로 적용하기가 어렵다는 문제를 안고 있다. 예를 들어, 완전공분산모형에 의하여 100종의 주식을 가지고 효율적 포트폴리오를 구하고자 할 때 필요로 되는 자료는 100개의 기대수익률, 100개의 표준편차, 그리고 4,950개의 상관계수이다. 또 포트폴리오에 포함되는 자산의 수가 조금만 증가하여도 필요한 자료의 수는 매우 크게 증가한다. 예를 들어, 주식의 수가 200개로 2배가 증가하면 필요한 상관계수의 수는 19,900개로서 4배 이상 증가한다.

따라서 실무적으로 효율적 분산투자를 행하기 위해서는 더 적은 자료를 가지고 효율적 포트폴리오를 구하는 방법이 사용되어야 할 필요가 있으며, 이를 위해 제시된 방법이 샤프(W. F. Sharpe)의 단일지표모형(single-index model)이다.[5] 샤프의 단일지표모형은 필요한 자료의 수를 줄이기 위해 제4장에서 설명한 시장모형을 이용하고 있다. 즉, N가지 자산으로 이루어진 어떤 포트폴리오 P의 수익률은 다음과 같은 시장모형으로 표현할 수 있다.

$$R_P = \alpha_P + \beta_P R_M + \varepsilon_P \tag{6.12}$$

그리고 이 포트폴리오의 분산은 다음과 같이 나타내진다.

$$\sigma^2_P = \beta^2_P \sigma^2_M + \sigma^2(\varepsilon_P) \tag{6.13}$$

이 식에서 포트폴리오의 베타계수는 개별자산의 베타계수를 가중평균한 것($\beta_P = \sum_{j=1}^{N} x_j \beta_j$)과 같고 잔차분산은 $\sigma^2(\varepsilon_P) = \sum_{j=1}^{N} x^2_j \sigma^2(\varepsilon_j)$와 같다. 따라서 포트폴리오의 분산은 다음 식으로 정리된다.

$$\sigma^2_P = \left[\sum_{j=1}^{N} x_j \beta_j \right]^2 \sigma^2_M + \sum_{j=1}^{N} x^2_j \sigma^2(\varepsilon_j) \tag{6.14}$$

단일지표모형에서는 식(6.14)가 포트폴리오 선택문제의 목적함수로 사용된다. 이 식을 완전공분산모형인 식(6.11)의 목적함수와 비교해보면, 단일지표모형이 효율적 포트폴리오를 계산하는 데 필요한 자료의 양을 얼마나 많이 절약해 주는가를 알 수 있다. 예를 들어, 100가지의 주식을 고려하는 경우 완전공분산모형에서 포트폴리오의 분산을 구하기 위하여 100개의 분산과 1,225개의 상관계수를 필요로 한다. 그러나 단일지표모형에서는 단지 100개의 베타계수와 100개의 잔차분산 및 1개의 시장수익률의 분산만을 필요로 할 뿐이다.

포트폴리오를 구하여 그림으로 표시하면 [그림 6.5]의 굵은 곡선으로 나타난다. 즉, [그림 6.5]의 굵은 곡선은 최소분산 포트폴리오들의 집합이다.

5] W. F. Sharpe, "A Simplified Model for Portfolio Analysis," *Management Science* (Jan. 1963), pp.277-298과 *Portfolio Theory and Capital Markets* (McGraw-Hill, 1970), Ch. 7.

그림 6.5 효율적 투자기회선

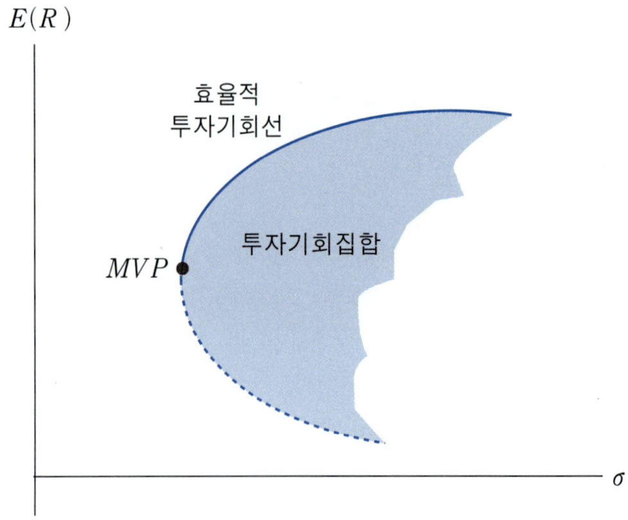

[그림 6.5]에서 굵은 곡선에 있는 모든 포트폴리오가 효율적 포트폴리오인 것은 아니다. MVP로 표시된 포트폴리오보다 아래쪽에 있는 포트폴리오들은 동일한 위험에 대해서 가장 낮은 기대수익률을 갖고 있기 때문에 효율적 포트폴리오가 아니다. MVP의 위쪽에 있는 포트폴리오들만이 평균 · 분산기준을 완전하게 만족시키기 때문에 효율적 포트폴리오이다.[6]

[그림 6.5]에서 MVP 위쪽의 굵은 실선 부분은 효율적 포트폴리오들의 집합으로서 효율적 투자기회선(efficient frontier) 또는 마코위츠 프론티어(Markowitz frontier)라고 부른다. 이 효율적 투자기회선에 있는 모든 포트폴리오들은 동일한 기대수익률을 가진 포트폴리오들 중에서는 최소의 분산을 갖고, 또 동일한 분산을 가진 포트폴리오들 중에서는 최대의 기대수익률을 갖는 효율적 포트폴리오이다.

6] MVP는 투자기회집합의 모든 포트폴리오들 중에서 분산이 가장 작은 포트폴리오로서 global minimum variance portfolio를 줄인 말이다.

6.3 최적위험포트폴리오의 선택

1952년 마코위츠가 포트폴리오선택이론을 제시하기 이전에는 “달걀을 한 바구니에 담지 말라!” 또는 이재3분법(理財三分法)과 같은 단순한 분산투자 원리만이 알려져 있었다. 그러나 오늘날의 투자자들은 마코위츠의 공헌에 힘입어 6.2절에서 설명한 효율적 포트폴리오와 효율적 투자기회선을 이용할 수 있게 되었다.

6.1절에서 최적위험포트폴리오를 선택하는 것은 자본배분선의 기울기, 즉 위험보상률(RVAR)이 가장 큰 포트폴리오를 선택하는 것과 같다는 것을 확인한 바 있다. 이 점은 다수의 위험자산으로 포트폴리오를 구성하는 경우에도 그대로 적용된다. 즉, 효율적 포트폴리오들 중에서 RVAR가 가장 큰 포트폴리오가 최적위험포트폴리오이다.

[그림 6.6]에는 효율적 포트폴리오와 무위험자산을 결합하여 얻어지는 두 개의 자본배분선(CAL)이 그려져 있다. 이미 지적한 대로 최적위험포트폴리오는 자본배분선의 기울기인 RVAR를 가장 크게 하는 위험포트폴리오이다. [그림 6.6]에서 접점에 있는 포트폴리오 P의 자본배분선 CAL_P는 다른 어떤 포트폴리오의 자본배분선—예를 들어, 포트폴리오 a의 자본배분선인 CAL_a—보다 더 큰 기울기를 갖고 있다. 이것은 포트폴리오 P의 위험보상률이 다른 어떤 포트폴리오보다도 더 크다는 것을 의미한다. 따라서

그림 6.6 효율적 포트폴리오들의 자본배분선

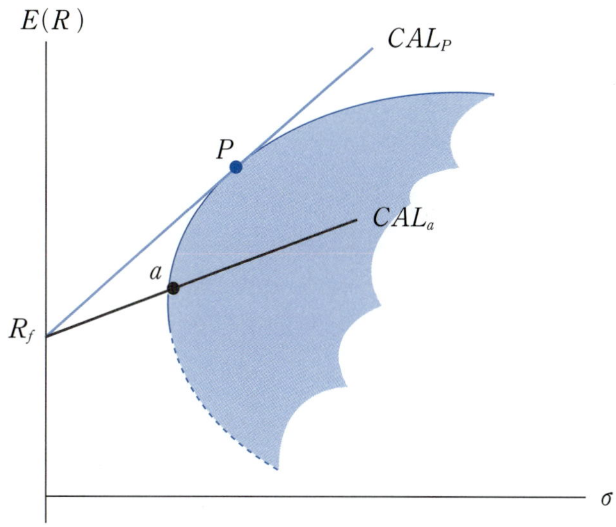

[그림 6.6]에서 접점에 있는 효율적 포트폴리오 P가 최적위험포트폴리오이다.

그러면 무위험자산과 N가지 위험자산이 있을 때, 그 모든 위험자산을 고려하여 어떻게 최적위험포트폴리오를 선택할 수 있을까? 한 가지 방법은 ① 6.3절에 설명한 바와 같은 방법으로 효율적 포트폴리오들과 효율적 투자기회선을 구한 다음, ② 가장 큰 위험보상률(RVAR)을 갖는 최적위험포트폴리오를 찾아낸다. 이 방법은 이론적으로 충분히 가능한 방법이긴 하지만, 현실적으로는 그리 권장할 만한 방법이라고 할 수 없다. 왜냐하면 효율적 투자기회선에 있는 수많은 효율적 포트폴리오들 중에서 단 하나의 최적위험포트폴리오를 찾아내기 위하여, 많은 수의 효율적 포트폴리오를 구성하여야 하고 또 각 효율적 포트폴리오의 위험보상률(RVAR)을 비교해야 하기 때문이다.[7]

7] 효율적 투자기회선을 구하는 과정을 생략하고, 위험보상률(RVAR)을 극대화하는 수학적 방법을 이용하여 곧바로 최적위험포트폴리오를 구하는 방법이 자주 사용된다. 이 방법은 저자의 홈페이지(http://myweb.jnu.ac.kr/~damcho)의 투자론(전정9판) 보충자료의 [보론 D]에 설명되어 있다.

6장 연습문제 *Exercises*

01 어떤 3가지 주식의 기대수익률, 표준편차, 상관계수의 추정치는 다음과 같다.

주식	기대수익률	표준편차	상 관 계 수		
			1	2	3
1	12	8	1.0		
2	16	10	0.5	1.0	
3	18	12	0.5	−1.0	1.0

(1) 주식 1과 주식 2에 동액의 투자를 한다면 그 포트폴리오의 표준편차는?

(2) 세 가지 주식 모두에 동액의 투자를 한다면 그 포트폴리오의 기대수익률과 표준편차는?

(3) 주식 2와 3을 결합하여 포트폴리오를 만들려고 한다. 어떤 투자비율로 포트폴리오를 선택하는 것이 위험을 최소화시킬 수 있는가?

(4) 주식 1에 35%, 주식 2에 40%, 주식 3에 25% 투자하여 얻어진 포트폴리오의 기대수익률과 표준편차는 얼마인가?

(5) 위의 세 개의 주식으로 15%의 기대수익률을 가져다주는 효율적 포트폴리오를 구하기 위한 식을 쓰시오.

02 어느 연금 관리자가 자산운용회사에서 제공하고 있는 세 가지 펀드에 투자하려고 한다. 첫 번째 것은 주식펀드이고 두 번째 것은 장기 채권펀드이다. 세 번째의 것은 무위험 단기현금자산 펀드로서 6%의 수익률이 예상된다. 주식펀드와 채권펀드의 기대수익률은 각각 16%와 9%이고 표준편차는 각각 55%와 27%이다(두 펀드 사이의 상관계수는 0.1).

(1) 주식펀드와 채권펀드를 결합하여 새로운 포트폴리오를 만들고자 한다. 두 펀드를 결합하여 만들 수 있는 최소분산 포트폴리오(minimum variance portfolio; MVP)를 찾아내고, 그 포트폴리오의 기대수익률과 표준편차를 구하시오.

(2) 주식펀드에의 투자비율을 0%, 20%, 40%, 80%, 100%로 할 경우, 주식펀드와 채권펀드로 이루어진 포트폴리오의 기대수익률과 표준편차를 구하고, 각 포트폴리오를 그림으로 나타내시오.

(3) 문제 (2)의 다섯 개 포트폴리오 각각에 대한 자본배분선(CAL)의 기울기를 구하고, 어느 포트폴리오가 최적위험포트폴리오인지 알아보시오.

(4) 이 연금기금에서는 12%의 기대수익률을 요구하고 있다. 이를 만족시킬 수 있는 최적완성포트폴리오는 어떻게 구성된 포트폴리오인가? 최적완성포트폴리오의 표준편차는 얼마인가?

제3부 자산가격결정의 이론과 실제

I N V E S T M E N T

제7장 | 자본자산 가격결정모형

지난 반세기 동안의 투자이론과 실무의 발전에서 자본자산 가격결정모형(capital asset pricing model; CAPM)만큼 커다란 공헌을 끼쳤던 이론은 없었다고 해도 좋다. 이 CAPM은 자본시장에서 "균형"이 달성되려면 자산의 위험과 기대수익률 사이에 어떤 관계가 성립하여야 하는지를 매우 간결한 식으로 표현해 주고 있다. 따라서 CAPM을 이해하기 위해서는 먼저 자본시장에서의 "균형"이 무엇을 의미하며, 어떤 조건에서 달성될 수 있는가를 이해해 둘 필요가 있다.

7.1 자본자산 가격결정모형(CAPM)의 개요

(1) 균형이 달성되는 조건

이 장에서는 자본시장의 균형(均衡, equilibrium)이 어떤 조건에서 성립하게 될 것인지를 설명하는 가장 중요한 이론인 자본자산 가격결정모형(CAPM)을 다룬다. CAPM을 더 분명하게 이해하기 위해서 먼저 자본시장에서의 균형이 어떤 개념인지를 정리해 둘 필요가 있다. 자본시장의 균형이란 자본시장에서 거래되는 모든 자산의 수요와 공급이 일치함으로써 더 이상 초과수요나 초과공급이 존재하지 않는 상태를 의미하며, 이때 형성된 시장가격을 균형가격(equilibrium price)이라고 한다.

재무학의 가장 중요한 목적은 자본시장에서 위험자산의 균형가격이 어떻게 결정되는가를 설명하는 것이다. 예를 들어, MM명제, CAPM, 차익거래 가격결정이론(APT), 옵션가격결정모형(OPM)은 물론이고 선물가격, 환율 또는 이자율의 움직임을 설명하기 위한 여러 가지 이론 등이 모두 위험자산의 균형가격을 설명하기 위한 이론들이다.

일반적으로 자본자산(capital asset)은 장기의 미래소득에 대한 청구권을 가리킨다. 예를 들어, 주식, 채권, 부동산, 인적 자본 등이 자본자산이라고 할 수 있으며, 이 자본자산의 균형가격을 설명하기 위한 이론의 대표적인 것이 이 장의 CAPM과 다음 장의 APT이다.

자산의 균형가격이 어떤 조건에서 결정될 것인가? 재무학에서 일반적으로 채택하고 있는 균형조건은 다음 두 가지 조건 중의 어떤 하나이다.

첫 번째 조건은 무차익거래 조건(no-arbitrage condition)이다. 일반적으로 차익거래(arbitrage)는 추가적인 투자액과 위험의 부담이 없이 (+)의 이익을 얻어내는 거래이다. 어떤 차익거래를 통해 (+)의 이익이 기대되는 한 투자자들은 차익거래를 행하려 할 것이며,

이것은 차익거래에 이용되는 자산에 대하여 초과수요 또는 초과공급이 발생한다는 것을 의미한다. 따라서 차익거래를 통해 (+)의 이익을 얻을 수 없는 상태, 즉 더 이상 차익거래가 발생하지 않게 되는 조건이 충족될 때 균형이 달성된다. 무차익거래 조건은 재무학에서 가장 자주 사용되는 균형조건으로서, 그 대표적인 예가 자본구조이론의 MM명제, 다음 장의 차익거래 가격결정이론, 옵션가격결정모형, 선물 · 현물 패리티 등이다.

다른 조건은 최적포트폴리오 조건(optimum portfolio condition)이다. 이 조건은 모든 투자자들이 자기가 원하는 최적포트폴리오를 보유하게 됨으로써 각 자산에 대해 더 이상 초과수요나 초과공급이 발생하지 않는 상태에서 충족된다. 즉, 자본시장 전체의 시장포트폴리오가 투자자들이 원하는 최적위험포트폴리오와 일치할 때 최적포트폴리오 조건에 의한 균형이 달성된다.

예를 들어, 투자자들이 자산 A에 50% 투자하고 자산 B에 50% 투자한 포트폴리오가 최적위험포트폴리오인 것으로 판단하고 있다 하자. 그런데 두 개의 자산만이 거래되고 있는 자본시장에서 자산 A가 10,000원(상장주식수 100주, 시가총액 100만원)에 거래되고 있으며, 자산 B가 주당 7,000원(상장주식수 200주, 시가총액 140만원)에 거래되고 있다고 한다면, 자본시장 전체의 시가총액은 240만원이고, 자산 A의 구성비는 41.67%이며 자산 B의 구성비는 58.33%가 된다. 이 경우 투자자들이 원하는 최적포트폴리오의 구성과 자본시장에서의 시가총액의 구성이 다르다. 즉 주식 A는 투자자들이 원하는 투자비율보다 작고(초과수요 존재), 자산 B는 투자자들이 원하는 투자비율보다 많다(초과공급 존재). 따라서 자산 A의 가격이 12,000원으로 상승하고 자산 B의 가격이 5,000원으로 하락하면, 두 자산의 자본시장에서의 구성비율이 투자자들의 최적위험포트폴리오의 투자비율과 일치하게 된다. 즉, 자본시장 전체의 시장포트폴리오가 투자자들이 보유하고자 하는 최적위험포트폴리오와 일치하게 되므로 자본시장이 균형을 달성하게 된다.

이 장에서 설명하는 CAPM은 투자자들이 모두 동일한 최적위험포트폴리오를 보유하고자 하고 자본시장에서의 위험자산의 구성이 최적위험포트폴리오와 동일하여야 한다는 조건으로부터 도출된다. 따라서 CAPM은 최적포트폴리오 조건을 적용하여 얻어진 균형조건이라고 할 수 있다.

(2) CAPM의 역사적 배경

제6장에서 설명한 마코위츠(H. Markowitz)의 효율적 분산투자이론은 단순히 분산투자의 중요성을 강조하였을 뿐만 아니라, 자본자산의 가격결정 과정을 이해하고 자본시장

에서의 투자자들의 행동을 설명하는 데 있어서도 크게 공헌하였다. 즉, 그의 효율적 분산투자의 이론은 이 장에서 설명하는 CAPM의 기초를 제공하였다.

CAPM은 크게 두 부분으로 이루어진 이론이다. 그 하나는 1958년의 토빈(J. Tobin)의 분리정리이고,[1] 다른 하나는 토빈의 분리정리에 기초하여 1960년대에 샤프(W. Sharpe), 린트너(J. Lintner) 및 모신(J. Mossin) 등이 도출한 증권시장선(SML)이다.[2]

CAPM이 개발된 후 지금까지 CAPM이 과연 현실의 증권가격의 움직임을 잘 설명하고 있는지를 알기 위하여 많은 실증적 검증이 이루어져 왔다. 그러나 오늘날 CAPM이 충분할 정도의 실증적 증거를 갖고 있는 것으로 받아들여지고 있지는 않다. 그럼에도 불구하고 CAPM이 여전히 중요시되고 있는 이유는 CAPM의 결론이 매우 단순하고도 설득력 있으며, 다른 유용한 대체적 이론이 아직 찾아지지 못하고 있기 때문이다.

CAPM의 결론은 어떤 자산의 기대수익률이 그 자산의 베타계수와 선형적 관계를 갖는다는 것이다. 투자자들이 충분히 많은 수의 자산에 분산투자할 경우 비체계적 위험이 제거되고 체계적 위험만이 남는다는 사실을 상기할 때, 어떤 자산의 체계적 위험(즉, 베타계수)이 클수록 더 큰 기대수익률이 얻어지도록 가격이 결정되어야 한다는 CAPM의 결론은 직관적으로 충분한 설득력을 갖는다.

또 CAPM이 실무에서 여전히 중요시되고 있는 또 다른 이유는, 실무에 유용하게 적용할 수 있는 다른 자산가격이론이 아직 주어지지 못하고 있다는 점이다. 그 동안 CAPM 이외에도 몇 가지 균형가격이론이 제시되었다. 그러나 그 이론들은 실무에 적용하기에는 너무 많은 변수들을 필요로 하거나 실제 자료를 얻기가 매우 어렵다. 따라서 CAPM은 실무적 적용이 단순하면서도 그 효용이 비교적 크기 때문에 아직도 중요시된다.

(3) CAPM의 가정과 결론

이미 언급한 바대로, CAPM은 균형상태에서 위험자산의 기대수익률이 어떻게 결정될 것인가를 설명하는 이론으로서, 결코 간단하게 이해될 수 있는 이론은 아니다. 그러므로 이해의 편의를 돕기 위하여, 먼저 가정과 결론만을 간략하게 요약함으로써 CAPM이 무엇을 말하고 있는가를 간추려 보고자 한다. CAPM의 구체적 내용은 다음 절에서 설

1] James Tobin, "Liquidity Preference as Behavior towards Risk," *Review of Economic Studies*, Vol.25 (Feb.1958), pp.65-87.

2] William Sharpe, "Capital Asset Prices : A Theory of Market Equilibrium," *Journal of Finance* (Sep. 1964), John Lintner, "The Valuation of Risk Assets and the Selection of Risky Investments in Stock Portfolios and Capital Budgets," *Review of Economics and Statistics* (Feb. 1965), Jan Mossin, "Equilibrium in a Capital Asset Market," *Econometrica* (Oct. 1966).

명하게 될 것이다.

많은 경제이론은 "If …, then …"의 구성을 갖고 있다. 즉, 현실을 단순화한 몇 가지 가정 하에서 논리적 과정을 통하여 필요한 결론을 얻어낸다. 경우에 따라서는 다소 비현실적인 가정을 설정하여 이로부터 논리적 결론을 도출한 다음, 가정을 현실에 가깝게 수정하여 나감으로써 현실에 적합한 결론을 얻어내기도 한다.

CAPM도 이와 같은 "If …, then …"의 구성을 갖고 있다. 즉, CAPM은 "If"에 해당하는 가정으로서 완전자본시장, 평균 · 분산기준에 의한 효율적 분산투자, 무위험자산의 존재, 동질적 예상 등을 가정하고 있다. 이 가정들의 의미에 대해서는 다음 절에서 구체적으로 설명하기로 한다.

"If …, then …"의 구성에서 "then"의 부분에 해당하는 CAPM의 결론은 다음과 같이 정리될 수 있다. 이 장의 나머지 부분에서는 이 결론이 어떻게 얻어졌는지에 대하여 구체적으로 설명할 것이다.

① **토빈의 분리정리** : 모든 투자자들이 보유하는 최적위험포트폴리오는 투자자의 위험에 대한 태도와 무관하므로, 그들은 최적위험포트폴리오로서 시장포트폴리오(market portfolio)를 보유한다.

② **증권시장선** : 개별자산의 위험프리미엄은 그 자산의 베타계수에 비례한다. 이를 식으로 표현한 것이 다음의 증권시장선(security market line; SML)이다.

$$E(R_j)-R_f=[E(R_M)-R_f]\beta_j \tag{7.1}$$

단, $E(R_j)$는 자산 j의 기대수익률, R_f는 무위험수익률, $E(R_M)$은 시장포트폴리오의 기대수익률, β_j는 자산 j의 베타계수임.

이상으로 CAPM의 가정(if)과 결론(then)을 간략하게 요약하였다. 위의 가정들로부터 이러한 결론이 어떻게 얻어지는지는 다음 절에서 구체적으로 설명할 것이다.

7.2 자본자산 가격결정모형(CAPM)의 내용

7.2.1 CAPM의 가정

CAPM은 다음과 같은 몇 가지 가정으로부터 얻어진 이론이다.

① **완전자본시장** : 어떤 투자자의 거래도 시장가격에 영향을 줄 만큼 크지 못하므로 모든 투자자는 주어진 가격에 맞추어 행동하는 가격순응자(price taker)이다. 거래에 제약을 가하는 거래비용, 세금, 시장규제 등과 같은 마찰적 요인도 존재하지 않는다. 자본시장은 효율적 시장이므로, 모든 개인에 대하여 정보가 비용없이 공정하고 즉시적으로 배분된다. 또 모든 자산은 미세한 단위로 나누어질 수 있다. 그리고 모든 자산을 자유롭게 매입 또는 공매할 수 있다. 즉, 공매(short selling)에 대한 제약이 없다.

② **평균 · 분산기준에 의한 효율적 분산투자** : 자본시장의 모든 투자자들은 평균 · 분산기준에 따라 포트폴리오를 선택한다. 즉, 투자자들은 어떤 포트폴리오의 기대수익률이 클수록 그리고 위험(분산 또는 표준편차)이 작을수록 더 선호한다. 따라서 투자자들이 선택하는 위험포트폴리오는 마코위츠(1952)가 제시한 효율적 투자기회선에 있는 어떤 하나의 효율적 포트폴리오이다.

③ **무위험자산의 존재** : 모든 투자자들은 자유롭게 무위험자산을 이용할 수 있다. 즉, 투자자들은 무위험이자율로 자유롭게 차입과 대여를 행할 수 있으며, 이 경우 차입이자율과 대여이자율의 차이는 없다.

④ **동질적 예상** : 모든 투자자들은 동질적 예상(homogeneous expectations)을 갖는다. 즉, 각 자산의 미래 수익률에 대하여 동일한 예상을 갖고 있으므로, 각 자산의 기대수익률, 분산 및 상관계수 등에 관하여 모든 투자자들이 동일한 예상을 갖는다. 이 가정은 효율적 투자기회선이 모든 투자자들에게 동일하게 주어진다는 것을 의미한다.[3]

⑤ **기타의 가정** : 투자자들은 투자결정을 내릴 때 단일기간만을 고려한다. 따라서 금융자산의 수익률은 단일기간의 수익률을 의미한다. 또 이 투자기간 중에 시장에 상장되어 있는 자산의 종류와 수량이 일정하며, 모든 투자자들에게 투자기회가 균등

3] 동질적 예상의 가정을 액면 그대로 보면 매우 비현실적인 가정이다. 그러나 이 가정은 고도의 정보 분석능력을 갖추고 있는 전문투자기관들이 경쟁하는 현대 자본시장에서 상당한 현실성을 갖고 있다. 왜냐하면, 전문투자기관들이 거의 동일한 자료를 사용하여 얻어진 자산의 기대수익률과 위험의 예상치도 거의 동일할 것이다.

하게 주어져 있다.

이 가정들은 자본시장의 현실적 조건이 아니라 이상적인 조건을 나타낸 것이므로, 이 가정에 기초하여 얻어진 CAPM을 흔히 표준형 CAPM(standard CAPM)이라고도 부른다. CAPM은 위와 같은 이상적인 가정에 기초하여 얻어진 것이기 때문에 현실을 충분히 설명하지 못할 수도 있다. 실증적 검증의 결과로서 CAPM이 현실을 충분히 설명하지 못한다는 결론이 얻어지면, 위의 가정을 현실성 있게 수정함으로써 CAPM의 이론 역시 현실성 있게 수정하거나 새로운 다른 이론이 제시되어야 한다.

7.2.2 토빈의 분리정리와 시장포트폴리오

(1) 토빈의 분리정리

위의 가정에 기초하여 얻어지는 중요한 이론적 결과의 하나는 토빈의 분리정리(Tobin' s separation theorem)이다.[4] 토빈의 분리정리는 "투자자의 최적위험포트폴리오는 투자자의 위험에 대한 태도와 무관하다"는 정리이다. 제6장의 6.3절에서 설명한 바와 같이, 무위험자산이 존재할 때 투자자들은 자본배분선과 효율적 투자기회선이 접하는 접점포트폴리오를 최적위험포트폴리오로 선택한다. 그리고 동질적 예상의 가정 하에서 모든 투자자들은 동일한 효율적 투자기회선을 갖게 되므로, 투자자들이 선택하는 최적위험포트폴리오도 모두 동일하다. 즉, 투자자 개개인의 위험회피도가 서로 다르더라도 그들 모두가 선택하는 최적위험포트폴리오는 [그림 7.1]에 M으로 표시되어 있는 포트폴리오이다.[5]

(2) 시장포트폴리오와 자본시장선

토빈의 분리정리는 세 가지의 중요한 시사점을 갖고 있다. 첫 번째 시사점은 투자자들의 최적위험포트폴리오가 시장포트폴리오와 동일하여야 한다는 점이다. 개별 투자

4] James Tobin, "Liquidity Preference as Behavior towards Risk," *Review of Economic Studies*, Vol.25 (Feb.1958), pp.65–87.

5] 만일 무위험자산이 존재하지 않을 경우, 투자자의 위험회피도가 다르면 그들이 선택하는 위험포트폴리오도 달라진다. 즉, 위험회피도가 큰 투자자는 적은 위험과 낮은 기대수익률을 원하므로, 효율적 투자기회선의 아래쪽에 있는 효율적 포트폴리오를 선택하게 된다. 반대로 위험회피도가 작은 투자자는 높은 위험과 큰 기대수익률을 원하므로, 효율적 투자기회선의 위쪽에 있는 효율적 포트폴리오를 선택하게 된다. 따라서 투자자의 위험에 대한 태도에 따라 최적위험포트폴리오도 달라진다.

그림 7.1 시장포트폴리오와 자본시장선

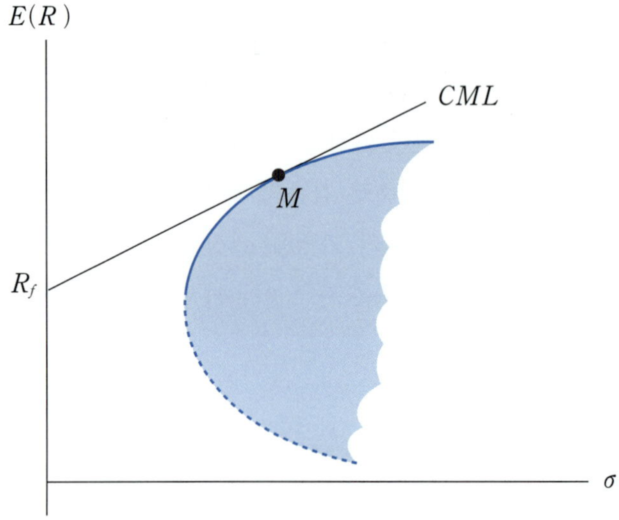

자들이 보유하고 있는 위험포트폴리오를 모두 합계한 것이 시장포트폴리오이다. 균형 상태에서 모든 투자자들이 [그림 7.1]의 M을 최적위험포트폴리오로 선택하므로, 자본 시장 전체의 시장포트폴리오도 최적위험포트폴리오인 M과 동일하여야 한다. 즉, 시장 포트폴리오는 [그림 7.1]의 접점포트폴리오인 M과 같다.

예를 들어, 투자자들이 선택한 최적위험포트폴리오에서 차지하는 A 주식의 투자비율이 5%인데 시장포트폴리오에서의 구성비율이 3%라고 하자. 그런 경우 A 주식에 대해서 초과수요가 존재하므로 그 주식의 가격이 상승하여 시장포트폴리오에서의 구성비율이 상승하게 된다. 이런 가격조정과정을 거쳐 더 이상 초과수요나 초과공급이 없는 상태, 즉 균형상태에서 최적위험포트폴리오의 구성과 시장포트폴리오의 구성이 일치하게 된다.

두 번째 시사점은 흔히 2기금 분리(two-fund separation)로 알려져 있는 특성이다. 2기금 분리에 의하면, 투자자들이 선택하는 완성포트폴리오는 무위험자산과 시장포트폴리오의 두 부분으로 나누어질 수 있고, 투자자의 위험회피도에 따라 두 자산에의 투자비율이 결정된다. 즉, 투자자의 위험회피도가 작을수록 시장포트폴리오에 더 많이 투자하고 무위험자산에 더 적게 투자함으로써, 더 큰 위험을 부담하여 더 큰 기대수익률을 얻고자 한다. 이와 같이 시장포트폴리오와 무위험자산을 결합하여 얻을 수 있는 자본배분선을 자본시장선(capital market line; CML)이라고 하며, 제5장의 5.3절에서 이에 대해 이미 설명한 바 있다.

자본시장선은 시장포트폴리오의 자본배분선이므로 [그림 7.1]에서 무위험수익률과 시장포트폴리오 M을 잇는 직선으로 표시된다. 어떤 투자자가 시장포트폴리오에 w만큼 투자하고 무위험자산에 $(1-w)$만큼 투자하여 완성포트폴리오 C를 만들고자 한다 하자. 이 경우 투자자가 얻게 될 위험과 기대수익률의 관계를 나타낸 것이 다음의 자본시장선이다.

자본시장선(CML)

$$E(R_C)=R_f+\frac{E(R_M)-R_f}{\sigma_M}\sigma_C \tag{7.2}$$

단, σ_M과 $E(R_M)$은 시장포트폴리오인 M의 표준편차와 기대수익률이고, σ_C와 $E(R_C)$는 시장포트폴리오와 무위험자산을 결합하여 구성한 완성포트폴리오(C)의 표준편차와 기대수익률이다.

이 식의 의미와 성격에 대해서는 제5장 5.3절에서 구체적으로 설명한 바 있으므로 여기에서는 설명을 줄이기로 한다.

(3) 소극적 투자전략의 정당성

토빈의 분리정리가 주는 세 번째 시사점은 소극적 투자전략을 정당화시켜 주고 있다는 점이다. 투자자들은 그들의 위험에 대한 태도에 관계없이 공통적으로 시장포트폴리오를 최적위험포트폴리오로 선택한다. 이것은 개별 투자자들이 자신에게 알맞은 최적위험포트폴리오를 선택하기 위해 별도로 정보를 수집·분석하는 노력과 비용을 지출할 필요가 없이, 곧바로 시장포트폴리오를 선택하는 소극적 투자전략을 사용하는 것이 바람직하다는 것을 의미한다.

자본시장이 모든 정보를 충분히 반영하는 효율적 시장이라면, 시장포트폴리오 M은 모든 투자자들이 갖고 있는 모든 투자정보를 반영하여 선택된 최적위험포트폴리오이다. 즉, 시장포트폴리오는 시장에서 거래되는 모든 자산에 관한 모든 이용가능한 정보가 반영되어 결정된 포트폴리오이다. 예를 들어, 새로운 정보가 시장에 들어와서 특정 주식의 가격이 상승 또는 하락한다면, 이 가격변동 때문에 시장포트폴리오의 구성이 달라진다. 이와 같이 새로운 정보가 주어지면, 각 자산의 가격이 즉시적으로 이를 반영하여 변동하고 그 결과 시장포트폴리오 구성도 즉시적으로 변화하게 된다.

이 사실은 소극적 투자전략에 대하여 중요한 의미를 갖는다. 시장포트폴리오는 자본시장에 주어진 모든 정보가 반영된 포트폴리오이다. 따라서 투자자들은 별도의 노력과 경비를 들여 개별 주식에 대한 증권분석을 하지 않고, 소극적 투자전략을 취하여 단순히 시장포트폴리오를 보유하기만 하면 자본시장에 주어진 모든 정보를 반영하여 포트폴리오를 선택하는 것과 동일한 결과를 얻게 된다.

현실적으로 투자자들이 직접 시장포트폴리오를 찾아내기란 결코 쉬운 일이 아니다. 따라서 투자자들은 시장포트폴리오를 직접 찾아내 투자하기보다는 전문투자기관들이 만들어 놓은 지수펀드(index fund)에 투자한다. 지수펀드는 우리나라의 코스피200이나 미국의 S&P500과 같은 주요 시장지수와 동일한 수익률이 얻어지도록 만들어진 포트폴리오이다. 지수펀드에 대해서는 제16장에서 더 구체적으로 설명하고자 한다.

(4) 시장포트폴리오의 위험프리미엄

투자자들의 자산배분 문제는 시장포트폴리오 M과 무위험자산에 얼마만큼 투자할 것인가의 문제이다. 투자자의 효용을 극대화하는 시장포트폴리오 투자비율은 식(5.9)를 약간 수정하여 다음과 같이 구해진다.

$$w^* = \frac{E(R_M) - R_f}{\overline{A}\sigma_M^2} \tag{7.3}$$

단, $\overline{A}$는 자본시장을 대표하는 투자자의 위험회피도로서 모든 투자자들의 위험회피도를 평균한 것이라고 볼 수 있다.

이 식은 자본시장 전체적으로 효용을 극대화하기 위해 시장포트폴리오에 어느 정도 투자해야 할 것인지를 보여주고 있다.

모든 투자자들은 완전시장에서 무위험자산을 자유롭게 차입 또는 대여할 수 있으므로(가정 3), 어떤 투자자가 무위험자산을 차입하면 그만큼 다른 투자자가 무위험자산을 대여하여야 한다. 즉, 자본시장 전체적으로 볼 때 무위험자산의 차입액과 대여액이 동일해야 하므로, 시장 전체의 무위험자산에 대한 투자비율은 0이어야 한다. 이것은 자본시장 전체적으로 시장포트폴리오의 투자비율 w가 1이라는 것을 의미한다. 이 w=1의 값을 위의 식에 대입하여 정리하고, 자본시장 전체의 위험회피도, 즉 모든 투자자들의 평균 위험회피도를 $\overline{A}$로 표시하면, 시장포트폴리오 M의 위험프리미엄은 다음 식과 같이 나타낼 수 있다.

$$E(R_M)-R_f=\overline{A}\sigma_M^2 \tag{7.4}$$

즉, 시장포트폴리오의 위험프리미엄은 시장포트폴리오의 분산(σ_M^2)과 자본시장 전체의 평균적인 위험회피도($\overline{A}$)의 곱과 같다. 투자자들이 더 위험회피적으로 되거나 경기에 대한 투자자들의 불안감이 커지면 $\overline{A}$가 증가하게 되므로 위험자산을 거래하는 자본시장의 위험프리미엄도 증가한다. 또 정부가 경제활동의 불확실성을 제거하는 정책을 실행하면 시장포트폴리오의 분산이 감소하게 되므로 시장포트폴리오의 위험프리미엄도 감소하게 된다.

7.2.3 증권시장선 : 개별자산의 균형적 기대수익률

(1) 증권시장선의 도출

CAPM의 가장 중요한 결론은 균형 하에서 개별자산(또는 포트폴리오)의 기대수익률이 그 자산의 베타계수와 선형적 관계를 갖고 있다는 것으로서, 이 관계를 흔히 증권시장선(security market line; SML)이라고 부른다.

CAPM을 이해하기 위하여 염두에 두어야 할 사실은 투자자들의 최적위험포트폴리오는 시장포트폴리오라는 사실이다. 시장포트폴리오는 자본시장 전체의 위험자산으로 이루어진 포트폴리오이기 때문에 총위험이 모두 체계적 위험만으로 이루어져 있으며, 그것의 베타계수는 1이다. 따라서 투자자들이 시장포트폴리오를 보유하여 1의 베타계수를 부담하고 그 대가로 $E(R_M)-R_f$만큼의 위험프리미엄을 얻게 된다. 즉, 시장포트폴리오의 베타계수에 대한 위험프리미엄의 비율은 다음과 같다.

$$\frac{\text{시장포트폴리오의 위험프리미엄}}{\text{시장포트폴리오의 베타계수}}=E(R_M)-R_f \tag{7.5}$$

또 염두에 두어야 할 사실은 투자자들이 하나의 개별자산을 따로 보유하는 것이 아니라, 시장포트폴리오를 구성하는 성분자산으로서 개별자산을 보유한다는 사실이다. 이것은 비체계적 위험이 효율적 분산투자를 통해 완전히 제거되므로, 투자자들이 개별자산의 비체계적 위험에 대해 어떤 대가도 요구하지 않으며 오직 체계적 위험에 대해서만 적절한 크기의 위험프리미엄을 요구할 것이고, 개별자산의 체계적 위험만이 시장포트폴리오의 위험에 영향을 주게 될 것이라는 것을 의미한다. 즉, 시장포트폴리오 위험에 대한 자산 j의 공헌도는 그 자산의 체계적 위험(즉, 베타계수)의 크기에 의해서만 평가된다.

자산 j의 시가총액이 시장포트폴리오의 시가총액에서 차지하는 비율을 x_{jM}으로 표시하면, 자산 j가 시장포트폴리오의 베타계수(=1)에 미치는 공헌도는 $x_{jM}\beta_j$이고 시장포트폴리오의 위험프리미엄에 미치는 공헌도는 $x_{jM}[E(R_j)-R_f]$이다. 따라서 위험프리미엄에 대한 공헌도와 베타계수에 대한 공헌도의 비율은 다음과 같다.

$$\frac{x_{jM}[E(R_j)-R_f]}{x_{jM}\beta_j} = \frac{[E(R_j)-R_f]}{\beta_j} \tag{7.6}$$

균형상태에서 식(7.5)와 (7.6)의 우변은 같은 크기이어야 한다. 만일 식(7.6)의 우변인 $[E(R_j)-R_f]/\beta_j$가 식(7.5)의 우변인 $E(R_M)-R_f$보다 크다면, 투자자들이 자산 j에 투자하여 얻게 될 위험에 대한 대가가 시장포트폴리오의 경우보다 더 크기 때문에 자산 j에 더 많이 투자하려 할 것이다(초과수요). 반대로 $[E(R_j)-R_f]/\beta_j<E(R_M)-R_f$라면, 자산 j에 투자하여 얻게 될 위험에 대한 대가가 시장포트폴리오보다 작기 때문에 자산 j에 적게 투자하려 할 것이다(초과공급 발생). 따라서 자산 j에 대한 초과수요나 공급이 없는 균형상태에서는 다음과 같이 식(7.5)와 (7.6)의 우변이 동일한 크기이어야 한다.[6]

$$\frac{[E(R_j)-R_f]}{\beta_j} = E(R_M)-R_f \tag{7.7}$$

이 식을 정리하면 다음의 증권시장선이 얻어진다.[7]

증권시장선(SML)

$$E(R_j)=R_f+[E(R_M)-R_f]\beta_j \tag{7.8}$$

이 증권시장선의 공식을 그림으로 그린 것이 [그림 7.2]이다.

6] 저자 홈페이지(myweb.jnu.ac.kr/~damcho)에 주어진 전정9판 투자론의 [보론 E]는 샤프가 제시한 도출과정을 소개하고 있다.

7] $\beta_j=\sigma_{jM}/\sigma^2_M$이므로 증권시장선은 $E(R_j)=R_j+[E(R_M)-R_f]\sigma_{jM}/\sigma^2_M$으로 표현되기도 한다(단, σ_{jM}은 자산 j와 시장포트폴리오 사이의 공분산).

그림 7.2 증권시장선

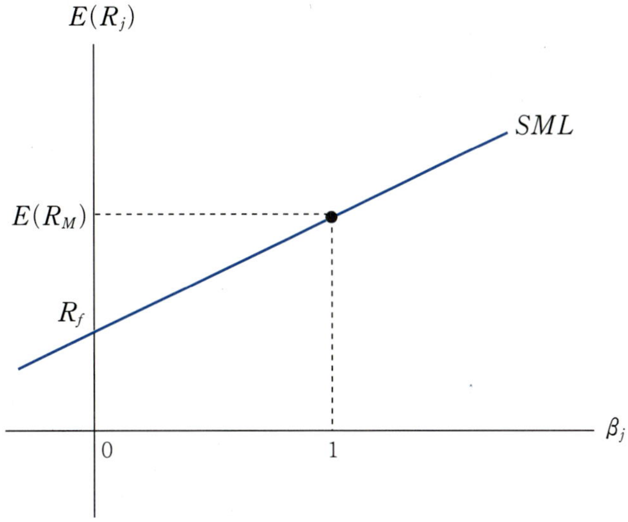

(2) 증권시장선의 시사점

이 식(7.8)은 CAPM의 결론 중에서 가장 중요한 결론으로서, 매우 풍부한 시사점을 갖고 있는 공식이다.

증권시장선(SML)의 첫 번째 시사점은 균형 하에서 자산 j의 위험프리미엄($=E(R_j)-R_f$)이 그 자산의 베타계수와 비례한다는 것이다. 이것은 매우 단순하면서도 충분한 직관적 설득력을 지닌 시사점이다. 왜냐하면, 투자자들이 충분히 많은 수의 주식에 효율적으로 분산투자한다면 투자자들은 체계적 위험만을 부담할 것이므로, 균형상태에서 그들이 요구하는 위험프리미엄은 베타계수에 비례할 것이기 때문이다.

증권시장선의 두 번째 시사점은 증권시장선의 기울기가 언제나 (+)이어야 한다는 점이다. 식(7.4)에서 시장포트폴리오의 분산과 투자자들의 위험회피도가 모두 (+)이어야 하므로 시장포트폴리오의 위험프리미엄도 (+)이어야 한다. 이것은 투자자들이 미래에 얻게 될 시장포트폴리오의 기대수익률이 무위험수익률보다 클 것이라고 예상하고 투자한다는 의미이다. 그러나 사후적(ex-post)으로는 시장포트폴리오의 위험프리미엄이 (−)일 수도 있다.[8] 왜냐하면, 투자자들이 사전적(ex-ante)으로 (+)의 기대수익률을 예상

8] 과거에 얻어진 위험프리미엄은 평균초과수익률(average excess return)이라고 하는 것이 더 정확한 표현이다. 초과수익률은 어떤 기간에 얻어진 수익률에서 무위험수익률을 뺀 값으로 정의된다.

하였다 하더라도 실제 실현된 사후적 수익률은 (–)일 수 있기 때문이다.

세 번째 시사점은 베타계수가 (–)인 자산의 기대수익률이 무위험수익률보다 낮아야 한다는 사실이다. 왜냐하면, 베타계수가 (–)인 자산은, 그 자산을 시장포트폴리오에 포함시킴으로써 시장포트폴리오의 위험을 감소시켜 주는 효과를 갖게 되므로, 무위험수익률보다 낮은 기대수익률을 갖더라도 충분히 정당화될 수 있기 때문이다.

(3) 균형가격의 결정

위의 식(7.8)로 표시되는 증권시장선(SML)은 자산의 균형가격이 어떻게 결정될 것인가를 설명해 주는 공식이다. 증권시장선은 어떤 자산(또는 포트폴리오)의 기대수익률이 그것의 체계적 위험과 선형관계를 가지고 있음을 의미하고 있다. 즉, 증권시장선은 어떤 자산(또는 포트폴리오)의 기대수익률과 체계적 위험 사이에 식(7.8)과 같은 선형적 관계가 성립하도록 자산가격이 결정될 것이며, 그 가격이 자산의 수요와 공급을 일치시키는 균형가격(equilibrium price)이라는 것이다.

[그림 7.3]은 자산의 균형가격 결정과정을 증권시장선(SML)에 의하여 설명해 주고 있다. 예를 들어, 가격이 과소평가된 주식 L을 생각해 보자. 이 주식의 가격이 과소평가되어 있기 때문에, 기대수익률은 증권시장선의 수준보다 높을 것이다. 즉, 이 주식의 기대수익률은 체계적 위험에 비해 상대적으로 높은 수준이다. 이 경우 투자자들은 이

그림 7.3 자산가격의 조정과정

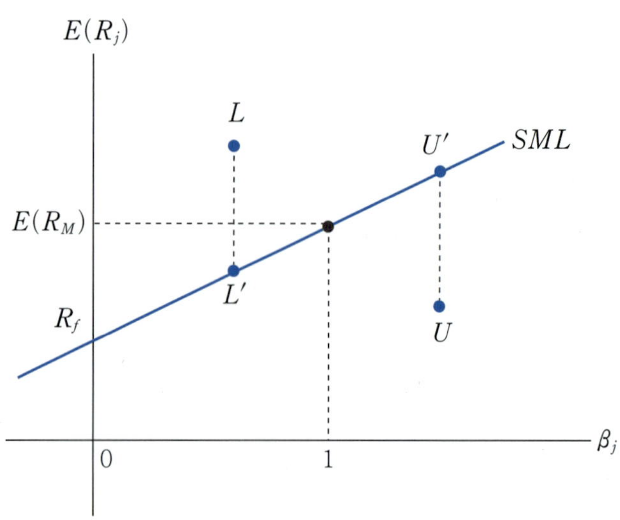

참 고 주식가치 평가의 위험수정할인율법과 확실성등가법

증권시장선의 공식은 균형적 주식가치 평가에 용이하게 적용될 수 있다. 어떤 주식 j의 기말 주가(기말의 예상배당을 포함)를 P_{j1}, 현재 주가를 P_{j0}로 표시하면, 균형상태에 얻게 될 기대수익률은 $[E(P_{j1})-P_{j0}]/P_{j0}$이고, 이것은 증권시장선의 우변인 $R_f+[E(R_M)-R_f]\beta_j$ 와 등식으로 놓을 수 있다. 이 식을 P_{j0}에 관해 정리하면 다음의 주식가치 평가공식이 얻어진다.

$$P_{j0}=\frac{E(P_{j1})}{1+R_f+[E(R_M)-R_f]\beta_j} \tag{7.9}$$

이 식의 분모가 1 더하기 위험수정할인율(risk-adjusted rate of discount)이므로, 이 식은 흔히 위험수정할인율 평가공식이라고 부른다.

주식가치를 평가하는 또 하나의 방법은 확실성등가(certainty equivalent) 평가공식이다. 이 방법은 기말의 기대주가 $E(P_{j1})$에서 위험의 대가를 차감하여 확실성등가를 구하고 이 확실성등가를 무위험수익률로 할인하여 주식가치를 평가하는 방법이다. 이 방법에 의한 평가공식은 다음과 같다.

$$P_{j0}=\frac{E(P_{j1})-P_{j0}\times[E(R_M)-R_f]\beta_j}{1+R_f} \tag{7.10}$$

주식 L을 더 많이 보유하려 할 것이고, 그 결과 초과수요가 발생한다. 따라서 이 주식 L의 가격은 상승하고 기대수익률은 하락하게 되어, 마침내 증권시장선의 L' 수준에서 가격이 안정될 것이다.

반대로 가격이 과대평가된 주식 U의 경우에는 반대의 과정이 일어난다. 즉, 증권의 기대수익률은 그것의 체계적 위험에 비하여 상대적으로 낮은 수준이므로 수요보다 공급이 많을 것이며, 그 결과 가격의 하락과 기대수익률의 상승이 일어나 증권시장선 상의 U' 수준에서 안정될 것이다.

이상과 같이 CAPM이 타당하다면 모든 자산의 기대수익률은 증권시장선 상에 있어야 한다. 만일 어떤 자산의 기대수익률이 증권시장선에서 벗어나면 그것은 그 자산에 대해 초과수요 또는 초과공급이 존재한다는 것, 즉 균형이 회복되지 않고 있다는 것을 의미한다.

현실의 자본시장에서 일부 자산의 기대수익률이 증권시장선에서 벗어나 있을 수 있다. 이런 현상은 CAPM이 현실을 제대로 설명하지 못하는 이론이기 때문일 수도 있지만(이 점에 대해서는 7.4절에서 다룬다), 새로운 정보가 자산 가격에 충분히 반영되지 못

참 고 윌리엄 샤프(William F. Sharpe)[9]

샤프는 1934년 미국 보스턴에서 대학생 부부의 큰아들로 태어났다. 2차대전이 일어나자 방위군에 징집된 아버지를 따라 캘리포니아의 리버사이드라는 곳으로 옮겨간 후 그곳에서 성장하였다. 샤프는 의사가 될 생각으로 1951년 버클리 대학에 진학하였다.

그러나 그것이 자기의 적성이 아님을 깨닫고 그 이듬해 경영학을 공부하기 위하여 UCLA로 전학하였다. 그러나 UCLA를 졸업할 때는 경영학이 아니라 경제학으로 학사(1955)와 석사학위(1956)를 받았다.

샤프가 재무학에 관심을 갖게 된 것은 UCLA의 박사과정에 진학하여 웨스톤(J. Fred Weston) 교수의 연구조교로 일할 때 마코위츠의 1952년 논문을 읽게 되면서부터이다. 1956년 란드연구소(RAND Corp.)의 연구원으로 일하게 되어 컴퓨터공학, 게임이론, 선형계획, 동태계획 등을 공부할 수 있게 되고, 당시 이 연구소에서 일하고 있던 마코위츠를 만나게 된 것은 그에게 커다란 행운이었다. 샤프는 이 연구소의 일을 하면서 1961년에 '단일지표모형에 기초한 포트폴리오분석'이라는 논문으로 박사학위를 받았는데, 마코위츠가 사실상의 지도교수 역할을 하였다고 한다.

지금 우리가 알고 있는 CAPM은 이 박사학위논문의 마지막 장에 그 기본적인 아이디어가 전개되어 있다. 그는 그 내용을 별도의 논문으로 작성하여 1962년에 저널 오브 파이낸스(Journal of Finance)에 제출하였다. 그러나 심사자의 부정적인 의견과 편집진의 변경 때문에 논문 출간은 1964년 9월에야 비로소 이루어지게 되었다. 바로 이 논문이 샤프에게 CAPM을 만든 공로로 1990년의 노벨상을 가져다주었다(1990년의 노벨 경제학상은 샤프, 마코위츠 및 밀러(M. H. Miller)의 3인이 공동으로 수상하였다).

거의 같은 시기에 트레이너(Jack Treynor)라는 사람도 샤프와 거의 동일한 CAPM의 결론에 도달하고 있었다. 그는 하버드대학에서 경영학석사(MBA)를 마치고 아서 D. 리틀(Arthur D. Little)이라는 경영컨설팅회사에서 예일대학기금 운영을 자문하고 있었다. 그는 CAPM에 관한 자신의 아이디어를 40페이지에 달하는 논문으로 정리하고, 이를 밀러(M. H. Miller) 교수에게 보내고 밀러는 다시 그의 논문을 MIT대학의 모디글리아니(F. Modigliani) 교수에게 보냈다. 모디글리아니 교수는 이 논문이 "경제학적으로 세련되지 못하므로" 더 세련된 수학적 논리로 다시 쓸 것을 조언하였다. 그러나 겨우 MBA를 마친 트레이너에게 이 주문은 무리였으며, 결국 논문은 발표되지 못하고 노벨 경제학상의 영광에 참여하지 못하게 되었다.

하기 때문에 일부 자산의 기대수익률이 증권시장선과 차이를 보일 수 있다.

9] 이 부분은 Peter L. Bernstein, *Capital Ideas* (Free Press, 1992), Ch.4에서 발췌한 것임.

7.3 CAPM의 실증적 검증

CAPM의 가장 중요한 결론으로서 증권시장선(SML)은 자본시장의 실제 자료를 사용한 실증적 검증에 의해서만 참 또는 거짓인지가 가려질 수 있는 실증적 이론이다. 따라서 CAPM이 현실의 자산가격을 적절하게 설명할 수 있는지 알기 위해 많은 실증적 검증이 1964년 처음 제시된 이래 계속 시도되어 왔다. 여기에서는 흔히 이용되는 검증방법과 그 결과를 살펴보고, 마지막으로 CAPM의 검증이 불가능하다는 롤의 주장을 검토한다.

7.3.1 검증방법

증권시장선의 식은 대단히 단순한 형태를 갖고 있지만 그것을 실증적으로 검증하는 것은 그리 단순치 않다. 실제로 증권시장선을 실증적으로 검증하기 위해서는 충분한 자료와 적절한 검증방법이 필요로 된다. CAPM을 검증하기 위하여 흔히 사용하는 검증방법은 2단계 횡단면 검증(two-stage cross-sectional test)이라고 불려지는 방법이다.

2단계 횡단면 검증은 두 단계에 걸친 회귀분석을 통하여 증권시장선을 검증하는 방법이다. 첫 번째 단계는 과거 자료를 이용하여 특성선을 추정하여, 각 주식 또는 포트폴리오의 베타계수 $\hat{\beta}_j$를 추정하는 단계이다.

두 번째 단계는 첫 번째 단계에서 얻어진 각 주식 또는 포트폴리오의 베타계수를 기초 자료로 하여 증권시장선과 동일한 형태의 검증식을 설정하여 회귀분석을 행하는 것이다. 이 두 번째 단계에서 사용할 검증식을 원래의 증권시장선과 비교하여 표시하면 다음과 같다.

$$\text{SML} : E(R_j)-R_f=[E(R_M)-R_f]\beta_j \tag{7.11}$$

$$\text{검증식} : \overline{R_j-R_f}=\gamma_0+\gamma_1\hat{\beta}_j+\varepsilon_j \tag{7.12}$$

단, $\overline{R_j-R_f}$ 는 과거 자료로부터 계산된 자산(또는 포트폴리오) j의 평균초과수익률로서 자산 j의 위험프리미엄을 나타낸다. t기의 초과수익률은 그 기간에 얻어진 자산의 수익률에서 무위험수익률을 뺀 값($=R_{jt}-R_{ft}$)이다.

검증식의 종속변수인 $\overline{R_j-R_f}$는 과거 자료로부터 얻어진 평균초과수익률로서 SML의 위험프리미엄을 대신하는 변수이다. SML이 현실의 증권시장을 적절하게 설명하는지를 판단하기 위해서는, 검증식에서 γ_0가 0과 같아야 하고, γ_1이 시장포트폴리오의 위험프리미엄과 같아야 한다. 과거 자료를 사용할 경우, 시장포트폴리오의 위험프리미엄은 시장지표의 평균초과수익률($=\overline{R_M-R_f}$)에 의하여 추정되므로, 검증식의 기울기 γ_1은 $\overline{R_M-R_f}$와 같아야 한다.

2단계 횡단면 검증에 의해 SML을 검증할 때 특히 두 가지 통계적 문제가 고려되어야 한다. 첫 번째 문제는 베타계수 추정에서 발생하는 측정오차이다. 진정한 베타계수를 사용하지 못하고 측정오차가 큰 베타계수를 사용할 경우, SML의 기울기는 실제보다 작게 추정되고 절편은 실제보다 크게 추정된다. 이 문제를 해소하기 위해서는 개별 주식이 아닌 포트폴리오의 수익률 자료를 이용하여 베타계수를 추정한다. 즉, 여러 가지 주식을 하나의 포트폴리오로 결합함으로써 개별 주식의 베타계수가 갖는 측정오차를 줄일 수 있다.

두 번째 문제는, 개별 주식들을 무작위로 뽑아 포트폴리오를 구성할 때 포트폴리오의 베타계수가 1에 밀집하게 됨으로써, 회귀분석이 곤란해질 수 있다는 점이다.[10] 이런 현상을 방지하기 위하여, 개별 주식의 베타계수를 구하고 베타계수의 크기순으로 포트폴리오를 구성하는 방법이 흔히 사용된다. 이 방법을 사용하면 베타계수가 가장 큰 포트폴리오로부터 베타계수가 가장 작은 포트폴리오까지 다양한 베타계수를 갖는 여러 개의 포트폴리오를 만들 수 있다.

7.3.2 검증의 실례

(1) 블랙, 젠슨, 숄즈(1972)의 연구

CAPM에 대한 실증적 연구결과는 대단히 많다. 그 중에서 1972년에 발표된 블랙, 젠슨과 숄즈(F. Black, M. C. Jensen & M. Scholes)의 연구가 초기에 이루어진 가장 대표적인 연구이다.[11] 그들은 뉴욕증권거래소(NYSE)에서 1926~1965년의 기간 중에 거래된 모든 주식들을 표본으로 하였다. 그들이 CAPM을 검증하기 위하여 사용한 방법은 기본적으로 2단계

10] 회귀분석에서 독립변수의 값이 널리 흩어져 있을수록 더 효율적인, 즉 추정오차가 더 작은 추정치가 얻어진다. 위의 검증식의 독립변수는 베타계수인데, 포트폴리오들의 베타계수가 1에 밀집하면, 이것은 독립변수의 값이 거의 동일한 표본을 사용하여 회귀분석을 행하게 되는 결과가 되어 비효율적인 추정치가 얻어진다.

11] Fisher Black, Michael C. Jensen & Myron Scholes, "The Capital Asset Pricing Model," in Michael C. Jensen (ed.), *Studies in the Theory of Capital Markets* (Praeger, 1972).

횡단면 검증과 동일한 방법이지만, 베타계수 추정과 관련된 통계적 문제점을 해소하기 위하여 다소 복잡한 검증절차를 밟고 있다. 이를 순서대로 설명하면 다음과 같다.

① 먼저 각 주식의 1926~1930년(60개월)의 월간수익률을 같은 기간의 시장포트폴리오 수익률에 관하여 회귀시킴으로써 각 주식의 베타계수를 구하였다. 시장포트폴리오 수익률은 표본에 포함된 모든 주식의 월간수익률을 단순평균하여 계산되었다.
② 위의 ①에서 얻어진 베타계수의 크기순으로 10개의 포트폴리오를 구성하고, 10개 포트폴리오 각각에 대해 1931년 1월부터 12월까지의 월간수익률을 계산하였다.
③ 1927~1931년 자료를 사용하여 위의 ①과 동일한 과정을 되풀이하고, 또 ②의 과정을 되풀이하여 1932년의 10개 포트폴리오의 월간수익률을 계산한다. 이와 동일한 방법으로 1년씩 앞으로 나가면서, 1931~1965년에 걸친 10개 포트폴리오의 월간수익률 자료를 완성한다.
④ 1931~1965년에 걸친 10개 포트폴리오의 월간수익률 자료를 이용하여 10개 포트폴리오의 베타계수를 추정한다.
⑤ 10개 포트폴리오의 매월의 월간수익률로부터 무위험수익률(미국 3개월 만기 국채수익률)을 차감하여 매월의 초과수익률을 구한다. 이 매월의 초과수익률을 평균하여 10개 포트폴리오의 위험프리미엄을 구한다.
⑥ 위의 ④와 ⑤에서 얻어진 10개 포트폴리오의 베타계수와 위험프리미엄 추정치를 이용하여, 식(7.12)의 회귀모형에 의해 증권시장선을 검증한다.

이상과 같은 절차를 통하여 블랙, 젠슨, 숄즈가 추정한 결과는 [그림 7.4]와 같다. 이 CAPM의 검증결과를 보면 SML이 현실의 주식가격 움직임을 잘 설명하고 있는 것으로 보이지 않는다. 왜냐하면 식(7.12)에서 절편(γ_0)은 0과 같아야 하는데, 절편의 추정치는 0.359%(표준오차 = 0.055%, t값 = 6.53)로서 0과 통계적으로 유의한 차이를 갖고 있다.

또 증권시장선(SML)의 기울기는 시장포트폴리오의 위험프리미엄과 같아야 한다. 1931~65년의 기간 중 시장포트폴리오의 위험프리미엄의 실제 크기는 월 1.42%이었다. 그러나 기울기(γ_1)의 추정치는 1.08%로서 시장포트폴리오의 위험프리미엄보다 약 0.34% 정도 낮다. 이것 역시 통계적으로 유의한 차이이다(표준오차 = 0.052%, t값 = 6.54).

블랙, 젠슨, 숄즈(1972)는 4개의 하위기간으로 나누어 SML을 검증하기도 하였으나 그 결과는 더욱 좋지 않았다. 즉, 네 개의 하위기간 검증결과 중에서 3개의 절편은 0보다 큰 값을 보이고 있고, 하나의 기울기는 (−)이었다.

그림 7.4 블랙, 젠슨, 숄즈(1972)의 SML 검증결과

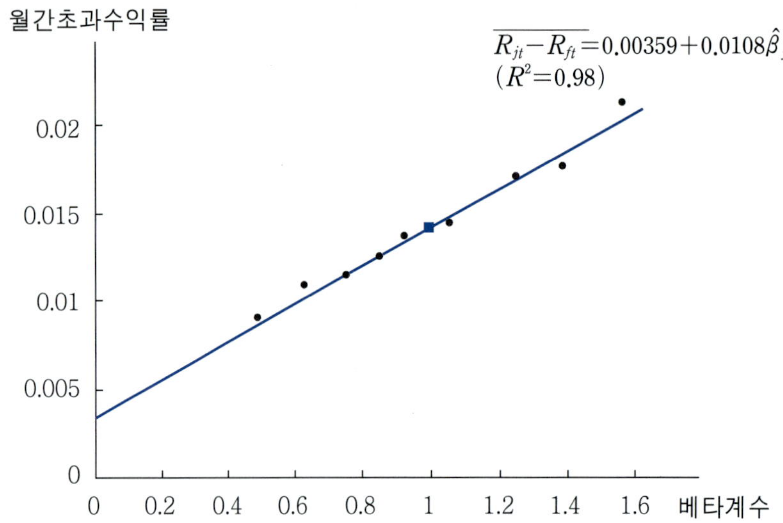

(2) 파마와 맥베드(1973)의 연구

파마와 맥베드(E. F. Fama & J. MacBeth)는 자산의 위험프리미엄이 베타계수와 "선형적" 관계를 갖고 있는지와 비체계적 위험에 의하여 설명되고 있지 아니한지를 더 명확하게 검증하고자 시도하였다.[12] 이를 위하여 그들은 다음과 같이 크게 네 부분으로 이루어진 검증절차를 사용하고 있다.

① **개별 주식의 베타계수 추정 및 포트폴리오 구성** : 먼저 1926~1929년(48개월)의 월간수익률 자료를 사용하여 NYSE에 상장된 모든 주식의 베타계수를 구하였다(시장포트폴리오 수익률은 모든 주식의 동일가중 수익률로 계산). 그리고 베타계수의 크기순으로 20개 포트폴리오를 구성하였다.

② **포트폴리오의 베타계수 및 비체계적 위험 추정** : 위와 같이 구성된 20개 포트폴리오의 1930~1934년(60개월)에 걸친 월간수익률 자료를 계산하고, 20개 포트폴리오의 월간수익률에 대한 시장모형을 추정함으로써 각 포트폴리오의 베타계수를 구하였다. 이 베타계수는 1935년 1월부터 1938년 12월까지의 수익률을 설명하는 데 사용될 것이기 때문에 $\beta_{p,35}$로 표시하기로 하자(단, $p=1, \cdots, 20$).

12] E. F. Fama & J. MacBeth, "Risk, Return and Equilibrium : Empirical Studies," *Journal of Political Economy* (May, 1973), pp.607–636.

그리고 동일한 기간(1930~1934년)의 자료를 사용하여 포트폴리오를 구성하는 각 주식들의 비체계적 위험, 즉 시장모형의 잔차분산(residual variance)을 구하고, 잔차분산을 평균하여 포트폴리오의 비체계적 위험의 지표로 삼았다. 이때 각 포트폴리오의 비체계적 위험 $RV_{p,35}$는 다음과 같이 구해진다.

$$RV_{p,35}=\frac{1}{N}\sum_{j=1}^{N}\sigma^2(\varepsilon_j) \tag{7.13}$$

단, ε_j는 개별 주식 j의 시장모형으로부터 구해진 잔차이다.

③ **증권시장선 추정** : 위와 같은 방법으로 추정된 포트폴리오의 베타계수 및 잔차분산을 사용하여 1935년 1월부터 1938년 12월까지의 매월의 증권시장선을 추정하였다. 즉, 매월의 20개 포트폴리오의 수익률을 종속변수로 하고 ②에서 구해진 베타계수와 잔차분산을 독립변수로 하여 다음의 세 가지 회귀모형을 추정하였다.

$$R_{p,t}=\gamma_{0t}+\gamma_{1t}\beta_{p,35}+\varepsilon_{p,t} \tag{7.14}$$

$$R_{p,t}=\gamma_{0t}+\gamma_{1t}\beta_{p,35}+\gamma_{2t}\beta^2_{p,35}+\varepsilon_{p,t} \tag{7.15}$$

$$R_{p,t}=\gamma_{0t}+\gamma_{1t}\beta_{p,35}+\gamma_{2t}\beta^2_{p,35}+\gamma_{3t}RV_{p,35}+\varepsilon_{p,t} \tag{7.16}$$

단, t는 1935년 1월부터 1938년 12월.

식(7.14)는 어떤 포트폴리오의 수익률이 베타계수와 선형적 관계를 갖고 있는지를 검증하기 위한 식이다. 그리고 식(7.15)는 포트폴리오의 수익률이 베타계수와 비선형적 관계를 갖고 있는지를 검증하기 위한 것이고, 세 번째의 식(7.16)은 베타계수 이외에 비체계적 위험에 의해서도 설명되고 있는지를 검증하기 위한 모형이다.

이 단계에서 1935.1월~1938.12월까지 48개의 회귀분석에 사용된 포트폴리오의 베타계수와 잔차분산은 매월 동일한 자료를 사용하지만 종속변수로 사용되는 20개 포트폴리오의 수익률은 매월 다른 자료를 사용하게 된다. 따라서 위의 식(7.14), (7.15) 및 (7.16) 각각에 대하여 월별로 48개의 추정결과(세 개의 식 모두에 대하여 144개)를 얻는다.

파마와 맥베드는 ①부터 ③의 과정이 마쳐지면 1930~1933년의 자료를 가지고 개별 주식의 베타계수를 추정하고 베타계수의 크기순으로 20개의 포트폴리오를 구성한 다음, 1934~1938년의 수익률 자료로 각 포트폴리오의 베타계수와 잔차분산을 추정하였다. 그리고 이 포트폴리오의 베타계수 및 잔차분산의 추정치를 사용하여 또다시 1939~1942년의 매월의 증권시장선을 위의 세 가지 검증식을 사용하여 추정하였다.

1926년 1월부터 1968년 6월까지의 자료를 가지고 이와 같은 과정을 9회 되풀이하면, 식(7.14), (7.15) 및 (7.16)의 γ_{0t}, γ_{1t}, γ_{2t} 및 γ_{3t}에 대하여 1935년 1월부터 1968년 6월까지 390개월에 걸친 추정결과를 얻어낼 수 있다.

④ **추정치의 유의성 검정** : 위의 회귀모형에 대하여 추정된 매월의 회귀계수 추정치를 전체 기간(390개월)에 걸쳐 평균하고, 이 회귀계수 추정치의 평균이 0과 유의한 차이를 갖고 있는지에 대하여 t검증을 행하였다. 만일 CAPM이 현실적으로 성립한다면, γ_{0t}와 γ_{1t}의 평균은 0과 유의한 (+)의 차이를 가져야 할 것이고(이유 : γ_{0t}의 평균은 무위험수익률의 평균과 같아야 하고, γ_{1t}의 평균은 시장의 위험프리미엄과 같아야 한다), γ_{2t} 및 γ_{3t}의 평균은 0과 유의한 차이를 갖지 않아야 한다.

전체 기간의 검증결과는 다음과 같다.

$$R_p = 0.0061 + 0.0085\beta_p \tag{7.17}$$

t값 (3.24) (2.57)

$$R_p = 0.0049 + 0.0105\beta_p - 0.0008\beta^2_p \tag{7.18}$$

t값 (1.92) (1.79) (−0.29)

$$R_p = 0.0020 + 0.0114\beta_p - 0.0026\beta^2_p + 0.0516RV_p \tag{7.19}$$

t값 (0.55) (1.85) (−0.86) (1.11)

이 검증결과에 의하면 포트폴리오의 수익률은 베타계수와 선형적 관계를 갖고 있는 것으로 보인다. 그리고 포트폴리오의 수익률이 비체계적 위험에 의하여 설명되거나 베타계수와 비선형 관계를 갖고 있는 것으로 판단되지 않는다.

파마와 맥베드의 연구가 앞의 블랙, 젠슨, 숄즈의 연구와 크게 다른 특징은 과거 자료로 추정된 베타계수를 사용하여 미래의 수익률을 설명하고자 하였다는 점이다. 이것은 투자자들이 큰 위험을 갖는다고 판단되는 자산의 가격을 낮게 평가함으로써 미래의 기대수익률이 더 높게 결정되는 과정을 반영한 것이다. 이 이유 때문에 파마와 맥베드의 연구방법은 그 이후 자산가격결정에 관한 여러 가지 실증적 연구에서도 자주 채택되고 있다.

이상과 같은 미국에서의 실증적 연구결과를 전체적으로 요약하면 다음과 같다.

① 추정된 증권시장선의 절편은 무위험수익률보다 대체로 높다.
② 추정된 증권시장선의 기울기는 시장포트폴리오의 위험프리미엄보다 낮다.

③ 위험프리미엄의 크기를 설명하는 위험척도는 베타계수이다.

④ 위험프리미엄은 베타계수와 선형적 관계를 갖는다.

⑤ 위험프리미엄과 베타계수의 (+)의 선형적 관계는 장기적으로는 성립하나 단기적으로는 그렇지 않을 수도 있다.

(3) 최근의 다변량검증

블랙, 젠슨, 숄즈의 연구와 파마, 맥베드의 연구는 CAPM의 실증적 연구가 더 활발하게 이루어지도록 하였을 뿐만 아니라 CAPM이 실무적으로 응용될 수 있는 중요한 계기를 만들어 주었다. 이 연구들은 개별자산의 베타계수가 추정가능하다고 가정하고, 자산의 수익률과 베타계수 사이의 선형적 관계를 추정하는 데 목적을 두고 있다. 그러나 실제로 이용가능한 자료는 개별자산과 시장지표의 수익률 자료이며 베타계수는 자료에 의하여 직접 주어지지 않는다.

기본스(M. Gibbons)는 베타계수를 미리 추정하지 않고 개별자산과 시장지표의 수익률 자료만을 사용하여 CAPM을 검증할 수 있는 다변량검증(multivariate test) 방법을 제시하였다.[13] 기본스의 기본적인 아이디어는, CAPM의 검증식으로서 식(7.12) 대신 제4장 4.1.2항의 초과수익률 시장모형을 이용하고, N개의 자산(또는 포트폴리오)에 대한 초과수익률 시장모형을 다음과 같이 하나의 연립방정식으로 표현하는 것이다.

$$\begin{cases} R_{1t}-R_{ft} = \alpha_1+\beta_1(R_{Mt}-R_{ft})+\varepsilon_{1t} \\ \quad\vdots \qquad\quad \vdots \qquad\quad \vdots \qquad\quad \vdots \\ R_{jt}-R_{ft} = \alpha_j+\beta_j(R_{Mt}-R_{ft})+\varepsilon_{jt} \\ \quad\vdots \qquad\quad \vdots \qquad\quad \vdots \qquad\quad \vdots \\ R_{Nt}-R_{ft} = \alpha_N+\beta_N(R_{Mt}-R_{ft})+\varepsilon_{Nt} \end{cases} \tag{7.20}$$

식(7.20)은 N개의 방정식을 동시에 추정하여야 하는 다변량 회귀모형이다. 즉, N개의 α와 N개의 β를 동시에 추정하여야 한다. β_j는 개별자산의 베타계수로서 각 자산마다 서로 다른 값을 가질 수 있다. CAPM이 타당하다면, 식(7.20)에서 개별자산의 알파계

13] Michael R. Gibbons, "Multivariate Tests of Financial Models : A New Approach," *Journal of Financial Economics* (1982), pp.3–27. 기본스의 논문이 발표된 이후 오늘날 CAPM은 대부분 이 다변량검증방법을 사용하여 이루어지고 있다. 예를 들어, Jay Shanken, "Multivariate Tests of the Zero-Beta CAPM," *Journal of Financial Economics* (1985), pp.327–348과 M. R. Gibbons, S. A. Ross & J. Shanken, "A Test of the Efficiency of a Given Portfolio," *Econometrica* (Sep. 1989) 등이 있다. CAPM의 다변량검증방법에 관한 구체적인 설명으로서 John Y. Campbell, Andrew W. Lo & A. Craig MacKinlay, *The Econometrics of Financial Markets* (Princeton Univ. Press, 1997)를 참고할 것.

수(α_j)는 0과 같아야 하고 오차항의 분산도 충분히 작아야 한다.

기본스는 미국 상장주식의 1926~1975년의 월간수익률 자료를 사용하여 다변량 회귀분석을 행하였다. 그는 먼저 전체 기간을 10개의 5년단위 하위기간으로 나누었다. 그리고 각 하위기간의 60개월 월간수익률 자료를 사용하여 계산된 개별 주식의 베타계수 크기순으로 40개 포트폴리오를 구성한 다음, 이렇게 만들어진 40개 포트폴리오 각각의 월간 초과수익률 자료와 시장포트폴리오의 월간 초과수익률을 사용하여 식(7.20)의 연립방정식을 추정하였다. 그는 개별 주식의 월간수익률을 단순평균하여 시장포트폴리오 수익률을 구하였다.

그 결과 10개 하위기간 중 5개 하위기간에서 각 포트폴리오의 α_j가 0과 유의한 차이를 갖는다는 검증결과를 얻었다. 또 캠블, 로, 맥킨리(J. Y. Cambell, A. W. Lo & A. C. MacKinlay)도 1965년 2월부터 1994년 12월까지의 NYSE와 AMEX에 상장된 주식으로 시장가치 규모에 따라 10개의 포트폴리오를 구성하고 식(7.20)을 추정하였다. 이들도 각 포트폴리오의 α_j가 0과 유의한 차이를 갖는다는 결과를 얻었으며, 따라서 CAPM을 채택할 수 없다는 결론을 내렸다.

7.3.3 롤의 CAPM 실증가능성 비판

1977년에 롤(R. Roll)은 CAPM의 실증적 검증이 사실상 불가능하며 그 동안 이루어졌던 실증적 검증도 CAPM을 적절하게 검증한 것으로 볼 수 없다고 주장하였다.[14] 오늘날 롤의 비판으로 알려져 있는 그의 논문은 CAPM의 실증적 검증을 위하여 많은 노력이 기울여지고 있던 당시의 학계에서 커다란 충격을 주었다. 롤의 비판은 매우 정교한 수학적 증명으로 뒷받침되어 있으나, 쉽게 이해하기 위하여 롤의 비판의 핵심내용만을 간략하게 정리하면 다음과 같다.

① CAPM에서 검증가능한 유일한 가설은 시장포트폴리오가 효율적 포트폴리오라는 가설뿐이다. 기대수익률과 베타계수의 선형적 관계는 시장포트폴리오가 효율적 포트폴리오라는 가설로부터 얻어지는 논리적 결과이다. 따라서 기대수익률이 베타계수

14] Richard Roll, "A Critique of the Asset Pricing Theory's Tests : Part I : On Past and Potential Testability of the Theory," *Journal of Financial Economics* (1977).

와 선형적 관계를 갖는다는 CAPM의 결론은 시장포트폴리오가 효율적이라는 가설과 동일한 가설이며 별도로 검증될 수 있는 가설이 아니다.

② 사후적(ex post)으로 과거의 수익률 자료를 이용하여 무한한 수의 효율적 포트폴리오를 만들 수 있다. 그중 하나의 효율적 포트폴리오를 선택하여 그 포트폴리오에 관하여 개별자산의 베타계수를 구하면, 개별자산의 평균수익률은 베타계수와 완전한 선형관계를 갖는다(이 결론은 저자의 홈페이지 [보론 G]의 G.3절을 참조).

③ '진정한' 시장포트폴리오의 정확한 구성을 알고 있지 않는 한, CAPM은 검증 불가능하다. 이 사실은 주식, 채권, 부동산, 인적 자본 등과 같은 '모든' 위험자산으로 이루어진 '진정한' 시장포트폴리오를 이용하여 CAPM을 검증하여야 한다는 것을 의미한다.

④ 흔히 시장포트폴리오의 대용지표로서 S&P500과 같은 시장지표를 사용하여 개별자산의 베타계수를 계산한다. 만일 사용된 시장지표가 효율적 포트폴리오라면, 개별자산의 평균수익률이 베타계수와 완전한 선형관계를 갖고 있다 하더라도, 그 사실은 시장지표가 효율적 포트폴리오라는 것을 보여주는 증거이지, CAPM이 현실적으로 타당하다는 것을 입증하는 증거는 아니다. 왜냐하면 이 증거는 시장지표가 효율적 포트폴리오라는 것만을 말해줄 뿐이지 시장지표가 진정한 시장포트폴리오라는 것을 말해주지 못하기 때문이다.

이상과 같은 롤의 비판은 상당히 추상적인 내용이므로 더 구체적인 예를 들어 설명해 보기로 하자. 어떤 사람이 주식시장의 모든 주식, 또는 그 주식을 결합한 포트폴리오들을 표본으로 하여 CAPM을 검증하려 한다 하자. 이를 위하여 주가지수 수익률 자료를 이용하여 각 주식의 베타계수를 계산하였다 하자. 그리고 검증식(7.12)에 의하여 각 주식의 평균수익률을 베타계수에 관하여 회귀분석하였다. 그 결과 각 주식의 평균수익률과 베타계수 사이에 선형적 관계가 검증되었다면, 이 사실이 의미하는 바는 무엇일까?

롤의 비판에 의하면, 주가지수가 진정한 시장포트폴리오와 일치하지 않는 한, 이러한 실증적 검증은 CAPM을 검증한 것이 아니다. 만일 자산들의 평균수익률과 베타계수 사이에 선형적 관계가 관찰되었다면, 그것은 베타계수 계산에 사용된 주가지수가 효율적 포트폴리오라는 사실만을 의미할 따름이지 진정한 시장포트폴리오와 일치한다는 것을 의미하지 않으므로, CAPM이 현실적으로 타당하다는 것을 입증해 주지 않는다. 반대로, 평균수익률과 베타계수의 선형적 관계가 기각되었다면, 그것 역시 주가지수가 효율적 포트폴리오가 아니라는 사실만을 의미할 따름이지 CAPM이 현실적으로 타당하지 않다는 것을 의미하지 않는다.

그러면 CAPM을 검증하기 위해서는 어떻게 해야 하는가? 이를 위해서는 먼저 "진정한" 시장포트폴리오의 정확한 구성을 알아야 하고, 다음으로 진정한 시장포트폴리오가 효율적 포트폴리오인지를 알아야 한다. 만일 진정한 시장포트폴리오가 효율적이라면, 평균수익률은 베타계수와 완전한 선형관계를 갖게 될 것이라는 사실이 이미 롤(1977)에 의하여 증명되었기 때문에, 구태여 증권시장선을 실증적으로 검증하지 않고도 CAPM이 성립한다는 결론을 얻어낼 수 있다. 동일한 논리로, 진정한 시장포트폴리오가 효율적이 아니라면 CAPM 역시 기각된다.

진정한 시장포트폴리오는 "모든" 위험자산으로 이루어진 포트폴리오이어야 하므로, 현실적으로 우리는 진정한 시장포트폴리오의 정확한 구성을 알 수 없다. 따라서 CAPM의 검증은 불가능하다는 것이 롤의 주장이다.

7.4 CAPM의 수정

이미 7.1절에서 CAPM이 여러 가지 비현실적인 가정에 기초하고 있다는 것을 보았다. 그리고 비현실적인 가정 때문에 CAPM이 현실을 적절하게 설명하지 못할 수도 있다. 따라서 가정들을 현실적인 것으로 수정하게 되면 그로부터 얻어지는 CAPM의 결론 역시 더 현실적인 것으로 수정될 것이다.

오늘날 현실적 상황을 반영하여 CAPM이 여러 가지 형태로 수정되었다. 그러나 여기에서는 투자이론과 실무에서 비교적 중요하다고 여겨지고 있는 ① 무위험자산이 자유롭게 이용될 수 없는 경우, ② 투자자들이 평생의 소비로부터 얻게 될 효용을 극대화하려 하는 경우, ③ 배당소득세와 자본이득세의 차이, ④ 자산의 유동성을 고려한 경우 등을 반영하면 CAPM이 어떻게 달라질 수 있는가를 설명하고자 한다.

7.4.1 무위험자산을 이용할 수 없는 경우의 CAPM

현실의 자본시장에서는 무위험자산이 존재하여 어떤 하나의 무위험수익률로 차입과 대여가 자유롭게 이루어지는 경우는 없다. 현실에서 보면, 명목적인 차입이자율과 대여이자율이 서로 다르다. 또 실질수익률의 관점에서 보면, 진정한 의미의 무위험자산이란 애당초부터 존재하지 않는다. 왜냐하면 어떤 자산의 명목수익률이 무위험하다 하더라도 미래의 인플레이션이 불확실하기 때문에, 그 자산의 실질수익률 역시 불확실하게 되기 때문이다. 따라서 정부가 발행한 채권이 명목적으로는 무위험자산으로 인식되고 있으나, 실질적으로는 위험자산이다.

만일 무위험자산이 존재하지 않는다면, 무위험수익률과 시장포트폴리오를 잇는 자본시장선(CML)이 이용될 수 없다. 따라서 투자자들은 위험자산만으로 이루어진 효율적 투자기회선 상에서 자기가 원하는 최적위험포트폴리오를 선택하게 되며, 이 최적위험포트폴리오가 곧 그 투자자의 최적완성포트폴리오로 된다.

무위험자산이 존재하지 않는 경우의 CAPM은 블랙(F. Black)에 의하여 개발되었다.[15] 블랙의 모형은 무위험수익률 대신에 제로베타 포트폴리오(zero-beta portfolio)의 기대수익률을 사용하는 CAPM이기 때문에, 제로베타 CAPM이라고 부른다.

블랙의 모형은 효율적 포트폴리오가 갖고 있는 다음 세 가지 특성에 기초하고 있다.[16]

① 두 개의 효율적 포트폴리오를 결합하여 얻어진 새로운 포트폴리오 역시 효율적 포트폴리오이다. 시장의 모든 투자자들이 효율적 분산투자를 행한다면, 그들은 위험에 대한 태도를 반영하여 효율적 투자기회선에 있는 어떤 효율적 포트폴리오를 선택하게 될 것이다. 그리고 시장포트폴리오는 각 투자자들이 보유하는 포트폴리오들을 모두 합계한 것과 같으므로, 각 투자자들의 포트폴리오가 효율적 포트폴리오인 한, 시장포트폴리오 역시 효율적 포트폴리오이어야 한다.

② 효율적 투자기회선 상에 있는 임의의 효율적 포트폴리오는 그 포트폴리오와 0의 상관계수를 갖는 포트폴리오들을 갖는다. 효율적 포트폴리오와 0의 상관계수를 갖는 포트폴리오는 0의 베타계수를 갖게 되기 때문에 제로베타 포트폴리오(zero-beta portfolio)라고 부른다. 시장포트폴리오도 효율적 포트폴리오들 중 하나이므로 이와 짝지어지는 제로베타 포트폴리오를 갖는다.

③ 어떤 효율적 포트폴리오에 대해 개별자산의 베타계수를 계산하면, 그 자산의 기대수익률은 베타계수와 선형적 관계를 갖는다. 위의 ①에서 언급한 대로 시장포트폴

15] Fisher Black, "Capital Market Equilibrium with Restricted Borrowing," *Journal of Business* (Jul. 1972).

16] 이에 대해서는 저자의 홈페이지(myweb.jnu.ac.kr/~damcho)의 투자론 전정9판의 보충자료로 제공되어 있는 [보론 G]에 구체적으로 설명되어 있다.

리오도 효율적 포트폴리오이므로, 모든 자산의 기대수익률은 베타계수와 선형적 관계를 갖는다. 이를 식으로 나타내면 다음과 같다.

무위험자산이 없는 경우의 증권시장선

$$E(R_j)=E(R_Z)+[E(R_M)-E(R_Z)]\beta_j \tag{7.21}$$

단, β_j는 시장포트폴리오 M에 대한 자산 j의 베타계수$(=\rho_{jM}\sigma_j\sigma_M/\sigma^2_M)$이고 $E(R_Z)$는 제로베타 포트폴리오의 기대수익률이다.

식(7.21)을 표준형 CAPM의 증권시장선인 식(7.8)과 비교하여 보면, 무위험수익률 대신 제로베타 포트폴리오의 기대수익률 $E(R_Z)$를 사용하고 있다는 점을 제외하면, 식(7.21)은 식(7.8)과 동일하다는 것을 알 수 있다.

7.4.2 소비에 기초한 CAPM

CAPM의 가정으로서 가장 제약적인 가정의 하나는 투자자들이 근시안적으로 행동한다는 것이다. 즉, 표준적 CAPM에서는 투자자들의 투자기간이 1기간뿐인 것으로 가정하고 있다. 그러나 실제의 투자자들은 장기 또는 평생에 걸친 소비계획뿐만 아니라 자녀에게 줄 유산에 대해서도 관심을 갖고 위험자산에 투자한다. 이와 같이 다기간에 걸친 소비를 고려하여야 하는 경우에는, 투자자들의 소비계획은 현재의 부와 미래의 포트폴리오 투자수익에 의존한다. 그리고 투자자들은 평생의 소비로부터 얻는 효용을 극대화하고자 한다.

이와 같이 투자자들이 평생의 소비를 극대화하기 위하여 포트폴리오를 선택할 경우의 자산가격이론은 루카스(R. E. Lucas)와 브리든(D. T. Breeden) 등에 의하여 개발되었다.[17] 이들이 제시한 CAPM은 자산의 기대수익률이 이른바 "소비베타(consumption beta)"와 선형관계를 갖고 있는 것으로 표현되고 있으므로, 소비에 기초한 CAPM(consumption-oriented CAPM; CCAPM)이라고 부른다.[18]

17] R. E. Lucas, "Asset Prices in an Exchange Economy," *Econometrica* (1978), pp.1429-1445와 D. T. Breeden, "An Intertemporal Asset Pricing Model with Stochastic Consumption and Investment Opportunities," *Journal of Financial Economics* (1979), pp.265-296.

소비에 기초한 CAPM

$$E(R_j)=E(R_Z)+[E(R_C)-E(R_Z)]\beta_{jC} \quad (7.22)$$

단, β_{jC}는 총소비 변화율에 대한 자산 j의 베타계수$(=\rho_{jC}\sigma_j\sigma_C/\sigma^2_C)$, $E(R_Z)$는 제로베타 포트폴리오의 기대수익률, $E(R_C)$는 총소비 변화율의 기대치이다.

식(7.22)의 CCAPM에서는 표준적인 CAPM에서의 시장포트폴리오 대신에 총소비 변화율이 사용되고 있다. 총소비 변화율이란 미래에 예상되는 경제 전체의 소비총량의 변화율이다. CCAPM은 자산의 기대수익률이 소비베타 β_{jC}와 선형적 관계를 갖고 있다는 것을 말해주고 있다. 우변의 소비베타 β_{jC}는 총소비 변화율에 대한 자산 j의 수익률의 민감도를 나타내고 $[E(R_C)-E(R_Z)]$는 총소비의 변동성에 대해 투자자들이 요구하는 위험프리미엄이라고 할 수 있다.

CCAPM은 개인의 효용은 평생 동안의 소비에 의해 결정되고 부(富)는 소비가능한 경제적 자원을 의미한다는 철학에 바탕을 두고 있다. 부의 변동성이 큰 투자는 미래소비의 변동성을 증가시키기 때문에 투자자들은 그런 투자에 대해 더 큰 위험프리미엄을 요구한다. 식(7.22)에 의하면, 소비베타가 큰 자산일수록 더 큰 기대수익률을 갖는다. 즉, 소비베타가 큰 자산의 수익률은 소비수준 변동에 대해 더 민감하게 변동하므로, 이런 자산을 더 많이 보유할수록 소비가능한 부의 변동성도 더 커지고, 따라서 투자자들은 이런 자산에 대하여 더 큰 위험프리미엄을 요구하게 된다. 반대로 소비베타가 작은 자산은 총소비 변화율보다 적은 폭으로 수익률이 변동하는 자산이다. 따라서 소비베타가 작은 자산을 보유하게 되면 소비가능한 미래의 부의 변동성을 줄여 주게 되므로, 투자자들은 이런 자산에 대하여 더 적은 위험프리미엄을 요구하게 된다.

7.4.3 다른 고려요인

(1) 개인소득세의 차이

식(7.8)로 표현되는 표준적인 증권시장선(SML)은 투자자들이 부담하는 개인소득세를 무시하고 얻어진 것이다. 이는 투자자들이 투자수익을 자본이득의 형태로 실현하든 배

18] CCAPM의 내용에 대해서는 Douglas T. Breeden, Michael R. Gibbons & Robert H. Litzenberger, "Empirical Tests of the Consumption-Oriented CAPM," *Journal of Finance* (Jun. 1989)에 적절하게 요약되어 있다.

당의 형태로 실현하든 양자에 대하여 무차별하며, 모든 투자자들이 동일한 최적위험포트폴리오를 소유하게 될 것을 의미한다. 그러나 실제로는 자본이득세율과 배당소득세율이 동일하지 않으므로, 자본이득과 배당소득에 대하여 투자자들이 무차별할 수 없다.

일반적으로 자본이득세율은 사실상 0이며 배당소득세율은 상당히 높게 부과되고 있다. 따라서 투자자들은 동일한 1원의 소득이라 할지라도 더 높은 납세 후 수익률을 실현하여 주는 자본이득을 선호하게 된다. 또 누진세율제도 하에서 동일한 1원의 배당소득이라 할지라도 고소득층은 저소득층보다 높은 배당소득세율을 부담한다. 브레넌(M. J. Brennan)은 배당소득세가 존재하는 경우, 어떤 자산의 납세 전 기대수익률은 이러한 배당소득세율의 차이를 충분히 반영하여 결정된다는 것을 증명하고, 어떤 자산의 기대수익률이 베타계수뿐만 아니라 그 자산의 배당수익률과 선형적 관계를 갖는 수정된 CAPM을 제시하였다.[19]

그가 제시한 CAPM에 의하면, 고배당 주식의 "납세 전" 기대수익률은 저배당 주식의 "납세 전" 기대수익률보다 높아야 한다. 왜냐하면 고배당 주식의 납세 전 기대수익률이 더 높아야만 "납세 후" 기대수익률은 저배당 주식의 납세 후 기대수익률과 같아지기 때문이다.

(2) 유동성을 고려한 CAPM

유동성(liquidity)은 어떤 자산이 현금으로 전환될 수 있는 용이성과 비용을 의미한다. 어떤 주식은 다수의 매도자와 매수자가 존재하여 활발하게 거래되기 때문에 큰 비용과 불편을 겪지 않고 용이하게 거래할 수 있다. 그러나 규모가 작거나 주식의 소유분산이 잘 이루어지지 않은 주식들은 원할 때 쉽게 거래되지 않는다. 일반적으로 어떤 자산도 완전하게 유동적이지 못하므로 어느 정도의 거래비용을 수반하고 있으며, 이 거래비용은 비유동적(illiquid)인 자산일수록 더 크다. 그러므로 투자자들은 비유동적 자산에 대하여 비유동성프리미엄(illiquidity premium)을 요구하게 되므로, 이런 자산의 기대수익률은 더 높게 결정되어야만 한다.[20]

19] Michael J. Brennan, "Taxes, Market Valuation, and Corporate Financial Policy," *National Tax Journal* (1970), pp.417–427.

20] Yakov Amihud & Haim Mendelson, "Asset Pricing and the Bid-Ask Spread," *Journal of Financial Economics*, Vol. 17 (1989), pp.223–49.

7장 연습문제 Exercises

01 CAPM이 자본시장 균형조건을 설명하고 있다고 하는데, 왜 그렇게 말할 수 있는지 그 이유를 설명하시오.

02 증권시장선은 자본시장선과 어떤 점에서 다른지를 설명하시오.

03 CAPM 실증가능성에 대한 롤(R. Roll)의 비판을 설명하시오.

04 다음 자료로 물음에 답하시오.

무위험수익률	6%
시장포트폴리오의 기대수익률	14%
네 가지 주식 A, B, C, D의 베타계수	β_A= 0.60 β_B= 0.98 β_C= 1.13 β_D= 1.82

(1) 위의 자료를 이용하여 증권시장선(SML)을 그리시오.

(2) 위의 각 주식에 대하여 예상되는 기대수익률을 계산하시오.

(3) 아래의 표에 주어진 투자비율로 포트폴리오를 구성한다면, 각 포트폴리오로부터 어느 정도의 기대수익률을 얻을 수 있겠는가?

	A	B	C	D
포트폴리오 1	25%	25%	25%	25%
포트폴리오 2	10%	10%	10%	70%
포트폴리오 3	40%	15%	45%	0%

05 J기업의 주식은 1.5의 베타계수를 갖고 있고 무위험수익률은 6%, 시장포트폴리오의 기대수익률은 14%로 예상되고 있다. 이 회사는 0.8의 베타계수를 갖고 있는 기업을 인수합병하려하고 있다. 그렇게 함으로써 J기업의 자기자본은 20% 정도 증가할 것이다. CAPM이 타당할 경우, 합병 후 J기업 주식의 베타계수와 기대수익률을 구하시오.

06 어떤 제조업체에서 다음과 같은 납세 후 순현금흐름이 얻어질 것으로 예상되는 투자안을 검토하고 있다.

기간	납세 후 순현금흐름
0기	−20억원
1~9기	10억원
10기	20억원

이 투자안의 베타계수는 1.4이고, 무위험수익률은 6%, 시장포트폴리오의 기대수익률은 14%이다. 이 투자안의 순현재가치는 얼마인가?

07 CAPM이 타당하다면, 아래의 왼쪽 그림의 자산 A, B, C 및 D가 오른쪽 그림의 어느 위치에 있어야 하는지 표시하시오.

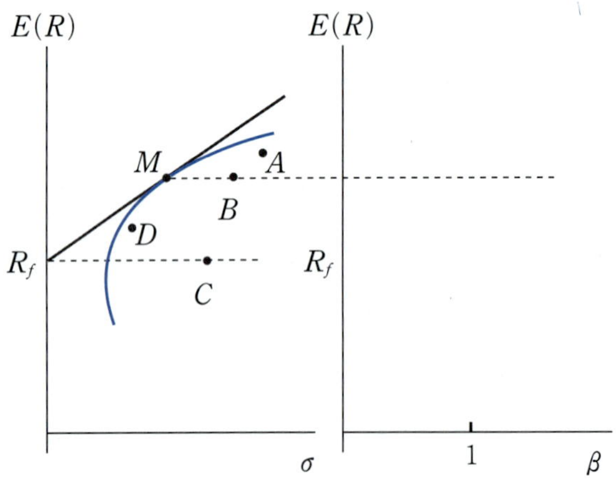

08 다음의 설명이 옳은지를 CAPM에 기초하여 판단하시오.

(1) 0의 베타계수를 갖는 주식의 기대수익률은 0이다.

(2) CAPM이 의미하는 바는 투자자들이 변동성이 큰 주식에 대하여 더 높은 요구수익률을 요구한다는 것이다.

(3) 0.6의 베타계수를 갖는 포트폴리오를 만들기 위하여, 투자자금의 80%를 지수펀드에 투자하고 20%를 무위험 공채에 투자하면 된다.

(4) (−)의 베타계수를 갖는 주식은 비교적 표준편차가 크더라도 무위험수익률보다 낮은 기대수익률을 가질 수 있다.

09 어떤 주식이 현재 1주당 10,000원의 주가로 거래되고 있고 1년 후 1,200원의 주당배당이 주어질 것으로 예상되고 있다. 이 주식의 베타계수는 1이다. 1년 후 이 주식의 배당락 주가는 어느 정도일 것으로 예상될 수 있는가?(무위험수익률은 6%, 시장포트폴리오의 기대수익률은 12%)

I N V E S T M E N T

제8장 | 차익거래 가격결정이론

자산의 균형가격이 어떻게 결정되는가를 설명하기 위한 대표적인 이론은 제7장에서 설명한 CAPM이다. 이 CAPM은 모형이 단순하고 적용이 용이하기 때문에 기업의 재무관리와 투자분석에서 널리 사용되고 있다. 그러나 지금까지의 실증적 검증결과들은 CAPM이 현실의 자산가격의 움직임을 충분히 설명해 주지 못하고 있다는 것을 보여주고 있다. 또 롤(1977)의 비판에 의하면, 진정한 시장포트폴리오를 알지 못하는 한 CAPM의 검증은 불가능하다.

이런 이유 때문에 자산가격의 결정을 적절하게 설명해 줄 수 있을 뿐만 아니라 실증적 검증이 가능한 새로운 이론이 필요로 된다. 이에 따라 1970년대 이후 여러 가지 자산가격이론들이 제시되었다. 그 대표적인 이론이 로쓰(S. A. Ross)가 제시한 차익거래 가격결정이론(arbitrage pricing theory; APT)이다.[1] 이 이론은 자산의 수익률이 여러 가지 공통요인의 영향을 받아 변동한다고 가정하고, 투자자들이 차익거래(arbitrage)를 행하여 무위험한 (+)의 이익을 얻어낼 수 없는 상태, 즉 무차익거래(no-arbitrage)의 균형상태에서 자산의 기대수익률이 어떻게 결정될 것인지를 설명하는 이론이다. 따라서 차익거래 가격결정이론(APT)을 이해하기 위해서는, 먼저 요인모형(factor model)과 차익거래(arbitrage)의 두 가지 개념을 이해할 필요가 있다.

8.1 요인모형과 차익거래의 의미

로쓰의 차익거래 가격결정이론(APT)을 이해하기 위한 기초개념은 요인모형이다. 요인모형(factor model)이란 자산의 수익률 변동을 어떤 공통요인의 변동에 의하여 설명하고자 하는 수익생성모형(return generating model)이다.

이미 제4장에서 설명한 시장모형(market model)도 요인모형의 한 예이다. 즉, 시장모형은 자산의 수익률이 시장포트폴리오 수익률(R_M)이라는 오직 한 가지 공통요인과 개별자산 고유요인의 영향을 받아 결정된다는 것을 표현한 요인모형이라고 할 수 있다.

1] Stephen A. Ross, "The Arbitrage Theory of Capital Asset Pricing," *Journal of Economic Theory* (Dec. 1976). 이 논문의 초고는 이미 1972년에 작성되었다. APT의 내용을 이해하기 쉽게 정리한 것이 Stephen A. Ross, "Return, Risk and Arbitrage," in I. Friend & J. Bicksler (eds.), *Risk and Return in Finance* (Ballinger, 1976)이다.

현실적으로는 하나만이 아닌 여러 가지 요인이 자산의 수익률에 영향을 미친다고 가정하는 것이 더 타당하다. 예를 들어, 자본시장에서 자산의 수익률은 시장이자율, GDP성장률, 인플레이션, 석유가격, 통화량, 정치정세의 변화 등 많은 거시적 요인들의 영향을 받아서 변동한다. 이와 같이 자산의 수익률이 몇 가지 중요한 거시적 요인의 변동의 영향을 받아서 변동한다고 보는 수익생성모형이 요인모형이다.

8.1.1 단일요인모형

요인모형의 가장 단순한 경우는 단일요인모형(one-factor model)이다. 이 단일요인모형은 자산의 수익률이 어떤 하나의 공통요인의 변동과 관련되어 있다고 본다. 예를 들어, 주식시장에서 주가가 실물경제의 경기변동의 영향을 받아 변동한다면, 이 실물경제의 경기변동이 주식수익률에 영향을 미치는 공통요인이다. 또 제4장에서 다룬 시장모형도 자산의 수익률이 시장포트폴리오의 수익률이라는 단일요인 때문에 발생하는 것으로 보고 있으므로, 시장모형 역시 단일요인모형의 특수한 경우에 해당한다.

(1) 요인모형의 예

예를 들어, 주식시장에서 대부분의 주식의 수익률이 거시경제변수인 GDP성장률의 영향을 받아 변동한다고 하자. 일반적으로 높은 GDP성장률은 투자기회와 소비수준의 증가를 의미하는 것으로 해석된다. 만일 어떤 주식 j의 수익률이 이 GDP성장률과 다음의 관계를 갖고 결정되는 것으로 알려져 있다 하자.

$$R_j = \alpha_j + \beta_{jG} G + \varepsilon_j \tag{8.1}$$

단, R_j는 주식 j의 수익률(확률변수), G는 GDP성장률(확률변수), β_{jG}는 GDP성장률에 대한 주식 j의 민감도, ε_j는 오차항으로서 고유요인의 변동에 기인한 주식 j의 수익률 변동을 나타낸다.

이 식은 주식 j의 수익률이 GDP성장률의 변동에 대해 β_{jG}만큼의 민감도를 갖고 변동할 것이며, 또 GDP성장률의 변동과 무관하게 발생한 고유요인(ε_j)의 영향도 함께 받게 될 것이라는 것을 나타내고 있다. 투자자들이 예상하는 GDP성장률의 기대치를 $E(G)$로 나타낸다면, 주식 j의 기대수익률은 다음과 같이 예상될 것이다.

$$E(R_j)=\alpha_j+\beta_{jG}E(G) \tag{8.2}$$

예를 들어, 주식 j의 수익률이 GDP성장률과 $R_j=0.03+1.5G+\varepsilon_j$의 관계를 갖고 있다 하자. 이 식은 주식 j의 수익률이 GDP성장률의 변동에 대해 1.5의 민감도를 갖고 있으므로, 금년도의 GDP성장률의 기대치가 5%로 예상된다면 주식 j의 기대수익률 $E(R_j)$는 10.5%(=0.03+1.5×0.05)로 예상될 것이라는 것을 말해준다.

식(8.2)로 표현된 주식 j의 기대수익률은 GDP성장률이 투자자들의 예상대로 발생할 때 투자자들이 기대하는 수익률이다. 그러나 현실 경제는 불확실하며, 미래의 GDP성장률에서도 예상 밖의 여러 가지 충격이 발생한다. 이 경우 GDP성장률에서 발생한 여러 가지 충격(shock) 때문에 자산 j의 수익률도 기대수익률로부터 벗어난 어떤 다른 값이 실현된다.

위의 예에서 투자자들이 예상한 GDP성장률의 기대치 5%는 확실하게 얻어지는 값이 아니다. 투자자들의 예상과는 달리 5%의 기대치로부터 벗어난 어떤 다른 값의 GDP성장률이 실현된다면, 주식 j의 수익률도 기대수익률 10.5%로부터 벗어난 다른 어떤 값이 얻어질 것이다. 주식 j의 수익률은 GDP성장률의 변동에 대해 1.5의 민감도(sensitivity)를 갖고 있으므로, GDP성장률이 기대치로부터 +1%만큼 벗어나면 주식 j의 수익률은 기대수익률보다 1.5% 정도 더 큰 값이 얻어질 것이다(고유요인 ε_j의 영향을 제외하면).

이와 같이 GDP성장률에 예상 밖의 충격(즉, $F_G=G-E(G)$)이 발생했을 때, 그것이 주식 j의 수익률에 미치는 영향(즉, $R_j-E(R_j)$)은 다음과 같이 식(8.1)에서 (8.2)를 차감한 것으로 나타낼 수 있다.

$$\begin{array}{rcl} R_j & = & \alpha_j+\beta_{jG}G+\varepsilon_j \\ -)\ E(R_j) & = & \alpha_j+\beta_{jG}E(G) \\ \hline R_j-E(R_j) & = & \beta_{jG}[G-E(G)]+\varepsilon_j \end{array}$$

이 식에서 GDP성장률에 주어진 예상 밖의 충격인 $G-E(G)$를 F_G로 표현하면 이 식은 다음과 같이 표시될 수 있다.

$$R_j=E(R_j)+\beta_{jG}F_G+\varepsilon_j \tag{8.3}$$

이 식에서 F_G는 GDP성장률에 주어진 예상 밖의 충격을 나타내는 확률변수이기 때문에 그것의 기대치는 0이다. 이 F_G는 GDP와 동일한 크기의 변동성을 갖는 확률변수이므로 σ_G의 표준편차를 갖는다. 또 오차항인 ε_j는 GDP성장률과 무관하게 발생한 예측불능한 충격이므로 0의 기대치를 갖고 있고 F_G와 0의 상관계수를 갖는다.

식(8.3)에서 F_G는 주식 j뿐만 아니라 대부분의 다른 자산의 수익률에도 공통적으로 영향을 미치는 요인이므로 흔히 공통요인(common factor)이라고 부른다. 그리고 ε_j는 주식 j에만 영향을 미치는 충격을 나타내므로 고유요인이다. 따라서 식(8.3)은 F_G라는 공통요인과 ε_j라는 고유요인으로부터 어떤 충격을 받을 때 주식 j의 수익률 R_j가 기대수익률 $E(R_j)$로부터 어느 정도의 편차를 보이게 될 것인지를 나타내주고 있다. 이런 의미에서 식(8.3)은 F_G를 공통요인으로 하는 요인모형(factor model)이다.

위의 예에서 GDP성장률이 5%의 기대치만큼 얻어질 경우 주식 j의 기대수익률은 10.5%로 예상된다. 또 GDP성장률의 예상 밖의 변동이 발생할 때 주식 j의 수익률은 이에 대하여 1.5의 민감도를 갖고 변동하므로, 주식 j의 요인모형은 $R_j = 0.105 + 1.5F_G + \varepsilon_j$와 같이 나타내진다.

(2) 단일요인모형

이상으로 단일요인모형의 예로서, 자산의 수익률이 GDP성장률의 예상 밖의 변동이라는 단 하나의 공통요인에 의해 설명되는 경우를 설명하였다. 위의 예를 일반화하여 모든 자산의 수익률 변동에 영향을 미치는 단 하나의 공통요인이 존재하고 이 요인의 예상 밖의 변동을 F로 표시하면, 어떤 자산 j의 수익률 R_j는 공통요인 F 및 고유요인 ε_j와 다음과 같은 관계를 갖고 변동하는 것으로 나타낼 수 있다.

단일요인모형

$$R_j = E(R_j) + \beta_j F + \varepsilon_j \tag{8.4}$$

단, R_j는 자산 j의 수익률(확률변수), $E(R_j)$는 자산 j의 기대수익률, F는 공통요인으로서 어떤 거시적 요인의 예상 밖의 변동, β_j는 공통요인 F에 대한 자산 j의 민감도, ε_j는 오차항으로서 자산 j의 고유요인을 나타낸다.

이 식에서 공통요인 F는 어떤 거시적 요인의 예상 밖의 충격을 나타내므로 기대치는 0이고, 고유요인 ε_j와 0의 상관계수를 갖는다. 식(8.4)에서 자산 j의 위험의 원천은 공통요인과 고유요인에서 발생하는 충격이다. 만일 공통요인 F나 고유요인 ε_j에 어떤 충격이 발생하게 되면, 자산 j의 수익률은 그 충격의 영향을 받아 기대수익률 $E(R_j)$

로 벗어난 어떤 다른 값을 실현하게 될 것이며 그 결과로서 변동성이 발생한다.

자산 j의 위험의 크기를 측정하기 위해 식(8.4)에 분산을 취하면, 자산 j의 위험은 식(8.5)와 같이 나타낼 수 있다.

$$\sigma_j^2 = \beta_j^2 \sigma_F^2 + \sigma^2(\varepsilon_j) \tag{8.5}$$

단, σ_F^2는 공통요인 F의 분산이다.

이 식(8.5)의 의미는 제4장의 식(4.9)와 동일하다. 즉, 어떤 자산 j의 총위험($=\sigma_j^2$)은 체계적 위험($=\beta_j^2\sigma_F^2$)과 비체계적 위험($=\sigma^2(\varepsilon_j)$)으로 이루어져 있다는 것을 나타내고 있다.

8.1.2 다요인모형

앞 항에서는 요인모형의 가장 단순한 경우인 단일요인모형을 설명하였다. 그러나 현실적으로 자산의 수익률은 한 가지 요인이 아니라 여러 가지 거시적 요인의 영향을 받아 변동한다. 예를 들어, 자본시장에서 자산의 수익률이 주로 GDP성장률과 이자율의 영향을 받아 변동한다고 하자. 그 경우 자산 j의 수익률이 GDP성장률의 예상 밖의 변동을 나타내는 F_G와 이자율의 예상 밖의 변동을 나타내는 F_I라는 두 개의 공통요인의 영향을 받아 변동하게 되므로, 다음 식과 같이 두 개의 공통요인을 갖는 2요인모형(two-factor model)으로 나타낼 수 있다.

$$R_j = E(R_j) + \beta_{jG}F_G + \beta_{jI}F_I + \varepsilon_j \tag{8.6}$$

단, β_{jG}와 β_{jI}는 공통요인 F_G 및 F_I에 대한 자산 j의 민감도이다.

이 식에서 각 변수의 의미는 단일요인모형인 식(8.4)와 같다. 일반적으로 공통요인이 2개 이상일 때, 어떤 하나의 공통요인은 그 요인의 예상 밖의 충격만을 나타내기 때문에 다른 공통요인과 0의 상관계수를 가져야 한다. 또 고유요인은 공통요인과 무관하게 발생하는 충격이므로 공통요인과 고유요인 사이의 상관계수도 0이다.

일반적으로 자산의 수익률 변동을 가져오는 요인이 두 가지가 아니라 K개라면, 자산의 수익률은 다음과 같은 K요인모형(K-factor model)으로 나타낼 수 있다.

다요인모형

$$R_j = E(R_j) + \beta_{j1}F_1 + \cdots + \beta_{jk}F_k + \cdots + \beta_{jK}F_K + \varepsilon_j \quad (8.7)$$

단, β_{jk}는 k번째 공통요인 F_K에 대한 자산 j의 수익률의 민감도이다($k=1, \cdots, K$).

식(8.7)의 다요인모형에서도 자산 j의 분산은 다음과 같이 얻어진다.

$$\sigma_j^2 = \beta_{j1}^2\sigma_{F_1}^2 + \cdots + \beta_{jk}^2\sigma_{F_k}^2 + \cdots + \beta_{jK}^2\sigma_{F_K}^2 + \sigma^2(\varepsilon_j) \quad (8.8)$$

단, $\sigma_{F_k}^2$는 k번째 공통요인 F_k의 분산이다($k=1, \cdots, K$).

이 식에서도 자산 j의 총위험(σ_j^2)은 K개 항으로 이루어진 체계적 위험($\sum_{k=1}^{K}\beta_{jk}^2\sigma_{F_k}^2$)의 부분과 비체계적 위험($\sigma^2(\varepsilon_j)$)의 부분으로 이루어져 있다. 따라서 많은 수의 자산으로 충분히 분산투자하여 포트폴리오를 구성하면, 그 포트폴리오의 비체계적 위험은 거의 모두 제거되고 오직 체계적 위험만 남게 된다.

8.1.3 차익거래

일반적으로 시장에서 실질적으로 동일한 자산이 서로 다른 가격으로 거래될 경우, 가격이 높게 매겨진 자산을 공매하고 가격이 낮게 매겨진 자산을 매입함으로써 투자액의 추가적 부담이 없이 이익을 얻어내는 거래를 차익거래(arbitrage) 또는 재정(裁定)거래라고 한다. 그리고 투자액과 위험의 부담이 없이 확실한 이익을 얻어내는 차익거래를 특히 무위험 차익거래(riskless arbitrage)라고 부른다.

차익거래는 시장에서 단일가격의 법칙(law of one price)이 깨져 있는 상태에서 이루어진다. 예를 들어, 동일한 품질의 양파가 서울에서는 1Kg당 3,000원에 거래되고 있고, 대구에서는 2,000원에 거래되고 있다 하자(수송비 및 수송시간은 0으로 가정하자). 이 경우 어떤 사람이 1톤을 서울에서 공매(空賣)하고 공매 대금 3백만원 중 2백만원으로 대구에서 1톤을 매입한다면, 그는 아무런 투자액이나 위험부담이 없이 1백만원의 확실한 차익거래 이익(arbitrage profit)을 얻어낼 수 있게 된다.

이와 같은 차익거래는 증권으로 이루어진 포트폴리오를 이용하여 더 활발하게 이루어질 수 있다. 예를 들어, 비체계적 위험이 없고 베타계수가 동일한 두 개의 포트폴리오가 서로 다른 기대수익률을 갖고 있다 하자. 이 경우 기대수익률이 낮은 포트폴리오를 공매하고 기대수익률이 높은 포트폴리오를 매입하는 차익거래를 행함으로써, 투자자는 0의 투자액과 0의 위험을 부담하여 두 포트폴리오의 기대수익률의 차이에 해당하는 수익률을 차익거래 이익으로 확실하게 얻어낼 수 있다(포트폴리오를 이용한 차익거래는 다음 절에서 구체적으로 설명될 것이다).

현실에서 이런 차익거래 기회가 일시적으로 존재할 수 있지만, 지속적으로 존재할 수 있는 것은 아니다. 인간의 보편적인 성향은 작은 富보다는 큰 富를 선호한다는 것이다. 따라서 위와 같은 차익거래의 기회가 존재하면 그 기회를 이용하여 확실한 이익을 얻어내려 할 것이다. 그 결과 대구에서의 양파 가격은 올라갈 것이고 서울에서의 양파 가격은 내려갈 것이다. 그리하여 어떤 가격 수준에서 서울과 대구의 양파 가격이 일치하게 되면, 차익거래에 의하여 이익을 얻지 못하게 될 것이고, 따라서 차익거래는 해소된다. 이와 같이 차익거래가 해소되는 과정은 포트폴리오를 이용한 차익거래에서도 동일하다.

오늘날의 거액의 투자자금을 운용하는 전문투자기관의 비중이 커짐에 따라 차익거래의 중요성은 더욱 강조되고 있다. 차익거래 이익이 0.1%에 지나지 않는 차익거래 기회가 존재할 경우, 1억원 단위의 차익거래를 행하면 10만원의 차익거래 이익만을 얻게 되지만, 1,000억원 단위의 차익거래를 행하면 1억원의 차익거래 이익이 얻어진다. 따라서 대규모의 전문투자기관들은 차익거래 기회를 발견하기 위하여, 고도의 컴퓨터 설비와 통계분석 기법을 동원하여 새로운 정보를 분석하고 있고, 프로그램거래(program trading)와 같은 대량거래 방식을 이용하여 차익거래를 행하고 있다.[2]

균형(equilibrium)에 대한 한 가지 정의는 더 이상의 차익거래가 일어나지 않는 상태로 정의하는 것이다. 즉, 어떤 가격 수준에서 차익거래가 완전히 해소되어 초과수요 또는 초과공급이 존재하지 않게 되면, 그 가격이 곧 균형가격이다. 이와 같이 시장에서 차익거래가 더 이상 발생하지 않는 상태에 도달해야 균형이 달성된 것으로 생각할 수 있으며, 이를 무차익거래(no-arbitrage) 조건이라고 한다.

균형가격의 조건으로서 무차익거래 조건은 매우 강력한 조건이다. 왜냐하면, 투자자들이 그들의 위험에 대한 태도에 관계없이 더 큰 富를 선호한다면, 무차익거래 조건은

2] 프로그램거래(program trading)란 포트폴리오를 구성하는 모든 주식들에 대하여 동시에 매수주문 및 매도주문을 실행하는 거래방식을 말한다. 일반적으로 기관투자자들이 자신의 투자전략을 미리 컴퓨터에 프로그램으로 기억시켜 두고, 증권 및 경제에 관련된 새로운 정보가 입력되면, 이미 설계된 투자전략 프로그램에 따라 자동적으로 각 자산의 매수 및 매도주문이 이루어지도록 하는 거래방식이 사용된다(물론 거래의 최종적 판단은 포트폴리오관리자가 내린다). 이 프로그램거래는 포트폴리오를 이용한 차익거래를 행하고자 할 때 흔히 행해진다. 지난 1987년 10월 19일의 주가대폭락(Black Monday)의 하나의 원인으로 이 프로그램거래를 지적하는 견해도 있다. 즉, 기관투자자들이 프로그램거래에 의하여 거의 동일한 대량의 매도주문을 동시에 냈기 때문에 주가폭락이 더욱 크게 초래되었다는 견해이다.

비교적 용이하게 달성될 수 있기 때문이다. 즉, 투자자들이 무위험한 차익거래 기회를 이용할 수 있으면, 그들은 더 큰 부를 얻기 위해 대규모의 차익거래를 행하여 가능한 한 많은 이익을 얻고자 할 것이고, 그 결과로서 차익거래 기회가 매우 신속하게 해소되어 균형이 달성될 것이다.

8.2 차익거래 가격결정이론(APT)

차익거래 가격결정이론(APT)은 자본시장에서 자산의 균형가격이 어떻게 결정되는가를 설명하기 위하여 로스(S. A. Ross)가 1976년에 처음 제시한 이론이다.

앞 장에서 설명한 CAPM은 투자자들이 평균 · 분산기준에 따라 효율적 분산투자를 행한다는 매우 엄격한 가정을 전제로 하여, 그들이 택하는 최적위험포트폴리오가 시장포트폴리오와 같을 것이라는 결론에 기초하고 있다.

그러나 APT는 CAPM에서와 같은 엄격한 가정을 필요로 하지 않고, 다만 ① 투자자들은 더 작은 富보다는 더 큰 부를 선호하며 ② 투자자들이 위험회피적이고 ③ 자산의 수익률은 요인모형에 따른다는 매우 현실성 있는 가정에 기초하고 있다.

첫 번째 가정에서 투자자들이 큰 富를 선호한다는 가정은 차익거래 기회가 존재한다면 그들은 차익거래를 행하여 더 큰 부를 얻으려 할 것이라는 것을 의미한다. 그리고 투자자들이 위험회피적이라는 가정은 위험을 감소시키기 위하여 충분히 많은 수의 자산에 분산투자함으로써 비체계적 위험을 거의 모두 제거하고 체계적 위험만을 부담할 것이라는 것을 뜻한다.

세 번째의 가정은 이미 앞 절에서 충분히 설명하였으므로 여기에서는 다시 설명하지 않기로 한다.

차익거래 가격결정이론(APT)은, 이름에서 알 수 있는 바와 같이, 무차익거래 조건을 충족하는 균형상태에 자산의 기대수익률이 어떻게 결정될 것인지를 설명하는 이론이다. 이를 이해하기 위하여, 먼저 충분히 분산투자된 포트폴리오를 이용하여 차익거래를 행하는 방법을 설명하고, 더 이상 차익거래 이익이 얻어질 수 없는 균형상태, 즉 무차익거래 조건이 충족되는 상태에서 자산의 기대수익률이 어떻게 결정될 것인가를 설명하고자 한다.

8.2.1 포트폴리오를 이용한 차익거래

오늘날 기관투자자들은 다수의 자산에 충분히 분산투자된 포트폴리오(well-diversified portfolio)를 이용하여 차익거래를 행한다. 다수의 기관투자자들은 거액의 투자자금과 고도의 컴퓨터 설비 및 포트폴리오분석 능력을 갖추고 있기 때문에, 매우 많은 수의 자산으로 매우 다양한 형태의 포트폴리오를 구성해봄으로써 차익거래 기회를 찾아내고, 충분한 이익이 예상되면 그 포트폴리오를 이용하여 차익거래를 행한다.

물론 기관투자자들의 차익거래에는 주식뿐만 아니라, 채권, 외환, 선물, 옵션 등도 이용된다. 그러나 여기에서는, 설명의 편의를 위해, 주식포트폴리오를 이용한 차익거래만을 설명하기로 한다. 그리고 자산의 수익률은 단일요인모형에 따라 변동한다고 가정한다.

(1) 충분히 분산투자된 포트폴리오의 요인모형

여러 가지 자산을 결합하여 어떤 포트폴리오 P를 만들었다고 하자. 이 포트폴리오 P의 수익률을 단일요인모형으로 표현하면 다음의 식(8.9)와 같이 나타내진다.

$$R_P = E(R_P) + \beta_P F + \varepsilon_P \tag{8.9}$$

식(8.9)에서 공통요인 F에 대한 포트폴리오 P의 민감도인 β_P와 고유요인을 나타내는 ε_P는 다음과 같이 포트폴리오를 구성하는 각 자산의 민감도 및 고유요인의 가중평균과 같다. 즉,

$$\beta_P = \sum_{j=1}^{N} x_j \beta_j \tag{8.10}$$

$$\varepsilon_P = \sum_{j=1}^{N} x_j \varepsilon_j \tag{8.11}$$

그리고 식(8.9)로부터 포트폴리오 P의 분산은 다음 식과 같이 얻어진다.

$$\sigma_P^2 = \beta_P^2 \sigma_F^2 + \sigma^2(\varepsilon_P) \tag{8.12}$$

이 식에서도 첫 번째 항은 포트폴리오의 체계적 위험을 나타내고 두 번째 항은 비체계적 위험을 나타낸다.

이제 포트폴리오 P가 여러 가지 자산에 충분히 분산투자된 포트폴리오라고 하자. 그 경우 자산의 수 N이 충분히 크고 특정 자산에 특히 큰 투자비중이 주어지지 않는다면, 각 자산의 투자비율 x_j는 $1/N$에 가깝게 된다.

만일 충분한 분산투자가 이루어져 자산의 수 N이 매우 크면, 제4장에서 순진한 분산투자에 의하여 비체계적 위험이 제거되는 것과 마찬가지로 식(8.12)의 두 번째 항의 비체계적 위험도 0에 가깝게 된다. 따라서 투자자가 충분히 분산투자된 포트폴리오를 보유하면 비체계적 위험을 부담하지 않고 오직 체계적 위험만을 부담한다. 이것은, 고유요인이 포트폴리오 P의 수익률에 영향을 미치지 않는다는 것, 즉 식(8.9)에서 고유요인을 나타내는 ε_P가 무시되어도 좋다는 것을 의미한다. 따라서 충분히 분산투자된 포트폴리오 P의 요인모형과 위험은 다음과 같이 표시할 수 있다.

충분히 분산투자된 포트폴리오의 요인모형

요인모형 : $R_P = E(R_P) + \beta_P F$ (8.13)

위험 : $\sigma_P^2 = \beta_P^2 \sigma_F^2$ 또는 $\sigma_P = \beta_P \sigma_F$ (8.14)

충분히 분산투자된 포트폴리오의 요인모형을 나타내는 식(8.13)이 식(8.9)와 다른 점은 우변의 고유위험이 사라졌다는 것이다. 이는 충분히 분산투자된 포트폴리오의 수익률은 오직 공통요인의 영향만을 받아 결정된다는 것을 나타낸다.

(2) 포트폴리오를 이용한 차익거래의 예(1)

충분히 분산투자된 포트폴리오의 요인모형은, 식(8.13)에서와 같이, 고유요인의 영향을 받지 않는다. 따라서 충분히 분산투자된 포트폴리오를 이용하여 공통요인의 영향을 제거하는 차익거래를 행하면 전혀 위험이 없는 상태에서 차익거래 이익을 얻어낼 수 있다. 즉, 공통요인에 대한 민감도(β)가 0이 되도록 하는 차익거래를 행하면, 그 결과로서 무위험 차익거래 이익이 얻어질 수 있다.

예를 들어, 충분히 분산투자된 포트폴리오 A의 기대수익률이 15%이고, 공통요인 F의 변동에 대하여 1.5의 민감도를 갖고 있다 하자. 이 경우에도 비체계적 위험이 분산투자에 의해 모두 제거되었으므로, 포트폴리오의 A의 요인모형은 $R_A = 0.15 + 1.5F$로 나타내질 수 있다. 이 식에서 공통요인 F는 어떤 거시경제 요인(예; GDP성장률)의 예상 밖의 변동을 의미한다.

그리고 충분히 분산투자된 다른 포트폴리오 B가, 공통요인 F에 대하여 포트폴리오

A와 동일한 1.5의 민감도를 갖고 있으나, 13%의 기대수익률이 예상된다 하자. 이 경우 포트폴리오 B의 요인모형은 $R_B = 0.13 + 1.5F$와 같이 표시할 수 있다.

포트폴리오 A와 B의 요인모형을 비교해 보면, 동일한 위험을 갖는 데도 불구하고 서로 다른 기대수익률을 갖고 있다. 따라서 두 개의 포트폴리오를 이용하여 무위험 차익거래를 행하기 위해서는 공통요인 F의 변동에 관계없이 0의 위험과 확실한 (+)의 수익률을 가져다주는 포트폴리오를 만들어야 한다.

기대수익률이 낮은 포트폴리오 B를 1억원어치 공매하고 기대수익률이 높은 포트폴리오 A를 1억원어치 매입하는 차익거래를 행하기로 하자(물론 거액의 투자자금을 운용하는 투자자라면, 1억원이 아니라 10억원 규모의 차익거래를 행할 수도 있다). 그 결과 투자자가 얻게 될 차익거래 이익은 다음과 같이 계산된다.

포트폴리오 A의 매입	$(0.15+1.5F)\times$1억원
포트폴리오 B의 공매	$-(0.13+1.5F)\times$1억원
차익거래 이익	$(0.02+0.0F)\times$1억원 = 200만원

이 결과를 보면, 2%의 차익거래 이익이 얻어진다. 또 충분히 분산투자된 2개의 포트폴리오를 이용하여 체계적 위험이 정확하게 상쇄되도록 차익거래를 행하였으므로, 투자자는 아무런 위험도 부담하지 않고 2%의 이익을 얻게 된다.

만일 이와 같은 차익거래 기회가 지속적으로 존재한다면, 투자자들은 차익거래를 통해 무한한 이익을 얻어낼 수 있다. 그러나 투자자들이 더 큰 富를 선호하는 한 이러한 차익거래 기회는 곧 소멸한다. 왜냐하면, 이러한 차익거래가 행해지면 시장에서 포트폴리오 B를 구성하는 각 자산들에 대하여 초과공급이 발생하고 그 결과 가격의 하락과 기대수익률의 상승이 일어날 것이며, 포트폴리오 A를 구성하는 자산에 대하여 초과수요가 발생하고 그 결과 가격의 상승과 기대수익률의 하락이 일어날 것이기 때문이다. 따라서 포트폴리오 A와 B의 기대수익률이 같아질 때 차익거래의 기회가 해소되고 균형이 성립한다.

(3) 포트폴리오를 이용한 차익거래의 예(2)

앞의 예는 두 포트폴리오가 동일한 체계적 위험을 갖는 경우의 차익거래이다. 그러나 체계적 위험이 서로 다른 경우에도 무위험 차익거래를 행할 수 있다. 예를 들어, 포트폴리오 P는 1.5의 민감도와 15%의 기대수익률을 가질 것으로 예상되고, 충분히

그림 8.1 포트폴리오를 이용한 차익거래

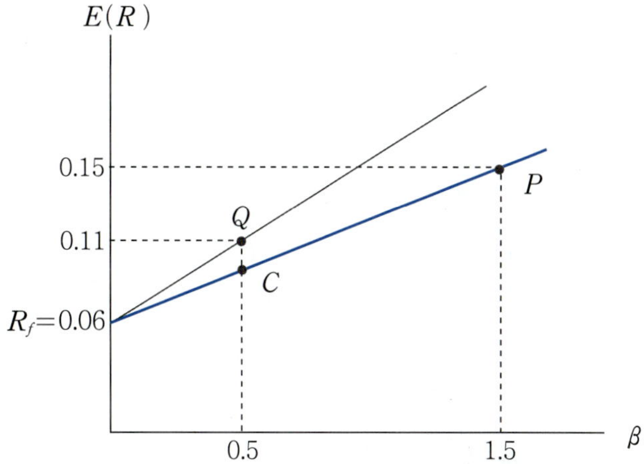

분산투자된 다른 포트폴리오 Q는 0.5의 민감도와 11%의 기대수익률을 가질 것으로 예상된다 하자. 무위험수익률은 6%이다. 이 경우 포트폴리오 P와 Q의 요인모형은 다음과 같이 나타내진다.

$$R_P = 0.15 + 1.5F$$
$$R_Q = 0.11 + 0.5F$$

[그림 8.1]은, 포트폴리오 P와 Q의 위험과 위험프리미엄의 상대적인 크기를 비교할 수 있도록, 두 포트폴리오와 무위험자산을 결합하여 얻어질 수 있는 투자기회선을 그린 것이다. 포트폴리오 P는 1.5의 민감도를 갖고 있고 그 대가로 얻어지는 위험프리미엄은 9%(=15%−6%)이다. 따라서 포트폴리오 P의 경우 1단위의 민감도에 대하여 6%(=9%÷1.5)의 위험프리미엄이 주어진 셈이다. 또 포트폴리오 Q의 경우, 0.5의 민감도와 5%의 위험프리미엄을 가져다주므로, 1단위의 민감도에 대하여 10%의 위험프리미엄이 주어진 셈이다.

따라서 투자자들은 상대적으로 더 작은 위험프리미엄을 가져다주는 포트폴리오 P를 공매하고, 상대적으로 더 큰 위험프리미엄을 갖는 포트폴리오 Q를 매입하는 것이 유리하다는 것을 알 수 있다. 이제 Q의 민감도와 동일한 민감도를 갖는 포트폴리오를 만들기 위해 포트폴리오 P와 무위험자산에 각각 1/3 및 2/3를 투자한 포트폴리오 C를 만들어보자. 이 포트폴리오 C의 민감도 β_C는 0.5(=1.5×(1/3) + 0×(2/3))로서 포트폴리오 Q의 민감도와 동일하지만 기대수익률 $E(R_C)$는 9%(=15%×(1/3) + 6%×(2/3))로서 포트폴리오 Q의 기대수익률보다 낮다. 따라서 포트폴리오 C를 공매하고 포트폴리오 Q를 동일한 금액만큼 매입한다면, 전혀 위험을 부담하지 않고서 무위험한 차익거래 이익을 얻어낼 수 있다.

이상과 같은 판단에 기초하여, 무위험 차익거래를 행하기 위하여 ① 포트폴리오 C를 3억원어치 공매하고(이것은 포트폴리오 P를 2억원어치, 무위험자산을 1억원어치 공매(즉, 1억원을 차입)하는 것과 같다), ② 공매로 얻어진 3억원으로 포트폴리오 Q를 매입하였다 하자. 그 결과 얻어지는 차익거래 이익은 다음과 같이 계산된다.

포트폴리오 Q의 매입	$(0.11+0.5F)$×3억원
포트폴리오 C의 공매	
포트폴리오 P 공매	$-(0.15+1.5F)$×1억원
무위험자산 공매	$-(0.06+0.0F)$×2억원
차익거래 이익	$(0.02+0.0F)$×3억원 = 600만원

이 2%의 차익거래 이익은 공통요인 F의 변동에 대하여 0의 민감도를 갖고 얻어지기 때문에 무위험한 이익이다. 즉, 공통요인의 변동이 발생한다 하더라도 이 차익거래는 확실한 600만원의 이익을 가져다준다.

8.2.2 차익거래 가격결정이론 : 단일요인의 경우

앞 항에서는 충분히 분산투자된 포트폴리오를 이용하여 무위험 차익거래가 어떻게 이루어지는지를 설명하였다. 그러면 균형상태에서도 0의 투자액과 0의 위험을 부담했음에도 불구하고 (+)의 이익이 얻어지는 차익거래 기회가 존재할 수 있을까?

위의 예에서 포트폴리오 Q에 대해서는 초과수요가 일어나 가격이 상승하고 기대수익률은 하락하게 된다. 그리고 포트폴리오 P와 무위험자산으로 이루어진 포트폴리오 C에 대해서는 초과공급이 일어나 가격이 하락하고 기대수익률이 상승하게 된다. 그 결과 포트폴리오 Q와 C의 기대수익률이 같아질 때 차익거래의 기회가 해소되어 균형이 달성된다.

위의 예에서 포트폴리오 Q와 C의 기대수익률이 어떤 수준, 예컨대 12.5%의 수준으로 조정될 때 차익거래가 더 이상 발생하지 않았다 하자. 이것은 0.5의 민감도에 대해 6.5%의 위험프리미엄이 얻어질 때 무차익거래의 균형조건이 달성된다는 것을 의미하며, 두 포트폴리오의 투자기회선은 더 이상 서로 다른 기울기를 갖지 않게 된다.

위의 예에서 알 수 있는 바와 같이, 무차익거래의 조건이 달성되면 모든 포트폴리오의 민감도에 대한 위험프리미엄의 비율은 모두 동일하게 되며, 그 결과 모든 포트폴리오의 기대수익률과 민감도의 관계는 동일한 투자기회선으로 나타내진다. 즉, 포트폴리오 P와 Q를 포함한 모든 포트폴리오에 대하여, 1단위의 체계적 위험에 대하여 동일한 크기의 위험프리미엄($=\lambda$)이 주어지게 되면 더 이상 차익거래가 이루어지지 않고 균형이 달성된다. 이 균형조건을 식으로 표시하면 다음과 같다.

$$\frac{E(R_P)-R_f}{\beta_P}=\frac{E(R_Q)-R_f}{\beta_Q}=\lambda \tag{8.15}$$

단, λ는 1단위의 체계적 위험(β)에 대한 위험프리미엄이다.

식(8.15)에서 λ는 중요한 의미를 갖는다. 즉, λ는 균형상태에서 1단위의 체계적 위험(β)을 부담한 대가로 얻어질 수 있는 위험프리미엄이다. 식(8.15)는 충분히 분산투자된 모든 포트폴리오에 대해, 체계적 위험에 대한 위험프리미엄의 비율이 동일한 값($=\lambda$)일 때 더 이상 차익거래가 발생하지 않는다는 것을 의미한다. 따라서 어떤 임의의 포트폴리오 P에 대해서도 식(8.15)의 조건이 충족될 때 균형이 달성되며, 이는 다음과 같이 나타내진다.

$$\frac{E(R_P)-R_f}{\beta_P}=\lambda \tag{8.16}$$

이 식을 자산의 기대수익률에 관하여 정리하면, 차익거래 가격결정이론(arbitrage pricing theory; APT)의 식이 다음과 같이 얻어진다.

단일요인 APT

$$E(R_P)=R_f+\lambda\beta_P \tag{8.17}$$

식(8.17)의 APT의 공식에 의하면, 무차익거래 조건을 만족하는 균형상태에서, 충분히 분산투자된 어떤 포트폴리오 P의 기대수익률은 공통요인에 대한 민감도 β_P에 대하여

그림 8.2 단일요인 APT

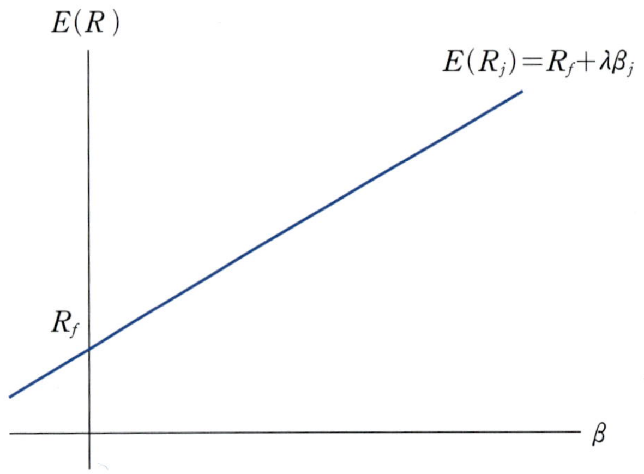

선형적 관계를 갖는다.

식(8.17)의 단일요인 APT는 도출과정이 크게 다름에도 불구하고, CAPM의 증권시장선(SML)의 공식과 매우 흡사하다. 즉, 균형 하에서 자산의 기대수익률은 체계적 위험과 선형적 관계를 갖고 절편은 무위험수익률과 같다. 그러나 식(8.17)의 APT에서는 β의 의미가 CAPM과 다르다. CAPM의 경우 β는 "시장포트폴리오"에 대한 자산 또는 포트폴리오의 민감도를 의미하지만, APT에서는 β가 "F라는 공통요인"에 대한 자산 또는 포트폴리오의 민감도를 의미한다.

식(8.17)이 개별자산에 대해서도 성립할 수 있을까?

식(8.17)이 충분히 분산투자된 포트폴리오에 대하여 성립한다면, 어떤 개별자산에 대해서도 성립하여야 한다. 왜냐하면, 투자자들이 위험회피적인 한 그들은 충분히 분산투자된 포트폴리오를 이용하여 차익거래를 할 것이므로, 포트폴리오를 구성하는 개별자산이 비체계적 위험을 갖고 있다 하더라도 이 비체계적 위험이 차익거래의 결과에 아무런 영향도 미치지 못할 것이기 때문이다. 따라서 어떤 개별자산 j에 대해서도 다음의 관계가 성립한다.[3]

3] 이를 수학적으로 나타내면, 충분히 분산투자된 포트폴리오 P는 각 자산에 x_j의 투자비중으로 투자하여 구성한 포트폴리오이므로, 식(8.17)의 좌변의 $E(R_P)$는 $\sum_{j=1}^{N} x_j E(R_j)$와 같고 우변의 $R_f+\lambda\beta_P$는 $R_f\sum_{j=1}^{N} x_j+\lambda\sum_{j=1}^{N} x_j\beta_j$와 같다. 환언하면, 식(8.17)은 $E(R_j)=R_f+\lambda\beta_j$의 양변에 x_j를 곱한 것과 같다. 따라서 개별자산 j에 대해 식(8.18)이 성립하지 않으면 개별자산들을 결합하여 구성한 포트폴리오 P에 대해서도 식(8.17)이 성립할 수 없고, 역으로 식(8.17)이 성립하면 식(8.18)도 성립하여야 한다.

단일요인 APT

$$E(R_j) = R_f + \lambda\beta_j \tag{8.18}$$

그러나 만일 어떤 개별자산에 대하여 식(8.18)이 성립하지 않는다면 어떻게 될까? 예를 들어, 어떤 자산 j가 1단위의 베타계수에 대하여 특히 높은 위험프리미엄을 가져다 줄 것으로 예상된다 하자. 그 경우에는 충분히 분산투자되어 있으면서도 자산 j를 더 많이 포함하는 포트폴리오를 만들어 차익거래를 행함으로써 차익거래 이익을 얻어낼 수 있다. 그 경우 자산 j에 대한 수요가 증가하여 자산 j의 가격은 상승하게 되고 기대수익률은 하락하게 된다(자산 j의 기대수익률이 하락한다는 것은 곧 위험프리미엄이 더 적게 주어진다는 것을 의미한다). 마침내 기대수익률이 식(8.18)을 만족하는 수준까지 하락하여 차익거래가 이루어지지 않는 상태에 이르게 되고, 이 상태에서 자산 j의 위험프리미엄은 다른 모든 개별자산 및 포트폴리오에 대하여 주어지는 위험프리미엄과 같게 된다.

8.2.3 차익거래 가격결정이론 : 여러 요인의 경우

(1) 다요인모형

앞 항에서는 자산의 수익률 변동에 영향을 미치는 공통요인이 단 하나인 것으로 가정하고, 무차익거래 조건을 충족하는 균형상태에서 자산의 기대수익률이 어떻게 결정되는가를 살펴보았다. 그러나 자본시장의 현실에서 단 하나의 공통요인만이 자산의 수익률 변동에 영향을 미친다는 가정은 현실을 너무 단순화한 것이다. 예를 들어, 주식수익률에 영향을 미치는 것들로서 경기변동, 금리변동, 인플레이션율의 변동, 유가변동, 노사관계의 변화, 기후변화, 정치상황의 변화 등등 여러 가지 요인들을 쉽게 떠올릴 수 있다.

이중 어떤 요인들은 자본시장 전반에 걸쳐 지속적으로 영향을 미치지만, 어떤 요인들은 몇 가지의 특정 자산에 한정하여 일시적인 영향만을 미친다. 여기에서 복수의 공통요인이라는 말의 의미는 자본시장 전반에 걸쳐 지속적으로 영향을 미치는 거시적 요인을 의미한다. 왜냐하면, 몇몇 자산에 한정하여 일시적 영향만을 미치는 요인들은 분산투자에 의하여 제거될 수 있는 비체계적 위험의 성격을 갖고 있기 때문이다.

복수의 공통요인을 다루는 간단한 경우로서, 공통요인이 2개라고 하자. 그 경우 자산 j의 수익률은 다음 식의 2요인모형(two-factor model)으로 표현된다.

2요인모형

$$R_j = E(R_j) + \beta_{j1}F_1 + \beta_{j2}F_2 + \varepsilon_j \quad (8.19)$$

단, F_1과 F_2는 어떤 두 가지 공통요인 1과 2를 나타내고, β_{j1}과 β_{j2}는 공통요인 F_1 및 F_2에 대한 자산 j의 수익률의 민감도를 나타냄.

예를 들어, 첫 번째 공통요인(F_1)은 GDP성장률의 예상 밖의 변동이고, 두 번째 공통요인(F_2)은 예상 밖의 인플레이션일 수 있다. F_1과 F_2는 거시적 요인의 "예상 밖(unexpected)"의 변동을 의미하므로, 두 변수의 기대치는 모두 0이다. 마찬가지로 고유요인을 나타내는 ε_j 역시 0의 기대치를 갖는다.

(2) 요인포트폴리오

다요인모형에 기초하여 APT를 도출하는 과정도, 단일요인 APT를 얻어내는 경우와 마찬가지로, 무차익거래(no-arbitrage) 조건이 충족될 때 자산의 기대수익률이 어떻게 결정되는지를 알아보는 과정과 동일하다. 다만 다요인 APT에서는 여러 개의 공통요인을 고려하기 때문에, 요인포트폴리오라는 개념을 이용할 필요가 있다.

요인포트폴리오(factor portfolio)란, 충분히 분산투자된 포트폴리오로서 어떤 특정한 공통요인에 대해서만 1의 민감도(베타계수)를 갖고 있고 다른 모든 공통요인에 대해서는 0의 민감도를 갖고 있는 포트폴리오를 의미한다. 요인포트폴리오는 충분히 분산투자된 포트폴리오이기 때문에 비체계적 위험을 갖지 않는다. 그리고 요인포트폴리오는 특정 공통요인에 대해서만 1의 민감도를 갖고 있고 다른 요인들에 대해서는 0의 민감도를 갖고 있으므로, 요인1 포트폴리오, 요인2 포트폴리오 등등으로 공통요인의 수만큼 요인포트폴리오가 존재한다.

예를 들어, 식(8.20)에서 공통요인 F_1에 대해서만 1의 민감도를 갖고 있고 F_2에 대해서는 0의 민감도를 갖고 있는 요인포트폴리오를 요인1 포트폴리오라고 한다면, 이 요인1 포트폴리오의 요인모형은 다음과 같이 나타내진다.

$$R_{F_1} = E(R_{F_1}) + 1 \times F_1 \quad (8.20)$$

단, R_{F_1}은 요인1 포트폴리오의 수익률이다.

그리고 공통요인 F_2에 대해서만 1의 민감도를 갖고 있고 F_1에 대해서는 0의 민감도를 갖고 있는 요인포트폴리오가 요인2 포트폴리오가 되며, 이 요인2 포트폴리오의 요인모형은 다음과 같이 나타내진다.

$$R_{F_2}=E(R_{F_2})+1\times F_2 \tag{8.21}$$

단, R_{F_2}는 요인2 포트폴리오의 수익률이다.

요인포트폴리오는 충분히 분산투자된 포트폴리오로서 특정 요인에 대해서만 1의 민감도를 갖는 포트폴리오이므로, 그것을 구성하는 자산의 구성방법이 여러 가지일 수 있지만, 구성방법이 다르더라도 기대수익률은 모두 같아야 한다. 예를 들어, 첫 번째 요인에 대해서만 1의 민감도를 갖는 요인1 포트폴리오가 여러 가지 방법으로 만들어질 수 있다.[4] 그러나 중요한 사실은 요인1 포트폴리오를 서로 다른 방법으로 구성한다 하더라도, 균형상태에서 모두가 동일한 기대수익률을 갖게 될 것이라는 점이다. 왜냐하면 서로 다른 기대수익률을 가질 경우 무위험 차익거래가 발생할 것이고, 그 결과 동일 요인에 대해 1의 민감도를 갖는 포트폴리오들은 동일한 기대수익률을 갖게 될 것이기 때문이다.

구체적인 예로서, 무위험수익률이 6%이고 두 개의 요인포트폴리오의 요인모형이 다음과 같이 주어져 있다 하자.

요인1 포트폴리오 : $R_{F_1}=0.09+1\times F_1$
요인2 포트폴리오 : $R_{F_2}=0.11+1\times F_2$

위의 두 개의 요인모형에서, 요인1 포트폴리오의 기대수익률은 9%이고 요인2 포트폴리오의 기대수익률은 11%이다. 이것은, 첫 번째 요인(F_1)에 대하여 1의 민감도(체계

4] 예를 들어, 고유요인을 무시하기로 하고, 두 개의 공통요인(F_1 및 F_2)과 네 개의 자산($j=1, 2, 3, 4$)이 있는 경우를 생각해 보기로 하자. 이 경우 F_1에 대해서만 1의 민감도를 갖는 요인1 포트폴리오는 다음의 연립방정식에서 투자비율 x_j를 구하여 얻어질 수 있다.

$$x_1\beta_{11}+x_2\beta_{21}+x_3\beta_{31}+(1-x_1-x_2-x_3)\beta_{41}=1$$
$$x_1\beta_{12}+x_2\beta_{22}+x_3\beta_{32}+(1-x_1-x_2-x_3)\beta_{42}=0$$

이 연립방정식에서 두 요인에 대한 베타 값들은 요인모형에 주어져 있는 자료이며, x_1, x_2, x_3가 구하고자 하는 미지수이다(네 번째 자산에의 투자비중 x_4는 $1-\sum_{j=1}^{3}x_j$로 결정된다). 이 연립방정식에서 미지수가 세 개이고 방정식의 수가 2개이므로 유일해가 얻어지지 않고 여러 개의 해가 얻어질 수 있다. 이것은 네 개의 자산으로 요인1 포트폴리오를 만드는 방법이 매우 다양하다는 것을 의미한다. 이 경우와 같이, 공통요인의 수보다 자산의 수가 많으면 요인포트폴리오를 만드는 방법은 매우 다양하게 된다. 현실적으로 생각하기 어려운 경우이긴 하지만, 만일 자산의 수가 공통요인의 수 더하기 1개이면 요인모형을 만드는 방법은 한 가지로만 결정되고, 자산의 수가 그보다 작으면 요인포트폴리오를 만들 수 없다.

적 위험)를 부담함으로써 그 대가로 3%(=9%-6%)의 위험프리미엄이 얻어지고, 두 번째 요인(F_2)에 대하여 1의 민감도를 부담함으로써 그 대가로 5%(=11%-6%)의 위험프리미엄이 얻어진다는 것을 의미한다.

즉, 균형상태에서 어떤 k번째 공통요인에 대하여 1의 민감도(체계적 위험)를 부담함으로써 투자자가 얻는 위험프리미엄을 λ_k로 표시하면, 이것은 다음 식과 같이 결정된다.

$$\lambda_k = E(R_{F_k}) - R_f \tag{8.22}$$

단, $E(R_{F_k})$는 k번째 공통요인(F_k)에 대해서만 1의 민감도를 갖는 요인k 포트폴리오가 균형상태에 갖는 기대수익률이다.

이 식에서 $E(R_{F_k})$와 λ_k는 요인k 포트폴리오로부터 균형상태에서 얻을 수 있는 기대수익률과 위험프리미엄이다. 따라서 더 이상 차익거래가 일어나지 않은 균형상태에서, 위에서 예로 든 요인1 포트폴리오와 요인2 포트폴리오의 위험프리미엄은 다음과 같다.

$$\lambda_1 = 0.09 - 0.06 = 0.03$$
$$\lambda_2 = 0.11 - 0.06 = 0.05$$

(3) 다요인 APT

이제 충분히 분산투자되어 있는 어떤 포트폴리오 P가 두 개의 공통요인 F_1 및 F_2에 대하여 0.8 및 1.4의 베타계수를 갖고 있을 때, 균형상태에서 이 포트폴리오 P의 기대수익률이 어느 정도이어야 하는가를 생각해 보기로 하자. 이를 위해 포트폴리오 P의 요인모형을 써보면 다음과 같다.

$$R_P = E(R_P) + 0.8F_1 + 1.4F_2$$

앞에서 예로 든 두 개의 요인포트폴리오로부터 알 수 있는 바와 같이, F_1 및 F_2에 대해 1단위의 민감도(체계적 위험)를 부담함으로써, 투자자들이 얻는 위험프리미엄은 각각 3%와 5%이다. 포트폴리오 P는 F_1 및 F_2에 대해 각각 0.8과 1.4의 민감도를 갖고 있으므로, 적절한 위험프리미엄의 크기는 다음의 계산과 같이 9.4%이어야 한다(단, β_{P1}과 β_{P2}는 포트폴리오 P가 요인 1과 2에 대해 갖고 있는 민감도이다).

β_{P1}의 위험부담에 대한 위험프리미엄 : $\lambda_1\beta_{P1}=0.03\times0.8=0.024$
$+\beta_{P2}$의 위험부담에 대한 위험프리미엄 : $\lambda_2\beta_{P2}=0.05\times1.4=0.07$

포트폴리오 P의 위험프리미엄 : $\lambda_1\beta_{P1}+\lambda_2\beta_{P2}=0.024+0.07=0.094$

그리고 균형상태에서 포트폴리오 P의 기대수익률은 위의 위험프리미엄에 무위험수익률을 더한 값과 같아야 하므로 다음 계산에서와 같이 15.4%로 결정된다.

$$E(R_P)=R_f+\lambda_1\beta_{P1}+\lambda_2\beta_{P2}$$
$$=0.06+0.03\times0.8+0.05\times1.4=0.154$$

이 예에서 알 수 있는 바와 같이, 균형상태에서 충분히 분산투자된 포트폴리오의 기대수익률은 두 개의 공통요인에 대한 민감도(β_{P1}과 β_{P2})와 선형적 관계를 갖는다. 이 예에서 얻어진 결과를 일반적인 식으로 나타내면 다음과 같다.

2요인 APT

$$E(R_P)=R_f+\lambda_1\beta_{P1}+\lambda_2\beta_{P2} \tag{8.23}$$

단, λ_1은 요인1 포트폴리오의 위험프리미엄($=E(R_{F_1})-R_f$)이고, λ_2는 요인2 포트폴리오의 위험프리미엄($=E(R_{F_2})-R_f$)이다.

이 식(8.23)은, 공통요인이 2가지일 때의 충분히 분산투자된 포트폴리오에 대한 차익거래 가격결정이론(APT)의 공식이다. 식(8.23)은 더 많은 수의 공통요인을 고려하고 있다는 점을 제외하면, 단일요인 APT의 공식인 식(8.17)과 동일하다.

그러나 만일 포트폴리오 P의 기대수익률이 위에서 구해진 15.4%가 아닌 다른 값이라면 어떻게 될까? 예를 들어, 포트폴리오 P의 기대수익률이 12%이면 포트폴리오 P의 요인모형은 $R_P=0.12+0.08F_1+1.4F_2$와 같이 나타낼 수 있다.

포트폴리오 P의 기대수익률 12%는 균형 하에서 주어져야 할 기대수익률 15.4%보다 낮으므로, 포트폴리오 P를 공매함으로써 무위험 차익거래 기회가 만들어질 수 있다. 이제 포트폴리오 P의 위험을 완전하게 상쇄시키기 위하여, 포트폴리오 P를 1억원어치 공매하고, 그 대금으로 요인1 포트폴리오와 요인2 포트폴리오에 각각 8천만원과 1억4천만원을 투자함과 동시에, 무위험수익률로 1억2천만원을 차입하는 차익거래를 행하기로 하자. 이러한 차익거래의 결과는 다음과 같이 나타낼 수 있다.

포트폴리오 P의 공매	: $-[0.12+0.8F_1+1.4F_2]\times 1$억원
요인1 포트폴리오의 매입	: $+[0.09+1.0F_1+0.0F_2]\times 0.8$억원
요인2 포트폴리오의 매입	: $+[0.11+0.0F_1+1.0F_2]\times 1.4$억원
무위험수익률로 차입	: $-[0.06+0.0F_1+0.0F_2]\times 1.2$억원
차익거래 이익	: 0.034억원$+0.0F_1+1.0F_2=340$만원

위의 차익거래를 통해 투자자는 투자액을 전혀 부담하지 않고 2가지 공통요인의 영향을 완전히 제거함으로써 확실한 이익 340만원을 얻을 수 있다. 이러한 차익거래에 의해 포트폴리오 P의 가격은 하락하고 기대수익률은 상승하게 될 것이다. 포트폴리오 P이 기대수익률이 15.4%에 도달하면 더 이상의 차익거래가 이루어지지 않을 것이므로 포트폴리오 P에 대해 무차익거래 균형이 달성된다.

(4) APT의 일반화

식(8.23)과 같은 APT의 공식은 충분히 분산투자된 포트폴리오뿐만 아니라 임의의 개별자산 j에 대해서도 성립한다. 그 이유는 이미 단일요인 APT를 설명하면서 충분히 설명하였으므로, 여기에서는 공식만을 정리하여 놓기로 한다.

2요인 APT

$$E(R_j)=R_f+\lambda_1\beta_{j1}+\lambda_2\beta_{j2} \tag{8.24}$$

단, β_{j1} 및 β_{j2}는 공통요인 F_1과 F_2에 대한 자산 j의 민감도(베타계수)이고, λ_1과 λ_2는 1단위의 β_{j1} 및 β_{j2}에 대하여 주어지는 위험프리미엄임.

이 APT의 공식(8.24)에 의하면, 균형상태에서 어떤 자산의 기대수익률은 각 공통요인에 대한 베타계수에 대하여 선형적 관계를 갖고, 모든 공통요인에 대한 민감도가 0인 자산의 기대수익률은 무위험수익률과 같아야 한다. 그리고 베타계수 β_{j1} 및 β_{j2}에 대해 주어지는 위험프리미엄 λ_1과 λ_2는 각 공통요인과 관련된 요인포트폴리오의 위험프리미엄과 같다.

APT의 공식(8.24)는 2요인뿐만 아니라 K개의 요인을 고려하는 경우까지 일반화될 수 있다. 즉, 식(8.7)에서와 같이 자산들의 수익률이 K개 요인의 영향을 받아 변동할 경우, 차익거래 가격결정이론(APT)의 공식은 다음의 식(8.27)과 같이 나타낼 수 있다.

참 고 다요인 CAPM

투자자들은 1기간 후의 소비나 부의 크기에만 관심을 갖는 것이 아니라 평생의 소비로부터 얻게 될 효용에 관심을 갖는다. 이 경우 포트폴리오 결정도 단일기간이 아닌 다기간 의사결정의 성격을 갖는다. 이것은 평균수명의 연장으로 은퇴 후 소비를 위한 저축과 투자가 중요시된다는 것을 반영하고 있다.

머튼(Robert C. Merton)은 투자자의 포트폴리오 결정을 다기간에 걸친 다단계 의사결정 모형으로 확장함으로써 다기간 CAPM(intertemporal CAPM: ICAPM)을 얻어냈다.[5] CAPM을 다기간으로 확장한 경우, 무위험이자율이 일정하다면 자산의 균형적 기대수익률은 표준형 CAPM과 같이 베타계수의 1차함수로 주어진다.

그러나 실질이자율이 확률적(stochastic)이어서 매기 변동할 것으로 예상된다 하자. 만일 실질이자율이 매우 낮은 수준으로 하락하면 투자자의 노후생활은 매우 궁핍하게 될 것이다. 이 경우 투자자는 이자율위험을 제거하기 위한 헤지포트폴리오를 보유하고자 할 것이다.[6] 이 헤지포트폴리오는 이자율 요인에 대해서만 1의 민감도를 갖는 요인포트폴리오에 공매를 취한 것과 같다. 따라서 실질이자율이 확률적인 경우 자산의 균형적 기대수익률은 다음과 같이 얻어진다.

$$E(R_j)=R_f+[E(R_M)-R_f]\beta_{jM}+[E(R_F)-R_f]\beta_{jF} \tag{8.25}$$

단, β_{jM}은 시장포트폴리오(M)에 대한 자산 j의 베타계수이다. F는 실질이자율 변동에 대해서만 1의 민감도를 갖는 요인포트폴리오를 나타낸다. $E(R_F)$는 요인포트폴리오 F의 기대수익률이고 β_{jF}는 요인포트폴리오 F에 대한 자산 j의 민감도(베타계수)이다.

머튼의 이런 생각은 이자율위험뿐만 아니라 다른 종류의 위험요인에도 적용할 수 있으며, 이 경우 다음과 같은 다요인 CAPM이 얻어진다.

다요인 CAPM

$$E(R_j)=R_f+[E(R_M)-R_f]\beta_{jM}+\sum_{k=1}^{K}[E(R_k)-R_f]\beta_{jK} \tag{8.26}$$

단, $E(R_k)$는 k번째 위험요인에 대해서만 1의 민감도를 갖는 요인포트폴리오의 기대수익률이다. β_{jM}은 시장포트폴리오(M)에 대한 자산 j의 베타계수이고, β_{jk}는 k번째 요인포트폴리오에 대한 자산 j의 베타계수이다.

이 식은, 다양한 종류의 위험요인이 투자자의 미래 소비에 영향을 미칠 경우 투자자는 그 위험들을 제거하기 위해 헤지포트폴리오들을 보유해야만 하므로, 개별자산의 기대수익률도 위 식에서와 같이 시장포트폴리오에 대한 베타계수뿐만 아니라 위험요인 각각에 대한 베타계수와도 선형적 관계를 갖는다는 것을 나타내고 있다.

예를 들어, 머튼이 중요시하는 위험의 하나인 인플레이션위험을 생각해보자. 수익률이 인플레이션율과 같은 방향으로 민감하게 움직이는 자산이 있다 하자. 투자자들은 인플레이션위험 때문에 그런 자산에 더 적게 투자하고자 할 것이고 그 결과 더 높은 기대수익률을 요구할 것이다.

5] Robert C. Merton, "An Intertemporal Capital Asset Pricing Model," *Econometrica* (Sep. 1973), pp.867–888.

6] 이처럼 특정한 종류의 위험을 상쇄시키기 위해 구성한 포트폴리오를 헤지포트폴리오라고 한다. 즉, 이자율위험을 완전하게 상쇄시키기 위해서는 이자율 변동과 완전한 (−)의 상관성을 갖는 헤지포트폴리오가 이용된다. 이 경우 투자자가 보유하는 위험포트폴리오에는 시장포트폴리오와 함께 헤지포트폴리오도 포함되므로, 투자자의 완성포트폴리오는 무위험자산, 시장포트폴리오 및 헤지포트폴리오의 3개의 포트폴리오로 구성된다. 이런 특성을 흔히 3기금 분리(3-fund separation)라고 부른다.

K요인 APT

$$E(R_j)=R_f+\lambda_1\beta_{j1}+\cdots+\lambda_k\beta_{jk}+\cdots+\lambda_K\beta_{jK} \tag{8.27}$$

단, λ_k는 k번째 공통요인(F_k)에 대해서만 1의 민감도를 갖고 있고 다른 모든 공통요인에 대해서는 0의 민감도를 갖는 요인포트폴리오가 균형상태에서 갖게 될 위험프리미엄으로서 $E(R_{F_k})-R_f$와 같다($k=1, \cdots, K$).

제7장의 CAPM에서 지적한 바와 같이, 엄격한 의미에서 무위험자산은 현실적으로 존재하지 않는다. 무위험자산이 이용될 수 없는 경우에는 충분히 분산투자된 포트폴리오로서 모든 공통요인에 대한 민감도가 0인 포트폴리오를 무위험자산 대신 사용할 수 있다. 충분히 분산투자되어 있으면서 모든 공통요인에 대하여 0의 베타계수를 갖고 있는 포트폴리오의 기대수익률을 λ_0로 표시하면, 위의 K요인 APT는 다음과 같이 나타내진다.

K요인 APT(무위험자산이 없는 경우)

$$E(R_j)=\lambda_0+\lambda_1\beta_{j1}+\cdots+\lambda_k\beta_{jk}+\cdots+\lambda_K\beta_{jK} \tag{8.28}$$

식(8.23), (8.27) 및 (8.28)에 제시된 APT 공식들은 약간씩 그 형태를 달리하고 있으나 이 식들이 갖고 있는 의미는 동일하다. 즉, 무차익거래(no-arbitrage) 조건을 충족하는 균형상태에서 자산 또는 포트폴리오의 기대수익률은 공통요인에 대한 민감도의 1차함수로 주어진다는 것이다.

8.3 차익거래 가격결정이론의 실증적 검증

(1) 요인분석을 이용한 연구

APT가 로쓰에 의하여 처음 제시된 이래, 많은 학자들이 APT의 현실성을 검증하기 위하여 실증적 연구를 시도하였다. 대표적인 실증적 연구로서 롤과 로쓰(R. Roll & S. A. Ross)의 연구를 들 수 있다. 이 연구는 대체로 주식의 일간수익률 자료를 이용하여 다음과 같은 절차에 의하여 이루어졌다.

① 다수 주식들의 수익률 자료로부터 주식들 사이의 공분산을 구한다.

② 요인분석(factor analysis)이라는 통계방법을 이용하여, 주식들의 공분산행렬로부터 주요한 요인을 식별해 내고, 각 주식의 요인에 대한 민감도 β_{jk}를 추정한다. 요인분석에서는 β_{jk}를 요인계수(factor loading)라고 부른다.

③ 각 주식의 평균수익률을 요인계수에 대하여 회귀분석함으로써 각 요인의 위험프리미엄(λ_k)의 크기와 유의성을 측정한다.

APT의 실증적 검증에서 흔히 사용되고 있는 요인분석(factor analysis)은 다변량 자료의 공분산행렬을 가장 잘 설명해 줄 수 있는 공통요인을 찾아내기 위한 통계적 기법이다. 이 요인분석은 일정 수준 이상의 설명력을 갖는 공통요인의 수를 알아내는 데에는 유용한 방법이지만 그 공통요인이 구체적으로 어떤 의미를 갖는지를 알려주지 못한다는 단점을 갖고 있다.

롤과 로쓰는 미국 증권시장에서 거래되고 있는 1,260개 주식의 일간수익률 자료(1960년 7월 3일부터 1972년 12월 31일까지)를 이용하였다.[7] 이들은 1,260개 주식을 알파벳순에 따라 30개씩 묶어 42개의 주식집단을 만들었다. 각 집단을 구성하는 30개 주식에 대하여 요인분석에 의하여 베타계수를 추정하고, 회귀분석에 의하여 각 자산의 평균수익률과 베타계수 사이의 선형적 관계를 검증하고자 시도하였다.

그들은 요인분석을 이용하여, 주가 변동에 반영되는 공통요인의 수가 3개 또는 4개 정도인 것을 발견하고 각 자산의 평균수익률이 이 3, 4개의 공통요인에 대한 베타계수에 의하여 적절하게 설명되고 있다는 증거를 제시하고 있다. 그러나 그들은 요인분석이라는 통계기법을 사용하고 있기 때문에, 이 3, 4개의 공통요인이 어떤 경제적 의미를 갖고 있는지를 제시하지 못하고 있다.

(2) 거시경제 변수를 이용한 연구

다요인 APT를 검증하는 다른 방법은 미리 중요하다고 판단되는 공통요인을 정의해 놓고 APT의 현실적 타당성을 검증하는 방법이다. 이 방법에 의해 APT를 검증할 경우 다음의 세 단계를 밟는다.

7] Richard Roll & Stephen A. Ross, "An Empirical Investigation of the Arbitrage Pricing Theory," *Journal of Finance* (Dec. 1980), pp.1073-1103.

① **공통요인의 정의** : 구체적인 경제적 의미를 갖고 있고, 자산가격의 변동에 중요한 영향을 미치리라고 생각되는 거시적 요인들을 미리 정한다.

② **요인포트폴리오의 구성** : 특정 공통요인에 대해서만 1의 민감도를 갖는 요인포트폴리오를 구성한다. 이 단계에서 구성하는 요인포트폴리오의 수는 중요하다고 판단되는 거시경제 요인들의 수와 같다.

③ **요인포트폴리오의 위험프리미엄 추정** : 각 주식(또는 포트폴리오)의 요인포트폴리오에 대한 베타계수를 추정하고, 이 베타계수에 의하여 각 주식(또는 포트폴리오)의 평균수익률이 어느 정도 설명되는지를 추정하기 위하여 회귀분석을 행한다. 이 회귀분석에서 추정된 회귀계수가 요인포트폴리오의 위험프리미엄이다.

이 방법을 사용하여 APT를 검증하고자 한 대표적인 연구로서 첸, 롤, 로쓰(N. Chen, R. Roll & S. A. Ross)의 연구가 있다.[8] 그들은 다수의 거시경제 요인들을 검토한 결과, 주식시장에서 중요한 영향을 미치는 공통요인으로서 (i) 월간 제조업생산증가율의 예상 밖의 변동, (ii) 단기국채 이자율로 측정된 예상인플레이션율의 변동,[9] (iii) 예상 밖의 인플레이션 변동, 즉 실제인플레이션율과 예상인플레이션율의 차이, (iv) 채권의 위험프리미엄(=장기국채이자율과 Baa급 회사채이자율의 차이)의 예상 밖의 변동 및 (v) 기간프리미엄(=장기국채이자율과 단기국채이자율의 차이)의 예상 밖의 변동 등이 중요한 것으로 나타났다.

첸, 롤, 로쓰는 따로 요인포트폴리오를 구성하지 않고(즉, 위의 ①과 ③의 절차만을 행함), 제7장에서 설명한 파마와 맥베드의 CAPM 검증절차와 유사한 방법을 이용하여 공통요인의 설명력과 위험프리미엄을 추정하는 작업을 행하였다. 즉, 각 주식의 시장가치 크기순에 따라 20개 포트폴리오를 만들고, 매년 초마다 과거 60개월의 자료를 사용하여 20개 포트폴리오의 요인별 민감도–각 포트폴리오별로 5개 요인에 대한 베타계수–를 구하였다. 그리고 5개 요인에 대한 베타계수들이 포트폴리오의 수익률을 어느 정도 설명하는지에 대하여 다중회귀분석을 행하였다.

이들의 검증결과에 의하면, 자산의 기대수익률 결정에 특히 중요한 영향을 미치는 요인들은 제조업 생산지수의 변동, 채권의 위험프리미엄의 변동, 인플레이션의 예상 밖

8] Nai-Fu Chen, Richard Roll & Stephen A. Ross, "Economic Forces and the Stock Market," *Journal of Business* (1986).

9] 미국의 경우 E. F. Fama, "Short-term Interest Rate as Predictors of Inflation," *American Economic Review* (Jun. 1975)에서 단기국채이자율은 인플레이션율의 예측지표 역할을 한다는 실증적 증거가 제시되어 있다. 따라서 미국의 실증적 연구에서는 단기국채이자율을 예상인플레이션을 나타내는 변수로 사용하기도 한다.

참 고 파마 · 프렌치 3요인모형

공통요인은 모든 자산의 수익률에 영향을 미치는 요인을 의미하기 때문에, 거시경제 변수들 중에서 공통요인을 찾고자 하는 시도가 대체로 당연하게 받아들여 왔다. 그러나 파마와 프렌치(E. F. Fama & K. R. French)는 자기자본 시가총액이나 주식의 장부가 대 주가비율(book-to-market ratio)과 같이 기업특성을 나타내는 변수들이 CAPM에서 중시하는 베타계수보다 자산의 평균수익률을 더 잘 설명하고 있다는 실증적 증거를 제시하였다.[10] 이것은 주식 수익률에 영향을 미치는 요인으로서 시장포트폴리오의 수익률뿐만 아니라 기업특성 변수들이 고려될 수 있다는 것을 의미한다. 그 대표적인 예가 다음의 파마 · 프렌치 3요인모형이다.

파마 · 프렌치 3요인모형

$$R_{jt}=\alpha_j+\beta_{jM}R_{Mt}+\beta_{jSMB}SMB_t+\beta_{jHML}HML_t+\varepsilon_{jt} \qquad (8.29)$$

이 식은 t기의 시장포트폴리오 수익률(R_{Mt})에 추가하여 SMB_t와 HML_t라는 독립변수를 포함하고 있다는 점에서 제4장의 시장모형과 다르다. SMB_t는 흔히 "Small minus Big"이라고 부르는 변수로서 t기의 소형주 수익률에서 대형주 수익률을 뺀 값이다. 대형주는 개별 주식의 시가총액 순으로 상위 1/5에 해당하는 주식으로 구성된 포트폴리오이고 소형주는 하위 1/5의 주식으로 구성된 포트폴리오이다(일반적으로 매월 또는 매분기 초의 시가총액 기준으로 포트폴리오를 재구성한다).

HML_t는 "High minus Low"라고 부르는 변수로서, 장부가 대 주가비율(book-to-market ratio)의 크기 순으로 상위 1/5에 속하는 주식포트폴리오의 수익률에서 하위 1/5 주식포트폴리오 수익률을 뺀 값이다.[11]

이 파마 · 프렌치 3요인모형은 파마와 프렌치의 실증적 연구에 기초한 것으로서 학계와 실무계에서 중시되고 있긴 하지만, SMB나 HML이 위험의 원천으로서 어떤 의미를 갖는지에 대해서는 여전히 분명하지 않다.

의 변동이고, 시장포트폴리오 수익률은 유의한 설명력을 갖지 못하는 것으로 나타났다.

10] E. F. Fama and K. R. French, "Multfactor Explanations of Asset Pricing Anomalies," *Journal of Finance*, Vol. 51 (1996), pp.55-84.

11] 장부가 대 주가비율은 주식의 1주당 장부가를 주가로 나눈 비율이다. 이 비율이 높을수록 장부가에 비해 주가가 낮다는 것, 즉 자본시장에서 주가가 상대적으로 저평가되어 있다는 것을 의미한다. 장부가 대 주가비율이 높은 주식을 흔히 가치주(value stock)라고 한다.

8장 연습문제 Exercises

01 차익거래 가격결정이론(APT)의 주요 가정을 설명하시오.

02 우리나라 경제를 나타내는 중요한 요인은 경제성장률(G)과 물가상승률(I)이라고 하자. 금년 중 G와 I의 기대치는 각각 7%와 6%이다. 그리고 G에 대하여 1.1, N에 대하여 0.6의 베타계수를 갖는 어떤 주식의 기대수익률이 14%이다. 만일 G와 I의 실제 값이 각각 6% 및 7%라면, 이 주식의 기대수익률은 어떻게 수정되어야 하는가?

03 두 개의 공통요인 F_1과 F_2가 있다. 두 개의 충분히 분산투자된 포트폴리오 A와 B가 균형상태에서 두 공통요인에 대하여 다음의 관계를 갖고 있다. 무위험수익률은 6%이다.

포트폴리오	F_1에 대한 베타	F_2에 대한 베타	기대수익률
A	1.75	2.00	35%
B	2.20	−0.75	10%

(1) 두 포트폴리오의 요인모형을 식으로 나타내 보시오.

(2) 이 자료를 가지고 차익거래 가격결정이론의 식을 얻어내시오.

04 어떤 하나의 공통요인에 대하여, 충분히 분산투자된 두 개의 포트폴리오는 다음의 관계를 갖고 있다.

포트폴리오	베타계수	기대수익률
A	1.2	24%
B	0	12%

충분히 분산투자된 다른 포트폴리오 C는 0.8의 베타계수와 18%의 기대수익률을 갖고 있다. 이 경우 차익거래가 가능한가? 차익거래가 가능하다면, 어떤 방법으로 차익거래를 행하여야 하는가?

05 충분히 분산투자된 두 개의 포트폴리오 A와 B의 기대수익률이 균형상태에서 각각 20%와

25%이다. 그리고 하나의 공통요인에 대하여 두 포트폴리오는 각각 1과 1.5의 베타계수를 갖고 있다.

(1) 두 포트폴리오를 이용하여 베타계수가 0인 포트폴리오를 만드시오.

(2) 균형상태에서 무위험수익률은 얼마이어야 하는가?

06 충분히 분산투자된 세 개의 포트폴리오 A, B 및 C의 기대수익률과 베타계수가 다음과 같다.

포트폴리오	베타계수	기대수익률
A	0.8	15%
B	1.0	20%
C	1.2	22%

이 자료를 이용하여 차익거래 방법을 설계하시오.

07 서로 상관성을 갖지 않는 두 개의 공통요인에 의하여 주식의 수익률이 결정된다고 가정한다. 어느 두 주식과 무위험자산의 민감도 및 기대수익률이 다음과 같이 주어져 있다고 한다.

주식	β_{j1}	β_{j2}	$E(R_j)$
A	0.50	0.80	16.2%
B	1.50	1.40	21.6%
R_f	0.00	0.00	10.0%

(1) 어떤 투자자가 1,000만원을 갖고 있다. 그는 주식 B에 500만원을 공매하고, 주식 A를 1,500만원어치 매입하려 한다. 이 포트폴리오의 두 요인에 대한 베타계수(민감도)를 계산하시오.

(2) 이 투자자가 무위험이자율로 1,000만원을 추가적으로 차입하여 자기자본 1,000만원과의 합계 2,000만원으로 위의 (1)에서와 같은 비율로 주식 A와 B에 투자하였다. 이 포트폴리오의 두 요인에 대한 민감도는 어느 정도인가?

(3) 위의 (2)에서 만든 포트폴리오의 기대수익률은?

(4) 요인 2에 대한 민감도 1단위당 위험프리미엄의 크기는?

08 APT에 의하면 어떤 자산의 기대수익률은 베타계수와 선형적 관계를 가져야 한다고 한다. 그러나 실증적 증거에 의하여, 기대수익률이 베타계수와 아래 그림과 같은 비선형 관계를 갖는 것으로 밝혀졌다 하자.

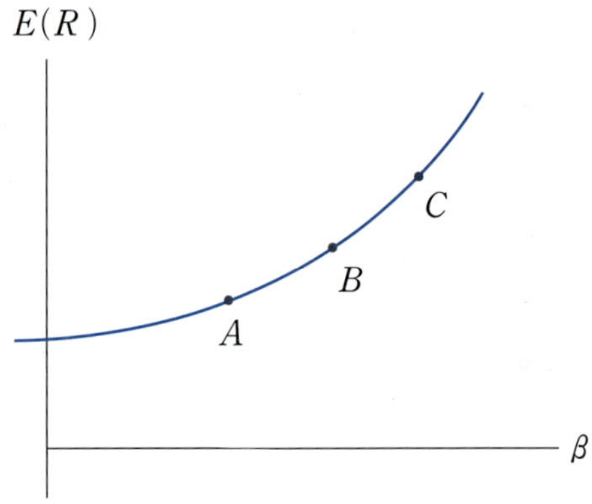

(1) 기대수익률이 이 그림과 같이 결정된다면, 투자자들은 어떻게 차익거래를 행할 수 있는가?

(2) 그림에서와 같은 기대수익률과 베타의 관계가 지속적으로 유지되고 있다면, 그 이유는 무엇일까?

09 CAPM의 경우, 기대수익률의 결정에 반영되는 구체적인 공통요인이 시장포트폴리오이라는 것을 명료하게 제시하여 주고 있다. 그러나 로쓰의 차익거래 가격결정모형 그 자체는 기대수익률의 결정에 반영되는 구체적인 공통요인이 무엇인지에 대하여 명료한 지침을 주지 않는다.

(1) 우리나라 주식수익률에 영향을 미치는 중요한 공통요인으로 어떤 것들을 들 수 있는가?

(2) 산업생산이나 이자율 변동은 중요한 공통요인일 것으로 간주된다. 그 이유는?

I N V E S T M E N T

제9장 | 자본시장 효율성과 이상현상

효율적 자본시장에 관한 연구는 1950년대 초반, 미국에서 컴퓨터가 본격적으로 이용되기 시작할 때부터이다. 당시 경기변동을 연구하는 경제학자들은 장기의 시계열 자료로부터 경기순환을 예측하는 데 컴퓨터를 이용하고자 노력하였다. 주가자료는 기업의 경영성과를 반영하여 규칙적인 순환변동을 할 것으로 기대되기 때문에 당연히 경제학자들의 관심을 끌 수밖에 없었다.

그 중 켄달(M. Kendall)은, 주가변동이 지닌 규칙성을 찾고자 장기의 주가자료를 검토한 결과, 무작위적 변동을 하고 있기 때문에 어떤 예측가능한 패턴도 존재하지 않는다는 것을 발견하였다.[1] 그는 이 결과를 놓고 주식시장이 어떤 논리적 규칙도 존재하지 않는, "동물적 야성(animal spirit)"이 지배하는 비합리적 시장이라고 해석하였다.

그러나 오늘날에는 주가의 무작위적 변동이 시장의 비합리성을 의미하는 것이 아니라, 적절하게 제 기능을 발휘하고 있는 효율적 시장으로 해석한다. 이 장에서는 동일한 현상에 대하여 이처럼 반대의 해석을 가하게 된 이유와 현실적 의미를 설명한다. 그리고 과연 주가가 무작위로 변동하고 있는지 또는 예측가능한 패턴은 존재하지 않는지, 과연 자본시장이 합리성을 가지고 효율적으로 작동하고 있는지에 대하여 실증적 증거들을 검토하고자 한다.

9.1 자본시장 효율성의 의의

(1) 자본시장의 효율성

자본시장에서 형성되는 자산의 가격은 미래소득에 대한 투자자들의 예상을 반영하여 결정된다. 그리고 미래소득에 대한 투자자들의 예상은 그 자산의 미래소득에 관한 다양한 정보를 반영하여 형성된다. 즉, 미래소득에 관한 여러 가지 정보가 투자자들의 예상에 영향을 미치고, 이 예상에 기초하여 자산가격이 결정된다.

효율적 시장(efficient market)이란 자산의 시장가격이 이용가능한 모든 정보를 충분히 반영하여 결정되는 시장으로 정의된다.[2] 이 정의에서 시장가격이 이용가능한 정보를

1] Maurice Kendall, "The Analysis of Economic Time Series, Part I : Prices," *Journal of the Royal Statistical Society* 96 (1953).

"충분히(fully)" 반영한다는 의미는 관련된 정보가 자본시장에 즉시적으로 전달되고, 모든 투자자들에게 비용이 없이 공평하게 배분되며, 시장가격에 정확하게 반영되어야 한다는 것을 의미한다.

여기에서 "즉시적"의 의미는 정보가 생성되자마자 곧바로 자본시장에 전달되어 가격에 반영될 수 있어야 한다는 것을 의미한다. 만일 어떤 정보가 상당한 시차를 두고서 자본시장에 전달되어 가격에 반영된다면, 그 정보를 미리 알고 있는 사람은 이 정보를 이용하여 평균적 투자자들이 얻어낼 수 있는 수익보다 더 큰 비정상성과를 얻어낼 수 있다. 그 예로서 내부 임직원이 업무상의 기밀을 이용하여 자기회사 주식을 매매할 경우를 들 수 있다.

"비용이 없이 공평하게"의 의미는 정보가 비싼 대가를 치러야 얻을 수 있거나 특정 투자자들에게만 제한적으로 배분되지 않는다는 뜻이다. 만일 어떤 정보가 비싼 대가를 필요로 하거나 특정 투자자들에게만 제한적으로 배분된다면, 그 정보를 입수한 일부의 투자자들만이 그 정보를 이용하여 비정상성과를 얻어낼 것이다.

마지막으로 "정확하게"의 의미는 정보가 지니고 있는 신호 또는 내용이 제대로 자산가격에 반영되어야 한다는 것을 의미한다. 예를 들어, 어떤 회사의 새로운 투자안이 1주당 200원의 주가상승을 가져올 정도의 가치를 갖고 있다 하자. 이 경우 투자안 채택의 뉴스에 대하여 대략 200원 정도의 주가 상승이 나타나면, 정보가 시장가격에 정확하게 반영되고 있다고 말할 수 있다. 만일 같은 뉴스에 대하여, 일시적으로 기대보다 큰 300원의 주가 상승이 나타나면, 시장가격이 정보에 대하여 과민반응(overreaction)을 보이고 있다고 할 수 있다. 그리고 같은 정보가 주어졌음에도 불구하고 주가는 100원 정도만 상승하고 나머지 부분은 서서히 시차를 두고서 가격에 반영된다면, 이것은 시장이 정보에 대해 지체된 반응(delayed reaction)을 보이기 때문이다.

오늘날 자본시장이 효율적이어야 한다는 것은 포트폴리오관리의 차원뿐만 아니라 국민경제적 차원에서도 매우 중요하다. 투자자의 포트폴리오관리라는 관점에서 볼 때 자본시장이 효율적이라면 특정한 정보를 이용하여 시장의 평균 이상으로 비정상성과(abnormal performance)를 얻어낼 수 없다. 시장이 효율적이면, 어떤 투자자가 특정 정보를 이용하여 증권을 사거나 팔고자 할 때에는 증권가격에 그 정보가 이미 반영되어 있을 것이므로 투자자가 그 정보를 이용하여 어떤 특별한 투자수익을 얻어낼 수 없게 된다.

2] 효율적 시장의 개념은 제1장에서 설명한 정보효율성(informational efficiency)과 동일한 개념이다. 단순히 "시장이 효율적이다"라고 말했을 때, "효율적"은 일반적으로 정보효율성을 의미한다.

사회적으로 축적된 자본의 대부분이 증권의 형태로 거래되고 있는 현대 자본주의경제에서 자본시장 효율성은 국민경제적 차원에서도 매우 중요한 의미를 갖는다. 그 중요성을 이해하기 위해, 자본시장이 비효율적일 때 국민경제에 어떤 문제가 나타날지를 생각해보기로 하자.

첫째로 자본의 효율적 배분이 어려워진다. 즉, 증권관련 정보가 자본시장에 제대로 전달되지 못하여 증권가격에 충분히 반영되지 못한다면, 투자자들은 그들의 투자자금을 적절한 투자기회에 투자하지 못하게 되고, 그 결과 경제성장이 둔화된다. 예를 들어, 어떤 회사가 매우 좋은 투자기회를 개발하였다 하자. 그러나 이 뉴스가 제대로 알려지지 않는다면, 투자자들은 이 회사에 투자하지 못하게 되어 좋은 투자기회가 사라지게 될 수도 있으며, 그 결과 자본이 비효율적으로 이용되고 부의 감소가 일어난다.

둘째로 자본시장이 비효율적이면 富의 배분이 불공평하게 된다. 예를 들어, 정부가 대규모 공사를 H회사에 발주하기로 내정하였다는 정보가 일부 투자자들에게만 사전에 누설되었다 하자. 이 투자자들은 이 정보를 이용하여 미리 H회사 주식을 매입하여 두었다가, 이 정보가 공식적으로 공표되어 모든 투자자들이 알게 될 때 그 주식을 팔고자 할 것이다. 이와 같이 정보를 일부 투자자들이 차별적으로 이용하게 되는 경우, 자산가격은 그 정보를 즉시적으로 충분히 반영하지 못하고, 그 결과 소수의 투자자들에게만 불공평한 비정상적 이득을 가져다줄 것이다. 바꾸어 말하면, 정보를 차별적으로 이용하는 일부 소수의 투자자들만이 H회사의 경영성과를 독점하게 되고, 일반 투자자들은 H회사의 그 성과를 배분받지 못하게 된다.

(2) 시장효율성의 원천

대부분의 경제이론이나 투자이론에서는 시장이 효율적일 것이라고 가정하고 또 그렇게 되기를 기대하고 있다. 즉, 시장가격이 "모든 이용가능한 정보"를 "충분히" 반영하고 있을 것으로 가정하고 있다.

그러나 자본시장에서 충분한 시장경쟁이 일어나고 있다면, 그 시장은 효율적일 수 있다. 경쟁적 시장에서, 투자자들은 이용가능한 모든 정보를 이용하여 더 나은 투자수익을 얻고자 하는 유인을 갖는다. 그리고 이런 유인이 존재하는 한, 투자자들은 새로운 정보를 수집·분석한 결과를 이용하여 증권을 거래하고, 그 결과로서 그 정보가 시장가격에 반영된다.

일반적으로 투자자들 사이에 정보의 수집 및 분석을 위한 경쟁이 치열할수록 투자자들은 새로운 정보의 의미를 더 정확하게 파악하여 더 빨리 이용하려 할 것이므로,

자본시장은 더 효율적으로 된다. 그렇다고 해서 다수의 영세한 투자자들이 시장을 지배해야 한다는 것은 아니다. 영세한 투자자들은 증권정보를 수집 · 분석할 수 있는 전문성을 결여하고 있기 때문에, 시장효율성에 공헌하는 긍정적 역할보다는 시장의 유행 또는 쏠림(herding)을 증폭시키는 부정적 역할을 할 가능성이 크다. 따라서 자본시장에서 충분한 정보효율성을 확보할 수 있기 위해서는 증권분석을 위한 충분한 전문성과 자금을 갖춘 투자자가 다수 존재하여야 한다.

다수의 경쟁적 투자자가 존재하여야 시장효율성이 얻어진다. 그러나 자본시장이 효율적이라면, 투자자들은 구태여 비용과 시간을 들여 새로운 정보를 수집 · 분석하여 증권을 거래할 필요가 있을까? 효율적 시장에서는 새로운 정보가 자산가격에 이미 반영되어 있을 것이므로, 투자자가 그 정보를 이용함으로써 비정상성과를 얻어낼 수 없다. 따라서 투자자의 최적전략은 증권분석의 비용을 지불하지 않고 무임승차하는 것이며, 그 구체적인 전략이 시장포트폴리오에 투자하는 소극적 투자전략이다.

실제로 모든 투자자가 소극적 전략을 택하면, 자본시장이 비효율적 시장으로 되돌아갈 수 있다. 그러나 비효율적 시장에서 비정상성과의 기회가 나타나면 투자자들이 경쟁적으로 그 기회를 이용하고자 할 것이므로 시장은 다시 효율적으로 될 것이다.

9.2 효율적 시장가설

9.2.1 효율적 시장가설의 의미

(1) 효율적 시장가설(EMH)

흔히 우리는 자본시장이 효율적일 것으로 가정한다. 그러나 자본시장이 효율적일 것으로 가정한다고 해서, 자본시장이 실제로 효율적일 것이라고 결론 내릴 수 없다. 따라서 우리는 자본시장의 "시장가격은 이용가능한 모든 정보를 충분히 반영한다(Market prices fully reflect all available information)"라는 가설만을 갖고 있을 따름이며, 이 가설이 현실에서 참인지, 거짓인지는 구체적인 실증적 증거로 판단할 수밖에 없다. 이와 같이 시장가격이 이용가능한 모든 정보를 충분히 반영한다는 가설을 효율적 시장가설(efficient market hypothesis; EMH)이라고 부른다.

(2) 세 가지 형태의 EMH

위에서 효율적 시장의 가설(EMH)을 자본시장에서 형성된 자산가격이 이용가능한 모든 정보를 충분히, 즉시적으로 반영하고 있다는 가설로 정의한 바 있다.

그러면 실제의 자산가격이 모든 이용가능한 정보를 완전하게 반영하여 결정될 수 있을까? 그런 자본시장을 추상적으로 상상할 수는 있다. 그러나 현실에서는 "모든 이용가능한" 정보를 반영하여 가격이 결정되는 것이 아니라, "투자자들이 실제로 이용가능한" 정보를 반영하여 가격이 결정된다. 즉, 완전하게 효율적인 시장이 존재하지 않을 뿐만 아니라, 완전하게 비효율적인 시장도 존재하지 않는다. 그런 의미에서 자본시장의 효율성은 상대적 개념이다.

바로 이런 이유 때문에, 파마(E. F. Fama)는 효율적 시장가설(EMH)을 자본시장이 반영하는 정보의 범위에 따라 다음의 세 가지 가설로 나누고 있다. 이 세 가지 EMH는 서로 배타적인 것이 아니며, 관련 정보의 범위와 효율성의 정도에서만 차이를 갖는다.[3]

① 약형 EMH(weak-form EMH) : 자본시장의 자산가격은 "역사적 정보(과거 정보)"를 충분히 반영하고 있다. 따라서 어떤 투자자라 할지라도 가격이나 거래량에 관한 역사적 정보를 이용하여 비정상성과를 얻을 수 없다.

② 준강형 EMH(semistrong-form EMH) : 자본시장의 자산가격은 "공표된 정보"를 충분히 반영하고 있다. 따라서 어떤 투자자라 할지라도 공표된 정보를 이용하여 비정상성과를 얻을 수 없다. 공표된 정보의 예로서 과거의 주가 및 거래량 자료, 기업의 보고된 회계정보, 증권관계기관의 투자자료와 공시자료, 정부의 경제시책 발표 등을 들 수 있다.

③ 강형 EMH(strong-form EMH) : 자본시장의 자산가격은 "모든 이용가능한 정보"를 충분히 반영하고 있다. 따라서 어떤 투자자라 할지라도 모든 이용가능한 정보를 이용하여 비정상성과를 실현할 수 없다. 바꾸어 말하면, 자산가격은 역사적 정보와 공표된 정보뿐만 아니라 기업내부자들만이 알고 있는 비밀스러운 사적정보(private information)까지도 충분히 반영하고 있으므로, 그런 사적정보를 이용한다 하더라도 비정상성과를 얻어낼 수 없다.

3] Eugene F. Fama, "Efficient Capital Markets : A Review of Theory and Empirical Works," *Journal of Finance* (1970), pp.383-417.

참 고 페어게임모형

효율적 시장가설을 수학적으로 표현하고자 할 때 페어게임모형(fair-game model)이 흔히 사용된다. 페어게임모형은 다음과 같이 나타내진다.

$$E[P_{t+1}-E(P_{t+1}|\Omega_t)|\Omega_t]=0 \qquad (9.1a)$$

또는 $$E[R_{t+1}-E(R_{t+1}|\Omega_t)|\Omega_t]=0 \qquad (9.1b)$$

단, P_{t+1}은 미래($t+1$시점)의 자산가격, R_{t+1}은 현재(t시점)와 미래($t+1$시점) 사이에 발생한 수익률, Ω_t는 t시점 현재 이용가능한 정보집합으로서 Omega로 읽는다.

식(9.1a)는 다소 복잡한 형태를 갖고 있지만, 그 해석은 그렇게 어려운 것이 아니다(식(9.1b)는 식(9.1a)를 수익률 형태로 표현한 것에 지나지 않는다). 식(9.1a)의 좌변에서 | 의 기호는 조건부를 나타내는 기호로서 기대(expectation)가 t시점의 정보집합을 이용하여 형성된다는 것을 의미한다. 먼저 괄호 안의 $E(P_{t+1}|\Omega_t)$는 t시점에 이용가능한 정보집합 Ω_t를 반영하여 투자자들이 예상한 $t+1$시점의 조건부 기대가격이다. 그리고 괄호 안의 첫 번째 항에 있는 P_{t+1}은, 정보집합 Ω_t가 주어질 경우 $t+1$시점에 실제로 실현될 가격을 의미한다. 따라서 좌변의 $P_{t+1}-E(P_{t+1}|\Omega_t)$부분은 $t+1$시점의 실제가격과 t시점 정보를 이용하여 예상한 기대가격의 차이이다.

식(9.1a)의 전체를 해석하면, 정보집합 Ω_t를 반영하여 예상되는 기대가격과 실제가격의 차이의 기대치는 0이다. 즉, 식(9.1a)의 페어게임모형은 이용가능한 정보집합에 기초한 기대가격과 실제가격이 평균적으로 일치한다는 것, 즉 특정 정보를 이용하여 비정상성과를 실현할 수 없다는 것을 의미한다.

어떤 투자자가 정보집합 Ω_t를 이용하여 기대가격과 실제가격의 차이에서 생기는 비정상성과를 실현할 수 있다고 한다면, 자본시장은 정보집합 Ω_t를 충분히 반영하지 못하는 시장이며, 페어게임모형이 성립하지 않는 시장이다. 반대로 실제 주가가 주어진 정보를 충분히 반영하여 결정되었다면, 모든 투자자들은 공평한 투자수익을 얻게 되므로 공정한 게임(fair game)이 실현된다.

(3) 투자분석에 대한 EMH의 시사점

증권투자의 실무에서 더 우수한 투자성과를 얻기 위하여 사용하는 투자분석 방법은 매우 다양하다. 예를 들어, 투자격언이나 속담을 믿고 투자하는 것부터, 고도의 컴퓨터와 계량적 분석을 전제로 하는 효율적 분산투자에 이르기까지 다양한 형태의 투자분석 방법이 존재한다. 그러나 투자분석 방법들은 이용하는 정보의 성격에 따라 기술적 분석, 기본적 분석 및 포트폴리오 분석으로 분류된다. 그리고 EMH는 투자자가 어떤 투자분석 방법을 사용하는가에 따라 그 의미를 달리한다.

① **기술적 분석** : 기술적 분석(technical analysis)은 과거의 가격과 거래량 등의 역사적 정보를 분석하여 미래의 가격변동을 예측하는 데 이용할 수 있는 어떤 패턴이나 신호

를 찾는 데 주된 관심을 두고 있다. 즉, 기술적 분석을 행하는 사람들은 과거의 가격 또는 거래량을 도표나 지표로 표현하고 이를 관찰하여 매도 또는 매입의 신호를 찾아내고자 노력한다(기술적 분석의 여러 가지 기법에 대해서는 제15장에서 구체적으로 설명하기로 한다).

그러나 자본시장에서 약형 EMH가 성립한다면 시장가격은 이미 역사적 정보를 충분히 반영한 가격이므로, 그런 역사적 정보를 이용하여 비정상성과를 얻어낼 수 없다. 따라서 약형 EMH가 성립하는 시장에서 기술적 분석은 그리 유용한 투자분석 방법이라고 할 수 없다.

② **기본적 분석** : 기본적 분석(fundamental analysis)은 자산의 가치를 결정하는 기본요인을 분석하여 자산의 내재가치(intrinsic value)를 평가하고자 하는 분석방법이다. 주식의 경우, 기본요인으로서 기업의 이익 및 배당에 관한 전망, 이자율에 대한 전망 및 기업의 위험도 등이 중요한 것으로 알려져 있으며, 이 기본요인들에 대한 정보는 대부분 공표된 자료로부터 입수될 수 있다.

만일 자본시장이 역사적 정보만을 충분히 반영하고 공개된 정보를 충분히 반영하지 못한다면, 투자자들은 기본적 분석을 이용하여 비정상성과를 얻어낼 수 있다. 그러나 자본시장이 공개된 정보를 충분히 반영하여 준강형 EMH가 성립하는 시장이라면, 투자자들이 기본적 분석을 이용하여 비정상성과를 얻어낼 수 없다. 왜냐하면 기본요인에 관해 공표된 정보가 시장가격에 이미 반영되어 있을 것이기 때문이다.

③ **포트폴리오분석** : 어떤 비밀정보를 이용한다 하더라도 비정상성과를 얻어낼 수 없는 효율적 시장에서, 가장 우수한 증권분석 방법은 포트폴리오 선택이론을 이용한 효율적 분산투자이다. 즉, 효율적 시장에서 모든 자산은 기대수익률과 위험으로 특성지울 수 있으며, 이 기대수익률과 위험의 자료를 가지고 위험을 최소화하는 효율적 포트폴리오를 얻어낼 수 있다(이에 대해서는 이미 제6장에서 상세하게 설명하였다). 그리고 모든 투자자들이 효율적 분산투자를 행한다면, 토빈의 분리정리에 따라 그들이 보유하는 최적위험포트폴리오는 시장포트폴리오이다. 즉, 효율적 시장에서 가장 바람직한 투자전략은 시장포트폴리오에 투자하는 소극적 투자전략이다.

그렇다면 효율적 시장에서 시장포트폴리오에 투자하는 것만으로 포트폴리오관리가 끝난다고 말할 수 있을까? 실제로는 다음과 같은 이유 때문에 그렇지 않다.

첫째, 포트폴리오를 선택할 때 세금부담을 고려해야 하기 때문이다. 투자자에게 중요한 것은 개인소득세 지급 후의 투자성과이므로, 세율이 높은 고소득층과 세율이 낮은 저소득층이 동일한 포트폴리오를 보유할 수 없다. 일반적으로 고소득층은 적은 세금을 내기 위하여 이자 또는 배당소득보다 자본이득이 큰 주식을 선택하고자 하므로, 채권 또는 고배당주식보다는 저배당주식을 중심으로 포트폴리오를 구성하려 할 것이다. 따라서 포트폴리오관리자는 투자자들의 납세 후 투자수익을 고려하여 포트폴리오를 구성하여 주어야 한다.

둘째, 투자자들의 위험에 대한 태도에 차이가 있기 때문이다. 일반적으로 위험에 대한 태도는 연령과 직업에 따라 다르다. 예를 들어, 나이 많은 투자자들은 안정적인 투자수익을 바라기 때문에 시장포트폴리오에 적게 투자하고 안전자산에 더 많이 투자하려는 경향을 보인다. 따라서 효율적 시장에서는 자산배분의 중요성이 더 커진다.

셋째, 투자자들이 노출되어 있는 위험의 종류에 따라 투자자가 선택하고자 하는 포트폴리오가 달라진다. 예를 들어, 어떤 투자자의 근로소득이 경기변동 위험에 크게 노출되어 있다면, 그는 시장포트폴리오뿐만 아니라 경기변동 위험을 제거할 수 있는 헤지포트폴리오에도 투자하여야 한다.

9.2.2 효율적 시장가설 검증의 기본개념

앞에서 효율적 시장가설(EMH)을 자본시장의 "시장가격이 이용가능한 모든 정보를 충분히 반영한다"라는 가설로 정의하고, 이 가설이 현실적으로 타당한지 여부는 구체적인 실증적 증거에 의하여 판단할 수 있다는 것을 설명하였다. 그리고 EMH는 "이용가능한 정보"를 어떻게 정의할 것인가에 따라 약형 EMH, 준강형 EMH 및 강형 EMH로 나누어진다는 것도 지적한 바 있다.

(1) 시장가격의 반응에 의한 EMH 검증

"모든" 정보를 대상으로 효율적 시장의 가설을 검증하는 것은 사실상 불가능하다. 이를 위하여서는 시장가격 형성에 관련된 정보가 어떤 것들인지와 이들 정보가 시장가격에 충분히 반영될 경우의 기대가격이 어느 정도인지를 알고 이것을 실제가격을 비교함으로써, 과연 시장이 효율적인지를 검증하여야 한다. 그러나 우리는 모든 자산의 실제가격은 알고 있지만, "모든" 정보를 충분히 반영할 경우의 기대가격은 알 수 없다. 따라서 자본시장의 가격이 모든 정보를 충분히 반영하고 있는지를 검증하는 것은 거의 불가능하다.

하지만 효율적 시장의 가설이 의미하고 있는 바대로, "특정한" 종류의 정보에 대하여 자산가격이 어떻게 반응하고 있는지를 추정하고 검증할 수는 있다. 즉, 효율적 시장가설을 검증하기 위하여, "특정한" 종류의 정보가 시장에 주어질 경우 그 정보에 대하여 자산가격이 어떤 반응을 보이는가를 관찰함으로써 자본시장이 그 정보를 효율적으로 반영하고 있는지를 검증할 수 있다. 예를 들어, 배당 공표시기를 전후해서 주당배당이 증가한 주식들과 감소한 주식들의 주가가 어떻게 움직이는가를 관찰함으로써, 자산가격이 주당배당이라는 정보를 어떻게 반영하고 있는지를 검증할 수 있다.

파마가 구분한 세 가지 EMH는 관련되는 정보의 범위에서 차이를 갖는다. 즉, 강형 EMH는 모든 정보를 충분히 반영한다는 것이고 약형 EMH는 역사적 정보만을 충분히 반영한다는 것을 뜻한다. 그런 의미에서, 강형 EMH를 지지하는 증거가 실증적 검증에 의해 찾아진다면 당연히 약형이나 준강형의 EMH 역시 성립하여야 한다고 추론할 수 있다.

그러나 이런 추론은 올바른 추론이 아니다. 왜냐하면 현실에서 검증하는 것은 시장가격이 "특정한" 종류의 정보를 충분히 반영하고 있는지를 검증하고 있을 따름이기 때문이다. 즉, 자본시장이 역사적 정보의 어떤 것은 충분히 반영하고 있지만 다른 것은 반영하지 못할 수도 있고, 공표된 정보의 어떤 것은 충분히 반영하고 있지만 다른 것은 반영하지 못할 수도 있다. 따라서 자본시장이 어떤 특정한 역사적 정보를 충분히 반영하는 증거를 찾아냈다고 해서, 모든 종류의 역사적 정보를 충분히 반영한다고 결론지어서는 안 된다. 마찬가지로 준강형 EMH를 지지하는 하나의 증거를 찾아냈다고 해서, 약형 EMH가 반드시 성립한다고 결론 내려서도 안 된다.

(2) 검증결과와 관련된 세 가지 논점

증권분석이 커다란 비용과 노력을 투입할 만한 가치가 있는 일인지 판단해야 하기 때문에, 포트폴리오관리자들도 효율적 시장가설(EMH)이 현실적으로 타당한지에 대해 당연히 큰 관심을 갖고 있을 것으로 생각될 수 있다. 그럼에도 불구하고 다수의 펀드매니저와 어낼리스트들은 이에 대해 그리 큰 관심을 기울이지 않고 있는 것으로 보인다. 또 학자들이 EMH를 지지하는 다수의 증거들을 찾아냈음에도 불구하고 그들은 증권분석에 의하여 비정상성과를 얻어낼 수 있는 방법이 여전히 존재하고 있다고 믿고 있다. 이러한 역설적 상황을 이해하기 위해서는 EMH의 실증적 연구결과들을 해석할 때 다음의 세 가지 요소를 염두에 둘 필요가 있다.

① **투자성과의 크기**(magnitude) : 어떤 포트폴리오관리자가 5,000억원의 투자자금을 관리하고 있다 하자. 그가 지닌 고도의 전문성을 발휘하여 새로운 정보를 찾아내고 이 정보를 이용하여 다른 투자자보다 0.3% 정도 높은 수익을 얻어냈다 하자. 이 경우 이 관리자가 실현한 순이득 15억원은 그의 연봉보다 큰돈으로서 무시할 수 없는 비정상적 투자성과일 수 있다. 그러나 EMH의 실증적 검증에서 이러한 0.3%의 우수한 투자성과가 과연 포착될 수 있을까? 만일 어떤 정보를 이용하여 0.3%의 우수한 투자성과를 지속적으로 얻어낼 수 있다는 증거가 존재한다면 EMH는 기각된다. 그러나 현실의 주가의 변동성이 너무 크기 때문에, 그 속에서 0.3%의 우수한 투자성과를 찾아내기는 결코 쉬운 일이 아니다.

실제로 자산가격이 공정한 가격에 접근해 있다고 생각되는 경우라 할지라도, 대형 포트폴리오관리자들만은 미세한 비정상성과의 기회를 찾아내고자 노력한다. 또 그런 포트폴리오관리자들이 존재하는 한 시장가격은 공정한 가격에 더욱 가깝게 접근할 것이다. 따라서 EMH의 실증적 검증은 "시장이 효율적인가"가 아니라 "시장이 어느 정도 효율적인가"에 관심을 두어야 한다.

② **표본선택의 편의**(selection bias) : 어떤 전문가가 진짜로 큰돈을 벌 수 있는 투자전략을 찾아냈다 하자. 그 경우 이 전문가는 자신의 비법을 공개하지 않고 혼자 사용하여 커다란 富를 얻으려 할 것이다. 따라서 비정상성과를 가져다주는 정보나 투자전략의 많은 것들은 시장에 알려지지 않았기 때문에 EMH 검증의 대상에 포함되어 있지 않을 수 있다. 그리고 EMH를 지지하는 증거들은 세상에 이미 알려진 쓸모없는 투자전략이나 정보만을 대상으로 얻어진 것일 수 있다. 즉, EMH의 검증에 사용된 표본은 표본선택의 편의(bias)를 가진 표본일 수 있다.

③ **우연한 행운**(lucky event) : 흔히 주식시장에는 짧은 기간에 엄청난 투자성과를 실현한 사례들이 알려지고, 이런 사례들이 곧 EMH를 기각하는 증거라고 주장되고 있다. 그러나 이런 예외적인 투자성과는 많은 경우 우연한 행운의 결과일 수 있으므로 EMH를 기각하는 증거로 채택될 수 없다.

이 점에 대하여 한 가지 비유를 들어보자. 동전 던지기에서 앞면이 나올 확률은 대체로 1/2이다. 어떤 한 사람이 동전을 던져 계속하여 앞면이 10번 나올 확률은 0.0009766(=0.5^{10})에 지나지 않으며 따라서 거의 불가능한 사건이다. 그러나 10,000명이 동일한 시행을 행한다면, 그 중 10명 정도(=10,000×0.0009766)는 10번 계속하여 앞면이 나오는 결과를 얻어낼 것이다. 따라서 어떤 한 개인에게는 거의 불가능한 결과라 할지라도, 수많은 투자자들의 일부에게는 그런 결과가 거의 필연적으로 발생한다.

참 고 EMH 연구의 주인공 E. F. 파마

2013년 노벨경제학상은 자산가격에 대한 실증적 분석의 업적으로 파마(Eugene F. Fama), 쉴러(Robert J. Shiller) 및 한센(Lars Peter Hansen)에게 공동으로 주어졌다.[4] 이 중 특히 눈에 띄는 인물은 파마이다. 그것은 파마가 EMH의 실증적 검증이라는 연구영역을 처음부터 오늘날까지 주도해 온 학자이기 때문이다.

파마는 1939년 2월 14일 보스톤에서 이태리계의 가난한 가계에서 태어났다.[5] 그는 보스톤의 터프츠(Tufts) 대학에서 불어불문학을 전공하였지만 미식축구와 야구에 더 큰 관심을 기울였다. 대학 재학시절 일찍 결혼하게 되자 생계를 위해 주가의 움직임을 연구하던 교수의 조교로 일하게 되었으며, 이로 인해 주가자료 수집과 해석의 안목이 길러졌으며 경영대학원에 진학하겠다는 생각도 갖게 되었다고 한다.

파마는 당시 지적 분위기가 두드러진 시카고대학에서 MBA와 박사과정을 공부하였다. 그는 재학 중 재무학이나 수학에 관한 기초를 충분히 학습하지 못했지만, 시카고대학에 설립된 주가자료연구소의 풍부한 주가자료와 컴퓨터를 이용하여 주가변동의 특성을 분석하는 시카고대학의 분위기에 크게 매료되었다. 그는 주가자료를 관찰하면서 주가가 매우 큰 변동성을 갖고 있고 랜덤워크이론에 따라 움직이기 때문에 주가변동이 예측불능하다는 실증적 검증결과를 얻었으며, 이것을 정리한 것이 그의 박사학위논문의 주요 내용이었다. 파마의 학위논문은 그에게 직장과 명성을 함께 가져다주었다. 그는 박사과정을 마침과 동시에 시카고대학의 조교수로 임명되었고, 1965년에는 "주가의 움직임"이라는 논문으로 당시 최고의 평판을 누리던 학술지에 게재되었다.[6]

그 이후 파마는 인플레이션과 단기이자율의 관계, 가치주 퍼즐, 사건연구의 적용 등 자본시장 효율성에 관한 많은 업적을 쌓았을 뿐만 아니라, EMH의 이론과 실증적 연구들을 정리한 중요한 논문도 발표하였다. 그는 1964년 시카고대학의 조교수로 시작하여 2014년 현재까지 학생들을 가르치고 있으며, 최근까지도 뛰어난 논문들을 학술지에 게재하고 있다.

그렇다고 해서 모든 예외적인 투자성과가 오직 행운에 의해서만 얻어질 수 있다고 단정할 수도 없다. 어떤 투자자는 진짜로 우수한 투자비법을 갖고 있을 수도 있다. 따라서 EMH를 검증할 때, 비정상적 투자성과가 존재할 수 있느냐가 중요한 것이 아니라, 그런 투자성과를 일관성 있게 얻어낼 수 있는 비법 또는 정보가 존재하느냐가 중요하다.

4] 쉴러는 뉴케인즈학파를 주도하는 대표적 학자로서 자본시장의 이상현상에 대한 행태과학적 해석을 부여한 업적이 두드러진다. 한센은 자산가격의 실증적 검증을 위한 새로운 계량경제학적 방법론으로서 일반화적률법이라는 통계기법을 개발한 업적이 두드러진다.

5] 이 부분은 P. L. Bernstein, *Capital Ideas* (Free Press, 1992), Ch. 7을 정리하여 소개한 것이다.

6] 그 논문이 E. F. Fama, "The Behavior of Stock Market Prices," *Journal of Business*, Vol. 37, No. 1, Jan. 1965. pp.34-105이다. 이 논문은 그의 박사학위논문을 거의 그대로 게재한 것이다.

9.2.3 약형 EMH의 검증

약형 EMH는 시장에서 형성되는 실제가격(또는 실제 수익률)이 과거의 가격 또는 거래량이 내포하고 있는 정보를 충분히 반영하고 있다는 것을 의미한다. 이를 달리 표현하면, 약형 EMH는 어떤 투자자가 과거의 가격 또는 거래량 자료로부터 특정한 투자전략을 찾아내어 사용한다 하더라도, 별다른 투자전략을 구사하지 않은 평균적 투자자들보다 우수한 투자성과를 일관성 있게 얻을 수 없다는 것을 의미한다.

약형 EMH에 대한 실증적 검증은 대체로 두 가지 방향에서 이루어져 왔다. 그 하나는 과거 자료를 이용하여 미래의 자산가격 변동을 예측할 수 있는지를 검증하는 것이다. 이것은 다음에 설명하는 랜돔워크모형을 검증하는 것과 동일하다. 다른 방향은 기술적 분석에 의해 비정상성과를 얻을 수 있는지를 검증하는 것이다. 만일 기술적 분석에서 사용하는 특정한 투자기법에 의해 비정상성과가 얻어진다면 약형 EMH는 기각된다.

(1) 랜돔워크모형의 검증

랜돔워크모형(random-walk model)은 자산가격의 변동이 무작위로 추출되는 난수(random number)와 같이 전혀 예측 불가능하다는 모형이다. 즉, 랜돔워크모형은 $t+1$시점에 발생한 자산가격 변동 $\Delta P_{t+1}(=P_{t+1}-P_t)$이 어떤 정보를 이용해서도 예측 불가능한 확률변수라는 것을 의미한다. 이러한 랜돔워크모형의 정의를 수식으로 표시하면 다음과 같다.[7]

랜돔워크모형

$$P_{t+1}=P_t+\varepsilon_{t+1} \qquad (9.2)$$

단, P_t와 P_{t+1}은 어떤 자산의 t시점과 $t+1$시점의 가격이고 ε_{t+1}은 평균이 0이고 분산이 σ_ε인 백색소음이다.

식(9.2)에서 ε_{t+1}은 무작위로 주어지는 예측불능한 충격으로서 흔히 백색소음(white noise)이라고 부른다. 따라서 식(9.2)는 $t+1$시점에 발생하는 자산가격 변동이 예측불가능하다는 것을 나타낸다.[8]

7] 본문에서의 정의는 랜돔워크모형의 여러 가지 정의 중 가장 단순한 것만을 사용하였다. 랜돔워크모형의 정의를 잘 정리해 놓은 것으로서 John Y. Campbell, Andrew W. Lo & A. Craig MacKinlay, *The Econometrics of Financial Markets* (Princeton Univ. Press, 1997), Ch.2를 참조.

원래 랜덤워크모형은 20세기 초 바쉘리어(L. Bachelier)라는 수학자에 의하여 농산물의 가격변동을 설명하기 위해 제시되었다.[9] 1950년대 후반과 1960년대 초에 들어서서 오스본(M. Osborne), 만델브로트(B. Mandelbrot) 등은 새로 개발된 컴퓨터를 이용하여 주가가 랜덤워크모형에 따라 변동한다고 주장하였다.[10]

파마는 랜덤워크모형이 ① 자산가격 변동이 시계열적으로 독립적이며, ② 매 시점의 자산가격 변동은 동일한 형태의 확률분포를 갖는다는 두 개의 특성을 갖는 것으로 정의하고, 주가의 시계열 자료를 이용하여 주가가 랜덤워크모형에 따라 변동한다는 실증적 증거를 제시하였다.[11] 이 파마의 정의에서, 자산가격 변동의 독립성은 미래시점 $t+1$의 가격변동은 t시점까지 주어진 과거의 가격변동과 무관하게 독립적으로 결정된다는 것을 의미한다. 즉, t시점에 이르기까지 가격변동의 시계열 자료는 $t+1$시점의 가격변동을 예측하는 데 아무런 도움을 주지 못한다는 것이다.

자산가격 변동의 독립성을 검증하기 위한 단순한 방법은 수익률의 자기상관성(autocorrelation)을 관찰하는 것이다. k차 자기상관성은 어떤 자산의 t기 수익률과 $t-k$기 수익률 사이의 상관계수이다. 만일 k차 자기상관성이 0이면 t기의 수익률이 k기 전의 수익률과 독립적이라는 것, 즉 k기 전의 수익률을 사용하여 미래의 수익률을 예측할 수 없다는 것을 의미한다.

매기의 가격변동이 동일분포(identical distribution)를 갖는다는 것은 매기의 가격변동, 즉 수익률의 확률분포가 시간의 흐름에 관계없이 일정하다는 것을 의미한다. 즉, 자산가격의 변동은 어떤 확률분포로부터 추출된 난수와 같으므로 확률분포의 특성만을 보여줄 따름이지 특정한 추세나 패턴을 보이지 않을 것이라는 의미이다.

8] 약형 EMH는 랜덤워크모형보다 완화된 조건을 필요로 하고 있다. 약형 EMH는 역사적 정보를 이용하여 미래의 주가를 예측할 수 없다는 것만을 요구하고 있다. 따라서 미래의 주가가 과거 주가와 일정한 의존관계를 갖고 있으나 과거 주가를 이용하여 미래의 주가를 예측할 수 없다면, 랜덤워크모형은 기각되지만 약형 EMH는 성립한다. 예컨대 커다란 가격변동 이후에는 더 큰 가격변동이 뒤따르지만 그 가격변동의 방향은 예측불능하다는 어떤 관찰이 있다면, 이 관찰은 미래 주가가 과거 주가와 독립적이 아니기 때문에 랜덤워크모형을 기각하는 것이지만, 과거 주가를 이용하여 미래 주가를 예측할 수 없으므로 약형 EMH를 기각하지 못한다. 따라서 랜덤워크모형을 지지하는 증거들은 약형 EMH 역시 지지해 주는 증거로 간주할 수 있지만, 랜덤워크모형을 기각하는 증거들 모두가 약형 EMH 역시 기각하는 증거라고 간주할 수는 없다.

9] L. Bachelier, *Theorie de la Speculation* (Gautheir-Villars, 1900) reprinted in Paul. H. Cootner, *The Random Character of Stock Market Price* (MIT Press, 1964), pp.17–78.

10] M. Osborne, "Brownian Motion in the Stock Market," *Operations Research* (Mar. 1959), pp.145–173. Benoit Mandelbrot, "The Variation of Certain Speculative Prices," *Journal of Business* (Oct. 1963), pp. 394–419.

11] 이 정의는 백색소음 ε_{t+1}이 독립적이고 동일한 형태의 확률분포를 갖는(independently and identically distributed, i.i.d로 줄임) 확률변수라는 것과 동일하다. Eugene F. Fama, "The Behavior of Stock Market Prices,"*Journal of Business* (Jan. 1965).

참 고 코스피 수익률에 대한 자기상관성 검증

k시차 자기상관계수는 시차가 k인 두 시점의 관찰치 사이의 상관계수이므로 다음 식과 같이 구한다.

$$\rho_k = \frac{\sum_{t=k+1}^{T} (R_t - \bar{R})(R_{t-k} - \bar{R})}{\sum_{t=k+1}^{T} (R_t - \bar{R})^2} \tag{9.3}$$

단, R_t는 t기 수익률이고 $\bar{R}$ 는 평균수익률이다.

5% 유의수준에서 자기상관계수의 유의성을 검증하는 임계값은 $2/\sqrt{\text{관찰치수}}$이다. 즉, 실제의 자기상관계수의 절대값이 이 임계값보다 크면, 자기상관계수가 0과 유의한 차이를 갖는 것으로 판단한다.

〈표 9.1〉은 코스피 지수의 일간수익률(2001년 1월~2014년 6월)과 월간수익률(1980년 1월~2014년 6월)에 대한 자기상관계수를 정리한 것이다. 일간수익률의 경우 5% 유의수준에서의 임계값은 0.0346 정도이다. 시차를 달리하여 계산된 자기상관계수의 절대값들은 모두 임계값보다 작다. 따라서 일간수익률의 자기상관계수는 0과 유의한 차이를 갖지 않는 것으로 판단할 수 있다.

표 9.1 코스피 지수의 자기상관계수

일간수익률(2001.1~2014.6)			월간수익률(1980.1~2014.6)		
시차	ρ_k	관찰치수	시차	ρ_k	관찰치수
1일	0.0198	3,340	1개월	0.0802	412
2일	−0.0222	3,339	2개월	0.0119	411
3일	0.0012	3,338	3개월	−0.0028	410
4일	−0.0320	3,337	6개월	0.0511	406
5일	−0.0208	3,336	12개월	−0.0125	401
10일	0.0020	3,310	24개월	0.0403	389
			36개월	0.0392	377

또 월간수익률의 경우 5% 유의수준에서의 임계값은 0.099 정도이다. 그러나 시차를 달리하여 계산된 자기상관계수들은 모두 이 임계값보다 작다. 따라서 월간수익률의 자기상관계수도 0과 유의한 차이를 보인다고 말할 수 없다.

전체적으로 일간수익률과 월간수익률 모두 자기상관계수가 0과 차이를 보이지 않는다. 이것은 랜덤워크가설에서 말하는 것과 같이 코스피 수익률이 과거 수익률과 독립적으로 변동한다는 것, 즉 코스피 수익률을 과거 수익률 자료를 사용하여 예측할 수 없다는 증거로 받아들일 수 있다.

(2) 필터기법의 유용성 검증

기술적 분석에서는 과거의 가격과 거래량 자료를 가지고 주가변동의 일정한 패턴을

참 고 마팅게일모형

자산가격 변동을 표현하는 모형으로서 랜덤워크모형과 함께 마팅게일모형도 자주 사용된다. 마팅게일모형(martingale model)은, 투자자들이 t시점에 이용가능한 정보집합을 사용하여 예측한 미래의 기대가격이 t시점의 가격과 같다는 것을 의미한다.[12] 따라서 마팅게일모형은 다음과 같이 나타낼 수 있다.

$$E(P_{t+k}|\Omega_t)=P_t \tag{9.4}$$

이 식의 좌변은 t시점의 정보집합(Ω_t)을 이용하여 예측한 $t+k$시점의 기대가격을 나타내며, 식(9.4)는 이 기대가격이 현재의 가격과 같을 것이라는 것을 말해주고 있다. 그 이유는 정보집합에 있는 모든 정보는 이미 현재의 가격에 반영되어 있고, $t+k$시점까지 어떤 새로운 정보가 주어질지에 대해 현재 시점에서 예측할 수 없기 때문이다.

마팅게일모형의 첫 번째 의미는 미래가격에 대한 최선의 예측치는 오늘의 가격과 같다는 것이다. 따라서 마팅게일모형이 성립할 경우, 투자자들이 역사적 정보를 이용하여 투자한다 하더라도 투자성과의 기대치는 0이다. 마팅게일모형의 두 번째 의미는, 앞의 랜덤워크모형에서와 동일하게 과거의 가격변동을 이용하여 미래의 가격변동을 예측할 수 없다는 것이다.

흔히 마팅게일모형은 효율적 시장이 갖추어야 할 필요조건인 것으로 간주되고 있다. 마팅게일모형에서는 투자자들이 이용가능한 모든 정보가 오늘의 가격 P_t에 충분히 반영되어 있기 때문에, 그 정보집합을 이용하여 예측한 미래의 기대가격 $E(P_{t+k}|\Omega_t)$는 오늘의 가격과 같아야 한다.

식(9.4)에는 정보를 반영한 기대가격만을 수학적으로 표현하고자 한 것이기 때문에 화폐의 시간가치가 반영되어 있지 않다. t와 $t+1$ 사이의 시차가 무시할 수 없을 정도로 크다면, 식(9.4)의 좌변은 미래 기대가격의 현재가치로 수정되어야 한다. 이 경우 마팅게일모형은 다음 식과 같이 표현된다.

$$P_t=e^{-rk}E(P_{t+k}|\Omega_t) \tag{9.5}$$

이 식에서 r은 무위험이자율이고 e^{-rk}는 연속할인에 의한 현재가치계수이다. 식(9.5)는 t시점의 가격이 미래 기대가격의 현재가치와 같다는 것을 나타내고 있으며, 이 식을 사용하여 자산가치를 평가하는 방법이 마팅게일 가격결정모형이다. 주목할 필요가 있는 점은 미래 기대가격이 위험을 내포하고 있는 기대치인데도 불구하고 무위험수익률을 할인율로 사용하고 있다는 점이다. 그 이유는 기대치를 구할 때 흔히 사용하는 실제 확률을 사용하지 않고 이른바 마팅게일확률(또는 위험중립확률)이라는 특수한 확률을 사용하기 때문이다. 이 점에 대해서는 제13장에서 다시 상세하게 설명할 것이다.

찾아낼 수 있으며, 이를 이용하여 증권의 매입 또는 매도의 신호를 찾아낼 수 있다고 믿는다. 오늘날 다양한 형태의 기술적 분석이 행해지고 있으며 따라서 매우 다양한 형태의 거래전략이 이용되고 있다. 따라서 기술적 분석을 옹호하는 입장에서 볼 때, 위

12] martingale이란 본래 말의 가슴걸이 끈을 의미한다고 한다. 가슴걸이 끈을 조절함으로써 말이 길을 벗어나지 않고 달려 나갈 수 있도록 한다.

에서 설명한 연의 검증이나 자기상관성의 분석만으로 약형 EMH를 검증할 수는 없다고 본다. 왜냐하면, 연의 검증이나 자기상관성의 분석만으로, 더 세련된 기술적 분석기법에 의하여 비정상성과를 실현할 수 있는 가능성을 배제할 수 없기 때문이다.

기술적 분석에 기초한 투자전략 중에서 약형 EMH를 검증하는 데 가장 널리 사용되고 있는 방법은 필터기법(filter technique)의 검증이다. 이 필터기법은 주가변동의 추세를 믿는 다우이론(Dow theory)에 기초한 것으로서, 증권가격이 저점으로부터 x%만큼 상승하면 그 증권을 매입하고 그 뒤를 잇는 고점에서 x%만큼 하락할 때 보유증권을 매도(또는 공매)하는 투자전략으로 정의할 수 있다. 이때 x%를 필터라고 부르며, 이 필터의 크기를 변화시킴으로써 여러 가지 필터기법이 검증될 수 있다. 일반적으로 필터 x를 적게 할수록 시세차익을 많이 얻을 수 있는 것으로 알려져 있으나 더 빈번하게 거래하여야 하기 때문에 더 많은 거래비용을 부담하여야 한다(이 필터기법의 구체적인 예는 제15장에서 설명할 것이다).

만일 약형 EMH가 성립한다면, 필터기법을 이용하여 순진한 매입보유(naive buy and hold) 전략 이상의 투자성과를 실현할 수 없다. 필터기법을 이용하여 비정상성과를 얻을 수 있는지를 검증한 초기의 실증적 연구는 알렉산더(S. Alexander)에 의해 이루어진 바 있다.[13] 알렉산더는 x의 값을 달리한 여러 개의 필터기법을 적용한 결과, 적은 값의 x%(특히 5%)에서 상당히 큰 비정상성과가 실현된다는 것을 발견하였으나, x가 적을수록 거래비용이 많이 소요되므로 거래비용을 고려하는 경우 x의 모든 값에 대하여 비정상성과가 사라지고 순진한 매입보유 전략과 비슷한 수준이 되었다. 이 알렉산더의 연구는 과거의 주가정보가 비정상성과를 실현하는 데 사용될 수 없다는 약형 EMH를 지지하는 증거이다.

9.2.4 준강형 EMH의 검증

준강형 EMH는 자본시장에서 형성되는 가격이 공표된 모든 정보를 충분히 반영하고 있다는 것을 의미한다. 준강형 EMH에서 말하는 "공표된" 모든 정보는 시장에서 이용할 수 있는 과거의 주가자료와 거래량, 공시사항, 조회사항, 정부의 경제시책 발표, 일

13] Sidney Alexander, "Price Movements in Speculative Markets : Trends or Random Walks, No.2," in Paul Cootner (ed.), *The Random Character of Stock Market Prices* (MIT Press, 1964).

반에게 공개된 경제상황, 기업의 보고된 회계정보 및 재무정책 등을 포함하고 있다. 따라서 자본시장에서 준강형 EMH가 성립한다면, 이러한 공표된 정보를 이용하여 비정상성과를 실현할 수 없다.

준강형 EMH에 의하면, 경제적으로 중요한 새로운 정보가 공표되면 그 정보에 대해 증권가격이 반응해야 하며, 그 반응은 공표 이전이나 공표와 거의 동시에 나타나고 공표 이후에는 더 이상 가격반응이 나타나지 않아야 한다. 일부 투자자들은 특정 정보의 공표 이전에 여러 가지 예비적 정보원천으로부터 그 정보를 입수할 수 있으므로, 공표 이전에 가격반응이 일어난다는 것이 그리 드문 일은 아니다.[14] 이런 경우 준강형 EMH는 "공표된" 정보를 충분히 반영한다는 것만을 의미하기 때문에 예비적 정보원천을 통해 정보가 시장에 전달되는 것까지 배제하는 것은 아니다.

준강형 EMH에 의하면, 새로운 정보가 공표된 후에는 그 정보에 대해 뚜렷한 가격반응이 나타나지 않아야 한다. 만일 정보의 공표 후에도 가격반응이 나타난다면, 이것은 공표된 정보가 증권가격에 충분히 반영되지 못했다는 것을 의미하는 것으로서 준강형 EMH를 기각하는 증거가 된다. 이 경우 투자자들은 공표 후에도 그 정보를 이용하여 비정상성과를 얻을 수 있다.

(1) 사건연구

준강형 EMH를 검증할 때 흔히 사용하는 방법은 사건연구(event study)라는 방법이다. 사건연구는 어떤 사건의 공표시점을 중심으로 증권가격이 어떻게 반응하는가를 관찰하는 검증방법이다.

사건연구를 수행하려면 특정 사건의 공표를 경험한 증권의 증권가격이 어느 정도의 크기로 반응하였는지를 측정하여야 한다. 이때 증권가격의 반응의 크기는 비정상수익률, 즉 사건 공표의 영향을 받아 실제 실현된 수익률과 그 영향이 없었을 경우 예상되는 정상적 수익률의 차이에 의해 측정한다. 이 비정상수익률을 측정하기 위하여 다음과 같은 몇 가지 절차를 밟는다.

① **사건의 정의와 표본의 선택** : 사건연구의 첫 단계는 사건을 정의하는 것이다. 예를 들어, 기업합병의 공표에 대한 주가의 반응을 분석하고자 한다면, 기업합병의

14] 예를 들어, 주당배당의 증가는 배당 결의와 함께 공식적으로 공표된다. 그러나 반기보고서 등을 통하여 당기순이익이 크게 증가할 것이라는 예측이 얻어졌다면, 그 결과 주당배당도 크게 증가할 것이라는 예측이 얻어질 수 있다.

공표가 언론의 최초보도시점을 기준으로 하는 것인지 또는 공식적 합병계약 공개시점을 기준으로 할 것인지 등 사건의 구체적 내용을 명확하게 정의해야 한다. 일반적으로 사건의 정의가 구체적일수록 그 사건을 경험한 표본회사가 명확하게 정의될 수 있다.

② **시간의 표준화** : 사건연구는 하나의 사례가 아니라 동일한 사건을 겪은 많은 회사의 주가가 사건의 공표 이전과 이후에 평균적으로 어떻게 반응하였는지를 분석하고자 하는 것이다. 따라서 시간의 흐름도 공표시점을 기준으로 표준화할 필요가 있다. 예컨대, 어떤 합병사례는 2011년 9월 8일에 공표되었고 다른 사례는 2004년 5월 23일에 공표되었을 수 있지만, 동일 사건을 겪은 모든 사례에 대해 공표시점을 t=0으로 통일하고 시간의 흐름을 공표시점 기준으로 표준화하면, 모든 사례에서 나타난 주가의 반응이 마치 동일한 시간 스케줄에 따라 발생한 것처럼 처리될 수 있다. 대부분의 사건연구에서는 시간의 흐름은 공표시점(t=0)을 기준으로 추정기간과 사건기간의 두 부분으로 나눈다.

추정기간(estimation window)은 사건의 영향을 받지 않았을 것으로 판단되는 시기이다. 우리는 이 추정기간의 수익률 자료를 이용하여 사건의 영향을 받지 않은 정상적 상태에 표본회사의 주식수익률이 자본시장 전체와 어떤 관계를 갖고 생성되는지에 관한 정보를 얻어낼 수 있다. 예를 들어, 사건 공표시점으로부터 충분히 먼 과거이기 때문에 사건의 영향을 받지 않았을 것으로 판단되는 160일 전(t=−160)부터 11일 전(t=−11)까지 기간을 추정기간으로 설정할 수 있다.

사건기간(event window)은 어떤 사건의 공표로 증권가격이 영향 받을 것으로 판단되는 기간이다. 일반적으로 사건 공표에 대한 예비적 매체가 있을 수 있기 때문에 공표시점 이전의 적절한 시점부터 공표시점 이후의 적절한 시점까지를 사건기간으로 설정한다. 예를 들어, 사건의 공표시점을 기준으로 10일 전(t=−10)부터 10일 후(t=+10)까지 21일간을 사건기간으로 설정할 수 있다. 우리는 이 기간 중 사건공표의 영향으로 어느 정도의 비정상수익률이 얻어졌는지를 추정함으로써 어떤 사건에 대한 가격반응의 크기를 측정한다.

③ **추정기간의 특성선 추정** : 추정기간의 개별 표본회사와 시장 전체의 수익률 자료를 이용하여 시장모형을 추정한다. 예를 들어, 사건 공표시점을 기준으로 160일 전(t=−160)부터 11일 전(t=−11)까지 150일의 기간을 추정기간으로 사용한다면, 이 기간의 일간수익률 자료를 사용하여 개별 표본회사 별로 주식수익률의 특성선을 추정한다. 그 결과 어떤 주식 j의 특성선이 다음의 회귀식과 같이 추정되었다 하자.

$$R_{jt}=\hat{\alpha}_j+\hat{\beta}_j R_{Mt}+\hat{\varepsilon}_{jt} \tag{9.6}$$

단, t는 추정기간에 속하는 일자이다(예; 공표시점 기준으로 −160일부터 −11일까지).

④ **사건기간 중의 잔차수익률 계산** : 위와 같이 추정기간의 자료를 사용하여 개별 표본회사의 특성선이 추정되면, 이를 이용하여 사건기간(예를 들어, −10일부터 +10일까지) 중의 정상수익률을 구할 수 있다. 정상수익률은 "사건의 영향을 받지 않았을 경우 예상될 수 있는 기대수익률"이다. 이미 $\hat{\alpha}_j$와 $\hat{\beta}_j$를 알고 있으므로 시장수익률을 식(9.6)에 대입하면 사건의 영향을 받지 않은 정상수익률이 구해진다. 즉, 사건기간 중의 어떤 t일의 시장수익률 R_{Mt}를 특성선에 대입하면, 그날의 자산 j의 정상수익률은 다음과 같이 구해진다.

$$E(R_{jt}|R_{Mt})=\hat{\alpha}_j+\hat{\beta}_j R_{Mt} \tag{9.7}$$

단, t는 사건기간에 속하는 일자이다(예; 공표시점 기준으로 −10일 전부터 +10일 후까지).

이렇게 계산된 자산 j의 t일의 정상수익률은 사건이 공표되지 않았을 경우 기대되는 수익률이다. 그리고 자산 j의 t일의 실제 수익률이 R_{jt}로 관찰되었다면, 이 R_{jt}는 i) 사건의 영향이 없이 시장수익률의 영향만을 반영하고 있는 정상수익률의 부분, ii) 사건공표의 영향을 받아 발생하는 비정상수익률의 부분 및 (iii) 시장의 영향이나 사건공표의 영향과 무관하게 발생한 순수한 고유요인의 부분으로 이루어져 있다. 위의 식(9.7)은 i)의 부분에 해당되고, 실제 수익률 R_{jt}에서 식(9.7)의 정상수익률을 차감하여 얻어진 잔차수익률(residual return)은 위의 ii)와 iii)의 부분에 해당된다. t일의 잔차수익률 ε_{jt}는 다음과 같이 구해진다.[15]

$$\varepsilon_{jt}=R_{jt}-E(R_{jt}|R_{Mt})=R_{jt}-(\hat{\alpha}_j+\hat{\beta}_j R_{Mt}) \tag{9.8}$$

단, t는 사건기간에 속하는 일자이다(예; 공표시점 기준으로 −10일 전부터 +10일 후까지).

잔차수익률 ε_{jt}는 사건기간 중 매일(예컨대 공표시점 기준으로 −10일부터 +10일까지) 계산된다. 이 잔차수익률에는 사건의 영향뿐만 아니라 주식의 고유요인의 영향도 반영되어

15] 본문에서와 같이 시장모형을 이용하여 잔차수익률을 계산하는 방법이 가장 널리 사용되고 있는 방법이다. 그러나 추정기간의 특성선 추정이라는 절차를 생략하고, 사건기간의 실제 수익률에서 시장수익률을 곧바로 차감하거나 업종별 수익률을 차감하여 잔차수익률을 계산하는 방법도 가끔 사용된다.

있다. 고유요인의 영향을 배제하기 위하여, 동일한 사건이 일어난 표본회사들 전체에 대해 사건기간 중의 잔차수익률을 평균한다. 이와 같이 표본회사들의 잔차수익률을 평균한 값을 평균잔차수익률(average residual; AR)이라고 하며, 다음과 같이 구해진다.

$$AR_t = \frac{1}{J}\sum_{j=1}^{J}\varepsilon_{jt} \tag{9.9}$$

단, t는 사건기간에 속하는 일자이다(예; 공표시점 기준으로 −10일 전부터 +10일 후까지). j는 동일한 사건을 경험한 주식들로서 $j=1,\cdots,J$이다.

식(9.9)에서 표본으로 사용된 회사가 모두 J개 회사라면, t일의 평균잔차수익률은 J개 회사의 t일의 잔차수익률을 평균한 것이다. 이와 같이 잔차수익률을 평균함으로써 개별 회사의 고유요인의 영향이 제거되고 사건공표의 영향만이 남게 된다. 즉, 평균잔차수익률은 사건공표에 대해 주가가 보여준 매시점의 반응을 측정한 것이다.

⑤ **사건기간 중의 누적비정상수익률의 계산** : 위의 평균잔차수익률(AR_t)만으로도 어떤 사건에 대하여 증권가격이 어떤 반응을 보이는가를 관찰할 수 있다. 그러나 사건기간 첫 날부터 어떤 T일까지(즉, −10일부터 T일까지) 평균잔차수익률을 누적하여 그림으로 표시하면, 공표시점 전후의 주가의 반응을 더 분명하게 식별할 수 있다. 이와 같이 평균잔차수익률을 누적하여 계산한 값은 어떤 사건으로 인하여 얻어진 비정상성과의 지표로 사용되기 때문에 누적비정상수익률(cumulative abnormal return; CAR)이라고 부른다. 예컨대, −10일부터 T일까지 발생한 가격의 반응을 관찰하고자 할 경우, T일의 누적비정상수익률 CAR_T는 −10일부터 T일까지 얻어진 평균잔차수익률(AR)의 누적치이므로 다음 식과 같이 계산될 수 있다.

누적비정상수익률(CAR)

$$CAR_T = \sum_{t=-10}^{T} AR_t \tag{9.10}$$

이와 같이 계산된 누적비정상수익률을 그림으로 나타내면 어떤 사건에 대한 주가의 반응을 비교적 명료하게 식별할 수 있다. 예를 들어, 예비적 정보원천이 전혀 존재하지 않고 그 사건이 내포하는 정보가 공표일자 그날에만 완전하게 반영된다면, −1일(공표 1일 전)까지 매일의 평균잔차수익률은 거의 0에 가까울 것이므로, 누적비정상수익률(CAR) 역시 [그림 9.1]에서와 같이 0의 수준에 머무를 것이다. 그리고 관련된 정보가 공표일 하루에 완전히 반영되므로 CAR 역시 공표일에 새로운

그림 9.1 새로운 정보의 공표에 대한 주가의 반응

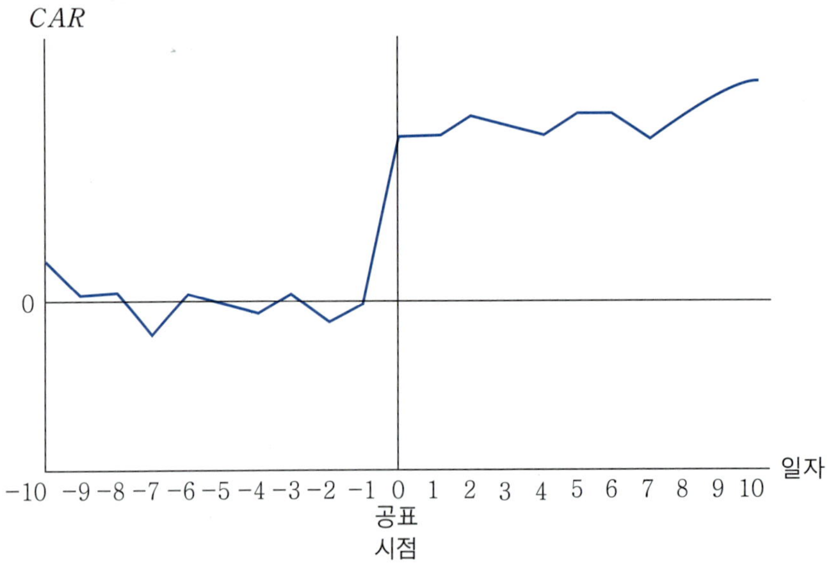

수준으로 변동하고, 그 이후에 같은 수준에서 머무를 것이다.

준강형 EMH를 검증하기 위한 시도는 매우 다양한 형태로 이루어졌으며 대부분이 위에 소개한 사건연구의 방법론을 사용하였다. 오늘날 사건연구의 방법론은 새로운 정보에 대한 증권가격의 반응을 검증하는 것뿐만 아니라 경제정책에 대한 시장의 반응, 중요한 정치적 사건에 대한 여론의 반응 등을 관찰하는 데에도 폭넓게 이용되고 있다.

여기에서는 준강형 EMH를 검증하기 위하여 어떤 아이디어가 사용되고 있는지를 보기 위해 비교적 초기에 이루어진 연구들로서 이해하기 쉽고 널리 인용되고 있는 연구들만을 주로 소개한다. 우리나라에서도 다양한 사건연구가 이루어졌지만, 표본과 기간이 작고 연구결과가 안정적인 결론을 보여주는 예가 희소하므로 여기에서는 소개하지 않겠다.

(2) 주식분할 및 무상증자의 공표에 대한 시장의 반응

주식분할(stock split)은 이미 발행된 1주의 주식을 분할비율에 따라 더 많은 수의 주식으로 분할하는 것을 말한다. 주식분할은 단순히 주식수의 증가만을 가져오기 때문에, 주식분할 자체가 주가의 변화를 가져다줄 만한 어떤 이유도 갖고 있지 않다. 무상증자도 재무상태표에서 잉여금 또는 준비금을 자본금으로 전입하는 회계적 절차에 지나지 않으므로, 자본금 증가에 상응하여 주식수의 증가만을 가져다줄 뿐이고 그 자체로서 다른 실질적인 효과를 갖지 않는다.

그러나 주식시장에서는 주식분할과 무상증자가 주가의 상승을 가져다줄 수 있는 좋은 뉴스(good news)로 흔히 받아들여지고 있다. 주식분할이 주식시장에서 좋은 뉴스로 받아들여진다면, 1주당 10만원에 거래되는 주식 1주를 2주로 분할한 후의 주가는 5만원이 아니라 그보다 높은 수준에서 형성될 것으로 기대할 수 있다.

주식분할과 무상증자가 주식시장에서 좋은 뉴스로 해석되는 이유로서 두 가지 가설이 있다. 첫 번째 가설은 거래범위가설로서, 거래하기 좋은 주가범위 수준으로 주가를 조정하기 위해 주식분할 또는 무상증자를 행한다는 것이다. 이 가설에 의하면, 어떤 주식이든 거래가 가장 활발하게 이루어질 수 있는 가격의 범위를 갖고 있으며, 주가가 이 범위를 벗어나 너무 높게 형성되어 있으면 주식이 유동성을 상실하게 되어 주주부가 감소할 수 있다. 따라서 주가 수준이 과도하게 높게 형성되어 있는 주식의 경우, 주식분할이나 무상증자에 의하여 주가 수준을 적절한 가격범위로 조정함으로써 주주부의 증가를 유도할 수 있다.

두 번째의 가설은 신호가설(signalling hypothesis)이다. 신호가설은 경영자와 투자자 사이에 정보비대칭(information asymmetry)이 존재하고, 경영자들은 일정한 신호를 사용하여 그들이 가지고 있는 정보를 투자자들에게 알리고자 하는 유인을 갖고 있다는 가설이

그림 9.2 주식분할 공표에 대한 시장의 반응

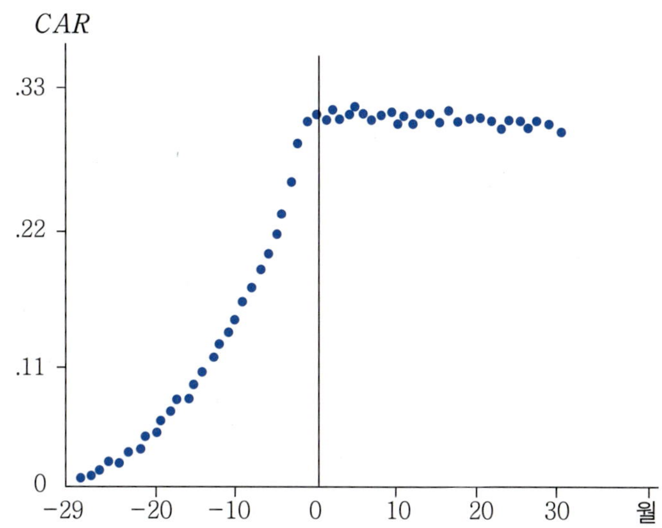

다. 경영자가 기업의 미래전망에 대하여 좋은 정보를 갖고 있고 현재의 주가가 상대적으로 낮게 평가되어 있다고 판단할 경우, 경영자는 그가 갖고 있는 정보를 투자자들에게 전달하기 위한 신호의 수단으로써 주식분할 또는 무상증자를 이용한다. 따라서 신호가설에 의하면 주식시장은 주식분할 또는 무상증자의 공표를 미래전망에 관한 좋은 뉴스로 받아들여 이를 주가에 반영한다.

파마, 피셔, 젠슨, 롤(E. F. Fama, M. Fisher, M. Jensen & R. Roll)은 주식분할의 공표에 대하여 주식시장이 어떻게 반응하고 있는지를 검증하였다.[16] 이들은 NYSE에서 1929~1959년 동안에 이루어진 모든 주식분할의 사례를 수집하고, 주식분할 공표시점을 전후하여(29개월 전부터 30개월 후까지) 누적비정상수익률(*CAR*)이 어떻게 변동하는가를 관찰하였다.

그들의 관찰결과는 [그림 9.2]에 주어져 있다. [그림 9.2]에서 주식분할 공표 이전에 누적비정상수익률이 상승하고 있다. 이것은 공표 이전에 예비적 정보원천을 통하여 주식분할의 정보가 주식시장에 알려지고, 이 정보가 주가에 반영되고 있다는 것을 의미한다. [그림 9.2]에서 공표시기까지의 30개월 동안에 누적비정상수익률(*CAR*)은 30%를 넘고 있으며, 이 결과는 주식분할이 주식시장에서 좋은 뉴스로 받아들여지고 있다는 것을 말해 준다. 그러나 주식분할 공표 이후 *CAR*는 거의 일정한 수준에서 머무르고 있다. 이것은 주식분할이 내포하는 정보가 공표시기까지 완전히 반영되었다는 것을 의미하며, 준강형 EMH를 지지해 주는 증거로 해석할 수 있다.

(3) 이익공표에 대한 시장의 반응

준강형 EMH를 검증하기 위하여 흔히 회계정보의 공표가 주가에 어떤 영향을 미치는가를 관찰한다. 왜냐하면, 회계정보는 전형적인 공표된 정보이고, 공인회계사의 감사를 거치기 때문에 비교적 신뢰성 있는 정보이며, 회계공시제도가 잘 갖추어져 있으므로 비교적 저렴하게 투자자들이 이용할 수 있기 때문이다. 주가에 반영되는 정보 중에서 가장 중요한 정보는 기업의 수익력에 관한 정보이며, 수익력의 변화는 기업의 회계적 이익의 변화로 나타난다고 볼 수 있다. 즉, 증권시장이 효율적이라면, 주가는 기업의 회계이익 변동이 내포하는 정보를 충분히 그리고 정확하게 반영하여야 할 것이다.

회계이익의 공표에 대한 증권시장의 반응을 검증하기 위해서는 먼저 이익의 변화를 투자자들이 예상한 이익변동과 예상하지 못한 이익변동의 부분으로 나누어야 할 필요

16] E. F. Fama, L. Fisher, M. Jensen & R. Roll, "The Adjustment of Stock Prices to New Information," *International Economic Review* (Feb. 1969), pp.1–21.

가 있다. 이를 위해 흔히 사용하는 수단이 회계적 시장모형(accounting market model)이다. 이것은 어떤 개별기업의 주당이익(*EPS*)의 변동이 주식시장 전체의 *EPS* 변동과 어떤 관계를 갖고 있는지를 추정하기 위한 회귀모형으로서 다음과 같이 표현된다.

$$\Delta EPS_{jt} = a_j + b_j \Delta EPS_{Mt} + \varepsilon_{jt} \tag{9.11}$$

단, ΔEPS_{jt}는 t기에 발생한 j회사의 *EPS* 변동, ΔEPS_{Mt}는 t기에 발생한 상장주식 전체의 *EPS* 변동, ε_{jt}는 오차항이다.

과거의 *EPS* 자료를 사용하여 회귀분석을 행하면 위 식의 a_j와 b_j가 추정된다. 이렇게 추정된 a_j와 b_j를 이용하여 당기(t기)의 예상 밖의 *EPS*변동 u_{jt}를 다음과 같이 구할 수 있다.

$$u_{jt} = \Delta EPS_{jt} - (\hat{a}_j + \hat{b}_j \Delta EPS_{Mt}) \tag{9.12}$$

단, ^는 과거자료로부터 추정된 식(9.11)의 a와 b의 추정치이다.

식(9.12)에서 t기의 예상 밖의 *EPS*변동(u_{jt})은 t기에 실제로 얻어진 *EPS*변동(ΔEPS_{jt})에서 식(9.11)의 추정결과를 이용해 얻어진 기대 *EPS*변동을 뺀 값이다. 어떤 t기의 주당이익이 공표될 때 증권시장에 전달되는 새로운 정보는 예상 밖의 *EPS*변동이므로, 예상 밖의 *EPS*변동에 대하여 증권시장이 어떻게 반응하는지를 검증함으로써 증권시장의 준강형 EMH를 검증할 수 있다.

회계이익의 공표에 대한 증권시장의 반응은 사건연구가 처음 개발된 이래 가장 중요한 주제의 하나로 다루어져 왔다. 많은 연구들 중 대표적인 것으로 렌들만, 존스, 라타네(R. J. Rendleman, C. P. Jones & H. A. Latane)의 연구를 들 수 있다.[17] 그들은 위의 식(9.12)와 같은 방법으로 분기이익 자료로부터 예상 밖의 *EPS*변동을 구하고 그 크기순으로 구성된 10개의 포트폴리오들의 *CAR*를 계산하였다.

[그림 9.3]은 렌들만, 존스, 라타네의 검증결과를 그림으로 나타낸 것이다. [그림 9.3]에서 포트폴리오 10은 (+)의 예상 밖의 *EPS*변동이 가장 큰 기업집단이고 포트폴리오 1은 (−)의 예상 밖의 *EPS*변동이 가장 큰 집단이며, 포트폴리오 5는 예상 밖의 *EPS*

17] R. J. Rendleman, C. P. Jones & H. A. Latane, "Empirical Anomalies Based on Unexpected Earnings and the Importance of Risk Adjustments," *Journal of Financial Economics* (Nov. 1982).

그림 9.3 분기이익 공표에 대한 반응

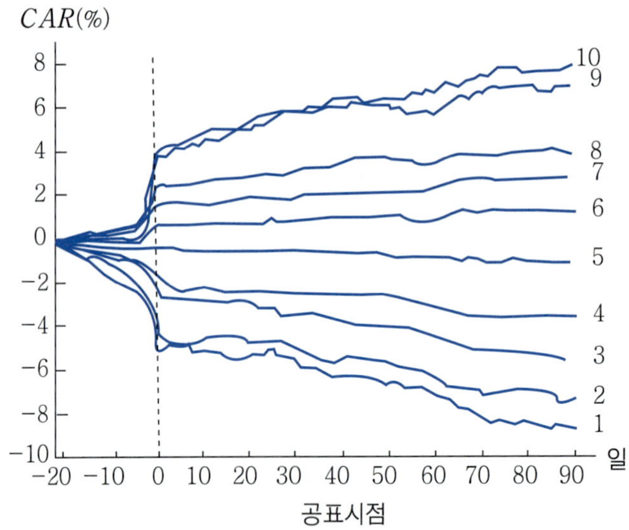

변동이 거의 0인 집단이다. 이 그림을 보면 예상 밖의 *EPS*변동이 클수록 비정상성과가 크게 얻어지고 있다. 그리고 공표시점 이전부터 *CAR*의 상승 또는 하락이 일어나고 있다. 이것은 예상 밖의 *EPS*변동에 관한 정보가 공표시점 이전에 다른 예비적 정보원천을 통해 증권시장에 전달되고 있다는 것을 의미한다. 그러나 *CAR*가 공표시점 이후 90일까지 상당히 큰 폭으로 상승 또는 하락하고 있으며, 이 사실은 준강형 EMH를 기각하는 증거로 해석된다.

(4) 회계변경에 관한 시장의 반응

증권시장의 주가가 새로운 정보를 충분히 즉시적으로 반영하는 경우라 할지라도 불완전하게 또는 불합리하게 반영할 수 있다. 어떤 정보가 갖는 경제적 의미가 주가에 정확하게 반영되고 있는가를 검증하는 한 가지 방법은 두 가지 서로 비교가능한 회계처리방법이 주가에 미치는 영향을 비교하는 것이다. 그 대표적인 예가 재고자산평가에 관한 선더(S. Sunder)의 연구이다.[18]

주가는 미래 현금흐름의 현재가치를 반영하여 결정된다. 기업이 투자자들에게 더 큰

18] S. Sunder, "Stock Price and Risk Related to Accounting Changes in Inventory Valuation," *Accounting Review* (Apr. 1975), pp.305–315.

현금흐름을 가져다주는 의사결정을 내리면 주가는 상승하고 현금흐름을 감소시키는 의사결정은 주가를 하락하도록 한다. 기업의 회계정책도 현금흐름의 크기에 영향을 미칠 수 있다. 경우에 따라서는 회계정책의 변경이 현금흐름과 순이익에 대해 상반된 영향을 미칠 수도 있다. 이런 경우 투자자들은 회계정책 변경이 현금흐름에 미치는 영향을 고려하여 주식가치를 평가해야 한다.

하나의 좋은 예로서, 재고자산을 선입선출법(FIFO)과 후입선출법(LIFO) 중 어느 것을 사용하는가에 따라 주당이익과 주당 현금흐름에 상반되는 효과를 미친다.

손익계산서를 작성하는 결산기말에 매출원가는 (기초 재고자산)+(기간중 상품매입액)−(기말 재고자산)에 의해 계산된다. 기초 재고자산이나 상품 매입액은 당기의 재고자산 평가방법에 관계없이 주어진 값이다. 그러나 물가상승기에 기말에 구입한 상품의 구입원가가 기초에 구입한 상품보다 높기 때문에, 기말 재고자산의 금액은 어떤 평가방법을 사용하느냐에 따라 달라진다.

선입선출법(FIFO)을 사용하면, 뒤늦게 매입한 상품이 재고로 남게 된다고 가정하므로 기말 재고자산이 더 높게 평가된다. 그 결과 매출원가가 상대적으로 더 낮게 보고되고 납세 전 순이익은 더 높게 보고될 것이다. 반대로 후입선출법(LIFO)을 사용한다면, 매출원가는 더 높게 보고되고 납세 전 순이익은 더 낮게 보고된다.

이 두 가지 회계처리가 현금흐름에 미치는 영향은 순이익의 경우와는 반대로 나타난다. 판매된 상품이 언제 구입되었든 진정한 가치는 동일할 것이므로, 법인세를 더 적게 내도록 하는 재고자산 평가방법이 더 큰 현금흐름을 가져다준다. 즉, 동일한 상품을 매출하였는데도 불구하고 FIFO는 납세 전 이익을 더 크게 하므로, 법인세도 더 많이 내야 하고 주주의 현금흐름은 더 적어진다. 반대로 LIFO는 납세 전 이익이 낮게 평가되므로 법인세가 더 작아지고 주주의 현금흐름은 더 증가한다. 따라서 합리적 투자자의 입장에서 볼 때, 재고자산 평가방법을 FIFO에서 LIFO로 변경하는 공표는 현금흐름을 증가시키는 좋은 뉴스이고 반대로 LIFO에서 FIFO로 변경하는 공표는 현금흐름을 감소시키는 나쁜 뉴스이다.

선더는 1946년부터 1966년 동안에 재고자산 평가방법을 바꾼 기업들의 자료를 수집하고, 회계변경 공표시기를 전후하여 누적비정상수익률(*CAR*)의 움직임을 관찰하였다. [그림 9.4]는 공표시기를 기준으로 12개월 전부터 12개월 후까지 24개월에 걸쳐 *CAR*를 그린 것이다. 먼저 FIFO에서 LIFO로 변경한 경우를 보면, 회계변경 공표 전에는 회계처리 변경의 경제적 의미를 증권가격이 반영함으로써 *CAR*가 5.3%까지 증가하였으나 공표 후에는 *CAR*의 변화가 나타나지 않고 있다. 이 결과는 공표된 정보를 충분히

그림 9.4 재고자산 평가방법 변경에 대한 시장의 반응

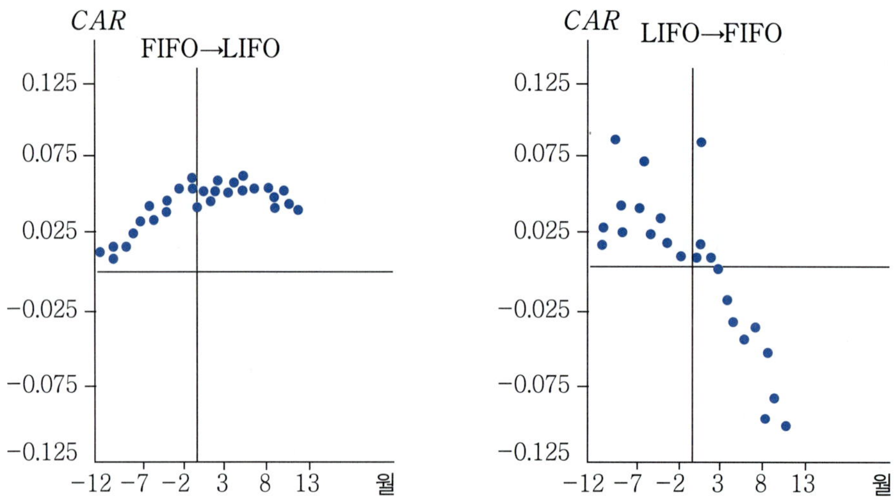

반영하여야 한다는 준강형 EMH에 부합하는 증거이며, 투자자들이 순이익보다는 현금흐름을 더 의미 있는 것으로 보고 있다는 것도 나타내 준다.

그러나 FIFO에서 LIFO로 변경한 경우에는 공표 후에도 *CAR*가 계속하여 하락하고 있다. 이 결과는 준강형 EMH를 입증하는 증거라 할 수 없으며, 단지 투자자들이 현금흐름을 더 중요시하고 있다는 것만을 보여준다.

(5) 새로운 정보에 대한 학습시차

자본시장이 효율적이기 위해서는 새로운 정보가 시장 전체에 확산되기까지 학습시차(learning lag)가 존재하지 않아야 한다. 만일 새로운 정보가 발생하여 시장 전체로 확산하기까지 상당한 학습시차가 존재한다면, 새로운 정보가 증권가격에 완전히 반영될 때까지 자산가격 변동이 일정한 추세를 보일 수 있으며, 먼저 정보를 입수한 투자자는 그 정보를 이용하여 차별적인 비정상성과를 실현할 수도 있다.

학습시차에 관한 대표적인 연구로서 비버(W. Beaver)의 연구를 들 수 있다.[19] 그는 연간이익 공표의 정보가 주가에 반영되기까지의 속도에 관하여 연구하였다. 연간이익이

19] W. Beaver, "The Information Content of Annual Earnings Announcement," *Empirical Research in Accounting: Selected Studies, Supplement to the Journal of Accounting Research* (1968), pp.67–92.

그림 9.5 이익공표와 거래량(단위: 천주)

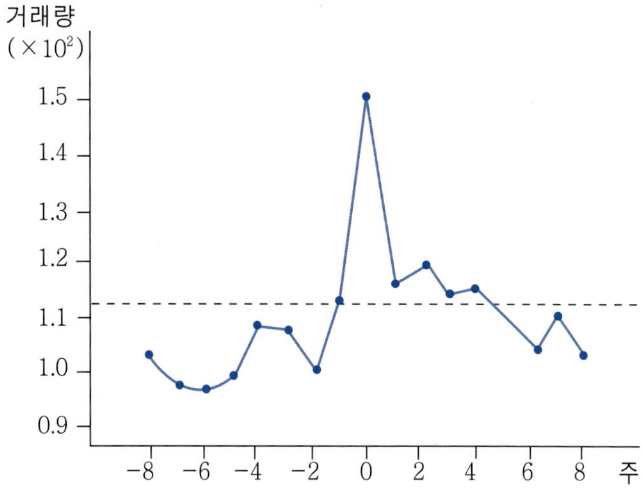

공표되고 그것이 기업의 수익력에 관한 새로운 정보를 전달해 준다면, 그 새로운 정보를 반영하여 투자자들은 자신의 포트폴리오 구성을 변경하려 할 것이다. 따라서 새로운 정보가 공표되면 공표시기를 전후하여 주식들의 매입 및 매도가 활발하게 이루어지고 거래량이 급증할 것이다.

만일 증권시장이 학습시차가 없이 새로운 정보를 즉시적으로 반영한다면, 공표시점 또는 그 이전에만 거래량이 급증하고 공표시점 후에는 다시 정상적인 거래량 수준으로 되돌아갈 것이다. 반대로 학습시차가 존재한다면, 거래량은 새로운 정보의 공표 이후 상당한 시간이 경과한 후에 비로소 정상적인 수준을 회복할 것이다.

비버는 기업의 연간이익이 월스트리트 저널에 공표된 일자를 중심으로 주가변동의 크기와 거래량의 수준을 공표 전 8주부터 공표 후 8주까지 관찰한 결과, 주가변동의 절대치와 거래량은 다른 어떤 주보다도 공표한 주에 현저히 높다는 것을 알았다. 이 결과는 새로운 정보가 시장가치에 불편성 있게 반영되는지에 대해 확정적인 결론을 주지는 않지만, 자본시장 효율성의 한 가지 특성인 신속한 반응에 대해서는 상당한 증거를 제공해 준다. 이 결과는 [그림 9.5]에 나타나 있다.

지금까지 준강형 EMH에 대한 실증적 검증결과를 설명하였다. 물론 이상에서 설명한 연구는 극히 일부에 지나지 않으며, 이 밖에도 수없이 많은 연구결과가 발표되었다. 그리고 많은 연구들은 준강형 EMH를 지지하는 증거를 제시하고 있지만, 준강형 EMH를 기각하는 연구 역시 많이 존재하고 있다. 준강형 EMH를 기각하는 증거들은 자본시장의 이상현상(anomalies)을 보여 주는 다른 증거들과 함께 다음 절에서 설명하기로 한다.

9.2.5 강형 EMH의 검증

강형 EMH는 자본시장에서 형성되는 가격이 "모든 이용가능한 정보"를 충분히 반영하고 있다는 것을 의미한다. 그러므로 강형 EMH는 누구나 다 알고 있는 역사적 정보나 공표된 정보뿐만 아니라, 기업내부자(insider)나 소수의 특별한 투자자들만이 알고 있는 비밀까지도 시장가격에 충분히 반영되어 있다는 것을 의미한다.

비밀정보에 더 용이하게 접근할 수 있는 특수한 투자자 집단이 그 정보를 이용하여 비정상적 투자성과를 실현하고 있는지를 중심으로 강형 EMH의 검증이 이루어졌다. 특수한 투자자 집단이 비밀정보를 이용할 수 있고 이 비밀정보가 실제 가격에 충분히 반영되지 않았다면, 그들은 비밀정보를 이용하여 비정상성과를 얻어낼 수 있다. 따라서 비밀정보에 접근할 수 있는 특수한 투자자 집단이 비정상성과를 얻고 있다면, 이것은 강형 EMH를 기각하는 증거로 해석된다.

(1) 뮤추얼펀드의 투자성과

기업내부의 비밀정보에 비교적 용이하게 접근할 수 있는 투자자 집단의 하나는 뮤추얼펀드와 같은 전문투자기관이다. 전문투자기관은 일반투자자가 이용할 수 없는 내부정보에 더 용이하게 접근할 수 있으리라고 생각될 수 있다. 만일 이것이 사실이라면, 뮤추얼펀드는 이 내부정보를 이용하여 비정상적 투자성과를 실현할 수 있을 것이고, 일반투자자들의 성과보다 높은 성과를 일관성 있게 얻을 것이다.

뮤추얼펀드의 성과를 측정한 대표적인 연구로서는 젠슨(M. Jensen)의 연구가 있다.[20] 그는 식(9.13)과 같은 초과수익률 시장모형을 이용하여 뮤추얼펀드의 비정상성과를 측정하는 방법을 사용하였다.

$$R_t - R_{ft} = \alpha_j + \beta_j[R_{M\ t} - R_{ft}] + \varepsilon_{jt} \tag{9.13}$$

20] M. Jensen, "Risk, the Pricing of Capital Assets, and the Evaluation of Investment Portfolios," *Journal of Business* (Apr. 1969), pp.167–247.

그림 9.6 뮤추얼펀드의 알파계수 분포

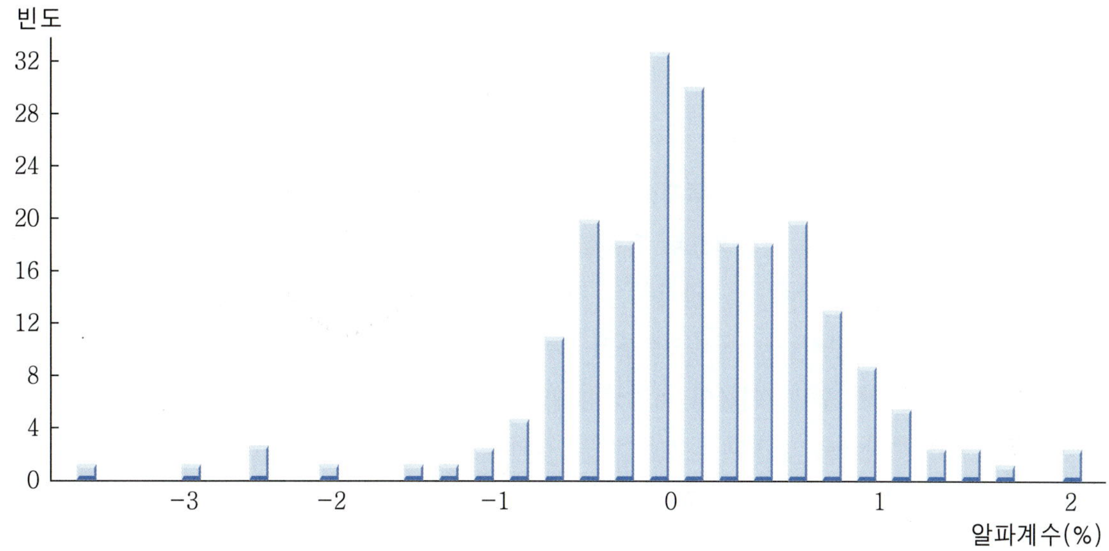

식(9.13)에서 어떤 뮤추얼펀드의 알파계수(α_j) 추정치가 0이라면 이 펀드는 CAPM에 의해 정당화되는 정도의 평균초과수익률을 얻었다는 것을 의미하며, 알파계수가 (+)라면 CAPM에 의해 정당화될 수 있는 수준 이상의 평균초과수익률을 얻었다는 것을 의미한다. 따라서 알파계수(α_j)는 어떤 포트폴리오의 비정상성과의 크기를 나타내는 척도로 사용할 수 있다.

젠슨은 이 척도를 1955년부터 1964년까지 115개 뮤추얼펀드의 연간수익률 자료에 적용하여 본 결과, α의 평균이 (−)로 나타났다. 이 사실은 뮤추얼펀드와 같은 전문투자기관이 일반투자자보다 오히려 낮은 성과를 보이고 있으며, 시장에 알려지지 않은 특별한 비밀정보가 이용되지 못하고 있음을 의미한다. 이 검증 결과는 강형 EMH를 입증하는 결정적인 증거는 아니라 하더라도 상당히 유리한 증거로 해석될 수 있다.

비교적 최근의 연구로서 말킬(Burton G. Malkiel)은 1972~1991년의 기간 중 미국의 주요 뮤추얼펀드의 알파계수 분포를 관찰하였으며, 그 결과가 [그림 9.6]이다.[21] 그가 사용

21] Burton G. Malkiel, "Returns from Investing in Equity Mutual Funds 1971–1991," *Journal of Finance*, Vol. 50, No. 2 (June 1995), pp.549–572.

한 시장수익률은 S&P500의 수익률이다. 이 그림에서 알파계수의 분포는 평균이 0과 유의한 차이가 없는 (-)값이고 아래쪽으로 긴 꼬리를 보여주고 있다. 이 결과는 뮤추얼펀드가 특수한 정보를 이용하여 비정상성과를 얻어냈다고 볼 수 없으므로 강형 EMH를 채택하는 증거로 해석된다.

(2) 내부자 거래의 투자성과

강형 EMH를 직접적으로 검증할 수 있는 방법은 비밀정보에 접근할 수 있는 내부자(insider)의 투자수익을 관찰하는 것이다. 재프(J. Jaffe)는 미국의 증권거래위원회(SEC)가 발간한 내부자 거래목록으로부터 1960년대의 내부자 거래에 관한 861개 표본을 수집하여 관찰한 결과, 이들이 비정상성과를 실현하고 있다는 결과를 얻었다. 이 결과는 기업내부자들이 공개되지 않은 사적 정보를 이용하여 증권거래를 행하고 비정상성과를 얻고 있다는 것을 의미하므로, 강형 EMH를 기각하는 증거로 판단될 수 있다.[22]

9.3 자본시장의 이상현상

70년대 말까지 자본시장을 연구하는 학자들은 자본시장 효율성에 대하여 크게 의심하지 않았다. 미국 증권시장에서 강형 EMH까지는 아니라 하더라도 준강형 EMH를 지지하는 증거는 충분히 많은 것으로 생각되었다. 그러나 그 이후 이루어진 새로운 연구방법을 사용한 많은 연구들은 자본시장이 효율적이 아니라는 증거들을 풍부하게 제시해 주고 있다.

오늘날 EMH를 기각하는 여러 가지 현상들을 이상현상(anomalies)이라고 부르고 있다. 이상현상으로 흔히 거론되는 것으로서, 정월효과(January effect), 평균회귀(mean reversion), 과민반응(overreaction), 변동성 퍼즐(volatility puzzle), PER 효과(P/E effect), 규모효과(size effect), 가치주 퍼즐(value stock puzzle), 주식프리미엄 퍼즐(equity premium puzzle), 뮤추얼펀드 퍼즐, 거품 등이 있다.

이와 같이 이상현상이 다양하게 발견되고 있는 것과 관련하여 파마(E. F. Fama)의 두

22] J. Jaffe, "Special Information and Insider Trading," *Journal of Business* (July 1974), pp.410-428.

개의 논문을 언급할 필요가 있다. 파마는 1970년에 EMH를 뒷받침하는 실증적 연구성과들을 정리한 논문을 발표함으로써 효율적 시장의 철학을 확산시키는 데 크게 공헌한 바 있다. 그 이후 20년이 지난 1991년에, 파마는 그 동안 발견된 이상현상들을 체계적으로 정리한 논문을 발표함으로써 EMH의 현실적 타당성에 대하여 강한 회의를 표시하고 있다.[23] 즉, 20년의 시차를 두고 동일한 학자가 동일한 주제로 쓴 두 개의 논문이 크게 다른 메시지를 전달해 주고 있다.

이러한 파마의 학문적 입장의 변화와 마찬가지로, 경제이론에서도 상당한 변화가 관찰되고 있다. 즉, 1960~70년대에는 자유경쟁과 효율적 시장의 우월성을 믿고 규제완화(deregulation)의 경제정책을 주장하는 경제이론이 주류를 이루었다. 그러나 1970년대 후반 이후 여러 가지 이상현상이 발견됨에 따라 시장이 효율적으로 움직이지 않는다는 증거들이 많아지자, 1980년대 후반에는 신케인즈학파(new Keynesian)가 등장하여 정부가 선택적으로 시장에 개입하여 자원배분을 조절하여야 한다고 주장하기에 이르렀다.

이상현상은 너무나도 다양하게 발견되고 있기 때문에, 그것들을 적절하게 분류하기가 쉽지 않다. 여기에서는 자주 발견되고 있는 대표적인 이상현상들을 중심으로 간추려 소개하기로 한다.

9.3.1 주가변동의 예측가능성

효율적 시장가설에 의하면, 자산가격은 이용가능한 정보를 충분히 반영하여 결정되기 때문에 어떤 특별한 정보를 이용하여 미래의 자산가격 변동이 예측될 수 없다. 그러나 정월효과(January effect)는 정월에 다른 달보다 높은 수익률이 얻어질 것이라는 것을 예측할 수 있도록 하여 주고 있다. 정월이 된다는 사실은 다른 어떤 정보보다 확실하고도 단순한 정보이다. 이런 단순한 정보만으로 주가변동을 부분적으로나마 예측할 수 있다는 사실은 효율적 시장가설에 위배되는 중요한 현상이다.

정월효과의 검증에 자극받아, 주가가 일정한 규칙성을 가지고 변동하고 있는지에 대하여 더 광범위한 검증이 이루어졌다. 그 결과 장 · 단기의 주가변동이 여러 가지 규칙성을 보이고 있으며, 미래의 주가변동을 어느 정도 예측할 수 있다는 실증적 증거들이

23] Eugene F. Fama, "Efficient Capital Markets : A Review of Theory and Empirical Work," *Journal of Finance*, Vol. 25, No. 2 (May (1970), pp.383–417 및 "Efficient Capital Markets II," *Journal of Finance* (Dec. 1991), pp.1575–1617.

얻어졌다.

지금까지 널리 알려진 주가변동의 규칙성들은, 고려하는 시간의 길이에 따라, 하루 중 효과(intra-day effect), 월요일효과(Monday effect), 정월효과(January effect), 주가의 단기적 자기상관성, 평균회귀(mean-reversion), 과민반응(overreaction) 등을 들 수 있다. 이러한 이상현상들의 공통적인 시사점은 주식의 기대수익률이 시간의 흐름에 따라 일정하지 않고 일정한 규칙성을 보이며 변동한다는 사실이다. 따라서 이 이상현상들을 이용하여 미래의 주가변동을 어느 정도 예측할 수 있다는 사실이다.

(1) 정월효과와 규모효과

EMH를 기각하는 증거로서 가장 오래 전부터 중요하게 다루어져 온 이상현상은 정월효과(January effect)라고 불리어지는 현상이다. 정월효과는 정월의 주식수익률이 다른 달의 수익률보다 체계적으로 높게 얻어지는 현상을 말한다. 만일 주식시장이 이성적 투자자들이 거래하는 효율적 시장이라면 특정한 달의 수익률이 다른 달보다 높아야 할 이유가 없다. 그럼에도 불구하고 정월의 수익률이 지속적으로 높은 수익률을 보여주고 있는 것은 주식시장의 비효율성을 말해주는 가장 명료하고도 단순한 증거로 받아들여지고 있다. 더욱이 정월효과가 특정 국가에만 나타나는 현상이 아니라 전세계의 주요 주식시장—미국, 일본, 캐나다, 오스트레일리아, 영국, 프랑스 등—에서 공통적으로 발견되는 현상이라는 사실은 정월효과가 자본시장 비효율성을 말해주는 매우 강력한 증거력을 갖고 있다는 것을 의미한다.[24]

예를 들어, 로제프와 키니(M. S. Rozeff & W. R. Kinney)는 NYSE의 주식수익률을 월별로 비교한 결과, 1904~1974년(1929~40년의 공황기 제외) 기간의 경우 모든 달의 월평균 수익률이 0.78%(연율로는 9.36%)에 지나지 않은 반면, 정월의 평균 수익률이 2.83%(연율로는 약 33.96%)에 달하고 있음을 발견하였다.

정월효과와 함께 비교적 일찍부터 알려진 이상현상의 하나는 규모효과(size effect) 또는 소기업효과(small firm effect)라고 부르는 현상이다. 이 규모효과는 주식의 시가총액(=

24] 초기에 이루어진 정월효과에 관한 대표적인 연구로서 다음과 같은 것들이 있다.
S. B. Wachtel, "Certain Observations on Seasonal Movements in Stock Prices," *Journal of Business* (1942), pp.184–193.
R. R. Officer, "Seasonality in the Australian Capital Markets : Market Efficiency and Empirical Issues," *Journal of Financial Economics* (1975), pp.29–52.
M. S. Rozeff & W. R. Kinney, "Capital Market Seasonality : The Case of Stock Returns," *Journal of Financial Economics* (1976), pp.379–402.
M. N Gultekin & B. N. Gultekin, "Stock Market Seasonality; International Evidence," *Journal of Financial Economics* (Dec. 1983).

상장주식수×주가)이 작은 주식일수록 더 높은 수익률을 가져다준다는 현상이다.

규모효과는 반즈(R. W. Banz)에 의하여 처음으로 발견된 현상이다.[25] 그는 제7장에서 설명한 바 있는 파마와 맥베드의 CAPM 검증방법을 사용하여, 시가총액의 크기에 따라 5개의 포트폴리오를 구성하고 다시 베타계수의 크기에 따라 5개의 포트폴리오를 구성하여 총 25개의 포트폴리오를 구성하였다. 그리고 이 25개 포트폴리오의 월간수익률이 베타계수 및 시가총액에 대하여 어떤 관계를 갖고 있는지를 검증하였다. 그 결과 체계적 위험을 고려한 후, 시가총액이 작은 주식이 더 높은 수익률을 가져다준다는 결과를 얻었다.[26]

규모효과의 이유로서 아벨과 스트레블(A. Arbel & P. J. Strebel)은 소규모기업이 기관투자자들로부터 소외되어 있기 때문이라고 주장하고, 이를 소외기업효과(neglected firm effect)라고 불렀다.[27] 즉, 소규모기업 주식이 기관투자자들로부터 소외되어 있으므로 그런 주식에 관한 정보가 부족하여 가격이 저평가되고 상대적으로 높은 수익률을 가져다준다는 것이다. 또 아미후드와 멘델슨(Y. Amihud & H. Mendelson)은 소기업주식의 거래가 활발치 못하므로 투자자들은 유동성 결여에 대한 대가를 요구하기 때문에 규모효과가 나타난다고 보고, 이를 유동성효과(liquidity effect)라고 불렀다.[28]

위에서 설명한 정월효과와 규모효과는 전혀 별개의 현상인 것처럼 보이지만, 실제로는 그렇지 않다는 주장도 있다. 카임(D. B. Keim)은 1963~1979년간의 미국 증권시장(NYSE 및 AMEX) 자료를 이용하여 두 가지 사실을 찾아내었다.[29] 그 하나는 정월에 얻어진 비정상수익률의 1/2 이상이 연초의 처음 5일 동안에 얻어진다는 사실이다.

카임이 발견한 더 중요한 점은 그 동안 알려져 왔던 규모효과와 정월효과가 사실상 동일한 현상이라는 점이다. 즉, 2월부터 12월까지의 평균수익률은 주식의 시장가치 규모의 차이에 관계없이 비슷한 수준이지만, 정월에만 뚜렷한 규모효과를 보이고 있다는 증거를 보이고 있다. 이것은 정월효과가 소규모 주식에서만 나타난다는 것, 역으로 말하면 규모효과가 정월에만 나타난다는 것을 의미한다.

25] R. W. Banz, "The Relationship between Return and Market Value of Common Stocks," *Journal of Financial Economics* (Mar. 1981), pp.3–18.

26] 우리나라 주식시장에서도 규모효과가 존재한다는 연구결과로서 지 청, "우리나라 증권시장에서의 기업규모효과에 관한 실증적 연구," 『증권학회지』 제9집 (1987), 1–38쪽이 있다.

27] Avner Arbel & Paul J. Strebel, "Pay Attention to Neglected Firms," *Journal of Portfolio Management* (Winter, 1983).

28] Yakov Amihud & Haim Mendelson, "Liquidity, Asset Prices, and Financial Policy," *Financial Analysts Journal*, Vol. 47 (1986), pp.56–66.

29] Donald B. Keim, "Size-Related Anomalies and Stock Return Seasonality : Further Empirical Evidence," *Journal of Financial Economics* (1983), pp.13–32.

정월효과와 규모효과가 어떤 이유 때문에 발생하는가를 설명하기 위하여 다음과 같은 몇 가지 가설이 제시되어 있다.

① **절세매도가설**(tax-loss selling hypothesis) : 절세매도가설이란, 가격하락폭이 큰 주식을 12월 말에 매도하여 자산처분손실을 실현함으로써 세금절약효과를 얻고, 정월 초에 다시 그 주식을 매입하여 본래의 최적포트폴리오를 회복한다는 것이다. 일반적으로 소규모 주식의 가격변동성이 크기 때문에 가격 하락폭도 클 것이다. 그 결과 자산처분손실을 실현하기 위하여 12월에 소규모 주식이 흔히 매각되므로, 정월효과와 규모효과가 하나의 동일한 현상으로 나타난다.
그러나 12월 말 기준으로 세금을 부과하지 않는 오스트레일리아나 자본이득세가 부과되지 않는 우리나라, 일본, 벨기에, 개인소득세가 도입되기 이전(1871~1917년)의 미국에서도 정월효과가 발견되고 있다. 따라서 이런 세제상의 차이를 고려한다면, 정월효과가 절세매도가설만으로 충분히 설명될 수 없다.

② **정보가설**(information hypothesis) : 정월효과와 규모효과를 설명하는 또 하나의 가설은 연초에 경제 및 기업에 관련된 많은 정보, 특히 신년의 낙관적이고 의욕적인 정보가 공표되기 때문에, 이를 반영하여 정월에 높은 수익률이 얻어진다는 가설이다.[30]
이 정보가설에 의하면, 대규모 주식의 경우 평소에도 다양한 정보가 풍부하게 주어지고 있는 반면, 소규모 주식의 경우 평소에 충분한 정보가 주어지지 않기 때문에 연초의 정보는 특히 소규모 주식에 대하여 더 많은 영향을 미친다고 본다.

③ **포트폴리오재구성가설** : 정월효과를 설명하기 위한 또 하나의 가설은 하우겐과 라코니쇼크(R. Haugen & J. Lakonishok) 등이 제시한 포트폴리오재구성가설(portfolio rebalancing hypothesis)이다.[31] 이 가설은 많은 수의 전문적 펀드매니저들이 연말연시에 포트폴리오 재구성을 활발하게 행하기 때문에 정월효과가 발생한다는 설명이다. 즉, 펀드매니저들은 고객들에 포트폴리오가 우량자산으로 이루어져 있다는 것을 보이기 위해 연말에 분식결산(window dressing)을 행한다. 이를 위해 연말에 고위험 소규모 주식을 매도하고 연초에 다시 매입하기 때문에 정월효과와 규모효과가 동시에 나타난다.

30] M. S. Rozeff & W. R. Kinney, Jr., "Capital Market Seasonality : The Case of Stock Returns," *Journal of Financial Economics* (1976), pp.379–402.

31] R. Haugen & J. Lakonishok, *The Incredible January Effect* (Dow Jones–Irwin, 1988).

(2) 하루중효과와 월요일효과

주가는 하루 중에서도 어느 정도의 예측가능한 패턴을 보이며 변동한다. 우드, 맥키니쉬, 오드(R. Wood, D. McInish & K. Ord)는, 미국 NYSE에 상장된 주식에 대하여 하루중의 시간대별 수익률을 1분 간격으로 나누어 분석한 결과, 하루중의 수익률이 U형 패턴을 보이고 있다는 것을 발견하였으며 이런 현상을 하루중효과(intra-day effect)라고 부른다.[32]

단기적인 주가예측이 가능하다는 것을 보여주는 이상현상의 다른 예로서 월요일효과가 있다. 정상적인 상황에서 특정 요일의 수익률이 특히 높거나 낮아야 할 이유가 없다. 더욱이 월요일의 수익률은, 달력 기준으로 3일—토요일, 일요일 및 월요일—동안 얻어진 수익률이기 때문에, 다른 날의 평균수익률보다 더 높아야 한다. 그런데도 불구하고 월요일의 수익률이 더 낮다는 것은 시장이 비효율적이라는 증거이며, 이를 특히 월요일효과(Monday effect) 또는 주말효과(weekend effect)라고 부른다. 그 이유로서 나쁜 뉴스는 거래가 이루어지지 않은 주말에 공표된다는 가설, 투자자금 수급이 요일별 규칙성을 갖기 때문이라는 가설 등이 언급되고 있으나 아직 충분한 설득력을 갖는 설명은 주어지지 못하고 있다.

(3) 단기적 예측가능성

약형 EMH에 의하면 과거의 수익률을 이용하여 미래의 수익률을 예측할 수 없다. 이를 검증하기 위하여 주식의 단기 수익률이 자기상관성(autocorrelation)을 갖고 있는지를 검증하였다. 1950년대 후반부터 70년대 전반까지 이루어진 랜덤워크모형의 검증결과들은, 대체로 단기(일간 또는 주간) 수익률이 자기상관성을 갖지 않으므로, 과거의 주식수익률 자료를 이용하여 미래—그것이 비록 가까운 미래일지라도—의 수익률을 예측하는 데 이용할 수 없다고 결론짓는 경향이었다.

그러나 80년대에 이루어진 로와 맥킨리(A. W. Lo & A. C. MacKinlay)의 연구결과는 다른 결론을 가져다주고 있다. 그들은 시장가치 크기에 따라 구성된 포트폴리오들의 1962~85년간 주간수익률 자료에서 (+)의 자기상관성이 존재함을 발견하였다.[33] 이들의 연구가 50~60년대의 연구결과와 다른 결과를 보여준 것은 개별주식이 아닌 포트폴리오 수

32] R. Wood, T. McInish & K. Ord, "An Investigation of Transaction Data for NYSE Stocks," *Journal of Finance* (1985), pp.723-741. 이와 비슷한 현상은 우리나라 주식시장에서 1989년 8월 1일부터 1990년 7월 31일까지(거래일 290일) 343종목의 약 870만 건의 거래 자료를 가지고 하루중의 주가변동을 관찰한 장하성, "한국증권시장에서의 하루중 수익률과 거래량에 관한 기술적 분석," 『재무연구』 제5호 (한국재무학회, 1992.12)에서도 발견된다.

33] Andrew W. Lo & A. Craig MacKinlay, "Stock Market Prices Do Not Follow Random walks : Evidence from a Simple Specification Test," *Review of Financial Studies* (Spring 1988), pp.41-66.

익률의 자기상관성을 관찰하였기 때문이다. 즉, 분산투자에 의하여 비체계적 위험이 제거되었기 때문에, 시간의 흐름에 따라 포트폴리오 기대수익률이 변동하는 패턴이 더 명확하게 관찰될 수 있다.

수익률의 예측가능성에 대하여 더 강력한 증거는 제가디쉬(N. Jegadeesh)에 의하여 제시되었다.[34] 그는 1929~82년에 걸친 모든 개별 주식의 월간수익률 자료에 대하여 자기상관계수를 구한 결과, 시차가 1일 때 뚜렷한 (−)의 자기상관성을 보이고 있고 시차가 12일 때 뚜렷한 (+)의 자기상관성을 보이고 있다는 것을 발견하였다. 이것은 어떤 달의 개별 주식의 수익률이 1개월 및 12개월 전의 수익률을 이용하여 어느 정도 예측될 수 있다는 것을 암시한다. 따라서 이 결과는 앞에서 설명한 약형 EMH를 기각하는 증거로 간주될 수 있다.

증권시장에서 흔히 사용되고 있는 모멘텀(momentum) 전략은 주가의 단기적 예측가능성을 이용한 것이다. 모멘텀이란 과거 주가가 내포하고 있는 관성을 말하며, 중요한 새로운 정보가 단기간에 주가에 충분히 반영되지 못하고 미래로 이월(spillover)될 때 모멘텀이 발생한다. 모멘텀 전략은 과거 5일, 20일 또는 60일간의 수익률이 높은 주식으로 구성한 포트폴리오는 미래의 수일 또는 1개월 정도의 기간에도 높은 수익률을 가져다줄 것으로 예상하고 그런 포트폴리오에 투자하는 투자전략이다.

(4) 평균회귀

자산가격의 움직임을 장기적으로 관찰하면, 장기추세선을 중심으로 주기적인 파동을 그리며 변동한다. 이 경우 가격의 장기추세만을 반영하는 수익률은 장기적으로 일정하다. 그러나 수개월 또는 수년의 주기를 가지고 변동하는 주가의 순환적 파동을 고려하면, 자산의 수익률도 장기추세에 따른 수익률을 중심으로 주기적인 순환변동을 하게 될 것이다. 이처럼 수익률이 주기적 변동의 패턴을 보이면, 수익률이 상당히 낮아질 때 장기평균 수준으로 다시 상승하려는 경향을 보이게 되고, 수익률이 상당히 높아지면 장기평균 수준으로 다시 하락하려는 경향을 보이게 될 것이다. 이처럼 자산의 수익률이 시간의 흐름에 따라 주기적 순환변동을 하면서 장기평균으로 되돌아가려는 현상을 평균회귀(mean reversion)라고 부른다.

평균회귀가 존재하면, 자산의 수익률은 유의한 자기상관성을 갖게 된다. 예를 들어,

34] Narasimhan Jegadeesh, "Evidence of Predictable Behavior of Security Returns," *Journal of Finance* (Jul. 1990), pp.881–898.

주가가 6개월의 순환주기를 갖고 있다면 6개월의 보유기간수익률(holding period return)이 유의한 자기상관계수를 갖게 될 것이다. 이와 같은 방법으로 다양한 보유기간수익률의 자기상관계수를 검토하여 봄으로써 어떤 주기의 평균회귀가 존재하는지 판단할 수 있다.

평균회귀는 파마와 프렌치(E. F. Fama & K. R. French)에 의해 처음 발견되었다.[35] 파마와 프렌치는 시가총액 크기에 따라 10개의 포트폴리오를 구성하고, 1926~85년의 수익률 자료를 이용하여 1년 보유기간수익률부터 10년 보유기간수익률까지 다양한 수익률의 자기상관계수를 추정하였다.

그들이 얻은 결과에 의하면, 1년 보유기간수익률은 거의 0에 가까운 자기상관계수를 갖는다. 그러나 5년 보유기간수익률은 매우 뚜렷한 (−)의 자기상관계수를 보여 주고 있으며, 이 현상은 소규모 주식일수록 더 명확하게 나타난다. 이와 같이 5년 수익률이 강한 (−)의 자기상관계수를 갖는다는 것은 5년 주기로 평균수익률이 반전(reverting)하고 있다는 것을 의미하며, 기대수익률이 장기평균을 중심으로 평균회귀한다는 것을 보여 준다.

주식수익률이 평균회귀를 보이는 이유로서 투자자들의 집단심리적인 유행(fad)이 흔히 지적되고 있다. 즉, 투자자들이 언제나 합리적으로 행동하는 것은 아니기 때문에, 기대수익률의 수정을 가져올 만한 기본요인(fundamentals)의 변화가 없이도 주식의 매입 또는 매도를 부추기는 집단심리적 충동이 주기적으로 나타날 수 있다는 것이다. 그러나 이러한 집단심리적 유행은 장기적으로 지속될 수 없으므로, 일정한 기간이 지나면 기본요인에 의해 정당화될 수 있는 기대수익률 수준을 다시 회복하려는 경향을 보인다는 것이다.

9.3.2 주가의 과잉변동성 : 분산한계검증

지금까지 다루었던 이상현상들은 주로 주식의 기대수익률이 일정한 시계열적 패턴 또는 규칙성을 갖고 변동한다는 것을 말해 주고 있다. 그러나 주식의 투자위험도 이상현상을 보이고 있다는 증거들이 존재한다. 그 대표적인 것이 주가의 과잉변동성에 관한 증거들이다.

35] E. F. Fama & Kenneth R. French, "Permanent and Temporary Components of Stock Price," *Journal of Political Economy* (1988), pp.246-273. 평균회귀에 관한 다른 연구로서 James M. Poterba & Lawrence H. Summers, "Mean Reversion in Stock Price : Evidence and Implications," *Journal of Financial Economics* (1988)를 참고할 것.

주식이 매우 큰 투자위험을 가지고 있는 자산이라는 점은 흔히 당연한 것으로 여겨져 왔다. 따라서 주식이 가지고 있는 커다란 투자위험이 충분히 정당화될 수 있는 것인지에 대해서는 커다란 의문을 품지 않았다. 그러나 쉴러(R. Shiller)는, 1871~1979년까지의 스탠더드 · 푸어 주가지수와 1928~1979년까지의 다우 · 존스 주가평균 자료를 검토한 결과, 주가의 변동성(volatility)이 이론적으로 정당화될 수 있는 것보다 훨씬 크며, 따라서 주가가 과잉변동성(excess volatility)을 갖고 있는 것으로 결론지었다.[36]

일반적으로 효율적 자본시장에서 주가는 미래배당의 현재가치로 평가된다. t시점에 투자자들이 미래배당에 관한 완전한 지식을 갖고서 평가한 주식가치를 완전예측주가(perfect foresight price)라고 부르고, 이를 P_t^*로 나타내기로 하자. 이 완전예측주가 P_t^*는 미래배당에 영향을 미치는 모든 충격을 반영하여 결정될 것이기 때문에 매우 큰 변동성을 보일 것이다.

현실의 주식시장에서 투자자들이 t시점에 평가한 실제주가 P_t는, 미래배당에 관한 완전한 정보를 갖고 평가한 완전예측주가가 아니라, 부분적 정보만을 갖고 예상한 미래배당의 기대치를 현재가치로 평가한 것이다. 즉, 실제주가에 반영되는 미래배당의 정보는 여러 가지 충격이 서로 상쇄된 정보이기 때문에 실제주가 P_t의 변동성은 완전예측주가 P_t^*의 변동성보다 작아야 한다. 따라서 효율적 시장에서 다음의 조건이 충족되어야 한다.

$$\sigma^2(P) \leqq \sigma^2(P^*) \tag{9.14}$$

단, $\sigma^2(P^*)$는 완전예측주가(P_t^*)의 분산이고, $\sigma^2(P)$는 실제주가(P_t)의 분산임.

이 식(9.14)의 부등식은 효율적 시장에서 실제주가의 변동성이 만족시켜야 할 조건으로서 분산한계(variance bound)라고 부른다.

쉴러는 S&P500 지수를 구성하는 개별주식들의 배당 자료를 이용하여 사후적으로 1871년부터 1979년까지 매년말의 완전예측주가 P_t^*를 계산하였다. 이 완전예측주가 P_t^*와 실제주가 P_t의 움직임을 그림으로 그린 것이 [그림 9.7]이다. [그림 9.7]을 보면, 분산한계를 나타내는 부등식(9.14)와는 달리, 실제주가 P_t가 완전예측주가 P_t^*보다 훨씬

36] Robert J. Shiller, "Do Stock Prices Move Too Much to Be Justified by Subsequent Changes in Dividends?" *American Economic Review* (Jun. 1981), pp.421–436. 이와 독립적으로 Stephen LeRoy & Richard Porter, "The Present Value Relation : Tests Based on Implied Variance Bounds," *Econometrica* (May, 1978), pp.555–574에서는 주당이익 자료를 사용하여 Shiller(1981)의 주장과 동일한 결론을 얻어냈다.

그림 9.7 완전예측주가(P_t^*)와 실제주가(P_t)의 움직임

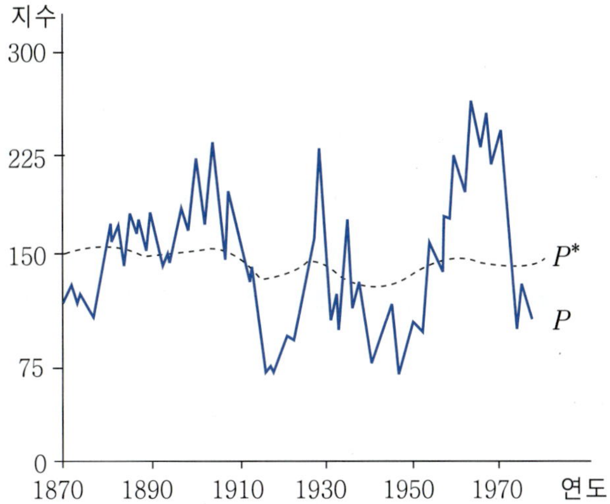

큰 변동성을 갖고 있다는 것이 분명해진다.

S&P500 지수를 자료로 하는 경우, 1871~1979년의 기간 중에 실제주가의 변동성인 $\sigma^2(P)$는 50.12로서 완전예측 주가의 변동성 $\sigma^2(P^*)$인 8.968보다 훨씬 크며, 두 값의 분산비율(variance ratio) $\sigma^2(P)/\sigma^2(P^*)$은 5.59배에 달한다. 따라서 실제주가의 변동성은 효율적 시장에서 만족하여야 할 분산한계를 크게 벗어나므로, 주식시장이 효율적이라는 가설은 기각된다.

이상으로 설명한 쉴러의 분산한계검증은, 효율적 시장 및 합리적 기대를 기각하는 강력한 증거를 제시하고 있기 때문에, 투자론뿐만 아니라 거시경제학 전반에 대하여 상당한 충격과 비판도 불러일으켰다. 예를 들어, 어떤 학자들은 현실의 경영자들이 안정배당정책을 유지하려 한다는 점에 주목하여야 한다고 주장한다. 즉, 안정배당정책 하에서, 미래배당의 현재가치로 계산되는 P_t^*의 변동성은 안정적인 배당의 변동만을 반영하는 것으로서 수익력의 실제의 변동성을 충분히 반영하지 못한다. 따라서 분산한계를 나타내는 부등식(9.14)와는 달리, 완전예측주가의 변동성인 $\sigma^2(P^*)$가 실제주가의 변동성인 $\sigma^2(P)$보다 작을 수 있다고 주장한다.

9.3.3 가치주프리미엄

비교적 최근까지도 베타계수가 주식의 기대수익률을 결정하는 가장 중요한 요인이라는 점에 대하여 대부분의 학자들은 큰 의문을 제기하지 않았다. 그러나 파마와 프렌치(E. F. Fama & K. R. French)는 베타계수가 기대수익률을 결정하는 데 중요한 변수가 아니며, BE/ME비율(book-equity to market-equity ratio, 장부가 대 주가비율)—이 비율은 증권분석에서 흔히 사용하는 PBR(price to book ratio, 주가순자산비율)의 역수와 같다—이 주식의 기대수익률을 결정하는 가장 중요한 변수라는 증거를 제시하여 학계와 실무계에 커다란 충격을 주었다.[37]

BE/ME비율은 주당 장부가(=장부상 자기자본÷발행주식수)를 시장가치(=주가)로 나눈 비율이다. 주식의 장부가(book value)는 재무상태표에 표시된 주식가치로서 대체로 역사적 원가에 가깝고 무형적인 미래 성장기회의 가치가 반영되지 않은 가치이다.[38] 증권투자 실무에서는 BE/ME가 높은 주식(즉, PBR이 낮은 주식), 즉 주가에 비해 장부가가 높은 주식을 가치주(value stock)라고 부른다.

그러나 주식의 시장가치인 주가는 미래배당의 현재가치이므로 기업의 미래 성장기회에 관한 정보를 반영하여 결정된다. BE/ME가 낮다는 것, 즉 장부가에 비하여 시장가치가 높다는 것은 시장가치에 미래 성장기회의 가치가 크게 반영되어 있다는 것을 의미한다. 증권투자 실무에서는 이런 주식을 성장주(growth stock)라고 부른다.

파마와 프렌치는 NYSE, AMEX 및 NASDAQ에서 거래된 모든 비금융업 주식의 1962~1989년간 회계자료와 주가자료를 기준으로 BE/ME를 구하고 매년 6월말 BE/ME 크기순으로 10개의 포트폴리오를 구성하였다.

이와 같이 구성한 10개 포트폴리오의 평균수익률은 [그림 9.8]과 같다. [그림 9.8]에서 포트폴리오 1은 BE/ME가 가장 낮은 성장주포트폴리오이고 포트폴리오 10은 가장 높은 가치주포트폴리오이다. 이 그림에서 BE/ME가 높을수록 높은 평균수익률이 얻어지고 있음이 뚜렷하게 나타나고 있다. 만일 시장이 효율적이라면 주식의 장부가에 관한 정보나 미래 성장기회에 관한 정보가 이미 주가에 충분히 반영되어 있어야 하므로 BE/ME비율의 크기에 상관없이 평균수익률이 동일해야 하며, 이런 정보를 이용하여 더 우수한 비정상성과가 얻어져서는 안 된다. 따라서 [그림 9.8]과 같은 결과는 일종의 이

37] Eugene F. Fama & Kenneth R. French, "The Cross-Section of Expected Stock Returns," *Journal of Finance*, Vol. 47, pp.427-465.

38] 주당 장부가는 재무상태표의 자산에서 부채를 뺀 자기자본을 주식수로 나눈 값이다.

그림 9.8 BE/ME와 평균수익률의 관계(1963.7월 ~1990.12월, 연율로 환산한 수익률)

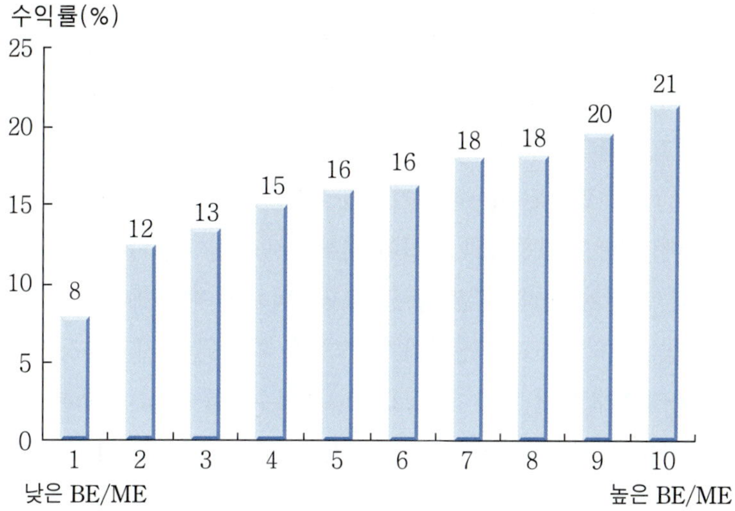

상현상이라고 할 수 있으며, 흔히 가치주프리미엄(value stock premium)이라고 부른다.[39]

이와 함께 파마와 프렌치가 보여주는 중요한 결과는 베타계수가 주식의 기대수익률을 결정하는 데 별로 유용한 변수가 아니라는 점이다. 그들은 제7장에서 설명한 파마와 맥베드의 방법에 따라 1963~90년의 월간수익률 자료를 사용하여 베타계수 크기순으로 12개의 포트폴리오를 구성하여 평균수익률을 계산한 결과, 평균수익률이 베타계수와 별다른 관계를 보이지 않았다.

이상과 같은 파마와 프렌치의 연구결과가 어떤 시사점을 갖고 있을까? 첫 번째 시사점은 주식의 평균수익률이 베타계수와 의미있는 선형적 관계를 갖고 있지 않기 때문에 현실의 자본시장에서 CAPM의 결론을 적용하기가 어렵다는 것이다. 두 번째 시사점은 자본시장이 비효율적이며, BE/ME와 같은 기업의 기본요인에 관한 정보를 이용하여 우수한 비정상적 투자성과를 얻어낼 수 있다는 점이다.

그러면 왜 BE/ME가 높은 가치주의 평균수익률이 높고 BE/ME가 낮은 성장주의 평균수익률이 낮은가? 이에 대하여 하우겐(R. A. Haugen)은 투자자의 비합리적 주가평가에

39] Eugene F. Fama & Kenneth R. French, "Value versus Growth : The International Evidence," *Journal of Finance*, Vol. 53, pp. 1975–2000에 의하면, 가치주식이 성장주식보다 높은 기대수익률을 가져다준다는 것은 미국 이외의 다른 나라들(일본, 영국, 프랑스, 독일, 이태리, 네덜란드, 벨기에, 스위스, 스웨덴, 오스트렐리아, 홍콩, 싱가포르)의 주식에서도 확인된다고 한다.

의해 설명하고자 한다.[40] 즉, 투자자들은 풍부한 미래 성장기회를 갖고 있는 성장주의 가치를 평가할 때, 미래의 경쟁기업의 출현을 예상하지 않고 부당하게 높게 평가하는 경향을 갖는다는 것이다. 이런 경우 미래에 실제로 경쟁기업이 출현하게 되면 그 성장기회의 가치는 사라져버리고 매우 낮은 수익률만이 얻어질 것이다. 반대로 가치주의 주가는 그 동안의 빈약한 경영성과에 기초하여 저평가되어 있으므로 시장가치가 장부가치보다 낮게 평가된다. 이런 기업의 경우 경영진의 교체나 새로운 경영조직 및 전략의 도입에 의해 경영성과의 개선이 이루어져 높은 수익률이 기대될 수 있다.

파마와 프렌치는 가치주의 높은 평균수익률이 베타계수가 아닌 다른 종류의 위험에 의해 설명될 수 있다고 주장한다.[41] 그들은 차익거래 가격결정모형(APT)에서와 같이 시장포트폴리오가 아닌 다른 공통요인이 주식수익률에 더 중요한 영향을 미칠 수 있다는 점을 강조하고 있다. 이에 대해 맥킨리(A. C. MacKinlay)는 가치주의 높은 수익률은 표본을 달리하면 얻어질 수 없는 우연한 결과에 지나지 않는다고 주장한다.[42]

9.3.4 거품

주가변동에서 간헐적으로 나타나는 특징적인 현상의 하나는 거품(bubble)이다. 일찍이 1637년 네덜란드에서 튤립 구근에 대한 투기가 일어난 이래로 투기적 거품이 반복하여 발생하였다. 1637년 당시 인기있던 종자의 튤립구근 가격은 최고 5,500플로린까지 상승하였다가 반년도 못되어 50플로린으로 하락하였다. 또 1720년 영국 사우스시회사(South Sea Co.) 주식의 경우 주당 1,050파운드까지 상승하였다가 곧바로 129파운드로 하락하였다. 같은 해에 프랑스에서 실체가 없는 미시시피회사(Mississippi Co.) 주식에 대해 투기가 발생하여 18,000리브레까지 상승하였다가 수개월 후에 200리브레로 하락하고 마침내 실체가 없는 회사임이 알려져 휴지조각으로 변했다. 1920년대 말 대공황 직전에 미국에서 발생한 자동차와 백화점 주식 투기, 1980년대 일본의 부동산 버블, 최근

40] Robert A. Haugen, *The New Finance : The Case Against Efficient Markets* (Prentice Hall, 1995), Ch. 1. 이와 동일한 견해는 Josef Lakonishok, Andrei Shleifer & Robert W. Vishny, "Contrarian Investment, Extrapolation and Risk," *Journal of Finance*, Vol. 49 (Dec. 1994), pp.1541-1578에서도 찾아진다.

41] E. F. Fama & K. R. French, "Common Risk Factors in the Returns on Stock and Bond," *Journal of Financial Economics*, Vol. 33 (1993), pp. 3-56 및 "Multifactor Explanations of Asset Pricing Anomalies," *Journal of Finance*, Vol. 51 (Mar. 1996), pp. 55-84.

42] A. Craig MacKinlay, "Multifactor Models Do Not Explain Deviations from the CAPM," *Journal of Financial Economics*, Vol. 38 (1995), pp.2-28.

2000년대의 닷컴 버블 등에 이르기까지 거품의 발생과 소멸이 되풀이되었다.[43]

거품은 자산가격이 기본요인에 기초한 내재가치보다 현저하게 높게 형성되어 있는 현상으로 정의된다. 이 거품은 주가, 채권가격, 부동산 가격, 주요 상품가격 등에서 흔히 발견되는 현상이다.

거품이 반드시 비합리적 이유 때문에 발생하는 것만은 아니다. 투자자들이 현재의 자산가격에 거품이 형성되어 있고 그 거품이 꺼지면 자신도 큰 손실을 입으리라는 것을 알고 있지만, 거품 소멸의 기대손실보다 거품 증가의 기대이득이 더 크다고 판단하기 때문에 거품이 발생하고 더 커진다. 이렇게 형성된 거품을 흔히 합리적 거품(rational bubble)이라고 한다. 이와 같이 거품의 존재를 알고서도 투자자들이 시장에 계속 참여하기 위해서는 자산의 기대수익률이, 정상적인 주가변동의 위험뿐만 아니라 주가폭락의 위험에 대한 대가까지도 충분히 보상해 줄 수 있어야 한다.

주가폭락의 위험에 대한 대가를 거품프리미엄이라고 하며, 이 거품프리미엄은 다음의 두 가지 특징을 갖는다.

첫째, 주가폭락이 실제로 발생하기 전까지 거품프리미엄은 언제나 (+)의 값을 가져야 한다. 만일 거품프리미엄이 (−)이라면, 합리적 투자자들은 주가폭락의 위험에 대한 보상을 받지 못하리라는 것을 알기 때문에 시장을 이탈할 것이며, 그 결과 거품이 생성되지 못한다.

둘째, 주가폭락이 발생하기 전까지 거품프리미엄은 시간이 지남에 따라 증가하여야 한다. 합리적 투자자들이 시장에서 이탈하지 않으려면, 거품이 꺼지지 않고 계속 커져 가야만 한다. 따라서 거품이 꺼질 경우의 주가 하락폭이 더욱 커질 것으로 기대되므로, 이에 대한 보상인 거품프리미엄도 시간의 흐름에 따라 증가하여야 한다.

거품프리미엄의 존재를 실증적으로 검증하기 위해서는 "실제의 주식수익률"과 "거품이 없을 때 기대되는 주식수익률"의 차이를 구하여 거품프리미엄을 추정하여야 한다. 그 예로 아두벨리스(G. A. Hardouvelis)는 미국, 영국, 일본 주식시장에서의 거품프리미엄을 추정한 결과, 1987년 주가대폭락 이전 미국과 일본에서 (+)의 거품프리미엄이 뚜렷하게 존재하고 있었고 또 시간의 흐름에 따라 증가하고 있었다고 주장한다.[44]

43] David N. Dreman, "Psychology and Markets," in Frank J. Fabozzi (ed.), *Readings in Investment Management* (Irwin, 1983), p.23.

44] G. A. Hardouvelis, "Evidence on Stock Market Speculative Bubbles : Japan, the United States and Greate Britain," *FRB of NY Quarterly Review* (Summer, 1988). 김규영, 정기웅(1991)에서 재인용.

9.3.5 다른 주목할 만한 이상현상들

(1) 과민반응

주가가 새로운 뉴스에 대하여 과민반응(overreaction)을 보인다면, 그 주식시장은 비효율적이라고 말할 수 있다. 주식시장이 과민반응을 보인다는 점은 오래 전부터 지적되어 왔지만, 드봉과 댈러(W. De Bondt & R. H. Thaler)에 의해 처음으로 체계적인 실증적 증거가 제시되었다.[45] 그들은 1926년 1월부터 1982년 12월까지의 월간수익률 자료를 이용하여 각 주식의 잔차수익률을 구하였다. 그리고 과거 36개월 동안의 누적비정상수익률(*CAR*)이 가장 큰 35개 주식으로 승자포트폴리오(winner portfolio)를 만들고, *CAR*가 가장 작은 35개 주식으로 패자포트폴리오를 만들었다. 그 다음 이 두 가지 포트폴리오의 *CAR*가 포트폴리오 구성시점으로부터 어떻게 변동하는가를 비교하였다. 그들은 이와 같은 포트폴리오구성 작업을 1933년 1월부터 매 3년마다 16회 되풀이하였다.

[그림 9.9]는 드봉과 댈러가 추적한 승자포트폴리오와 패자포트폴리오의 *CAR*를 그린 것이다. 이 결과를 보면, 과거 36개월간 성과가 낮았던 패자포트폴리오의 *CAR*는

그림 9.9 승자포트폴리오와 패자포트폴리오의 비정상성과

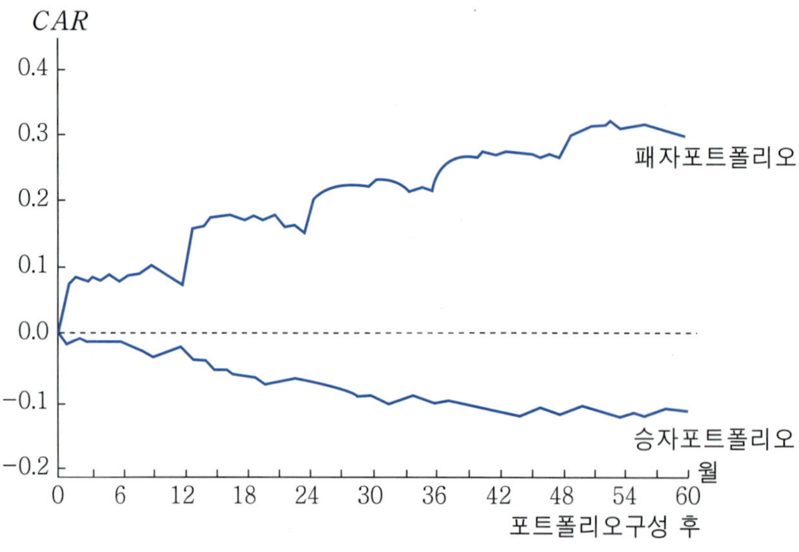

45] Werner F. M. De Bondt & Richard H. Thaler, "Does the Stock Market Overreact?" *Journal of Finance* (Jul. 1985), pp.793–808.

그 이후 60개월간 훨씬 높은 비정상성과를 가져다주고, 과거 36개월간 성과가 높았던 승자포트폴리오의 CAR는 그 이후 60개월간 훨씬 낮은 비정상성과를 가져다주었다.

[그림 9.9]는 과거에 주가가 크게 상승(또는 하락)했던 주식들은 뒤이어 주가가 하락(또는 상승)한다는 것, 즉 가격반전(price reversal)이 일어나고 있다는 것을 보여준다. 이러한 가격반전은 투자자들이 새로운 뉴스에 대하여 과민반응을 보이고 있다는 증거로 해석된다. 왜냐하면, 어떤 좋은 뉴스에 대하여 과민반응을 보이게 되면 주가가 너무 많이 상승하게 되고, 일정 기간이 지난 후 이러한 과민반응을 수정하기 위하여 주가가 적절한 수준으로 하락하게 된다(나쁜 뉴스에 대한 과민반응은 그 반대로 나타난다).

(2) 뮤추얼펀드 퍼즐

효율적 시장가설을 검증하는 것은 결국 효율적 시장에서 결정되는 공정한 가치와 실제로 결정된 시장가격이 일치하는지 여부를 검증하는 것이다. 예를 들어, 쉴러의 분산한계검증은 미래배당에 관한 정보를 충분히 반영한 완전예측주가와 실제주가가 어떤 차이를 갖는지 알아보고자 하는 것이다. 그러나 이 연구에서 문제되는 것은 미래의 현금흐름과 할인율을 적절하게 가정하고 공정한 가치를 계산하였는지 여부이다.

그러나 자산의 공정한 가치를 직접 관찰할 수 있는 예외적인 경우로서 뮤추얼펀드(mutual fund)가 있다. 뮤추얼펀드는 미국에서 가장 일반화되어 있는 형태의 투자신탁으로서 뮤추얼펀드의 주식은 증권시장에 상장되어 거래될 수 있다. 폐쇄형(closed-end) 뮤추얼펀드는 일단 투자자금을 수탁받아 뮤추얼펀드를 설립한 다음에는 추가적으로 투자자금을 받거나 투자자금을 환매하여 주지 않기 때문에, 펀드의 운용성과가 일관성 있게 관찰된다.

폐쇄형 뮤추얼펀드가 보유하는 수익용 자산은 거의 모두가 시장에서 거래되고 있는 증권이므로 뮤추얼펀드의 순자산가치(net asset value; NAV)—보유하고 있는 자산의 시장가치에서 각종 채무를 뺀 가치—를 관찰하기가 매우 용이하다. 따라서 자본시장이 효율적이라면 뮤추얼펀드의 주가는 정확하게 1주당 순자산가치와 일치하여야 한다. 그러나 뮤추얼펀드의 실제 주가는 순자산가치에서 평균 20% 정도 낮은 가격으로 형성되어 있으며, 이 사실은 효율적 시장가설을 기각하는 중요한 증거가 된다.[46]

보다 구체적으로 리, 쉴라이퍼, 댈러(C. M. C. Lee, A. Shleifer & R. H. Thaler)에 의하면, ①

46] 이러한 뮤추얼펀드 퍼즐은 Martin E. Zweig, "An Investor Expectations Stock Price Predictive Model Using Closed-end Fund Premiums," *Journal of Finance*, Vol. 28 (1973), pp. 67-87에 의해 제시된 현상이다.

뮤추얼펀드의 주가는 설립 초기에는 순자산가치보다 거의 10% 정도 높은 가격으로 거래되고, ② 설립 후 120일 정도가 지나면 주가가 순자산가치보다 10% 이상 할인되어 거래되며, ③ 뮤추얼펀드 주가의 할인율은 시기에 따라 큰 폭으로 변동하고, ④ 뮤추얼펀드가 폐쇄되는 시점에 가까워지면 할인율이 축소하여 순자산가치 수준에 거의 접근한다.[47]

이들은 뮤추얼펀드의 주가가 순자산가치보다 낮게 형성되는 이유로 투자심리(investor sentiment)를 들고 있다. 이들은 뮤추얼펀드의 주가는 소규모주식의 주가와 높은 상관계수를 갖고 있다는 것을 발견하고, 이런 현상은 뮤추얼펀드 투자자들과 소규모주식 투자자들이 동일한 영세투자자 집단이며 뮤추얼펀드 주가의 할인율은 이 영세투자자 집단의 투자심리를 반영하고 있다고 해석하고 있다.

(3) PER효과

PER(price/earnings ratio, 주가순이익비율)는 주가를 주당이익(EPS)으로 나눈 비율로서, 주당이익 1원이 시장에서 얼마의 가격으로 평가되고 있는가를 나타낸다. 따라서 기본적 분석을 중시하는 분석가들은, PER가 높으면 주가가 수익력에 비하여 높게 평가되어 있고, PER가 낮으면 주가가 주식의 수익력에 비하여 낮게 평가되어 있다는 것으로 해석하여 왔다. 따라서 기본적 분석에서는 PER가 낮은 주식들—즉, 현재 저평가되어 있는 주식들—에 투자함으로써 더 높은 주가상승을 기대할 수 있으므로 비정상성과가 얻어질 수 있다고 주장한다.

EMH에 의하면 주식의 현재 가격은 그 주식의 수익력과 위험에 관한 정보를 충분히 반영하여 결정된 가격이기 때문에, PER가 낮은 주식이라 하더라도 (+)의 비정상성과를 기대할 수 없다. 효율적 시장에서 주당이익에 비해 주가가 낮다면 그것은 그 주식이 더 큰 위험을 갖고 있거나 아니면 앞으로 수익력이 낮아질 것으로 예상되기 때문에 PER가 낮게 평가된다.

따라서 PER가 낮은 주식이 더 큰 비정상성과를 가져다준다는 증거가 존재하면, 이것은 주가가 수익력과 위험에 관한 정보를 충분히 반영하지 못하고 있다는 것을 의미하므로 EMH를 기각하는 증거로 해석된다.

많은 실증적 연구들은 PER가 낮은 주식이 더 큰 비정상성과를 가져다준다는 것을 보여 주고 있으며, 이를 흔히 PER효과(P/E effect)라고 부른다. PER효과를 검증한 예로서,

---

47] Charles M. C. Lee, Andrei Shleifer & Richard H. Thaler, "Investor Sentiment and the Closed-end Fund Puzzle," *Journal of Finance*, Vol. 46, No. 1 (Mar. 1991).

바수(S. Basu)는 PER가 낮은 주식들은 CAPM에 의하여 정당화될 수 있는 수익률보다 더 큰 비정상성과를 가져다준다는 증거를 제시하였다.[48] 그는 1957~1971년간의 NYSE 상장주식들을 PER의 크기에 따라 5개의 포트폴리오를 구성하였다. 그리고 PER가 가장 낮은 포트폴리오를 매입하고 PER가 가장 높은 주식들을 공매함으로써, 평균 6.75%의 비정상 수익률이 얻어졌음을 보여 주었다.

(4) 최초공모주 퍼즐

어떤 회사가 주식을 상장하기 위해서는 구주를 공개매출하거나 신주를 공개모집하여야 한다. 이처럼 어떤 회사가 발행주식을 처음으로 공개매출 또는 공개모집하는 것을 최초공모라고 하며 이때 매출 또는 모집하는 주식을 IPO(최초공모주, initial public offerings)라고 부른다.

최초공모주의 발행가격은 발행회사와 인수기관의 협의에 의해 결정된다. 발행회사의 기존주주는 최초공모주의 발행가격을 가능한 한 크게 하여 그의 富를 극대화하고자 할 것이다. 그러나 인수기관의 입장은 더 미묘하다. 왜냐하면 인수기관이 인수수수료 수입을 극대화하기 위해서는 발행가격을 크게 하는 것이 좋다. 그러나 발행가격을 너무 높게 결정할 경우, 원활하게 공모가 이루어지지 않을 가능성—이 위험을 시장조성위험(risk of market making)이라고 한다—이 있을 뿐만 아니라, 상장 후 시장가격이 발행가격을 밑돌 경우 인수회사의 평판(reputation)이 하락하게 된다. 따라서 인수회사는 이러한 여러 가지 요인을 고려하여 적절한 수준에서 발행가격을 고려하여야 한다.

만일 주식의 최초공모에 관련된 모든 당사자들 사이에 정보비대칭이 존재하지 않고 발행시장이 효율적이라면 투자자들이 IPO에 투자함으로써 비정상성과를 얻을 수 없어야 한다. 그러나 IPO 투자는 상장초기에 커다란 (+)의 비정상성과를 가져다주지만 장기적으로는 (−)의 비정상성과를 가져다주는 것으로 알려져 있다.

일반적으로 IPO의 상장 첫날 시장가격은 발행가격에 비해 크게 높게 형성되기 때문에 상당히 큰 (+)의 비정상성과가 얻어지는 것으로 알려져 있다. 예를 들어, 미국의 경우 비티와 리터(R. P. Beaty & J. R. Ritter)의 연구에서는 상장 첫날의 수익률이 14.1%에 달하고,[49] 우리나라에서도 IPO의 저평가 현상에 대한 다수의 실증적 연구결과가 존재한다.

IPO가 상장초기에 비정상성과가 얻어지는 이유로서 ① 투자자들이 신규공모주식에

48] S. Basu, "The Relation between Earnings' Yield, Market Value and Return for NYSE Stocks : Further Evidence," *Journal of Financial Economics* (Jun. 1983), pp.129–156.

대하여 기존 상장주식보다 큰 불확실성을 갖고 있으므로 발행가격이 낮게 결정되어 있다는 설명(위험프리미엄 가설)과 ② 기업가치에 대하여 적은 정보를 갖고 있는 투자자들을 끌어들이기 위해서 발행가격이 충분히 낮은 수준에서 결정되어야 한다는 설명(정보비대칭 가설) 등이 제시되고 있다.

IPO가 증권시장에 상장되어 시간이 충분히 경과하면, 신주발행을 하지 않은 다른 주식보다 투자성과가 오히려 떨어지는 것으로 알려져 있다. 미국의 경우 IPO의 투자성과를 BE/ME비율이 비슷하지만 신주발행을 하지 않은 다른 회사들과 비교한 결과, 상장 후 5년 동안 IPO의 연평균 수익률이 2.4% 정도 낮다는 통계가 있다.[50]

(5) 주식프리미엄 퍼즐

위에서 소개한 쉴러의 분산한계검증은 주식의 변동성이 이론적으로 정당화될 수 있는 수준보다 더 크다는 것을 보여 주었다. 이와 동일한 추론을 해본다면, 주식투자로부터 실제로 얻게 될 위험프리미엄이 이론적으로 정당화될 수 있는가에 대하여서도 의문을 품을 수 있다.

메라와 프레스코트(R. Mehra & E. C. Prescott)는 이론적으로 정당화될 수 있는 위험프리미엄의 크기를 알기 위하여 실질무위험수익률과 1인당 소비증가율을 변수로 하는 자산가격모형을 제시하고, 1889~1978년의 실제 자료를 대입하여 이론적으로 정당화될 수 있는 주식의 위험프리미엄의 범위를 계산하였다.[51] 그들의 이론에 의하면, 1889~1978년간의 실질무위험수익률의 평균이 0.8% 정도로 추정되고 이 수준의 실질무위험이자율에서 이론적으로 정당화될 수 있는 주식의 위험프리미엄은 거의 0에 가까워야 한다. 또 실질무위험수익률을 4% 정도로 높게 잡는다 하더라도, 이론적으로 정당화될 수 있는 주식의 위험프리미엄은 1%에 훨씬 못 미친다. 그러나 같은 기간 동안에 실제로 얻어진 주식의 위험프리미엄은 6.98%로서, 이론적으로 정당화될 수 있는 수준보다 훨씬 크다.

메라와 프레스코트의 이런 주장에 대해 저리온과 괴쯔만(P. Jurion & W. N. Goetzmann)은 비정상적으로 높은 미국 주식의 위험프리미엄은 일종의 생존편의(survivorship bias)에 기

49] R. P. Beaty & J. R. Ritter, "The Hot Investment Banking, Reputation and the Underpricing of Initial Public Offerings," *Journal of Financial Economics* (1986), pp.213-232. http://bear.warrington.ufl.edu/ritter에는 최근까지의 IPO의 수익률 통계를 업데이트하여 주고 있다. 이 자료에 의하면, 1980년부터 2012년까지 미국에서 이루어진 7,704개 IPO의 상장첫날 주가의 수익률은 평균 18.6%에 달했으며, 닷컴버블 기간(1999~2000년 857개 사례)의 상장첫날 수익률은 51.4%에 달하고 있다.

50] H. Shefrin, *Behavioral Corporate Finance: Decisions that Create Value* (McGraw Hill, 2007), Ch.5. 조담 역, 『행태과학으로 본 재무관리』 (청람, 2012), 173쪽.

51] Rajnish Mehra & Edward C. Prescott, "The Equity Premium : A Puzzle," *Journal of Monetary Economics* (1985), pp.145-161. 그들이 제시한 자산가격모형은 제7장에서 설명한 소비에 기초한 CAPM과 비슷한 모형이다.

참 고 자본시장에 대한 조지 소로스(George Soros)의 철학

소로스는 헝가리 부다페스트에서 유태인 변호사의 아들로 출생하였다. 1947년 헝가리가 공산화되자 단신으로 영국으로 탈출하여 어려운 형편 속에서도 명문대학인 런던경제대학(London School of Economics)을 졸업하였다. 그는 이 대학에서 열린 사회에 대한 철학을 배웠다고 회고한 바 있으며, 실제로 그 철학을 실천하였다.

대학 졸업 후 잠시 동안 보석외판상과 은행원 생활을 한 다음, 1956년 미국으로 이주하여 증권회사 직원이 되었다. 소로스는 1969년 퀀텀펀드(Quantum Fund)라는 투자회사를 설립하고, 이론 속에서만 이야기되던 분산투자와 차익거래의 원리를 현실 속에서 실천함으로써 지금까지 동종 업계에서 가장 높은 투자수익률을 실현하였다.

소로스는 외환 차익거래에 특히 능한 것으로 알려져 있으며, 최근 중요한 외환시장 동요가 발생할 때마다 그 주범으로 소로스가 지목되곤 하였다. 그러나 1979년 자신의 조국 헝가리에 "열린사회 재단"을 설립하고 동구의 민주화를 지원하여 왔다는 사실을 알고 있는 사람들은 그가 세계사적 안목을 갖춘 숨어 있는 영웅으로 평가하기도 한다.

어떤 기자가 동구 민주화를 지원하였던 그의 행적을 염두에 두고, "뜨거운 가슴으로도 돈을 벌 수 있습니까"하고 소로스에게 물었다. 이에 대하여 소로스는 "돈은 가슴이 아니고 머리로 버는 것입니다. 사회적인 양심은 돈벌이를 방해합니다"라고 답하였다. 이 대답은 돈벌이에도 어떤 그럴듯한 사회적 명분이 있어야 한다고 생각하는 세상 사람들의 위선 또는 편견에 대하여 보내는 소로스의 냉소적 응답이다. 이런 소로스의 냉소 뒤에는 자신의 일에 충실함으로써 최대의 보수를 추구하겠다는 단순한 철학이 깔려 있다.

소로스는 주식시장 행태에 대해서도 비교적 분명한 철학을 갖고 있다. 그는 주식시장에 접근하는 방법으로 기본적 분석, 기술적 분석, 효율적 시장이론의 세 가지 이론이 있다고 본다. 이와 관련하여 그는 다음과 같은 견해를 밝히고 있다.[52]

① 자신을 비롯한 많은 사람들이 이론적으로는 사실상 불가능한 비정상수익률을 계속적으로 실현함으로써 EMH의 모순을 입증해 왔다. 소신을 굽히지 않은 교수들은 소로스와 같은 경우는 단순한 행운에 지나지 않는다고 말한다. 그렇다면 모차르트의 음악도 일시적인 행운의 산물이라고 해야 할 것이 아닌가? 투자업계 사람들은 아무도 EMH를 믿지 않는다. 소로스는 "EMH가 더 널리 믿어질수록 시장은 덜 효율적으로 된다"고 답한다.

② 기술적 분석은 이론적 근거가 약하며 사실 계속적으로 잘 맞는 것도 아니다.

③ 기본적 분석에서 수익력, 자산 등으로 정의되는 가치가 주가를 결정한다. 그러나 주가도 매도, 매수 혹은 M&A 등에 의해 기본적 가치가 달라진다.

위와 같은 소로스의 견해는 내재가치가 주가를 결정한다는 믿음을 나타낸 것이다. 따라서 소로스는 투기자들과는 달리 투자자들은 단기적인 것에 너무 신경 쓸 필요가 없다고 본다.

1998년에는 『세계자본주의의 위기』라는 저서를 내고 오늘날의 세계적 경제위기에 대하여 중요한 대안들을 제시하고 있다. 이 책에서 그는 오늘날의 세계자본주의는 불안정하고 취약한 구조를 갖고 있으며 1997년 이래 동남아, 러시아, 브라질 등을 휩쓴 금융위기가 이러한 비정상적인 경기변동의 산물이라고 지적하고 있다. 그는 오늘날의 자본주의 위기를

52] 그는 1993년 8월 23일 Business Week의 표지인물로 등장하여 최근의 투자전략을 밝힌 바 있고 John Train, *The New Money Masters* (Harper, 1989), Ch.4(동양투자자문 옮김, 『증권투자의 거성들』 (동양투자자문, 1992))에 그의 투자철학이 비교적 소상하게 정리되어 있다.

그림 9.10 주식시장 생존연수와 실질수익률

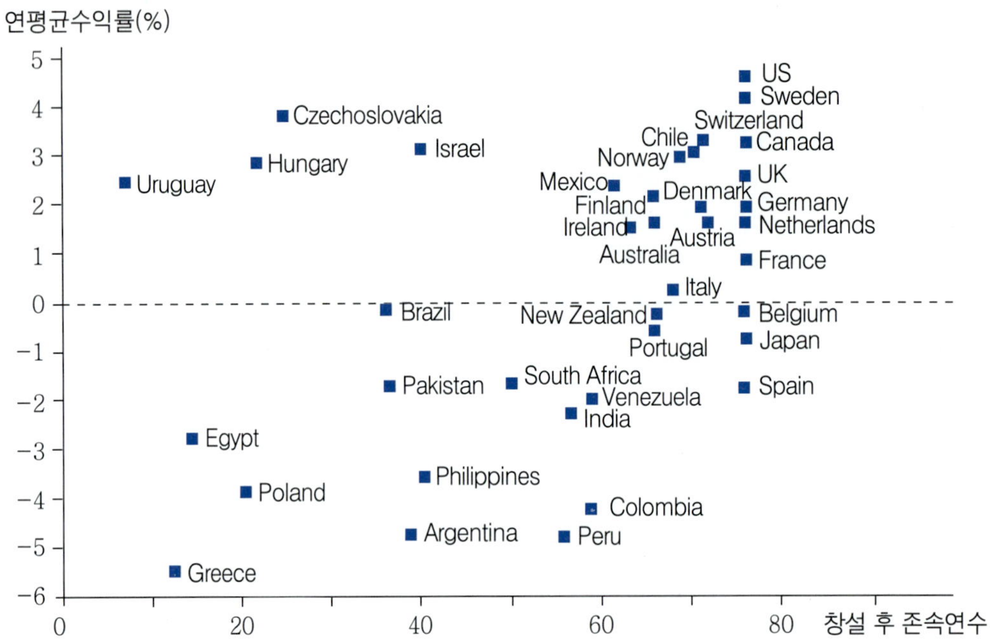

시정하기 위해서는 시장경쟁을 신뢰하는 시장근본주의에 의존해서는 안 되고 선진국 금융자본도 현재의 위기에 대하여 공동책임을 져야 한다고 주장한다. 그 구체적인 방법으로 헤지펀드 등에 대한 국제적 감독체계를 설치하고 선진국의 금융자본들이 채무국의 부채를 출자전환(debt-equity swap)하여 줄 것을 제시하고 있다. 2008년 세계금융위기를 겪은 오늘날에도 그의 충고는 상당한 의미를 갖고 있는 것으로 보인다.

인한 특수한 예에 지나지 않는다고 비판하고 있다.[53] 그들은 세계 36개국의 1926~1996년에 걸친 주가지수의 연평균상승률이 0.8%에 지나지 않으며 대부분의 국가에서는 주식시장이 상당한 기간 동안 또는 영구적으로 폐쇄되어야 하는 역사를 경험하였다. 그러나 미국 주식시장은 그런 생존의 위기를 경험하지 않고 장기에 걸쳐 성공적으로 성장하여 왔다. 그 결과 [그림 9.10]에 나타난 바와 같이 미국 주식의 위험프리미엄은 세계에서 가장 높은 실질수익률을 보여 주고 있다.

53] P. Jurion & W. N. Goetzmann, "Global Stock Markets in the Twentieth Century," *Journal of Finance* (Jun. 1999).

9장 연습문제 Exercises

01 시장이 충분히 경쟁적일 때 자본시장 효율성이 이루어진다고 한다. 그 이유는 무엇이며, 현실적인 예를 들어보시오.

02 시장 효율성의 정도에 따라 증권분석의 유용성이 어떻게 달라지는가?

03 EMH의 검증결과를 해석할 때 고려하여야 할 세 가지 논점을 설명하시오.

04 만일 자본시장이 효율적이라면, 자산의 수익률이 과거의 수익률과 강한 자기상관계수를 가질 수 있다고 말할 수 있는가?

05 다음 현상들 중에서 약형 EMH와 가장 강하게 모순되는 것은 어떤 것인가?

(1) 투자신탁회사에서 설정한 기금 중 25%가 시장평균보다 좋은 성과를 가져다주었다.

(2) 내부자 거래는 일반적으로 비교적 큰 비정상성과를 얻고 있다.

(3) 정월에는 특히 주가가 많이 오른다.

06 과거 주가를 분석한 결과 다음과 같은 결론이 얻어졌다. 각 결론이 약형 EMH와 모순되는지 판단하시오.

(1) 주식의 평균수익률은 0과 유의한 차이를 갖고 있다.

(2) 어떤 주의 수익률과 바로 전주의 수익률 사이의 상관계수는 0이다.

(3) 주가가 저점에서 5% 오를 때 사고, 고점에서 3% 하락할 때 팔면 평균보다 현저하게 좋은 수익률을 얻을 수 있다.

(4) 저배당 주식을 보유함으로써 평균보다 높은 투자수익률을 얻었다.

(5) 주식거래량이 크게 증가하면 2~3일 후에 큰 폭의 주가상승 또는 하락이 발생한다.

07 EMH가 현실적으로 타당하다면, 다음 명제들 역시 타당한지 여부를 판단하시오.

(1) 미래 사건을 완전히 정확하게 예측할 수 있다.

(2) 증권가격이 새로운 정보를 충분히 반영하여 결정된다.

(3) 증권가격이 어떤 식별 가능한 이유가 없이도 변동할 수 있다.

(4) 증권가격은 변동하지 않는다.

08 다음의 결과들이 약형 EMH를 지지하는 증거인지, 또는 기각하는 증거인지를 설명하시오.

(1) 투자자문회사의 자문대로 투자할 경우 평균적으로 우수한 성과를 얻는다.

(2) 갑작스러운 주당배당의 증가가 공표된 직후에 그 주식을 매입하면 비정상성과를 얻어낼 수 있다.

(3) 낮은 PER를 갖는 주식은 대체로 높은 투자수익을 가져다준다.

(4) 어떤 특정 연도에 투자신탁의 성과가 시장평균보다 30%나 높았다.

09 주당배당의 증가가 공표되기 전부터 누적비정상수익률(CAR)이 증가하였다면, 이 증거는 준강형 EMH를 기각하는 증거라고 결론 지울 수 있는가?

10 주식시장의 경기변동이 예측가능하고 어떤 주식의 베타계수가 (+)이라면, 그 주식의 수익률 역시 예측가능하다고 할 수 있는가?

11 모든 주식의 가격이 공정하게 결정된다면, 모든 주식의 평균수익률은 동일하여야 한다는 주장은 옳다고 할 수 있는가?

12 K주식의 시장모형이 $R_K = 0.05 + 1.3R_M$로 추정되었으며, 이 추정치는 장기적으로 안정적이라고 한다. 이 회사의 CEO 교체가 0일에 공표되었으며 이를 전후한 코스피와 K주식의 일간수익률이 다음과 같이 얻어졌다. K주식의 −3일부터 +7일까지 비정상수익률과 누적수익률을 계산하시오.

일자	코스피	K주식	일자	코스피	K주식
−3	−0.0026	−0.0370	3	0.0068	−0.0286
−2	−0.0009	0.0073	4	0.0024	−0.0051
−1	0.0023	−0.0012	5	−0.0011	0.0260
0	0.0045	0.0384	6	0.0015	0.0058
1	0.0005	−0.0347	7	0.0045	−0.0349
2	0.0039	−0.0369			

13 주가는 올라갈 수도 있고 내려갈 수도 있는데, 대부분의 투자자들은 주식시장 전체적으로 (+)의 기대수익률이 얻어질 것으로 생각한다. 그 이유는 무엇인가?

14 오른쪽 그림은 지난 10년간 상장회사들이 행한 신규투자의 공시를 전후하여 누적비정상수익률(CAR)이 어떻게 움직이고 있는가를 그린 것이다.

(1) 공시일 이전에 CAR는 대체로 상승하고 있다. 이러한 CAR의 움직임이 의미하는 바는 무엇인가? 이 기간 중에 어떤 투자자 집단이 신규투자의 정보를 이용하여 비정상성과를 얻어낼 수 있다고 생각하는가?

(2) 공시일 이후에는 CAR가 대체로 하락하고 있다. 이러한 CAR의 움직임이 의미하는 바는 무엇인가?

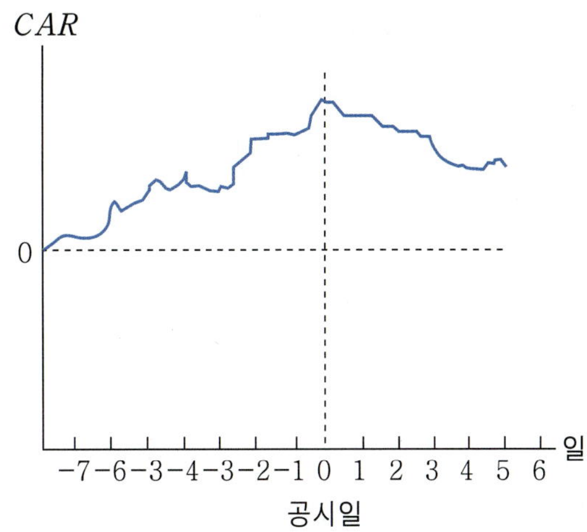

(3) 그림의 결과가 효율적 시장가설(EMH)을 지지하는 증거로 채택될 수 있는가?

15 다양하게 발견되는 자본시장 이상현상은 현실의 자본시장이 효율적 시장이 아니라는 것을 의미한다.

(1) 이런 결과가 개인투자자와 기관투자자의 투자전략에 대하여 어떤 시사점을 갖고 있는지 생각해 보시오.

(2) 이런 결과가 정부의 경제정책에 대해서 어떤 시사점을 갖고 있는지 생각해 보시오.

16 정월효과가 발생하는 이유를 설명하시오.

17 평균회귀(mean reversion)란 무엇을 의미하는가? 평균회귀가 발생하는 이유는 무엇이라고 생각하는가?

18 쉴러의 분산한계검증(variance bound test)을 설명하시오.

19 거품은 반복적으로 발생하고 있다는 것을 알 수 있다. 그 이유는 무엇이라고 생각하는가?

20 자본시장에 관한 연구결과들에 의하면, PER가 높은 주식일수록 대체로 베타계수가 크고 위험수정 후 수익률이 낮으며, 자기자본 규모(= 주식수×주가)가 작은 주식일수록 위험수정 후 수익률이 더 높다고 한다. 그리고 PER와 자기자본 규모 사이에는 거의 상관성이 없다. 이 연구결과를 고려하여, 포트폴리오관리가 어떻게 이루어져야 하는지 설명하시오.

제4부 채권의 가치평가와 투자관리

I N V E S T M E N T

제10장 | 채권의 가격과 수익률

채권(債券, bond)은 원금과 이자의 크기와 지급시기가 약정되어 있는 증권이다.[1] 따라서 대부분의 채권은 확정소득증권(fixed income securities)으로 분류된다. 물론 예외적으로 원금 및 이자의 크기와 고정된 금액으로 약정되어 있지 않는 경우도 있다. 예컨대, 이익참가사채는 발행회사의 이익의 크기에 따라 지급이자의 크기가 달라지도록 약정되어 있고 변동금리채권(floating-rate bond, floater)은 지급이자가 기준금리의 크기에 따라 변동하도록 약정되어 있다. 그러나 대부분의 채권은 이자지급액이 고정된 크기로 약정되어 있다.

채권의 원금과 이자가 "약정되어" 있다고 해서 "무위험하다"는 것은 아니다. 채권의 원리금 지급이 약정대로 이행되지 않을 수도 있고, 예상치 못한 이자율 변동이나 예상 밖의 인플레이션 때문에 채권의 가치가 변동할 수 있기 때문이다. 따라서 채권의 가치를 평가할 때에는 원금과 이자의 지급에 관한 약정된 내용뿐만 아니라 원리금의 지급능력, 미래의 이자율 및 인플레이션 변동에 관한 전망 등도 함께 고려하여야 한다.

오늘날 채권은 주식과 함께 가장 중요한 투자수단이다. 즉, 기업, 정부 및 공공기관의 자본조달원천으로서는 주식보다 더 비중을 갖는 증권이다. 채권의 발행은 공모, 사모(私募, 직접모집), 경매 등의 다양한 방법에 의해 이루어지고 있다. 대부분의 회사채는 주식의 경우와 마찬가지로 공모 또는 사모의 방법에 의해 발행되지만, 정부가 발행하는 국고채(Korean Treasury Bond; KTB)는 기관투자자들이 참여하여 정기적으로 개최되는 경매시장을 통해 발행되고 있고, 지방자치단체가 발행하는 지방채의 일부는 자동차나 주택을 등록할 때 강제로 매출하는 방식으로 발행되기도 한다.

채권의 유통시장의 중요한 특징은 주식과는 달리 대부분의 거래가 거래소가 아닌 장외에서 이루어지고 있다는 점이다. 즉, 대부분의 채권들이 거래소에 상장되지 않고 주로 기관투자자들 사이에서 직거래 또는 증권회사의 중개를 통해 거래되고 있으며, 국채 및 지방채와 같이 거래소에 상장되어 있는 채권도 거의 대부분이 장외에서 거래되고 있다.

이 장에서는 채권투자를 위한 기초개념을 설명하고 다음 장에서는 채권의 투자전략을 설명하고자 한다. 즉, 이 장에서는 채권가격 및 수익률이 어떻게 결정되는가를 먼저 설명하고, 다음 장에서는 이를 기초로 채권투자의 소극적 투자전략과 적극적 투자전략을 설명하고자 한다.

1] 미국에서는 만기의 길이에 따라 채권의 명칭이 구분된다. 일반적으로 만기가 10년 이상인 경우 bond, 1년 이상 10년 미만인 경우는 note, 1년 미만인 단기채권은 bill이라는 용어를 사용한다.

참 고 우리나라 채권시장의 관행

채권거래에는 거래의 편의를 위해 다음과 같은 일정한 금융관행이 적용되고 있다.

① 우리나라에서는 채권을 거래할 때 가격이 아닌 수익률(yield)로 호가한다. 즉, 사거나 팔고자 하는 채권의 종류와 수량을 지정함과 동시에, 매도 또는 매수하고자 하는 수익률을 호가하면, 이미 정해진 채권의 이자와 원금을 호가된 수익률로 할인하여 현재가치, 즉 채권가격이 자연스럽게 계산된다. 채권가격은 식(10.1)이나 (10.2)를 사용하여 계산된다. 미국에서는 $100의 액면가에 대한 가격으로 호가한다.
② 수익률 또는 이자율은 연율(annual rate)을 기준으로 하고 bp(basis point, 1bp는 1/10000, 1%는 100bp)를 단위로 한다. 예를 들어, 3.52%의 수익률로 사겠다고 호가할 때, 이것은 연율로 3.52%라는 뜻이며 흔히 352bp라고 하기도 한다. 이자율 변동을 말할 때에도 bp를 기준으로 하는 것이 일반적이다(예: 전일보다 7bp 상승).
③ 우리나라에서는 365일을 1년으로 한다. 만기가 1년 이하인 단기채권의 만기는 일반적으로 91일, 182일, 364일, 546일 등과 같이 7의 배수로 정해진다. 미국에서는 360일을 1년으로 한다.

10.1 채권가격의 평가

10.1.1 이표이자와 원금상환액

어떤 자산의 가격은 그 자산을 보유하여 얻게 될 미래 현금흐름을 적절한 할인율로 할인하여 구해진 현재가치와 같다. 채권의 가격도 그 채권을 보유하여 얻게 될 미래 현금흐름의 현재가치에 의해 평가된다.

일반적으로 채권으로부터 투자자가 미래에 얻게 될 현금흐름은 이자지급액과 원금상환액으로 이루어져 있으며, 그 크기와 시기가 약관에 정해져 있다. 채권의 가장 전형적인 형태는 매기의 이자지급액이 약정되어 있는 이표채권(coupon bond)이다.[2] 즉, 이표채권에는 액면가(par 또는 face value), 만기(maturity), 이표이율(coupon rate), 연간 이자지급횟수 등이 약관에 정해져 있다. 액면가는 채권의 원금(principal)에 해당되는 것으로서 일반적으로 만기의 원금상환액은 이 액면가와 동일하다.[3] 만기는 최종적인 원금상

2] 이표이율 또는 이표이자에 "利票(coupon)"라는 말이 붙어 있는 것은, 채권을 인쇄하여 실물을 발행할 때 이표채권(coupon bond)의 앞면에 이자지급액의 수취 여부를 확인하기 위하여 이자수취 횟수에 해당하는 쿠폰이 인쇄되어 있기 때문이다.

환 일자이다. 일반적으로 만기에 원금 전액이 상환되지만 예외적으로 원금을 만기 이전의 일정기간에 걸쳐 분할상환하는 경우도 있다.

이표이율은 액면가에 대한 연간 이자지급액(즉, 이표이자)의 비율로서 표면이율이라고도 한다. 예컨대, 100만원의 액면가에 대해 年 5%의 이표이율이 약정되어 있다면, 이것은 연간 5만원(=100만원×0.05)의 이자를 지급하기로 한다는 의미이다. 이 이표이율은 단순히 이자지급액의 계산 기준에 지나지 않으므로, 증권시장에서 채권의 수요와 공급에 의해 결정되는 수익률 또는 시장이자율과 전혀 다른 의미를 갖는다.

이표이자가 年 1회 지급되는 경우는 매우 드물고, 1년에 2회 또는 4회에 걸쳐 분할지급되는 것이 일반적이다. 미국의 장기채권과 우리나라 국고채는 연 2회 반기(semiannual)말에 분할지급되며 우리나라 회사채의 이표이자는 대부분 연 4회 분기말에 분할지급된다. 예를 들어, 액면 100만원의 국고채에 대해 연 4%의 이표이율이 연 2회, 반기말 분할지급된다면 이것은 연간 4만원의 이표이자가 6개월에 2만원씩 분할지급된다는 것을 의미한다.

우리나라에서 발행되는 장기채권의 대부분은 위와 같이 매기 일정한 이표이자를 지급하는 이표채권이다. 그러나 다음과 같이 이표이자 지급방법이 특수한 것들도 있다.[4]

① **무이표채권**(zero-coupon bond) : 이표이자가 지급되지 않는 채권, 즉 이표이율이 0인 채권. 할인채권(discount bond)이라고도 한다. 만기가 1년 이하인 채권은 대부분 무이표채권이다. 만기가 546일인 통화안정증권도 무이표채권이다.

② **복리채** : 이표이율은 정해져 있지만, 이자는 만기에 복리로 계산된 금액을 원금과 함께 지급하는 채권. 복리채는 지방자치단체가 만기 전의 이자지급 부담이 없이 특정 사업의 재원을 조달하고자 할 때 흔히 발행된다. 복리채는 원금과 이자가 만기에 일시에 지급되므로 사실상 무이표채권과 동일하다.

3] 예외적으로, 물가연동채권과 같이 액면가 자체가 물가수준에 따라 변동할 경우에는 만기의 원금상환액은 현재의 액면가와 다른 값을 갖게 된다.

4] 시장의 요구에 의해 새로운 종류의 채권이 지속적으로 설계되어 거래되고 있다. 다음의 채권들이 그 예이다.
① reverse floater : 이표이율이 시장금리와 반대 반향으로 움직이도록 설계된 변동금리채권. 채권자는 금리하락기에 이자소득 상승과 채권가격 상승의 두 가지 이득을 함께 얻을 수 있다. 금리상승기에는 그 반대이다.
② asset-backed securities : 원리금 지급이 특정 자산이나 로열티 등에 의해 뒷받침되어 있는 채권. 은행 대출의 원리금을 기초로 발행되는 신용파생상품(credit derivatives), 부동산담보대출을 기초로 발행되는 MBS(mortgage-backed securities) 등이 그 예이다.
③ catastrophe bond : 만기상환액이 천재지변의 발생 여부에 의존하는 채권. 스위스의 겨울폭풍에 연계된 Winterthur, 일본의 지진에 연계된 Electrolux 등이 그 예이다. 재난의 피해를 자본시장에 전가하는 보험효과를 갖는다.

③ **물가연동채권**(inflation-indexed bond) : 액면가 또는 이표이율이 물가수준 또는 특정상품의 가격에 연동되어 있는 채권. 미국의 TIPS(Treasury Inflation Protected Securities)나 우리나라의 물가연동국고채는 이표이율은 고정되어 있지만 액면가가 소비자물가지수에 연동되어 있으므로, 이표이자의 크기도 물가수준에 따라 달라진다.

④ **변동금리채권**(floating rate note, floater; FRN) : 이표이율이 금융시장의 기준금리 변동에 따라 달라지는 채권. 시장이자율 변동의 불확실성이 클 때 발행된다.

10.1.2 이표채권의 가격

여기에서는 우리나라에서 가장 많이 발행되고 있는 이표채권의 가격이 어떻게 평가되는가를 보기로 하자. 주식과는 달리, 채권은 투자자가 얻게 될 현금흐름, 즉 원금과 이자가 약정되어 있다. 따라서 채권가격은 미래 현금흐름을 적절한 할인율로 할인하여 계산된 현재가치로 용이하게 될 수 있다.

우리나라 채권시장에서는 채권을 거래할 때 가격으로 호가(quote)하지 않고 수익률(yield)로 호가한다. 즉, 특정 채권에 대해서 매도자와 매입자가 호가하는 수익률과 거래량이 동일하면 거래가 성립된다. 여기에서 말하는 수익률은 다음 절에서 설명하게 될 만기수익률(yield to maturity)에 해당하는 것으로서, 현재가치 계산을 위해 사용되는 할인율과 같다.

설명의 편의상, 잔존만기가 정확하게 T기, 액면가(원금)는 F, 연간 이자지급 횟수는 k회이고 매기 C만큼의 이표이자를 지급하기로 약정된 채권이 있다 하자. 이 채권이 R의 수익률로 호가되고 있다면, 채권의 가격은 다음 식과 같이 이표이자와 원금의 현재가치로 계산된다.

이표채권의 가격

$$P_0=\sum_{t=1}^{T}\frac{C}{\left(1+\frac{R}{k}\right)^t}+\frac{F}{\left(1+\frac{R}{k}\right)^T} \tag{10.1}$$

단, P_0는 현재의 채권가격, C는 매기의 이표이자이다. R은 수익률(yield), 즉 채권의 할인율이고, k는 연간 이표이자 지급횟수이다. F는 액면가, 즉 만기의 원금상환액, t는 이자 지급시기를 나타낸다($t=1, \cdots, T$).

참 고 이표이자 지급시기의 중간에 거래가 이루어질 경우의 채권가격

채권거래가 이표이자 지급시기의 중간에 이루어질 수도 있다. [그림 10.1]에서 $t=0$ 시점은 다음 이자지급일이고 $t=-1$ 시점은 직전 이자지급일이다. 거래일은 그 사이의 어떤 시점이며, 거래일을 기준으로 다음 이자지급일까지 d일이 남아 있다. 그리고 이자지급일 사이의 일수는 q일이다.

그림 10.1 채권의 거래시점과 일수계산

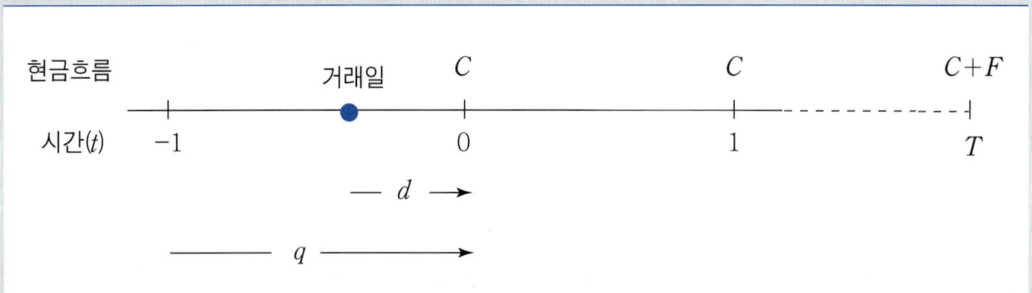

이처럼 이표이자 지급시기의 중간에 채권가격을 평가해야 할 경우에는 아래의 식(10.2)가 사용된다.[5]

$$P_0=\frac{1}{\left(1+\frac{R}{k}\times\frac{d}{q}\right)}\left[\sum_{t=0}^{T}\frac{C}{\left(1+\frac{R}{k}\right)^t}+\frac{F}{\left(1+\frac{R}{k}\right)^T}\right] \tag{10.2}$$

식(10.2)에서 큰 괄호 안은 $t=0$일 현재를 기준으로 채권가격을 평가한 것이다. 즉, $t=0$ 시점의 이자지급액을 포함하여 $T+1$회에 걸친 지급이자와 만기의 원금상환액을 $t=0$ 시점 기준의 현재가치로 평가한 것이다. 앞쪽의 분수 부분에서 $(R/k)\times(d/q)$ 부분은 다음 이자지급일까지의 수익률을 일수 계산한 것이다. 따라서 앞쪽의 분수 부분은 $t=0$ 시점 기준의 현재가치를 거래일의 현재가치로 다시 할인하기 위한 계산이다.

예를 들어, 2014년 1월 1일에 발행된 5년만기 국고채를 2014년 9월 10일에 거래한다고 하자. 이 채권의 액면가는 100만원, 만기는 2018년 12월 31일이고 이표이율은 3%, 지급이자는 연 2회 반기말에 분할지급된다 하자. 2014년 9월 10일에 이 채권이 3.5%의 수익률로 거래되고 있다면, 이 채권의 가격은 얼마로 평가될 것인가?

이 채권의 잔존만기는 4년 3개월 20일이고, 이 채권의 현금흐름은 2014년 12월 31일부터 2018년 12월 31일까지 9회에 걸쳐 매 반기말에 지급되는 15,000원의 이표이자와 만기에 상환되는 100만원의 액면가이다. 2014년 9월 10일 이후 첫 번째 이자지급일인 12월 31일까지 112일이 남아 있고 직전 이자지급일인 6월 30일부터 12월 31일까지는 184일이므로, 이 채권의 가격은 다음과 같이 985,984원으로 계산된다.

$$P_0=\frac{1}{\left(1+\frac{0.035}{2}\times\frac{112}{184}\right)}\left[\sum_{t=0}^{8}\frac{15{,}000}{\left(1+\frac{0.035}{2}\right)^t}+\frac{1{,}000{,}000}{\left(1+\frac{0.035}{2}\right)^8}\right]=985{,}984\text{원}$$

5] 이 식은 금융투자협회, 「채권장외거래 공시 등에 관한 규칙」의 별표에 규정된 것으로서 우리나라 채권거래에서 관행적으로 사용되고 있다.

참 고 미국 채권시장에서의 flat price와 invoice price

미국의 채권거래에서는 flat price(또는 clean price)와 invoice price(또는 dirty price)라는 매우 혼동하기 쉬운 두 가지 가격 개념이 존재한다. flat price는 채권을 거래할 때 호가되는 가격으로서, 블룸버그 등과 같은 금융정보 통신망에 또는 미국 채권의 시장가격은 이 flat price로 표시되어 있다. flat price는 앞으로 얻어지게 될 모든 현금흐름을 직전 이자지급일 기준으로 평가된 현재가치로 이해할 수 있다. 위의 예에서 수익률이 3.5%일 때, flat price는 다음과 같이 979,349원으로 계산된다.

$$P_0=\sum_{t=1}^{9}\frac{15,000}{\left(1+\frac{0.035}{2}\right)^t}+\frac{1,000,000}{\left(1+\frac{0.035}{2}\right)^9}=979,349\text{원}$$

그러나 거래가 성립되어 매수자가 매도자에게 실제로 지급하는 채권가격은 이른바 invoice price(또는 dirty price 또는 현금가격(cash price))라고 부르는 가격으로서, 직전 이자지급일 이후에 발생한 경과이자를 flat price에 더한 값과 같다.

경과이자(accrued interest)는 직전 이자지급일로부터 거래일까지 발생한 이자로서, 다음 이자지급일에 매수자가 수취할 이표이자 중 거래일 이전에 발생한 부분이다. 경과이자는 매도자가 수취해야 할 몫이므로 매수자는 경과이자를 매도자에게 되돌려 주어야 한다. 따라서 매도자가 매수자에게 지급해야 할 실제가격은 flat price에 경과이자를 더한 금액인 invoice price이다. 다만 거래일이 이자지급일 직후일 때에는 경과이자가 0이므로 invoice price는 flat price와 일치한다.

앞의 예에서 직전 이자지급일로부터 거래일까지의 경과일수는 72일이므로, 경과이자는 15,000원×(72/184)=5,869원이다. 따라서 invoice price는 flat price 979,349원에 경과이자 5,869원을 더한 985,218원이다. 식(10.2)에 의해 계산된 우리나라의 채권가격은 매수자가 실제 지불하는 가격이므로 invoice price에 해당되는 가격이지만, 경과이자를 고려하는 방법이 다르기 때문에 약간의 차이를 보인다. 그리고 엑셀의 재무함수에 주어져 있는 "price"라는 함수는 이표채권의 flat price를 계산하는 함수이다.

이 식에서 채권가격을 구하기 위해 사용된 할인율이 R/k로 표시되어 있다. 이것은 연율(annual rate)로 표시된 수익률을 연간 이자지급 횟수인 k로 나누어 이자지급 단위기간의 수익률로 환산하기 위한 것이다. 만일 이표이자가 연 4회, 분기말에 지급된다면 R을 4로 나누어 할인율로 사용한다.

액면가가 100만원이고 잔존만기가 5년이며 이표이율이 3%(반기 분할지급)인 국고채가 현재 3.5%의 수익률로 거래되고 있다면, 이 채권의 가격은 다음과 같이 977,247원으로 계산된다.

$$P_0=\sum_{t=1}^{10}\frac{15,000}{\left(1+\frac{0.035}{2}\right)^t}+\frac{1,000,000}{\left(1+\frac{0.035}{2}\right)^{10}}=977,247\text{원}$$

국채와는 달리 회사채는 채무불이행위험(default risk)-이표이자와 원금의 일부 또는 전부가 약속대로 지급되지 못하게 될 위험-을 안고 있다. 이 경우에도 채무불이행이 구체적으로 어떻게 발생할지 모르기 때문에, 채권가격을 구할 때에는 약관에 약속된 이표이자와 원금을 모두 반영하여 현재가치를 구한다. 만일 어떤 채권이 채무불이행위험을 갖고 있다고 판단되면, 이를 반영하여 더 높은 수익률이 호가될 것이므로 채권가격은 더 낮게 평가될 것이다.

10.1.3 채권가격의 정리 : 이자율과 채권가격의 관계

채권가격의 식을 보면, 호가된 수익률이 달라지면 채권가격도 달라진다는 것을 알 수 있다. 흔히 우리가 말하는 시장이자율 또는 금리라는 개념은 채권시장에서 형성된 대표적 채권의 수익률을 의미한다. 따라서 채권의 수익률이 달라지면 채권가격이 다르게 평가된다는 말은 시장이자율이 달라지면 채권가격이 달라진다는 말과 동일하다.

이자율이 달라질 때 채권가격이 어느 정도 변동할 것인지는 잔존만기와 이표이율과 같은 채권 특성에 따라 달라진다. 이에 대해 말킬(B. Malkiel)은 다음과 같은 채권가격의 정리로 요약하였다.[6] 이 말킬의 채권가격 정리는 채권가격 변동의 중요한 특징들을 요약한 것이므로 채권포트폴리오 관리에 대해 여러 가지 중요한 시사점을 제공해 준다. 특히 채무불이행 가능성이 거의 없기 때문에 무위험자산으로 간주되고 있는 국채의 경우, 채권가격의 정리는 실제 시장에서 더 뚜렷하게 나타난다.

(1) 채권가격은 이자율과 반대방향으로 움직인다.

식(10.1)에 관한 계산 예에서 이자율이 3.5%일 때, 액면이 100만원이고 잔존만기가 5년, 이표이율이 3%(반기 분할지급)인 채권의 가격이 977,247원으로 계산되었다. 그러나 이자율이 4%로 50bp만큼 상승하면 채권가격은 다음 계산에서와 같이 955,087원으로 하락한다.

6] Burton Malkiel, "Expectations, Bond Prices and the Term Structure of Interest Rates," *Quarterly Journal of Economics* (May 1962), pp.197–218.

표 10.1 이자율과 채권가격의 관계

이자율(年,%)	2.5	3.0	3.5	4.0	4.5
채권가격(원)	1,023,364	1,000,000	977,247	955,087	933,503

$$P_0 = \sum_{t=1}^{10} \frac{15,000}{\left(1+\frac{0.04}{2}\right)^t} + \frac{1,000,000}{\left(1+\frac{0.04}{2}\right)^{10}} = 955,087\text{원}$$

〈표 10.1〉은 액면 100만원, 잔존만기 5년, 이표이율 3%(반기 분할지급)의 조건을 갖는 어떤 채권의 가격이 이자율 변동에 따라 어떻게 변동하게 되는지를 보여주고 있다(채권가격은 위의 계산에서 할인율만 달리하여 계산된 값이다).

〈표 10.1〉에서 먼저 알 수 있는 사실은 채권가격이 이자율의 움직임과 반대 방향으로 변동한다는 사실이다. 즉, 이자율이 상승하면 채권가격은 하락하게 되고, 반대로 이자율이 하락하면 채권가격은 상승하게 된다. 이것은 식(10.1)에서 할인율이 상승하면 채권가격이 하락하기 때문이다.

〈표 10.1〉에서 알 수 있는 다른 사실은, 이자율이 채권의 이표이율과 동일하면 채권가격은 액면가와 동일하게 결정되며, 이런 채권을 par bond라고 한다. 또 이자율이 이표이율보다 높으면 할인부(at discount), 이자율이 이표이율보다 낮으면 할증부(at premium)로 가격이 결정된다.

어떤 채권을 처음 발행할 때에는 발행가격이 액면가와 거의 일치하도록 이표이율을 결정하는 것이 일반적이다. 이것은 그 채권에 적절한 수준의 이자율을 미리 파악하여 이표이율을 결정한다는 것을 의미한다. 그러나 시간이 경과하여 시장이자율이 달라지면 채권가격도 변동하므로 액면가와 상당한 크기의 차이를 보이게 된다.

(2) 만기가 길수록 가격변동률이 커진다.

이자율이 채권가격에 미치는 영향은 모든 채권에 대하여 일정하지 않다. 일반적으로 동일한 크기의 이자율 변동에 대하여, 잔존만기가 긴 장기채권의 가격은 단기채권의 가격보다 큰 폭으로 변동한다.

〈표 10.2〉는 채권들의 액면가가 100만원이고 이표이율이 연 3%(이표이자는 반기말 분할지급)로서 모두 동일하지만 잔존만기만 다른 여러 가지 채권들의 가격에 대해 이자율 변동이 어떤 영향을 미치는지를 보여주고 있다. 현재의 시장이자율이 이표이율과 동일한 3%이라면 가격은 잔존만기에 관계없이 액면가와 동일한 100만원이다(〈표 10.1〉을 참

표 10.2 채권가격에 대한 이자율 변동의 영향(이표이율은 3%, 만기가 다른 경우)

만기(년)	이자율 = 2.5%(50bp 하락)		이자율 = 3.5%(50bp 상승)	
	가격(원)	변동률(%)	가격(원)	변동률(%)
1	1,004,908	0.49	995,128	−0.49
2	1,009,695	0.97	990,423	−0.96
3	1,014,365	1.44	985,878	−1.41
4	1,018,920	1.89	981,487	−1.85
5	1,023,364	2.34	977,247	−2.28
7	1,031,926	3.19	969,195	−3.08
10	1,043,998	4.40	958,118	−4.19
15	1,062,222	6.22	942,035	−5.80
20	1,078,317	7.83	928,514	−7.15

조). 이자율이 현재의 3%로부터 갑자기 50bp 상승하거나 하락할 경우, 가격은 이자율 변동의 반대 방향으로 변동하지만 그 변동률은 잔존만기에 따라 크게 다르게 나타난다(〈표 10.2〉 참조).

예를 들어, 이자율이 3.5%로 50bp 상승할 경우, 1년만기 채권의 가격은 0.49% 하락하지만 5년만기 채권의 가격은 2.28% 하락하고 10년만기는 4.19%, 20년만기는 7.15% 하락한다. 반대로 이자율이 2.5%로 50bp 하락할 경우, 1년만기 채권의 가격은 0.49%, 5년만기 채권은 2.34%, 10년만기 채권은 4.40%, 20년만기 채권은 7.83% 상승한다.

이와 같이 이자율 변동이 발생할 경우, 채권가격은 잔존만기가 길수록 더 큰 폭으로 변동한다. 이 점은 투기목적의 채권투자에서 중요한 의미를 갖는다. 즉, 어떤 투자자가 이자율 하락(또는 상승)을 예상하면 단기채권을 공매(또는 매입)하고 장기채권을 매입(또는 공매)하는 차익거래를 행함으로써 그는 0의 투자액으로 매우 큰 이익을 얻을 수 있다. 그러나 이자율이 투자자의 예상대로 변동하지 않거나 예상이 너무 늦게 실현되면 이 투자자는 커다란 손실을 입게 되므로, 이러한 차익거래는 커다란 위험을 부담하는 투기적 차익거래이다.

(3) 채권가격 변동은 만기가 길어질수록 체감적으로 나타난다.

이자율 변동이 발생할 때, 잔존만기가 길수록 채권가격은 더 큰 폭으로 변동하지만, 그 변동폭은 잔존만기의 길이에 따라 체감(遞減)적으로 증가한다. 예를 들어, 이자율이 3.5%로 50bp 상승할 경우 5년만기 채권은 −2.28%의 가격변동률을 보이겠지만, 10년만기 채권은 −4.19%의 가격변동률을 보임으로써 5년만기 채권에 비하여 2배에 미치지 못한다. 이러한 현상은 이자율 하락의 경우에도 나타나며, 채권가격 변동률이 잔존만기의 길이에 비례하지 않고 체감적으로 증가한다는 것을 의미한다.

(4) 채권가격은 비대칭적으로 변동한다.

〈표 10.2〉에서 알 수 있는 또 하나의 사실은, 이자율이 같은 크기로 상승 또는 하락할 경우, 채권가격의 하락과 상승이 비대칭적(asymmetric)이라는 것이다. 예를 들어, 이자율이 3%에서 3.5%로 50bp 상승할 때 5년만기 채권의 가격은 2.28% 하락하겠지만, 반대로 이자율이 2.5%로 50bp 하락할 때 5년만기 채권의 가격은 더 큰 폭인 2.34% 상승한다. 따라서 채권가격은 이자율의 상승보다는 하락에 대해 약간 더 민감하게 변동한다.

(5) 채권가격은 이표이율이 높을수록 적게 변동한다.

채권의 이표이율도 채권가격 변동률에 영향을 미친다. 즉, 이표이율이 높을수록 일정한 이자율 변동에 대한 채권가격의 변동률은 작아진다.

〈표 10.3〉은, 이자율이 3%에서 3.5%나 2.5%로 50bp만큼 변동하는 경우에, 액면가가 100만원인 5년만기 채권의 가격이 어느 정도 변동할 것인가를 정리한 것이다. 〈표 10.3〉에서 이표이율이 클수록 채권가격의 변동률이 낮아진다는 것을 알 수 있다. 따라서 이표이율이 0인 무이표채권의 가격이 이자율 변동에 대해 가장 민감하게 변동한다.

표 10.3 채권가격에 대한 이자율 변동의 영향(5년만기, 이표이율이 다른 경우)

이표이율(%)	3.0%	2.5%로 50bp 하락		3.5%로 50bp 상승	
	가격(원)	가격(원)	변동률(%)	가격(원)	변동률(%)
0	861,667	883,181	2.50	840,729	−2.43
1	907,778	929,909	2.44	886,235	−2.37
2	953,889	976,636	2.38	931,741	−2.32
3	1,000,000	1,023,364	2.34	977,247	−2.28
4	1,046,111	1,070,091	2.29	1,022,753	−2.23
6	1,138,333	1,163,547	2.21	1,113,765	−2.16
8	1,230,555	1,257,002	2.15	1,204,778	−2.09
10	1,322,776	1,350,457	2.09	1,295,790	−2.04

이상으로 설명한 채권가격의 정리들 중에서 특히 두 번째 정리가 중요하다. 이 정리는 장기채권일수록 가격변동이 이자율에 더 민감하기 때문에 더 큰 가격변동의 위험을 지니고 있다는 것을 시사한다. 또 다섯 번째 정리는 이표이율의 영향을 다룬 것이므로 잔존만기와 무관한 것처럼 생각되지만, 실제로는 이 다섯 번째 정리의 본질적인 의미도 두 번째 정리와 동일하다.[7] 다음 장에서는 채권가격의 이러한 특성을 보다 상세하게 알아보고 그 위험을 어떻게 관리할 수 있을 것인지에 대해서도 알아볼 것이다.

10.2 채권의 수익률

10.2.1 만기수익률

우리에게 수익률 또는 이자율은 매우 친숙한 개념이지만, 실제로는 그 의미를 명확하게 이해하고 사용하는 경우는 많지 않다. 채권의 경우 만기수익률, 현물이자율, 내재선도이자율 등이 각기 서로 다른 의미를 갖고 있으므로 그 의미를 명확하게 구분하여 사용할 필요가 있다.

이미 지적한 대로 우리나라에서 채권을 거래할 때 수익률(yield)로 호가하고 있으며, 이 경우의 수익률은 만기수익률을 가리킨다. 또 신문기사, 뉴스, 경제자료에서 말하는 실세금리 또는 시장이자율도 지표채권의 만기수익률을 인용한 것이다. 만기수익률(yield to maturity; YTM)은 어떤 채권을 매입하여 만기까지 보유함으로써 얻게 될 내부수익률(internal rate of return)을 의미한다. 만기수익률은 채권의 내부수익률이기 때문에, 채권에서 약정된 미래의 이표이자와 원금상환액의 현재가치와 그 채권의 시장가격을 일치시켜 주는 할인율로 정의될 수 있다. 따라서 다음 식(10.3)의 할인율인 y가 만기수익률이다.

7] 이것은 이표이율이 클수록 채권의 현금흐름이 더 빨리 얻어지게 되므로 '실질적인 만기'가 더 짧아진다는 사실과 관련이 있다.

만기수익률

$$P_0=\sum_{t=1}^{T}\frac{C}{\left(1+\frac{y}{k}\right)^t}+\frac{F}{\left(1+\frac{y}{k}\right)^T} \qquad (10.3)$$

이 식(10.3)은 만기수익률 y가 들어가 있다는 점을 제외하면 채권가격을 구하는 식(10.1)과 동일한 식이다. 즉, 식(10.1)은 어떤 수익률(R)을 호가했을 때 그 채권의 가격(P_0)이 어떻게 계산되는지를 나타낸 것이고, 식(10.3)은 채권가격(P_0)이 주어져 있을 때 채권의 만기수익률 y를 구하고자 하는 식이다. 이표이자와 만기상환액이 약관에 의해 이미 주어져 있으므로, 수익률로 호가하여 가격을 결정한다는 것이나 가격을 호가하고 이로부터 만기수익률(y)을 구하는 것은 사실상 동일한 의미를 갖는다.

예를 들어, 잔존만기가 정확하게 3년인 어떤 채권의 액면가가 100만원이고 이표이율은 연 3%(반기말 지급)라고 하자. 현재 이 채권이 977,247원으로 거래되고 있다면 이 채권의 만기수익률은 다음 식의 y로서 3.5%로 계산된다.[8]

$$977{,}247=\sum_{t=1}^{10}\frac{15{,}000}{\left(1+\frac{y}{2}\right)^t}+\frac{1{,}000{,}000}{\left(1+\frac{y}{2}\right)^{10}}$$

균형 하에서, 발행조건이 동일한 모든 채권은 모두 동일한 가격으로 거래되어야 하므로, 이 채권들의 만기수익률도 동일하게 결정되어야 한다. 그러나 동일 시점에 거래되었다 하더라도, 개별 채권의 만기, 이표이율, 연간 이표이자 지급횟수, 채무불이행위험, 세금, 부가된 옵션 등의 조건이 다르기 때문에 각 채권의 만기수익률도 다르게 결정된다.

우리가 시장이자율 또는 실세금리라고 말하는 것들은 모두 지표채권의 만기수익률을 가리킨다. 지표채권이란 채권시장의 기준이 되는 대표적 채권으로서 채무불이행위험이 없는 채권이다. 우리나라에서는 단기금리의 기준으로서 6개월 또는 1년만기 통화안정증권의 만기수익률을 흔히 사용하고 있고 장기금리의 기준으로는 3년 또는 5년만

8] 엑셀에도 만기수익률을 계산하는 재무함수인 'yield'라는 함수가 주어져 있다. 'yield' 계산에 필요한 값으로서 settlement(결제일), maturity(만기), rate(연간 이표이율), pr(가격), redemption(만기상환액), frequency(연간 이표지급횟수), basis(일수계산 기준)를 적어 넣어야 한다. 이 함수를 사용할 때 유념해야 할 것으로서, pr과 redemption이 원금 $100 기준이라는 것, 가격이 미국의 관행인 flat price라는 것, basis에 적절한 값을 선택해서 넣어야 한다는 것 등이다(basis는 월간일수/연간일수에 관한 관행으로서, 0(=미국식 30/360일), 1(=실제/실제), 2(=실제/360), 3(=실제/365), 4(=유럽식 30/360) 중 하나를 택하도록 되어 있다).

기 국고채 만기수익률을 사용한다.

10.2.2 현물이자율과 내재선도이자율

(1) 현물이자율

위에서 설명한 만기수익률은 채권거래를 통해 실제로 결정된 이자율이다. 그 중에서도 만기에만 현금흐름이 얻어지는 무이표채권의 현물거래를 통해 결정된 만기수익률을 무이표현물이자율(zero-coupon spot rate) 또는 간단히 줄여 현물이자율이라고 한다. 현물이자율은 채무불이행위험이 없는 무이표채권으로부터 계산되기 때문에, 만기의 차이에 따라 시장이자율이 어떻게 달라지는가를 알고자 할 때 흔히 사용된다. 예를 들어, 잔존만기가 3년인 무이표채권이 3.1%의 만기수익률로 거래되고 있다면, 이 3.1%가 3년만기 현물이자율이며 3년의 만기를 갖는 금융자산을 대표하는 시장이자율로 간주된다.

일반적으로 잔존만기가 달라지면 현물이자율도 달라진다. 설명을 명확하게 하기 위하여, 만기가 t시점인 무이표채권에 대해 k시점에 결정된 현물이자율을 $s_{k,t}$로 표기하기로 하자(단, $k<t$). 만기가 t기 후인 무이표채권의 현물이자율이 현재(=0시점) $s_{0,t}$로 결정되어 있다면, 이 채권의 가격은 다음과 같이 평가된다.

무이표채권의 가격

$$P_0 = \frac{F}{(1+s_{0,t})^t} \tag{10.4}$$

단, F는 만기에 지급하는 원금상환액이고 $s_{0,t}$는 만기가 t기 후인 현물이자율이다.

이표채권은 만기까지 현금흐름이 여러 차례에 걸쳐 발행하는 채권이므로 여러 개의 무이표채권이 결합된 것이라고 볼 수 있다. 예컨대 잔존만기가 3년이고 이표이자를 반기마다 지급하는 이표채권은 6회의 현금흐름을 지급하므로 6개의 무이표채권이 결합된 것과 같다. 그러므로 각 기간의 현물이자율을 알고 있다면 이를 이용하여 이표채권의 가격도 평가할 수 있으며, 그 값은 이표채권의 만기수익률을 사용하여 평가한 가격과 동일하여야 한다. 즉, 만기별 현물이자율이 주어져 있다면, 잔존만기가 T기인 이표채권의 가격은 다음과 같이 계산될 수 있다.

참 고 붓스트래핑에 의한 현물이자율의 계산

잔존만기가 긴 채권의 대부분은 이표채권이기 때문에, 시장의 거래자료로부터 장기의 현물이자율을 직접 관찰할 수 없다. 이 경우 장기 현물이자율을 구하기 위해 붓스트래핑(bootstrapping)이라는 방법이 흔히 사용한다. 붓스트래핑은 짧은 만기의 현물이자율을 사용하여 더 긴 만기의 현물이자율을 순차적으로 계산하여 나가는 방법이다.

예를 들어, 현재 1년만기 무이표채권의 만기수익률, 즉 현물이자율이 3.2%라고 하자. 그리고 이표이율이 3%(연 1회 지급)인 2년만기 채권과 이표이율이 4%(연 1회 지급)인 3년만기 채권의 만기수익률은 각각 3.5%와 3.8%로 거래되고 있다 하자. 이 두 가지 이표채권의 액면가가 모두 100만원이라면, 식(10.1)에 의해 2년만기 채권의 가격은 990,501원, 3년만기 채권의 가격은 1,005,571원으로 계산된다.

먼저 붓스트래핑에 의해 2년만기 현물이자율을 구해보기로 하자. 채권의 가격은 만기수익률을 사용하여 계산하든 현물이자율을 사용하여 계산하든 동일한 값을 가져야 하므로, 2년만기 채권의 가격과 이미 알고 있는 1년만기 현물이자율의 값을 사용하면, 2년만기 현물이자율은 3.5045%로 구해진다.

$$\frac{30{,}000}{(1+0.032)^1}+\frac{1{,}030{,}000}{(1+s_{0,2})^2}=990{,}501\text{원} \Rightarrow s_{0,2}=3.5045\%$$

이와 유사한 방법으로 3년만기 현물이자율은 다음과 같이 계산된다.

$$\frac{40{,}000}{(1+0.032)^1}+\frac{40{,}000}{(1+0.035045)^2}+\frac{1{,}040{,}000}{(1+s_{0,3})^3}=1{,}005{,}571\text{원} \Rightarrow s_{0,3}=3.8162\%$$

실제로는 특정 잔존만기를 갖는 채권이 단 하나만 주어져 있는 것이 아니고 여러 개일 수 있다. 그런 경우에는 위와 같이 붓스트래핑에 의해 각 채권의 현물이자율을 구하고 이들을 평균하여 특정 만기의 현물이자율로 사용한다.

현물이자율을 사용한 이표채권의 가격

$$P_0=\sum_{t=1}^{T}\frac{C}{\left(1+\frac{s_{0,t}}{k}\right)^t}+\frac{F}{\left(1+\frac{s_{0,T}}{k}\right)^T} \tag{10.5}$$

단, C는 매기의 이표이자이고 F는 T기 후에 받게 될 원금상환액이다. $s_{0,t}$는 만기가 t인 현물이자율($t=1, \cdots, T$)이고 k는 연간 이표이자 지급횟수임.

만일 이표이자와 원금상환액의 지급시기에 해당하는 현물이자율을 모두 알고 있다면, 식(10.5)를 이용하여 어떤 채권의 가격과 만기수익률을 구할 수 있다. 예를 들어, 액면가가 100만원이고 이표이율이 3%(年 1회 지급)인 3년만기 이표채권이 있다 하자. 현재 1년, 2년 및 3년만기 현물이자율이 각각 3%, 4%, 5%이라면, 이 3년만기 이표채권의 가격은 다음과 같이 946,616원으로 계산된다.

$$P_0 = \frac{30,000}{(1+0.03)^1} + \frac{30,000}{(1+0.04)^2} + \frac{1,030,000}{(1+0.05)^3} = 946,616\text{원}$$

이 채권의 현금흐름과 가격 자료를 사용하여 만기수익률을 구하면 4.958%로 계산된다.

흔히 국고채와 같은 지표채권의 만기수익률을 시장이자율의 기준으로 삼는다. 만기가 긴 국고채도 이표채권이기 때문에 여러 개의 무이표채권을 합성한 것이다. 따라서 국고채의 만기수익률은 특정한 만기를 갖는 채권의 진정한 시장이자율과 다소의 차이를 보인다고 볼 수 있다.[9]

(2) 내재선도이자율

현물이자율과 구분되는 개념으로서 내재선도이자율(implied forward rate)이라는 것이 있다. 이것은 현물이자율에 내재되어 있는 미래의 단기이자율을 의미한다. 내재선도이자율은 실제의 거래 자료로부터 직접 관찰될 수는 없지만 현물이자율 자료로부터 추정된 미래의 이자율에 해당하는 것으로서, 일반적으로 미래의 단기이자율에 대한 투자자들의 예상을 반영하는 것으로 이해되고 있다.

내재선도이자율의 의미를 이해하기 위하여, 잔존만기가 2년 및 3년인 두 가지 무이표채권의 현물이자율이 각각 3.5045%와 3.8162%라고 하자. 그리고 투자자가 현재 100만원을 3년간 무이표채권에 투자하고, 동시에 2년만기 무이표채권을 공매(또는 2년 후 상환조건으로 차입)하는 일종의 차익거래를 생각해 보기로 하자

이 차익거래에서는 〈표 10.4〉에서와 같이 3년만기 채권에 투자함으로써 현재의 −100만원과 3년 후의 +111만8,911원(=100만×$(1+0.038162)^3$)의 현금흐름이 발생하고, 2년만기 채권을 공매함으로써 현재의 +100만원과 2년 후의 −107만2,381원(=100만×$(1+0.035045)^2$)의 현금흐름이 얻어진다. 전체적인 순현금흐름을 보면, 이 차익거래가 2년 후에 107만2,318원을 투자하여 3년 후에 111만8,911원을 얻는 1년만기 채권을 매입하는 거래를 현재 시점에 미리 확정해 놓는 것, 즉 2년 후에 1년만기 채권을 매입하는 선도계약(forward contract)을 매입하는 것과 사실상 동일하다. 그리고 투자자는 이 차익거래로부터

9] 미국에서는 장기 무이표채권과 사실상 동일한 특성을 갖는 채권으로서 이른바 STRIPS(Separate Trading of Registered Interest and Principal Securities, 원리금분리채권)라는 것이 1985년 이후 발행되어 거래되고 있다. 이 채권은 이표이자 부분과 원금 부분을 분리하여 거래할 수 있도록 허용된 채권이다. 즉, 연방준비은행에 개설된 계정에 원금과 이자 부분에 대한 청구권을 별도로 등록하고, 실제 거래에서는 원금과 이자 부분을 별도로 거래할 수 있도록 허용하였다. 원금에 대해서만 청구권을 갖는 부분을 PO(principal only)라고 하고 이표이자에 대해서만 청구권을 갖는 부분을 IO(interest only)라고 부른다. 예를 들어, 10년만기 국채(반기별 이자지급)의 경우 만기가 다른 20개의 IO와 1개의 PO, 합계하여 21개의 무이표채권이 만들어진다.

표 10.4 만기가 다른 2가지 채권을 이용한 차익거래

기간(t)	현재	2년 후	3년 후
3년채 매입의 현금흐름	−1,000,000	−	+1,118,911
2년채 공매의 현금흐름	+1,000,000	−1,072,318	−
순현금흐름	0	−1,072,318	+1,118,911

제3년도에 4.3451%(=1,118,911÷1,072,318−1)의 수익률을 확실하게 얻을 수 있다.

이 수익률을 차익거래 이익으로 오해해서는 안 된다. 차익거래 이익은 이 수익률과 2년 후 실제로 결정될 1년만기 채권의 현물이자율의 차이이다. 2년 후 실제의 현물이자율이 4.3451%보다 높으면 이 차익거래는 투자자에게 손실을 가져다주는 차익거래가 된다. 따라서 이러한 차익거래는 무위험 차익거래가 아니다.

이 차익거래는 만기가 다른 채권의 금리 차이를 이용한 금리 차익거래의 일종으로서, 미래의 이자율을 확정짓는다는 뜻에서 록인(lock−in, 열쇠 채우기) 전략이라고 부른다. 그리고 이렇게 얻어진 4.3451%의 수익률은 암묵적으로 매입한 선도계약에 의해 미래에 실현하게 될 수익률이므로, 내재선도이자율(implied forward rate)이라고 부른다.[10]

위의 설명에서 t=2 시점의 내재선도이자율 4.3451%는 현재 거래되고 있는 3년만기 채권과 2년만기 채권의 현물이자율로부터 다음과 같이 구해진 것과 같다.

$$(1+0.038162)^3=(1+0.035045)^2\times(1+f_{2,3})$$

$$1+f_{2,3}=\frac{(1+0.038162)^3}{(1+0.035045)^2} \quad \Rightarrow \quad f_{2,3}=4.3451\%$$

단, $f_{2,3}$는 t=2 시점으로부터 t=3 시점까지의 내재선도이자율이다.

위의 계산에서 $f_{2,3}$는 2년도 말(t=2)에 투자하여 3년도 말(t=3)에 원리금을 회수하여 얻게 될 내재선도이자율이다.

위의 계산을 일반화하기 위해, 만기가 미래의 t시점인 무이표채권을 매입하고 만기가 $t+k$시점인 무이표채권을 매도하는 선도계약의 이자율, 즉 미래의 t시점으로부터 $t+k$시점까지의 내재선도이자율 $f_{t,t+k}$는 만기가 t 및 $t+k$인 무이표채권의 현물이자율로

10] 록인을 무위험 차익거래라고 오해하면 안 된다. 록인이 이루어지려면 록인에 의해 얻게 될 미래 수익률(즉, 내재선도이자율)이 미래의 실제 단기이자율보다 더 높을 것이라는 예상이 전제된다. 만일 실제 이자율이 예상과 달리 움직이면 차익거래자는 손실을 본다. 즉, 록인의 투자결과가 미래의 실제 이자율에 따라 달라지므로 위험 있는 차익거래이다.

부터 다음과 같이 구해진다.

내재선도이자율

$$(1+f_{t,t+k})^k = \frac{(1+s_{0,t+k})^{t+k}}{(1+s_{0,t})^t} \tag{10.6}$$

단, $f_{t,t+k}$는 t시점으로부터 $t+k$시점까지 k기만기 내재선도이자율이다.

실무에서는 장기의 내재선도이자율을 구하는 경우는 매우 드물고 일반적으로 잔존만기가 1년이나 6개월 정도의 단기 내재선도이자율을 구하여 사용한다. 즉, 1년만기 내재선도이자율은 다음 식과 같이 구해진다.

$$f_{t,t+1} = \frac{(1+s_{0,t+1})^{t+1}}{(1+s_{0,t})^t} - 1 \tag{10.7}$$

내재선도이자율은 경제정책이나 투자관리에서 중요한 정보로 간주되고 있다. 그 이유는 내재선도이자율이 금융시장의 투자자들이 예상하는 미래의 기대 단기이자율을 나타내는 지표로 해석되기 때문이다. 〈표 10.4〉의 예에서, 투자자들이 제2년도 말의 1년만기 채권의 수익률이 4.3451%보다 낮을 것으로 예상하고 있다고 하자. 그런 경우 투자자들은 〈표 10.4〉와 같은 거래를 행함으로써 그들의 예상보다 높은 수익률을 제3년도 말에 확실하게 얻을 수 있을 것이므로, 3년만기 채권에 대한 초과수요와 2년만기 채권에 대한 초과공급이 발생한다. 그 결과 3년만기 채권의 현물이자율은 하락(가격은 상승)하고 2년만기 채권의 현물이자율은 상승(가격은 하락)하게 될 것이므로 제2년도 말의 1년만기 내재선도이자율은 하락하게 될 것이다. 반대로, 투자자들이 예상하는 미래의 단기이자율이 내재선도이자율보다 높을 경우에는 위와 반대의 과정이 나타나게 될 것이다. 따라서 제2년도 말의 1년만기 내재선도이자율이 투자자들이 예상하는 제3년도의 기대 단기이자율과 같아지면, 〈표 10.4〉와 같은 차익거래가 더 이상 발생하지 않으므로, 만기가 다른 두 채권에 대한 초과수요나 초과공급도 나타나지 않게 될 것이다.

10.2.3 우리나라 이자율의 추이와 결정요인

(1) 우리나라 국고채의 만기수익률 추이

우리나라의 가장 대표적인 지표금리는 3년만기 국고채의 만기수익률이다. [그림 10.2]는 1995년 1분기부터 2013년 4분기까지 19년간 3년만기 국고채의 만기수익률이 어떻게 변동하여 왔는가를 보여주고 있다.

이 그림이 보여주는 특징적인 현상은 시장이자율이 빠른 속도로 하락하여 왔다는 점이다. 이런 추세는 1997년 말 외환위기 때 일시적으로 시장이자율이 급등하였으나 1998년 하반기 이후 줄곧 장기적 하락 추세가 계속되어 왔으며, 2013년에는 2.9% 수준까지 하락하였다.

[그림 10.2]의 두 번째 특징은 실질이자율(=국고채 이자율−연간 인플레이션율)도 장기적으로 감소하여 왔다는 점이다. 1997년 외환위기 이전 기간에는 약 8% 정도의 실질이자율이 주어졌으나 2001년 이후에는 3% 미만의 수준으로 크게 감소하였으며, 최근에는 1%를 약간 초과하는 수준에서 실질이자율이 주어지고 있다. [그림 10.2]의 국고채 이자율은 이자소득세를 차감하지 않은 것이기 때문에, 투자자들의 납세 후 실질이자율은 이보다 더 낮은 수준이다.

그림 10.2 국고채의 만기수익률 추이

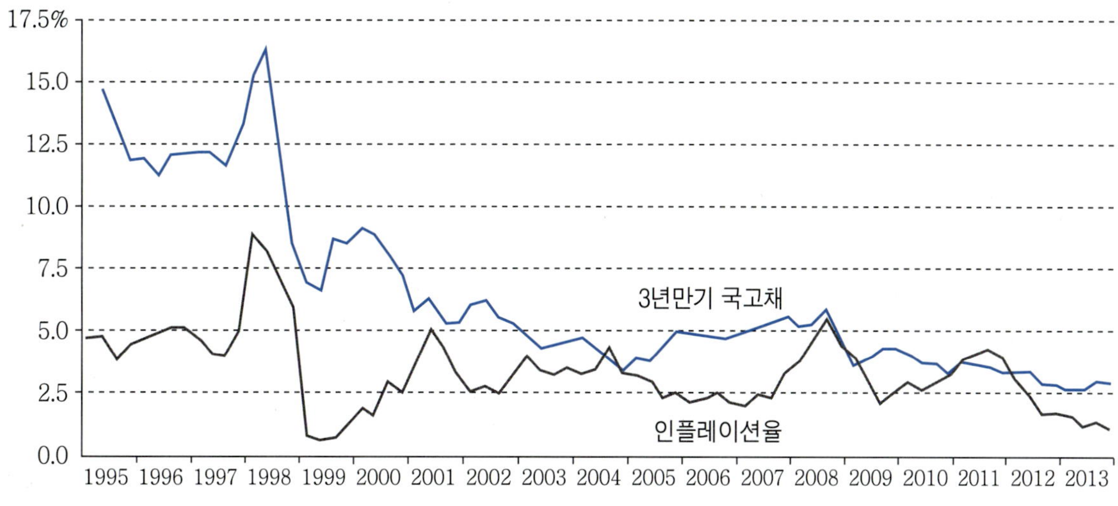

(2) 시장이자율을 결정하는 거시경제요인

채권수익률, 즉 시장이자율이 어떤 요인의 영향을 받아 변동하는가에 대해서는 많은 논쟁이 있어 왔다. 일반적으로 이자율 수준을 결정하는 요인으로서 통화량, 기대인플레이션 및 실물경제활동 수준 등이 중요하게 다루어지고 있다.

첫째, 통화량(money supply)이 이자율에 미치는 영향에 대하여 거시경제학의 양대 학파인 케인지안과 통화론자 사이에 오랫동안 "이자율 논쟁"을 벌여 왔으나, 지금까지 뚜렷한 견해의 일치가 이루어지지 못하고 있다.

케인지안은, 통화량 확대가 금융시장에서 단기간에 유동성 확대 및 채권투자 수요의 증가를 가져오기 때문에 채권가격 상승과 실질이자율 하락을 가져온다고 본다. 이와 같이 통화량 공급이 채권수요를 통해 실질이자율에 미치는 영향을 흔히 유동성 효과(liquidity effect)라고 부른다.[11]

이와는 달리 통화론자들은 통화량 증가가 물가상승만을 초래하고 실질이자율에는 아무런 영향을 미치지 못하며 기대인플레이션율의 상승만큼 명목이자율이 상승할 것이라고 주장한다.

둘째, 명목이자율 변동을 가져오는 중요한 변수로 기대인플레이션을 들 수 있다. 피셔효과(Fisher effect)에 의하면, 명목이자율은 실질이자율과 기대인플레이션율의 합계와 같다. 그러나 많은 학자들은 기대인플레이션율의 상승이 명목이자율의 상승을 가져온다는 점에 대해 동의하고 있으나, 기대인플레이션의 증가분만큼 명목이자율이 상승한다고 보지는 않고 있다.

셋째, 실물경제활동 수준은 기업의 자금수요에 영향을 미치기 때문에, 이자율 변동을 가져오는 요인으로 작용한다. 예를 들어, 경기가 침체국면으로 접어들면 자금수요가 감소(채권발행 감소 → 채권가격 상승)하여 이자율이 하락하게 되고 경기가 호황국면으로 접어들면 자금수요가 증가하여 이자율이 상승하기 때문이다. 그러나 이자율 변동의 방향이 실물 경기변동의 방향과 언제나 정확하게 일치하는 것만은 아니다. 왜냐하면, 경기침체기에도 재고누적 등에 따른 운전자금 수요로 이자율이 상승할 수 있으며, 경기회복기에도 기존의 유휴설비가 완전히 가동될 때까지 자금수요 증가가 나타나지 않을 수도 있기 때문이다.

11] 통화량 증가는 유동성 효과의 후속적 효과로서 소득효과(income effect)를 가져온다. 즉, 유동성 효과에 의해 실질이자율이 하락하면, 기업의 자본비용이 하락함으로써 설비투자 등의 자본적 지출이 증가하고, 그 결과로서 국민소득의 증가, 거래적 동기의 현금수요 증가, 채권매도의 증가, 채권가격 하락, 이자율 상승의 효과가 예상된다. 이 효과는 비교적 장기의 시간이 지난 후에 나타나는 효과로서, 국민소득 변화를 통한 실질이자율 변동을 의미하므로 소득효과라고 부른다.

10.3 이자율의 기간구조

원리금의 지급조건이 다른 여러 가지 채권들은 서로 다른 수익률을 갖는다. 이것은 채권의 가격과 수익률이 채권의 여러 가지 특성을 반영하여 결정되기 때문이다. 채권수익률을 결정하는 채권의 특성으로서 특히 중요시되는 것은 잔존만기와 신용위험이다.

10.3.1 이자율의 기간구조와 수익률곡선

다른 모든 조건이 동일할 때, 채권의 잔존만기에 따라 채권의 수익률이 다르게 결정된다. 우리는 채권의 만기와 채권수익률 사이의 관계를 이자율의 기간구조(term structure)라고 부르며, 이자율의 기간구조를 그림으로 그린 것을 수익률곡선(yield curve)이라고 한다. 정확하게 표현하면, 이자율의 기간구조는 만기가 다른 '무이표채권'의 만기수익률, 즉 현물이자율과 잔존만기의 관계를 의미한다. 그러나 장기채권의 대부분이 이표채권이고 다양한 만기의 현물이자율을 구하기 어려우므로, 우리나라에서는 흔히

그림 10.3 국고채 수익률곡선

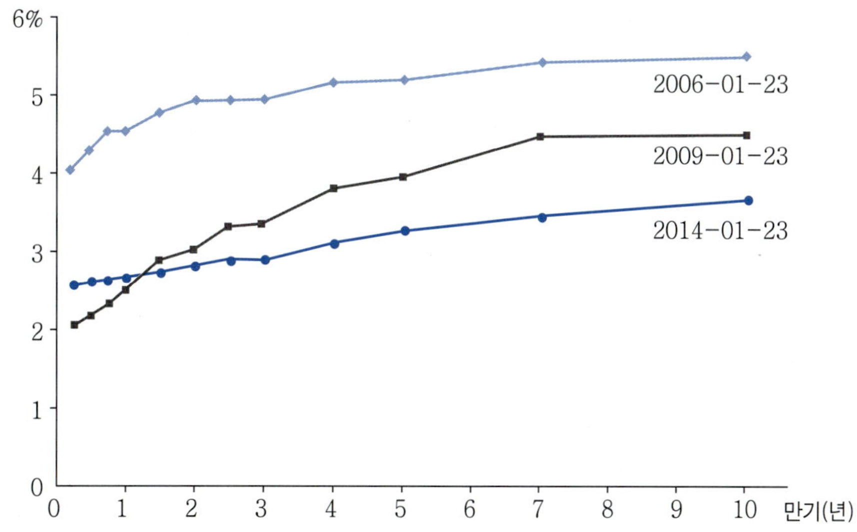

자료 : 나이스채권평가(www.nicepricing.co.kr)

이표채권의 만기수익률을 사용하여 이자율의 기간구조와 수익률곡선을 나타낸다.

[그림 10.3]은 3개의 서로 다른 시기에 결정된 국고채 만기수익률을 그린 수익률곡선의 예이다. 이 그림에 의하면, 대체로 잔존만기가 긴 채권일수록 더 높은 만기수익률을 갖고 있다. 수익률곡선은 이와 같이 상승하는 형태를 보이는 경우가 전형적이다. 그러나 수익률곡선이 어떤 시기에서나 동일한 형태를 갖는 것은 아니다. 예를 들어, 수익률곡선의 기울기가 달라지기도 하고, 수익률곡선의 형태가 하락하다 일정 수준에 머무르거나, 급격히 상승하다 다시 하락하는 모습을 보이기도 한다.

10.3.2 이자율의 기간구조에 관한 이론들

이자율의 기간구조를 설명하는 이론으로서 ① 불편기대가설, ② 유동성프리미엄가설, ③ 시장분할가설, ④ 선호영역가설의 네 가지 가설이 제시되어 있으며, 각 가설에 대하여 다양한 실증적 검증이 이루어져 왔다.

(1) 불편기대가설

채권수익률의 기간구조를 설명하기 위한 대표적인 가설은 불편기대가설(不偏期待假說, unbiased expectations hypothesis)이다. 불편기대가설은 장기채권의 수익률은 투자자들이 예상하는 미래 단기이자율을 편의(偏倚, bias) 없이 반영하여 결정된다는 가설이다. 이 불편기대가설은 일찍이 피셔(I. Fisher), 루츠(F. A. Lutz) 등에 의하여 제시된 고전적 이론으로서 오늘날에도 학계에서는 가장 중요시되고 있는 이론이다.[12]

불편기대가설에서는 투자자들이 위험중립적이라고 가정한다. 위험중립적 투자자들은 위험프리미엄을 요구하지 않으므로, 장기채권에 대하여 그들이 현재 예상하고 있는 미래의 기대단기이자율의 기하평균과 동일한 크기의 수익률을 만기수익률로 요구하게 될 것이다. 설명의 편의상, 현재($t=0$) 시점에 결정된 t년만기 무이표채권의 현물이자율을 $s_{0,t}$로 표기하고, 투자자들이 현재 예상하고 있는 t시점의 1년만기 단기채권의 기대단기이자율을 $E_0(s_{t,t+1})$로 나타내기로 하자. 여기에서 $E_0(s_{t,t+1})$는 현재($t=0$)의 정보

12] Irving Fisher, "Appreciation and Interest," *Publication of the American Economic Association*, Vol. 11 (Aug. 1926), pp.23–29
Friedrich A. Lutz, "The Term Structure of Interest Rates," *Quarterly Journal of Economics* (Nov. 1964), pp.36–63.

를 이용하여 미래의 단기이자율인 $s_{t,t+1}$을 예측한다는 의미이다.

불편기대가설에 의하면, 장기채권의 이자율은 미래의 기대단기이자율의 기하평균과 같으므로 다음과 같이 나타내진다.

불편기대가설

$$(1+s_{0,T})^T=[1+s_{0,1}][1+E_0(s_{1,2})]\cdots[1+E_0(s_{T-1,T})] \tag{10.8}$$

단, $s_{0,T}$는 현재 시점에 결정된 T년만기 무이표채권의 현물이자율이고, $E_0(s_{t,t+1})$은 t시점의 1년만기 채권의 단기이자율(단, $t=1, \cdots, T-1$)을 현재 시점에 예상한 기대치이다.

이 식에서 $s_{0,1}$은 현재 시점에 관찰된 1년만기 현물이자율이다. 그 이후의 단기채권의 현물이자율은 그 채권이 현재의 시장에서 거래되고 있지 않으므로 실제값이 관찰되지 않는다. 그러나 투자자들이 현재의 이용가능한 정보를 반영하여 미래의 단기이자율에 대한 기대치를 형성하고, 장기채권을 거래할 때 그 기대치를 반영하여 수익률을 호가한다. 따라서 불편기대가설에서는 장기채권의 이자율이 식(10.8)과 같이 미래의 기대단기이자율을 편의(bias) 없이 반영하여 결정된다고 본다. 만일 장기채권의 실제의 현물이자율이 식(10.8)의 값과 다를 경우에는 〈표 10.4〉와 유사한 차익거래가 발생하게 되며, 차익거래가 더 이상 발생하지 않을 때 식(10.8)이 성립한다.

예를 들어, 현재 1년만기 채권이 3.5%의 만기수익률로 거래되고 있고, 설명의 편의를 위해 제2년도의 기대단기이자율이 3.8%, 제3년도의 기대단기이자율이 4.1%, 제4년도의 기대단기이자율이 4.4%, 제5년도의 기대단기이자율이 4.6%인 것으로 알려져 있다 하자.

불편기대가설에 의하면, 장기채권의 수익률은 미래의 기대단기이자율을 기하평균한 것과 같기 때문에, 만기가 다른 무이표채권의 현물이자율은 다음과 같이 결정된다.

$$s_{0,1}=3.5\%$$
$$(1+s_{0,2})^2=(1+0.035)(1+0.038)\Rightarrow s_{0,2}=3.65\%$$
$$(1+s_{0,3})^3=(1+0.035)(1+0.038)(1+0.041)\Rightarrow s_{0,3}=3.8\%$$
$$(1+s_{0,4})^4=(1+0.035)(1+0.038)(1+0.041)(1+0.044)\Rightarrow s_{0,4}=3.95\%$$
$$(1+s_{0,5})^5=(1+0.035)(1+0.038)(1+0.041)(1+0.044)(1+0.046)\Rightarrow s_{0,5}=4.06\%$$

불편기대가설에 의하면, 미래의 기대단기이자율이 대체로 상승할 것으로 예상되면,

그림 10.4 불편기대가설의 수익률곡선

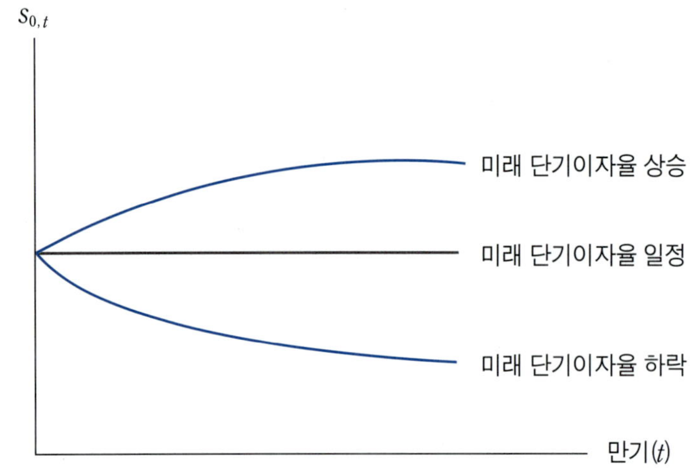

수익률곡선도 상승하는 형태를 갖는다. 반대로 미래의 단기이자율이 하락할 것으로 예상되면, 수익률곡선 역시 하락하는 형태를 갖는다. 달리 말하면, [그림 10.4]의 위쪽 곡선과 같이 수익률곡선이 만기에 따라 상승하는 형태를 보이면, 자본시장에서 미래의 기대단기이자율이 상승할 것으로 예상되고 있다는 것을 의미한다. 반대로 수익률곡선이 점차 하락하는 형태를 보이면, 미래의 단기이자율이 하락할 것으로 예상되고 있다는 것을 의미한다.

우리는 실제 자료에 의해 채권의 만기수익률이나 현물이자율을 관찰할 수 있을 따름이지 미래의 기대단기이자율을 관찰할 수는 없다. 다만 실제로 관찰된 만기수익률이나 현물이자율을 이용하여 내재선도이자율을 계산할 수 있을 따름이다.

불편기대가설에 의하면, 식(10.6)이나 (10.7)에 의해 계산된 내재선도이자율은 미래의 기대단기이자율을 나타내 준다고 본다. 만일 투자자들이 예상하는 미래 기대단기이자율이 내재선도이자율과 다르면 금리차이를 이용한 록인과 같은 차익거래가 발생하게 되고, 무차익거래 조건이 성립하는 균형상태에서는 내재선도이자율이 기대단기이자율과 일치하게 된다. 따라서 불편기대가설이 타당하다면, 채권의 현물이자율로부터 내재선도이자율을 계산해 봄으로써 투자자들이 미래의 단기이자율의 움직임을 어떻게 예상하고 있는지 알 수 있다.

불편기대가설이 갖는 중요한 단점은 위험중립적(risk neutral) 투자자를 가정하고 있다는 점이다. 장기채권에 투자할 경우 미래의 실제의 단기이자율이 투자자들이 예상한 기대단기이자율과 다를 수 있다. 그러나 불편기대가설에서는 위험중립적 투자자를 가정하고 있기 때문에, 기대단기이자율을 잘못 예측하게 될 위험을 무시하고 있다.

(2) 유동성프리미엄가설

이자율의 기간구조를 설명하기 위한 다른 가설은 힉스(J. R. Hicks) 등이 주장한 유동성프리미엄가설(liquidity premium hypothesis)이다.[13] 이 가설에 의하면, 투자자가 잔존만기가 긴 채권에 투자하면 더 오랫동안 유동성을 상실하고 더 큰 위험을 부담하게 되므로, 투자자들은 유동성과 위험에 대한 대가를 더 크게 요구한다. 따라서 유동성프리미엄가설에서 채권의 현물이자율은 다음과 같이 결정된다.

유동성프리미엄가설

$$(1+s_{0,t})^T=(1+s_{0,1}+L_1)[1+E_0(s_{1,2})+L_2]\cdots[1+E_0(s_{T-1,T})+L_T] \quad (10.9)$$

단, $L_1, \cdots, L_T$는 1기부터 T기까지의 매기의 유동성프리미엄이다.

식(10.9)에서 알 수 있는 바와 같이, 유동성프리미엄가설은 장기채권의 현물이자율이 미래 기대단기이자율뿐만 아니라 유동성프리미엄도 반영하여 결정된다고 본다. 따라서 유동성프리미엄가설은 불편기대가설을 수정한 것이라고 볼 수 있다.

금리 차익거래가 활발하게 이루어지고 있는 오늘날에는 유동성프리미엄(위식의 L_t)의 의미도 더 넓게 해석되고 있다. 즉, 위험회피적 투자자가 록인과 같은 금리 차익거래를 행할 때 요구하는 위험프리미엄도 이 유동성프리미엄에 포함되어 있다는 것이다. 이것은 채권거래가 활발하게 이루어져 유동성의 제약이 없는 경우에도, 장기채권의 현물이자율은 기대단기이자율의 기하평균보다 더 높게 결정될 것이라는 것을 의미한다.

표 10.5 유동성프리미엄가설에 의한 현물이자율 결정

만기	$E_0(s_{t-1,t})$	L_t	$s_{0,t}$	$f_{t-1,t}$
1년	3.5%	0.00%	3.50%	3.50%
2년	3.8%	0.15%	3.72%	3.95%
3년	4.1%	0.18%	3.91%	4.28%
4년	4.4%	0.21%	4.08%	4.61%
5년	4.6%	0.23%	4.23%	4.83%

13] J. R. Hicks, *Value and Capital* (Oxford Univ. Press, 1939), pp.146-147.

그림 10.5 유동성프리미엄가설의 수익률곡선

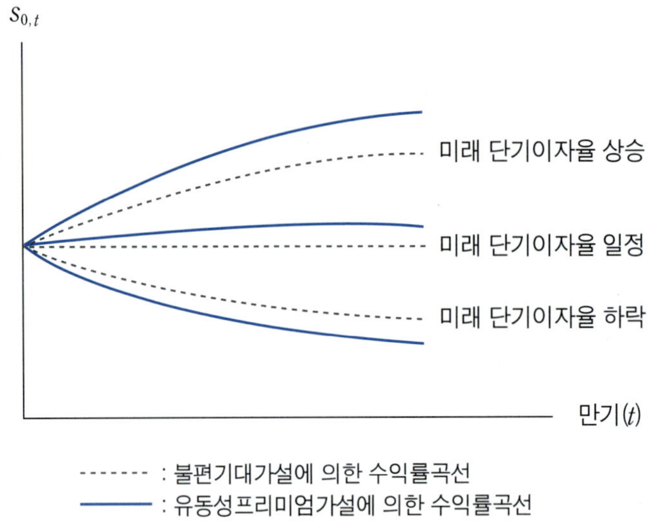

예를 들어, 투자자들이 예상하는 기대단기이자율과 그들이 요구하는 유동성프리미엄이 〈표 10.5〉의 2열과 3열과 같다 하자. 이 경우 각 채권의 현물이자율은 식(10.9)를 사용하여 4열과 같이 계산된다. 또 식(10.7)에 의해 내재선도이자율을 구하면 5열의 결과가 얻어지며, 이 수치는 기대단기이자율과 유동성프리미엄의 합계와 일치한다는 것을 확인할 수 있다.

이 〈표 10.5〉에서 기대단기이자율은 불편기대가설에서 예로 든 수치와 동일하다. 그러나 유동성프리미엄이 존재하기 때문에 현물수익률은 불편기대가설보다 높게 결정된다. 따라서 [그림 10.5]에서와 같이 유동성프리미엄가설에 의한 수익률곡선은, 다른 조건이 동일하다면 불편기대가설에 의한 경우보다 유동성프리미엄만큼 더 높은 수준에서 형성된다.

시장에서 결정된 현물이자율과 기대단기이자율의 기하평균의 차이를 기간프리미엄(term premium)이라고 한다. 불편기대가설에서는 현물이자율이 미래 기대단기이자율의 기하평균과 동일하게 결정되므로 기간프리미엄은 0이다. 그러나 유동성프리미엄가설에서는 유동성프리미엄의 존재 때문에 기간프리미엄은 언제나 (+)의 크기이며 만기가 길수록 그 크기도 증가한다.

(3) 시장분할가설

실무적으로 중시되는 가설로서 시장분할가설(market segmentation hypothesis)이 있다. 시장분할가설은 채권시장이 몇 가지 중요한 구조적 경직성으로 인하여 몇 개의 하위시장으로 분할되어 있으므로, 만기의 길이와 만기수익률 사이에 어떤 체계적 관련이 존재하지 않는다는 가설이다. 시장분할가설에서, 채권시장이 몇 개의 하위시장으로 분할되는 이유로서 특히 중시하는 것은 투자자의 부채와 자산에 대한 만기대응(maturity matching) 행동이다. 즉, 투자자, 특히 기관투자자들은 가능한 한 부채의 만기와 동일한 만기를 갖는 자산에 투자하고자 한다. 예를 들어, 단기자금을 운용하는 상업은행이나 손해보험회사는 장기채권에 투자하지 않고 단기금융자산에만 투자하고자 한다. 또 생명보험회사와 같이 장기부채에 의해 조달된 자금을 운용하는 투자자는 장기채권에 투자하여 부채와 자산의 만기를 가능한 한 일치시키려고 한다.

따라서 시장분할가설에 의하면, 채권시장의 투자자들은 각자의 부채의 만기에 따라 그들이 선호하는 채권의 만기가 결정되어 있으며, 비정상수익이 주어진다 하더라도 그들이 원하는 만기로부터 벗어나려 하지 않는다. 예를 들어, 채권시장이 1년 이내의 단기채권에만 투자하는 투자자 집단, 1년 내지 3년 정도의 중기채권에만 투자하는 투자자 집단, 3년 이상의 장기채권에만 투자하는 투자자 집단으로 분할되어 있다면, 채권시장은 3개의 하위시장으로 분할되어 있다고 할 수 있으며, 채권의 만기수익률 역시 각 하위시장 내에서의 수요와 공급에 의하여 결정된다.

그림 10.6 시장분할가설의 수익률곡선

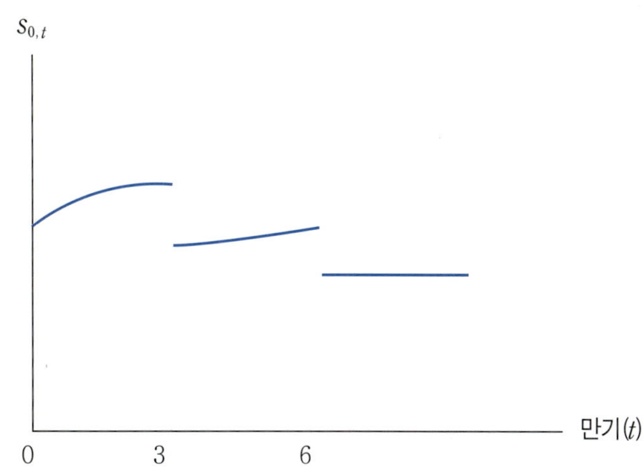

이처럼 채권시장이 몇 개의 하위시장으로 분할되어 있는 경우, [그림 10.6]과 같이 수익률곡선이 연속적인 일정한 패턴을 보이지 않고, 각 하위시장 나름의 요인을 반영하여 단속적인 수익률곡선을 보이게 될 것이다. 즉, 하나의 하위시장에서 단기채권의 수익률곡선이 결정되고, 다른 하위시장에서 중기 또는 장기채권의 수익률곡선이 얻어지게 될 것이다.

(4) 선호영역가설

위에서 설명한 불편기대가설, 유동성프리미엄가설 및 시장분할가설 중 그 어느 것도 이자율의 기간구조를 충분히 설명하지 못하기 때문에, 이들을 절충하여 모디글리아니와 쉴러(F. Modigliani & R. J. Shiller)가 제시한 것이 선호영역가설(preferred habitat hypothesis)이다.[14]

시장분할가설에서는, 어떤 투자자 집단이 특정한 만기의 채권만을 선호하기 때문에 다른 만기의 채권에는 투자하지 않는다고 보고 있다. 그러나 현실의 투자자들은, 특정 만기에 대한 선호를 갖고 있다 하더라도 다른 만기의 채권이 충분히 높은 만기수익률을 갖고 있다면, 다른 만기의 채권으로 옮겨 갈 수도 있다. 이와 같이 투자자들은 특정한 만기를 선호하지만, 충분한 대가가 주어진다면 다른 만기의 채권에 투자할 수 있다는 가설이 선호영역가설이다.

그림 10.7 선호영역가설의 수익률곡선

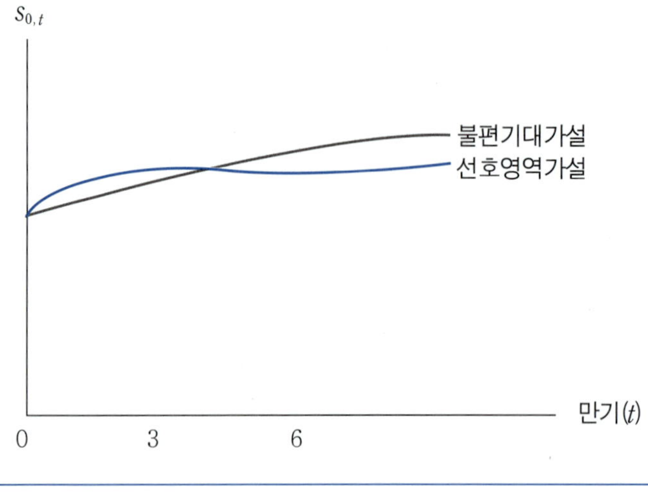

14] Franco Modigliani & Robert J. Shiller, "Inflation, Rational Expectations and the Term Structure of Interest Rates," *Economica* (Feb. 1973), pp.12–43.

이 선호영역가설에 의하면, 특정한 만기를 선호하는 투자자의 수요가 특히 많으면 그 채권의 수익률은 불편기대가설에 의한 것보다 낮게 결정될 것이다. 반대로 특정한 만기를 선호하는 투자자의 수요가 특히 적으면 그 채권의 수익률은 불편기대가설에 의한 것보다 높게 결정될 것이다.

따라서 특정한 만기의 채권수익률은 0이 아닌 기간프리미엄을 가질 수 있다. 선호영역가설에서 기간프리미엄은 (+)의 값을 가질 수도 있고 (−)의 값을 가질 수도 있으나, 너무 큰 (+) 또는 (−)의 값을 가질 수 없다. 따라서 선호영역가설에 의한 수익률곡선은 [그림 10.7]과 같은 형태가 될 것이다.

10.4 채권의 위험과 수익률의 위험구조

10.4.1 채권의 여러 가지 위험

대부분의 채권은 이자와 원금상환액이 약정되어 있는 확정소득증권이다. 그렇다고 해서 모든 채권이 무위험하다는 것을 의미하지 않는다. 원리금이 약관에 의해 정해져 있지만 실제로는 약관대로 원리금이 지급되지 못할 수도 있으며, 그밖에 다른 종류의 예측불능한 이유 때문에 원리금의 명목가치 또는 실질가치가 달라질 수 있다. 즉, 대부분의 채권은 신용위험, 이자율위험, 인플레이션위험, 수의상환위험, 평판위험, 국가위험(sovereign risk) 등 다양한 종류의 위험에 노출되어 있다. 이 중에서도 신용위험과 이자율위험, 인플레이션위험 등이 특히 중요하다.

(1) 신용위험

신용위험(credit risk)은 채권의 채무불이행이나 신용도의 변동이 발생할 위험이다. 신용위험은 채무불이행위험과 거의 동일하게 사용되는 개념이지만, 엄격하게 구분하면 신용위험에는 채무불이행위험과 등급하락위험(degrading risk)이 포함된다.

채무불이행위험(default risk)은 채권의 발행자가 원리금을 약정대로 지급하지 못하게 될 가능성을 말한다. 채무불이행이 발생하면 채권으로부터 실현될 수익률은 약정된 수익률보다 낮게 될 것이므로, 채무불이행위험은 채권의 수익률이 약정된 수익률대로 실현되지 못할 가능성으로 정의할 수도 있다. 자본시장에서는 채무불이행의 가능성을 예상하여 채권가격과 만기수익률을 평가한다. 즉, 채무불이행위험이 클수록 채권의 가격은 낮게 평가되고 만기수익률은 높게 결정된다.

등급하락위험(degrading risk)은 신용등급이 낮아짐으로써 채권가격이 하락하게 될 위험을 말한다. 신용위기의 상황에서 신용등급이 낮아지면 그것이 채무불이행의 신호가 되어 발행회사의 재무상태가 급속하게 악화되는 경우도 있다.

전통적으로 국채 또는 국가채무는 채무불이행위험이 거의 없는 것으로 간주되어 왔다. 그러나 1998년 러시아의 국채 지급불능선언과 2011년과 2012년의 유럽 재정위기에서 볼 수 있는 것처럼 정부가 발행한 국채도 채무불이행위험을 가질 수 있다. 또 2011년 신용평가기관들이 미국 국채의 신용등급을 낮춘 사례도 있다. 따라서 오늘날에는 어떤 채권도 절대적으로 우량한 채권일 수 없으며 모든 채권이 어느 정도의 신용위험을 갖고 있다고 보아야 한다.

(2) 이자율위험

70년대 이후 장기적으로 볼 때 세계금융시장의 중요한 특징의 하나로서 이자율 변동성의 확대를 들 수 있다. 2000년대에 들어서서 여러 가지 이유로 저금리정책이 세계적으로 일반화되어 있고 우리나라에서도 과거에 경험하지 못한 수준으로 금리가 낮아지고 있다. 그렇다고 해서 이자율 변동성이 사라지거나 작아지고 있다고 볼 수 없다. 이 점에 대해서는 다음 장에서 구체적으로 설명하기로 한다.

이자율위험(interest rate risk)은 이자율 변동 때문에 투자자가 얻게 될 현금흐름(즉, 채권가격과 재투자수익)이 달라지는 위험으로서, 가격위험과 재투자수익률위험이라는 두 가지 위험을 내포한다.

가격위험(price risk)은 시장이자율 변동 때문에 발생하는 채권가격 변동의 위험이다. 시장이자율이 변동하면 채권가격은 반대 방향으로 움직인다. 따라서 예상치 못한 이자율 변동이 발생하면 채권가격도 예상치 못한 수준으로 변동한다. 이 위험이 가격위험이다.

시장이자율이 변동하게 되면 이표이자 또는 원금을 재투자하여 얻게 될 재투자수익률도 달라진다. 재투자수익률위험(reinvestment rate risk)은 시장이자율 변동 때문에 원리금의 재투자로부터 얻게 될 수익률이 예상과 다르게 될 위험이다.

가격위험과 재투자수익률위험은 공통적으로 이자율위험에 기인하는 위험이지만 투자자의 富의 명목가치에 대해서는 반대 방향으로 영향을 미친다. 즉, 시장이자율이 상승하면 채권가격은 하락하지만 원리금의 재투자로 얻게 될 재투자수익은 증가한다. 이와 같이 가격위험과 재투자수익률위험은 투자자의 富에 서로 반대되는 효과를 가지며, 듀레이션(duration)이라는 개념을 이용하여 순효과가 0이 되도록 만든다. 이 듀레이션에 대하여는 다음 장에서 상세하게 설명하겠다.

(3) 인플레이션위험

인플레이션위험(inflation risk)은 물가상승의 불확실성 때문에 실질수익률이 변동하게 되는 위험이다. 인플레이션위험으로서 특히 중요시되는 것은 비기대 인플레이션(unexpected inflation)이다. 피셔효과에 의하면, 채권의 명목수익률은 투자자들이 예상하는 미래의 기대인플레이션을 반영하여 결정되지만 예상 밖의 비기대 인플레이션까지 반영해 주지는 못한다. 따라서 비기대 인플레이션이 발생하면 채권의 실질수익률이 변동성을 갖게 되며, 이 실질수익률의 변동성이 인플레이션위험이다.

예를 들어, 어떤 1년만기 무이표채권이 연말에 100만원의 원리금을 지급한다 하자. 투자자들이 예상하는 기대인플레이션율이 2.5%이고 실질이자율로 3% 정도가 얻어져야 한다고 생각하고 있다. 이 경우 채권의 명목수익률은 다음과 같이 5.575%가 되어야 하며, 채권가격은 947,194원으로 평가된다.

명목수익률 : $y=(1+0.025)(1+0.03)-1=0.05575$

채권가격 : $P_0=\dfrac{1,000,000}{1+0.05575}=947,194$원

투자자들의 예상대로 기대인플레이션만 발생한다면, 1년 후에 받게 될 100만원을 현재의 구매력을 기준으로 평가한 가치는 975,610원(=100만원÷(1+0.025))이 된다. 따라서 이 채권의 실질수익률 y^*는 다음과 같이 3%가 얻어지며, 이는 본래 투자자들이 예상한 것과 동일한 수준이다.

실질수익률 : $y^*=\dfrac{975,610-947,194}{947,194}=0.03$

그런데 실제 발생한 인플레이션이 3.5%이었다 하자. 이것은 비기대 인플레이션이 1%만큼 발생하였다는 것을 의미한다. 인플레이션이 예상보다 더 높게 발생한다 하더라도 약정된 원리금 지급액은 달라지지 않는다. 따라서 비기대 인플레이션 1%가 발생

하면 1년 후 100만원은 현재의 구매력 기준으로 966,184원(=100만원÷(1+0.035))으로 평가되며, 실질수익률은 다음과 같이 2%에 지나지 않게 된다.

$$\text{실질수익률}\ :\ y^* = \frac{966,184 - 947,194}{947,194} = 0.02$$

이와 같이 비기대 인플레이션이 발생하면 투자자는 원래의 예상과 다른 실질수익률을 얻게 되고 만기에 얻게 될 부의 실질가치도 예상과 다른 값이 된다. 이처럼 비기대 인플레이션이 발생하여 실제 얻게 될 실질수익률이나 부의 실질가치가 본래의 예상과 다르게 될 가능성이 인플레이션위험이다.

10.4.2 채무불이행위험과 실현수익률의 확률분포

(1) 약정수익률과 실현수익률

현실에서 채무불이행은 여러 가지 형태를 취한다. 어떤 시기 이후 이표이자와 원금상환액을 전혀 지급할 수 없는 경우(완전불이행)도 있고 원리금의 일부만을 지급하거나 지급을 연기하는 경우(부분불이행)도 있다.

채무불이행위험을 더 분명히 이해하기 위해서는 채권의 '약정수익률(promised yield)'과 '실현수익률(realized yield)'의 개념을 이해하여야 한다. 약정수익률은 약관에 약정된 대로 현금흐름(=원금과 이자)이 지급될 경우의 만기수익률을 의미한다. 채권거래에서 호가하는 만기수익률은 약정된 이표이자와 원금이 모두 지급될 경우의 만기수익률이므로 약정수익률에 해당된다.

이와는 달리 실현수익률은 실제로 실현되리라고 예상되는 현금흐름에 기초하여 계산된 만기수익률이다. 미래의 어느 시점에 어느 정도의 이표이자와 원금상환액이 지급될 것인지 구체적으로 예상될 때 비로소 그 현금흐름에 상응하는 실현수익률이 계산될 수 있다. 또 현금흐름이 지급되는 경우의 수가 여러 가지라면 실현수익률도 각각의 경우에 상응하여 여러 가지로 계산된다.

예를 들어, 액면이 100만원이고 이표이율이 5%(연 4회 분할지급)인 3년만기 회사채가 상당한 채무불이행위험을 갖고 있는 것으로 예상되고 있으며, 이 때문에 현재 908,172원에 거래되고 있다 하자. 이 경우 이 채권의 현금흐름이 약정대로 지급될 경우의 만기수익률, 즉 약정수익률은 다음과 같이 8.5%이다.

$$908{,}172=\sum_{t=1}^{12}\frac{12{,}500}{\left(1+\frac{y}{4}\right)^t}+\frac{1{,}000{,}000}{\left(1+\frac{y}{4}\right)^{12}} \Rightarrow y=8.5\%$$

그러나 이 채권의 발행회사가 만기에 원금을 약정대로 지급하지 못하고 90만원만 지급할 것으로 예상되면, 이 경우에 상응하는 실현수익률은 다음과 같이 5.228%로 계산된다.

$$908{,}172=\sum_{t=1}^{12}\frac{12{,}500}{\left(1+\frac{y}{4}\right)^t}+\frac{900{,}000}{\left(1+\frac{y}{4}\right)^{12}} \Rightarrow y=5.228\%$$

이 계산에서 투자자가 얻게 될 실현수익률은 약정수익률 또는 그 이하이어야 한다는 것을 알 수 있다. 현금흐름이 약정대로 완전하게 지급되면 실현수익률은 약정수익률과 일치하겠지만, 미래에 실현될 현금흐름이 약속보다 작으면 실현수익률도 약정수익률보다 낮게 계산된다.

(2) 실현수익률의 확률분포

미래에 실제 지급될 원리금의 가능한 경우는 매우 다양하다. 원리금 지급의 가능한 경우마다 실현수익률이 하나씩 계산된다. 가상적인 예로서, 위의 회사채가 만기에 100만원의 원금상환액을 전액 지급하는 경우(확률 85%), 90만원만 지급하는 경우(확률 10%), 80만원만 지급하는 경우(확률 5%)의 세 가지 가능한 경우가 있다고 하면, 이 채권의 실현수익률의 확률분포는 〈표 10.6〉과 같이 얻어진다.[15]

〈표 10.6〉의 예에서 약정수익률은 8.5%인 반면, 실현수익률은 약정수익률 또는 그 이하의 어떤 값으로 예상된다. 이것은 실제로 지급되는 현금흐름이 약정된 것과 같거나 더 적기 때문이다. 이처럼 실제 받게 될 현금흐름이 어떤 확률분포를 갖느냐에 따

표 10.6 실현수익률의 확률분포

원금상환가능액(원)	확률	실현수익률(%)	비고
1,000,000	0.85	8.500	= 약정수익률
900,000	0.10	5.228	
800,000	0.05	1.662	

* 현재의 시장가격 = 908,172원

15] 실무적으로 실현수익률의 확률분포를 실제 추정하여 사용하는 경우는 거의 없다. 예외적으로, 채무불이행위험이 현저히 크고 임박할 경우 채무불이행의 영향을 구체적으로 파악하기 위해 이런 확률분포를 추정하는 경우가 있다.

그림 10.8 채권의 실현수익률의 확률분포

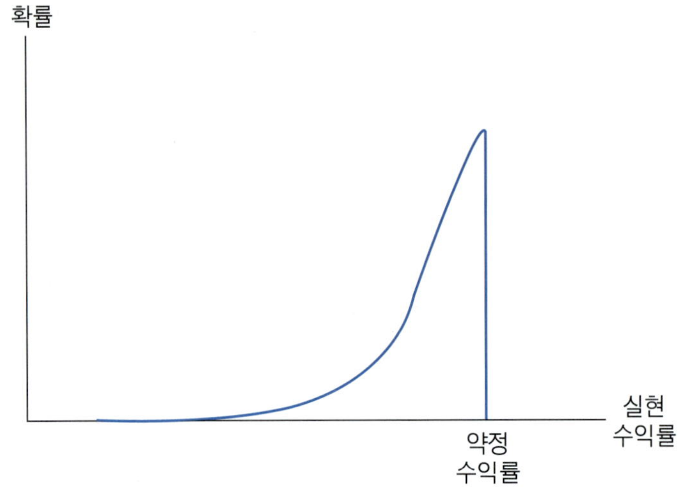

라 이에 대응하는 실현수익률의 확률분포도 결정된다.

[그림 10.8]은 흔히 관찰되는 실현수익률의 확률분포를 그림으로 나타낸 것이다. 실현수익률의 확률분포가 갖는 중요한 특징은 실현수익률의 확률분포가 뚜렷한 비대칭분포를 이룬다는 점이다. 일반적으로 실현수익률은 약정수익률에 가까울수록 높은 확률을 갖는다. 그 결과 실현수익률의 확률분포는 [그림 10.8]과 같이 극단적인 비대칭분포를 갖는다.

채권의 실현수익률의 확률분포가 극단적인 비대칭분포이기 때문에, 채권의 채무불이행위험의 크기를 분산이나 표준편차에 의해 측정하지 않는다. 또 채권의 수익성을 나타내는 척도로서 기대수익률도 큰 의미를 갖지 못한다.

10.4.3 신용등급과 신용스프레드

(1) 신용등급

거의 대부분의 투자자들은 채권의 채무불이행위험을 평가하기 위하여 실현수익률의 확률분포를 추정하지 않고 신용평가기관의 신용등급(bond ratings)에 의존하여 채무불이행위험을 평가한다. 오늘날 어떤 회사의 채권이 낮은 신용등급을 평가받으면 그 채권

표 10.7 신용등급의 해석

무디스	S&P	의미
Aaa	AAA	최우량 등급
Aa	AA	우량 등급
A	A	중상급 등급
Baa	BBB	중급 등급
Ba	BB	중하급 등급
B	B	투기 등급
Caa	CCC	하위 등급
Ca	CC	매우 투기적
C	C	
D	D	채무불이행

의 발행이 사실상 불가능해질 뿐만 아니라 금융기관에서의 차입도 매우 어려워진다. 따라서 채권 투자자와 발행회사 모두가 채무불이행위험의 지표로서 신용등급을 매우 중요하게 생각하고 있다.

세계적으로 가장 널리 사용되는 신용등급은 무디스(Moody' s)사의 등급과 스탠다드 · 푸어(Standard & Poor; S&P)사가 평가한 것이며, 최근에는 피치(Fitch)사의 등급도 중요시되고 있다. 무디스와 S&P에서 매긴 채권의 신용등급은 〈표 10.7〉과 같이 거의 유사한 기호와 의미를 갖고 있다. 실제로는 각 등급별로 (+)와 (−)를 붙여 채무불이행위험의 크기를 더 세분하여 표시해주고 있다. 일반적으로 AA− 이상을 우량등급(quality grade), BBB− 이상을 투자적격등급(investment grade)으로 해석한다.

우리나라에서도 1987년부터 신용평가 전문기관의 평가를 받아 무보증사채를 발행할 수 있도록 허용되었지만, 1997년 외환위기 이전에는 대부분의 회사채가 금융기관의 원리금 지급보증을 받아 발행되는 보증사채이었다. 따라서 발행회사가 원리금을 지급하지 못하더라도 보증기관이 지급해 주기 때문에, 채무불이행위험이 거의 문제되지 않았다. 그러나 외환위기 이후 대기업들의 채무불이행이 실제로 발생하고 원리금 지급보증 금융기관이 그 부담을 안게 되자 금융기관들은 회사채의 지급보증을 꺼리게 되었다. 그 결과 거의 모든 회사채들이 무보증사채의 형태로 발행되게 되었다.

우리나라에서도 수개의 신용평가 전문기관이 발행회사의 의뢰를 받아 채권의 신용등급을 평가하고 있다. 신용등급도 AAA로부터 D까지 나누어져 있으며 그 의미는 미국 신용등급의 의미와 거의 같다.

권위있는 신용평가회사의 신용등급은 채무불이행의 예측지표로서 유용한 것으로 알려져 있다. 미국 S&P사에서 평가한 채권 중 실제로 채무불이행이 발생한 채권들의 경우, 채무불이행에 가까워질수록 신용등급이 점차 낮아졌다는 통계가 있다.[16]

신용등급은 자기충족적 예언(self-fulfilling prophecy)의 성격을 갖고 있기 때문에 금융시장에서 매우 중요하게 고려된다. 만일 권위 있는 신용평가기관이 어떤 회사의 등급을 상향 조정하면, 금융기관들이 그 회사의 실제의 신용도에 관계없이 더 낮은 이자율로 더 풍부한 자금을 공급해주게 되므로 그 회사의 실제의 신용도가 개선되는 효과가 발생한다. 반대로 신용등급이 하향 조정되면 그 회사의 실제의 신용도가 악화되는 효과가 발생한다.

신용등급은 채무불이행위험에 대하여 간편하고도 유용한 지표를 제공하여 준다는 장점을 갖는다. 그러나 신용등급이 발행회사의 신용상태를 지체하여 반영하고 있다는 문제점도 갖고 있다. 즉, 신용평가가 주기적 또는 상당한 시차를 두고 이루어질 수밖에 없기 때문에, 신용등급은 채권발행회사의 신용상태에 변화가 발생하는 상황을 즉시적으로 반영하지 못하고 상당한 시차를 두고 조정된다.

신용등급이 갖는 다른 문제로서 신용평가기관의 도덕적 해이의 문제가 있다. 신용등급은 신용평가기관이 평가하지만 이에 따른 비용은 채권 발행회사가 부담한다. 신용평가기관도 이윤을 추구하는 회사이기 때문에, 한편으로 제품(즉, 신용등급)에 대한 높은 평판을 유지하려는 유인을 갖지만, 다른 한편으로 더 많은 채권의 신용도를 평가하여 더 큰 이윤을 얻고자 하는 유인도 갖고 있다. 때로는 더 큰 이윤 때문에 신용도를 관대하게 평가함으로써 더 많은 평가수수료를 얻으려는 유혹에 빠질 수도 있다.

(2) 신용스프레드

일반적으로 국고채와 같은 무위험채권의 만기수익률이 무위험수익률로 간주된다. 그러나 이표이율과 만기 등 다른 조건은 동일하지만 채무불이행위험을 갖고 있는 위험채권에 대해서는 투자자들이 위험프리미엄을 요구할 것이므로, 무위험채권에 비하여 낮은 채권가격과 높은 만기수익률을 갖게 될 것이다.

이와 같이 채무불이행위험의 대가로 주어지는 만기수익률의 차이를 신용스프레드(credit spread)라고 한다. 투자자들이 인식하는 채무불이행위험이 클수록 더 낮은 시장가격과 더 높은 만기수익률로 거래되므로 신용스프레드는 커지게 된다.

16] Edward I. Altman and Vellore Kishore, "Defaults and Returns on High Yield Bonds : Analysis through 1995," *Special Report* (New York Univ. Salomon Center, Jan. 1996).

그림 10.9 신용스프레드(BBB- 등급) 추이

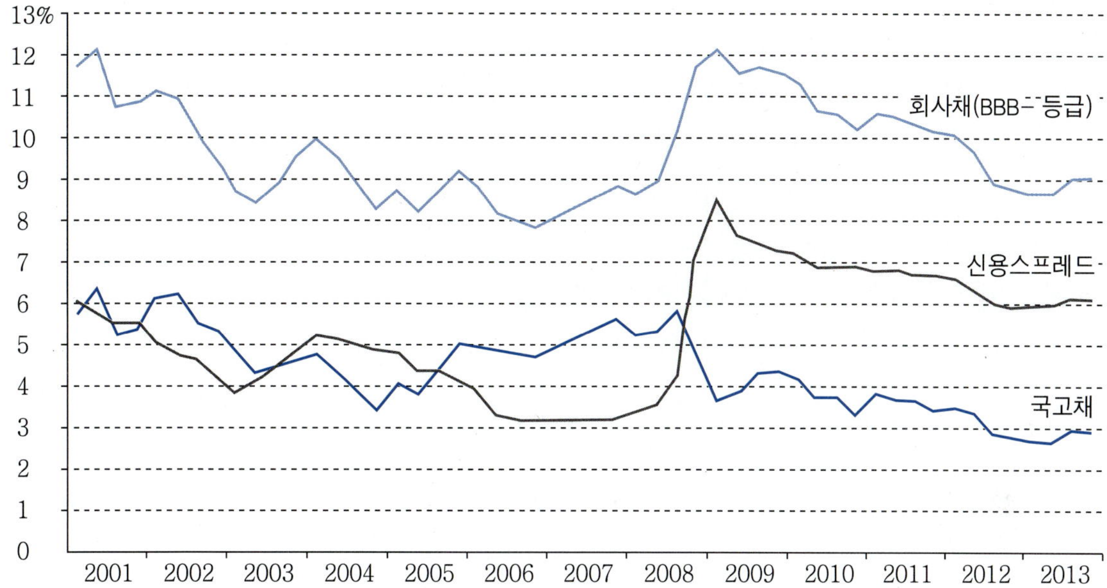

미국에서는 동일한 신용등급을 받은 채권에 대하여 주어지는 스프레드의 크기가 경기변동에 따라 달라지는 것으로 알려져 있다. 일반적으로 경기가 호황일 때 스프레드는 작아지고 경기가 불황일 때 스프레드는 커진다. 이처럼 경기변동에 따라 스프레드의 크기가 변동하는 이유로서 크게 두 가지 요인이 지적되고 있다. 첫째 이유로서, 경기침체기에는 투자자의 위험회피도가 증가하므로 투자자들이 위험채권에 대해 더 큰 위험프리미엄을 요구하기 때문이다. 둘째 이유로, 경기침체기에 발행회사의 채무불이행이나 파산가능성이 증가하므로, 투자자들이 더 큰 만기수익률 및 더 낮은 가격을 요구하게 되기 때문이다.

[그림 10.9]는 우리나라 BBB- 등급 3년만기 회사채의 만기수익률과 신용스프레드의 추이를 3년만기 국고채 수익률과 비교하여 보여주고 있다. 1997년 12월 외환위기 이후 금융시장의 안정과 함께 신용스프레드도 서서히 낮아져 왔으며 2006년 4분기에는 3.12%까지 하락하였다. 그러나 2008년 8월 미국의 서브프라임 모기지 사태로 촉발된 세계금융위기의 영향 때문에 신용스프레드가 2009년 1분기에는 외환위기 이후 최고수준인 8.52%까지 상승하였다. 그 이후 신용스프레드가 점차 하락하였지만 6% 이하로까지 내려가지는 못하고 있다.

참 고 시가기준 채무불이행확률과 기대불이행빈도

신용평가등급이 신용상태를 지체하여 반영한다는 단점 때문에 일부 기관투자자들은 채권의 시가를 기준으로 채무불이행 가능성을 측정하는 척도를 만들어 사용하고 있다. 이 척도는 어떤 위험채권의 시가가 채무불이행위험에 대한 투자자들의 판단을 반영하여 결정된다는 사실에 기초하고 있다.

다른 모든 조건은 동일하지만 채무불이행위험이 전혀 없는 무위험채권의 가격이 97만원에 거래되고 있고 채무불이행위험이 있는 위험채권의 가격이 94만원에 거래되고 있다 하자. 이것은 투자자들이 위험채권의 원리금의 현재가치 중에서 3만원(=97만원-94만원)에 해당되는 부분만큼 채무불이행이 발생할 것이라고 판단하고 있다는 것을 의미한다. 따라서 일반적으로 채권가격에 반영된 어떤 위험채권의 채무불이행확률은 다음과 같이 측정할 수 있다.

$$\text{시가기준 채무불이행확률} = 1 - \frac{P_R}{P_F} \tag{10.10}$$

단, P_R은 채무불이행위험을 갖는 위험채권의 가격이고, P_F는 채무불이행위험이 없는 무위험채권의 가격이다.

정부가 발행한 국채는 원리금의 지급이 확실한 무위험채권으로 간주할 수 있다. 그러나 위험채권과 동일한 원리금 지급조건을 갖고 있는 무위험채권을 현실의 금융시장에서 찾아내기란 그리 쉽지 않다. 따라서 여러 가지 국채를 합성하여 원리금 지급조건이 동일한 무위험채권을 구성하고 그 무위험채권의 가격을 위 식의 P_F로 사용한다.

이 시가기준 채무불이행확률은 채권의 신용정보를 충분히 반영하는 효율적 시장에서는 채무불이행위험을 평가하는 가장 좋은 척도이다. 그러나 새로이 발행된 채권의 경우에는 아직 시장가격이 형성되지 않은 상태이기 때문에 이 척도를 사용하지 못한다.

신용평가등급은 신용평가전문기관의 자의적 판단에 과도하게 의존하고 있다는 단점을 갖고 있다. 이 단점을 보완하기 위하여 기대불이행빈도(expected default frequency; EDF)를 사용하려는 시도도 있다. 이 기대불이행빈도는 회사채 발행기업의 여러 가지 재무적 변수들과 경제전반적 거시변수들을 이용하여 특정 기업 회사채의 채무불이행확률을 추정한 것이다.

10.5 ABS와 신용파생상품

채권시장은 매우 역동적인 시장이기 때문에 새로운 형태의 채권이 만들어지고 또 사라지기를 되풀이한다. 특히 장기의 만기를 갖는 부동산담보대출이 일반화되자 그 자금을 조달하거나 대출액을 조기에 회수하기 위해 또는 신용위험을 재구성하기 위해 여러 가지 변형적인 형태의 채권이 발행되었다. 단순히 자금조달 또는 대출금 회수만을 목적으로 할 때에는 흔히 원리금이체증권(passthrough)이라고 부르는 채권을 발행한다. 그러나 신용위험의 재구성을 목적으로 할 때에는 신용파생상품(credit derivatives)에 속하는 종류의 증권들을 발행한다.

10.5.1 ABS와 MBS

ABS(asset-backed securities)는 어떤 자산 또는 그 묶음으로부터 지급받을 예정인 현금흐름을 그대로 이체해주는 조건으로 발행된 채권이다. 주택담보대출, 자동차담보대출, 학자금대출, 가계대출, 상업용 빌딩 등 다양한 종류의 자산이 ABS의 기초자산으로 사용될 수 있다.

예컨대 어떤 은행이 거액의 부동산담보대출을 보유하고 있으며, 이로 인해 거액의 대출자금이 장기간 고정화됨으로써 발생하는 유동성 문제, 차입자의 원금 조기상환에 수반되는 자금운용의 불안정성, 금리변동으로 인한 이자율위험 등의 애로를 겪고 있을 수 있다. 이런 경우 은행은 보유하고 있는 다수의 주택담보대출을 묶어 자산 풀을 형성하고 이 자산 풀에서 얻어지는 미래의 현금흐름을 이체하여 주는 ABS를 발행할 수 있다. 이와 같이 부동산담보대출을 자산 풀로 하는 ABS를 특히 MBS(mortgage-backed securities)라고 부른다.

MBS의 기본적인 구조는 [그림 10.10]과 같다. 예를 들어, 어떤 은행이 거액의 주택담보대출을 보유하고 있다 하자. 먼저 은행은 만기, 신용도, 지역 등의 대출조건이 비슷한 1,000건의 주택담보대출을 묶어서 원금총액이 5,000억원인 자산 풀을 형성하고, 이 자산 풀로 형성된 서류상의 특수목적회사(special purpose vehicle)를 설립한다. 그 다음 은행은 자산 풀로부터 얻어지는 매월의 현금흐름(즉, 월정 이자, 원금 분할상환액, 원금 조기상환액)을 지급하는 조건으로 MBS를 발행한다. 이때 MBS는 이 특수목적회사 명의로 발행된다.

MBS가 발행되어 투자자들에게 매출한 후에는 은행이 차입자로부터 매월 수취한 현금흐름을 특수목적회사에 이체하고 특수목적회사는 원금에 비례하여 매월의 현금흐름을 MBS 투자자들에게 배분한다. 우리나라에서는 은행이 주로 MBS를 발행하고 자산운용회사, 보험회사, 연금기금 등이 주로 매입한다.

개별 대출자산을 묶어 자산 풀을 형성하는 과정에서 분산투자 효과가 발생하지만, 자산 풀에 내재되어 있는 신용위험은 그대로 MBS에 이전된다. 따라서 은행은 MBS가 순조롭게 발행될 수 있도록 개별 대출의 원리금 수금에 대한 신의성실을 약속하고, 때로는 MBS에 대해 약속된 현금흐름의 지급을 보증하는 등의 신용보강(credit enhancement)을 제공한다.

MBS 투자자에게 중요한 위험으로서 조기상환위험(prepayment risk)이 있다. 이 위험은

그림 10.10 MBS의 구조

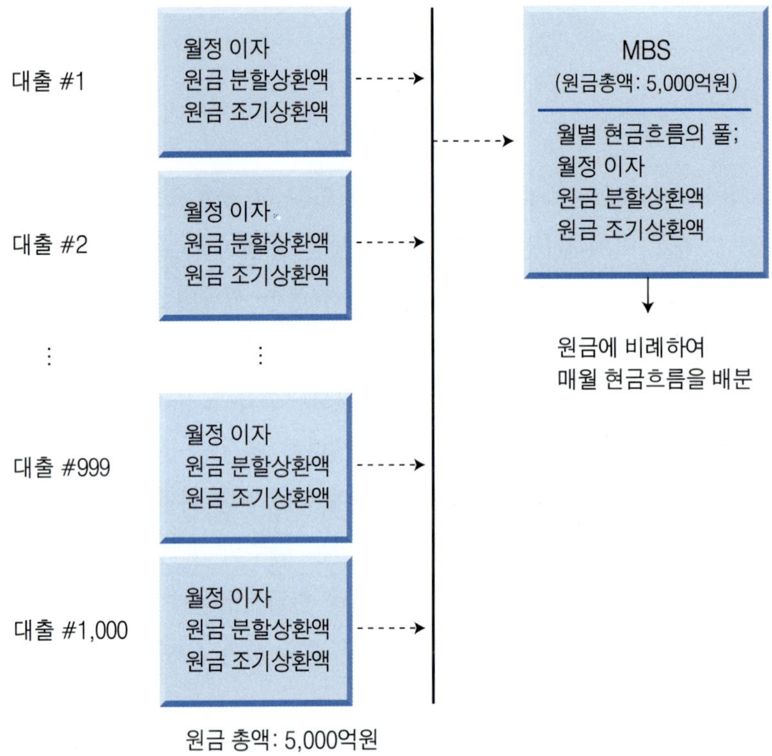

원금이 조기상환됨으로써 MBS 현금흐름이 예정된 금액과 달라지게 될 가능성을 말한다. 흔히 이자율이 낮아지거나 부동산거래가 활발해질 때 원금의 조기상환이 증가한다. 이런 시기는 채무불이행 빈도도 낮아지고 MBS의 가치도 상승할 시기인데 원금의 조기상환으로 인해 MBS 가치상승의 기회가 사라지게 된다.

10.5.2 신용파생상품 : CDO와 CDS

2000년대 중반의 세계금융시장에서 가장 주목되는 현상으로 신용파생상품(credit derivative)의 급속한 성장을 들 수 있다. 신용파생상품이란 신용위험을 재구성하거나 이전할 목적으로 설계된 금융자산을 말하며, 그 대표적인 것이 CDO와 CDS이다.

2000년대 중반은 미국의 저금리정책으로 부동산경기가 붐을 이루던 시기이다. 당시 많은 주택금융기관과 상업은행들은 적극적으로 부동산담보대출(mortgage loan)을 확대하였으며, 전통적으로 보수적 금융기관에서 취급하지 않던 하위등급 대출(subprime mortgage)까지 적극적으로 취급하게 되었다. 은행 등은 하위등급 대출이 안고 있는 신용위험을 이전하기 위한 수단으로 신용파생상품을 발행하였고, 투자자들은 신용위험의 대가로 높은 수익을 얻기 위해 신용파생상품에 투자하였다. 이때 다양한 신용파생상품이 만들어졌지만 그중에서도 부동산담보대출과 관련된 CDO와 CDS가 가장 인기를 끌었다.

(1) CDO

CDO(collateralized debt obligation)는 신용위험을 재구성하기 위해 ABS를 변형한 것이다. CDO의 특징은 [그림 10.11]과 앞의 그림을 비교해보면 쉽게 이해할 수 있다. CDO도 자산 풀의 현금흐름을 기초로 발행된다는 점에서는 ABS와 동일하다. CDO가 ABS와 크게 다른 점은 자산 풀의 현금흐름에 대한 청구권의 우선순위가 다른 여러 가지의 트랜치(tranche)가 발행된다는 점이다.

예를 들어, 원금총액이 5,000억원인 대출자산의 풀을 원금이 500억원인 10개의 트랜치로 구분하고 트랜치 #1의 투자자에게 현금흐름에 대한 최우선 청구권을 부여한다. 즉, 매월 현금흐름이 발생하면, 채무불이행이 없는 정상적 상황에서 예정된 월별 현금흐름 총액의 1/10까지를 트랜치 #1의 투자자가 가져간다. 트랜치 #2의 투자자는 월별 현금흐름의 나머지에 대해 다음 순위의 청구권을 행사한다. 마찬가지 방법으로 트랜치 #10의 투자자는 최종적으로 남은 현금흐름을 가져간다.

CDO의 구조에서 알 수 있는 바와 같이, CDO는 자산 풀에 내재해 있는 신용위험을 투자자에게 그대로 이전하지 않고 트랜치 별로 신용위험을 재구성함으로써 각 트랜치가 부담하는 신용위험의 크기가 다르도록 구조화한다.[17] 트랜치 #1은 낮은 신용위험을 부담하므로 가장 낮은 만기수익률과 가장 높은 가격으로 거래된다. 반대로 트랜치 #10은 매우 큰 신용위험 때문에 원금보다 훨씬 낮은 가격으로 거래되는 것이 일반적이다.

CDO의 투자위험은 ABS 또는 MBS와 크게 다르다. CDO를 발행할 때에는 은행이 자산 풀의 현금흐름에 대해 신용보강을 행하지 않는다. 또 자산 풀이 매우 많은 수의 개별 대출로 이루어져 있으므로 투자자가 개별 대출의 신용위험을 실제로 평가하는 것이 거의 불가능하며, CDO 발행기관의 신용등급도 거의 무의미하다. 가장 중요한 점은 어

17] 트랜치 #1은 신용위험이 상대적으로 적다는 의미에서 선순위(senior) 트랜치라고 하고, 트랜치 #10은 최종적으로 신용위험을 부담한다는 의미에서 주식트랜치라고 부르며 중간등급 트랜치는 메차닌(mezzanine)이라고 부른다.

그림 10.11 CDO의 구조

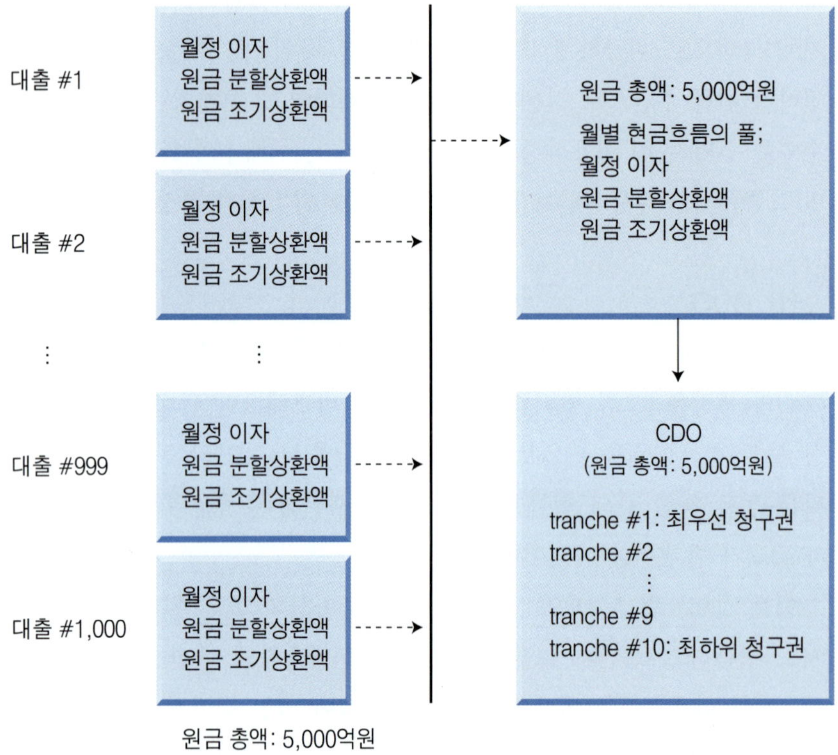

떤 트랜치에 투자하는가에 따라 신용위험이 크게 달라진다는 점이다.

(2) CDS

CDS(credit default swap)는 채권이 아닌 일종의 보험계약으로서 CDO와는 그 성격이 전혀 다른 신용파생상품이다. CDS의 구조는 매우 단순하다. A은행이 보유하고 있는 어떤 대출에서 채무불이행이 발생할 경우 B투자은행이 A은행에게 원리금을 지급하고 그 대가로 A은행이 B투자은행(또는 보험회사 또는 대형은행)에게 매 분기마다 약정된 금액을 지급하기로 하는 계약이 맺어졌다면, 이 계약이 CDS 계약이다. 이 CDS 계약에서 A은행을 CDS 발행자, B투자은행을 CDS 매입자, A은행이 B투자은행에게 지급하는 현금흐름과 대출원금의 비율을 CDS 프리미엄이라고 한다.

CDS 프리미엄은 채무불이행이 발생할 때의 기대손실(expected loss at default; ELD)의 크기에 따라 결정되며, 신용위험에 대한 금융시장의 평가를 민감하게 반영하는 것으로 알려져 있다. 오늘날에는 어떤 나라의 국채나 대기업의 회사채의 CDS 프리미엄이 국가채무나 대기업 부채의 신용도를 더 잘 나타내준다는 주장도 있다.

(3) 2008년 세계금융위기의 교훈

2008년 세계금융위기는 미국의 서브프라임 모기지의 연체가 급증함으로써 세계적인 대형 투자은행, 보험회사, 주택금융기관 등이 파산하고, 투자자들이 불안감 때문에 극도의 안전자산 추구(flight to safety) 행태를 보임에 따라 최우량 안전자산을 제외한 모든 금융거래가 정상적으로 이루어지지 못하게 되었던 사태를 말한다.[18] 2009년 하반기에 세계금융시장이 다소 안정되어 갔으나, 금융위기는 그리스, 이탈리아, 스페인 등 과도한 국가채무를 지고 있는 국가들에 대한 불안으로 전이되어 2012년의 유럽재정위기로까지 이어졌다.

당시 미국의 주택금융시장에서 발생한 연체사태가 세계적 규모의 금융위기로 확대된 과정에는 CDO, CDS 등과 같은 신용파생상품의 성장이 큰 몫을 하였다. 2006~2007년까지 미국 주택담보대출 시장이 급속하게 성장하게 된 배경에는 저금리로 인한 유동성 확대, 중국과 중동 달러의 유입 등에도 이유가 있지만 신용파생상품의 성장으로 주택담보대출 자금이 용이해진 데에도 큰 이유가 있다.

미국의 주택담보대출은 주로 FNMA와 FHLMA가 우량등급(=prime mortgage)을 중심으로 담당하여 왔으나, 부동산 붐이 일어나자 모기지회사뿐만 FNMA와 FHLMA까지도 서브프라임 모기지(subprime mortgage) 대출을 적극적으로 확대하였다.[19] 당시 풍부한 여유자금을 보유하고 있던 대형 상업은행들은 프라임 및 서브프라임 모기지를 인수하여 자산풀을 형성하고, 이를 기초로 대규모의 ABS와 CDO를 발행하여 대출자금을 유동화하거나 CDS를 발행하여 신용위험을 이전하였다.

미국의 MBS와 CDO의 절반 정도는 FNMA와 FHLMA에 의해 발행된 것이지만 나머지는 모기지회사가 발행한 것으로서 충분한 사전심사 없이 대출이 이루어진 것들이 많이 섞여 있던 것으로 알려져 있다. 신용파생상품에 거액을 투자한 금융기관으로 미국의 대형 투자은행인 리만 브러더스(Lehman Brothers)와 베어스턴스(Bear Sterns), 미국의 대형 보험회사인 AIG, 프랑스 최대은행인 BNP 파리바은행 등이 포함된다.

18] 2008년 세계금융위기의 원인과 경과를 미시적 관점에서 잘 정리한 책으로 최 혁, 『2008 글로벌 금융위기: 현대인을 위한 금융특강』(2009, 케이북스)이 있다.

19] FNMA는 Federal National Mortgage Association, FHLMA는 Federal Home Loan Mortgage Association의 약자이다. 이 두 회사는 연방정부로부터 채무 지급보증을 받기 때문에 사실상 공기업과 다름없다. 미국의 모기지회사는 지역의 주택담보대출을 전문으로 하는 금융회사들로서 대출자산을 더 큰 규모의 상업은행에게 매도하여 대출자금을 조달한다.

시장이자율이 상승(10년만기 국채 기준으로 2004.2분기 3.62% → 2006.2분기 5.07%)하고 부동산경기 과열에 대한 우려감이 확산되면서 2006년 하반기에는 서브프라임 모기지의 연체가 증가하기 시작하였다. 2007년 4월과 8월에는 미국의 2개 대형 서브프라임 모기지 대출회사가 파산보호신청을 냈다. 뒤이어 세계적 규모의 은행과 보험회사들이 거액의 신용파생상품 투자손실을 공시하였으며, 주택시장에서의 채무불이행도 크게 증가하였고 일부 은행들은 ABS와 CDO의 취급을 중단하기 시작하였다.

불과 2년도 안 되는 기간에 주택시장이 마비되고 주택금융기관의 손실이 누적되자 2008년 9월 6일에 미국 연방정부는 FNMA와 FHLMA를 국유화하고 3,000억달러의 구제금융을 제공하기로 하였다. 결정적인 사태는 2008년 9월 15일 미국 최대 투자은행 중의 하나인 리먼 브러더스(Lehman Brothers Holdings Inc., 1850년 창립)가 6,130억달러의 부채를 감당하지 못하고 파산신청을 제출했다(그 이후의 사태는 독자들께서 검색하시기 바란다).

이런 상황의 중심에는 신용파생상품이 있다. 투자은행들은 다수의 ABS와 CDO로 다시 자산 풀을 구성하여 새로운 CDO를 만들어 고객들에게 판매하기도 하고, 레버리지를 얻기 위해 고객의 투자자금에 거액의 차입금을 더하여 신용파생상품에 투자하기도 하였다. 따라서 일단 개별 대출에서 채무불이행이 발생하자 그 손실은 대출기관에 그치지 않고 신용파생상품의 유통경로를 따라 상업은행, 투자은행, 보험회사, 헤지펀드 등을 거쳐 개인투자자에게까지 파급되었으며, 손실 규모는 레버리지를 통해 상상을 초월하는 규모로 증폭되었다.[20]

2008년의 금융위기가 우리에게 주는 교훈이 여러 가지이지만 여기에서는 두 가지만 지적하고자 한다. 첫째는 정부가 금리정책의 효과를 더 치밀하게 검토한 다음 정책을 펼쳐야 한다는 점이다. 각국의 정부는 인플레이션과 경기침체에 민감하게 대응하기 위해 비교적 효과가 빠르고 정치적 부담이 적은 금리정책을 선호해 왔다. 그러나 금리정책은 실물경제보다 금융시장에 더 빠르고 민감하게 영향을 미치게 된다는 점을 염두에 둘 필요가 있다.

두 번째의 교훈은 경제적 탐욕을 유효하게 통제할 수 있는 규제수단이 적절하게 예비되어야 한다는 점이다. 경제적 탐욕이 경제발전의 원동력이라는 사실이 부정되어서는 안 된다. 그러나 그 탐욕이 체제의 혼란과 불안을 야기할 수 있다는 것을 예견하고 적절한 통제수단을 미리 마련하는 것은 국가의 중요한 의무이다. 또 신용파생상품이

20] 우리나라에서도 W은행이 신용파생상품에 15억달러 이상의 금액을 투자하고 2008년에는 투자원금의 90% 가까이를 손실 처리한 것으로 알려져 있다.

참 고 수의상환채권

수의상환사채(callable bond)란, 채권의 만기 이전에 시장이자율이 크게 하락할 경우 발행회사가 약정된 상환가격으로 채권을 매입할 수 있는 권리를 갖고 있는 채권을 말한다. 발행회사의 입장에서 볼 때, 수의상환권은 일종의 콜옵션(call option, 매수선택권)이다.

채권의 발행회사가 수의상환권(callable right)을 갖고 있으면, 이자율이 하락하여 채권가격이 상승할 때 발행회사는 시장가격보다 낮은 상환가격으로 채무를 매입함으로써 채무상환의 부담을 줄일 수 있다. 따라서 채권의 수의상환가능성(callability)은 발행회사에게는 유리한 것이지만 채권투자자, 즉 채권자에게는 불리하다.

그림 10.12 수의상환채권의 가격과 이자율의 관계

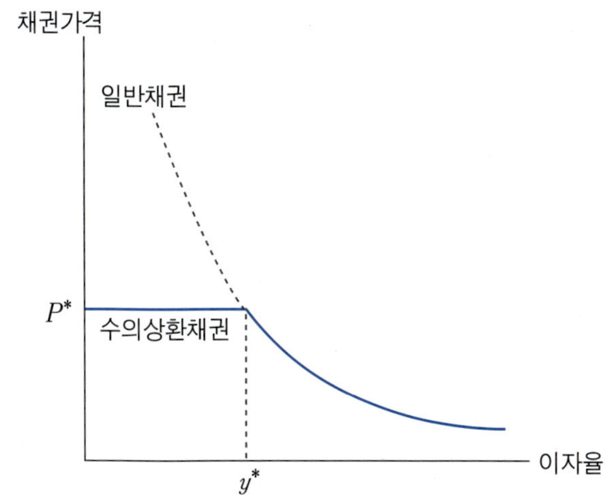

발행회사가 수의상환권을 행사할 경우 채권자들이 입는 불이익을 고려하여, 채권자에게 지급하는 상환가격은 만기지급액에 일정한 프리미엄을 부가하여 결정되는 것이 상례이다. 일반적으로 잔존만기가 길수록 더 큰 프리미엄이 주어지고 만기에 가까울수록 액면가에 접근하도록 상환가격이 약정된다.

수의상환위험이 채권가격에 미치는 영향은 [그림 10.12]에서 용이하게 알 수 있다. 수의상환위험이 없는 일반사채의 경우 이자율이 내려갈수록 채권가격이 상승하므로 투자자들은 더 큰 자본이득을 얻게 된다. 그러나 수의상환위험이 존재하는 경우, 이자율이 낮아지면 발행회사가 수의상환권을 행사할 가능성이 증가한다. 예를 들어, 상환가격 P^*에 상응하는 채권의 만기수익률이 y^*라면, 시장이자율이 y^* 이하로 하락하면 발행회사는 수의상환권을 행사하려 할 것이므로, 채권가격은 더 이상 상승하지 않고 상환가격 수준에 머무르게 된다.

수의상환채권은 미국 등 채권의 만기가 긴 국가에서 주로 발행되고 있다. 미국에서 발행되는 회사채의 대부분이 10년 이상의 만기를 갖는 장기채권이므로 미래에 이자율이 큰 폭으로 하락할 가능성이 있다. 그런 경우 발행회사들은 수의상환채권을 발행함으로써 장기적인 이자율 하락과 상환부담 증가의 위험을 피할 수 있다. 우리나라의 대부분의 회사채는 3년 또는 5년 정도로 비교적 짧은 만기를 갖고 있고 이자율의 급격한 하락의 가능성이 적으므로, 수의상환사채가 거의 발행되고 있지 않다.

신용위험관리를 위해 요긴한 수단이라는 것도 분명하다. 그러나 그것이 탐욕을 위해 투기적으로 이용되고 감독기관이 이를 적절하게 규제하지 못했을 때 어떤 결과가 얻어지는지를 2008년 금융위기가 잘 보여주고 있다.

10장 연습문제 Exercises

01 시장이자율의 변동과 채권가격의 관계를 설명하시오.

02 시장이자율의 변동과 인플레이션의 관계를 설명하시오.

03 채권수익률의 기간구조를 설명하는 네 가지 가설을 설명하시오.

04 다음 각각의 설명이 옳은지 그른지 판단하시오.

(1) 유동성프리미엄가설은 만기가 길수록 언제나 더 높은 만기수익률을 갖는다는 것을 의미한다.

(2) 불편기대가설에 의하면, 미래의 단기이자율이 현재의 단기채권의 만기수익률과 같을 것으로 예상될 경우, 수익률곡선은 만기에 관계없이 일정할 것이다.

(3) 시장분할가설에 의하면, 채권투자자들이 특정 만기의 영역에만 한정하여 채권을 거래한다.

05 채권의 위험으로서 중요한 것들을 설명하시오.

06 현재 시점은 2014년 7월 1일이다. 액면 100만원, 이표이율 연5%(매년 3, 6, 9, 12월말 4회 분할지급)인 사채가 있다. 이 채권의 발행일은 2013년 9월 1일이고 만기는 2016년 8월 31일이다. 현재 이와 동일한 조건의 채권에 대한 만기수익률이 8.7%이다. 이 채권의 시장가격을 구하시오.

07 액면가치가 1,000만원이고 만기가 91일 후인 CD가 현재 987만5,342원에 거래되고 있다. 이 CD의 만기수익률을 구하시오.

*CD와 같은 단기금융자산의 현재가격은 다음과 같이 계산한다.

$$\text{현재가격} = (\text{원금}) \times \left[1 - (\text{수익률}) \times \frac{\text{잔존만기(일)}}{365}\right]$$

08 액면 100만원, 이표이율 연10%(매년 3, 6, 9, 12월말 4회 분할지급)인 사채가 2014년 4월말 현재 940,000원에 거래되고 있다. 이 채권의 만기는 2017년 12월 31일이다. 이 채권의 만기수익률을 구하시오(엑셀을 이용하여 채권가격이 94만원에 가장 가까운 할인율을 시행착오에 의하여 구하도록 하시오).

09 당신이 다음 세 가지 채권 중에서 하나를 선택하여 1년 동안만 투자하려 한다. 이 세 가지 채권은 모두 동일한 채무불이행위험, 10년의 잔존만기 및 10만원의 액면가치를 갖고 있다. 첫 번째 채권은 무이표채권이고, 두 번째 채권은 이표이율이 3%인 채권이며, 세 번째 채권은 이표이율이 8%인 채권이다.

(1) 이 세 가지 채권 모두가 8%의 만기수익률을 갖도록 가격이 결정되어 있다면, 이 세 가지 채권의 가격은 얼마인가?

(2) 현재의 시장이자율이 그대로 유지될 것으로 예상될 경우, 1년 후 세 가지 채권의 가격은 얼마가 될 것인가? 이 세 가지 채권에 투자하여 당신이 얻은 1년 동안의 투자수익률은 얼마가 될 것인가? 만일 이표이자에 대해서만 20%의 이자소득세가 부과된다면, 세 가지의 채권에 1년 동안 투자하여 얻는 수익률은 어느 정도가 될 것인가?

(3) 만일 모든 채권의 이자율이 1년 이내에 2% 정도 하락한다면, 그 경우 문제 (2)의 답을 다시 구해 보시오.

10 다음은 액면가가 10만원이고 만기가 다른 무이표채권들의 현재의 시장가격을 정리한 것이다. 이 자료를 가지고 각 채권의 만기수익률을 구하고, 매년 초의 단기이자율을 구하시오.

만기	채권가격
1년	94,340원
2년	89,347원
3년	84,762원
4년	79,162원

11 K회사는 거의 동일한 위험수준을 갖고 있는 다음과 같은 세 가지 종류의 채권을 발행하고 있다. 이 자료를 가지고 물음에 답하시오.

채권	액면가	만기	이표이율	시장가격
1호	100,000원	5년	7%	73,195원
2호	100,000원	10년	10%	64,058원
3호	100,000원	15년	4%	37,093원

(1) 각 채권의 만기수익률을 계산하시오.

(2) 시장이자율이 하락한다면 어떤 채권의 가격이 가장 크게 상승할 것인지 계산하지 않고 판단하여 보시오.

(3) 만기수익률이 2%만큼 하락한다면 2호채권과 3호채권 중 어느 것이 더 크게 상승할 것인지 계산하시오.

12 2년만기 채권의 만기수익률은 7%, 3년만기 채권의 만기수익률은 7.8%, 4년만기 채권의 만기수익률은 8.5%이다. 이 세 가지 채권 모두 이표이자가 없고 채무불이행위험도 없다면, 불편기대가설에 의하여 제3년도 및 제4년도의 내재선도이자율을 구하시오.

13 액면가 100,000원, 만기까지의 기간 3년, 이표이율 5%(연1회 지급)인 채권이 현재 97,000원에 거래되고 있다. 3년 후 원금상환액에 대한 확률분포가 다음과 같다.

원금상환액	채권가격
84,790원	2%
87,890원	3%
94,290원	5%
100,000원	90%

(1) 이 채권의 약정수익률을 구하시오.

(2) 이 채권의 실현수익률의 확률분포를 구하시오.

(3) 이 채권의 기대수익률은 어느 정도인가?

I N V E S T M E N T

제11장 채권포트폴리오의 관리

우리나라 기관투자자의 대부분은 거액의 투자자금을 채권에 투자하고 있으면서도, 일단 매입하면 만기까지 보유하는 매우 단순한 투자전략을 구사하고 있다. 더욱이 채권의 만기도 대부분 3~5년 정도로 짧기 때문에 이자율의 기간구조를 이용한 다양한 투자전략을 사용하지 않고 있다. 그러나 최근에 투자자들의 채권에 대한 관심이 높아지고 있고 채권의 만기와 종류도 다양해지고 있으므로, 보다 세련된 채권투자 전략이 필요로 되고 있다.

채권투자의 경우에도 소극적 투자전략과 적극적 투자전략이 사용될 수 있다. 소극적 전략에서는, 채권가격이 공정하게 결정된 균형가격이므로 우월한 정보나 예측능력을 이용하여 시장 평균보다 더 좋은 투자성과를 거둘 수 없다고 본다. 따라서 소극적 전략에서는 국채 중심의 안전자산을 중심으로 채권포트폴리오를 구성하되 이자율위험을 제거하는 데 노력을 기울인다.

적극적 전략에서는 채권가격이 이용가능한 모든 정보를 충분히 반영하지 못하고 있으므로, 우월한 정보나 예측능력을 이용하여 시장 평균보다 높은 수익률을 얻을 수 있다고 본다. 채권투자의 경우, 적극적 투자전략을 사용하는 투자자들은 미래의 이자율 변동을 미리 예측하거나 사실상 동일한 채권이 서로 다른 가격을 갖고 있는지를 알아내고자 노력한다.

11.1 이자율위험과 듀레이션

11.1.1 이자율위험

이자율위험(interest rate risk)은 시장이자율의 변동성을 의미한다. 2010년대에 들어서서 국고채 이자율도 크게 하락하고 있지만 이자율 변동성은 여전히 무시할 수 없는 수준이다. 예컨대, 2013년에 3년만기 국고채 수익률은 2.5~2.9%의 낮은 수준인데 국고채 수익률의 역사적 표준편차(36개월 기준)는 0.4% 정도이다. 이것은 이자율이 매월 평균 40bp 정도 상승 또는 하락한다는 것을 의미하며, 낮은 이자율 수준에서 이 정도의 변동성은 무시할 수 없을 정도로 큰 변동성이다.

이자율위험은 가격위험과 재투자수익률위험을 수반한다. 가격위험(price risk)은 시장이자율의 변동으로 채권가격이 변동하게 될 위험을 말하고, 재투자수익률위험(reinvestment rate risk)은 시장이자율이 변동함으로써 이표이자의 재투자수익률이 변동하게 될 위험을 의미한다.[1]

예를 들어, 어떤 투자자가 3년 후에 매각할 예정으로, 액면가가 100만원이고 이표이율이 3%(반기별 분할지급)인 5년만기 국고채를 3.5%의 만기수익률(즉, 977,247원의 가격)로 매입하였다 하자. 현재의 이자율이 그대로 유지된다면, 이 투자자가 3년 후에 실현하게 될 富의 크기는 다음과 같이 계산된다.

이자 및 재투자수익 : $\sum_{t=1}^{6} 15{,}000\left(1+\frac{0.035}{2}\right)^{6-t}=94{,}030$원

매각대금 : $\sum_{t=7}^{10} \frac{15{,}000}{\left(1+\frac{0.035}{2}\right)^{t-6}}+\frac{1{,}000{,}000}{\left(1+\frac{0.035}{2}\right)^{10-6}}=990{,}423$원

2년 후 미래가치 : $94{,}030+990{,}423=1{,}084{,}453$원

위의 계산에서 이자 및 재투자수익은 1반기부터 6반기까지 받게 될 이표이자를 반기당 1.75%(=3.5%÷2)의 재투자수익률로 재투자하여 얻게 될 미래가치를 의미한다. 즉, 1반기 후의 이자는 그 이후 5반기 동안 복리로 재투자하고, 2반기 후의 이자는 4분기 동안 복리로 재투자한다. 또 6반기 후의 이자는 0기 동안 복리로 재투자된다. 그리고 매각대금은 3.5%의 시장이자율이 그대로 유지될 경우 2년 후, 즉 4반기 후의 채권가격으로서, 그 이후 받게 될 원리금의 3년 후 현재가치로 계산된다.

그런데 시장이자율이 갑자기 25bp(=0.25%) 상승한다면, 이 투자자의 3년 후의 부는 어떻게 달라질까? 이 경우 투자자의 富는 위와 마찬가지 방법으로 다음과 같이 계산된다.

이자 및 재투자수익 : $\sum_{t=1}^{6} 15{,}000\left(1+\frac{0.0375}{2}\right)^{6-t}=94{,}326$원

매각대금 : $\sum_{t=7}^{10} \frac{15{,}000}{\left(1+\frac{0.0375}{2}\right)^{t-6}}+\frac{1{,}000{,}000}{\left(1+\frac{0.0375}{2}\right)^{10-6}}=985{,}678$원

2년 후 미래가치 : $94{,}326+985{,}678=1{,}080{,}003$원

1] 만기가 다른 다수의 채권으로 이루어진 채권포트폴리오의 경우 만기가 짧은 채권의 원금상환액을 재투자할 때에도 재투자수익률위험이 발생한다.

이 계산에서 알 수 있는 바와 같이, 시장이자율이 3.75%로 상승함으로써 3년 후의 부는 4,450원만큼 하락한다. 이러한 부의 변동은 이자 및 재투자수익이 296원만큼 증가하였으나 채권가격(매각대금)이 4,744원만큼 감소한 것에 기인한다. 여기에서 알 수 있는 중요한 사실은 이자율 변동으로 인한 재투자수익의 변동(재투자수익률위험)과 채권가격의 변동(가격위험)은, 투자자의 부에 대하여 반대방향으로 영향을 미치기 때문에 서로 상쇄되고 있다는 점이다(이와 반대로 시장이자율이 하락한다면 이자 및 재투자수익은 감소하고 채권 매각대금은 증가하게 될 것이다).

여기에서 짐작할 수 있는 한 가지 중요한 시사점은 재투자수익률위험과 가격위험이 정확하게 상쇄되어, 시장이자율이 변동한다 하더라도 투자자의 미래의 富가 달라지지 않는 어떤 보유기간을 알아낼 수 있다는 점이다. 즉, 어떤 보유기간만큼 채권을 보유하면 이자율 변동으로 인한 재투자수익률위험과 가격위험을 거의 완전하게 상쇄시킬 수 있으며, 그 보유기간이 다음에 설명하게 될 듀레이션이다.

11.1.2 듀레이션

이자율위험을 측정하는 대표적인 척도는 매콜리(F. R. Macaulay)가 처음 제시한 듀레이션(duration)이라는 척도이다.[2] 본래 듀레이션은 현금흐름이 얻어지는 평균기간이라는 뜻이지만, 이 개념의 실제 용도는 이자율위험의 크기를 나타내는 척도로 사용하는 것이다. 실무에서는 듀레이션을 약간 수정한 수정듀레이션도 사용되고 있으며, 이자율위험을 더 정확하게 나타내고자 할 때에는 컨벡시티라는 개념도 보완적으로 사용되고 있다.

(1) 듀레이션의 계산

매콜리의 듀레이션은 현금흐름이 얻어지는 평균기간으로 정의된다. 보다 정확하게 정의하면, 듀레이션은 채권의 현금흐름(즉, 이자와 원금상환액)의 현재가치가 얻어지는 기간을 가중평균한 것으로서, 이때 매기 현금흐름의 현재가치가 채권가격에서 차지하는 비중을 가중치로 사용한다. 이 듀레이션의 정의를 식으로 표현하면 다음과 같다.

2] F. R. Macaulay, *Some Theoretical Problems Suggested by the Movement of Interest Rates, Bond Yields and Stock Price in the United States since 1856* (NBER, 1938).

표 11.1 듀레이션 계산(만기수익률 = 3.5%) (5년만기, 이표이율 3%, 반기 분할지급, 액면가 100만원)

반기	현금흐름	현재가치	가중치	가중기간
1	15,000	14,742	0.01509	0.01509
2	15,000	14,488	0.01483	0.02965
⋮	⋮	⋮	⋮	⋮
9	15,000	12,832	0.01313	0.11817
10	1,015,000	853,340	0.87321	8.73208
합계		977,247	1	9.35138(4.67569년)

듀레이션

$$D=\sum_{t=1}^{T} t\times \frac{(\text{현재흐름의 현재가치})}{(\text{채권가격})}=\sum_{t=1}^{T} t\times \frac{C_t/(1+y)^t}{P_0} \tag{11.1}$$

단, C_t는 t기에 얻어질 채권의 현금흐름, y는 만기수익률, t는 현금흐름이 얻어지는 시기이다($t=1,\ 2, \cdots, T$).

잔존만기가 5년, 이표이율이 3.5%(반기말 분할지급)이고 액면가가 100만원인 채권이 현재 3.5%의 만기수익률, 즉 977,247원의 가격으로 거래되고 있다 하자.

이 채권의 듀레이션은 〈표 11.1〉과 같이 구해진다.

먼저 매기의 현금흐름을 분기당 1.75%(=3.5%/2)의 만기수익률로 할인하여 구해진 현재가치가 3열에 주어져 있다. 이 현금흐름의 현재가치의 합계는 당연히 채권가격인 977,247원과 같아야 한다. 가중치는 4열에 주어져 있다. 5열의 가중기간(weighted period)은 1열의 기간과 4열의 가중치를 곱하여 계산된 것이다. 채권의 듀레이션은 가중기간을 모두 합계한 것으로서 9.35138반기(또는 4.67569년)로 계산된다.

(2) 듀레이션의 몇 가지 특성

우리는 위의 계산 예와 식(11.1)로부터 다음과 같은 듀레이션의 몇 가지 특성을 용이하게 알 수 있다.

① 무이표채권의 듀레이션은 만기와 같다. 무이표채권은 이표이자가 주어지지 않고 만기에 원금상환액만 주어지는 채권이다. 즉, 모든 현금흐름이 만기에만 얻어지므로 듀레이션 역시 만기와 같아야 한다.

② 만기가 길수록 듀레이션은 길다. 다른 조건이 같을 경우, 만기가 길수록 더 먼 미

참 고 듀레이션의 가법성

듀레이션이 가지고 있는 한 가지 편리한 성질은 '만기수익률이 거의 동일한' 채권들에 대해 다음 식과 같이 가법성(additivity)을 가지고 있다는 점이다.

$$D_P \simeq \sum_{j=1}^{N} x_j D_j \tag{11.2}$$

단, D_P는 채권포트폴리오 P의 듀레이션, D_j는 채권포트폴리오 P를 구성하는 채권 j의 듀레이션, x_j는 채권 j의 구성비율이다.

예를 들어, 채권 a는 2년의 듀레이션을 갖고 있고 채권 b는 3년의 듀레이션을 갖고 있으며 두 채권의 만기수익률이 동일하다 하자. 이 두 채권에 투자자금의 40%와 60%를 투자하여 구성한 포트폴리오의 듀레이션은 (0.4)(2)+(0.6)(3)=2.6년이 된다. 역으로 2.6년의 듀레이션을 갖는 채권에 투자하고자 하지만 그런 채권이 시장에서 거래되지 않는 경우, 채권 a에 40% 투자하고 채권 b에 60% 투자하여 듀레이션이 2.6년인 채권포트폴리오를 구성함으로써 소기의 목적을 달성할 수 있다.

듀레이션의 가법성은 만기수익률이 동일하거나 비슷한 채권들로 포트폴리오를 구성할 때에만 이용될 수 있다. 잔존만기가 일정 수준을 초과하면 수익률곡선이 일정한 수준에서 안정되는 모습을 보이는 경우가 많다. 수익률곡선이 안정된 수준을 유지하는 구간에서 만기가 다른 채권으로 포트폴리오를 구성하면, 이 듀레이션의 가법성의 특성이 유지된다. 그러나 만기수익률이 큰 차이를 보이는 채권을 결합할 때에는 가법성이 적용되지 않으므로, 채권포트폴리오의 전체 현금흐름에 기초하여 듀레이션을 다시 계산해보아야 한다.

래의 현금흐름이 채권가격에서 차지하는 상대적 비중이 더 크다.

③ 이표이율이 낮을수록 듀레이션은 길다. 이표이율이 낮을수록, 채권가격 중에서 이표이자의 현재가치가 차지하는 부분보다는 원금상환액의 현재가치가 차지하는 부분의 상대적 비중이 더 크다. 즉, 듀레이션을 계산할 때 이표이율이 낮을수록 만기의 가중치가 상대적으로 크기 때문에 더 긴 듀레이션이 얻어진다.

④ 시장이자율이 상승하면 듀레이션은 짧아진다. 시장이자율이 상승한다는 것은 만기수익률이 상승함으로써 더 먼 미래의 현금흐름의 현재가치가 더 작아진다는 것을 의미한다. 따라서 더 먼 미래의 현금흐름에 대한 가중치가 더 작게 되기 때문에, 듀레이션은 더 짧아지게 된다.

⑤ 영속채권의 듀레이션은 $(1+y) \div y$와 같다(단, y는 만기수익률). 영속채권은 매기 동일한 이표이자 C를 영속적으로 지급하는 채권이기 때문에, 영속채권의 현재가치 공식을 이용하면 듀레이션이 이와 같이 간단하게 얻어질 수 있다.[3]

11.1.3 듀레이션과 채권가격 변동

듀레이션의 실제적인 의미는 이자율위험의 크기, 즉 이자율 변동에 대한 채권가격의 민감도를 나타내 준다는 것이다. 이를 수식으로 표현하면 다음과 같다(이 식의 도출과정은 다음의 [참고]에 주어져 있다).

이자율 변동과 가격변동의 관계

$$\Delta P_0 \simeq -P_0 \times D \times \frac{\Delta y}{1+y} \tag{11.3}$$

$$\text{또는 } \frac{\Delta P_0}{P_0} \simeq -D \times \frac{\Delta y}{1+y} \tag{11.3a}$$

이 식에서 어떤 채권의 가격변동(ΔP_0)은 만기수익률의 변동률($\Delta y/(1+y)$)에 현재의 채권가격(P_0)과 듀레이션(D)을 곱한 것과 거의 같다(이 식에 근사치 기호가 사용되고 있다는 점에 유의하자). 이 식은 이자율이 변동했을 때 채권의 가격이 이자율 변동과 반대 방향으로 듀레이션에 비례하여 변동할 것이라는 것을 말해준다. 따라서 듀레이션은 이자율위험의 크기를 나타내는 척도로 사용될 수 있다.

이자율 변동이 예상될 때 새로운 채권가격이 어떻게 결정될 것인지를 예측하기 위해서 식(11.3)이 자주 사용된다. 〈표 11.1〉에서 예로 든 채권의 듀레이션은 9.35138반기이다. 시장이자율이 25bp 상승하기 때문에 이 채권의 만기수익률도 3.5%에서 3.75%로 25bp만큼 상승한다 하자(반기 이자율 기준으로는 1.75%에서 1.875%로 12.5bp 상승). 식(11.3)을 사용하여 가격변동률의 근사치를 구하면 다음과 같다.

$$\Delta P_0 \simeq -977{,}247 \times 9.35138 \times \frac{0.00125}{1+0.0175} = -11{,}227\text{원}$$

25bp의 이자율 상승으로 채권의 가격이 11,227원(즉, 1.1488%) 하락할 것이므로, 새로운 채권가격은 966,020원(= 977,247−11,227)이 될 것으로 예상할 수 있다.

식(11.3)과 같이 듀레이션을 사용하여 계산된 채권가격은 실제의 채권가격보다 약간 낮게 계산된다. 위의 예에서, 제10장의 식(10.1)을 사용하면 이자율 변동 후의 실제가격이 966,094원으로 계산된다. 듀레이션을 사용하여 계산된 가격이 966,020원으로 계산되

3] 듀레이션의 식(11.1)에서 채권가격 대신 C/y를 대입한 다음, 양변에 $1/(1+y)$를 곱하여 정리한다.

참 고 수정듀레이션

실무에서는 수정듀레이션(modified duration: MD)이라는 것도 흔히 사용된다. 수정듀레이션은 듀레이션을 $(1+y)$로 나눈 값이다.

$$MD = \frac{D}{1+y} \tag{11.4}$$

수정듀레이션은 이자율 변동으로 인한 가격변동의 크기를 간단하게 계산하기 위해 고안된 것이다. 수정듀레이션을 사용할 경우 가격변동률은 다음 식과 같이 구해진다.

$$\frac{\Delta P_0}{P_0} \simeq -MD \times \Delta y \tag{11.5}$$

참 고 이자율 변동에 대한 채권가격의 변동률

채권의 가격은 매기의 현금흐름(C_t, 원금 및 이표이자 포함)을 만기수익률 y로 할인한 현재가치이므로 다음과 같이 표시될 수 있다(만일 이표이자가 1년에 k회로 분할하여 지급한다면, 아래의 식에서 y 대신 y/k를 사용해야 한다).

$$P_0 = \sum_{t=1}^{T} C_t (1+y)^{-t} \tag{11.6}$$

이자율, 즉 만기수익률이 변동했을 때 발생하는 채권가격의 변동을 나타내면,

$$\frac{dP_0}{dy} = -\sum_{t=1}^{T} \frac{t \cdot C_t}{(1+y)^{t+1}} = -\frac{1}{1+y} \sum_{t=1}^{T} \frac{t \cdot C_t}{(1+y)^t} \tag{11.7}$$

이 식(11.7)의 양변에 dy를 곱하고 P_0로 나누어주면,

$$\frac{dP_0}{P_0} = -\frac{dy}{1+y} \sum_{t=1}^{T} t \cdot \frac{C_t/(1+y)^t}{P_0} = -D \cdot \frac{dy}{1+y} \tag{11.8}$$

위쪽 식의 우변에서 합계 항은 식(11.1)의 듀레이션(D)과 동일하므로, 이자율 변동으로 인한 채권가격의 변동률($=dP_0/P_0$)은 $-D$와 $dy/(1+y)$의 곱과 같다. 이 식은 식(11.3a)에서 등호가 아닌 근사치 기호가 사용되고 있다는 점을 제외하면 식(11.3a)와 동일하다. 식(11.3a)에서 근사치 기호가 사용되는 이유는 이자율 변동(Δy)이 충분히 작은 값일 때, 즉 $\Delta y \to dy$일 때에는 식(11.8)이 성립하지만, 그렇지 않을 때에는 위와 같은 1차미분만으로 P_0의 변동률을 정확하게 측정하지 못하고 오차가 발생할 수 있기 때문이다.

었으므로 -74원의 오차를 보이고 있다.

달리 말하면, 식(11.3)이 채권가격 변동의 근사치만을 나타내는 식이기 때문에, 이 식을 사용하여 가격변동을 계산하면 불가피하게 약간의 오차가 발생한다. 이 오차는 채권의 가격이 이자율에 대해 아래쪽으로 볼록한 관계-이것을 컨벡시티(convexity)라고 부른다-를 갖고 있기 때문에 발생한다. 따라서 이 오차는 컨벡시티를 반영함으로써 수정될 수 있다. 실무적으로, 이자율 변동이 작거나 채권포트폴리오의 가치가 작을 때에는 이 오차가 중요시될 필요가 없다. 그러나 이자율 변동이 크거나 채권포트폴리오 가치가 거액일 경우에는 컨벡시티를 고려하여 가격변동을 더 정확하게 계산할 필요가 있다.

11.2 소극적 채권포트폴리오 관리

투자자들은 이자율위험으로부터 미래의 富를 보호하여야 할 필요를 느낀다. 예를 들어, 연금기금을 운용하는 포트폴리오관리자는 미래에 지급하여야 할 연금지급 스케줄이 정해져 있으므로, 미래의 연금 스케줄에 차질 없이 대비할 수 있도록 투자자금을 운용하여야 한다. 이와 같이 일정시기에 일정액의 현금지출이 정해져 있는 투자자들은 위험이 큰 적극적 투자전략을 구사할 수 없다. 이런 투자자들은 소극적 투자전략에 의존하여 채권의 위험, 특히 이자율위험을 제거하는 채권포트폴리오를 구성하는 데 주된 목적을 두어야 한다.

이자율위험을 제거하는 여러 가지 투자전략을 면역전략(immunization)이라고 부른다. 투자실무에서 이자율위험을 제거하기 위하여 사용하는 면역전략으로서 목표시기 면역전략(target date immunization), 순자산 면역전략(net worth immunization), 현금흐름대응(cash flow matching) 등이 있다. 구체적으로 어떤 면역전략을 택할 것인가는 채권포트폴리오 관리의 목표와 조건에 따라 달라진다.

11.2.1 목표시기 면역전략

연금기금과 같은 기관투자자는 일정시기에 일정금액을 연금으로 지급하여야 하는 채무를 지고 있다. 이런 투자자는 어떤 목표시기(target date)의 연금지급액을 큰 차질이 없이 마련할 수 있도록 기금을 운용하여야 하기 때문에, 주식포트폴리오와 같이 위험이 큰 투자기회에 투자할 수 없으며, 미래 현금흐름이 안전한 국채와 우량채권에 많은 투자자금을 투자하게 된다.

국채와 우량채권에 투자한다고 해서 그것만으로 목표시기의 채무에 대비할 수 있는 것은 아니다. 만일 이자율 변동이 발생하면 목표시기에 얻어지는 현금흐름도 달라질 수 있기 때문이다. 따라서 이런 투자자들은, 이자율 변동이 발생한다 하더라도, 채권포트폴리오의 미래가치가 이자율 변동의 영향을 받지 않고 예정된 금액에 도달하도록 하는 투자전략을 필요로 한다. 이처럼 목표시기의 미래가치가 이자율위험의 영향을 받지 않도록 하는 면역전략을 목표시기 면역전략(target date immunization)이라고 한다.

목표시기 면역전략은 듀레이션의 개념을 이용하는 전형적인 면역전략이다. 즉, 목표시기와 동일한 듀레이션을 갖는 채권포트폴리오를 선택함으로써, 목표시기의 미래가치가 이자율 변동의 영향을 받지 않도록 하는 투자전략이 목표시기 면역전략이다. 예를 들어, 3년 후에 목돈이 필요한 투자자는 3년의 듀레이션을 갖는 채권을 선택함으로써 이자율위험을 제거하게 된다.

(1) 듀레이션의 이용

듀레이션을 이용하여 이자율위험을 제거할 수 있는 이유는 이자율 변동으로부터 파생된 재투자수익률위험과 가격위험이 정확하게 상쇄되도록 하는 기간이 듀레이션이기 때문이다.

듀레이션의 기간만큼 채권을 보유함으로써 이 두 가지 위험이 어떻게 상쇄되는가를 구체적인 예를 가지고 설명해 보자. 〈표 11.1〉에서 예로 든 채권의 듀레이션은 9.35138반기이었다. 어떤 투자자가 이 채권을 현재 매입하여 9.35138반기 후에 처분하고자 한다 하자. 이 투자자가 3.5%의 이자율 수준에서 9.35138반기 후에 얻게 될 미래가치는 다음과 같이 1,149,374원으로 계산된다.

이자 및 재투자수익 : $\sum_{t=1}^{9} 15{,}000\left(1+\frac{0.035}{2}\right)^{9.35138-t} = 145{,}731$원

매각대금 : $\dfrac{1{,}015{,}000}{\left(1+\dfrac{0.035}{2}\right)^{10-9.35138}}=1{,}003{,}643$원

9.35138반기 후 미래가치 : $145{,}731+1{,}003{,}643=1{,}149{,}374$원

갑자기 시장이자율이 0.25% 상승하였다고 하자. 그 경우 이 투자자가 9.35138반기 후에 얻게 될 미래가치는 다음과 같이 1,149,378원으로 계산된다.

이자 및 재투자수익 : $\sum_{t=1}^{9} 15{,}000\left(1+\dfrac{0.0375}{2}\right)^{9.35138-t}=146{,}534$원

매각대금 : $\dfrac{1{,}015{,}000}{\left(1+\dfrac{0.0375}{2}\right)^{10-9.35138}}=1{,}002{,}844$원

9.35138반기 후 미래가치 : $146{,}534+1{,}002{,}844=1{,}149{,}378$원

위의 두 계산결과를 보면, 25bp라는 상당히 큰 이자율 변동이 발생했음에도 불구하고 투자자가 9.35138반기 후에 얻게 될 富의 크기는 거의 동일하다(977,247원의 투자에 비해 4원의 차이는 무시할 정도로 작은 값이다). 그 이유는 이자율 상승으로 인한 재투자수익의 증가가 매각대금의 하락에 의하여 거의 정확하게 상쇄되었기 때문이다.

(2) 시사점과 주의할 점

위의 설명과 예시가 주는 시사점은 목표시기와 동일한 듀레이션을 갖는 채권포트폴리오를 선택함으로써 이자율위험을 거의 완전하게 제거할 수 있다는 점이다.

듀레이션을 이용하여 목표시기 면역전략을 구사할 때, 특히 다음 두 가지 점에 주의할 필요가 있다. 첫째는 목표시기와 듀레이션을 일치시키기 위하여 개별채권에만 집착할 필요가 없다는 점이다. 또 목표시기와 동일한 듀레이션을 갖는 개별채권을 찾는 것도 쉬운 일이 아니지만, 찾아낸다 하더라도 투자대상으로 매력적이지 않을 수도 있다. 이런 경우 여러 가지 채권을 적절하게 결합함으로써 원하는 듀레이션을 갖는 포트폴리오를 구성할 수 있다. 이때 만기수익률이 거의 동일한 채권들의 경우, 듀레이션이 가법성을 갖는다는 특성을 이용하면, 원하는 듀레이션을 갖는 포트폴리오를 보다 간편하게 구성할 수 있다.

둘째로, 이자율이 변동하게 되면 듀레이션 역시 변동하기 때문에, 이자율의 변동에

따라 채권포트폴리오를 지속적으로 재구성하여 나가야 한다. 이자율 변동이 발생하면 채권의 듀레이션도 달라지므로, 듀레이션이 목표시기와 불일치하게 되고 이자율 변동으로 인한 이자율위험을 완전하게 제거할 수 없게 된다. 따라서 일단 이자율 변동이 발생하면, 채권의 듀레이션을 다시 계산하여 채권의 포트폴리오 구성을 변경함으로써 추후에 일어날 수도 있는 이자율 변동에 대비할 필요가 있다. 통상 시간의 흐름에 따라 이자율도 조금씩 변동하고 잔존만기도 조금씩 짧아지기 때문에, 1~2주의 주기를 두고 듀레이션을 다시 계산하여 채권포트폴리오의 구성을 조정해나가는 것이 일반적이다.

11.2.2 순자산 면역전략

은행과 같은 금융기관들은 예금을 받아 대부 또는 유가증권 투자를 행한다. 은행의 부채는 주로 예금으로 이루어져 있으며, 예금은 대체로 만기가 짧고 따라서 듀레이션도 짧다. 은행의 자산은 대부분 대출금으로 이루어져 있다. 대출금의 많은 부분은 고정금리 조건이고 예금보다 긴 만기와 듀레이션을 갖고 있다.

이자율이 상승하면, 대출의 원리금의 현재가치가 작아지기 때문에 은행의 자산가치가 하락한다. 그러나 이자율 상승에 따라 예금의 이자비용도 증가하기 때문에 은행 부채가치는 크게 달라지지 않는다. 따라서 이자율이 상승하면, 은행의 순자산(=자산가치-부채가치, net worth)의 가치가 하락한다. 반대로 이자율이 하락하면, 자산가치가 부채가치보다 더 크게 상승하여, 은행의 순자산 가치는 상승한다.

은행의 순자산은 자기자본과 동일한 의미를 갖는다. 순자산 가치가 하락하면 은행 예금의 건전성이 훼손되어 은행의 존속에 중요한 영향을 미칠 수도 있다. 실제로 이자율 변동으로 인한 자기자본가치 하락 때문에 금융위기가 발생한 사례도 적지 않다.

은행에서 이자율 변동의 영향을 측정하는 척도로서 단순 갭과 듀레이션 갭의 두 가지가 흔히 사용된다. 단순 갭(simple gap 또는 만기 갭)은 다음 식과 같이 금리민감자산에서 금리민감부채를 뺀 값이다.

$$\text{단순 갭} = \text{금리민감자산} - \text{금리민감부채} \tag{11.9}$$

금리민감(rate sensitive)자산이란 변동금리 대출과 같이 이자율 변동으로 이자수입이 달라지는 자산이고 금리민감부채는 이자율 변동으로 이자비용이 달라지는 부채이다. 단순 갭이 (+)이면 이자율이 상승할 때 순이자수입(net interest income; NII)이 증가하고 단순 갭이 0이면 순이자수입이 이자율 변동의 영향을 받지 않는다. 따라서 단순 갭은 이자율 변동에 대한 순이자수입의 민감도를 측정한다.

이자율 변동에 대한 순자산 가치의 민감도는 듀레이션 갭(duration gap)에 의해 측정한다. 듀레이션 갭은 다음 식과 같이 자산의 듀레이션에서 부채의 듀레이션을 뺀 값이다.

$$\text{듀레이션 갭} = \text{자산 듀레이션} - \text{부채 듀레이션} \times \frac{\text{부채가치}}{\text{자산가치}} \qquad (11.10)$$

듀레이션 갭이 (+)이면, 이자율 상승으로 자산가치가 부채가치보다 더 큰 폭으로 하락하게 되므로 순자산 가치가 하락하며, 반대로 이자율 하락으로 순자산 가치는 상승한다. 또 이자율 변동이 순자산 가치에 미치는 영향을 제거하기 위해서는 듀레이션 갭을 0으로 만들 필요가 있으며, 이것이 순자산 면역전략(net worth immunization)이다.

현실적으로 은행 자산 전체의 듀레이션 갭을 0으로 만든다는 것은 사실상 불가능하다. 따라서 6개월 미만, 6~12개월, 12~24개월 등과 같이 잔존만기에 따라 자산과 부채를 구분하고, 잔존만기별로 듀레이션 갭을 0으로 만드는 전략을 취하는 것이 일반적이다.

11.2.3 현금흐름대응

이자율위험을 제거하는 가장 단순한 전략은 현금지출이 필요한 시기에만 원금이 상환되는 무이표채권을 매입하는 것이다. 예를 들어, 3년 후에 5억원이 필요하다면 액면가가 5억원인 3년만기 무이표채권을 매입함으로써, 이자율 변동의 영향을 받지 않고 5억원을 3년 후에 마련할 수 있다. 이와 같이 미래에 예상되는 현금지출과 같은 크기의 현금흐름이 동일한 시기에 얻어지도록 함으로써, 이자율위험을 제거하는 전략을 현금흐름대응(cash flow matching)이라고 부른다.

현금지출이 여러 기간에 걸쳐 예상되는 경우에도, 만기가 다른 여러 가지의 무이표채권을 매입함으로써 이자율위험을 제거할 수 있다. 이와 같이 여러 기간에 걸친 현금흐름대응을 특히 dedication 전략이라고 부른다.

위의 설명에서 알 수 있는 바와 같이, 현금흐름대응은 이자율위험을 제거하기 위한 투자전략으로서 가장 단순한 방법이다. 그러나 이 전략을 사용할 수 있기 위해서는 만기의 무이표채권이 채권시장에서 공정한 가격으로 거래되고 있어야 하기 때문에 금융기관이나 전문투자자가 실제로 이용하는 데에는 많은 제약이 존재한다.

11.2.4 면역전략의 한계

지금까지 이자율위험의 관리방법으로서 세 가지 면역전략을 설명하였다. 이 세 가지 면역전략은 모두가 이자율위험을 제거하는 데에만 목적이 있으므로, 다음 두 가지의 한계를 갖고 있다.

첫째, 투자자들이 면역전략을 이용하여 신용위험까지 제거할 수 있는 것은 아니다. 일반적으로 신용위험도 경기변동 때문에 발생하는 체계적 위험과 채권 고유의 요인에 기인하여 발생하는 비체계적 위험의 부분으로 나누어진다. 따라서 채권에 투자할 경우에도, 여러 가지 채권에 분산투자함으로써 이자율위험 이외의 다른 위험을 분산시킬 필요가 있다.

둘째, 면역전략은 인플레이션이 투자자의 富에 미치는 영향을 고려하지 않고 있다. 면역전략에서 고려하는 미래의 현금지출이나 채권투자의 미래가치는 모두가 명목가치로 평가된 것이다. 현실적으로 대부분의 연금지급액이나 채무의 원리금이 명목가치 기준으로 계약되어 있으므로 면역전략을 유용하게 사용할 수 있다. 그러나 미래의 현금지출이 인플레이션에 따라 증가하는 경우나 포트폴리오의 실질가치를 확보해야 하는 경우에는 면역전략이 그리 유용한 수단이 되지 못한다.

11.3 채권투자의 적극적 전략

적극적 투자전략은 우월한 정보나 예측능력을 이용하여 시장 평균보다 높은 성과를 얻고자 하는 투자전략이다. 채권투자의 경우, 적극적 투자전략으로부터 우수한 투자성과가 얻어질 수 있는 경우는 다음 두 가지 경우이다.

하나는 미래의 이자율 동향에 대하여 다른 투자자보다 좋은 예측능력을 갖고 있는 경우이다. 예를 들어, 가까운 장래에 이자율이 크게 상승할 것으로 예측한다면, 채권가격이 더 큰 폭으로 하락하게 될 장기채권을 공매하고 그 대금으로 단기채권을 매입함으로써, 다른 투자자들이 얻지 못하는 차익거래 이윤을 얻어낼 수 있다.

다른 경우는 상대적으로 과소 또는 과대평가되어 있는 채권을 식별할 수 있는 능력을 갖고 있는 경우이다. 이 경우에도 상대적으로 높은 가격으로 거래되는 채권을 공매하고 낮은 가격을 갖는 채권을 매입함으로써 (+)의 차익거래 이윤을 얻어낼 수 있다.

11.3.1 채권스왑

적극적 투자전략의 핵심은 남보다 우월한 정보를 확보하고 이용하는 것이다. 채권투자에서 우월한 정보란 대체로 두 가지 종류 중 하나에 해당한다. 첫째는 이자율 수준의 동향에 대해 우월한 예측능력을 갖는 경우이다. 만일 이자율 하락이 예상되면 투자자는 채권포트폴리오의 듀레이션을 늘리고자 할 것이고, 반대로 이자율 상승이 예상되면 듀레이션이 짧은 채권포트폴리오를 보유하려 할 것이다. 두 번째의 우월한 정보는 채권시장에 비정상적 가격구조가 형성되어 있다는 것을 인식하는 것이다. 예컨대, 특정한 종류의 채권에 대한 신용스프레드가 비정상적으로 높게 형성되어 가격이 과도하게 저평가되어 있다는 것을 알게 되는 경우이다.

채권스왑(bond swap)은, 이자율 동향이나 특정 채권의 가격에 대해 시장에 충분히 반영되지 않은 정보를 갖고 있을 때, 그 정보를 이용하여 포트폴리오를 구성하는 채권들을 교체하는 투자전략이다. 일반적으로 어떤 정보가 시장에 알려지기까지 오랜 기간이 소요될 것으로 볼 수 없으므로, 채권스왑은 단기적인 투기적 이득을 얻는 데 목적을 두고 이루어진다. 따라서 채권스왑으로 성공적 결과를 얻어 내려면, 자신이 갖고 있는 우월한 정보가 타당하여야 하고 그 정보가 시장에 반영되어 원래의 목적을 달성하는 데 소요되는 기간이 너무 길지 않아야 한다.

흔히 사용되고 있는 채권스왑은 대체스왑, 시장간 스프레드 스왑, 이자율예상 스왑, 수익률획득 스왑, 질적 스왑 등이다.

(1) 대체스왑

대체스왑(substitution swap)은, 거의 동일한 조건—동일한 이표이율, 만기, 신용위험, 세금 등—을 갖고 있는 두 채권이 서로 다른 가격으로 거래되고 있는 경우, 가격이 높은 채권을 매도하고 가격이 낮은 채권을 매입하는 거래이다. 예를 들어, A은행과 B은행이 발행한 후순위채가 동일한 만기와 이표이율을 갖고 있고 신용등급도 동일한데도 불구하고, A은행 채권은 4.5%의 만기수익률로 거래되고 있고 B은행의 그것은 4.8%로 거래되고 있다 하자. 이 경우 A은행 채권을 공매하고 B은행 채권을 매입하는 것이 대체스왑의 예이다.

대체스왑을 행하고자 할 때에는 가격의 차이를 가져올 만한 다른 요인이 있는지를 면밀하게 검토하여야 한다. 위의 예에서 은행의 건전성의 차이 때문에 채권의 만기수익률의 차이가 발생할 수 있다. 이런 경우 위와 같은 대체스왑은 0.3%의 차이가 건전성의 차이를 상쇄할 만큼 충분히 큰 차이인지를 먼저 검토해야 한다.

(2) 시장간 스프레드 스왑

시장간 스프레드 스왑(intermarket spread swap)은 세분된 하위 채권시장에서 비정상적 스프레드가 일시적으로 형성되어 있을 때 행하는 채권거래이다. 예를 들어, 3년만기 A등급 회사채의 만기수익률이 3년만기 국고채 수익률보다 1% 정도 높게 형성되는 것이 정상적인데, 일시적으로 1.5%의 스프레드를 보이고 있다면 국고채를 매도하고 회사채를 매입함으로써 투자자는 비정상적 투자수익을 얻을 수 있다. 즉, 현재의 비정상적 상황이 해소되어 정상적인 수준을 회복하게 되면, 투자자는 회사채의 가격상승에 따른 자본이득을 실현할 수 있다. 이러한 채권거래는 국고채시장과 회사채시장 사이에 비정상적 스프레드가 존재한다고 판단하고 국고채시장에서 회사채시장으로 옮겨가는 것이므로 시장간 스프레드 스왑이라고 부른다. 이 경우에도 관찰된 스프레드가 실제로 비정상적인 것인지와 회복기간이 너무 길지 않은지에 대해 충분히 주의를 기울여야 한다.

(3) 이자율예상 스왑

투자자가 멀지 않은 미래에 이자율이 하락할 것이라고 예측하고 있다면, 그 투자자는 자본이득을 얻기 위하여 듀레이션이 짧은 채권을 매도하고 듀레이션이 긴 채권을 매입한다. 반대로 이자율 상승이 예측될 때에는 반대의 거래를 행한다. 이와 같이 이자율 변동을 예상하고 행하는 채권스왑을 이자율예상 스왑(interest rate anticipation swap)이라고 한다.

(4) 수익률획득 스왑

수익률획득 스왑(yield pickup swap)은 단순히 더 높은 수익률을 얻기 위하여, 만기수익률이 낮은 채권을 매도하고 만기수익률이 높은 채권을 매입하는 스왑거래이다. 이 수익률획득 스왑은 이자율이나 스프레드가 변동할 것이라는 예상과 관계없이 이루어지는 스왑이므로, 우월한 정보에 기초한 스왑이라고 말할 수 없다.

흔히 새로운 채권이 대량으로 발행될 때, 그 채권은 다른 채권에 비하여 일시적으로 현저히 낮은 가격으로 거래될 수 있다. 이 경우 투자자들은 낮은 만기수익률(높은 가격)의 채권을 매도 또는 공매하고, 높은 만기수익률(낮은 가격)의 채권을 매입하여 자본이득을 얻을 수 있다.

(5) 질적 스왑

질적 스왑(quality swap)은 경기변동에 따라 신용스프레드의 변동이 발생할 것을 예상하고 행하는 스왑이다. 예를 들어, 호황에서 불황으로 전환될 것으로 예상될 때, 자금수요의 감소로 무위험이자율은 하락하겠지만 신용위험의 증가를 우려하여 신용스프레드가 커지는 경향이 있다. 이런 경우에는 무위험채권을 매입하고 고위험채권을 공매함으로써 자본이득을 크게 할 수 있다. 반대로 불황에서 호황으로 전환될 것이 예상되면 무위험채권을 공매하고 고위험채권을 매입한다.

그 이유를 이해하기 위하여, 3년만기 고위험채권과 무위험채권의 신용스프레드와 만기수익률이 〈표 11.2〉와 같이 예상된다 하자(두 채권 모두 액면가는 100만원이고 계산의 편의를 위해 이표이자가 없다 하자).

현재는 호황기이기 때문에 금융시장도 비교적 안정되어 있고 신용스프레드도 낮게 형성되어 있다. 그러나 어떤 투자자가 조만간 불황기로 접어들 것이며 이 경우 무위험수익률은 50bp 정도 하락하겠지만 고위험채권의 신용스프레드가 현재의 2%에서 3%로 증가할 것이라고 예상하고 있다 하자. 만일 이 예상이 실현된다면 고위험채권의 가격은 하락하고 무위험채권의 가격은 상승할 것이기 때문에, 고위험채권을 공매하고 그 대금으로 무위험채권을 매입함으로써 자본이득을 실현할 수 있다.

이 예상에 기초하여 투자자가 1.05939단위(=915,614÷863,838)의 고위험채권을 공매하여 얻어진 915,142원으로 무위험채권 1단위를 매입하는 차익거래를 시도하였다 하자. 이때

표 11.2 경기변동과 채권가격의 변화

	현재(호황기)		불황기	
	고위험채권	무위험채권	고위험채권	무위험채권
무위험수익률	3.0%	3.0%	2.5%	2.5%
신용스프레드	2.0%	0.0%	3.0%	0.0%
만기수익률	5.0%	3.0%	5.5%	2.5%
가격(원)	863,838	915,142	851,614	928,599

소요되는 투자액은 0이다. 그리고 실제로 경기가 불황으로 바뀌어서 채권시장이 예상대로 움직인다면, 이 투자자는 무위험채권을 928,599원에 매도하고 고위험채권을 902,191원(=851,614×1.05939)에 매수하여 상환함으로써 26,408원의 차익거래 이익을 실현할 수 있다.

이 차익거래에서 가능한 한 만기가 긴 무위험채권을 매입하고 만기가 짧은 고위험채권을 공매하는 것이 차익거래 이익을 더 크게 할 수 있다. 그 이유는 이자율 변동에 대해 만기가 길수록 가격변동이 더 크게 나타나기 때문이다.

이 차익거래에서 신용스프레드가 예상대로 움직이지 않거나 시장이자율의 움직임이 예상보다 늦을 경우 커다란 손실이 발생할 수도 있다. 따라서 무위험 차익거래가 아닌 투기적 차익거래이다.

이상으로 설명한 것 이외에도, 실질적인 납세율을 최소화하기 위한 세금스왑(tax swap), 여러 나라의 이자율 차이와 환율변동을 동시에 이용함으로써 자본이득을 극대화하려는 국제적 스왑(international swap) 등이 있다.

채권스왑은 투기적 이득을 목적으로 빈번하게 채권을 매매하기 때문에 더 많은 거래비용을 부담하게 된다. 아직까지 채권스왑으로 인한 자본이득이 거래비용을 보상하면서 평균수익 이상의 비정상성과를 가져다주는지에 대한 충분한 증거는 없다. 더욱이 채권스왑은 듀레이션을 이용한 채권투자에 비하여 현저하게 큰 위험을 가져다준다. 첫째, 자본이득이 실제 얻어지기까지의 실현기간(workout time)이 예상보다 길어지면 채권스왑으로 실현된 수익률은 상대적으로 낮아지게 된다. 둘째, 흔한 경우는 아니지만 이자율과 신용스프레드가 예상과 다른 방향으로 변동하게 된다면 스왑 거래자의 손실은 일반적인 투자자들보다 훨씬 크게 된다.

11.3.2 투자기간분석과 수익률곡선타기

(1) 투자기간분석

수익률곡선으로부터 미래의 이자율을 예측하고 그 예측결과를 이용하여 투자기간에 적합한 투자전략을 선택하는 방법으로서 투자기간분석(horizon analysis)이라는 방법이 있다. 이 방법은 수익률곡선이 알려져 있을 때, 투자 종료시점의 만기수익률을 수익률곡선으로부터 알아낼 수 있다는 사실을 응용한 방법이다.

예를 들어, 이표채권의 수익률곡선이 [그림 11.1]과 같이 주어지고 있다고 하자. 그리고 시장이자율의 전반적 수준은 달라진다 하더라도 이와 같은 수익률곡선의 형태는

그림 11.1 수익률곡선의 예

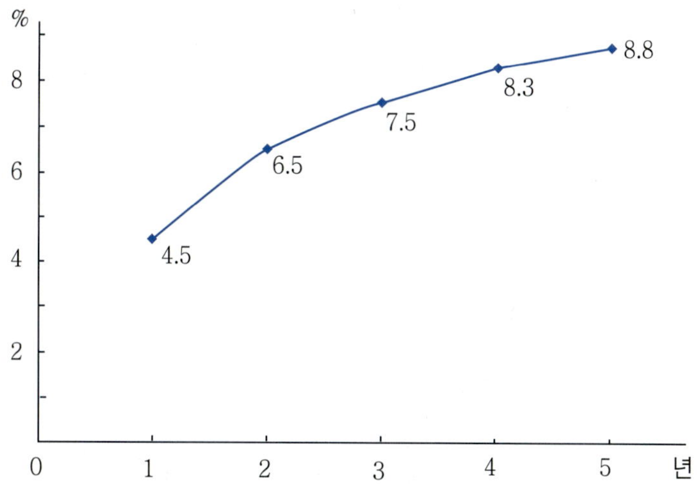

앞으로도 그대로 유지될 것으로 예상된다 하자.

이제 3년의 투자기간(investment horizon)을 갖고 있는 어떤 투자자가 이표이율 5%, 액면 100만원인 5년만기 채권에 투자하였다 하자(이표이자는 1년에 1회 지급). 이 경우 5년만기 채권의 가격은 다음과 같이 851,423원이다.

$$5년만기\ 채권의\ 현재가격 : \sum_{t=1}^{5}\frac{50,000}{(1+0.088)^t}+\frac{1,000,000}{(1+0.088)^5}=851,423원$$

이 투자자가 현재 5년만기 채권을 매입하여 3년간 보유한 다음 이 채권을 매도하면, 매도시점의 잔존만기는 2년으로 된다. 따라서 3년 후 이 채권의 만기수익률은 6.5%로 되기 때문에, 채권의 매각대금은 다음과 같이 972,691원이다.

$$5년만기\ 채권의\ 3년\ 후\ 매각대금 : \sum_{t=1}^{2}\frac{50,000}{(1+0.065)^t}+\frac{1,000,000}{(1+0.065)^2}=972,691원$$

이와 같이 5년만기 채권을 3년간 보유함으로써 이 투자자는 121,268원(=972,691−851,423)의 자본이득을 얻게 된다. 또 3년의 보유기간에 얻어진 이표이자를 재투자하여 얻게 될 3년 후 미래가치는 다음과 같이 158,695원으로 얻어진다(1년 후 이표이자는 2년만기 채권에 재투자하고 2년 후 이표이자는 1년만기 채권에 재투자하는 것으로 가정).

이표이자의 3년 후 미래가치

$$50{,}000(1+0.065)^2+50{,}000(1+0.045)+50{,}000=158{,}695\text{원}$$

위와 같이 5년만기 채권에 3년간 투자하면, 투자자는 3년 후 1,131,386원(=972,691+158,695)의 미래가치를 얻는다. 이 미래가치는 현재(t=0) 851,423원을 투자하여 얻어진 것이므로, 다음 계산과 같이 10.24%의 연평균 복리수익률에 해당한다.

$$851{,}423(1+R)^3=1{,}131{,}386 \qquad \therefore \text{복리수익률 } R=9.94\%$$

만일 5년만기 채권에 투자하지 않고, 투자기간과 동일한 3년만기 채권에 투자하면 어떤 결과가 얻어질 것인가? 이 경우 이표이자의 3년 후 미래가치는 위와 동일하고 3년 후 원금상환액은 100만원이다. 이 3년만기 채권의 현재가격은 934,987원이므로 이 투자의 연평균 복리수익률은 7.41%이다. 따라서 3년만기 채권을 매입하지 않고, 5년만기 채권을 3년간 보유하는 것이 더 유리하다.

실제의 투자기간분석에서는, 투자자의 투자기간이 일정할 경우 어떤 만기의 채권이 가장 유리한가를 서로 비교하여 채권을 선택하게 된다. 이 투자기간분석에 의하여 채권을 선택하면 듀레이션을 이용한 면역전략보다 큰 이자율위험을 부담한다. 왜냐하면 수익률곡선의 형태가 변하게 되면, 미래의 이자율 수준이 예측치와 다르게 되고, 그 결과 채권 매도시점의 투자가치가 예상과 달라질 수 있기 때문이다.

(2) 수익률곡선타기

위의 투자기간분석을 응용한 대표적인 단기적 투자전략으로서 수익률곡선타기(riding the yield curve)라는 것이 있다. 수익률곡선의 전형적인 예는 만기가 길수록 높은 만기수익률을 갖는 형태이다. 만일 앞으로도 수익률곡선이 동일한 형태를 유지할 것으로 예상된다면, 투자자들은 이를 이용하여 자본이득을 얻어낼 수 있다. 즉, 시간이 흐름에 따라 어떤 채권의 만기는 짧아지므로, 만기수익률은 하락하게 된다. 그리고 만기수익률의 하락은 채권가격의 상승을 가져오므로, 투자자에게 자본이득을 얻을 수 있는 기회를 제공한다.

예를 들어, [그림 11.1]에서 현재 2년만기 채권의 만기수익률이 6.5%이지만, 1년 후에 이 채권의 잔존만기는 1년으로 되어 4.5%의 만기수익률을 갖게 될 것이다. 따라서 100만원 액면가의 2년만기 무이표채권을 현재 매입한다면, $1{,}000{,}000 \div (1.065)^2$=881,659원에 매입할 수 있다. 그리고 1년 후에 이 채권을 매각한다면 1,000,000÷(1.045)^{1}=956,938원에 팔 수 있다. 따라서 투자자는 수익률곡선타기를 이용하여, 1년 동안에 75,279원의 자본이득을 얻을 수 있으며, 이 자본이득은 8.54%의 투자수익률에 해당한다.

다른 예로서, 현재 주어진 단기채권의 수익률곡선에 의하면, 3개월물의 수익률이 3%, 6개월물이 5%, 9개월물이 6%로 주어져 있다 하자. 어떤 투자자가 액면 100만원인 9개월물 채권을 매입하여 3개월 후에 매각하기로 했다 하자. 9개월물의 매입대금은 955,000원(=10,000×[1−0.06×(3/4)])이고 3개월 후의 매각대금은 975,000원(=10,000×[1−0.05×(2/4)])이 될 것이므로, 이 투자로 얻게 되는 자본이득은 20,000원이다. 이 자본이득은 분기수익률로 2.0942%(=20,000÷955,000), 즉 8.3770%의 연간수익률에 해당한다. 만일 수익률곡선타기를 하지 않고 3개월물에 투자하였다면, 3%의 연간수익률, 즉 0.75%의 분기수익률만을 얻게 될 것이다.

11.3.3 상황대응 면역전략

상황대응 면역전략(contingent immunization)은 유리한 상황에서는 적극적 투자전략을 구사하다가, 상황이 불리해지면 듀레이션을 이용한 면역전략으로 전환하는 투자전략이다.[4] 예를 들어, 어떤 포트폴리오관리자가 5년 후 최소한 12억원을 상환해 주기로 약속하고 3년 전에 10억원의 투자자금을 모아 주식 및 채권에 적극적으로 운용하였다 하자. 그 결과 만기까지 2년을 남겨둔 현재 이 포트폴리오는 11.5억원의 시장가치로 평가되고 있다. 국채 이자율은 현재 5% 수준이며 앞으로도 이 수준을 유지할 것으로 판단된다.

현재 상태에서 이 포트폴리오관리자는 큰 무리없이 투자자들과의 약속을 지킬 수 있다. 왜냐하면, 5%의 이자율 수준에서 앞으로 2년 후 10억원을 상환할 수 있기 위해서는 10.9억원(=12억÷(1+0.05)^{2}) 규모의 채권포트폴리오만이 필요한데 현재 11.5억원 가치의 포트폴리오를 보유하고 있기 때문이다.

따라서 이 포트폴리오관리자는 위험을 부담하고 운용할 수 있는 6,000만원의 여유를 갖고 있다. 이런 경우 포트폴리오관리자는 [그림 11.2]와 같은 상황대응 면역전략을 사용할 수 있다.

4] Martin L. Liebowitz & Alfred Weinberger, "Contingent Immunization – Part I : Risk Control Procedure," *Financial Analysts Journal* (Nov.–Dec. 1982).

그림 11.2 상황대응 면역전략

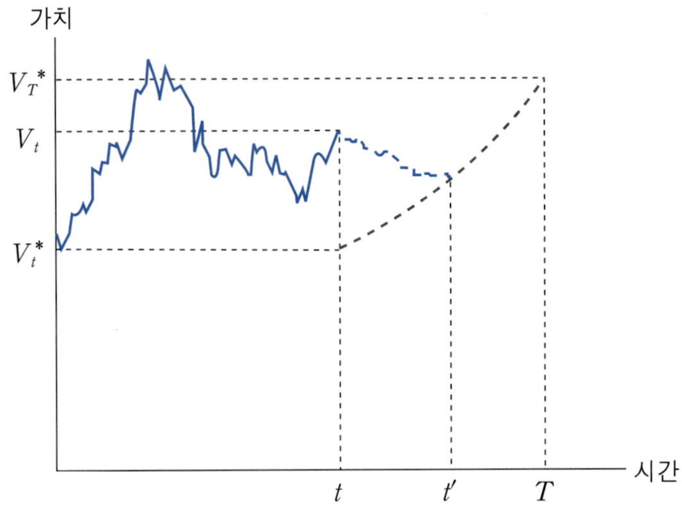

현재(t시점)의 포트폴리오가치 V_t가 최소로 필요로 되는 포트폴리오가치인 V_t^*보다 클 경우, 즉 위험부담의 여유를 갖고 있을 경우, 지금까지와 마찬가지로 적극적 투자전략을 이용하여 포트폴리오를 관리한다. 만일 어떤 시기(t')에 상황이 불리해져서 포트폴리오가치가 하한선까지 내려가면, 그 때부터 면역전략과 같은 소극적 전략을 사용하여 투자 종료시기에 필요한 목표금액인 V_T^*를 마련한다. 이 경우 포트폴리오가치의 하한선은 채권에 안전하게 투자하는 것만으로도 만기일의 목표금액 V_T^*를 달성할 수 있도록 설정된다. 위의 예에서, 이자율이 5%일 때 t시점의 하한선은 무위험투자를 통해 2년 후에 12억원을 얻을 수 있는 현재의 금액인 10.9억원이다.

우리나라에서는 이 상황대응 면역전략을 응용한 금융상품으로서 엄브렐라 펀드라는 것이 있다. 이것은 일정한 투자기간 이내에 목표수익률을 달성하게 되면 안전자산 포트폴리오로 전환할 것을 약속하는 펀드이다. 하나의 예로서, 만기가 3년인 펀드를 구성할 때, 포트폴리오가치가 1년 이내에 초기투자액 대비 15% 또는 2년 이내에 30%만큼 상승하게 되면 펀드를 저위험 채권으로 전환할 것을 약속할 수 있다. 엄브렐라 펀드는, 투자초기에 목표금액을 제시하지 않았다는 점에서 상황대응 면역전략과 다르지만, 적극적 투자전략에 의해 비정상성과가 얻어질 경우 그 투자성과를 만기까지 유지하려 한다는 점에서 상황대응 면역전략과 공통적 특성을 갖고 있는 투자전략이라고 할 수 있다.

11장 연습문제 Exercises

01 5년만기 무이표채권의 만기수익률이 8%이다. 이 채권의 듀레이션은 몇 년인가? 만일 시장이자율이 0.5% 변동한다면 이 채권의 가격은 어느 정도 변동할 것인가?

02 어떤 영속채권의 이표이율이 8%(年 1회 지급)이고 만기수익률 역시 8%이다. 이 채권의 듀레이션을 구하시오.

03 다음 채권들의 듀레이션을 구하시오. 이표이자는 연 1회 지급한다.

채권	이표이율	만기	만기수익률
A	8%	6년	8%
B	8%	3년	8%
C	0%	6년	8%
D	4%	6년	8%

04 어떤 생명보험회사가 보험가입자들에게 1년 후 10억원, 4년 후 30억원의 보험금을 지급하여야 한다. 수익률곡선은 8% 수준에서 만기에 관계없이 일정하다.

(1) 이 보험회사가 위의 보험금 지급액을 마련하기 위해 단 한 가지 종류의 무이표채권에 투자하여 이자율위험을 제거하고자 한다. 어떤 만기의 채권을 매입하여야 하는가?

(2) 위의 (1)에서 선택한 무이표채권의 액면가와 현재의 시장가치는?

05 장기사채가 현재 8%의 만기수익률로 거래되고 있다. 대부분의 투자자들은 향후 1년 동안 이 수익률 수준이 유지될 것으로 보고 있지만, 당신만은 향후 1년 동안에 이자율 하락이 일어날 것으로 예상하고 있다 하자. 당신의 예상이 옳다면, 다음 각 문제의 두 가지 대안 중에서 어떤 것을 택하는 것이 향후 1년 동안 보다 높은 투자수익률을 얻게 될 것인가?

(1) ㉠ 이표이율이 8%이고 만기가 10년인 채권

㉡ 이표이율이 2%이고 만기가 10년인 채권

(2) ㉠ 이표이율이 8%이고 만기가 3년인 채권

ⓛ 이표이율이 8%이고 만기가 10년인 채권

06 당신이 1억원의 투자자금으로 채권포트폴리오를 구성하려 한다 하자. 당신이 원하는 듀레이션은 4년이나, 현재 시장에서 3년만기 무이표채권과 만기수익률이 8%인 영속채권만이 거래되고 있다 하자. 만기수익률은 이표이자의 크기에 관계없이 동일하다고 가정한다. 이 두 가지 채권에 얼마씩 투자하는 것이 바람직한가?

07 적극적 채권포트폴리오관리의 여러 가지 수단을 설명하시오.

제5부 파생증권의 가격결정과 이용

I N V E S T M E N T

제12장 선물과 스왑의 이용

12.1 선물계약의 의의

12.1.1 선도계약과 선물계약

(1) 선도계약

대부분의 일상적인 거래는 현물인도와 대금지급이 동시에 이루어지는 현물거래(spot transaction)의 형태로 이루어진다. 그러나 미래의 특정 시기에 어떤 상품을 구입 또는 판매하고자 예정하고 있는 경우, 현재시점에 그 상품의 인도가격과 인도시기를 미리 계약해 놓을 수 있으며, 이러한 계약을 선도계약(先渡契約, forward contract)이라고 한다.

예를 들어, 어떤 정유회사가 2개월 후에 100만 배럴의 원유를 구입하여야 한다 하자. 이 회사가 2개월 후에 현물시장에서 원유를 구입한다면 원유가격의 변동에 따라 구입대금의 크기가 크게 달라질 수 있다. 만일 배럴당 단가가 1달러 상승하면 이 회사의 구입원가는 100만달러 증가한다. 이러한 가격위험을 회피하기 위하여 이 회사가 취할 수 있는 전략은 다음 두 가지이다.

① 원유를 현물시장에서 미리 사놓고 2개월 후까지 저장해 놓는 방법.
② 2개월 후에 약정된 인도가격으로 필요한 양의 원유를 구입하는 선도계약을 맺어 놓는 방법.

이 두 가지 대안이 지닌 위험과 비용의 크기는 매우 다르다. 첫 번째 대안은 구입대금의 이자비용, 창고료, 보험료 등과 같은 보관비용이 크게 소요될 수 있으며 경우에 따라서는 적절한 보관방법을 찾지 못하여 대안의 선택이 불가능할 수도 있다. 두 번째 대안은 보관비용의 부담이 없이 가격위험을 회피할 수 있는 방법이므로, 인도가격이 적절하고 계약이행이 확실하다면 위의 정유회사가 간편하게 택할 수 있는 방법이다.

현실의 경제활동에서 이러한 선도계약은 빈번하게 이루어지고 있다. 예를 들어, 정유회사는 2개월 후의 유가상승 가능성에 대비하여 약정된 인도가격으로 약정된 수량의 원유를 2개월 후에 구입하기로 미리 계약해 놓을 수 있으며, 반대로 원유회사는 2개월 후의 유가하락 가능성에 대비하여 약정된 인도가격으로 약정된 수량의 원유를 2개월 후에 매도하기로 미리 계약해 놓을 수 있다. 다른 예로서, 제분업자는 소맥가격 상승에 대비하여 앞으로 필요로 되는 소맥을 선도계약에 의하여 미리 확보해 놓을 수 있으며, 농장주는 수확기의 소맥가격 하락에 대비하여 소맥 판매의 선도계약을 체결해 놓을 수도 있다.

선도계약은 계약당사자만 합의한다면 어떤 종류의 상품에 대해서도 성립할 수 있다. 즉, 특정 상품에 대하여 인도가격, 상품인도 및 대금지급의 시기와 방법, 상품인도장소 등의 상세한 거래조건에 대하여 계약당사자인 구매자와 판매자 쌍방이 합의한다면 어떤 상품에 대하여도 선도계약이 맺어질 수 있다. 예를 들어, 조건만 합의된다면 화가가 앞으로 완성될 자신의 작품을 어떤 화랑에게 약정된 가격으로 팔기로 계약을 맺어 놓을 수 있다.

선도계약은 가격위험을 회피할 수 있는 적절한 방법이지만 몇 가지 단점을 갖는다. 첫째, 동일한 거래조건을 희망하는 계약상대방을 제때에 찾아내기는 그리 쉬운 일이 아니다. 따라서 매매쌍방에 대해 충분한 정보를 갖고 있는 금융기관 등의 중개를 필요로 하는 경우가 많다. 둘째, 선도계약은 약정된 상품을 인도일에 반드시 인수·인도하여야 한다. 거래자에 따라서는 현물을 인수 또는 인도하지 않고 오직 가격위험만을 회피하기를 원할 수 있으며, 이런 경우에는 선도계약이 적절한 방법이 아니다.

셋째, 계약상대방의 어느 한쪽이 인도시기에 계약을 이행하지 않을 위험, 즉 상대방 위험(counter party risk)이 존재한다. 선도계약을 이행함으로써 계약당사자의 어느 한쪽이 너무 큰 손실을 보게 될 가능성이 있을 때 상대방 위험이 발생한다.[1]

(2) 선물계약

선물계약(先物契約, futures contract)은 시장에서 거래되는 선도계약이라고 할 수 있다. 선물계약은 미래의 약정된 시기에 약정된 상품을 약정된 인도가격으로 인수·인도하기로 한 계약이라는 점에서는 선도계약과 동일하다. 그러나 다수의 수요자와 공급자를 갖고 있고 품질, 규격, 거래조건이 표준화되어 있는 상품의 경우, 공식적 시장에서 다수의 매수자와 매도자가 자유로운 경쟁에 의해 인도가격을 결정할 수 있고, 또 거래소를 통해 대량의 선물계약이 체결될 수 있다. 이처럼 표준화된 거래조건을 갖는 상품을 대상으로 공식적 거래소에서 자유경쟁에 의해 인도가격이 결정되는 선도계약이 선물계약 또는 선물거래이며, 흔히 간단히 선물(futures)이라고 줄여 부른다.

〈표 12.1〉에서와 같이, 선물계약에서는 품질, 계약단위, 인도시기와 방법 등이 표준

1] 따라서 대부분의 중요한 선도계약은 금융기관의 중개에 의해 맺어지며, 금융기관의 보증 등과 같은 방법으로 상대방 위험을 방지해 둔다.

표 12.1 선도계약과 선물계약의 차이

	선도계약	선물계약
상품품질	당사자 합의	표준화
계약단위	당사자 합의	일정
계약체결 장소	당사자 합의	거래소
인도시기	당사자 합의	표준화
인도방법	원칙적으로 실물인도	실물인도 또는 현금결제
인도가격 결정	당사자 합의	공개적 경쟁
인도가격 변동	인도시기까지 일정	매일 선물가격이 변동
일일정산	없다	있다

화되어 있으므로, 수요와 공급이 적고 표준화가 어려운 미술품이나 희귀상품 등은 선물계약의 대상이 될 수 없고, 각종 농산물, 광물, 금융자산 등과 같이 수요와 공급이 크고 품질 및 인도조건의 표준화가 용이한 상품이 선물거래의 대상이 된다.[2]

선물계약은 그 대상에 따라 상품선물(commodity futures)과 금융선물(financial futures)로 구분된다. 상품선물은 농산물이나 광물과 같은 교역상품을 거래대상으로 하는 선물계약이고, 금융선물은 금융자산을 거래대상으로 하는 선물계약이다. 다음은 활발하게 거래되고 있는 상품선물 및 금융선물의 거래대상을 나열하고 있다. 이 거래대상을 보면 품질의 표준화가 용이하고 비교적 큰 수요와 공급을 갖고 있는 상품이나 금융자산들이 선물거래의 대상으로 되고 있다는 것을 알 수 있다.

상품선물

농산물 : 옥수수, 호밀, 대두, 대두유, 소맥, 보리, 소고기, 돼지고기, 코코아, 커피, 오렌지 주스, 설탕, 고무, 쌀 등.

2] 선물계약의 중요한 특징은 계약조건의 표준화이다. 그 예로서, 시카고거래소(Chicago Board of Trade; CBOT)는 "7월 소맥선물(July wheat futures)"의 품질 및 거래조건을 다음과 같이 표준화하고 있다.
① 매도자가 약정된 가격으로 No. 2 soft red wheat, No. 2 hard red winter wheat, No. 2 dark northern spring wheat, No. 1 northern spring wheat 중의 어느 한 가지 품질의 소맥을 인도할 것에 합의할 것. 몇 가지 다른 품질의 소맥은 약정된 가격을 기준으로 할증 또는 할인하여 인도될 수 있다.
② 계약은 5,000부쉘 단위로 맺어진다(1부쉘 = 35.24리터).
③ 소맥의 인도는 시카고 지역의 승인된 창고에서 발행하는 입고증명서(warehouse receipt)에 의하여 이루어진다(톨레도 지역의 경우 부쉘당 일정액 가산).
④ 소맥의 인도는 7월중에 이루어져야 하며, 실제의 인도일자는 매도자가 결정한다.
⑤ 매도자가 매수자에게 입고증명서를 인도할 때, 매수자는 약정된 가격을 현금으로 지급하여야 한다.

광물 : 銅, 알루미늄, 금, 백금, 은, 원유, 등유, 휘발유, 천연가스, 프로판 가스 등.
기타 : CO_2 배출권, CRB지수[3] 등.

금융선물

외화선물[4] : 유로, 영국 파운드, 캐나다 달러, 일본 엔, 호주 달러, 對달러환율지수 등.
금리선물 : 유로 달러, 미국 국채(Treasury bond, Treasury bill 및 Treasury note), 도시채권 지수, 일본 국채, 독일 국채 등.
주가지수선물 : S&P500 주가지수, NYSE 종합주가지수, Nikkei225 지수 등.

(3) 우리나라의 선물거래

우리나라에서는 1996년 5월에 한국증권거래소가 주가지수선물시장을 개설하고 코스피200 지수를 거래대상으로 하여 선물거래를 처음 시작하였다. 그리고 1999년 4월부터 한국선물거래소는 달러화선물, CD금리선물, 금선물을 거래하고 그 이후 국채선물, 통안증권금리선물, 코스닥50 주가지수선물 등을 추가하였다. 한국거래소로 통합된 2005년 1월 이후에는 모든 선물상품이 파생상품시장에서 거래되고 있으며, 2014년 1월 현재 거래되고 있는 선물상품은 다음과 같다.

① 주가지수선물 : 코스피200 지수, 스타지수.
② 채권(금리)선물 : 3년만기 국고채, 5년만기 국고채.
③ 외화선물 : 미국 달러, 일본 엔, 유로.
④ 상품선물 : 금, 돈육.
⑤ 주가선물 : 삼성전자, 포스코, 현대중공업 등.

우리나라에서는 코스피200 주가지수선물이 특히 활발하게 거래되고 있다. 이 주가지수선물의 1계약은 코스피200 지수 50만 단위이며, 결제월이 3, 6, 9, 12월인 네 개 종목이 상장되어 거래되고 있다. 거래시간은 오전 9시부터 오후 3시 15분(최종거래일에는 오후 2시 50분)까지이고, 최종거래일은 매 결제월의 두 번째 목요일이다.

코스피200 주가지수선물의 가격은 포인트—코스피200이 250이면, 이것을 250포인트

3] CRB지수는 Commodity Research Bureau's Index로서 농산물, 광물, 에너지 선물가격을 종합한 지수이다.
4] 우리나라의 국내은행 또는 외국계은행의 중개로 이루어지고 있는 선물환 거래는 외화에 대한 선도계약이다. 선물환을 정확하게 표현하면 외화 선도계약이라고 하여야 하지만, 실무계에서는 선물환이라는 용어를 흔히 사용하고 있다.

참 고 선물거래의 역사[5]

오늘날과 같이 조직적이고 공식적인 형태는 아니지만, 선물거래는, 1215년 영국 존 왕이 대헌장(Magna Carta)에서 서명함으로써, 상인들이 자유롭게 대외무역을 행할 수 있게 된 것으로부터 비롯된 것으로 알려져 있다. 당시 양모와 포목의 무역이 활발해지자, 상품인도를 계약하는 신용증서(letters de faire)가 활발하게 이용되었으며, 이 신용증서의 거래가 오늘날의 선물거래와 유사한 경제적 성격을 가지고 있었다.

선물거래는 유럽에서 먼저 발생하였지만, 공식적인 "선물시장"을 통한 선물거래는 17세기 후반 일본 도쿠가와 막부(1603-1868년)시대로 거슬러 올라간다. 당시 막부에서는 지방 영주들의 반란을 예방하기 위하여 영주 본인과 가족이 번갈아 1년 중 몇 개월씩 에도 및 오사카에 옮겨와 살도록 하였다. 영주들이 번성한 대도시에 모여 살게 되자 자연스럽게 사치 경쟁이 일어났다. 따라서 지방영주들은 가장 중요한 상품인 쌀을 대량으로 가져다가 팔기도 하고, 수확기에 쌀을 갚기로 하고 돈을 빌려 쓰는 일이 빈번하였다. 또 쌀의 매수와 매도를 계약하는 선도거래 역시 활발하게 이루어졌다.

그 결과 오사카 지역에는 금융업이 발달하게 되었으며 그 대표적인 상인이 요도야라는 상인이었다. 당시 그의 집은 많은 상인들이 모여서 정보를 교환하고 흥정을 벌리는 중심지 역할을 하게 되었다. 이른바 "요도야의 시세(時勢)"는 오사카 지역의 기준가격으로 간주될 정도였다. 1650년에 요도야의 집은 막부로부터 최초의 상품거래소로 인정받게 되고, 1697년 이 거래소를 오사카의 도지마 지역으로 옮긴 후 최초의 선물거래소로 허가받았다. 당시 이 거래소에 이루어진 선물거래의 중요한 거래규칙은 다음과 같았다고 한다.

1. 계약기간은 4개월이고 1년을 4개월 단위로 3기간으로 나누어 거래한다.
2. 쌀에 대해서만 선물거래가 이루어진다.
3. 모든 계약의 거래조건은 4개월 단위로 표준화한다.
4. 쌀의 기준품질은 거래자들의 다수결에 의하여 결정한다.
5. 모든 계약은 결제소를 통하여 결제된다.
6. 중재기관을 두어 품질 및 가격에 대한 분규를 조정한다.

오늘날과 같이 활발한 선물거래가 이루어지게 된 계기는 1848년 82명의 상인들이 모여 CBOT(Chicago Board of Trade)를 설립하면서부터이다. 이 CBOT의 본래 목적은 시카고 지역 상거래의 활성화에 있지만, 이 목적은 곧바로 부차적인 것으로 되고 현물 및 선물거래가 주된 목적으로 되었다. 특히 1861~1865년의 남북전쟁으로 시카고가 미국 최대의 상업도시로 등장하면서, CBOT는 미국의 가장 중요한 상품거래소로 발전하였다. 그 이후 1874년에 별도의 거래소인 CME(Chicago Mercantile Exchange, 본래 이름은 Chicago Produce Exchange)가 설립되면서 다양한 상품선물 거래가 이루어지게 되었다.

선물거래의 신기원은, 1971년 8월 금태환 정지로 인하여 세계 각국이 변동환율제를 채택함에 따라, CME가 1972년 5월 IMM(International Monetary Market)을 설립하고 주요 7개국 통화를 대상으로 최초의 금융선물 거래를 개시한 것이다. 그 이후 1975년 10월 CBOT가 주택저당채권(GNMA)을 대상으로 최초의 금리선물 거래를 시작하고, 1982년 2월 KCBT(Kansas City Board of Trade)가 밸류라인 지수를 대상으로 주가지수 선물을 거래하기 시작하였다.

5] J. Duncan LaPlante, "Growth and Organization of Commodity Markets," in Perry J. Kaufman (ed.), *Handbook of Futures Markets : Commodity, Financial, Stock Index, and Options* (Wiley, 1984), Ch.1과 Chicago Board of Trade, *Commodity Trading Manual* (CBOT, 1989), Ch.1.

오늘날 선물거래는 이른바 "재테크"의 한 수단으로 널리 이용되고 있다. 그 이유는 1970년대의 석유위기와 변동환율제 채택 이후, 원자재의 국제시세와 금융자산 가격의 변동폭이 커졌기 때문이다. 즉, 각종 상품 및 금융자산 가격의 변동성이 커짐에 따라 기업 및 투자자들은, 가격변동의 위험을 헤징하기 위하여 또는 투기적 이익을 얻기 위하여 대규모의 선물거래를 행하게 되었다.

라고 부른다—를 단위로 하며 가격변동의 최소단위는 0.05포인트이다. 1계약에 해당되는 최소 가격변동폭을 틱(tick)이라고 하며, 코스피200 주가지수선물의 경우 1틱은 25,000원(=0.05포인트×50만원)이다. 하루 동안의 가격변동 제한폭은 전일 선물가격 종가를 기준으로 ±10%이다. 주가지수선물과 같이 실물이 존재하지 않는 선물계약은 인도시기(최종결제일)가 도래하더라도 실물을 인수 또는 인도할 수 없으므로 현금결제라는 방법으로 계약을 이행한다.

12.1.2 선물계약의 내용

(1) 선물의 매수와 매도

선물계약은 약정된 인도일(delivery date)에 약정된 가격으로 상품을 인도할 것을 계약한 것이며, 이 약정된 가격을 선물가격(futures price)이라고 한다.[6] 예를 들어, 2014년 7월 15일 뉴욕상품거래소에서 서부텍사스 중질유(West Texas Intermediate; WTI)의 현물이 배럴당 90달러의 가격으로 거래되고 있고, 12월에 인도하는 WTI 선물계약—이를 간단히 줄여 12월물 WTI선물이라고 한다—의 선물가격이 92달러로 거래되고 있다 하자.

이 경우, 어떤 거래자가 12월물 WTI선물 50만 배럴을 배럴당 92달러로 매수하겠다는 계약을 체결하면, 이를 "12월 선물을 매수한다"라고 한다. 또 다른 거래자가 12월물 WTI선물 50만 배럴을 배럴당 92달러로 매도하겠다는 계약을 체결하면, 이를 "12월 선물을 매도한다"고 한다. 이때 두 거래자는 미리 상품대금을 지급하거나 수취하지 않고, 다만 계약의 이행을 보증하는 증거금(margin)만을 거래소에 예치한다. 따라서 선물

6] 많은 경우 선물계약의 약관에는 특정한 인도일이 정해져 있지 않고 인도월(delivery month)이 정해져 있다. 예를 들어, WTI 12월물은 앞으로 오게 될 12월(December) 중의 일정기간에 상품을 인도하여야 한다. 우리나라의 선물거래 본부에서는 대부분의 선물에 대해 인도월의 최종거래일(두 번째 목요일)의 다음 날을 인도일로 정해 놓고 있다.

의 "매수" 또는 "매도"는, 약정된 인도일에 약정된 상품 또는 자산을 약정된 가격, 즉 선물가격으로 매수 또는 매도하는 계약을 맺어둔다는 의미이지, 현재시점에 대금의 지급이나 상품의 인도와 관련된 어떤 구체적 거래행위가 발생한다는 뜻은 아니다.

(2) 선물가격

위의 예에서 12월에 인도하는 WTI의 선물가격은 7월 15일에 92달러로 결정되어 있다. 즉, 7월 15일에 선물거래소를 통하여 체결된 선물계약들은 12월에 WTI를 1배럴당 92달러의 가격으로 매수 또는 매도하기로 약정하고 있다는 것을 의미한다. 따라서 선물가격은 인도시기에 지불하기로 약정한 가격의 의미를 갖는다. 이 선물가격 92달러는 다수의 WTI선물 거래자들이 현재 이용가능한 12월의 원유 수급상황에 대한 정보를 반영하여 결정된 것으로서, 7월 15일 현재의 12월물 WTI선물에 대한 수요와 공급을 반영하여 결정된 것이다.

만일 7월 18일에 금년 겨울에 극심한 한파가 있을 것이라는 기후자료 분석결과가 발표되었다면, 12월의 유가상승을 우려하여 12월인도 WTI 선물에 대한 수요가 증가할 것이고 그 결과 7월 18일의 선물가격은 상승할 것이다. 그 결과 7월 18일의 12월물 WTI 선물가격이 95달러로 상승하였다 하자. 이 경우 7월 15일에 92달러의 선물가격으로 WTI선물 50만 배럴을 매수한 거래자는 배럴당 3달러의 이익을 얻게 되고, 50만 배럴을 매도한 거래자는 배럴당 3달러의 손실을 보게 된다. 그리고 며칠 후 중동 산유국들이 원유생산을 늘릴 것이라는 뉴스가 주어지면, 12월의 유가하락을 예상하여 선물가격은 하락하게 될 것이며, 위의 선물매수자는 이러한 선물가격 변동으로 손실을 보고 매도자는 이익을 보게 될 것이다.

선물가격은 인도시기에 가까울수록 현물가격에 접근한다. 위의 예에서 7월 15일의 현물가격은 90달러이고 선물가격은 92달러로서, 현물가격과 선물가격은 상당한 차이를 보이고 있다. 그러나 인도시기인 12월이 되면, 12월의 현물가격과 12월인도 선물가격은 일치하여야 한다.

위의 설명에서 알 수 있는 바와 같이, 매 시점의 선물가격은 상품에 관한 새로운 정보, 특히 인도시기의 현물가격과 관련되는 정보를 민감하게 반영하여 결정된다. 일반적으로 선물시장은 새로운 정보에 대해 현물시장보다 더 민감하게 반응하는 것으로 알려져 있다. 그 이유는, 선물거래는 현물거래보다 더 작은 투자자금을 필요로 할 뿐만 아니라 더 적은 거래비용으로 더 자유롭게 매수 또는 매도할 수 있기 때문이다.

(3) 반대매매와 선물거래의 손익

선물거래의 특징의 하나는 거래자가 원하는 어느 시점에라도 반대매매를 취함으로써 계약이행의 의무로부터 벗어날 수 있다는 점이다. 즉, 선물을 매수(또는 매도)한 거래자는 인도일 이전의 원하는 시점에 동일한 수량의 선물을 매도(또는 매수)함으로써, 인도일이 도래할 때의 현물 인수와 인도 의무를 서로 상쇄시켜 더 이상 계약을 이행할 필요가 없게 된다.

이처럼 자유롭게 반대매매를 취할 수 있다는 선물거래의 특징 때문에, 선물은 현물을 인수 또는 인도하지 않고서도 가격위험을 제거할 수 있는 헤징(hedging)의 수단을 제공해 준다. 또 자유롭게 반대매매를 취할 수 있기 때문에 투기적 거래자는 원하는 어느 시점에라도 시세차익을 실현할 수 있다. 이 점에 대해서는 다음 절에서 더 상세하게 설명하기로 한다.

어떤 거래자가 선물을 매수(또는 매도)함으로써 그가 얻게 될 손익의 크기는 반대매매를 취할 때의 선물가격에 의존한다. 예를 들어, 7월 15일에 어떤 거래자가 12월물 WTI선물 50만 배럴을 배럴당 92달러의 선물가격으로 매수하였다 하자. 이 거래자가 인도일에 실제로 원유 50만 배럴의 현물을 인수할 의도가 없기 때문에, 인도일 이전인 11월 30일에 12월물 WTI선물을 97달러의 선물가격으로 매도하였다 하자. 이러한 반대매매에 의해 계약이행의 의무가 상쇄되었으므로 이 거래자는 인도일이 도래하더라도 50만 배럴의 원유를 더 이상 인수 또는 인도하여야 할 필요가 없다. 그리고 이 거래자는 12월물 WTI선물 50만 배럴을 7월 15일에 92달러의 선물가격으로 매수하여 11월 30일에 97달러에 매도하였으므로 250만 달러(=배럴당 5달러×50만 배럴)의 이익을 실현하게 된다. 이 예로부터 선물거래의 이익은 매도시점의 선물가격에서 매수시점의 선물가격을 뺀 값과 같다는 것을 알 수 있다.

일반적으로 선물을 매수 또는 매도하고 그 계약을 인도시기까지 보유하고 있다가 실제로 계약을 이행하는 경우는 많지 않다. 대부분의 선물거래는 현물의 인수 또는 인도를 목적으로 하기보다는 단순히 헤징 또는 투기를 위하여 이루어지므로, 일단 선물을 매수(또는 매도)한 다음 적절한 시기에 그 선물을 반대매매하여 현물인도의 의무로부터 벗어난다. 그리고 이러한 선물거래의 손익은 선물의 매도가격에서 매수가격을 뺀 값과 같다.

(4) 선물의 경제적 기능

선도계약이나 선물거래는 계약당사자의 어느 한쪽이 이익을 얻으면 다른 당사자가 손실을 보게 되기 때문에, 그 자체로서 제로섬 게임(zero-sum game)이다. 따라서 선물거래가 활발하게 이루어진다 하더라도 경제 전체의 소득을 증가시키지 않는다. 그러나 선물거래는 위험관리와 현물가격의 예측에 도움을 주기 때문에 사회적 후생의 증가에 공헌한다.

선물거래의 일차적 기능은 가격변동의 위험을 제거하는 데 있다. 거래자들은 헤징(hedging)에 의해 가격변동의 위험을 제거할 수 있다. 즉, 미래에 현물을 매도하여야 하는 거래자는 미리 약정된 선물가격으로 선물을 매수하여 둠으로써 현물가격 변동의 위험을 제거할 수 있다. 반대로 미래에 현물을 매수하여야 하는 거래자는 미리 약정된 선물가격으로 선물을 매도하여 둠으로써, 현물가격 변동의 위험을 제거할 수 있다.

선물거래가 갖는 또 다른 기능은 미래 현물가격의 예측치를 제공해 준다는 점이다. 다수의 거래자들은 인도일의 현물가격에 관한 정보를 반영하여 선물의 매수 또는 매도 주문을 내며, 선물계약에 대한 매수와 매도수량이 일치하도록 하는 수준에서 선물가격이 결정된다. 따라서 어떤 시점의 선물가격은, 거래자들이 그 시점에 주어진 모든 정보를 반영하여 합의한, 미래 현물가격의 예측치라고 할 수 있다. 그렇다고 해서, 그 선물가격이 미래 현물가격에 관한 모든 정보를 충분히 반영한 '완전한' 예측치일 수는 없다. 따라서 어떤 거래자가 다른 거래자들보다 우수한 예측능력을 갖고 있다면, 그는 우수한 가격예측능력을 이용하여 투기를 행할 수 있다.

12.2 선물거래의 절차

12.2.1 거래소의 역할

선물거래가 선도계약과 구별되는 핵심적인 요소는 거래소의 존재이다.[7] 즉, 거래소는 상장종목을 선정하고 계약조건을 표준화하며 계약이행을 보증하는 역할까지 담당한다. 더 중요한 기능은 거래소가 선물의 매수자와 매도자의 계약상대방이 되어 줌으로써 거래자 자신이 개별적으로 거래상대방을 탐색할 필요가 없도록 하여 준다는 점이

7] 선물거래에서 거래소의 기능은 매매주문을 받아 거래를 성립시키는 것이고 실물의 인도와 대금의 결제와 관련되는 기능은 결제기관(clearing house)이 담당한다. 그러나 투자자의 입장에서 두 기관을 구분할 필요가 없으므로, 여기에서는 거래소가 결제기관의 기능까지 포함된 넓은 의미의 거래소를 가리키는 것으로 이해하기로 하자.

다. 환언하면, 거래소는 선물매수자에 대하여 대금을 받고 상품을 인도하여야 하는 의무를 지며, 선물매도자에 대하여 대금을 지급하고 상품을 매수하여야 하는 의무를 진다. 거래소의 이런 기능 때문에, 거래소가 대량의 매수 및 매도주문을 처리할 수 있는 시장, 즉 조직화된 경쟁적 선물시장을 형성하여 균형적 선물가격이 결정될 수 있도록 하여준다.

거래소가 존재함으로써 얻는 또 하나의 중요한 이득은 거래자가 선물계약의 의무로부터 용이하게 벗어날 수 있도록 하여 준다는 점이다. 이미 설명한 바와 같이, 어떤 거래자가 헤징의 목적으로 선물을 "매수"하였지만 실제로 선물계약을 이행할 의도가 없는 경우, 인도일 이전의 원하는 시점에 선물을 "매도"함으로써 계약이행의 의무로부터 벗어날 수 있다. 이와 같이 계약이행의 의무를 벗어나기 위하여, 선물매수자가 선물을 매도하고 선물매도자가 선물을 매수하는 것을 반대매매(reversing trade) 또는 커버(cover)한다고 말한다.

선물거래는 인도시기의 1, 2개월 또는 수개월 전에 특정 인도시기의 선물거래 종목이 상장되어 거래되기 시작한다. 물론 처음 선물거래가 시작되면 체결된 계약의 수는 0이다. 점차 거래가 활발해지면서 유효한 선물계약의 수가 증가한다. 이처럼 계약이행의 의무가 유효한 상태인 계약을 미결제약정(open interest)이라고 한다. 일반적으로 시간의 경과에 따라 미결제약정의 수는 점차로 증가하다가, 인도시기에 가까워지면 거래자들이 반대매매를 취하기 때문에 미결제약정의 수가 급속하게 감소한다. 그 결과 인도시기에 실제로 현물의 인도가 이루어지는 물량은 총약정수량의 1, 2%에도 미치지 못한다. 그 이유는 선물계약의 대부분이 헤징 또는 투기 목적에 의한 것이므로 인도시기 이전에 반대매매가 이루어져, 선물계약이 실제의 상품의 인도 및 인수로 연결되지 않기 때문이다.

12.2.2 일일정산과 증거금

(1) 일일정산

선물거래가 갖는 또 하나의 중요한 특징은, 인도일에 이르기까지 반대매매를 행하지 않는 한, 일일정산(marking to market)을 통해 선물가격 변동에 따른 손익을 매일 실현한다는 것이다.

일일정산을 통하여 선물거래의 손익이 어떻게 실현되는가를 알기 위하여 〈표 12.2〉

표 12.2 선물가격 변동과 일일정산

	일자	선물가격($)	매수자의 이익($)	매도자의 이익($)
개시일	15일	1.08	-	
	16	1.11	+30	−30
	17	1.17	+60	−60
	18	1.13	−40	+40
	19	1.16	+30	−30
인도일	20	1.15	−10	+10
	합계		+70	−70

의 예를 보기로 하자. 〈표 12.2〉에는 20일이 최종거래일이자 인도일인 구리의 선물가격이 처음 거래가 시작된 15일부터 20일까지 어떻게 변동하고 있으며, 이에 따라 선물매수자와 매도자가 어떻게 이익을 실현하게 되는지를 보여주고 있다. 이 예에서 매수자는 1,000파운드의 구리 선물을 15일에 파운드당 1.08달러의 선물가격으로 매수하였고, 매도자는 1,000파운드의 구리 선물을 같은 날에 파운드당 1.08달러의 선물가격으로 매도하였다 하자.

16일에 선물가격의 종가가 1.11달러로 결정되면, 거래소는 15일에 1.08달러에 매수하였던 선물매도자의 계좌에서 30달러(=가격변동 0.03달러×1,000파운드)를 인출하여 매수자의 구좌에 30달러를 입금하여 줌으로써 선물가격 변동에 따른 손익을 곧바로 결제하여 주고, 동일 조건의 모든 선물계약의 선물가격이 자연스럽게 1.11달러로 통일하도록 만든다. 17일에 선물가격이 1.17달러로 상승하면, 다시 매도자의 구좌에서 60달러를 인출하여 매수자의 계좌에 60달러를 입금시켜 준다. 18일에 선물가격이 1.13달러로 0.04달러만큼 하락하면 이제는 매수자의 계좌에서 40달러를 인출하여 매도자의 계좌에 40달러를 입금시켜 준다. 마찬가지 방법으로 최종거래일인 20일에는 선물가격—인도일의 선물가격은 현물가격과 동일하다—이 1.15달러로 결정되었으므로, 전날과의 선물가격 차이를 반영하여, 매수자의 계좌로부터 10달러를 인출하여 매도자의 계좌에 10달러를 입금시킨다. 그리고 최종거래일인 20일까지 두 거래자는 반대매매를 취하지 않았으므로, 거래가 종료된 직후 선물매수자는 계약대로 파운드당 1.15달러를 매도자에게 지급하고 매도자는 1,000파운드의 구리를 매수자에게 인도함으로써 계약을 마감하게 된다.

물론 거래자는 인도일 이전에 자유롭게 반대매매를 취할 수 있다. 반대매매를 취하면 계약이행의 의무가 상쇄되므로 인도일에 현물을 인수 또는 인도하는 절차를 밟을 필요가 없다.

이와 같이 모든 선물계약의 선물가격이 하나의 가격으로 통일됨과 동시에, 선물매수자와 매도자들은 선물가격 변동에 따른 이익과 손실을 가격변동과 동시에 매일매일 결제하는 것을 일일정산(marking to market)이라고 부른다. 이 일일정산은 언뜻 보기에 매우 번거로운 절차처럼 보이지만, 이 일일정산이 존재함으로써 선물거래가 오히려 단순화되고 선물시장이 고도의 유동성을 갖게 된다. 즉, 일일정산은 선물거래자들이 언제라도 반대매매를 행하여 헤징 또는 투기의 목적을 달성할 수 있도록 하여 준다.

(2) 증거금

선물거래자는 일일정산을 원활하게 하고 선물계약의 이행을 보증하기 위하여 증거금(margin)을 거래소에 예치하여야 한다. 즉, 선물계약을 처음 매수 또는 매도할 때 계약가액의 일정비율에 해당하는 금액을 개시증거금(initial margin)으로 예치한다.[8] 선물가격의 변동에 따른 일일정산 과정에서 발생하는 모든 입출금은 이 증거금 계좌를 통해 이루어진다. 그리고 이 일일정산 과정에서 증거금 잔고가 유지증거금(maintenance margin)—흔히 개시증거금의 75% 내지 80% 수준에서 설정된다—이하로 떨어지면, 거래소는 증거금을 추가로 예치할 것을 요구함으로써, 유지증거금 수준에서 증거금 잔고가 유지되도록 한다. 만일 거래자가 증거금 청구(margin call)에 응하지 않고 유지증거금을 유지할 수 없게 되면, 거래소가 직접 반대매매를 행하여 그 거래자의 선물계약을 해소한다.

(3) 실물결제와 현금결제

선물계약을 매수 또는 매도한 다음 인도시기까지 반대매매를 행하지 않으면, 선물거래자는 그 선물계약을 이행하여야 한다. 인도시기에 선물계약을 이행하는 방법은 실물결제와 현금결제의 두 가지 방법이 있다. 실물결제(actual settlement, 실물인수도결제)는 인도시기에 실물을 인도하고 대금을 지급함으로써 계약을 이행하는 것으로서, 선물계약의 정상적인 이행방법이다. 만일 선물매도자가 계약에 명시된 상품을 인도할 수 없는 경우에는, 품질이 약간 다른 상품을 인도하고 그 품질 차이에 해당되는 금액을 지급 또는 수취한다.

8] 한국거래소에서는 개시증거금을 거래증거금과 위탁증거금으로 구분하고 있다. 상세한 내용은 한국거래소 홈페이지(www.krx.co.kr)를 참조.

상품선물에서의 일반적인 관행은 실물결제이다. 그러나 인도일에 실물의 인도 및 인수가 실제로 이루어지는 거래물량은 전체 선물거래량의 1%에도 미치지 못하고 거의 대부분의 선물계약은 반대매매에 의하여 상쇄되고 있는 형편이다. 더욱이 실물결제는 품질, 인도장소, 인도시기 등의 불확실성과 인도에 따른 거래비용을 수반하는 단점을 갖고 있다.

현금결제(cash settlement) 또는 현금인도(cash delivery)는 실물인도가 없이 현물가격을 기준으로 일일정산하여 계약을 이행하는 방법이다. 예를 들어, 우리나라의 코스피200 주가지수선물은 주가지수를 거래대상으로 하지만, 주가지수라는 실물이 존재하지 않으므로 실물인도가 불가능하다. 따라서 최종결제일까지 미결제약정이 남아 있는 경우, 최종거래일의 현물지수와 선물가격의 차이에 50만원을 곱하여 주고받는다.[9]

현금결제는 원하지 않는 실물의 인수와 인도를 미연에 방지할 수 있고, 실물인도에 따른 품질, 인도장소 등의 불확실성과 거래비용을 수반하지 않는다는 장점을 갖고 있다. 우리나라의 선물시장에서는 모든 주가지수선물과 금리선물이 현금결제 방식을 택하고 있고, 실물의 인도가 가능한 달러선물, 엔선물, 유로선물 및 금선물은 실물결제 방식을 택하고 있다.

12.3 선물거래의 이용

거래자들은 헤징(hedging)과 투기(speculation) 중 어느 하나를 위해 선물을 거래한다. 헤징은 원하는 상품을 확정된 가격으로 예정된 시기에 매수 또는 매도함으로써, 가격위험의 전부 또는 일부를 제거하는 것이다. 그리고 투기는 선물거래를 통하여 선물가격 변동에 따른 자본이득을 얻고자 행하는 거래이다. 일반적으로 투기는 미래의 선물가격 및 현물가격에 대하여 시장보다 우월한 예측능력을 갖고 있다고 판단할 때 행한다. 선물거래가 헤징과 투기가 어떻게 이루어질 수 있는지를 예시를 통하여 더 구체적으로 살펴보기로 한다.

9] 이론적으로 최종거래일의 선물가격은 현물가격과 같아야 하므로 계약이행을 위해 따로 현금결제할 필요가 없다. 그러나 주가지수선물의 경우 평일의 거래시간은 현물시장보다 15분 늦게 종료하지만, 최종거래일에는 현물시장보다 10분 일찍 종료한다. 따라서 실제로는 최종거래일의 선물가격이 현물가격과 약간의 차이를 보일 수 있다.

12.3.1 헤징을 위한 선물거래

헤징(hedging)은 현물가격의 변동을 선물가격의 변동에 의하여 상쇄시키고자 할 때 이용되며, 현물의 매수 또는 매도 그 자체가 목적이 아니다. 헤징은 현물과 선물에 대하여 반대포지션을 취함으로써, 현물가격의 변동을 선물가격의 변동에 의하여 상쇄시키고 가격위험을 제거하고자 하는 거래이다. 즉, 현물을 보유(long position in actuals)하고 있는 거래자는 선물을 매도(short position in futures)하고 미래에 현물을 필요로 하는(short position) 거래자는 선물을 매수(long position)함으로써 가격위험을 제거할 수 있다.

앞으로 설명할 헤징과 투기의 예에서는 주로 현물가격과 선물가격의 움직임을 분석하게 되므로, 이를 다음과 같은 기호로 나타내기로 하자.

S_t=t시점의 현물가격(spot price)
$F_{T,t}$=인도시기가 T시점인 선물계약의 시점 t의 선물가격(futures price)

예를 들어, 2개월 후 인도하는($T=2$) 코스피200 주가지수선물의 현재($t=0$)의 선물가격이 252포인트이고 현물가격—현물시장의 주가지수 수준—이 250포인트라고 하면, $F_{2,0}=252$이고 $S_0=250$이다. 2개월 후 인도일이 도래하여 현물가격과 선물가격이 일치하게 되어 모두 259포인트로 결정된다면, $F_{2,2}=S_2=259$포인트로 표시된다.

(1) 베이시스

선물가격의 변동을 나타내기 위하여 베이시스(basis)라는 개념도 자주 사용된다. 베이시스란 어떤 시점의 선물가격에서 현물가격을 차감한 값으로 정의되는 것으로서, 선물가격이 현물가격과 어떤 관계를 가지고 움직이는가를 나타내준다.

베이시스

$$\text{베이시스} = \text{선물가격} - \text{현물가격} = F_{T,t} - S_t \qquad (12.1)$$

선물가격이 현물가격보다 높게 형성되어 있으면, 베이시스는 (+)의 값을 갖는다. 그러나 인도일까지 선물가격 및 현물가격은 계속하여 변동하므로 베이시스 역시 그 크기가 변동한다.

일반적으로 선물가격은 인도일에 가까워질수록 현물가격에 접근하기 때문에 베이시

그림 12.1 베이시스 추이(코스피200 지수선물, 2013년12월물)

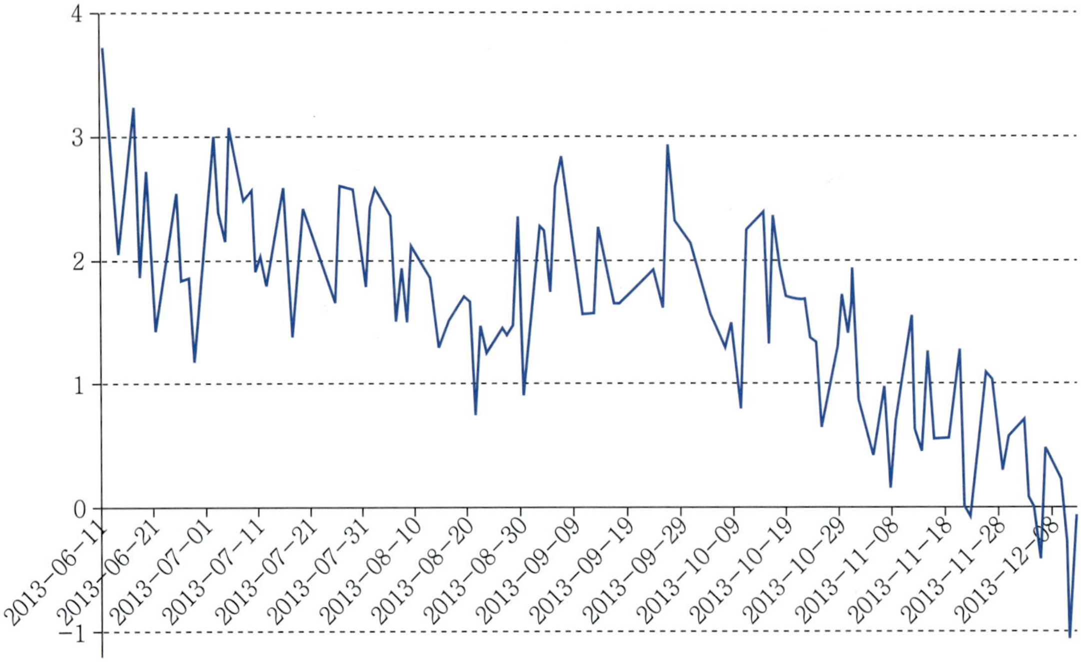

스는 점차 축소되어가며 인도일에는 0이 된다. 그러나 현물시장과 선물시장의 수요와 공급이 각자의 고유한 요인의 영향을 받기도 하므로 베이시스는 일시적으로 확대 또는 축소되기도 한다. 이러한 베이시스의 변동을 베이시스위험(basis risk)이라고 한다. 베이시스위험은 선물가격과 현물가격의 변동이 서로 상쇄되어 얻어진 베이시스의 변동성이기 때문에, 선물가격 또는 현물가격 각각의 변동성보다 훨씬 작은 크기이다. 따라서 선물과 현물에 반대포지션을 취하는 헤징은 현물가격의 변동성을 더 작은 크기의 베이시스위험으로 바꾸기 위한 거래라고 할 수 있다.

[그림 12.1]은 코스피200 지수선물(2013년 12월물)의 베이시스 추이를 그린 것이다. 2013년 12월물은 2012년 12월에 상장되지만 2013년 6월부터 거래가 활발하게 이루어지기 시작하였으므로, 이 그림은 6월 11일부터 최종결제일인 12월 12일까지의 베이시스를 보여준다. 이 그림에서 베이시스는 3.7포인트 정도이지만 인도일에는 0으로 수렴한다. 이 그림에서도 현물과 선물시장 각자의 고유요인 때문에 베이시스가 상당히 큰 기복을 보이면서 0을 향해 수렴하여 간다.

(2) 매도헤징

어떤 거래자가 현재 현물을 보유하고 있고 일정기간이 지난 후에 그 현물을 매도하여야 한다면, 그는 현물의 매수포지션(long position)에 있다고 한다. 이런 경우 그는 현물과 높은 상관성을 갖고 가격이 변동하는 선물을 매도함으로써, 즉 선물의 매도포지션(short position)을 취함으로써 가격위험을 제거할 수 있다. 그리고 이 헤징거래가 현물 매수(long)와 선물 매도(short) 포지션으로 이루어졌으므로 매도헤징(short hedging)이라고 부른다.

예를 들어, 어떤 뮤추얼펀드가 코스피200과 정확하게 동일한 수익률을 가져다주는 지수펀드에 252억원을 투자하고 있으며 2개월 후에 이 지수펀드를 처분할 예정이라 하자. 현재 코스피200은 252포인트이지만 2개월 후의 현물가격이 어떻게 결정될지에 대해 그는 확신을 갖지 못하고 있다. 이러한 가격의 불확실성은 선물의 매도헤징(short hedging)에 의하여 제거될 수 있다.

현재 이 펀드가 보유하고 있는 지수펀드는 1억 단위(=252억원÷252)의 코스피200 주가지수에 해당한다. 이 펀드는 현재 보유하고 있고 2개월 후에 매도하여야 할 입장에 있으므로 현물의 매수포지션(long position)에 있다고 할 수 있다. 따라서 이 펀드는 "2개월($T=2$) 후에 인도하는 주가지수선물"을 매도함으로써 현물가격 변동의 위험을 제거할 수 있다. 왜냐하면 현물가격의 상승은 선물거래로부터의 손실에 의해 상쇄될 것이고, 현물가격의 하락은 선물거래로부터의 이익에 의해 상쇄될 것이기 때문이다.

예를 들어, 2개월 후 인도하는 주가지수선물이 현재 254포인트의 선물가격으로 거래되고 있다 하자. 이 투자자는 현재($t=0$)에 2개월 후에 인도하는 주가지수선물 200계약(1계약은 주가지수 50만 단위로 이루어져 있으므로 1억 단위는 200계약에 해당한다)을 254포인트의 선물가격으로 매도하고, 인도일인 2개월 후에 200계약의 주가지수선물을 매수하

표 12.3 매도헤징으로 실현된 현금흐름

인도일의 현물가격(S_2)이	249일 때	254일 때	259일 때
현재($t=0$)			
선물매도($F_{2,0}=254$)	–	–	–
인도일($t=2$)			
현물시장에서 지수펀드 매도(S_2)	249	254	259
선물매수($F_{2,2}=S_2$)	–	–	–
선물거래의 손익	+5	0	−5
최종적으로 실현된 현금흐름	254	254	254

는 반대매매를 행하고자 한다. 이와 같은 매도헤징을 행함으로써, 이 펀드가 최종적으로 실현하게 될 현금흐름의 크기가 〈표 12.3〉에 나타나 있다.

선물거래의 손익은 선물 매도가격에서 매수가격을 뺀 것과 같다. 인도일의 선물가격은 현물가격과 같으므로, 현물가격이 올라갈수록 선물 매수가격도 상승하며 선물거래로부터의 이익은 감소한다. 그러나 현물가격이 상승하면 지수펀드 현물의 매도가격이 상승하게 된다. 결국 현물 매도가격의 변동은 선물거래 이익의 변동에 의해 상쇄되기 때문에, 헤징을 행한 후 최종적으로 실현하게 될 현금흐름은 인도일의 현물가격 변동에 관계없이 지수 1단위당 254포인트로 일정하게 실현된다. 즉, 현물의 가격위험은 헤징에 의해 제거되었다.

이 결과를 일반화하면, 인도일이 T시점일 때 선물거래의 손익은 매도가격($F_{T,0}$)에서 매수가격($F_{T,T}=S_T$)을 뺀 값이므로, T시점에 현물을 매도함으로써 최종적으로 실현하게 될 현금흐름은 다음과 같다.

$$\begin{aligned}\text{현물매도로 실현된 현금흐름} &= \text{현물 매도가격} + \text{선물거래 이익} \qquad (12.2)\\ &= S_T + (F_{T,0} - F_{T,T})\\ &= S_T + (F_{T,0} - S_T)\\ &= F_{T,0}\end{aligned}$$

즉, 현물의 매도시기와 선물의 인도일이 일치할 경우 인도일의 현물가격과 선물가격이 동일하므로, 매도헤징을 행함으로써 현물매도로 실현된 현금흐름은 현재($t=0$)의 선물가격 $F_{T,0}$와 같다. 그리고 현재의 선물가격 $F_{T,0}$는 변동성이 없는 고정된 값이기 때문에, 가격위험은 매도헤징에 의해 완전하게 제거된다.

(3) 매수헤징

매수헤징(long hedging)은 매도헤징과 반대방향으로 이루어지는 헤징거래이다. 즉, 매수헤징은 현물의 매도포지션(short position)에 있는 거래자가 선물의 매수포지션을 취함으로써 가격위험을 제거하고자 하는 헤징거래이다.

현물의 매도포지션에 있다는 것은 어떤 거래자가 미래의 일정시기 후에 현물을 구입하여야 할 상태에 있다는 뜻이다. 이 경우 미래의 현물가격이 상승하면 거래자는 큰 손실을 볼 수 있기 때문에, 현재시점에 선물을 매수하고 인도일에 매도하는 거래를 행함으로써 가격위험을 제거할 수 있다.

매수헤징을 행함으로써 인도일에 실현되는 현금흐름은 다음과 같다.

$$\begin{aligned}\text{현물매수에 따른 현금흐름} &= \text{현물 매수가격} + \text{선물거래 손익} \\ &= -S_T + (F_{T,T} - F_{T,0}) \\ &= -S_T + (S_T - F_{T,0}) \\ &= -F_{T,0}\end{aligned} \quad (12.3)$$

이 식에서도 현물가격의 변동이 반대 포지션의 선물가격 변동에 의해 정확하게 상쇄되므로 가격위험이 제거된다는 것을 보여주고 있다. 즉, 매수헤징의 경우 선물거래의 이익은 선물의 매도가격 $F_{T,T}$에서 매수가격 $F_{T,0}$를 뺀 값이지만, 이 중 선물 매도가격은 현물가격 S_T와 동일하다. 따라서 현물가격이 상승하면 현물의 매수를 위해 더 많은 가격을 지불해야 하지만, 그만큼 선물거래의 이익도 증가하기 때문에, 현물 매수에 소요되는 실제의 현금흐름은 현물가격에 관계없이 선물 매수가격인 $F_{T,0}$로 고정된다.

(4) 교차헤징

이상으로 선물을 이용한 헤징에 의해 가격위험을 어떻게 제거할 수 있는지를 살펴보았다. 위의 예에서 투자자가 코스피200과 완전히 동일한 지수펀드를 매수하고자 하고 있고 지수선물의 최종결제일(인도일)이 그가 지수펀드를 매수하고자 하는 시기와 완전히 일치하는 것으로 가정하였다. 이처럼 선물의 거래대상이 현물과 정확하게 일치하고 현물의 매수 또는 매도시기와 인도일이 정확하게 일치하는 선물이 거래되고 있는 경우, 위의 예에서와 같이 매도 또는 매수헤징에 의해 가격위험을 완전하게 제거할 수 있으며, 이런 헤징거래를 완전헤징(perfect hedging)이라고 한다.

그러나 실제로는 현물과 일치하는 선물계약이 없거나 인도일이 원하는 것과 다를 경우가 매우 많으며, 이런 경우에는 완전헤징이 불가능하다. 완전헤징이 불가능할 때에는 가격위험을 최소화할 수 있는 적절한 헤징 방법을 찾아야 한다. 이때 가격변동의 상관계수가 크고 인도일이 현물거래 예정일에 근접한 선물계약을 선택하여 헤징을 시도하는 것이 일반적이다. 이처럼 유사 상품의 선물계약을 이용한 헤징을 교차헤징(cross hedging)이라고 한다.

예를 들어, 어떤 음료제조회사가 금년 11월에 필요한 오렌지의 가격위험을 제거하기 위해 11월물 오렌지 선물의 매수헤징을 시도하려 한다 하자. 그러나 현물과 가장 가까운 것으로서 12월물 오렌지농축액 선물만이 거래되고 있다면 이 오렌지농축액 선물계

참 고 최적 헤지비율

헤지비율(hedge ratio)은 1단위의 현물에 대한 선물의 수량이며, 이 헤지비율을 h로 표기하기로 하자. 우리가 구하고자 하는 것은 가격위험을 최소화하는 h의 값, 즉 최적 헤지비율 h^*이다. 1단위의 현물과 h단위의 선물을 결합하는 헤징으로부터 거래자가 부담하는 가격위험을 분산으로 나타내면, 그 크기는 다음과 같다.[10]

$$\sigma^2=\sigma_S^2+h^2\sigma_F^2+2h\rho_{SF}\sigma_S\sigma_F \tag{12.4}$$

단, σ^2은 헤징의 결과 부담하게 될 가격위험, σ_S^2은 현물가격 변동(ΔS)의 분산, σ_F^2은 선물가격 변동(ΔF)의 분산, ρ_{SF}는 현물가격과 선물가격 변화율 사이의 상관계수이다.

이 식을 미분하여 0으로 놓으면 최적 헤지비율은 다음과 같이 얻어진다.[11]

$$h^*=-\frac{\rho_{SF}\sigma_S\sigma_F}{\sigma_F^2} \tag{12.5}$$

이 식에서 우변의 부호가 (−)인 것은 선물에 현물과 반대 포지션을 취해야 한다는 것을 의미한다. 현물 및 선물의 가격변동의 표준편차와 상관계수는 일간, 주간 또는 월간 가격변동의 과거 자료로부터 표준편차와 상관계수를 계산하여 사용한다.

이 식을 이용하여 헤징에서 매수 또는 매도하여야 할 선물계약의 수는 다음과 같이 구해진다.

$$N^*=-\frac{h^*Q_S}{Q_F} \tag{12.6}$$

단, N^*는 필요한 선물계약의 수, Q_S는 현물 수량, Q_F는 선물 1계약의 수량이다.

현물이 충분히 분산투자된 포트폴리오인 경우 헤징을 위해 주가지수 선물을 이용한다. 식(12.5)에서 우변의 분자는 가격변동의 공분산이고 분자는 선물(즉, 주가지수)의 분산이므로 우변은 현물 포트폴리오 베타계수의 (−) 값이다. 따라서 현물 포트폴리오가 충분히 분산투자된 포트폴리오인 경우, 그것의 가격위험을 제거하기 위한 최적 헤지비율은 베타계수의 (−) 값이다. 그리고 헤징을 위한 지수선물 계약수는 $N^*=-\beta_S Q_S/Q_F$이다.

약을 이용하여 헤징을 시도할 수밖에 없다. 이 경우 현물과 선물 가격변동의 불일치 때문에 가격위험을 완전하게 제거할 수 없으므로, 가격위험을 최소화하는 최적 헤지비율을 구하여야 한다.

10] 이 식은 John C. Hull, *Options, Futures, and Other Derivatives*, 7th ed. (Prentice Hall, 2009), Ch.3의 부록에서 가져왔다.

11] 식(12.4)를 h에 관하여 미분하여 0으로 놓으면 $d\sigma^2/dh=2h\sigma_F^2+2\rho_{SF}\sigma_S\sigma_F=0$이다. 이 식을 h에 관해 풀면, 최적해는 $h^*=-\rho_{SF}\sigma_S\sigma_F/\sigma_F^2$으로 얻어진다.

12.3.2 투기목적의 선물거래

투기목적의 선물거래는 선물가격의 변동으로부터 자본이득을 얻고자 하는 것이다. 다른 자산에 대한 투기에서와 마찬가지로, 선물투기 역시 시장에 널리 알려져 있지 않은 우월한 정보를 차별적으로 이용하는 것이다. 예를 들어, 어떤 곡물회사가 기상위성을 이용하여 금년 여름에 가뭄이 들 것이고 그 결과 전세계적으로 흉작이 될 것이라고 예측하였다 하자. 이 회사는 이 정보를 이용하여 미리 곡물선물을 매수해 두었다가 곡물가격이 상승하였을 때, 선물을 매도함으로써 커다란 자본이득을 얻어낼 수 있다. 따라서 성공적인 선물투기를 위해서는 미래의 현물가격이나 보관비용에 대한 자기만의 정보를 가져야 한다.

이 예에서 투기자는 미래의 곡물가격 상승을 예상하고 현물을 매수하지 않고 선물을 매수하는 이유는 무엇일까? 첫 번째 이유는 거래비용 때문이다. 일반적으로 선물의 거래비용은 현물에 비하여 현저히 적다. 따라서 투기적 거래자들은 현물의 매수 또는 공매보다는 선물의 매수 또는 매도를 더 선호한다.

두 번째 이유는 레버리지효과 때문이다. 현물에 투자하기 위해서는 현물의 매수대금을 필요로 한다. 그러나 선물거래는 선물가격의 10% 내지 20%에 해당하는 증거금만을 필요로 한다. 따라서 일정한 투자자금을 갖고 있는 투자자는 현물보다 훨씬 많은 양의 선물에 투자할 수 있으며, 이익 또는 손실의 크기도 현물투자에 비하여 몇 배나 크다.

(1) 선물가격에 대한 투기

선물을 이용한 투기의 일반적인 경우는 미래의 현물가격 또는 선물가격에 대한 독자적인 정보에 기초하여 이루어진다. 예를 들어, 어떤 투자회사의 경제분석팀이 5월말경에 국제금융질서의 교란으로 주가가 큰 폭으로 하락할 것을 예측하고 있고, 주식시장은 이 정보를 아직 반영하고 있지 못하고 있다 하자.

이런 경우 이 회사는 주식을 공매하기보다는 주가지수선물을 매도하는 것이 더 적은 거래비용으로 더 큰 투기적 이익을 얻을 수 있다. 예를 들어, 3월말 현재의 주가지수가 257포인트이고 6월 두 번째 목요일이 최종거래일인 지수선물이 260포인트의 선물가격으로 거래되고 있다 하자. 이 증권회사는 주가의 하락을 예상하고 있으므로 100계약(=5,000만 단위)의 지수선물을 매도하기로 하였다 하자.

만일 5월말에 임박해서 이 투자회사의 예상대로 주가지수가 크게 하락하여 6월물 지수선물의 가격도 255포인트로 하락하게 된다면 5월말에 주가지수선물을 255포인트의 가격으로 매수하는 반대매매를 행함으로써 2억5,000만원(=(260−255)×50만단위×100계약)의 이익을 얻을 수 있다. 그러나 예상이 빗나가서 주가지수가 260포인트 이상으로 상승하면 이 투자회사는 커다란 손실을 입게 된다. 따라서 투기거래의 성과는 미래의 가격변동에 관한 예측능력에 크게 의존한다.

(2) 스프레드거래의 이용

선물거래에서 스프레드거래는 인도시기, 상품종류, 또는 거래장소 등이 서로 다른, 그러나 매우 밀접한 관련을 맺고 있는 두 가지 선물에 대해 매수와 매도를 동시에 행하는 것을 말한다. 예를 들어, 7월물 구리(銅)선물은 일반적으로 5월물 구리선물에 비하여 파운드당 $0.30 정도 높은 선물가격을 유지하여 왔으나, 최근에는 그 차이가 $0.60으로 벌어졌다고 하자. 이 경우 두 가지 선물의 가격이 조만간 정상화될 것으로 예상된다면, 5월물 선물을 매수하고 7월물 선물을 매도함으로써 투기적 이윤을 얻어낼 수 있다. 이처럼 스프레드를 이용할 수 있는 선물은 이 예에서와 같이 인도시기가 다른 동일한 선물상품일 수도 있고, 대두와 대두유(大豆油)선물, 구리(銅)와 동선(銅線)선물 등처럼 밀접한 관련을 갖는 선물일 수도 있고, 뉴욕의 소맥선물과 시카고의 소맥선물의 경우처럼 거래장소가 다른 선물일 수도 있다.

(3) 투기의 유용성

자본시장은 본질적으로 위험자산을 거래하는 시장이기 때문에, 우월한 정보를 이용하여 자본이득을 얻고자 하는 투기는 불가피하고도 필요한 존재이다. 특히 미래 가격에 대한 정보만을 가지고 선물을 거래하는 선물시장에서 시장효율성을 달성하기 위해서는 충분한 정도의 투기가 반드시 필요하다. 보다 구체적으로, 선물시장에서 투기는 다음과 같은 몇 가지 중요한 역할을 담당한다.

① **정보의 전달과 확산** : 투기거래자는 자본이득을 얻고자 거래하는 투자자이기 때문에, 현물과 선물의 미래 가격에 대한 사적정보(private information)를 이용하여 선물을 거래하게 되므로, 그들의 거래 자체가 그들의 사적정보를 전달하고 확산시키는 기능을 수행한다.

② **유동성의 확대** : 헤징의 매수 또는 매도수량이 정확하게 일치하는 경우는 매우 드물다. 그러나 투기거래가 활발하면 시장 전체적으로 풍부한 유동성이 존재하기 때문에 헤저들은 원하는 어느 시기에나 원하는 선물을 자유롭고 공정한 가격으로 매

수 또는 매도할 수 있다.

③ **가격변동성의 감소** : 선물가격이 적정한 수준 이상으로 상승하거나 적절한 수준 이하로 하락하게 되면, 투기거래자들은 자본이득을 얻기 위하여 곧바로 선물을 매도 또는 매수하게 되므로 가격변동성이 감소하게 된다.

④ **선물가격과 기대현물가격의 연관성 제고** : 선물가격은 인도시기의 현물가격에 대한 예상을 반영하여 결정된다. 투기거래자들은 선물가격이 기대현물가격(expected spot price)에서 상당한 크기 이상으로 벗어나게 되면, 자본이득을 얻기 위하여 시장에 곧바로 개입한다. 그 결과 선물가격은 기대현물가격과 밀접한 관련을 가지고 결정되어진다.

투기는 정보를 차별적으로 이용하거나 가격을 조작하여 일반투자자들에게 불이익을 가져다준다는 이유로 비난의 대상이 되기도 한다. 일부의 큰손들이 현물 및 선물 모두를 매점하고 있다면, 헤징을 목적으로 하는 일반투자자들은 부당하게 높은 가격으로 선물을 매수하여 매도헤징을 해제하여야 한다. 따라서 시장조작을 목적으로 하는 투기거래는 일반 대중의 불이익을 대가로 이윤을 획득하는 것이므로 정당한 투기가 아니다.

12.4 선물가격의 결정

12.4.1 선물가격과 현물가격의 관계 : 현물 · 선물 패리티

선물을 매수한다는 것은 현재 현물을 매수하여 인도시기까지 보관하는 것과 동일한 효과를 갖는다. 따라서 현재의 선물가격은 현재의 현물가격과 보유비용을 반영하여 결정되어야 하며, 이와 같은 선물가격과 현물가격 사이의 관계를 현물 · 선물 패리티(spot-futures parity)라고 한다.

(1) 배당이 없는 금융자산

인도일 이전에 배당이나 이자가 예상되지 않는 금융자산을 t시점에 매수하여 인도일인 T시점까지 보유하는 것과 t시점에 인도일이 T시점인 금융선물을 매수하는 것은 경제적으로 동일한 의미를 갖는다. 투자자가 t시점에 금융자산을 매수하여 T시점까지 보유할 경우, 그는 투자액뿐만 아니라 T시점까지의 투자액의 이자비용을 부담하여야 한다. 즉, 투자자가 현재 금융자산을 S_t의 현물가격으로 매수하여 T시점까지 보유할 경우, 현물 매수대금의 이자비용을 고려하면 그가 부담하는 비용은 $S_t e^{r(T-t)}$와 같다(r은 무위험이자율. 대부분의 선물거래는 비교적 단기에 거래가 종료되므로 무위험이자율로서 연속복리이자율이나 단리이자율을 사용한다. 여기에서는 편의상 연속복리 이자율을 사용하기로 한다). 그리고 이와 같은 거래는 t시점에 금융선물을 $F_{T,t}$의 선물가격으로 매수하는 것과 동일하므로 이 두 값은 일치하여야 하며, 이러한 관계를 현물 · 선물 패리티(spot-futures parity)라고 부른다.

배당이 없는 금융자산의 현물 · 선물 패리티

$$F_{T,t} = S_t e^{r(T-t)} \tag{12.7}$$

식(12.7)은 선물의 이론가격이 현물가격의 미래가치와 같아야 한다는 것을 말해 주고 있다. 예를 들어, 현재 코스피200이 180포인트이고 무위험이자율이 5%라면, 최종결제일이 3개월 후인 주가지수의 이론적 선물가격은 182.26($=180e^{0.05\times(1/4)}$)포인트로 결정되어야 한다.

만일 선물가격이 이론가격보다 낮으면, 선물매수와 현물매도를 동시에 행하는 차익거래를 실행함으로써 무위험한 (+)의 이익을 얻을 수 있다. 반대로 선물가격이 이론가격보다 높으면, 선물매도와 현물매수를 동시에 행하는 차익거래를 실행한다(이 차익거래의 구체적 방법은 참고에서 설명하기로 한다). 따라서 차익거래 기회가 더 이상 존재하지 않는 균형상태에서 선물가격은 현물가격과 식(12.7)의 관계를 가져야 한다.[12]

(2) 확정 배당이 예정되어 있는 금융자산

우리나라 상장주식의 대부분의 결산기말이 12월말이다. 예를 들어, 내년 3월까지 보유할 목적으로 10월 10일 현재 지수펀드를 매입한 투자자는 12월에 지급되는 배당을 수취한 다음 내년 3월의 주가를 받고 매도할 것이다. 그러나 내년 3월에 매도할 예정

12] 위의 식(12.7)을 이용하면, 최종 결제일만이 다른 두 가지 선물가격 사이의 관계도 알 수 있다. 한 선물의 최종결제일이 T_1이고 다른 선물의 최종결제일이 T_2이며, $T_1 < T_2$라고 하자. 이 경우 두 선물에 대한 현물 · 선물 패리티는 다음과 같이 나타낼 수 있다.

최종결제일이 T_1인 선물; $F_{T_1,t} = S_t e^{r(T_1-t)}$

최종결제일이 T_2인 선물; $F_{T_2,t} = S_t e^{r(T_2-t)}$

두 번째 식의 양변을 첫 번째 식으로 나누고 $F_{T_1,t}$에 관하여 정리하면, $F_{T_2,t} = F_{T_2,t} e^{r(T_2-T_1)}$의 관계가 얻어진다.

참 고 캐쉬 앤 캐리 차익거래

식(12.7)의 현물 · 선물 패리티는 캐쉬 앤 캐리(cash & carry) 차익거래 전략으로부터 도출된 것이다. 편의상, 무위험이자율 r이 시간의 흐름에 따라 달라지지 않는다고 가정하자. 이 차익거래를 이해하기 위하여 t시점에 ① 캐쉬 앤 캐리(차입한 현금으로 현물을 매수하여 보유), 즉 현물가격 S_t만큼을 차입하고 이 자금으로 현물을 매수하는 거래와 ② 선물을 $F_{T,t}$의 선물가격으로 매도하는 거래를 동시에 행할 경우의 현금흐름을 생각해보자.

표 12.4 캐쉬 앤 캐리 차익거래(배당이 없는 금융자산)

	t 시점	T 시점
①의 부분		
차입	$+S_t$	
현물매수	$-S_t$	
현물매도		$+S_T$
차입금 상환		$-S_t e^{r(T-t)}$
②의 부분		
선물매도	−	
선물매수		−
선물거래의 이익		$F_{T,t}-S_T$
현금흐름 합계	0	$F_{T,t}-S_t e^{r(T-t)}$

이러한 차익거래로부터 얻게 될 현금흐름의 내역은 ⟨표 12.4⟩에 주어져 있다. ⟨표 12.4⟩에서 선물의 매수가격은 인도일의 현물가격과 같기 때문에 선물거래의 이익은 $F_{T,t}-S_T$와 같다. 위에서와 같이 차입 및 현물매수와 동시에 선물을 매도하는 차익거래를 행하게 되면, t시점의 현금흐름은 0이지만 인도일인 T시점의 현금흐름은 $F_{T,t}-S_t e^{r(T-t)}$와 같다. 즉, 0의 투자액으로 $F_{T,t}-S_t e^{r(T-t)}$의 현금흐름을 얻게 된다. T시점의 현금흐름에서 $F_{T,t}$는 t시점의 선물가격이므로 변동성이 없는 확정적인 값이고 S_t와 r도 확정적인 값이므로 $F_{T,t}-S_t e^{r(T-t)}$는 위험이 없는 확실한 현금흐름이다.

t시점의 시장자료를 사용하여 $F_{T,t}-S_t e^{r(T-t)}$의 값을 계산해보고 이 값이 (+)라면, 투자자들은 차입 및 현물매수와 동시에 선물을 매도하는 차익거래, 즉 선물매도 차익거래를 행함으로써 0의 투자액으로 무위험한 차익거래 이익을 얻고자 할 것이다. 만일 T시점의 현금흐름 $F_{T,t}-S_t e^{r(T-t)}$가 (−)이면, 투자자들은 현물공매 및 대여와 동시에 선물을 매수하는 차익거래, 즉 선물매수 차익거래를 행함으로써 0의 투자액으로 무위험한 차익거래 이익을 얻을 수 있다.

투자자들이 이와 같은 차익거래를 행하면 t시점의 현물가격은 상승(또는 하락)하고 선물가격은 하락(또는 상승)하게 되기 때문에, $F_{T,t}-S_t e^{r(T-t)}$는 0과 같게 되고 차익거래 기회는 사라진다. 따라서 무차익거래 균형조건은 $F_{T,t}=S_t e^{r(T-t)}$이며, 이 조건이 식(12.7)의 현물 · 선물 패리티이다.

으로 코스피200 지수선물을 10월 10일에 매입하였다면, 선물거래자는 12월말에 지급되는 현금배당을 받을 수 있는 권리가 없다.

이 예에서 알 수 있는 사실은, 12월말에 확실한 크기의 배당이 예정되어 있는 경우, 내년 3월에 매도할 예정으로 현물(지수펀드)을 매입하는 것과 인도일이 내년 3월인 지수선물을 매입하는 것이 동일한 경제적 결과를 가져다주지 않는다는 점이다. 이 경우, 현물을 매수할 때의 내년 3월의 가치는 선물을 매수할 경우보다 배당의 미래가치만큼 더 큰 가치를 갖게 될 것이다. 따라서 현재의 선물가격은 현물의 미래가치에서 배당의 미래가치를 뺀 금액으로 평가되어야 한다.

인도일이 T시점이고 인도일 이전에 지급되는 배당의 미래가치가 d라면, t시점의 선물가격과 현물가격 사이에 성립하는 현물 · 선물 패리티는 다음 식과 같다.[13]

배당이 예정된 금융자산의 현물 · 선물 패리티

$$F_{T,t}=S_t e^{r(T-t)}-d \tag{12.8}$$

단, d는 인도일 이전에 지급되는 배당의 미래가치이다.

만일 t_1시점(단, $t<t_1\leqq T$)에 단 한번만 d_1만큼의 배당이 지급된다면 그 배당의 미래가치는 $d=d_1e^{r(T-t_1)}$으로 계산된다. 배당이 여러 차례 지급될 예정이라면, d는 각각의 배당의 미래가치를 합계한 것과 같다.

이와 같이 인도시기 이전에 배당이 얻어지는 현물을 거래대상으로 하는 선물의 예로서 우리나라 코스피200 지수선물을 들 수 있다. 이 지수선물의 경우 배당지급액이 확실하게 예측되지는 않지만 과거의 배당지급액으로부터 크게 달라지지 않으므로 과거의 배당지급액을 고려하여 지수선물의 이론가격이 산정되고 있다.[14]

[그림 12.2]는 코스피200 지수선물의 실제가격이 이론가격으로부터 어느 정도의 괴리를 보이고 있는지를 보여주고 있다. 이 그림에서 괴리율은 (실제가격−이론가격)÷(이론가격)에 100을 곱한 값이다. 이 그림에서 2013년 8월까지 −0.2% 내외의 괴리율을 보이고 있으므로 선물매수 차익거래가 가능하지만 그 이후에는 반대로 +0.2% 내외의 괴리율을 보이고 있으므로 선물매도 차익거래가 가능하다. 그러나 실제로 무위험 차익거래 이익이 얻어질 수 있는지는 거래비용을 상세하게 고려하여 판단해보아야 알 수 있다.

13] 확정 배당이 예정된 금융자산의 캐쉬 앤 캐리 차익거래는 배당 수취와 동시에 배당을 무위험자산에 투자하여 인도일(T)에 회수하는 거래만 〈표 12.4〉에 추가된다.

14] 미국의 경우 배당 지급시기가 연중 고르게 분포되어 있기 때문에, 연간 배당수익률이 확실하게 예상될 수 있는 것으로 가정하고 이론적 선물가격이 계산된다. 이 경우의 현물 · 선물 패리티는 $F_{T,t}=S_t e^{(r-\delta)(T-t)}$로 주어진다(단, δ는 배당수익률).

그림 12.2 선물가격 괴리율(코스피200 지수선물, 2013년12월물)

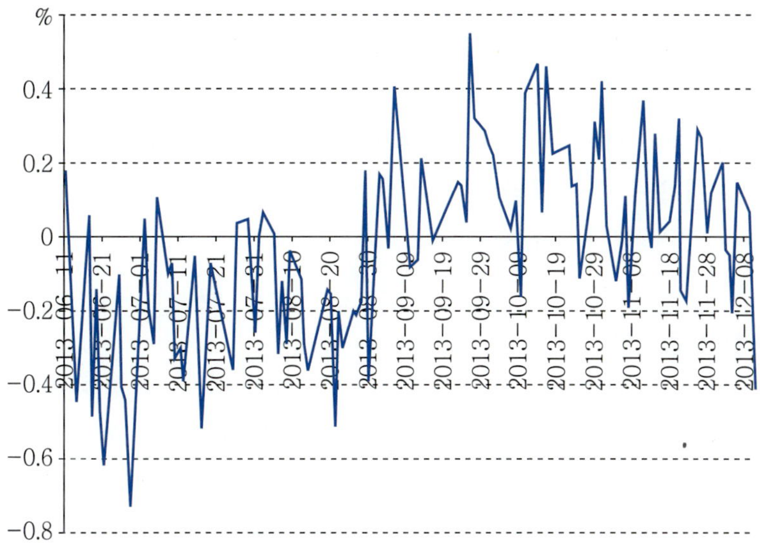

(3) 통화선물

통화의 현물 · 선물 패리티에는 두 통화 사이의 이자율 차이가 영향을 미치기 때문에 흔히 이자율평가설(interest rate parity theory)이라고도 부른다. 설명의 편의상, 환율을 외화 1단위당 원화 금액으로 표시하고 t시점의 현물환율을 S_t, 인도일이 T인 통화선물의 선물환율을 $F_{T,t}$, 외화의 무위험이자율을 r_f, 원화의 무위험이자율을 $r_{₩}$라고 하자.

어떤 투자자가 외화 1단위를 무위험자산에 투자하면 T시점에 $e^{r_f \times (T-t)}$의 현금흐름을 얻는다. 그가 택할 수 있는 다른 전략으로서, 외화 1단위를 $S_{T,t}$의 원화로 바꾸어 무위험자산에 투자함과 동시에 T시점의 현금흐름을 외화로 바꾸기 위해 통화선물을 매수하는 방법도 사용할 수 있다. 원화로 바꾸어 무위험자산에 투자하면 T시점에 $S_{T,t}e^{r_{₩} \times (T-t)}$의 현금흐름을 얻을 수 있고, 이 금액을 $F_{T,t}$의 선물가격으로 원화로 바꾼다면 $S_{T,t}e^{r_{₩} \times (T-t)}/F_{T,t}$의 외화를 얻게 된다. 투자자는 이 두 전략 중 어느 것이라도 택할 수 있으므로, 무차익거래 균형 하에서 두 전략으로 T시점에 얻게 될 외화의 크기가 동일하여야 한다. 즉, $e^{r_f \times (T-t)} = S_{T,t}e^{r_{₩} \times (T-t)}/F_{T,t}$의 관계가 성립하여야 한다. 이 식을 선물가격에 대해 정리하면, 외화선물에 대해 다음의 패리티가 얻어진다.

이자율평가설 : 외화의 현물 · 선물 패리티

$$F_{T,t}=S_{T,t}\times e^{(r_{₩}-r_f)(T-t)} \qquad (12.9)$$

단, $F_{T,t}$는 선물환율, S_T는 현물환율, $r_{₩}$와 r_f는 각각 원화와 외화의 무위험이자율이다.

예를 들어, 미국달러의 현물환율이 1,050원, 달러의 무위험이자율이 1.5%, 원화의 무위험이자율이 2.5%이라면, 인도일이 3개월 후인 달러선물의 이론적 선물환율은 $1{,}050\times e^{(0.025-0.015)\times(1/4)}=1{,}052.63$이다.

(4) 상품선물

투자자가 금융자산이 아닌 일반적인 상품을 매입 · 보유할 경우에는 상품구입비용 및 이자비용뿐만 아니라 다른 여러 가지 보유비용을 부담하여야 한다. 이 경우에도 어떤 상품을 S_t의 현물가격으로 매수하여 T시점까지 보유하는 것은 T시점이 인도일인 상품선물을 $F_{T,t}$의 가격으로 매수하는 것과 동일한 효과를 갖는다. 따라서 보유비용을 부담하는 상품선물가격은 현물가격과 다음과 같은 관계를 갖는다.

상품선물의 현물 · 선물 패리티

$$F_{T,t}=S_te^{r(T-t)}+(T-t)(F+I+W-Y) \qquad (12.10)$$

단, F는 단위기간 동안의 창고료, I는 보험료, W는 감모손실, Y는 재고보유로 인한 이득, 즉 재고편익이다.

식(12.10)에서 현재의 선물가격의 이론가격은 현물가격의 미래가치에 보유비용을 가산한 것과 같다. 그러나 재고편익이 비정상적으로 큰 경우 선물가격이 현물가격보다 낮을 수도 있다.

(5) 차익거래의 제약과 선물가격

많은 실증적 연구결과에 의하면, 실제의 선물가격은 현물 · 선물 패리티에 의해 주어진 선물의 이론가격과 정확하게 일치하지 않는다. 선물의 실제가격이 이론적 가격과 일치하지 못하는 주된 이유는 몇 가지 제약으로 인해 무위험 차익거래가 자유롭게 이루어지지 못하기 때문이다.

차익거래가 자유롭게 이루어지지 못하는 첫 번째 이유는 거래비용 때문이다. 선물 및 현물거래 모두 어느 정도의 거래비용(세금, 거래수수료, 정보수집 및 분석 비용 등)을 수반하지만, 그 중에서도 현물의 거래비용이 훨씬 더 크다. 거래비용이 존재할 경우 선물가격은 이론가격을 중심으로 (±) 거래비용의 범위에서 결정되어야 한다.

두 번째 이유는 현물의 공매(short selling)에 대해 강한 제약(예컨대 현물 차입에 필요한 수수료, 공매 한도 등)이 존재한다는 점이다. 상품의 경우 사실상 공매가 불가능하고 지수펀드와 같은 금융상품도 적은 거래비용으로 자유롭게 공매할 수 없다. 실제의 선물가격이 이론가격보다 낮으면, 선물매입과 현물매도의 차익거래가 필요하다. 그러나 현물의 공매에 대한 제약조건 때문에, 실제 선물가격이 이론가격보다 낮더라도 현물을 매도(공매)하는 차익거래를 행하지 못하고 불균형 상태가 계속될 수 있다. 우리나라의 주가지수 선물가격이 이론가격보다 낮게 형성되는 경우가 많은데, 그 주된 이유는 현물의 공매가 어렵기 때문이다.

세 번째 이유는 선물시장이 현물시장보다 새로운 뉴스에 대해 더 민감하기 때문이다. 많은 실증적 연구들은 선물시장이 현물시장보다 낮은 거래비용과 적은 투자액만을 필요로 하므로 실제의 선물가격은 현물가격보다 더 빨리, 더 민감하게 변동한다는 것을 보여주고 있다. 즉, 새로운 정보를 이용한 거래가 선물시장에서 더 용이하고 신속하게 이루어지고, 뉴스에 대한 반응의 시차만큼 선물의 실제가격은 이론가격과 차이를 보일 수 있다.

12.4.2 선물가격과 기대현물가격의 관계

위에서는 선물가격과 현재의 현물가격 사이의 관계를 설명하였다. 현재 선물을 매수 또는 매도한다는 것은 미래의 인도시기에 현물을 매수 또는 매도하는 것과 동일하므로, 현재의 현물가격은 인도시기의 기대현물가격(expected spot price)에 대한 예상을 반영하여 결정된다. 그러나 실제의 선물가격은 여러 가지 이유 때문에 인도시기의 기대현물가격과 차이를 갖고 결정되는 경우가 많다.

(1) 기대가설

기대가설(expectations hypothesis)에 의하면, 선물계약은 인도시기에 현물을 인도 · 인수할 것을 계약한 것이므로, 현재의 선물가격은 인도시기의 기대현물가격과 동일하여야 한다. 이를 식으로 나타내면 다음과 같다.

그림 12.3 선물가격과 기대현물가격의 관계

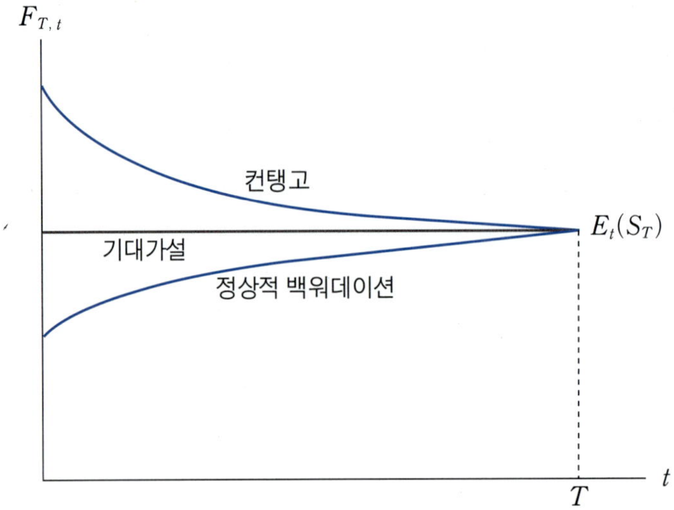

기대가설

$$F_{T,t}=E_t(S_T) \tag{12.11}$$

단, $F_{T,t}$는 인도시기가 T인 선물의 t시점의 선물가격이고, $E_t(S_T)$는 t시점의 정보에 기초하여 형성한 T시점 현물가격의 기대치이다.

이 가설은 선물시장에서 균형이 달성되기 위해서는 선물을 이용하여 차익거래이익이 얻어질 수 없어야 한다는 사실에 기초하고 있다. 만일 선물가격과 기대현물가격이 차이를 갖는다면, 선물매수(또는 매도)와 현물매도(또는 매수)를 행하는 차익거래가 발생하게 되므로, 무차익거래 조건 하에서는 선물가격이 기대현물가격과 같아야 한다.

이 기대가설에서는 거래자들이 위험중립적이라고 가정한다. 만일 거래자들이 위험회피적이라면, 인도일의 현물가격의 변동성에 대한 위험프리미엄을 요구하게 될 것이므로 선물가격은 기대현물가격과 차이를 갖게 된다.

(2) 정상적 백워데이션

또 하나의 흥미 있는 설명은 케인즈(J. M. Keynes)와 힉스(J. Hicks) 등에 의해 제시된 가설이다. 그들에 의하면 대다수의 헤저들이 현물의 매수포지션(long position in actuals)을 취하고 있다면, 선물을 매도하여(short position in futures) 가격위험을 헤지하고자 할 것이며,

참 고 CAPM에 의한 설명

정상적 백워데이션이나 컨탱고의 경우와 같이 선물가격이 위험프리미엄 때문에 기대현물가격과 차이를 보인다면, 추가적으로 설명되어야 하는 문제는 위험프리미엄의 크기가 어떻게 결정될 것인지의 문제이다. 선물가격에 내포된 위험프리미엄의 크기는 CAPM에 의하여 설명될 수 있다. 기회비용 이외의 보관비용이 존재하지 않는 금융자산의 경우, 어떤 자산의 현재의 현물가격은 미래의 기대현물가격을 요구수익률로 할인한 현재가치로 놓을 수 있으므로, 다음 식과 같이 쓸 수 있다.

$$S_t=\frac{E(S_T)}{[1+E(R)]^{(T-t)}} \tag{12.12}$$

단, $E(R)$은 요구수익률이다.

이 식에서 어떤 자산의 현물가격이 (+)의 베타계수를 갖고 변동한다면 식(12.12)의 요구수익률 $E(R)$은 무위험수익률보다 커야 한다.

그리고 식(12.7)의 현물 · 선물 패리티 공식을 이산적 무위험수익률을 사용하고 현물가격에 관하여 정리하면,

$$S_t=\frac{F_{T,t}}{(1+R_f)^T} \tag{12.13}$$

위의 식(12.12)와 (12.13)의 우변을 등식으로 놓고, 현재의 선물가격에 관하여 정리하면 다음 식이 얻어진다.

$$F_{T,t}=E(S_T)\left[\frac{1+R_f}{1+E(R)}\right]^{(T-t)} \tag{12.14}$$

식(12.14)에서 t시점의 선물가격 $F_{T,t}$와 기대현물가격 $E(S_T)$의 관계는 무위험수익률과 요구수익률의 크기에 따라 달라진다는 것을 알 수 있다. 어떤 자산의 현물가격이 (+)의 베타계수를 갖고 변동한다면, 그 자산에 대한 요구수익률 $E(R)$은 무위험수익률 R_f보다 커야 하므로, 현재의 선물가격은 기대현물가격보다 낮은 수준에서 결정되는 정상적 백워데이션을 보이게 된다. 그러나 현물가격이 (–)의 베타계수를 갖고 변동한다면, 그 자산에 대한 요구수익률 $E(R)$은 무위험수익률 R_f보다 작으므로, 현재의 선물가격은 기대선물가격보다 높은 수준에서 결정되는 컨탱고를 보이게 된다.

그 결과 헤저들로만 선물시장이 이루어질 경우, 선물매도가 선물매수보다 많게 된다.

이 경우 투기거래자들이 개입하여 기대현물가격보다 낮은 선물가격으로 선물을 매수하여 두었다가 인도시기에 그 선물을 매도하고자 한다. 즉, 투기거래자들도 인도시기의 현물가격의 변동성에 대한 위험프리미엄을 요구하게 되므로, 현재의 선물가격은 미래의 기대현물가격에서 위험프리미엄을 차감한 것과 같아야 한다. 따라서 선물가격은 기대현물가격보다 낮은 수준에서 형성된다. 이처럼 선물가격이 기대현물가격보다

낮게 결정된 상태를 정상적 백워데이션(normal backwardation)이라고 부른다.

(3) 컨탱고

세 번째의 설명은 케인즈의 설명과는 반대되는 입장에서 선물가격을 설명하고 있다. 즉, 다수의 헤저들이 미래에 상품을 필요로 하는 현물의 매도포지션(short position in actuals)에 있다면 그들은 선물을 매수하여(long position in futures) 가격위험을 회피하고자 할 것이다. 이 경우 헤저들 사이에서만 선물거래가 이루어질 경우, 선물매수가 선물매도보다 많게 된다.

따라서 투기거래자들이 개입하여 가격위험을 인수한 대가로 기대현물가격에 위험프리미엄을 더한 선물가격으로 선물을 매도하여 줌으로써, 선물시장에서 선물의 수요와 공급이 일치하도록 만든다. 따라서 다수의 헤저들이 선물의 매수헤징을 행하고자 할 경우 선물가격은 기대현물가격보다 위험프리미엄만큼 높은 수준에서 결정되며, 이런 상태를 컨탱고(contango)라고 부른다.

12.5 스왑거래

1970년대 이후 세계금융시장을 특징짓는 가장 중요한 특징은 이자율이나 환율의 변동성이 커졌다는 것이며, 이로 인해 이자율위험이나 환위험을 어떻게 제거할 것인지가 투자관리의 중요한 과제로 등장하였다. 이를 위해 개발된 것이 금리스왑과 통화스왑이다. 그 이후 상품스왑, 주식스왑 등과 같은 다양한 형태의 스왑거래가 개발되었다.

스왑(swap)은 미리 약정된 현금흐름 또는 자산을 미래에 교환하기로 하는 두 거래자 사이의 사적 계약이다. 오늘날 스왑계약은 매우 다양한 형태로 발전하고 있지만, 가장 일반적이고 단순한 형태의 스왑계약은 어떤 거래자가 고정 현금흐름을 지급하고 다른 거래자는 변동적 현금흐름을 지급하는 형태이다. 그리고 대부분의 스왑거래는 금융기관의 중개를 통해 이루어진다. 그 이유는 금융기관이 스왑계약의 당사자를 용이하게 찾아줄 수 있고 미래 현금흐름의 지급을 보증해 줄 수 있기 때문이다.

스왑은 미래에 현금흐름 또는 자산을 교환하기로 하는 사적 계약이라는 점에서 일종의 선도계약이라고 볼 수 있다. 스왑은 1981년경 금리스왑의 형태로 처음 시작된 이래 그 거래규모가 급속하게 성장하고 있다.[15] 스왑의 형태는 매우 다양하지만 여기에서는 가장 대표적인 형태인 금리스왑, 통화스왑, 상품스왑 및 주식스왑에 대해서만 설명하기로 한다.

12.5.1 금리스왑

금리스왑(interest rate swap)은 두 거래자가 서로 다른 종류의 채무를 교환하는 계약이다. 이를 설명하기 위하여 금리스왑의 가장 단순한 형태인 기본형(plain vanilla) 금리스왑의 예를 들어보자. 기본형 금리스왑은 A금융회사가 B금융회사에게 '가상적' 원금에 대한 고정금리를 지급하기로 하고 B는 A에게 동일 원금에 대한 변동금리를 지급하기로 약정하는 계약이다.[16]

예를 들어, A가 B에게 향후 3년 동안 매년 '가상적' 인 원금 500만달러에 대한 고정금리인 연 7.19%를 지급하기로 하고 B는 A에게 향후 3년 동안 '가상적' 원금 500만달러에 대한 변동금리인 LIBOR+30bp를 지급하기로 약정하였다 하자.[17] 이러한 기본형 금리스왑을 그림으로 표시하면 [그림 12.4]와 같다. 이 금리스왑에서 B가 A에게 지급하는 변동금리는 LIBOR를 기준으로 하므로 LIBOR가 변동하면 이자지급액도 달라진다. 이러한 금리스왑이 발생하는 이유의 하나는 이자율위험이다. A가 주로 변동금리로 예금을 받아 고정금리로 대출하는 금융기관이라면, [그림 12.4]와 같은 금리스왑은 A의 기존 대출과 예금에 새로운 고정금리 채무와 변동금리 자산을 추가하는 것과 동일한 효과를 가져다준다. 그 결과 A는 변동금리 예금과 변동금리 자산 및 고정금리 대출과 고정금리 채무를 동시에 보유하는 결과가 되기 때문에 이자율 변동이 발생한다 하더라도 그 영향을 크게 받지 않게 된다.

금리스왑이 발생하는 두 번째 이유는 비교우위(comparative advantage)이다. [그림 12.4]의 예에서 A가 고정금리시장에서 유리하게 차입할 수 있지만 변동금리차입금을 원하고 있고, B회사는 변동금리시장에서 유리하게 차입할 수 있지만 고정금리차입을 원하

15] 1981년에 런던에서 처음으로 금리스왑이 거래되었다고 한다. 그 다음 해, 미국의 Sallie Mae(Student Loan Marketing Association의 약자)에서 이자율위험을 제거할 목적으로 금리스왑을 이용하면서부터 미국에서도 급속하게 보급되었다.

16] 실제로는 두 거래자가 직접 스왑계약을 체결하기보다는, 중간에 은행이 개입하여 쌍방의 거래자에 대한 계약상대가 되어주고 금리의 차이를 수취하는 경우가 일반적이다.

17] LIBOR는 런던은행간금리(London Interbank Offering Rate)로서 유로달러시장에서 어떤 은행이 다른 은행의 달러표시 예금에 대하여 지급하는 이자율이다. 이 LIBOR는 유로달러의 수급을 반영하여 변동하기 때문에 국제금융시장에서 변동금리의 기준이자율로 사용된다.

그림 12.4 기본형 금리스왑

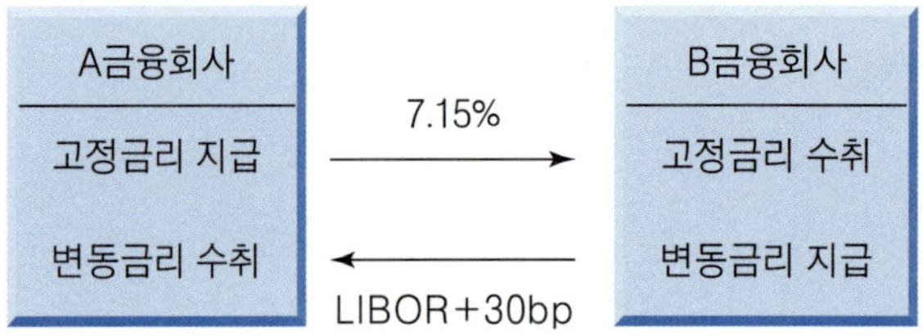

고 있다 하자. 이런 경우 A는 비교우위를 갖는 고정금리시장에서 차입하고 B회사는 변동금리시장에서 차입함과 동시에 [그림 12.4]와 같은 금리스왑을 행함으로써, 각자 원하는 형태의 자금을 조달할 수 있게 된다.

12.5.2 통화스왑

통화스왑(foreign currency swap)은 특정한 통화로 표시된 채무의 원리금을 다른 통화로 표시된 채무의 원리금과 교환하는 것이다. 여기에서는 가장 단순한 형태인 기본형 통화스왑의 예를 들어보기로 하자.

A무역회사는 주로 미국에 상품을 수출하고 있는 우리나라 기업이다. 이 회사는 액면가가 110억원이고 연간 이표이율이 7%인 3년만기 회사채를 발행하였다. A는 미래에

그림 12.5 기본형 통화스왑

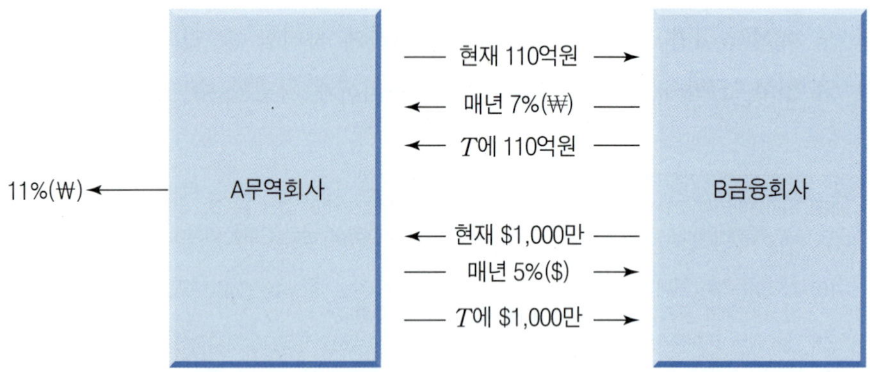

풍부한 달러 현금흐름이 예상되기 때문에 이표이자를 달러로 지급하고자 원하고 있다. 이 경우 A는 B금융회사와 [그림 12.5]와 같은 스왑계약을 맺을 수 있다(B는 스왑딜러라고 불리는 금융기관인 경우가 많다).

[그림 12.5]에서 A는 B에게 현재 10억원을 대출하고 그 대가로 매년 7%의 원화표시 이자와 만기일 T에 10억원의 원금을 받기로 약정한다. 또 B는 A에게 1,000만달러를 대출하고 그 대가로 5%의 달러표시 이자와 만기일 T에 1,000만달러의 원금을 받기로 약정한다(5%의 고정금리 대신 LIBOR 기준 변동금리를 지급하기로 계약할 수도 있다). 이러한 계약은 원화표시 청구권과 달러표시 청구권을 교환하는 스왑거래이다. 그리고 이러한 스왑거래를 통하여 A는 본래 부담하였던 원화표시 이자부담을 달러표시 이자부담으로 전환하는 효과를 얻고 있다.

12.5.3 주식스왑

기본형 주식스왑(equity swap)은 주식포트폴리오의 투자수익과 고정적 이자지급액을 교환하는 거래이다. 예를 들어, A투자회사가 현재 500억원으로 평가되는 지수펀드를 보유하고 있다. A는 변동성이 큰 지수펀드의 투자수익 대신 확정된 이자수입을 얻고자 한다 하자. 이 경우 A는 B투자은행에게 지수펀드의 투자수익을 지급하기로 하고 B로부터 6%의 고정적 이자수입을 받기로 계약할 수 있다. 이러한 스왑거래는 [그림 12.6]과 같이 나타낼 수 있다.

그림 12.6 기본형 주식스왑

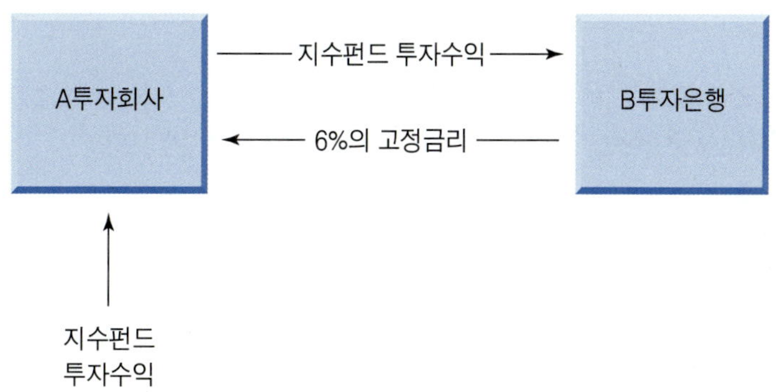

참 고 다이아몬드 펀드의 스왑거래

1997년 1월 29일 SK증권(2/3 지분, 다른 2개사가 1/6씩 투자)은 3,440만달러를 출자하여 조세회피지역인 말레이지아 라부안에 다이아몬드 인베스트먼트(Diamond Investment Ltd., 이하 다이아몬드 펀드)라는 역외펀드를 설립하였다. 그리고 1997년 2월 12일에 몰간 개런티 트러스트(Morgan Guarantee Trust Co. of New York, 이하 Morgan)는 5,300만달러를 다이아몬드 펀드에 투자하고 1998년 2월 12일이 만기인 수익증권을 취득하였다.(이 거래는 [그림 12.7]의 위쪽 두 개의 화살표에 해당한다.) 다이아몬드 펀드는 이렇게 조달된 총 8,740만달러(=$3,440만+$5,300만)의 자금 중 거래비용을 제외한 8,650만달러를 인도네시아 루피아표시 채권에 투자하였다.[18]

이와 동시에 Morgan은 1998년 2월 12일에 수익증권으로부터 받게 될 투자수익을 모두 다이아몬드 펀드에게 지급하고 그 대신 다이아몬드 펀드는 약정된 공식에 따라 결정되는 금액을 Morgan에게 지급하기로 하는 스왑계약을 체결하였다(이 계약이 [그림 12.7]의 아래쪽 두 개의 화살표에 해당한다). 이러한 스왑거래는 본래 Morgan 측이 설계하여 제시한 것으로서, 수익증권의 총수익을 공식에 따라 결정되는 어떤 금액과 교환하는 것이므로 TRS(total return swap)라고 부른다.

그림 12.7 다이아몬드 펀드와 Morgan의 TRS거래

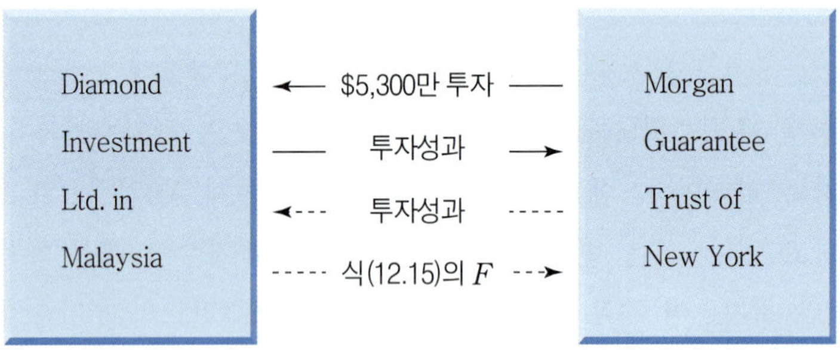

다이아몬드 펀드가 Morgan에게 지급하기로 약정한 금액 F는 아래의 공식에 의해 결정된다.

$$F=5{,}300\text{만}\times\left[\begin{array}{l}(1-0.03)-\text{Max}\left\{0,\ \dfrac{\text{YenMat}-\text{YenSpot}}{\text{YenMat}}\right\}\\ \qquad\qquad -\text{Min}\left\{1,\ 5\times\left(\dfrac{\text{BahtSpot}-\text{BathtMat}}{\text{BahtMat}}\right)\right\}\end{array}\right] \tag{12.15}$$

단, YenSpot은 계약시 엔화 현물환율(122엔/달러), BahtSpot은 계약시 바트화 현물환율(25.884바트/달러), YenMat은 만기시 엔화 현물환율, BahtMat은 만기시 바트화 현물환율을 나타낸다.

18] 거래내역은 김규형, 최운열, "모간은행의 TRS를 이용한 헤징과 한국금융기관," 『증권학회지』 제23집 (한국증권학회, 1998)과 오규택, 신성환, "다이아몬드 펀드의 파생상품 거래손실 사례분석," 『선물연구』 제6호 (한국선물학회, 1998, 12)에서 정리하였다.

위 식을 보면 다이아몬드 펀드가 -3%라는 마이너스 금리로 5,300만달러를 차입함과 동시에 괄호 안의 Max 부분과 Min 부분으로 나타내지는 두 가지 장외 외화옵션 거래에 참여하고 있음을 알 수 있다. 만기일의 엔/달러환율이 상승하면 Max 부분이 증가하므로 상환금액은 줄어든다.

괄호 안의 Min 부분은 5×(BahtSpot-BahtMat)/BahtMat과 1 중에서 작은 값을 갖기 때문에 그 내용이 다소 복잡하다. 만일 만기일의 바트/달러 환율(BahtMat)이 계약시의 환율(BahtSpot)보다 높으면, 바트화의 가치변동률이라고 할 수 있는 (BahtSpot-BahtMat)/BahtMat의 부분은 음의 값을 갖는다. 따라서 바트/달러 환율이 상승하면, 그 바트 가치변동률의 5배에 해당하는 금액을 몰간에게 상환해 주어야 한다.

이러한 계약내용을 볼 때 엔화와 바트화의 환율이 이 계약의 핵심적인 내용임을 알 수 있다. 결과론이긴 하지만 1997년에 발생한 동남아 외환위기에서 바트/달러 환율은 엄청나게 상승하였지만 엔/달러 환율은 비교적 안정되어 있었다. 그 결과 다이아몬드 펀드는 엄청난 손실을 입어야만 했다.

보다 구체적으로 환율의 변동을 보기로 하자. 계약시에 엔/달러 환율(YenSpot)은 122이었고 바트/달러 환율(BahtSpot)은 25.884이었다. 그리고 만기일에 엔/달러 환율(YenMat)은 123.17이었고 바트/달러 환율(BahtMat)은 44.95이었다. 즉, 1997년에 발생한 동남아 외환위기에서 바트/달러 환율은 큰 폭으로 상승하였지만 엔/달러 환율은 비교적 안정된 수준이었다. 이러한 환율변동의 결과, 다이아몬드 펀드는 아래의 계산결과와 같이 5,300만달러의 3배가 넘는 금액을 상환하여야만 했다.

$$F=5{,}300\text{만}\times\left[(1-0.03)-\text{Max}\left\{0,\ \frac{123.17-122}{123.17}\right\} -\text{Min}\left\{1,\ 5\times\left(\frac{25.884-44.95}{44.95}\right)\right\}\right]=1\text{억 }6{,}331\text{만달러}$$

이 사례에서 다이아몬드 펀드는 -3%라는 이자에 현혹되어 엄청나게 큰 환투기포지션을 취했다는 것을 알 수 있다.

여기에서 제기되는 의문은 몰간이 바트화의 평가절하를 충분히 예상하고 이러한 스왑거래를 설계하였을까라는 점이다. 이 의문 때문에 SK측은 위험을 충분히 알려주지 않았다는 이유로 소송을 제기하였지만, 1999년에 SK가 약 3억달러를 화해금으로 지불하고 몰간이 SK에 1억7,000만달러를 출자하는 조건으로 화해가 성립되었다(그 이후 화해의 이면계약 때문에 SK는 또다시 큰 어려움을 겪어야만 했다).

12장 연습문제 Exercises

01 선물계약이 콜옵션과 어떻게 다른지 설명하시오.

02 선도계약과 선물계약이 어떻게 다른지 설명하시오.

03 선물거래의 대상이 되는 상품의 특징을 정리하시오.

04 현물 · 선물 패리티(spot-futures parity)를 설명하시오.

05 현재의 선물가격과 만기일의 기대현물가격의 관계를 설명하시오.

06 어떤 곡물업자가 9월 1일에 5천부쉘의 곡물을 부쉘당 2,000원에 매수하였다. 이와 동시에 다음 해 5월에 인도하는 선물계약을 부쉘당 2,320원에 매도하여 헤징을 시도하였다. 12월 1일에 그는 5천부쉘의 곡물을 부쉘당 1,950원에 현물시장에서 매도하고 동시에 선물시장에서 5천부쉘을 부쉘당 2,070원에 매수하였다.

(1) 개시베이시스와 커버베이시스는? 단, 개시베이시스는 헤징 개시일의 베이시스이고 커버베이시스는 반대매매에 의해 헤징을 마감할 때의 베이시스이다.

(2) 이 곡물업자가 실현한 곡물의 매도가격은?

(3) 이 곡물업자는 부쉘당 얼마의 이익을 얻었는가?

07 배당이 없는 주식의 주가가 15,000원이고, 무위험 시장이자율은 6%(年)이다.

(1) 1년 후에 인도하는 선물의 선물가격은 어떻게 결정되어야 하는가?

(2) 선물의 인도시기가 3개월 후라면 선물가격은 어떻게 결정되어야 하는가?

(3) 선물의 인도시기가 1년 후이고 시장이자율이 연 7%라면, 그 경우의 선물가격은?

08 무위험이자율은 6%(年)이며, 3개월 후에 인도하는 금의 선물가격은 1계약에 346만원이고 6개월 후에 인도하는 선물의 선물가격은 355만원이다. 이 자료를 가지고 차익거래 기회가 존재하는지 알아보시오.

09 코스피200을 구성하는 주식들의 평균 배당수익률은 연간 3%이다. 현재 코스피200 지수는 100이며, 무위험이자율은 6%(年)이다. 현재 6개월 후 인도하는 코스피200 주가지수선물의 선물가격이 108에 결정되어 있다면, 어떤 차익거래를 행할 수 있는가?

10 코스피200 주가지수와 동일한 지수펀드로부터 3개월 후에 2.1포인트의 배당이 예상된다. 현재 코스피200 지수는 100포인트이며, 무위험이자율은 6%(年)이다. 현재 6개월 후 인도하는 코스피200 주가지수선물의 선물가격이 105에 결정되어 있다면, 어떤 차익거래를 행할 수 있는가?

11 현재의 원/달러환율이 1,000원이다. 우리나라의 1년만기 국채 수익률이 연 6% 수준이고, 미국의 1년만기 국채 수익률이 5%이다. 이 경우 1년 후 인도하게 될 1달러의 환율을 이자율 평가설에 의하여 계산하시오.

12 주가지수선물은 투자자들에게 어떤 이득을 가져다줄 것으로 기대되는가?

13 한국거래소에서 거래하고 있는 금리선물, 통화선물 및 상품선물의 종류와 계약내용을 알아보시오.

14 금리스왑과 통화스왑에 대하여 설명하시오.

INVESTMENT

제13장 옵션의 가치평가와 이용

13.1 옵션이란 무엇인가?

(1) 옵션의 정의

옵션(option)은 어떤 거래당사자가 다른 당사자에게 약정된 조건으로 어떤 자산을 사거나 팔 수 있는 권리로 정의된다. 예를 들어, 갑이라는 사람이 A주식 1주를 1개월 후에 35,000원에 매입하기로 하는 권리를 을이라는 사람으로부터 취득하였다고 하자. 이 거래에서 갑이 가지고 있는 "A주식 1주를 1개월 후에 35,000원에 매입할 수 있는 권리" 그 자체가 옵션이다. 이와는 반대의 경우로서, "A주식 1주를 1개월 후에 37,000원에 매도할 수 있는 권리"도 있을 수 있으며, 이 매도할 수 있는 권리도 일종의 옵션이다.

이 정의에서 중요한 점은, 옵션매수자의 입장에서 볼 때 옵션이란 일방적인 의사표시에 따라 어떤 자산을 매입 또는 매도할 수 있는 "권리"를 나타내는 것이지 어떤 "의무"를 내용으로 하는 것이 아니라는 점이다. 따라서 옵션매수자는 옵션을 공짜로 취득할 수 없으며 그 대가로 옵션가격(option price, 옵션프리미엄이라고도 한다)을 지급하여야 한다. 반대로 옵션매도자의 입장에서 보면, 옵션매수자가 권리를 행사하면 이에 응해주어야 하는 "의무"를 부담하며 그 대가로 옵션가격을 받는다.

앞 장에서 다룬 선도계약, 선물 및 스왑과 함께 옵션을 파생상품(derivatives) 또는 파생증권이라고 한다. 일반적으로 파생상품이라는 것은 어떤 자산의 가치가 그 자산 자체의 수익력에 의하여 결정되는 것이 아니라 다른 자산의 가격변동에 의하여 결정되는 자산을 의미한다. 위에서 예로 든 옵션의 경우에도 옵션의 가치는 옵션 그 자체의 수익력에 의하여 결정되지 않고 1개월 후의 A주식이 얼마의 가격을 갖는지에 따라 결정된다. 이런 의미에서 선도계약, 옵션, 스왑 등을 조건부 청구권(contingent claim)이라고도 부른다.

(2) 주요용어

옵션은 어떤 자산의 매수선택권 또는 매도선택권으로서 그 성격을 명료하게 이해하기 위해서는 옵션에 관련된 몇 가지 중요한 용어를 알아 둘 필요가 있다.

① **콜옵션과 풋옵션** : 콜옵션(call option)은 어떤 자산을 매수할 수 있는 권리이고 풋옵션(put option)은 어떤 자산을 매도할 수 있는 권리이다. 만일 갑이라는 사람이 A주식 1주를 1개월 후에 1주당 35,000원에 매수할 수 있는 옵션을 갖고 있다고 하자.

이 옵션은 자산의 매수권을 내용으로 하는 옵션이기 때문에 콜옵션이다. 반대로 동일한 주식을 1개월 후에 1주당 37,000원에 매도할 수 있는 옵션이 있다면, 이 옵션은 풋옵션이다. 흔히 콜옵션을 매수선택권으로, 풋옵션을 매도선택권으로 번역하기도 한다.

② **기초자산** : 기초자산(underlying asset)이란 옵션계약의 대상이 되는 자산이다. 위의 예에서 *A*주식 1주가 기초자산이다. 실제의 옵션거래에서 거래자들이 언제나 기초자산을 보유한 상태에서 옵션을 거래하는 것은 아니다. 어떤 사람이 기초자산을 보유하지 않은 상태에서 콜옵션을 팔았다면(따라서 상대방이 콜옵션을 행사한다면 그는 시장에서 기초자산을 매수하여 콜옵션의 행사에 응해 주어야 한다), 그 콜옵션은 기초자산으로 뒷받침되어 있지 않고 있다는 의미에서 "naked option"이라고 한다. 반대로 기초자산을 보유하고서 콜옵션을 팔았다면 그 옵션은 "covered option"이라고 부른다.

③ **옵션의 행사** : 옵션계약에 의하여 옵션을 행사하는 것, 즉 기초자산을 매수하거나 매도하는 것을 "행사한다(excercise)"고 한다. 위의 콜옵션의 예에서 만기일의 주가가 40,000원이라면, 옵션의 소유자는 35,000원만을 지급하고 40,000원의 가치를 갖는 주식을 매수할 수 있기 때문에, 그 결과 5,000원의 이득을 얻을 수 있으므로 그는 이 옵션을 행사하게 될 것이다. 그러나 만기일의 주가가 30,000원이라면, 이 옵션을 행사함으로써 35,000원을 지급하고 30,000원의 가치를 갖는 주식을 매수하게 되기 때문에, 그 결과 5,000원의 손실을 볼 것이므로 옵션의 소유자는 이 옵션을 행사하지 않고 포기하게 된다.

④ **행사가격** : 행사가격(exercise price 또는 strike price)은 기초자산의 매수가격 또는 매도가격으로서 옵션계약에 의하여 약정되어 있는 가격이다. 위의 콜옵션의 예에서 옵션을 행사할 때 옵션의 소유자가 지급하여야 하는 35,000원이 행사가격이다. 만일 기초자산의 현재의 가격 수준에서 옵션을 행사하여 (+)의 이익을 얻을 수 있으면 이를 "내가격(in-the-money)" 상태에 있다고 하고, 손실을 볼 상태에 있으면 이를 "외가격(out-of-the-money)" 상태에 있다고 하며, 이익도 손실도 보지 않는 상태에 있으면 "등가격(at-the-money)" 상태에 있다고 한다.

콜옵션의 경우, 행사가격이 기초자산의 현재가격보다 높으면 이는 외가격이고, 반대로 행사가격이 현재가격보다 낮으면 내가격이며, 행사가격과 현재가격이 동일하면 등가격이다. 예를 들어, *A*주식에 대한 콜옵션의 행사가격이 35,000원으로 약정되어 있다 하자. 이 주식의 현재의 주가가 32,400원이라면 이 옵션은 "외가격" 상태에 있다고 한다.

⑤ **만기일 또는 결제일** : 만기일(maturity 또는 expiration date) 또는 결제일은 옵션을 행사하여야 하는 최종 일자로서 옵션이 행사되지 않은 채로 이 만기일을 넘기게 되면 그 옵션은 소멸하게 된다. 위의 예에서 1개월 후가 만기일이다. 거래소의 옵션시장에서는 거래당사자들이 만기일을 임의로 정하는 것이 아니라 거래규칙에 의해 일정하게 통일되어 있다. 예를 들어, 한국거래소의 코스피200 지수옵션의 만기일은 만기가 도래하는 달(최근 3개월 및 3, 6, 9, 12월 중 하나)의 두 번째 목요일이다.

⑥ **유럽형 옵션과 미국형 옵션** : 만기일 바로 그날에만 옵션이 행사될 수 있는 경우를 유럽형 옵션(European option)이라고 하고 만기일 이전의 어느 시기에나 유리하다고 판단될 때 옵션이 행사될 수 있는 경우를 미국형 옵션(American option)이라고 한다.[1]

⑦ **옵션가격** : 옵션은 기초자산을 매수 또는 매도할 수 있는 권리이다. 이 권리를 취득하기 위하여 옵션의 소유자가 지급하여야 하는 가격이 옵션가격(option price) 또는 옵션프리미엄(option premium)이다. 위의 예에서 갑이 콜옵션을 취득하기 위하여 옵션매도자에게 3,000원을 지급하였다면 이 3,000원이 옵션가격이다. 개인과 개인 사이에 옵션계약이 맺어진다면, 옵션가격은 계약당사자들 사이의 흥정에 의하여 결정될 것이지만, 공식적인 옵션시장에서 옵션이 거래된다면 옵션의 수요와 공급이 일치하도록 하는 수준에서 균형적 옵션가격이 결정될 것이다.

이 장에서 옵션가격을 표기할 때 유럽형과 미국형을 구분하기 위하여 전자는 소문자, 후자는 대문자로 표기하기로 한다. 즉, t시점의 유럽형 콜옵션과 풋옵션의 가격을 각각 c_t와 p_t로 표기하고 미국형 콜옵션과 풋옵션 가격은 각각 C_t와 P_t로 표기한다.

⑧ **옵션의 매수자와 매도자** : 옵션매수자(buyer)는 옵션가격을 옵션매도자에게 지불하고 기초자산의 매수권 또는 매도권을 취득한 사람이다. 옵션매수자는 옵션보유자(option holder)라고도 한다. 옵션매도자(writer 또는 seller)는 옵션가격을 받고 옵션매수자에게 옵션에 따르는 권리를 제공한 사람이다.

옵션매수자는 옵션의 행사 여부를 자유롭게 결정할 수 있다. 옵션매도자는 옵션가격을 받고서 그 권리를 팔았기 때문에, 옵션매수자가 옵션을 행사할 경우 그것에 응해 주어야 하는 의무를 진다. 공식적인 옵션 거래소에서 옵션이 거래되는 경우에는 거래소가 옵션매수자와 매도자의 계약상대방이 된다. 즉, 옵션매수자는 거래소

1] 유럽형은 유럽에서만 거래되는 옵션이고 미국형은 미국에서만 거래되는 옵션이라는 뜻이 아니다. 미국 내에서도 유럽형과 미국형이 함께 거래되고 있다.

참 고 옵션의 역사

옵션은 매우 오랜 역사를 갖고 있다. 예를 들어, 페니키아나 로마 시대에도 상선으로 운반중인 화물을 기초자산으로 한 옵션을 거래하였다고 한다. 그러나 그 역사가 비교적 상세하게 알려져 있는 것은 17세기 네덜란드의 튤립 옵션이 처음이다. 당시 튤립 구근 거래상과 재배업자 사이에 풋옵션과 콜옵션이 활발하게 거래되었다고 한다. 물론 공식적인 시장이나 증거금이 없었기 때문에 계약이행을 보증할 수 있는 장치는 없었다.

1636년 튤립 구근 가격이 폭락하자 일부 풋옵션의 매도자들은 계약을 이행하지 못하겠다고 나섰다. 그러자 헤이그 지방의회는 풋옵션 매도자들이 계약을 이행하여야 한다고 결의하였으나, 법원은 의회결의의 이행을 거부해버렸다. 결국 튤립의 가격폭락과 함께 옵션의 거래가 중단되었다.[2]

주식옵션은 1690년대에 런던에서 최초로 거래되기 시작하였다. 그 후 미국에 도입되어 1790년대부터 뉴욕 월가에서 증권중개인 사이에 privilege라는 명칭으로 주식옵션이 거래되었다. 1920년대에 특정 집단들이 특정 주식에 대한 콜옵션을 대량으로 매수한 후 그 주식을 집중적으로 매수하여 주가를 급등시키는 사례들이 발생하자 1932년 의회에서 옵션거래 허용여부에 관한 청문회가 열리고, 여기에서 모든 옵션거래를 규제할 필요성이 인식되었다. 따라서 의회는 옵션거래를 인정하되 증권거래위원회(SEC)의 감독을 받도록 하고 1934년 증권거래법 제정시 이를 규정하도록 하였다. 그러나 당시에는 옵션이 표준화되지 않았고 시장도 집중되지 않았다. 그리고 거래가 비교적 활발하였던 1968년에도 옵션거래량(약 30만 계약)은 주식거래량의 1% 미만에 불과하였다.

표준화된 옵션계약을 거래하는 최초의 공식적인 시장은 1973년 4월에 개설된 시카고옵션거래소(Chicago Board of Options Exchange: CBOE)가 그 효시이다. CBOE에서는 SEC의 승인 하에 16종목의 주식에 대한 콜옵션을 거래하기 시작하였다. 1973년 증권거래법 개정에서 풋옵션 거래가 인정되고, 그 결과 CBOE에서 1977년부터 5종목의 주식에 대한 풋옵션이 거래되기 시작하였다. 그 이후 옵션거래는 급격히 증가하여, 이미 1974년 말의 CBOE의 거래량은 미국의 두 번째 규모의 증권거래소인 아메리칸증권거래소(American Stock Exchange: AMEX)의 거래를 능가하게 되었으며, 그 이후 다른 증권거래소 또는 상품거래소에서도 공식적인 옵션시장이 개설되었다. 또 옵션거래의 종류 역시 다양화되어 1982년 10월에는 CBOE에 미국국채 옵션이 상장되었고, 같은 해 12월에는 필라델피아 증권거래소에 외화옵션이 상장되었다. 또 1983년 3월에는 S&P100 지수의 옵션이 CBOE에 상장되어 주가지수옵션이 거래되기 시작하였다.

로부터 옵션을 매수하고 옵션매도자는 거래소에게 옵션을 팔게 되는 셈이기 때문에, 거래소는 다수의 옵션매수자와 매도자의 중간에 들어서서 대량의 옵션거래가 이루어질 수 있도록 하는 역할을 한다.

(3) 우리나라의 옵션거래

한국증권거래소는 KOSPI200을 기초자산으로 하는 주가지수옵션시장을 1997년 7월에 처음으로 개설하였다. 이 주가지수옵션은 만기일에만 옵션을 행사할 수 있는 유럽형으

2] Gary L. Gastineau, *The Stock Options Manual* (McGraw-Hill, 1975), pp.15–17.

로서, 10만 단위의 KOSPI200 지수가 1계약이었다(2012년 3월물부터 50만 단위로 거래단위를 변경하였다).[3] 주가지수옵션의 기초자산인 KOSPI200은 현물이 존재하지 않는 주가지수이므로 현금결제로 거래를 마감한다. 즉, 옵션 1계약이 행사될 경우, 옵션매도자는 KOSPI200과 행사가격의 차이에 50만원을 곱한 금액을 옵션매수자(보유자)에게 지불하여야 한다.

1999년 4월에는 한국선물거래소가 개설되어 여러 가지 선물상품과 함께 달러옵션도 거래하기 시작하였다. 이 달러옵션 역시 유럽형으로서 1계약은 10,000달러이다. 이 달러옵션도 현금결제에 의해 거래를 마감한다. 2013년 1월말 현재, 한국거래소에서는 코스피200 주가지수 옵션, 미국달러 옵션, 다수의 개별주식 옵션이 거래되고 있다.

13.2 만기일의 옵션가치

옵션은 조건부 청구권의 특성이 가장 명확하게 나타나는 금융자산이다. 조건부 청구권으로서의 옵션의 성격을 이해하기 위하여 만기일의 옵션의 가치가 기초자산의 가격과 어떤 관계를 갖고 있는지를 보기로 하자.

13.2.1 콜옵션

먼저 콜옵션의 행사가격이 X로 약정되어 있고 만기일 T에서의 기초자산의 가격이라 하자. 만기일에 콜옵션의 행사 여부와 옵션의 가치는 만기일에 기초자산의 가격이 어떤 수준에서 결정되는지에 따라 달라진다. 예를 들어, 2월 28일에 A주식 1주를 35,000원의 행사가격으로 매수할 수 있는 콜옵션이 있다 하자. 만일 만기에 이 주식의 가격이 40,000원이라면 콜옵션의 보유자는 콜옵션을 행사하여 5,000원의 이득을 얻게 되므로, 만

3] 예를 들어, 금년 3월이 결제월이고 행사가격이 240포인트인 콜옵션의 현재(2월 11일) 가격이 3.5포인트라고 하자. 이 콜옵션 1계약을 매수한 투자자는 175만원(=3.5×50만원)의 가격을 지불하였다는 것을 의미하며, 3월 두 번째 목요일의 KOSPI200 주가지수가 242.3으로 결정된다면 그는 이 콜옵션을 행사하여 (242.3−240)×50만원=115만원의 이익을 얻게 된다.

기일의 콜옵션가치는 5,000원이다. 그러나 만기일의 A주식의 가격이 30,000원이라면, 콜옵션의 보유자는 옵션의 행사를 포기할 것이기 때문에, 옵션의 가치는 0이 된다.

이 예에서와 같이 기초자산의 가격이 콜옵션의 행사가격보다 높으면($S_T \geq X$), 콜옵션의 매수자는 옵션을 행사한다. 즉, 만기일의 콜옵션가치는 기초자산의 가격이 옵션의 행사가격보다 높은 영역에서 가격의 상승에 따라 45°의 기울기를 갖고 증가한다. 반대로 만기일의 시장가격이 행사가격보다 낮은 경우($S_T < X$), 콜옵션은 행사되지 않을 것이다. 왜냐하면, 옵션을 행사할 경우 S_T의 가격을 갖는 자산을 그보다 높은 X의 행사가격을 지급하고 매수함으로써 손실을 보기보다는, 옵션을 포기하고 행사하지 않음으로써 이익도 손실도 보지 않는 것이 더 유리하기 때문이다. 따라서 $S_T < X$일 경우 콜옵션가치는 0이다.

$$\text{만기일의 콜옵션가치} = \text{Max}(0, S_T - X) \tag{13.1}$$

단, S_T는 만기일의 기초자산 가격이고 X는 행사가격이다.

식(13.1)이 의미하는 바는 만기일의 콜옵션가치가 0과 $S_T - X$ 중에서 큰 값(Max)이라는 것이다. 이 식(13.1)을 그림으로 나타낸 것이 [그림 13.1]의 실선이다.

이상의 설명에서 알 수 있는 바와 같이 콜옵션의 매수자는 만기일에 기초자산의 가격이 행사가격보다 높게 형성될 것이라고 예상하고서 콜옵션을 매수한다. 순수하게 이론적으로만 본다면, 만기일의 기초자산 가격은 무한대까지 상승할 수도 있으므로 콜옵션의 가치도 무한대까지 상승할 수 있다. 이런 상황은 현실적으로 불가능한 것이지만, 콜옵션가치가 위쪽으로 열려져 있다는 것을 시사한다는 점에서 중요한 의미를 갖는다.

옵션거래로부터 얻어지는 손익은 만기일의 옵션가치로부터 옵션가격을 뺀 값이다. 예를 들어, 어떤 투자자가 A주식에 대한 콜옵션을 3,000원의 옵션가격을 주고 매수하였다 하자. 만일 만기일의 기초자산의 가격이 예상대로 40,000원으로 상승하였다면, 그는 옵션을 행사하여 5,000원을 얻게 되지만, 콜옵션을 매입하기 위해 3,000원의 가격을 지불하였으므로 그가 얻게 될 순이익은 2,000원이다.

이와 같이 콜옵션매수자가 얻는 순이익은 만기일의 콜옵션가치에서 그가 지불한 옵션가격을 차감하여 구해지며, 이는 [그림 13.1]에서 점선으로 나타나 있다. 만일의 경우 기초자산의 가격이 행사가격보다 낮아진다 하더라도, 그는 가격하락의 모든 손실을 부담하지 않고 처음 옵션을 매수할 때 지급한 옵션가격 3,000원만을 잃게 된다. 따라서 콜옵션의 매수자는 가격하락의 위험을 콜옵션의 매도자에게 전가한 대가로 옵션가격

그림 13.1 만기일의 콜옵션가치

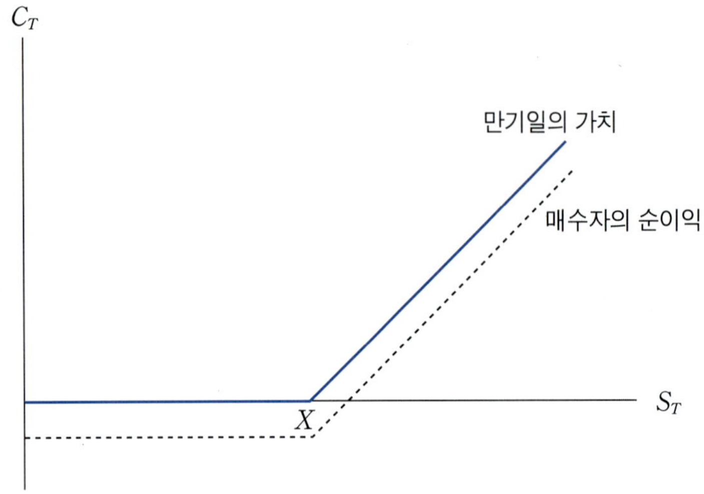

3,000원을 매도자에게 지급한 것이라고 말할 수 있다.

콜옵션매도자의 입장에서 볼 때, 만기일의 기초자산의 가격이 행사가격보다 높게 형성되면($S_T \geq X$), 콜옵션매수자는 옵션을 행사하게 될 것이므로, 콜옵션매도자는 콜옵션의 행사에 응해 주어야 한다(콜옵션매도자가 계약을 충실히 이행하도록 하기 위하여 옵션거래소는 미리 증거금을 받아둔다). 따라서 기초자산의 시장가격이 행사가격보다 높을 경우($S_T \geq X$), 콜옵션매도자의 입장에서 본 콜옵션의 가치는 $X - S_T$와 같으며 이 값은 (−)이다. 그러나 기초자산의 가격이 행사가격보다 낮을 경우($S_T < X$), 콜옵션매수자는 옵션을 행사하지 않을 것이므로, 콜옵션매도자의 입장에서 본 콜옵션의 가치는 0이다.

13.2.2 풋옵션

풋옵션은 만기일에 약정된 행사가격을 받고 기초자산을 매도할 수 있는 권리이다. 만일 만기일의 기초자산의 가격이 행사가격보다 낮게 형성되면($S_T < X$), 풋옵션의 보유자는 풋옵션을 행사함으로써 시장가격보다 높은 행사가격을 받고 기초자산을 팔 수 있다. 따라서 가격이 행사가격보다 낮은 경우, 풋옵션은 만기일에 $X - S_T$의 가치를 갖는다.

그리고 만기일의 기초자산의 가격이 행사가격보다 높으면($S_T \geq X$), 풋옵션의 보유자는 풋옵션의 행사를 포기한다. 왜냐하면 풋옵션의 보유자는 시장가격보다 낮은 행사가격만을 받고 기초자산을 매도하려 하지 않을 것이기 때문이다. 따라서 가격이 행사가격보다 높으면, 만기일의 풋옵션의 가치는 0이다.

예를 들어, 2월 28일에 25,000원의 행사가격으로 A주식 1주를 매도할 수 있는 풋옵션이 있다 하자. 만일 만기일(2월 28일)에 A주식의 가격이 30,000원이라면 풋옵션의 보유자는 풋옵션의 행사를 포기할 것이므로, 만기일의 풋옵션가치는 0이다. 그러나 만기일에 이 주식의 가격이 19,000원이라면 풋옵션의 보유자는 풋옵션을 행사하여 6,000원의 이득을 얻을 수 있으므로, 이 풋옵션의 만기일의 가치는 6,000원이 된다.

이상의 설명을 간단한 식으로 표시하면 다음과 같다.

$$\text{만기일의 풋옵션가치} = \text{Max}(0, X - S_T) \qquad (13.2)$$

즉, 만기일의 풋옵션가치는 0과 $X-S_T$ 중에서 큰 값(Max)이다. 풋옵션이 행사되는 $S_T<X$인 경우, $X-S_T$가 0보다 큰 값을 가지므로 풋옵션매수자는 $X-S_T$의 이익을 얻게 된다. 반대로 풋옵션이 행사되지 않는 $S_T \geq X$인 경우에는 $X-S_T$가 0보다 작은 값이므로 풋옵션의 매수자는 0의 이익을 얻는다.

만기일의 기초자산 가격 S_T가 행사가격보다 낮으면 낮을수록, 만기일의 풋옵션가치

그림 13.2 만기일의 풋옵션가치

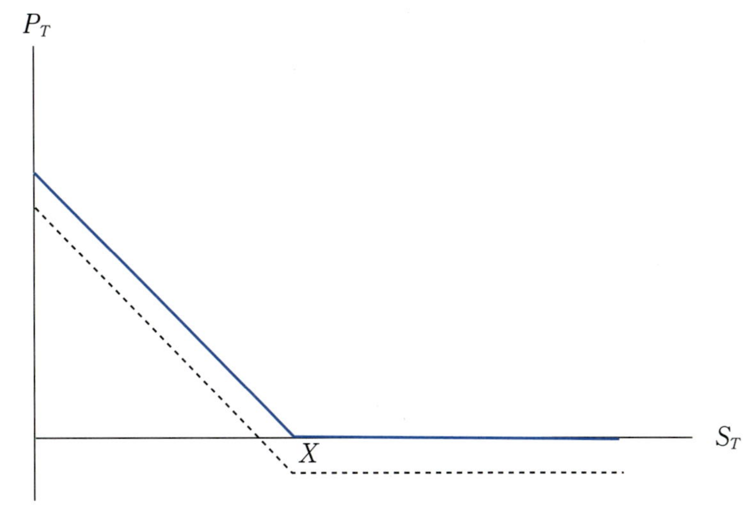

는 더 크게 된다. 따라서 만기일의 풋옵션가치는 [그림 13.2]의 실선과 같다. 그리고 풋옵션매수자의 순이익은 만기일의 풋옵션가치에서 풋옵션 가격을 뺀 값과 같으며, [그림 13.2]에서 점선으로 표시되어 있다(매도자의 입장에서 본 풋옵션가치는 매수자의 경우와 반대이므로 설명을 생략하기로 한다).

[그림 13.2]에서 알 수 있는 중요한 사실은 풋옵션의 가치가 행사가격보다 클 수 없다는 사실이다. 그 이유는 기초자산의 가치가 0 미만일 수 없고, 기초자산의 가치가 0일 때 풋옵션의 가치는 행사가격과 같기 때문이다.

13.2.3 옵션거래와 현물거래

투자자들은 미래가격에 대한 전망에 기초하여 투기적 이익을 얻기 위해 옵션에 투자할 수도 있고 현물(기초자산)에 투자할 수도 있다. 예를 들어, 현물가격이 행사가격 이상의 수준으로 상승할 것이라고 예상될 때, 투기적 투자자들은 현물을 매수할 수도 있지만 콜옵션을 매수할 수도 있다. 즉, 옵션거래와 현물거래는 서로 대체적인 것으로 간주될 수도 있다. 그러나 옵션과 현물이 갖는 특성이 서로 다르기 때문에, 그 특성들을 고려하여 적절한 투자대상을 선택하여야 한다.

옵션이 갖는 가장 중요한 특성은 레버리지(leverage) 효과, 즉 손익이 확대되는 효과를 갖고 있다는 점이다. 옵션거래의 레버리지 효과는 현물에 비해 옵션의 가격이 훨씬 낮은 가격이라는 사실 때문에 얻어지는 효과이다. 예를 들어, 주당 10,000원의 주가로 거래되는 주식을 기초자산으로 하고 행사가격이 11,000원인 콜옵션이 1,000원의 옵션가격으로 거래되고 있다 하자. 5천만원의 투자액을 갖고 있는 투자자는 주식 현물로 5,000주를 살 수 있지만, 콜옵션은 50,000단위를 살 수 있다. 만기일에 주가가 예상대로 13,000원으로 상승한다면, 현물을 매수할 경우 1,500만원의 시세차익을 얻지만 콜옵션에 투자하면 5,000만원의 이익을 얻을 수 있다. 반대로 주가가 예상과는 달리 9,000원으로 하락한다면, 현물투자의 경우 투자자의 부가 4,500만원이라도 남게 되지만 옵션투자의 경우 5,000만원 모두가 사라진다.

이 예로부터 투기적 목적으로 거래할 경우, 옵션거래의 손익이 현물거래의 손익보다 훨씬 큰 폭으로 확대되어 나타난다. 이와 같이 옵션거래가 레버리지 효과를 갖게 되는 이유는, 일반적으로 옵션가격이 현물가격에 비하여 훨씬 낮으므로, 동일한 투자액으로 현물에 투자하는 것보다 많은 수량의 옵션에 투자할 수 있으며, 그 결과 손익이 큰 폭으로 확대된다.

13.3 옵션가격의 범위

옵션이 실제로 거래되는 시점은, 만기가 도래한 시점이 아니라, 만기까지 어느 정도의 시간을 남겨둔 시점이다. 그리고 그 거래시점에 결정되는 옵션가격은 만기일의 옵션가치가 어느 정도일지를 고려하여 결정될 것이지만 만기일의 옵션가치와는 다른 어떤 값으로 결정될 것이다. 13.3절과 13.4절에서는 만기 이전에 옵션의 균형가격이 어떻게 결정될 것인지를 설명한다. 이 절에서는 만기 이전의 어떤 시점에 콜옵션과 풋옵션의 가격이 어떤 범위에서 평가될 것인지를 설명한다.

설명을 단순화하기 위하여 다음 세 가지를 가정하자.

첫째, 옵션은 만기 이전 어느 때라도 행사될 수 있는 미국형 옵션이다.

둘째, 만기 이전에 기초자산으로부터 아무런 배당도 얻어지지 않는다. 만일 만기 이전의 배당을 허용하게 되면, 배당이 만기의 현물가격에 대하여 중요한 영향을 미칠 것이므로 옵션의 평가가 매우 복잡해진다.

셋째, 옵션을 거래하는 시장이 완전시장이며 효율적 시장이다. 즉, 옵션 및 기초자산의 거래를 방해하는 어떤 마찰적 요인도 존재하지 않고, 모든 거래자들은 옵션의 가치평가와 관련된 모든 정보를 공평하고 저렴하게 즉시적으로 배분받는다.

13.3.1 콜옵션 가격의 범위

(1) 콜옵션 가격의 아래쪽 경계

[그림 13.3]은 콜옵션의 가격이 갖는 경계를 나타내고 있다. 이 그림에서 X축은 기초자산의 현재의 가격(S_0)이 표시되어 있고, Y축에는 콜옵션의 가격(C_0)이 표시되어 있다. 기초자산 가격의 수준에 따라 실제로 결정되는 콜옵션 가격은 [그림 13.3]에서 굵은 곡선으로 표시되어 있다.

그림 13.3 콜옵션 가격의 경계

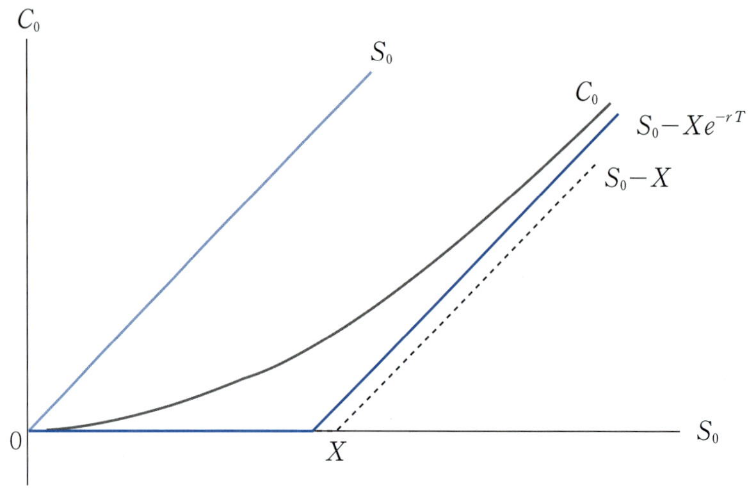

[그림 13.3]에서 콜옵션 가격이 취할 수 있는 아래쪽 경계가 두 가지로 표시되어 있다. 아래쪽 점선으로 표시된 경계는 하드플로어(hard floor)라고 부르는 것이고 약간 위쪽의 실선으로 표시된 경계는 소프트플로어(soft floor)라고 부르는 경계이다. 하드플로어는 다음 식으로 표현된다.

$$\text{하드플로어} = \text{Max}\,(0,\ S_0 - X) \tag{13.3}$$

하드플로어는 콜옵션 가격이 S_0-X와 0 중에서 큰 값이어야 한다는 것을 의미한다. 얼핏 생각하면, 이 하드플로어가 콜옵션 가격의 아래쪽 경계를 구성하는 것처럼 보인다. 왜냐하면 콜옵션 가격은 당장 옵션을 행사하여 얻게 될 옵션의 가치 이상이어야 할 것으로 생각될 것이기 때문이다.

실무에서는 실제의 옵션가격과 하드플로어의 차이를 옵션의 시간가치(time value of option)라고 한다. 이런 용어가 붙여진 이유는 콜옵션을 당장 행사하지 않고 행사를 연기한데 대한 대가로 이 차이가 주어졌다고 해석될 수 있기 때문이다.

콜옵션 가격의 진정한 아래쪽 경계는 소프트플로어이다. 소프트플로어는 다음 식과 같이 S_0-Xe^{-rT}와 0 중에서 더 큰 값으로서 다음의 식으로 나타낼 수 있다. 이 식에서 Xe^{-rT}는 행사가격 X를 무위험이자율로 할인하여 얻어진 현재가치이다.

소프트플로어$=\text{Max}\,(0, S_0-Xe^{-rT})$ (13.4)

단, S_0는 기초자산의 현재가격, r은 연속복리 무위험이자율, T는 잔존만기를 나타내며, e는 자연상수로서 약 2.7182818 정도이다.

즉, 기초자산의 현재가격(S_0)이 행사가격의 현재가치(Xe^{-rT})보다 클 경우, 콜옵션의 가격은 S_0-Xe^{-rT} 이상의 수준에서 결정되고 기초자산의 현재가격이 행사가격의 현재가치보다 낮을 경우 콜옵션 가격은 0 이상의 수준에서 결정되어야 한다.

소프트플로어가 콜옵션 가격의 아래쪽 경계를 이루는 이유는, 미국형 콜옵션의 가격 C_0가 소프트플로어보다 낮은 수준에서 결정된다면, 콜옵션을 이용하여 현물 투자보다 유리한 포트폴리오를 만들 수 있기 때문이다. 이를 보기 위하여, ① 기초자산, 즉 주식에 투자한 경우와 ② 1개의 콜옵션과 행사가격의 현재가치(=Xe^{-rT})에 해당하는 금액을 무위험채권에 투자한 경우를 비교해 보기로 하자.

콜옵션을 만기까지 행사하지 않고 보유할 경우, 이 두 가지 투자전략이 옵션 만기(T기 후)에 투자자에게 가져다줄 富의 크기를 생각해 보기로 하자. 두 투자전략의 가치는 만기에 주가(S_T)가 어떻게 결정될 것인지에 따라 다음과 같이 달라진다.

	$S_T<X$일 때	$S_T\geq X$일 때
① **주식투자**	S_T	S_T
② **콜옵션+무위험채권 투자**	$0+X=X$	$(S_T-X)+X=S_T$

위의 결과를 보면 ②의 콜옵션+무위험채권 투자가 어느 경우에나 ①의 주식투자보다 유리하다는 것을 알 수 있다. 왜냐하면 만기의 주가가 행사가격보다 높은 경우($S_T\geq X$), 두 투자전략은 동일한 현금흐름을 가져다준다. 그러나 만기의 주가가 행사가격보다 낮은 경우($S_T<X$), ②의 콜옵션+무위험채권 투자는 행사가격만큼의 현금흐름을 가져다주지만 ①의 주식투자는 그보다 적은 주가(S_T)만큼의 현금흐름만을 가져다주기 때문이다.

②의 콜옵션+무위험채권 투자가 만기에 더 유리한 현금흐름을 가져다주므로, 투자자들은 주식투자보다 콜옵션+무위험채권 투자에 더 높은 투자액을 지불하고자 할 것이다. 콜옵션+무위험채권의 투자액이 기초자산 투자의 투자액 이상이어야 한다. 즉, ②의 투자액은 1개의 콜옵션 가격과 행사가격의 현재가치의 합계(C_0+Xe^{-rT})와 같으므로, 두 투자전략의 투자액 사이에 $C_0+Xe^{-rT}\geq S_0$의 관계가 성립한다. 이 부등식에서

좌변의 두 번째 항을 우변으로 이항하고 또 콜옵션 가격이 0보다 작을 수 없다는 조건을 추가하면 다음 부등식이 얻어진다.

$$C_0 \geq \mathrm{Max}(0,\ S_0 - Xe^{-rT}) \tag{13.5}$$

이 부등식에서 우변은 위에서 말한 소프트플로어와 같으므로, 콜옵션 가격은 소프트플로어보다 높아야 한다. 위의 식은 미국형 콜옵션에 적용되는 것이지만, 유럽형 콜옵션의 경우에도 적용된다. 그 이유는 배당이 없는 미국형 콜옵션은 만기일 이전에 행사되지 않으므로 유럽형 콜옵션과 동일하게 가격이 결정되기 때문이다(배당이 없는 미국형 콜옵션이 만기일 이전에 행사되지 않는 이유는 13.3.6항에서 설명하게 될 것이다).

(2) 콜옵션 가격의 위쪽 경계

콜옵션은 기초자산 가격보다 더 높은 가치를 가질 수 없다. 따라서 [그림 13.3]에서 원점에서 그은 45° 직선이 콜옵션 가격의 위쪽 경계이다. 그 이유는 간단하다. 즉, 콜옵션은 기초자산의 매수선택권이므로, 어떤 경우라 하더라도 콜옵션의 가격이 매수선택권의 대상인 기초자산의 가격보다 높게 평가될 수 없기 때문이다.

한 가지 극단적인 예로서 만기가 무한한 미래로 되어 있다고 하자. 이것은 무한한 미래에 약정된 행사가격 X를 지급하고 기초자산을 매수할 수 있다는 뜻이다. 이와 같이 무한의 만기를 갖는 콜옵션의 가격은 기초자산의 현재의 가격과 동일하며, 기초자산의 현재가격은 [그림 13.3]의 위쪽 경계와 동일하다.[4]

13.3.2 풋옵션 가격의 범위

(1) 미국형 풋옵션 가격의 경계

기초자산에 대해 만기 이전에 배당이 주어지지 않는 미국형 풋옵션 가격의 경계를

4] 이 결론을 이해하기 위해서는 우리는 다음 두 가지 단순한 사실을 확인할 필요가 있다. ① 무한한 미래에 지급하게 될 행사가격의 현재가치는 0이다(그 이유는 현재가치 공식을 상기해 보면 쉽게 알 수 있다). ② 미래에 취득하게 될 기초자산의 현재가치는 현재의 가격이다. 왜냐하면 기초자산의 현재의 가격은 그 자산이 옵션 행사시점에 갖게 될 가격의 현재가치이기 때문이다. 이 두 가지 사실로부터 무한의 만기를 갖는 콜옵션은 현재시점에 0의 현재가치(=행사가격의 현재가치)를 지급하고 기초자산을 매수하는 것과 동일한 가치를 갖는다. 따라서 무한의 만기일을 갖는 콜옵션의 가치는 기초자산의 현재의 가격과 같으며, [그림 13.3]의 위쪽 경계선 상의 어느 한 점에서 결정된다.

그림 13.4 미국형 풋옵션 가격의 경계

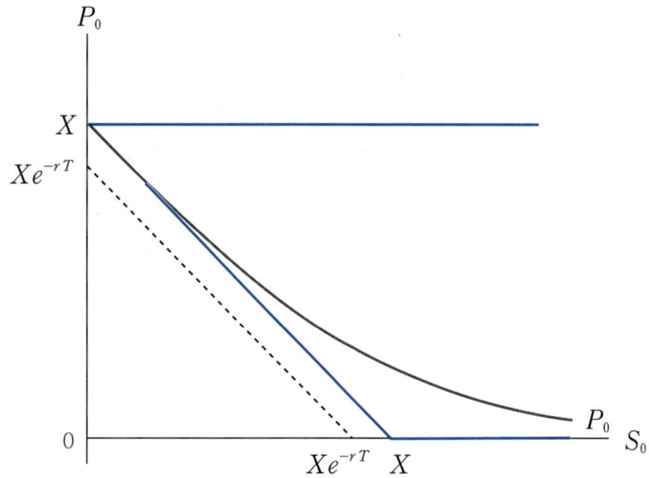

생각해 보자. 미국형 풋옵션은 만기 이전 원하는 시점에 풋옵션이 행사될 수 있다. 만일 기초자산의 현재가격이 0이라면, 풋옵션의 행사를 연기할 경우 예상되는 풋옵션의 최대 가치는 행사가격의 현재가치이지만 풋옵션을 조기행사할 경우 행사가격의 가치를 실현할 수 있으므로 투자자는 조기행사하는 것이 더 유리하다. 따라서 미국형 풋옵션 가격의 위쪽 경계는 [그림 13.4]와 같이 행사가격(X)과 동일한 수준이다.

기초자산 가격(S_0)이 0에 상당히 가까울 경우에도 옵션의 행사를 연기하기보다는 당장 행사하여 $X-S_0$의 현금흐름을 실현하는 것이 더 유리하다. 따라서 기초자산 가격이 0에 가까운 영역에서 풋옵션 가격은 $X-S_0$와 같다. 기초자산 가격이 0보다 상당한 큰 값을 갖게 되면, 투자자들은 미래의 기초자산 가격이 하락할 것을 기대할 수 있기 때문에 조기행사보다는 행사의 연기를 선택한다. 따라서 미국형 풋옵션 가격의 아래쪽 경계는 $X-S_0$와 0 중에서 큰 값이다.

미국형 풋옵션 가격은 [그림 13.4]에서 굵은 곡선으로 표시되어 있다. 기초자산 가격이 0에 가까운 영역에서는 풋옵션이 조기행사되기 때문에 풋옵션 가격은 $X-S_0$와 같게 되고, 기초자산 가격이 0보다 상당히 높은 영역에서는 옵션의 시간가치를 갖게 되므로 풋옵션 가격은 아래쪽 경계보다 높게 결정된다.

그림 13.5 유럽형 풋옵션 가격의 경계

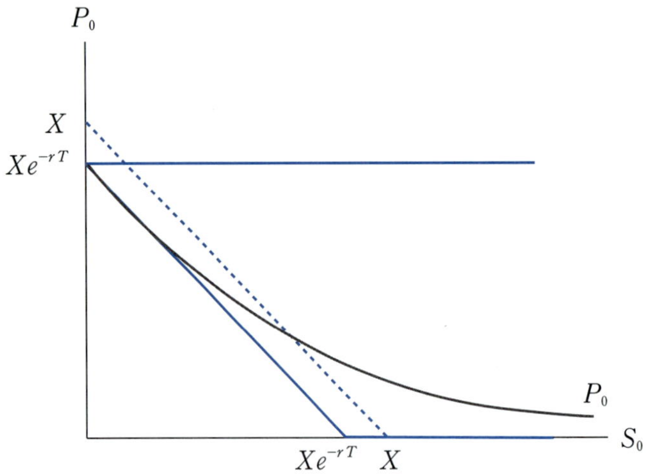

(2) 유럽형 풋옵션 가격의 경계

유럽형 풋옵션은 만기 이전에 조기행사될 수 없으며, 기초자산 가격이 0에 접근하더라도 만기까지 풋옵션의 행사를 만기까지 연기하여야 한다. 따라서 기초자산 가격이 0일지라도 유럽형 풋옵션의 가격은 행사가격의 현재가치(Xe^{-rT}) 이상의 값을 가질 수 없다. 그리고 기초자산 가격이 0보다 클 경우 유럽형 풋옵션은 $Xe^{-rT}-S_0$와 0으로 이루어진 꺾어진 직선보다 더 낮은 가격으로 평가될 수 없다. 따라서 유럽형 풋옵션의 실제가격은 [그림 13.5]에서와 같이 Xe^{-rT}의 위쪽 경계와 $Xe^{-rT}-S_0$의 직선과 0으로 이루어진 아래쪽 경계 사이에서 결정된다.

13.4 콜옵션 가격의 평가

13.4.1 이항분포에 의한 유럽형 콜옵션의 평가

(1) 무위험 헤지포트폴리오

앞에서 투자액 모두를 옵션에만 투자할 경우 투자자는 매우 큰 레버리지 효과를 갖으며, 이 때문에 옵션 그 자체는 위험이 매우 큰 투자수단이라고 설명하였다. 그러나 옵션이 갖는 또 다른 매력은 옵션을 이용하여 무위험자산을 복제(replication)할 수 있다는 점이다. 즉, 콜옵션과 기초자산을 적절하게 결합하면 만기에 확정된 가치를 갖는 포트폴리오를 만들 수 있으며, 그런 포트폴리오를 무위험 헤지포트폴리오(riskfree hedge portfolio)라고 한다.

무위험 헤지포트폴리오를 만드는 기본적인 발상은 매우 간단하다. 즉, 기초자산의 매수로 발생하게 될 손익을 콜옵션의 매도로 얻게 될 손익에 의해 정확하게 상쇄시킴으로써 무위험 포트폴리오를 만드는 것이다. 이 경우 1단위의 콜옵션을 매도할 때 매수해야 할 기초자산의 수를 헤지비율(hedge ratio)이라고 부른다.

구체적으로 무위험 헤지포트폴리오를 이해하기 위하여 간단한 예를 만들어 보기로 하자. 현재 어떤 주식 A가 1주당 30,000원에 활발하게 거래되고 있다. 이 주식의 3개월 후 주가는 0.8281배 수준인 24,843원으로 하락하거나 1.21배 수준인 36,300원으로 상승하

그림 13.6 유럽형 풋옵션 가격의 경계

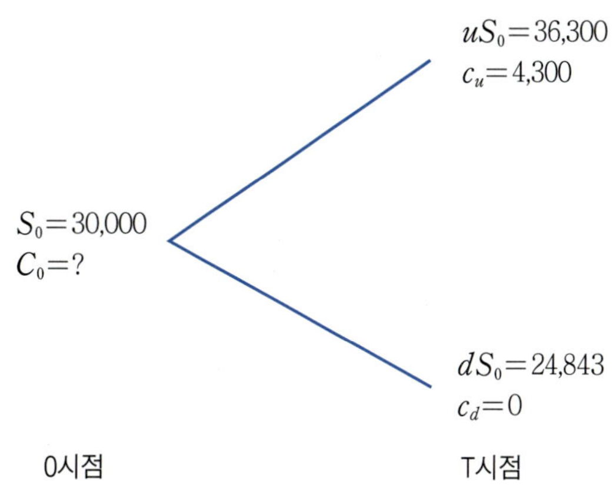

는 두 가지 가능한 경우만 예상되고 있다. 그리고 옵션시장에서는 이 주식을 기초자산으로 하고 만기가 3개월 후이며 행사가격이 32,000원인 유럽형 콜옵션이 현재 c_0의 옵션가격으로 거래되고 있다 하자. 이 경우 [그림 13.6]에서와 같이 주가가 상승하면 콜옵션가치는 4,300원이지만 주가가 하락하면 콜옵션가치는 0이다.

투자자들은 콜옵션과 *A*주식을 적절하게 결합함으로써 위험이 전혀 없는 포트폴리오를 만들어 낼 수 있다. 예를 들어, 1계약의 콜옵션을 매도하고 *m*주의 *A*주식을 매입하여 구성한 포트폴리오를 생각해 보기로 하자(이 *m*이 헤지비율이다). 이 포트폴리오로부터 만기일인 3개월 후에 얻게 될 현금흐름은 다음과 같이 계산된다.

주가가 24,843원으로 하락할 경우

*A*주식의 가치	$m \times 24{,}843$
콜옵션의 가치	$-\text{Max}(0,\ 24{,}843-32{,}000)=0$
현금흐름	$m \times 24{,}843$

주가가 36,300원으로 상승할 경우

*A*주식의 가치	$m \times 36{,}300$
콜옵션의 가치	$-\text{Max}(0,\ 36{,}300-32{,}000)=-4{,}300$
현금흐름	$m \times 36{,}300-4{,}300$

이 포트폴리오가 무위험 헤지포트폴리오가 되기 위해서는 위의 두 가지 경우의 현금흐름이 동일하여야 한다. 따라서 헤지비율은 다음과 같이 0.375316으로 계산된다.

$$m \times 24{,}843 = m \times 36{,}300 - 4{,}300 \qquad \therefore m = 0.375316$$

즉, 콜옵션 1계약을 매도하고 *A*주식을 0.375316주 매입하여 구성한 포트폴리오는 3개월 후에 *A*주식의 주가가 어떻게 달라진다 하더라도 동일한 현금흐름을 가져다준다. 이를 확인하기 위하여 $m=0.375316$을 대입하여 만기의 현금흐름을 계산해 보면, 주가가 36,300원으로 상승하든 또는 24,843원으로 하락하든 포트폴리오의 현금흐름은 언제나 9,324원이다. 즉, 이 포트폴리오는 *A*주식의 가격이 만기일에 어떻게 결정되든 동일한 현금흐름을 가져다주기 때문에 무위험 헤지포트폴리오이다.

위의 예에서 기초자산의 만기일의 가격은 이항분포(binomial distribution)에 따를 것으로 가정하고 있다. 즉, 현재 S_0인 기초자산 가격이 T시점에 $u \times S_0$로 상승하거나 $d \times S_0$로 하락하는 두 가지 가능한 경우만을 갖고 있다고 가정한다. 여기에서 u와 d는 각각 상승계수(up factor)와 하락계수(down factor)라고 부르는 값으로서, u는 1원의 미래가치인 e^{rT}보다 큰 값이고 d는 e^{rT}보다 작은 값이어야 한다. 위의 예에서는 u가 1.21, d가 0.8281배로 주어져 있다.

그리고 이 기초자산에 대하여 만기까지의 기간이 T이고 행사가격이 X인 유럽형 콜옵션이 거래되고 있으며, 이 콜옵션의 현재가격이 c_0라 하자.

기초자산의 가격변동에 대해 확률분포가 주어지면, 투자자는 위의 예에서와 같이 기초자산 m주를 매입하고 1계약의 콜옵션을 매도하여 무위험 헤지포트폴리오를 만들어낼 수 있다. 이를 위해 적절한 헤지비율 m의 값을 구해야 한다. 콜옵션이 만기에 갖게 될 가치는 기초자산 가격의 크기에 따라 다음과 같이 주어진다.

기초자산 가격이 상승할 경우의 콜옵션가치 : $c_u = \text{Max}(0, uS_0 - X)$
기초자산 가격이 하락할 경우의 콜옵션가치 : $c_d = \text{Max}(0, dS_0 - X)$

따라서 무위험 헤지포트폴리오의 만기일의 현금흐름은 다음과 같이 구해진다.

기초자산 가격이 상승할 경우 : $muS_0 - c_u$
기초자산 가격이 하락할 경우 : $mdS_0 - c_d$

이 포트폴리오가 무위험 포트폴리오이기 위해서는 기초자산의 가격변동에도 불구하고 현금흐름이 동일하게 주어져야 한다. 즉, $muS_0 - c_u$는 $mdS_0 - c_d$와 같아야 하므로 헤지비율 m은 아래와 같이 구해진다.

$$muS_0 - c_u = mdS_0 - c_d$$

$$m = \frac{c_u - c_d}{S_0(u-d)} \tag{13.6}$$

위 식에서 알 수 있는 바와 같이 이항분포 모형에서 헤지비율은 콜옵션가치의 변동폭인 $c_u - c_d$를 기초자산 가격의 변동폭인 $S_0(u-d)$으로 나눈 값과 같다. 이 점은 헤지비율이 콜옵션가치의 변동을 기초자산 가격의 변동에 의하여 정확하게 상쇄시키는 데 필요한 옵션과 기초자산의 결합비율이라는 것을 의미한다.

(2) 콜옵션의 가격

이 식(13.6)에서 계산된 바와 같이 m주의 기초자산을 매입하고 1계약의 콜옵션을 매도하면, 기초자산의 가격이 어떻게 변동하든 투자자는 무위험한 현금흐름인 muS_0-c_u(또는 mdS_0-c_d)를 얻는다. 이 무위험 헤지포트폴리오를 만들기 위하여, 1주당 S_0를 주고 m주의 기초자산을 매입하고 c_0를 받고 1계약의 콜옵션을 매도하였으므로, 무위험 헤지포트폴리오의 투자액은 mS_0-c_0이다. 균형상태에서 mS_0-c_0의 투자액에 대해 무위험수익률이 얻어져야 되기 때문에 다음 식이 성립하여야 한다.

$$(mS_0-c_0)e^{rT}=muS_0-c_u$$

이 식을 콜옵션의 가격 c_0에 관하여 정리하면 다음의 결과가 얻어진다.

콜옵션의 가격(단일기간)

$$c_0=mS_0+(c_u-muS_0)e^{-rT} \tag{13.7}$$

위에서 사용한 예를 이용하여 콜옵션의 가격을 구해 보기로 하자. 위의 예에서 무위험 헤지포트폴리오의 헤지비율은 0.375316이고, 현재의 주가는 30,000원, 행사가격은 32,000원, 상승계수(u)와 하락계수(d)는 각각 1.21과 0.8281배이다. 연간 연속복리 무위험이자율은 6%라 하자. 이 자료와 식(13.7)을 이용하면 콜옵션의 균형가격은 다음과 같이 2,074원으로 계산된다.

$$c_0=0.375316\times30{,}000+(4{,}300-0.375316\times1.21\times30{,}000)e^{-0.06\times(1/4)}=2{,}074\text{원}$$

콜옵션 가격이 2,074원일 때 투자액은 9,185원(=0.375316×30,000−2,074)이므로, 옵션 만기에 얻게 될 9,324원의 확실한 현금흐름은 9,185원의 투자액을 연리 6%의 무위험수익률로 3개월간 투자하여 얻은 원리금과 동일하다. 만일 콜옵션 가격이 이 2,074원보다 높으면 무위험자산을 공매(즉, 무위험이자율로 차입)하고 무위험 헤지포트폴리오를 매입하는 차익거래가 발생하게 될 것이다. 반대로 콜옵션 가격이 2,074원보다 낮으면 이와 반대방향의 차익거래가 발생할 것이다.

식(13.7)에서 흥미있는 사실은 콜옵션 가격이 기초자산 가격이 얼마로 상승 또는 하락할 것인지에만 의존하고, 기초자산 가격 변동의 확률과는 전혀 무관하다는 점이다. 즉, 기초자산 가격의 상승 확률이 높기 때문에 콜옵션 가격이 더 높게 평가된다거나 반대로 하락 확률이 높기 때문에 콜옵션 가격이 더 낮게 평가되지 않는다.

12.4.2 마팅게일 가격결정모형

(1) 단일기간의 마팅게일 가격결정모형

자산가격이 2항분포에 따라 변동할 경우 콜옵션과 기초자산을 결합하여 무위험 헤지포트폴리오를 만들고 이를 이용하여 콜옵션의 균형가격을 도출하는 이론은 다른 여러 가지 자산의 가격결정에 적용할 수 있는 마팅게일 가격결정(martingale pricing)이라는 매우 강력한 이론의 기초를 제공하였다. 마팅게일 가격결정의 이론을 이해하기 위하여, 먼저 식(13.6)을 (13.7)에 대입하여 정리하면 다음 식이 얻어진다.[5]

$$c_0=e^{-rT}\left[\frac{e^{rT}-d}{u-d}c_u+\left(1-\frac{e^{rT}-d}{u-d}\right)c_d\right] \tag{13.8}$$

이 식의 괄호 안에서 $(e^{rT}-d)/(u-d)$를 q로 표기하면 다음의 식(13.9)가 얻어진다.

콜옵션의 마팅게일 가격결정모형(단일기간)

$$c_0=e^{-rT}[qc_u+(1-q)c_d] \tag{13.9}$$

단, $q=\dfrac{e^{rT}-d}{u-d}$.

이 가격결정 공식에 의하면, 만기의 옵션가치가 c_u 또는 c_d의 크기로 예상될 때, q와 (1−q)라는 가상적인 확률을 사용하여 구해진 옵션의 기대가격을 무위험이자율로 할인한 현재가치와 같다. 여기에서 기대치를 구할 때 사용된 가상적 확률 q를 마팅게일 확률

5] 식(13.6)을 (13.7)에 대입하면 다음 식이 얻어진다.

$$c_0=\left[\frac{c_u-c_d}{S_0(u-d)}\right]S_0+\left\{c_u-\left[\frac{c_u-c_d}{S_0(u-d)}\right]uS_0\right\}e^{-rT}$$

이 식의 첫 번째 항에 e^{-rT}와 e^{rT}를 곱하고 우변 전체를 e^{-rT}로 묶은 다음, 괄호 안을 c_u와 c_d를 갖는 두 부분으로 정리하면 식(13.8)이 얻어진다.

(martingale probability)이라고 하고, 이러한 평가방법을 마팅게일 가격결정모형(martingale pricing model) 또는 위험중립 평가모형(risk-neutral valuation model)이라고 한다.

이 식과 관련하여 주의하여야 할 점은 마팅게일 확률 q가 c_u 또는 c_d가 얻어지게 될 실제의 확률을 의미하는 것이 아니라 가격결정 공식을 도출하는 과정에서 만들어진 가상적 확률 개념이라는 점이다.[6] 그리고 이 식에서 기대가격의 현재가치를 구할 때 사용하는 할인율은 위험프리미엄이 포함된 기대수익률이 아니고 무위험이자율이다. 이것은 위험중립적 투자자가 자산가치를 평가할 때 위험프리미엄을 요구하지 않고 무위험이자율만을 요구하는 것과 유사하며, 이런 특징 때문에 위험중립 평가라는 명칭이 주어졌다.

앞에서 사용한 수치 예를 사용하면, 마팅게일 확률 q와 콜옵션 가격은 다음과 같이 계산된다.

$$q=\frac{e^{0.06\times 1/4}-0.8281}{1.21-0.8281}=0.489691$$

$$c_0=e^{-0.06\times 1/4}[0.489691\times 4{,}300+(1-0.489691)\times 0]=2{,}074\text{원}$$

(2) 2기간 이항분포모형과 마팅게일 가격결정모형

위에서는 만기인 3개월 후까지 기초자산 가격이 단 1회만 이항분포에 따라 변동할 때, 콜옵션의 균형가격이 어떻게 평가되는지를 설명하였다. 이를 약간 더 일반화하여 기초자산 가격변동이 1.5개월 단위로 2회에 걸쳐 변동한다고 생각해 보자. 즉, 현재의 기초자산 가격이 30,000원이고 매 1.5개월마다 1.1배 수준으로 상승하거나 0.91배 수준으로 하락할 것으로 예상된다 하자. 그리고 2기간이 지난 3개월 후가 콜옵션의 만기이고 행사가격은 32,000원이라 하자. 이 경우 기초자산과 콜옵션가치의 변동은 [그림 13.7]과 같이 나타낼 수 있다.

이와 같이 기초자산 가격이 여러 차례에 걸쳐 2항분포로 변동할 경우, 콜옵션 가격은 기초자산 가격변동의 트리를 따라 뒤쪽에서 앞쪽으로 차례대로 구하면 된다. [그림

6] 마팅게일 가격결정이라는 이름이 붙은 이유는 식(13.9)가 제9장에서 설명한 마팅게일모형과 기본적으로 동일하기 때문이다. 마팅게일모형은 현재의 자산가격이 미래가격의 기대치와 동일하다는 것을 나타내고 있다. 마팅게일 가격결정은 미래가격의 기대치를 무위험이자율로 할인한 현재가치에 의해 현재의 가격을 평가한다. 후자는 무위험이자율로 할인한다는 점만을 제외하면 마팅게일모형과 동일하다.
q가 실제의 확률과는 무관한데도 불구하고 마팅게일 확률이라는 명칭이 주어진 이유는 q가 실제 확률의 수학적 특성을 지니고 있기 때문이다. 즉, 실제 확률과 동일하게 q는 0과 1 사이의 값이고 q와 $(1-q)$의 합계가 1이다.

그림 13.7 가격변동의 2항분포(2기간)

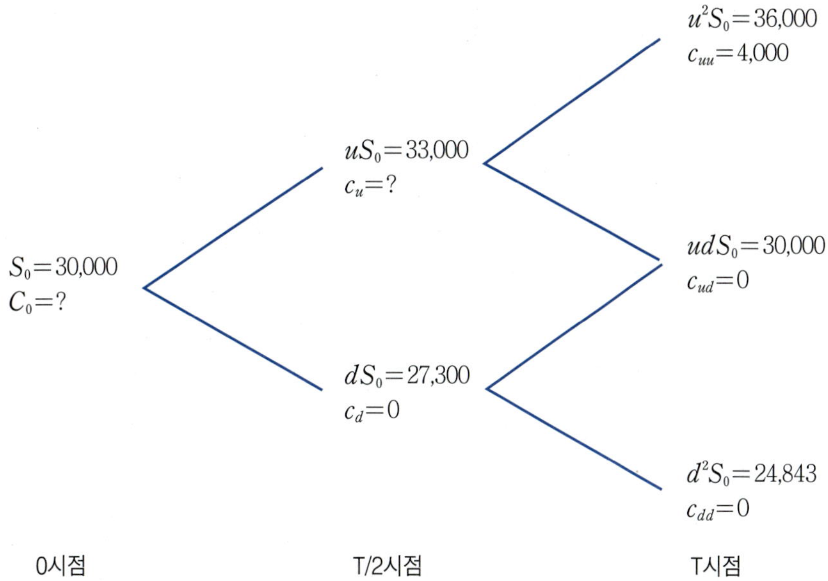

13.7]에서 투자자가 1.5개월 후 uS_0(=33,000원)의 상태에서 무위험 헤지포트폴리오를 만들려 한다 하자. 앞항에서 설명한 대로 이 상태에서의 헤지비율 m_u와 콜옵션 가격 c_u는 식(13.6)과 (13.7)에 의해 다음과 같이 구해진다.

$$m_u=\frac{4{,}300-0}{33{,}000(1.1-0.91)}=0.685805$$

$$c_u=0.685805\times 33{,}000+(4{,}300-0.685805\times 1.1\times 33{,}000)e^{-0.06\times(1/8)}=2{,}191\text{원}$$

그리고 투자자가 1.5개월 후 dS_0(=27,300원)의 상태에 있다면 위와 마찬가지 방법으로 헤지비율 m_d와 콜옵션 가격 c_d는 다음과 같이 구해진다.

$$m_d=\frac{0-0}{27{,}300(1.1-0.91)}=0$$

$$c_d=0\times 27{,}300+(0-0\times 1.1\times 27{,}300)e^{-0.06\times(1/8)}=0$$

현재시점에서는 1.5개월 후에 기초자산 가격이 33,000원으로 상승하거나 27,300원으로 하락할 것이고 콜옵션가치는 2,191원이거나 0원일 것으로 예상하고서 헤지비율과 콜옵션 가격을 구하면 된다. 즉, 현재시점에서의 헤지비율 m_0와 콜옵션 가격 c_0는 다음과 같이 구해진다.

$$m_0 = \frac{2{,}191-0}{30{,}000(1.1-0.91)} = 0.384386$$

$$c_0 = 0.384386 \times 30{,}000 + (2{,}191 - 0.384386 \times 1.1 \times 30{,}000)e^{-0.06 \times (1/8)} = 1{,}116\text{원}$$

일반적으로 옵션의 만기까지 2회가 아니라 더 많은 횟수에 걸쳐 기초자산 가격이 변동하는 경우에도 동일한 방법으로 콜옵션 가격을 구할 수 있다. 그리고 주어진 공식을 사용하여 가격을 평가할 수 없는 특수한 형태의 옵션이 경우, 기초자산 가격이 2항분포에 따라 여러 차례 변동할 때의 트리를 그리고 위에서 설명한 방법에 의해 옵션가격을 구하는 것이 일반적이다.[7]

위에서는 기초자산 가격이 2번 변동하는 경우 무위험 헤지포트폴리오를 구하기 위한 헤지비율을 구하고 이를 사용하여 콜옵션 가격을 구하였다. 단일기간의 경우 무위험 헤지포트폴리오를 만드는 과정에서 마팅게일 확률을 도출하고 이를 이용하여 마팅게일 가격결정모형을 얻어냈다. 2기간의 경우에도 무위험 헤지포트폴리오를 만드는 과정을 반복하여 콜옵션 가격을 구할 수 있기 때문에, 이 경우에도 마팅게일 가격결정모형은 거의 그대로 적용될 수 있다. 여기에서는 구체적인 설명은 생략하고 마팅게일 가격결정모형에 의해 콜옵션 가격을 구하는 공식을 소개하기로 한다.

콜옵션의 마팅게일 가격결정모형(2기간)

$$c_0 = e^{-rT}\left[q^2 c_{uu} + 2q(1-q)c_{ud} + (1-q)^2 c_{dd}\right] \tag{13.10}$$

단, $q = \dfrac{e^{r\Delta t}-d}{u-d}$이며 여기에서 Δt는 단위기간의 길이이다.

위의 수치 예에서 단위기간(1.5개월) 동안의 u와 d는 각각 1.1과 0.91이다. 따라서 마팅게일 확률 q와 콜옵션 가격은 다음과 같이 계산된다.

$$q = \frac{e^{0.06 \times 1/8} - 0.91}{1.1-0.91} = 0.513306$$

7] 한국거래소에서는 코스피200 지수선물의 매일의 이론가격을 계산하여 실제의 종가와 함께 제공하고 있다. 이때 이론가격은 기초자산 가격이 49회에 걸쳐 2항분포에 따라 변동할 경우를 가정하고 계산된 것이다.

$$c_0 = e^{-0.06 \times 1/8}[0.513306^2 \times 4{,}300 + 2 \times 0.513306 \times (1-0.513306) \times 0 + (1-0.513306)^2 \times 0]$$
$$= 1{,}116\text{원}$$

이 계산결과는 위의 2항트리로부터 계산된 콜옵션 가격과 동일한 값이다.

2기간에서의 마팅게일 가격결정모형은 n기간, 즉 만기까지 기초자산 가격이 2항분포에 따라 n회 변동하는 경우에도 그대로 적용될 수 있다(n기간의 마팅게일 가격결정모형은 저자의 홈페이지(http://myweb.jnu.ac.kr/~damcho)에 주어진 보충자료의 [보론 K]에 설명되어 있다).

마팅게일 가격결정모형이 갖는 중요한 장점은 콜옵션의 가격결정뿐만 아니라 풋옵션, 이자율의 기간구조와 채권가격결정, 다른 특수한 형태의 파생상품의 가치평가에도 응용될 수 있다는 점이다.

13.4.3 블랙 · 숄즈의 옵션가격결정모형(OPM)

현실적으로 기초자산의 가격변동은 앞항에서와 같이 단순하게 2항분포로 예측될 수 있는 것은 아니다. 그러나 매우 많은 횟수에 걸쳐 2항분포에 따라 가격이 변동한다면, 그 결과 얻어지는 만기일의 가격의 확률분포는 현실의 가격분포에 상당히 가깝게 된다. 따라서 2항분포에 따라 기초자산 가격이 변동하는 기간의 길이를 매우 짧게 하고 매 기간마다 무위험 헤지포트폴리오를 만드는 과정을 되풀이하는 과정을 통하여 유럽형 콜옵션의 현재가격을 얻어낼 수 있다.

1973년에 블랙과 숄즈(F. Black & M. Scholes)는 매 순간마다 기초자산 가격이 변동하는 경우를 고려하여 콜옵션의 균형가격을 도출하였으며, 그것이 흔히 블랙 · 숄즈 옵션가격결정모형(Black-Scholes option pricing model; OPM)이라고 불리는 모형이다.[8] 본래 블랙과 숄즈는 콜옵션과 기초자산을 결합한 무위험 헤지포트폴리오의 가치변동을 확률미분방정식이라는 고급의 수학적 표현으로 나타내고 매우 복잡한 절차를 통해 그 해를 구하였다. 오늘날에는 앞에서 설명한 마팅게일 가격결정모형을 사용하여 블랙과 숄즈가 구한 OPM을 더 간단하게 구하고 있다.

8] F. Black & M. Scholes, "The Pricing of Options and Corporate Liabilities," *Journal of Political Economy* (May-June 1973).

그림 13.8 기초자산의 순간수익률과 가격의 확률분포

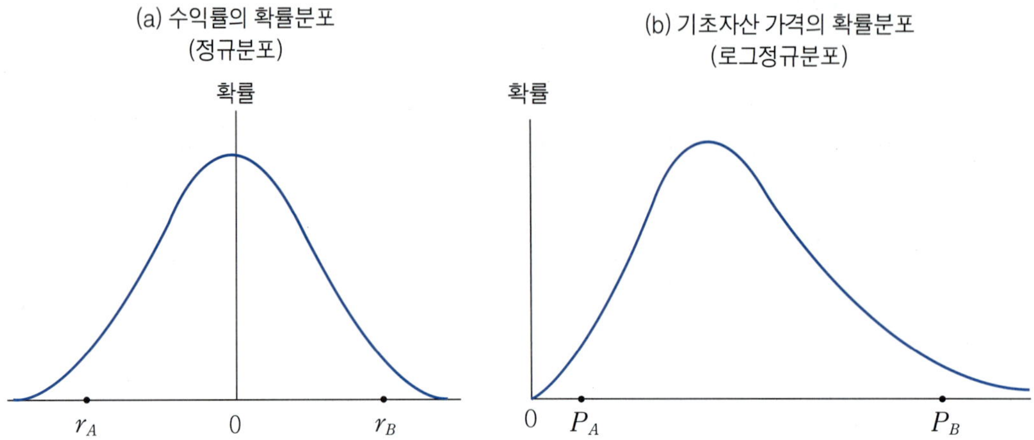

(1) 가정

블랙과 숄즈가 OPM을 도출하기 위하여 전제한 가정은 다음과 같다.

① 투자자는 아무런 제약이 없이 자유롭게 기초자산과 콜옵션을 공매(short selling)할 수 있다.
② 거래비용이나 세금 등의 마찰적 비용이 존재하지 않는다.
③ 콜옵션은 유럽형이다. 즉, 만기일에만 옵션의 행사가 가능하다.
④ 기초자산의 가격은 점프(jump)가 없이 연속적으로 변동한다.
⑤ 콜옵션의 만기일 이전에 기초자산으로부터 배당이 주어지지 않는다.
⑥ 무위험이자율은 안정적이고 알려져 있다.

블랙과 숄즈는 기초자산 가격이 매 순간마다 변동하고, 매 순간의 주가변동으로 얻게 될 수익률을 [그림 13.8]의 (a)와 같은 정규분포로 나타낼 수 있다고 가정하였다(위의 가정 ④).[9]

9] 이 순간수익률의 분포를 더 정확하게 표현하면 $dS/S=\mu dt=\sigma dz$이다. 이 식에서 S는 기초자산 가격이며 dS/S는 순간적인 시간흐름 dt에 일어나는 가격변동률, 즉 순간수익률을 의미한다. μ는 순간수익률의 기대치이고 σ는 순간수익률의 표준편차이다. 그리고 z는 시간의 흐름에 따라 0의 기대치와 1의 분산을 갖고 변동하는 변수이다(이를 기본 Wiener과정이라고 부른다).

만일 순간수익률을 정규분포로 나타낼 수 있다면, 옵션 만기일의 기초자산 가격은 [그림 13.8]의 (b)와 같은 로그정규분포(lognormal distribution)로 나타낼 수 있다. 예를 들어, 그림 (a)의 r_A와 같은 (−)의 순간수익률이 지속적으로 얻어진다면, 그 결과 기초자산 가격은 그림 (b)의 P_A와 같이 0에 접근하지만 결코 0 미만이 될 수 없는 어떤 가격으로 나타날 것이다. 반대로 r_B와 같은 (+)의 순간수익률이 지속적으로 실현된다면, 기초자산 가격은 P_B와 같이 매우 큰 값을 갖게 될 것이다. 따라서 순간수익률의 분포가 대칭적인 정규분포라 할지라도, 그 결과 얻어지게 될 만기일의 기초자산 가격의 분포는 오른쪽 꼬리가 긴 비대칭의 로그정규분포를 갖게 된다.

(2) 배당이 없을 경우의 블랙 · 숄즈 OPM

블랙과 숄즈는, 위의 2항분포모형에서와 같이 기초자산과 콜옵션을 적절하게 결합하여 무위험 헤지포트폴리오를 만들 수 있고, 균형상태에서 이 무위험 헤지포트폴리오의 수익률이 무위험이자율과 같아야 한다는 사실로부터 OPM을 도출하고 있다. 이 경우 헤지비율은, 일정하게 고정되어 있는 것이 아니라, 기초자산의 가격변동에 맞추어 연속적으로 조정해 나가야 한다.

블랙과 숄즈의 OPM은 아래의 식(13.11)과 같이 상당히 복잡한 모습을 지니고 있으며, 이 모형을 이용하여 콜옵션의 가격을 계산하는 과정 역시 결코 단순한 것만은 아니다. 따라서 먼저 OPM의 공식을 제시하고, 구체적인 예를 가지고 콜옵션의 가격을 구해 보기로 한다.

블랙 · 숄즈의 OPM

$$c_0 = S_0 N(d_1) - Xe^{-rT} N(d_2) \tag{13.11}$$

$$d_1 = \frac{\ln(S_0/X) + (r + 0.5\sigma^2)T}{\sigma\sqrt{T}} \tag{13.11a}$$

$$d_2 = d_1 - \sigma\sqrt{T} \tag{13.11b}$$

단, c_0는 유럽형 콜옵션의 가격, S_0는 기초자산의 현재의 가격, X는 콜옵션의 행사가격, r은 연속복리 무위험이자율이다, T는 잔존만기, 즉 만기까지 남아 있는 기간, e는 자연상수로서 약 2.7182818 정도의 값이고, $N(d)$는 표준정규분포에서 d 이하의 누적확률, σ^2은 기초자산의 수익률의 분산을 나타낸다.

이 식(13.11)에서 $N(d_1)$과 $N(d_2)$는 표준정규분포에서 d_1 또는 d_2 이하의 누적확률이다(엑셀에서는 표준정규분포의 누적확률을 계산해 주는 'normsdist' 라는 함수를 사용한다). 또 기초자산의 수익률의 분산을 나타내는 σ^2 은 기초자산의 수익률로부터 계산된 분산이다.

블랙 · 숄즈 OPM은 전체적으로 꽤 복잡하게 이루어진 공식이다. 그러나 식(13.11)을 직관적으로 이해하면 그 의미가 훨씬 분명해진다. 즉, 기초자산 가격(S_0)과 행사가격의 현재가치(Xe^{-rT})를 어떤 확률 $N(d)$로 곱하고 있다는 것을 알 수 있다. 확률 $N(d)$가 1에 가까운 값을 갖는다면 그것은 콜옵션이 행사될 가능성이 매우 크다는 것을 의미하며, 콜옵션의 가격은 S_0-Xe^{-rT}와 같게 된다.[10] 즉, 옵션의 행사가 확실하다면, 콜옵션은 T기 후 X의 행사가격을 지급하고 현재가격이 S_0인 기초자산을 매수하는 거래와 동일하다.

이와 반대로, 콜옵션을 행사할 가능성이 거의 없기 때문에 두 개의 $N(d)$ 항이 거의 0에 가깝다면 콜옵션의 가격이 0에 가까울 수밖에 없다. 일반적으로 $N(d)$는 0과 1 사이의 값을 갖는다. 따라서 콜옵션의 가격은 옵션을 행사하여 얻게 될 이득의 현재가치와 옵션을 행사하게 될 확률을 곱하여 구한 기대치라고 볼 수 있다.

행사가격에 비하여 현재의 기초자산 가격이 높을수록 d_1과 d_2는 더 큰 값을 갖고, $N(d_1)$과 $N(d_2)$도 더 크게 되며, 콜옵션을 만기일에 행사할 가능성도 커진다. 따라서 콜옵션의 가격도 높은 값을 갖게 된다.

예를 들어, 코스피200 지수선물이 2014년 2월 5일 현재 246.3포인트이고 2013년 중 일간수익률의 표준편차는 1.5%이었다. 무위험이자율의 지표로 사용하는 1년만기 통화안정증권의 이자율은 2.65%이다(연간 평균거래 일수는 249일이므로 일간 이자율은 0.0265÷249=0.000106). 만기가 2014년 4월 두 번째 목요일(4월 10일로서 46일 남아 있다)이고 행사가격이 245포인트인 콜옵션의 가격을 OPM에 의해 계산해 보자. 먼저 d_1과 d_2를 계산하면,

$$d_1=\frac{\ln(246.3/245)+(0.000106+0.5\times0.015^2)\times46}{0.015\times\sqrt{46}}=0.051215$$

$$d_2=0.051215-0.015\times\sqrt{46}=0.05052$$

엑셀의 'normsdist' 함수를 사용하면, $N(d_1)$과 $N(d_2)$가 0.520423과 0.479854로 계산

10] 만기일에 콜옵션의 행사가 확실시된다 하자. 그 경우 옵션가격은 콜옵션의 행사로 얻게 될 이익의 현재가치인 $PV(S_T)-PV(X)=S_0-Xe^{-rT}$와 같아야 할 것이다.

된다. 따라서 이 콜옵션의 이론적 가격은 10포인트로 계산된다.[11]

$$c_0 = 246.3 \times 0.520423 - 247.5 \times e^{-0.0000106 \times 46} \times 0.479854 = 10.00$$

(3) 배당이 예상될 때의 블랙 · 숄즈 OPM

블랙 · 숄즈 OPM은 만기 이전에 기초자산이 배당을 지급하지 않는다는 가정 하에서 구해진 것이다. 만기 이전에 확정적인 배당이 주어질 것으로 예상될 경우, 콜옵션이 배당락 가격을 기준으로 행사된다는 점을 고려한다면 OPM은 그리 어렵지 않게 수정될 수 있다. 만기 이전에 확정적인 배당이 주어진다면, 배당지급 시점에 기초자산 가격이 배당지급액만큼 하락하게 될 것이므로 만기일의 기초자산 가격은 그렇지 않을 경우에 비해 배당의 미래가치만큼 낮게 평가될 것이다. 따라서 실제의 기초자산 가격에서 배당의 현재가치를 뺀 값을 OPM에서의 기초자산의 현재가격으로 사용하여야 한다. 이 경우 사용하는 블랙 · 숄즈 공식은 다음과 같다.

$$c_0 = (S_0 - D)N(d_1) - Xe^{-rT}N(d_2) \tag{13.12}$$

$$d_1 = \frac{\ln((S_0 - D)/X) + (r + 0.5\sigma^2)T}{\sigma\sqrt{T}} \tag{13.12a}$$

$$d_2 = d_1 - \sigma\sqrt{T} \tag{13.12b}$$

단, D는 기초자산에 대해 만기 이전에 지급되는 배당을 무위험이자율로 할인한 현재가치이다.

(4) 콜옵션 가격의 결정요인

앞항에서 콜옵션 가격결정을 위한 블랙 · 숄즈의 OPM을 설명하였다. 이 식으로부터 콜옵션 가격의 결정요인들이 무엇인지를 용이하게 알 수 있다.

콜옵션 가격의 결정요인들은 두 가지 종류로 나누어진다. 하나는 콜옵션의 계약을 구성하는 내용으로서 행사가격과 만기가 이에 해당한다. 다른 종류는 시장의 상태를 반영하는 것으로서 기초자산의 가격, 기초자산 가격의 변동성 및 무위험이자율을 들 수 있다.

① **기초자산의 현재가격** : 기초자산의 현재의 가격이 높을수록 콜옵션의 가격은 상승

11] 2013년 2월 5일의 실제 가격은 6.75포인트로서 블랙 · 숄즈 OPM에 의한 이론가격보다 상당히 낮았다.

그림 13.9 기초자산 가격의 확률분포

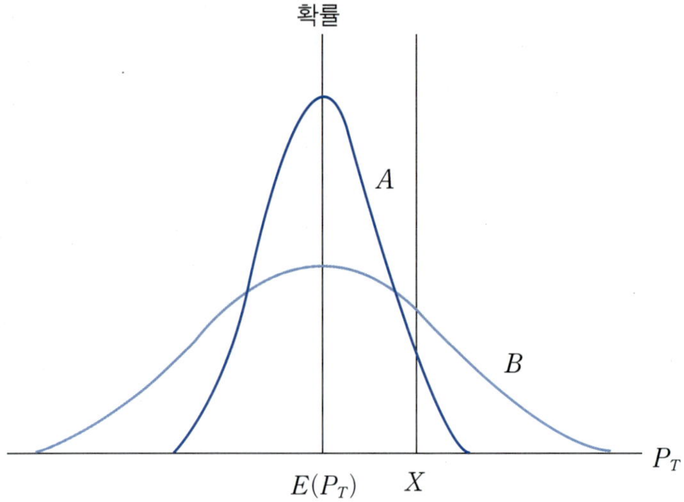

한다. 식(13.11)의 우변에서 S_0가 1원만큼 상승(또는 하락)하면 콜옵션 가격은 $N(d_1)$ 만큼 상승(또는 하락)한다. 흔히 1단위의 기초자산의 가격변동에 대한 옵션가격 변동의 비율을 델타라고 하며 Δ로 표기한다.[12]

기초자산 가격과 콜옵션 가격의 관계는 직관적으로도 용이하게 이해될 수 있다. 즉, 기초자산 가격 S_0가 높을수록 행사될 때의 이익과 행사가능성이 더 커지므로 콜옵션 가격도 더 높게 평가된다. 예를 들어, 어떤 주식에 대한 콜옵션의 행사가격이 18,000원이라 하자. 이 주식의 현재 주가가 15,000원일 때보다는 20,000원일 때 콜옵션 행사로부터 얻게 될 이익이 더 클 것으로 예상된다. 왜냐하면, 다른 조건이 동일할 때 현재의 주가가 더 높을수록 만기일의 주가가 행사가격을 더 높게 상회할 것이라고 예상될 수 있기 때문이다.

② **행사가격** : 어떤 콜옵션의 행사가격이 높을수록 그 콜옵션의 가격은 낮게 평가된다. 행사가격이 클수록, 식(13.11)에서 행사가격의 현재가치는 증가하고 (13.11a)와 (13.11b)에서 d_1 및 $N(d_1)$이 감소하므로 콜옵션 가격은 하락한다. 바꾸어 말하면, 다른 조건이 동일할 때 행사가격이 높을수록 옵션의 행사로부터 얻게 될 이익과 콜

12] 델타는 일반적으로 기초자산의 가격변동에 대한 파생상품 가격변동의 비율을 의미한다. 블랙 · 숄즈 OPM에서 델타는 $\Delta = \partial c_0 / \partial S_0 = N(d_1)$이다.

옵션의 행사가능성이 작아지므로 콜옵션의 가격도 더 낮게 평가된다.

③ **잔존만기** : 잔존만기(T)가 길수록 콜옵션의 가격은 더 높게 평가된다. 잔존만기가 0일 때의 콜옵션가치는 [그림 13.3]의 하드플로어와 같고, 반대의 극단적인 경우로서 잔존만기가 무한일 때의 콜옵션가치는 위쪽 경계선과 같다. 따라서 다른 조건이 동일하다면, 만기가 길수록 옵션가격은 더 높게 평가되어야 한다. 식(13.11)을 사용하여 이를 설명하면, T가 클수록 우변의 행사가격의 현재가치가 작아지고 식(13.11a)의 d_1도 작아진다. 따라서 T가 클수록 행사가능성과 행사할 때의 이익도 증가한다.

④ **기초자산 가격의 변동성** : 콜옵션은 기초자산의 가격변동성이 더 클수록 더 높게 평가된다. 이 점은 [그림 13.9]를 보면 쉽게 이해할 수 있다. [그림 13.9]에는 만기의 기대가격($E(P_T)$)이 동일한 두 자산의 가격변동을 확률분포로 나타내고 있다. 자산 A는 가격변동성이 작고 자산 B는 가격변동성이 크다. 이 경우, 다른 조건이 동일하다면 기초자산 B에 대한 콜옵션이 기초자산 A에 대한 콜옵션보다 높은 가치를 갖는다. 왜냐하면, 만기에 자산 B의 가격이 행사가격보다 높게 될 확률이 자산 A보다 더 크기 때문이다.

⑤ **무위험이자율** : 콜옵션의 가격은 무위험이자율이 클수록 높게 평가된다. 이것은 콜옵션을 행사할 때 지불하는 행사가격의 현재가치가 무위험이자율이 높을수록 낮기 때문이다. 식(13.11)에서 무위험이자율이 높을수록 행사가격의 현재가치가 작아지므로 콜옵션 가격은 더 높게 평가된다.

⑥ **기초자산에 대한 배당** : 유럽형 옵션은 만기의 기초자산 가격과 행사가격을 기준으로 행사 여부가 결정된다. 만기 이전에 기초자산에 대하여 배당이 주어진다면, 기초자산의 배당락 가격은 배당액만큼 낮게 결정된다. 즉, 기초자산의 가격이 하락하므로 콜옵션의 가격도 하락하게 된다.

(5) OPM 이용 상의 문제점

위의 식(13.11)이나 (13.12)에 필요한 자료만 주어진다면, 콜옵션 가격은 그리 어렵지 않게 계산될 수 있다. 블랙 · 숄즈의 OPM에 의하여 콜옵션 가격을 계산할 때 발생하는 어려움은 이러한 계산상의 번거로움이 아니라, 필요한 자료를 어떻게 얻어낼 것인지에 있다.

식(13.11)에 필요한 다섯 개의 자료 중에서 S_0와 r은 시장자료에 의해 얻어낼 수 있고 X와 T는 콜옵션 계약 자체에서 얻어지는 자료이다. 그러나 기초자산의 수익률의 표준편차인 σ는 현실적으로 쉽게 입수되는 자료는 아니다.

참 고 옵션가격결정모형에 공헌한 세 사람

F. Black

M. Scholes

R. C. Merton

1997년 노벨경제학상이 파생증권의 가격결정이론을 개발한 공로로 머튼(Robert C. Merton)과 숄즈(Myron J. Scholes)에게 주어진다는 발표가 있었을 때, 일반 사람들은 물론 경제학자들마저도 의아하게 생각하였다. 그 이유는 옵션이라는 특수한 종류의 자산의 가격결정이 노벨상을 차지할 정도로 중요한 주제일 것인지에 대한 확신이 없었기 때문이다. 그러나 옵션의 본질적 성격과 그것이 현대 자본시장에 미친 영향을 잘 알고 있는 금융실무자와 재무학자들은 1997년의 노벨상이 충분히 자격있는 학자들에게 돌아갔다고 평가하였다.

옵션가격이론은 시카고옵션거래소(CBOE)가 문을 연지 불과 1개월 만에 발표된 블랙과 숄즈(F. Black & M. Scholes; 1973)의 "옵션과 기업채무의 가격결정"이라는 논문과 거의 같은 시기에 발표된 머튼(R. C. Merton; 1973)의 "합리적 옵션가격결정"이라는 논문에 의해 제시되었으며, 이들의 이론은 옵션의 가격결정뿐만 아니라 다른 종류의 자산가치 평가에도 새로운 전망을 열어 주었다.[13]

이 세 사람 중 블랙과 머튼은 응용수학의 학문적 배경을 가지고 재무 문제를 다루었다는 점에서 현대 재무학의 특징을 잘 보여 주고 있다.

블랙은 1964년에 응용수학으로 박사학위를 받았으며 그의 논문주제는 컴퓨터 설계이었다. 그가 금융문제, 특히 옵션에의 관심은 경영자문회사인 아더 D. 리틀회사(Arthur D. Little Inc.)에 들어가서 옵션의 한 형태인 신주인수권의 가치평가를 다루면서 갖게 되었다고 한다. 블랙은 시카고대학에서 MBA(1964)와 경영학박사(1969)를 받고 MIT에서 조교수로 근무하던 숄즈를 만나 그의 소개로 MIT의 재무학 세미나에 출석하게 되었다. 이 두 사람은 옵션가격이 CAPM에 의해 설명될 수 없고 확률미분방정식이라는 난해한 수식으로 표현될 수 있다는 것을 알아냈다. 그들은 1971년경에 이 식의 해를 구하여 논문을 완성하고 학술지에 신청했으나 두 번이나 기각되었다(블랙은 1995년에 57세의 나이로 사망함으로써 노벨상의 영광을 놓쳤다).

머튼은 1967년 캘리포니아공대에서 응용수학석사를 받고 1970년에 MIT에서 경제학박사학위를 취득하였다. 학위를 받고 곧바로 MIT에서 조교수로 일할 때 MIT의 재무학 세미나에서 블랙과 숄즈를 알게 되었다. 그러나 머튼의 논문은 블랙과 숄즈의 작업과는 별도로 이루어진 것이기 때문에 다른 학술잡지에 별도로 출판되었다. 머튼은 당시 재무학 세미나의 분위기를 "과자가게에서 고를 게 너무 많아 시간이 부족한 아이들"이라고 회상하였다.

13] F. Black and M. Scholes, "The Pricing of Options and Corporate Liabilities," *Journal of Political Economy* (May/June, 1973), pp.637–659.
R. C. Merton, "Theory of Rational Option Pricing," *Bell Journal of Economics and Statistics* (Spring, 1973), pp.141–183.

기초자산 수익률의 표준편차를 구하는 방법으로서 제3장에 시간가변 변동성을 사용할 수 있다. 다른 방법은 내재표준편차(implied standard deviation)를 사용하는 것이다. 내재표준편차는 이미 시장에서 거래되고 있는 옵션의 가격으로부터 블랙 · 숄즈 OPM을 통해 기초자산의 수익률의 표준편차를 역으로 추정해 낸 값이다. 즉, 어떤 옵션의 가격을 구하기 위하여 기초자산의 표준편차를 알아야 한다면, 동일한 기초자산을 갖는 다른 옵션으로부터 내재표준편차를 구하여 이용할 수 있다.

13.4.4 미국형 콜옵션의 가격결정

(1) 배당이 없는 경우

블랙 · 숄즈의 OPM은 유럽형 콜옵션의 균형가격을 설명하기 위한 것이지, 미국형 콜옵션의 균형가격을 설명하기 위한 것이 아니다. 미국형 콜옵션이 유럽형과 다른 점은 만기 이전에 옵션을 행사할 수 있는 권리, 즉 조기행사(early exercise)의 권리를 갖고 있다는 점이다. 따라서 다른 조건이 동일하다면, 미국형 옵션은 유럽형 옵션과 비교하여 조기행사의 권리가 갖는 가치만큼 유리한 것이라고 볼 수 있다. 그러나 콜옵션의 경우, 조기행사의 권리는 배당이 주어지지 않을 경우 아무런 가치를 갖지 못하며, 배당이 예상될 경우에만 (+)의 가치를 갖는다.

어떤 투자자들은 기초자산의 현재가격이 행사가격보다 높을 경우($S_0 \geq X$), 행사가격을 지불하고 콜옵션을 조기행사하는 것이 유리하다고 생각할지 모른다. 그러나 콜옵션을 조기행사하여 투자자가 얻는 이득인 S_0-X는 소프트플로어를 나타내는 부등식 (13.5)의 우변보다 작으므로($S_0-X<S_0-Xe^{-rT} \leq C_0$), 미국형 콜옵션의 가격인 C_0보다 당연히 작아야 한다. 이것은, 비록 기초자산의 가격이 행사가격보다 높다 하더라도, 그 콜옵션을 행사하지 않고 다른 투자자에게 매도하는 것이 더 유리하기 때문이다.

따라서 배당이 없는 미국형 콜옵션은, 조기행사가 가능하지만 조기행사되지 않고 만기까지 존속하게 되므로, 사실상 유럽형 콜옵션과 동일한 성격을 갖는다. 또 미국형 콜옵션의 가격은, 유럽형 콜옵션의 가격과 같으므로, 앞 절에서 설명한 블랙 · 숄즈 OPM을 이용하여 평가할 수 있다.

(2) 배당이 예상되는 경우

미국형 콜옵션이 만기까지 행사되지 않으므로 사실상 유럽형 콜옵션과 동일하다는 점은 만기일 이전에 배당이 주어지지 않는 경우에만 해당된다. 그러나 만기 이전에 배당이 예상될 경우 콜옵션을 조기행사하는 것이 유리할 수도 있다. 왜냐하면 배당지급 직전에 옵션을 조기행사하는 것이 배당지급 후까지 옵션을 계속 보유하는 것보다 더 큰 富를 가져다 준다면, 투자자들은 옵션을 조기행사할 것이기 때문이다. 그렇다고 해서 배당지급이 예상되는 모든 경우에 옵션의 조기행사가 이루어지는 것은 아니다. 배당이 그리 크지 않은 경우, 조기행사하지 않고 콜옵션을 계속보유할 때의 시간가치가 배당보다 더 클 수 있으므로, 그런 경우에는 콜옵션을 조기행사하지 않는다.

그러면 콜옵션의 조기행사 여부는 어떻게 결정될까? 배당이 지급되면 기초자산 가격의 하락 때문에 콜옵션 가격도 하락한다. 만일 배당지급 직후 콜옵션 가격이 배당지급 직전 콜옵션의 하드플로어보다 낮은 수준으로 하락하면 콜옵션을 조기행사하는 것이 유리하다. 따라서 콜옵션의 조기행사 여부는 배당지급 직후 옵션가격이 하드플로어 수준 미만으로 하락할지 여부에 따라 결정된다.[14]

(3) 배당이 있는 미국형 콜옵션의 가격결정

만기 이전에 배당이 예상될 때 유럽형에 적용되는 블랙 · 숄즈 모형인 식(13.12)는 조기행사 가능성을 고려하지 않고 있기 때문에, 미국형 콜옵션에 그대로 적용될 수 없다. 블랙(F. Black)은 조기행사 가능성을 고려하여 미국형 콜옵션 가격의 근사치를 구할 수 있는 비교적 간단한 방법을 제시하였다.[15]

설명의 편의를 위해, t_1과 t_2 시점(단, $0<t_1<t_2<T$)에 각각 D_1과 D_2의 배당이 주어질 것으로 예상된다 하자. 콜옵션이 t_1 또는 t_2에 조기행사되거나 또는 T시점까지 계속 보유하게 되므로, 이 세 개의 시점을 만기로 하는 콜옵션 가격을 식(13.12)에 의해 계산하고 그 중 가장 큰 값을 콜옵션 가격의 근사치로 선택한다. 만일 만기가 t_2일 때의 콜옵션 가격이 가장 높다면, t_2시점에 옵션이 조기행사될 것이므로 이 가격이 콜옵션 가격의 근사치로 채택된다. 이때 주의할 점은 만기가 t_2일 때 식(13.12)의 배당의 현재가치는 0이고, 만기가 t_2일 때 배당의 현재가치는 D_1의 현재가치이며, 만기가 T일 때의

14] 일반적으로 옵션가격이 하드플로어 미만으로 하락할 가능성은 다음 세 가지 요인의 영향을 받는다. 첫째는 배당의 크기이다. 배당이 클수록 콜옵션 가격이 더 크게 하락할 것이다. 둘째는 기초자산 가격의 변동성이다. 기초자산 가격의 변동성이 클수록 옵션가격은 높으므로, 배당지급 후 옵션가격이 하드플로어 미만으로 하락할 가능성이 작아지고, 따라서 콜옵션의 조기행사 가능성도 작아진다. 셋째는 배당락 일자와 만기일 사이의 기간이다. 만일 만기일까지 매우 긴 기간을 남겨 두고 있다면, 배당지급 전 옵션가격은 하드플로어보다 높은 수준에서 결정되어 있을 것이므로, 배당지급으로 인하여 옵션가격이 하드플로어 미만의 수준으로 하락할 가능성이 적으므로 조기행사의 가능성이 적다.

15] F. Black, "Fact and Fantasy in the Use of Options," *Financial Analysts Journal* (July–August, 1975) pp.61–72.

배당의 현재가치는 D_1과 D_2의 현재가치라는 점이다.[16]

13.5 풋옵션의 가격결정

13.5.1 유럽형 풋옵션의 가격결정

(1) 풋 · 콜 패리티

앞 절에서는 유럽형 콜옵션의 균형가격이 블랙 · 숄즈의 OPM에 의하여 평가될 수 있다는 것을 설명하였으나, 풋옵션의 가격에 대해서는 설명하지 않았다. 그러나 유럽형 콜옵션의 가격이 주어진다면 이로부터 유럽형 풋옵션의 가격은 그리 어렵지 않게 알아낼 수 있다. 즉, 어떤 콜옵션과 동일한 기초자산, 만기 및 행사가격을 갖는 유럽형 풋옵션의 가격은 콜옵션 가격과 일정한 관계를 갖고 있다. 콜옵션과 풋옵션 가격 사이에 존재하는 이러한 관계를 풋 · 콜 패리티(put-call parity)라고 부른다.

풋 · 콜 패리티를 도출하기 위하여, 어떤 투자자가 하나의 기초자산과 하나의 풋옵션을 매수하고 하나의 콜옵션을 매도하는 포트폴리오를 생각해 보기로 하자. 현재의 기초자산과 풋옵션 및 콜옵션의 가격을 각각 S_0, p_0, c_0라고 한다면, 이 포트폴리오를 구성하기 위하여 투자자가 지출하여야 할 현재의 투자액은 $S_0+p_0-c_0$와 같다.

만기가 도래하여 기초자산의 가격 S_T가 행사가격 X보다 낮다면, 풋옵션을 행사하여 $X-S_T$만큼의 현금흐름이 얻어지지만, 콜옵션은 행사되지 않을 것이므로 콜옵션가치는 0이다. 따라서 만기에 기초자산 가격이 행사가격보다 낮은 경우 포트폴리오의 가치는 〈표 13.1〉과 같이 행사가격 X와 같다.

반대로 만기일의 기초자산의 가격 S_T가 행사가격 X보다 높으면, 풋옵션이 행사되지 않기 때문에 0의 가치를 갖지만 콜옵션은 행사되어 $-(S_T-X)$의 가치를 갖게 된다. 따라서 만기일의 기초자산의 가격이 행사가격보다 높은 경우에도 이 포트폴리오의 가치는 행사가격 X와 같게 된다.

16] 더 정확한 해를 가져다주는 모형으로서 R. E. Whaley, "On the Valuation of American Call Options on Stocks with Known Dividends," *Journal of Financial Economics* (June 1981), pp.207-11.

표 13.1 기초자산+풋옵션-콜옵션의 만기일의 가치

	$S_T < X$일 때	$S_T \geq X$일 때
기초자산 매입	S_T	S_T
풋옵션 매입	$X-S_T$	0
콜옵션 매도	0	$-(S_T-X)$
합계	X	X

위에서 본 바와 같이 1주의 기초자산과 1개의 풋옵션을 매수하고 1개의 콜옵션을 매도하여 포트폴리오를 구성한다면, 만기일에 기초자산의 가격이 어떻게 변동하든 이 포트폴리오의 가치는 언제나 행사가격 X와 같다. 행사가격 X는 계약에 의해 확정되어 있는 확실한 금액이므로, 이 포트폴리오는 만기일에 확실한 현금흐름을 가져다주는 무위험투자라고 할 수 있다. 따라서 균형상태에서 이 포트폴리오로부터 얻게 될 수익률은 무위험이자율과 같아야 한다.

위의 포트폴리오에서 풋옵션 및 콜옵션의 만기가 T로 주어져 있다면, 이 포트폴리오는 무위험투자이므로, 이 포트폴리오의 만기의 가치 X는 다음 식과 같이 투자액 $S_0+p_0-c_0$를 무위험이자율로 투자한 결과와 같아야 한다.

$$(S_0+p_0-c_0)\, e^{rT}=X$$

이 식을 풋옵션의 가격 p_0에 관하여 정리하면 다음 식이 얻어진다.

풋 · 콜 패리티

$$p_0=c_0-S_0+Xe^{-rT} \tag{13.13}$$

이 식(13.13)이 풋옵션과 콜옵션 가격 사이의 관계를 말해 주는 풋 · 콜 패리티이다. 이 풋 · 콜 패리티에서 기초자산의 현재가격(S_0), 행사가격(X) 및 무위험이자율(r)은 자료에 의하여 주어지는 값이다. 따라서 콜옵션의 가격(c_0)이 주어지면 식(13.13)에 의하여 동일한 조건의 풋옵션의 가격이 쉽게 구해질 수 있다.

(2) 유럽형 풋옵션 가격의 블랙 · 숄즈 OPM

유럽형 풋옵션에 대한 블랙 · 숄즈 OPM의 공식은 위의 풋 · 콜 패리티와 식(13.11)을 이용하여 쉽게 구해질 수 있다. 먼저 위의 식(13.13)에 블랙 · 숄즈 OPM의 공식인 식(13.11)을 대입하면, $p_0=S_0N(d_1)-Xe^{-rT}N(d_2)-S_0+Xe^{-rT}$의 식이 얻어진다. 이 식을 정리하면 유럽형 풋옵션의 블랙 · 숄즈 OPM은 다음과 같이 얻어진다.

유럽형 풋옵션의 블랙 · 숄즈 OPM

$$p_0=Xe^{-rT}[1-N(d_2)]-S_0[1-N(d_1)] \tag{13.14}$$

단, $d_1=\dfrac{\ln(S_0/X)+(r+0.5\sigma^2)T}{\sigma\sqrt{T}}$ 및 $d_2=d_1-\sigma\sqrt{T}$ 이다.

만기 이전에 배당이 예상되는 경우 이 식의 S_0 대신 S_0-D(단, D는 배당의 현재가치)를 대입하면 된다.

(3) 풋옵션 가격의 결정요인

위의 식(13.14)는 풋옵션의 가격에 대해 어떤 요인들이 어떤 방향으로 영향을 미치는지를 나타내주고 있다.

① **기초자산의 가격** : 기초자산의 가격이 낮을수록 풋옵션의 가격은 높게 평가된다. 왜냐하면 기초자산의 가격이 낮을수록 풋옵션을 행사하여 얻게 될 이익이 커지기 때문이다.

② **행사가격** : 풋옵션은 기초자산의 가격이 행사가격보다 낮을 때 행사된다. 따라서 행사가격이 높을수록 풋옵션을 행사하여 얻게 될 이익은 커지고 풋옵션 가격 역시 높게 평가된다.

③ **잔존만기** : 잔존만기가 풋옵션 가격에 미치는 영향의 부호는 두 가지 상반된 영향 때문에 불분명하다. 잔존만기가 길수록 기초자산 가격의 변동성이 증가하고, 그 결과 풋옵션가치는 증가한다. 그러나 잔존만기가 길어지면 행사가격의 현재가치는 감소하므로 풋옵션가치는 감소한다.[17] 전자의 영향은 변동성의 증가를 통한 간접적 영향이고 후자는 행사가격 감소라는 보다 직접적인 영향이므로, 대체로 후자의 영향이 더 큰 것으로 간주되고 있다.

④ **기초자산 가격의 변동성** : 기초자산 가격의 변동성이 클수록 풋옵션의 가격 역시

17] R. Jarrow & S. Turnbull, *Derivative Securities*, 2nd ed. (South-Western, 2000), p.224-27.

높게 평가된다. 왜냐하면 기초자산의 가격변동성이 클수록 가격이 행사가격 이하의 수준으로 내려갈 가능성이 크다는 것을 의미하기 때문이다.

⑤ **무위험이자율** : 무위험이자율이 높을수록 풋옵션의 가격은 낮아진다. 왜냐하면, 무위험이자율이 높을수록 풋옵션을 행사할 경우 받게 될 행사가격의 현재가치가 낮아지기 때문에 풋옵션 가격도 낮게 평가되기 때문이다.

⑥ **기초자산에 대한 배당** : 만기 이전에 기초자산에 대하여 배당이 지급된다면, 기초자산의 배당락 가격은 하락한다. 따라서 배당을 지급할 경우 풋옵션을 행사하여 얻게 된 이익의 크기가 증가하므로 풋옵션 가격도 더 높게 평가된다.

13.5.2 미국형 풋옵션의 가격결정

미국형 풋옵션은 만기일 이전에 조기행사가 가능한 풋옵션이다. 배당이 주어지지 않는 콜옵션의 경우, 미국형 콜옵션은 조기행사의 가능성이 없으므로 유럽형과 동일한 성격을 갖는다. 그러나 미국형 풋옵션의 경우, 배당이 주어지지 않는다 하더라도 옵션을 계속 보유하는 것보다 조기행사하는 것이 더 유리할 수 있다. 따라서 유럽형 풋옵션의 경우와는 달리 완전한 공식에 의해 가격을 평가할 수 없다. 그러나 조기행사 여부를 고려하면서 이미 설명한 바 있는 마팅게일 가격결정모형을 이용하면, 미국형 풋옵션의 균형가격도 구할 수 있다.

이 점을 이해하기 위해 [그림 13.10]과 같이 기초자산 가격이 2기간에 걸쳐 2항분포에 따라 변동하는 경우를 고려해 보자. [그림 13.10]에서 현재의 기초자산 가격은 30,000원이고 매 1.5개월마다 1.1배 수준으로 상승하거나 0.91배 수준으로 하락한다. 미국형 풋옵션의 만기는 2기간이 지난 3개월 후이며 행사가격은 32,000원이다. 연속복리 무위험이자율은 연간 6%이다. 이 예에서 단위기간(1.5개월) 동안의 u와 d는 각각 1.1과 0.91이므로, 마팅게일 확률 q는 다음과 같다.

$$q=\frac{e^{0.06\times 1/8}-0.91}{1.1-0.91}=0.513306$$

먼저 1.5개월 후 기초자산 가격이 33,000원일 때의 풋옵션 가격을 구해 보자. 이 상태에서는 기초자산 가격이 행사가격보다 높기 때문에 풋옵션의 조기행사는 이루어지지 않는다. 풋옵션을 계속 보유할 경우의 가격을 마팅게일 가격결정모형을 이용하여

그림 13.10 미국형 풋옵션 가격(2기간)

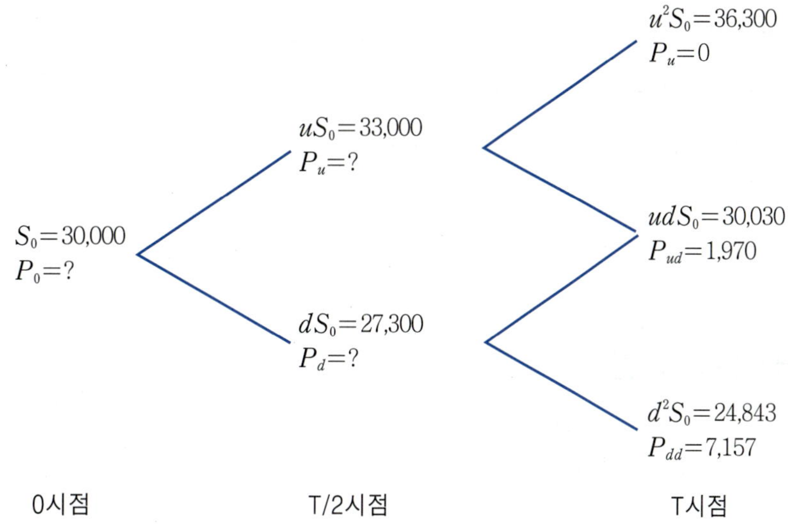

구하면 다음과 같다.

$$P_u=e^{-0.06\times 1/8}[0.513306\times 0+(1-0.513306)\times 1{,}970]=952\text{원}$$

기초자산 가격이 33,000원일 때에는 풋옵션을 계속 보유하는 것이 최적 전략이므로 풋옵션 가격은 952원이다.

기초자산 가격이 27,300원일 때, 풋옵션을 조기행사하면 4,700원의 현금흐름이 얻어진다. 풋옵션을 계속 보유할 경우의 가치는 다음과 같다.

$$P_d=e^{-0.06\times 1/8}[0.513306\times 1{,}970+(1-0.513306)\times 7{,}157]=4{,}461\text{원}$$

따라서 기초자산 가격이 27,300원일 때에는 풋옵션을 조기행사하는 것이 최적 전략이므로 풋옵션 가격은 4,700원이다.

마지막으로 0시점에 풋옵션을 조기행사하면 풋옵션은 2,000원의 가치를 갖는다. 풋옵션을 계속 보유할 경우의 가치는 다음과 같다.

$$P_0=e^{-0.06\times 1/8}[0.513306\times 952+(1-0.513306)\times 4{,}700]=2{,}755\text{원}$$

0시점에는 풋옵션을 계속 보유하는 것이 최적 전략이며, 풋옵션가치는 2,755원으로 평가된다.

위의 가격결정 과정에서 중요한 점은 미국형 풋옵션의 보유자가 각 상태에서 옵션을 계속 보유하는 경우와 조기행사하는 경우의 풋옵션 가격을 비교하여 높은 값을 택하는 전략을 탐색해 나간다는 점이다.

13.6 옵션을 이용한 투자전략

옵션은 기초자산 가격이 행사가격보다 높거나 낮을 경우에만 옵션을 행사하여 이익을 얻을 수 있다는 독특한 특성을 갖고 있다. 따라서 서로 다른 종류의 옵션을 결합하거나 옵션과 채권 또는 주식 등을 결합하여 매우 다양한 형태의 투자수단을 만들어낼 수 있다. 여기에서는 옵션을 이용한 투자전략의 대표적인 예로서 델타헤징(delta hedging), 스트래들(straddle), 스프레드(spread), 포트폴리오보험(portfolio insurance) 등을 설명하고자 한다.

13.6.1 델타헤징

블랙 · 숄즈 OPM을 소개하면서 옵션가격과 각각의 결정요인 사이의 계량적 관계에 대해서는 상당히 복잡한 수식을 필요로 하므로 이 책에서는 설명하지 않았지만, 이에 대해서는 이미 충분히 알려져 있다.[18] 이 계량적 관계를 이용하면, 어떤 결정요인에 변화가 발생한다 하더라도 옵션을 포함하고 있는 포트폴리오의 가치가 영향받지 않도록 하는 투자전략을 만들 수 있다. 이러한 헤징 기법의 대표적인 예가 델타헤징이다. 이미 설명한 대로 델타(delta)는 기초자산의 가격변동에 대한 파생상품의 가격변동의 비율이다. 예를 들어, 콜옵션의 델타는 다음과 같이 주어진다.

18] 예를 들어, R. L. McDonald, *Derivative Markets* (Addison Wesley, 2003), Appendix 12.B.

$$\Delta = \frac{\partial c_0}{\partial S_0} = N(d_1) \tag{13.15}$$

만일 현재의 기초자산 가격 수준에서 델타, 즉 $N(d_1)$이 0.2로 계산되었다면 기초자산 가격이 1원 하락할 때 콜옵션 가격은 0.2원만큼 하락한다는 것을 의미한다. 따라서 투자자는 기초자산 1주당 5개의 콜옵션에 반대 포지션을 취함으로써 가격변동의 효과를 제거할 수 있다. 일반적으로, 기초자산 1주에 대해 $1/N(d_1)$만큼의 콜옵션을 매도함으로써 기초자산 가격변동이 富에 미치는 영향을 제거할 수 있으며, 이러한 헤징 기법을 델타헤징(delta hedging)이라고 한다.

13.5.2 스트래들과 스프레드

(1) 스트래들

스트래들(straddle)은 동일한 기초자산에 대하여 동일한 행사가격(*X*)과 동일한 만기(*T*)를 갖는 콜옵션 1개와 풋옵션 1개를 결합한 포트폴리오를 말한다. 이 스트래들은 기초자산의 가격변동이 매우 클 것으로 예상되나 어느 방향으로 변동할지를 알 수 없을 때 유용한 투자전략이다(스트래들은 양다리 걸치기라는 뜻이다).[19]

스트래들 매입자의 입장에서, 만기일의 스트래들의 가치는 〈표 13.2〉와 같다.

만기일의 기초자산 가격이 행사가격보다 낮을 경우, 스트래들의 가치는 $X-S_T$이므로 기초자산 가격이 낮을수록 더 커진다. 반대로 만기일의 기초자산 가격이 행사가격보다 높을 경우, 스트래들의 가치는 S_T-X이므로 기초자산 가격이 높을수록 더 증가한다. 〈표 13.2〉의 결과를 그린 것이 [그림 13.11]이다. 즉, 만기일의 스트래들의 가치는 기초자산의 가격이 행사가격으로부터 멀리 벗어날수록 증가한다. 투자자가 얻게 될

표 13.2 스트래들의 가치

	$S_T<X$	$S_T \geq X$
콜의 가치	0	S_T-X
풋의 가치	$X-S_T$	0
스트래들 가치	$X-S_T$	S_T-X

19] straddle이라는 말의 본래 뜻은 양다리 걸치기라는 뜻이라고 한다.

그림 13.11 스트래들의 가치

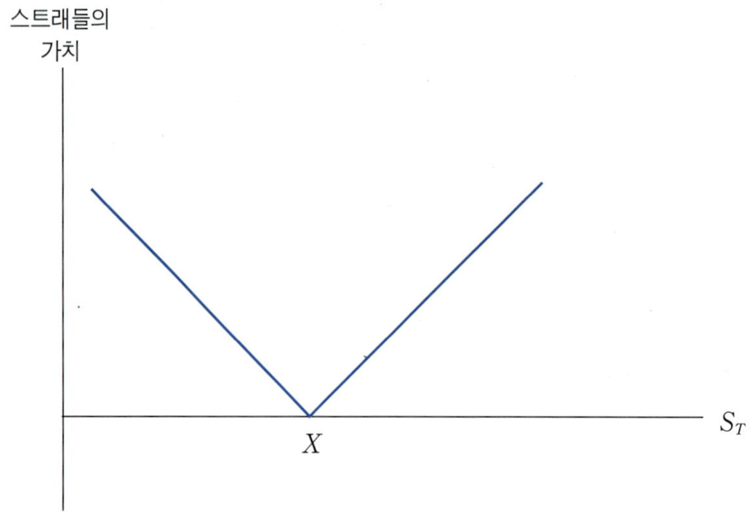

손익은 이 스트래들의 가치에서 콜과 풋의 옵션가격을 뺀 값이다.

스트래들의 변형으로서 스트랩과 스트립이 있다. 스트랩(strap)은 기초자산, 만기 및 행사가격이 동일한 2개의 콜옵션과 1개의 풋옵션을 결합하여 구성한 포트폴리오이다. 이 스트랩은 풋옵션 1개에 콜옵션 2개를 결합하고 있으므로, 앞으로 커다란 주가변동이 기대되지만 주가상승의 가능성이 더 크다고 판단될 때 이용된다.

스트립(strip)은 기초자산, 만기 및 행사가격이 동일한 1개의 콜옵션과 2개의 풋옵션을 결합하여 구성한 포트폴리오이다. 이 스트립은 콜옵션 1개와 풋옵션 2개를 결합하고 있으므로, 앞으로 큰 폭의 주가변동과 함께 주가하락의 가능성이 더 크게 기대될 때 이용된다.

(2) 스프레드

스프레드(spread)는 행사가격 또는 만기가 다른 둘 또는 그 이상의 콜옵션을 결합하여 얻어질 수 있는 다양한 종류의 포트폴리오들을 일컫는 용어이다. 스프레드의 대표적인 예로서 강세형 스프레드(bullish spread)라는 것이 있다. 강세형 스프레드는, 기초자산과 만기가 동일하지만 행사가격이 다른 두 가지 콜옵션 중에서, 행사가격(X_1)이 낮은 콜옵션을 매입하고 행사가격이 높은 콜옵션(X_2)을 매도하여 만든 포트폴리오이다. 이 "강세형" 스프레드의 명칭이 암시하는 바와 같이 이 스프레드는 기초자산 가격이

표 13.3 강세형 스프레드의 가치

	$S_T < X_1$	$X_1 \leqq S_T < X_2$	$S_T \geqq X_2$
콜(행사가격 X_1)의 매수	0	$S_T - X_1$	$S_T - X_1$
콜(행사가격 X_2)의 매도	0	0	$-(S_T - X_2)$
강세형 스프레드의 가치	0	$S_T - X_1$	$X_2 - X_1$

상승할 경우에 투자자에게 유리한 결과를 가져다주는 포트폴리오이다.

스프레드 매입자의 입장에서 강세형 스프레드가 만기일에 어느 정도의 가치를 갖게 될 것인가는 행사가격과 만기일의 기초자산 가격을 비교함으로써 알 수 있으며, 그 결과는 〈표 13.3〉과 같이 나타낼 수 있다.

〈표 13.3〉에서 알 수 있는 바와 같이, 만기일의 기초자산 가격(S_T)이 X_1보다 낮은 수준에서 스프레드의 가치는 0이다. S_T가 X_1과 X_2 사이에 있을 때에는 기초자산 가격의 상승에 따라 스프레드의 가치 역시 증가한다. 마지막으로 S_T가 X_2보다 클 경우에는 기초자산 가격의 상승에도 불구하고 스프레드의 가치는 $X_2 - X_1$의 수준에서 일정하게 유지된다. 따라서 강세형 스프레드가 만기일에 갖게 될 가치는 [그림 13.12]로 나타낼 수 있다.

강세형 스프레드는 지수연동 정기예금(equity-linked deposit; ELD)의 형태로 자주 이용되고 있다. 만기일의 주가지수가 기준 주가지수보다 상승하면 지수상승률×0.4의 이자율을 적용하되 지수상승률이 20% 이상이면 8%의 고정금리를 지급하고, 지수상승률이

그림 13.12 강세형 스프레드의 가치

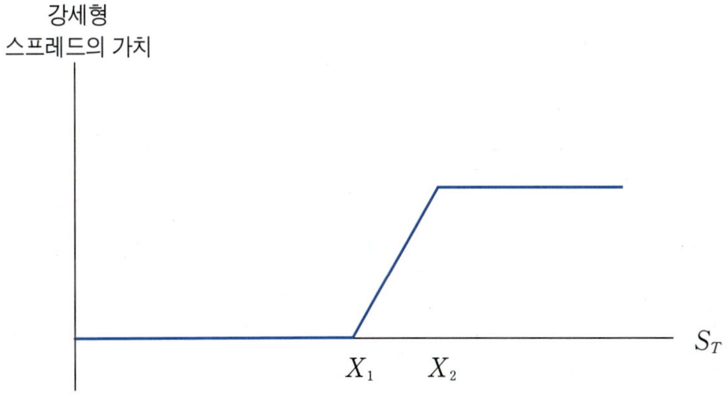

0 이하이면 0의 금리를 지급하는 정기예금이 그 예이다. 은행은 일반 정기예금의 이자에 해당하는 금액을 강세형 스프레드에 운용하여 얻어진 성과로 지수연동 정기예금에 대한 이자를 고객에게 지급한다.

스프레드의 변형으로서 나비형 스프레드(butterfly spread)라는 것도 있다. 이 나비형 스프레드는 기초자산과 만기가 동일한 콜옵션들 중에서, 행사가격(X_1)이 낮은 콜옵션 1개와 행사가격(X_3)이 높은 콜옵션 1개를 매수하고 행사가격(X_2)이 중간 수준인 콜옵션 2개를 매도하여 구성한 포트폴리오이다. 이 나비형 스프레드가 만기일에 갖게 될 가치는 〈표 13.4〉와 같다.

〈표 13.4〉의 내용을 더 쉽게 이해하기 위하여 $X_1=28{,}000$원, $X_2=30{,}000$원, $X_3=32{,}000$원이라 하자. 기초자산 가격이 28,000원 미만인 영역($S_T<X_1$)에서 세 가지 콜옵션의 어느 것도 행사되지 않으므로 스프레드의 가치는 0이다. 기초자산 가격이 28,000원 이상이고 30,000원 미만인 영역($X_1 \leqq S_T < X_2$)에서는 첫 번째 콜옵션만이 행사되며, 기초자산 가치가 1원 상승할 때마다 나비형 스프레드의 가치도 1원씩 상승한다. 기초자산 가격이 30,000원 이상, 32,000원 미만인 영역($X_2 \leqq S_T < X_3$)에서는 첫 번째와 두 번째 콜옵션이 행사되며, 기초자산 가격이 1원 상승할 때마다 나비형 스프레드의 가치는 1원씩 감소한다($2X_2-S_T-X_1=32{,}000-S_T$이므로). 그리고 기초자산 가격이 32,000원 이상인 영역($S_T \geqq X_3$)에서 세 가지 콜옵션 모두가 행사되므로 스프레드의 가치는 0이다($2X_2-X_1-X_3=0$이므로). 이와 같이 나비형 스프레드는 기초자산 가격이 비교적 좁은 범위에서 변동할 때에 이익을 가져다주므로, 나비형 스프레드의 만기일의 가치는 [그림 13.13]과 같은 모습이 된다(이 그림의 모습이 날개를 펴고 있는 나비와 비슷하다).

위에서 설명한 스트래들과 스프레드를 합성한 옵션포트폴리오로서 스트랭글(strangle)이라는 것도 있다. 스트랭글은 동일한 기초자산과 만기를 갖고 행사가격이 다른 콜옵션과 풋옵션을 결합한 포트폴리오이다. 즉 행사가격(X_1)이 낮은 풋옵션과 행사가격(X_2)이 높은 콜옵션을 결합한 것이 스트랭글이며, 이 포트폴리오의 만기일의 가치는 〈표

표 13.4 나비형 스프레드의 가치

	$S_T<X_1$	$X_1 \leqq S_T < X_2$	$X_2 \leqq S_T < X_3$	$S_T \geqq X_3$
1개의 콜(행사가격 X_1) 매수	0	S_T-X_1	S_T-X_1	S_T-X_1
2개의 콜(행사가격 X_2) 매도	0	0	$-2(S_T-X_2)$	$-2(S_T-X_2)$
1개의 콜(행사가격 X_3) 매수	0	0	0	S_T-X_3
나비형 스프레드의 가치	0	S_T-X_1	$2X_2-S_T-X_1$	$2X_2-X_1-X_3$

그림 13.13 나비형 스프레드의 가치

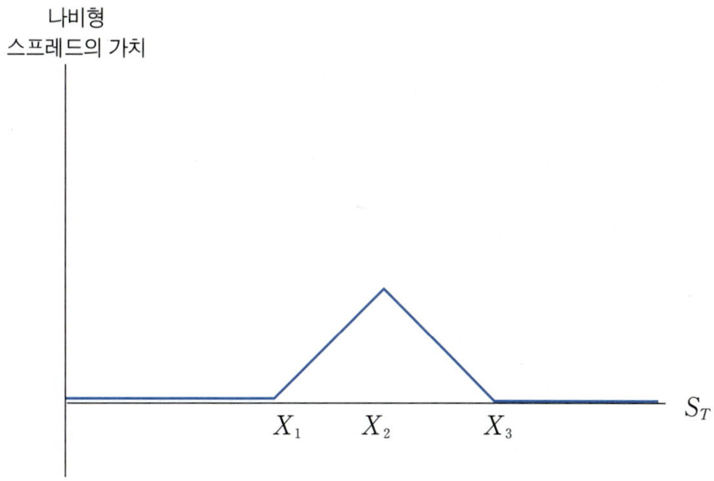

표 13.5 스트랭글의 만기일의 가치

	$S_T < X_1$	$X_1 \leqq S_T < X_2$	$S_T \geqq X_2$
풋(행사가격 X_1)의 매수	$X_1 - S_T$	0	0
콜(행사가격 X_2)의 매도	0	0	$S_T - X_2$
스트랭글의 가치	$X_1 - S_T$	0	$S_T - X_2$

13.5〉와 같이 얻어진다.

이 계산에서 스트랭글은 만기일의 기초자산 가격이 두 옵션의 행사가격 사이에서 결정되면 0의 가치를 갖고, 기초자산 가격이 큰 폭으로 변동하여 행사가격의 범위 밖으로 벗어나면 (+)의 가치를 갖는다. 따라서 이 스트랭글은 커다란 주가변동이 발생할 때 이익을 얻고, 소폭의 주가변동이 발생할 때 옵션가격만큼의 손실을 감수하고자 하는 경우 이용될 수 있다.

13.6.3 포트폴리오보험

가격변동성이 매우 큰 주식에 투자하면서 투자자들이 절실히 원하는 것 중의 하나는 주가하락으로 인한 손실의 크기를 일정 수준으로 한정하는 것이다. 예를 들어, 10

억원의 투자자금을 운용하는 포트폴리오관리자가 있다 하자. 그가 10억원 모두를 주식에 투자할 경우 주가가 상승하면 돈을 맡긴 고객들은 즐거워할 것이다. 그러나 주가가 하락하면 고객들은 불만을 토로하게 될 것이며, 특히 일정 수준—예를 들어, 9억원 수준—미만으로 포트폴리오 가치가 하락하면 투자자들은 아우성을 칠 것이다. 이 경우 손실의 폭을 미리 예정된 한도에 한정시킬 필요가 있으며, 이를 위하여 사용할 수 있는 수단으로서 포트폴리오보험이 있다.

포트폴리오보험(portfolio insurance)은 투자가치 하락으로 인한 손실을 일정 수준에 한정시키기 위하여 옵션, 선물 또는 기타의 투자수단을 이용하는 다양한 투자전략을 가리킨다. 이 포트폴리오보험은 투자손실을 일정 범위로 한정시킨다는 의미에서 보험효과를 갖는다는 것이고, 실제로 보험회사에 보험료를 지급하고 보험계약을 산다는 뜻이 아니다.

포트폴리오보험에 이용되는 수단은 매우 다양하다. 비교적 단순한 형태로서 주가하락으로 인한 손실을 풋옵션의 이득에 의하여 보충하는 프로텍티브 풋이 포트폴리오보험을 위한 수단으로 이용된다. 보다 복잡한 형태로서, 블랙 · 숄즈 OPM을 이용하여 기초자산 투자액을 조절해 나가는 동태적 헤징도 포트폴리오보험의 일종이다. 여기에서는 흔히 포트폴리오보험으로 분류되지는 않지만 포트폴리오보험과 동일한 효과를 목표로 하는 손절매(stop-loss order)를 먼저 설명하고, 다음으로 위에서 언급한 프로텍티브 풋과 동태적 헤징을 설명하기로 한다.

(1) 손절매

손절매는, 주가가 일정 수준 이하로 하락할 때, 더 이상의 손실을 보지 않기 위하여 매도하는 주문이다. 예를 들어, 어떤 투자자가 2,500만원의 투자자금으로 A주식을 주당 25,000원에 1,000주를 매입하였으며, 투자자산 가치가 2,000만원 이하로 내려가는 상황을 감당할 수 없다 하자. 이 경우 A주식의 주가가 20,000원 이상의 수준에서 변동할 때에는 별다른 주문을 내지 않는다. 그러나 주가가 20,000원 수준까지 하락하면 곧바로 매도주문을 낸다. 이와 같이 투자손실을 일정 범위에 한정시키기 위한 주문을 손절매(損切賣, stop-loss order)라고 부른다.

손절매는 투자손실을 일정 범위에 한정시켜 준다는 의미에서 일종의 보험효과를 갖는다. 그러나 손절매는 매도 후 주가상승이 이루어질 경우 아무런 이득도 얻을 수 없다는 단점을 갖고 있다. 위의 예에서 일시적으로 주가가 20,000원으로 하락하였지만 그 이후 곧바로 23,000원으로 상승하였다고 하자. 위의 투자자는 이미 손절매로 20,000원에 주식을 매도하였으므로, 그 이후의 주가상승으로 손실을 보충할 수 있는 기회를 잃어버리게 된다.

(2) 프로텍티브 풋

투자손실을 일정 범위에 한정시키는 수단으로 프로텍티브 풋(protective put)이 이용될 수 있다. 프로텍티브 풋은 1주의 주식과 1개의 풋옵션을 결합한 포트폴리오이다. 이 프로텍티브 풋은, 주가가 하락할 경우 투자자가 입게 될 손실을 풋옵션의 이득에 의하여 정확하게 상쇄할 수 있도록 하여 주지만, 주가상승으로 얻어지는 자본이득은 투자자가 모두 실현할 수 있도록 하여 준다. 따라서 프로텍티브 풋은 주가가 하락할 때 투자자의 손실을 일정 범위로 제한하는 보험효과를 갖는다.

만기가 T이고 행사가격이 X인 경우 프로텍티브 풋의 만기일의 가치는 〈표 13.6〉과 같이 구해진다(일반적으로 투자시점의 주가(S_0)와 동일하거나 이에 가까운 행사가격을 갖는 풋옵션을 선택한다. 그러나 반드시 그럴 필요는 없다).

〈표 13.6〉을 보면, 만기일의 주가(S_T)가 풋옵션 행사가격(X)보다 높은 경우 프로텍티브 풋의 가치는 주가와 동일하므로 주가상승에 따라 투자자의 富도 증가한다. 그러나 만기일의 주가가 행사가격보다 낮은 경우, 프로텍티브 풋의 가치는 이미 계약된 행사가격과 동일하다. 따라서 주가가 하락한다 하더라도 투자자의 부는 행사가격 이하의 수준으로 하락하지 않으며, 이 결과는 [그림 13.14]의 실선과 같이 나타내진다. 물론 이 프로텍티브 풋을 만들 때, 풋옵션 가격(p_0)을 지급하여야 하므로, 투자자가 보험효과를 얻기 위해 지불한 대가, 즉 보험료는 풋옵션 가격과 같다.

이 프로텍티브 풋이 갖는 중요한 장점은 주가가 일정수준 이하로 하락한다 하더라도 주식을 매도할 필요가 없으므로, 만기까지 주가상승의 기회를 기다릴 수 있다는 점이다. 그리고 만기에 주가가 행사가격 이하의 수준에 머물러 있다 하더라도 주식투자로부터의 손실을 풋옵션의 행사에 의하여 보충할 수 있다.

그러나 프로텍티브 풋은 몇 가지 단점을 갖는다. 첫 번째 단점은 기초자산에 적절하게 대응하는 적절한 풋옵션을 찾을 수 없는 경우가 많다는 점이다. 예를 들어, 베트남 펀드에 투자하고 있는 투자자는 베트남 주가지수를 기초자산으로 하는 풋옵션을 매입함으로써 프로텍티브 풋을 구성할 수 있지만, 시장에서 베트남 주가지수 풋옵션이 거

표 13.6 프로텍티브 풋의 가치

	$S_T < X$	$S_T \geq X$
주식가치	S_T	S_T
풋옵션 가치	$X - S_T$	0
프로텍티브 풋의 가치	X	S_T

그림 13.14 프로텍티브 풋의 가치

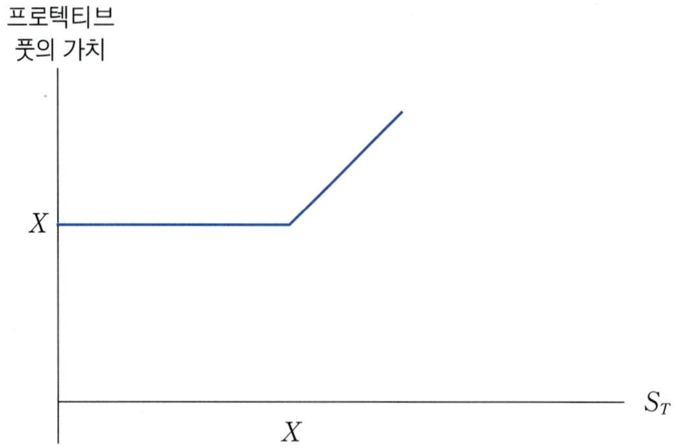

래되지 않는다면, 투자자가 원하는 프로텍티브 풋을 구성할 수 없다.

두 번째 단점은 기초자산의 보유기간과 풋옵션의 만기가 일치하지 않는 경우가 많다는 점이다. 생명보험회사나 투자신탁과 같은 기관투자자들은 흔히 수년 정도 보유할 목적으로 포트폴리오를 구성한다. 그러나 옵션시장에서 거래되는 대부분의 풋옵션은 수개월 정도의 만기만을 갖는다. 기초자산의 보유기간과 풋옵션의 만기를 일치시키기 위해서는 풋옵션을 계속적으로 갱신하여 나가야 한다. 그러나 이 경우에는 미래의 풋옵션 가격변동의 위험을 부담하여야 한다.

(3) 합성옵션과 동태적 헤징

프로텍티브 풋은 적절한 풋옵션이 존재하지 않거나 풋옵션이 적절한 만기를 갖지 않는 경우에는 포트폴리오보험을 위한 수단으로서 쓸모가 작다. 이 문제를 극복하는 한 가지 방법으로서, 기초자산과 무위험자산의 투자액을 적절하게 조절함으로써, 구태여 풋옵션에 투자하지 않고도 프로텍티브 풋과 동일한 효과를 얻어내는 방법이 있을 수 있으며, 이를 흔히 동태적 헤징(dynamic hedging)이라고 부른다.

동태적 헤징은 이른바 합성옵션(synthetic option)이라는 개념을 이용한 것이다. 합성옵션은 기초자산과 무위험자산을 적절하게 결합함으로써 원하는 종류의 옵션과 동일한 가치를 갖도록 만들어진 포트폴리오이다. 프로텍티브 풋도 기초자산과 무위험자산을 적절하게 결합하여 복제될 수 있다. 이를 이해하기 위하여, 어떤 t시점의 프로텍티브 풋의 가치(PP_t)가 유럽형 풋옵션가치와 기초자산 가격의 합계와 같다는 점에 주목하자. 유럽형 풋옵션의 블랙 · 숄즈 OPM은 식(13.14)에 의해 주어지므로, 프로텍티브 풋의 가치는 다음과 같이 정리된다.

$$\begin{aligned} PP_t &= S_t + p_t \\ &= S_t + Xe^{-r(T-t)}[1-N(d_2)] - S_t[1-N(d_1)] \\ &= S_tN(d_1) + Xe^{-r(T-t)}[1-N(d_2)] \end{aligned} \tag{13.16}$$

이 식은 t시점 현재 주가가 S_t인 주식을 $N(d_1)$주 매입함과 동시에 무위험자산을 $Xe^{-r(T-t)}$만큼 매입함으로써 프로텍티브 풋과 동일한 가치를 갖는 포트폴리오를 복제할 수 있다는 것을 의미한다. 이 식의 우변의 각 변수의 값이 변동하면 투자액의 추가 또는 인출이 없이 기초자산과 무위험자산 투자액을 조절하여 프로텍티브 풋과 동일한 가치를 갖는 새로운 포트폴리오를 만들 수 있다.[20]

이와 같이 합성옵션의 기법을 사용하여 프로텍티브 풋을 복제하는 경우에도, 기초자산 가격이나 시간 등과 같은 변수의 변화가 발생하면 연속적으로 기초자산과 무위험자산의 투자액을 변경시켜 나가야 한다. 식(13.16)에서 주가가 상승하면 $N(d_1)$과 $N(d_2)$가 증가하므로 주식을 추가로 매수하고 무위험자산을 매도한다. 반대로 주가가 하락하면 $N(d_1)$과 $N(d_2)$가 감소하므로 주식을 매도하고 무위험자산을 매수한다.

일반적으로 이 방법은 기초자산과 무위험자산 투자액을 동태적으로 수정하여 프로텍티브 풋과 동일한 포트폴리오를 만들고자 하는 것이기 때문에 흔히 동태적 헤징이라고 한다. 이 동태적 헤징은 개별자산에의 투자와 같이 적절한 풋옵션을 구할 수 없는 경우에도 포트폴리오보험 효과를 얻어낼 수 있다는 장점이 있다.

동태적 헤징이 갖는 문제점은, 주식수익률의 변동성이나 이자율 등이 일정하다 하더라도 주가와 잔존만기는 달라질 수밖에 없으므로 이를 고려하여 지속적으로 합성옵션의 구성을 수정하여 나가야 하고, 이로 인해 거래비용이 너무 크게 발생할 수 있다는 점이다. 따라서 동태적 헤징을 행하는 가격변동의 크기와 기간 등을 미리 정해둘 필요가 있다.

다른 문제점으로 가격 폭락사태에 포트폴리오보험이 유효하게 작동하지 못한다는

20] 여건의 변화가 발생했을 때 투자액의 추가 또는 인출이 없이 합성옵션을 만들 수 있다는 특성을 자기금융(self-financing) 조건이라고 한다. 이 자기금융 조건은 옵션가격이 차익거래가 없는 상태에서 결정된 균형가격이기 위한 필수적인 조건이다. R. Jarrow & S. Turnbull, *Derivative Securities*, 2nd ed. (South-Western College Pub., 2000), Part 2.

점이다. 많은 투자자들이 거의 유사한 포트폴리오보험전략을 택하고 있는 경우, 매도 주문 가격보다 실제의 가격이 더 빠르게 하락하기 때문에, 투자자들은 포트폴리오보험의 목적을 달성할 수 없게 될 수도 있다. 실제로 이런 사태는 1987년 10월 블랙먼데이에 발생하였다. 당시 포트폴리오보험전략을 택하고 있던 많은 기관투자자들이 주가하락의 시작과 함께 주식포트폴리오의 많은 부분을 매도하였다. 그 결과 대규모의 동태적 헤징이 주가하락을 부채질하였고, 마침내 일반 투자자들이 투매에 가담하면서 팔려고 하는 주문가격보다 주가가 더 빨리 하락하는 사태를 가져 왔다.

13.7 옵션을 이용한 금융자산

이미 지적한 대로 여러 가지 경제활동이 옵션의 특성을 지니고 있다. 그 대표적인 것이 기업의 보통주이다. 보통주는 기업자산 전체를 기초자산으로 하고 부채의 원리금을 행사가격으로 하는 장기 콜옵션이다. 또 후순위부채(junior debt)도 선순위부채(senior debt)를 행사가격으로 하고 기업자산의 일부를 기초자산으로 하는 장기 콜옵션이다. 옵션의 성격이 더 강하게 부여되어 있는 증권으로서 전환사채, 신주인수권, 수의상환사채, 각종의 옵션부사채 및 담보대출 등을 들 수 있다(이에 대한 보다 상세한 설명은 http://myweb.jnu.ac.kr/~damcho에 주어진 보충자료의 [보론 L]에 있다).

최근 금융공학이 발전하면서 옵션의 성질을 이용하여 새로운 형태의 많은 금융자산들이 만들어지고 있다. 여기에서는 옵션의 특성을 이용하여 만들어진 새로운 형태의 금융자산들 중 대표적인 것들을 소개하고자 한다.

(1) LYON

1985년에 메릴린치(Merrill Lynch)사는 LYON이라는 새로운 금융상품을 만들었다. LYON(liquid yield option note)은 전환권, 수의상환권, 상환청구권이 주어진 무이표채권이다. 예를 들어, 처음 발행된 LYON은 1985년에 웨이스트 매니지먼트회사(Waste Management Inc.)가 발행한 것이다. 이 LYON은 2001년의 만기일에 1주당 1,000달러의 액면가를 지급하는 무이표채권으로서 전환권, 수의상환권, 상환청구권이 모두 주어진 것이다.

전환권은 회사채를 발행회사의 주식으로 전환할 수 있는 콜옵션이고 수의상환권은 발행회사가 회사채를 미리 약정된 상환가격으로 매수할 수 있는 콜옵션이다. 또 상환청구권은 사채권자가 회사채를 발행회사에게 약정된 상환가격으로 팔 수 있는 풋옵션이다.

이처럼 회사채에 세 가지 종류의 옵션을 부가한 것은 일종의 위험분담(risk sharing)이라고 할 수 있으며 발행회사와 투자자 모두에게 매력적인 것이다. 사채권자들의 입장에서 볼 때 전환권은 주가상승의 이득을 얻을 수 있는 기회를 제공하는 것이고, 상환청구권은 채권가격 하락의 위험으로부터 투자자들을 보호해 주는 것이다. 그 대신 발행회사에게는 수의상환권을 부여함으로써 채권가격 상승에 따른 채무부담을 줄여 주고 있다.

(2) 강세형 CD와 약세형 CD

강세형 CD(bull CD)는 양도성예금증서(CD)에 콜옵션의 성질을 부가한 것으로서, 처음 미국에서 만들어졌지만 유럽에서 인기를 끌고 있는 CD이다. 일반적인 CD는 약정된 이자만을 지급하는 것이지만, 강세형 CD는 주가지수가 하락할 때에는 원금 또는 낮은 수준의 이자만을 지급하지만 주가지수가 상승할 때에는 주가지수 상승률의 일정비율을 추가적으로 지급해 준다.

강세형 CD의 반대 형태로서 약세형 CD(bear CD)가 있다. 이것은 명칭 그대로 주가지수가 하락할 때 더 많은 이자를 받을 수 있도록 설계된 CD이다.

강세형 CD의 한 가지 예는 주가지수가 하락할 때 최저이자율을 지급하고 주가지수가 상승할 때 상승률의 40%에 해당하는 이자율을 추가적으로 지급하는 CD이다. 이와 같은 강세형 CD로부터 투자자가 얻게 될 이자율을 그린 [그림 13.15]를 보면, 강세형 CD가 일반적인 CD에 콜옵션의 성질이 부가된 것임을 알 수 있다.

금융기관이 강세형 CD를 발행하여 조달된 자금의 운용구조는 비교적 단순하다. 즉, 정상적 금리와 최저금리의 차이에 해당하는 금액을 주가지수 콜옵션에 투자한다. 만기에 주가지수가 상승할 경우 콜옵션을 행사하여 얻어진 이익으로 강세형 CD의 추가이자를 지급한다. 주가지수가 하락할 경우에는 최저금리를 지급한다.

(3) 이자율 캡 및 이자율 플로어

위의 강세형 CD와 함께 흥미 있는 금융상품의 하나가 이자율 캡(interest rate cap)이다. 이자율 캡은 변동금리대출에 부가된 이자율 상한선을 의미한다. 예를 들어, LIBOR(런던은행간금리)의 변동에 따라 이자율이 달라지는 변동금리대출에 대해 10%의 이자율 상한선이 정해져 있다 하자. 이 10%의 이자율을 캡(cap)이라고 한다. 캡 금리 이상으로 대출이자율이 상승하면 차입자는 캡만큼의 이자율만을 부담한다. 차입자의 입장에서 볼 때,

그림 13.15 강세형 CD

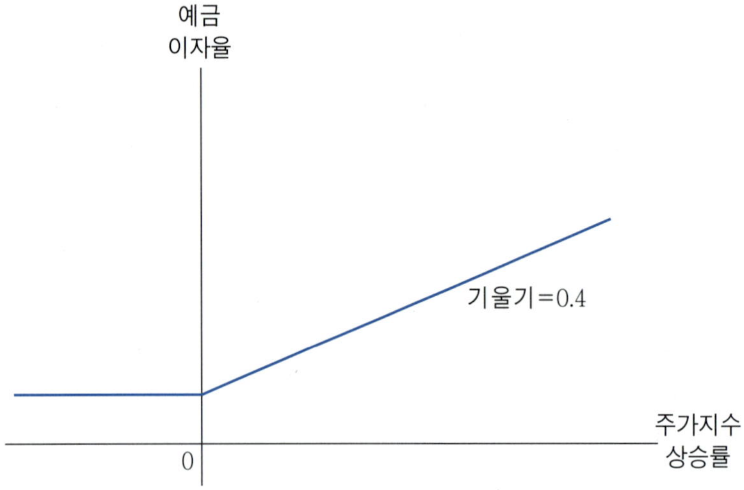

이자율 캡은 캡 수준 이상으로 대출이자율이 상승할 경우 그 차이를 은행으로부터 수취하는 콜옵션이다. 따라서 차입자가 이자율 캡을 취득하기 위해서는 정상보다 약간 높은 변동금리 조건으로 대출을 받거나 은행에 별도의 수수료를 지급하여야 한다.

이자율 플로어(interest rate floor)는 대여자 또는 예금자가 수취하게 될 이자율의 하한선이다. 이자율 플로어를 보유하고 있는 대여자는 변동금리가 일정 수준 이하로 하락하더라도 플로어 금리를 보장받는다. 또 이자율 캡과 이자율 플로어가 모두 부가되어 있는 금융상품을 이자율 칼러(interest rate collar)라고 한다.

(4) 변형옵션

투자자들이 표준적인 콜옵션이나 풋옵션만으로도 여러 가지 다양한 투자전략을 구사할 수 있다는 것은 13.6절에서 살펴보았다. 그러나 표준적인 옵션과 다른 특색을 갖추고 있는 여러 가지 변형옵션(exotic options)들이 만들어짐으로써 투자자들의 투자기회는 더욱 확대되었다. 그 대표적인 것들이 아시안옵션, 장벽옵션, 회고옵션, 이항옵션 등이다.

아시안옵션(Asian option)은 옵션의 가치가 옵션이 행사되기 이전 일정기간의 평균가격에 의존하는 옵션이다. 행사시점 이전 3개월 동안의 주가지수 평균치가 행사가격보다 높은 경우에 콜옵션을 행사할 수 있는 옵션이 아시안옵션의 한 예이다.

장벽옵션(barrier option)은 옵션의 가치가 행사시점의 기초자산 가격에 의존할 뿐만 아

참 고 KIKO

KIKO(knock-in knock-out option)는 수출기업이 환율하락으로 인한 손실을 줄이기 위해 은행과 맺는 일종의 옵션계약이다.

KIKO의 구조를 이해하기 위해 하나의 전형적인 예를 들어보자. 어떤 수출회사가 수출대금을 수취하는 3개월 후의 환율이 달러당 1,000원 이하로 하락하면 손실을 보게 되고 그 이상이면 이익이 얻어진다고 하자. 환위험관리를 위해 일반적으로 택하는 방법은 옵션시장에서 만기가 3개월 후이고 행사가격이 1,000원인 미국달러 풋옵션을 매입하는 것이다. 이 경우 환율 하락의 손실을 풋옵션의 이익에 의해 상쇄시킬 수 있으나 풋옵션 가격을 지불해야 하는 부담이 있다.

이와는 달리 KIKO에는 행사가격이 1,000원인 풋옵션과 함께 다른 몇 가지 옵션이 부가되어 있다. 즉, KIKO는 ① 환율이 950원 초과, 1,050원 미만인 영역에서 행사가격이 1,000원인 풋옵션 매수포지션과 ② 환율이 만기 이전 어느 때라도 950원 이하로 하락할 경우 계약이 소멸되는 녹아웃 옵션, 그리고 ③ 환율이 만기 이전 어느 때라도 1,050원 이상으로 상승할 때(즉, 녹인 옵션) 발효되는 행사가격 1,000원인 콜옵션의 매도포지션 등 3개의 옵션이 결합된 것이다. 여기에서 주목할 것은 ③의 녹인 옵션 부분이다.

이러한 KIKO의 구조를 그림으로 나타낸 것이 [그림 13.16]이다. 그림이 보여주는 바와 같이, 환율이 950원 초과, 1,050원 미만의 영역에서만 풋옵션이 작용되어 환위험관리가 가능하고, 950원 이하에서는 환위험에 그대로 노출되며, 1,050원 이상에서는 수출회사가 큰 손실을 보도록 KIKO가 설계되어 있다는 점이다.

KIKO가 사회문제화 된 것은 2008년 하반기이다. 이 시기에 환율이 큰 폭으로 상승함에 따라 KIKO 계약을 체결한 다수의 중소기업들이 큰 폭의 손실을 보게 되었고 은행을 상대로 손해배상 소송을 제기하였다. 상황이 이렇게 되기까지의 환율동향을 보면, 2000년 이후 원/달러 환율은 지속적으로 하락하였다. 2001년 3월말 기준환율은 1,328원이었으나 그

그림 13.16 KIKO의 손익

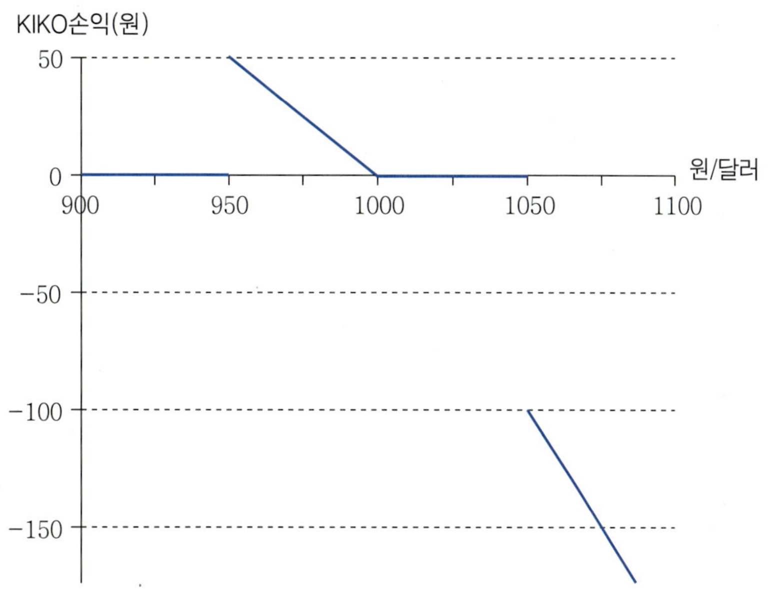

이후 지속적으로 하락하여 2007년 10월에는 907.4원까지 내려갔으며 2008년 7월까지도 안정적 상승추세를 보였다. 중소 수출회사들은 장기에 걸친 환율 하락추세를 경험하자 KIKO에 큰 매력을 느끼고 많은 회사들이 KIKO 계약을 사들였다. 그러나 세계금융위기가 터진 2008년 8월(월말 기준환율은 1,081.8원/달러)부터 환율이 가파르게 상승하여 11월에는 1,481.7원까지 상승하였다. 이로 인해 [그림 13.16]과 같은 구조의 KIKO 1단위를 보유하고 있던 회사들은 콜옵션의 행사에 응해 주어야 하므로 963.4원을 은행에게 지불해 주어야만 하였다. 이 금액은 수출회사가 1달러 수출로 수취한 매출액의 70~80%에 해당하는 막대한 손실이었다. 그 이후 다수의 중소기업들이 은행을 상대로 불완전판매(과다위험 불고지)를 이유로 손해배상 소송을 제기하였으며 일부는 승소하고 일부는 패소하였다.

KIKO 사태는 몇 가지 교훈을 던져준다. 첫째, 법률적 판단에 관계없이, 중소기업 경영자들이 거액의 손익이 좌우되는 계약과 상품의 내용을 충분히 이해하지 못하고 계약에 임했다는 것 자체가 경영자로서 사실상의 배임이라는 점이다. 둘째, "공짜점심은 없다"라는 단순한 명제를 명심해야 한다는 점이다. 대다수의 중소기업 경영자들은 KIKO가 거의 대가를 치루지 않고 환율하락의 위험을 제거할 수 있는 공짜점심으로 판단했다. 셋째, 위험관리에는 가능한 한 단순한 구조의 금융상품을 이용하는 것이 바람직하다는 점이다. 복잡한 구조의 금융상품은 그 자체로서 새로운 위험요인을 내재할 수 있다. 넷째, 거래목적이 무엇이든 거래대상에 대한 충분한 이해가 필수적이라는 점이다. 환위험의 제거가 목적이면 환율변동이 점프 특성을 갖고 있다는 것을 사전에 충분히 이해하고 있어야 한다. 다섯째, 금융기관은 고객의 위험성향을 충분히 고려하여 금융상품을 판매하여야 한다는 점이다. 금융상품을 판매할 때 고객의 위험성향 확인을 성실하게 이행하였던 일부 은행은 KIKO 관련 소송에서 거의 완전하게 승소하였다.

니라, 기초자산 가격이 일정한 가격 수준—이것을 장벽(barrier)이라고 부른다—을 건너는지 여부에도 의존하는 옵션이다. 예를 들어, 어떤 콜옵션의 장벽이 3만원으로 정해져 있다면, 기초자산의 주가가 이 3만원 미만으로 하락하게 되면 콜옵션 자체가 소멸되는 옵션이 장벽옵션의 한 가지 예이다.

회고옵션(lookback option)은 옵션의 가치가 행사시점 이전의 일정기간 중 기초자산의 최고가격 또는 최저가격에 의존하는 옵션이다. 예를 들어, 만기일 이전 3개월 동안 기초자산의 최고가격이 행사가격보다 높은 경우에 콜옵션을 행사할 수 있다면, 이런 콜옵션은 회고옵션의 일종이다. 이 회고옵션은 가장 유리한 시기에 미국형 옵션을 행사하도록 하는 것과 동일한 효과를 가져다준다.

이항옵션(binary option)은 기초자산 가격이 약정된 조건을 충족시킬 때 약정된 일정금액을 지급하는 옵션이다. 예를 들어, 만기일에 기초자산 가격이 행사가격보다 높으면, 기초자산 가격 수준에 관계없이 콜옵션 1계약당 10,000원의 금액을 지급하는 콜옵션이 이항옵션의 예이다.

13장 연습문제 Exercises

01 우리의 경제생활에서도 옵션과 같은 성격을 가지고 있는 경우가 많다. 다음의 경우가 옵션과 어떤 유사점과 차이점을 가지고 있는지 설명하여 보시오.

(1) 투기목적으로 1개월 후에 주택을 3억원에 매수하기로 하고 3천만원의 계약금을 지급한 경우

(2) 100톤의 금이 매장된 것으로 알려진 광산의 광물채굴권을 취득한 경우

(3) 투자수명이 종료되기 전에 자산을 처분할 수 있는 투자안을 채택한 경우

02 유로피언 콜옵션의 가격을 결정하는 요인들을 설명하시오.

03 두 개의 옵션 A와 B에 관한 자료를 비교하여 물음에 답하시오(연속복리 무위험이자율은 연 6%). T는 잔존만기(년), S_0는 기초자산의 현재가격, X는 행사가격, σ는 기초자산의 수익률의 표준편차, P_0는 풋옵션 가격, C_0는 콜옵션 가격을 나타낸다.

(1) A와 B 중에서 기초자산의 가격이 더 낮은 것은?

풋	T	X	σ	P_0
A	0.5	25,000	0.20	4,384
B	0.5	25,000	0.25	4,384

(2) A와 B 중에서 기초자산의 가격이 더 낮은 것은?

풋	T	X	σ	P_0
A	0.5	25,000	0.20	5,000
B	0.5	25,000	0.20	6,000

(3) A와 B 중에서 잔존만기가 더 짧은 것은?

콜	S_0	E	σ	C_0
A	25,000	25,000	0.20	2,747
B	27,500	25,000	0.20	2,622

(4) A와 B 중에서 기초자산 가격의 변동성이 더 큰 것은?

콜	T	E	S_0	C_0
A	0.5	25,000	27,500	3,615
B	0.5	25,000	27,500	5,474

(5) A와 B 중에서 기초자산 가격의 변동성이 더 큰 것은?

콜	T	E	S_0	C_0
A	0.5	25,000	27,500	3,615
B	0.5	27,500	27,500	3,500

04 현재 어떤 주식의 가격이 50,000원이다. 이 주식의 주가는 6개월 후 50%의 확률을 가지고 1.2배 수준으로 상승하거나 0.8배 수준으로 하락할 것으로 예상되고 있다. 연속복리 무위험이자율은 연간 6%이다. 이 주식에 대하여 행사가격이 55,000원이고 만기가 6개월인 유럽형 콜옵션이 거래되고 있다.

(1) 이 주식과 콜옵션을 이용하여 어떻게 무위험 헤지포트폴리오를 만들 수 있는가?

(2) 위의 콜옵션의 균형가격을 구하시오.

05 다음 자료를 가지고 블랙 · 숄즈 OPM을 이용하여 콜옵션의 가격을 구하시오.

만기까지의 기간 = 6개월
기초자산 수익률의 표준편차 = 연간 40%
행사가격 = 25,000원
현재의 주식가격 = 24,000원
이자율 = 6%

06 다음의 자료를 가지고 물음에 답하시오.

	A	B	C	D
만기일까지의 기간	3개월	3개월	3개월	3개월
연간무위험수익률	10%	10%	10%	10%
주식수익률의 표준편차	40%	40%	40%	40%
현재의 주가	50,000원	50,000원	50,000원	50,000원
행사가격	45,000원	55,000원	55,000원	55,000원
콜옵션의 이론적 가격	7,558원	?	4,668원	?

* 콜옵션의 이론적 가격은 블랙 · 숄즈의 OPM에 의해 계산된 것임.
* 각 주식은 만기일까지 배당이 없을 것으로 가정함.

(1) B와 D에 대한 콜옵션 가격을 계산하지 않고 B가 A에 비하여, 그리고 D가 C에 비하여 더 높거나 낮은 가격을 갖는지 그 이유를 설명하시오.

(2) B와 D에 대한 콜옵션 가격을 계산하시오.

(3) A와 동일한 조건을 갖는 풋옵션의 가격을 계산하시오.

(4) A와 동일한 조건을 갖고 있는 풋옵션은 옵션시장에서 실제로는 1,200원에 거래되고 있다. 이를 이용하여 무위험 차익거래이윤을 어떻게 얻을 수 있겠는가?

07 기초자산에 대하여 배당이 없는 경우, 미국형 콜옵션은 대부분의 경우 만기일 이전에 행사되지 않는다고 한다. 그 이유를 설명하시오.

08 미국형 콜옵션이 어떤 경우에 만기일 이전에 조기행사될 수 있는지 설명하시오.

09 다음과 같은 사건이 콜 및 풋옵션의 가격에 대하여 어떤 영향을 미치게 될지 답하시오.

(1) 기대 인플레이션율의 상승으로 무위험이자율의 상승이 예상된다.

(2) 기업의 현금배당이 증가할 것으로 예상된다.

(3) 투자자들의 위험회피 성향이 증가하고 있다.

(4) 기업의 부채비율이 상승하고 있다.

(5) 시간이 흘러 만기에 가까워지고 있다.

10 현재의 가격이 15,000원인 어떤 주식에 대하여 3개월의 만기를 갖고 행사가격이 20,000원인 콜옵션이 3,000원에 거래되고 있다고 한다. 이와 동일한 조건을 갖는 풋옵션의 가격은 얼마로 평가되는지 계산하시오(연간 무위험수익률은 6%).

11 만기일에 기초자산의 가격이 낮을수록 풋옵션의 매수자는 더 큰 이익을 얻는다. 따라서 기초자산 1주와 m개의 풋옵션을 매수하여 무위험 헤지포트폴리오를 만들 수 있다. 현재 어떤 주식의 가격은 50,000원이고 행사가격은 55,000원이며 연속복리 무위험이자율은 3%(반년)이다. 이 주식은 반년 후 65,000원이 되거나 40,000원이 될 것으로 예상된다.

(1) 주가변동의 두 가지 상태에서 풋옵션가치는 얼마인가? 만기일의 주가변동의 범위와 풋옵

션가치의 범위를 구하시오.

(2) 3주의 주식과 5개의 풋옵션으로 이루어진 포트폴리오를 만들 경우, 만기일에 이 포트폴리오의 가치는 얼마가 될 것인가? 이 포트폴리오의 가치는 확실한 현금흐름인가, 아니면 불확실한 현금흐름인가?

(3) 위의 문제 (2)에서 구성한 포트폴리오의 현재가치는 얼마인가?

(4) 위의 결과를 이용하여 풋옵션의 균형가격을 구해 보시오.

12 위의 문제 11의 조건과 동일한 콜옵션이 있다. 이 콜옵션의 균형가격을 구하시오. 그리고 이 계산결과를 가지고 풋·콜 패리티가 맞는지 확인하시오.

13 포트폴리오보험을 위하여 사용할 수 있는 투자전략으로서 프로텍티브 풋과 동태적 헤징이 있다. 두 가지 투자전략의 특징을 설명하시오.

14 현재 어떤 주식의 주가가 25,000원이며, 이 주식의 수익률의 표준편차는 연간 40%이다. 이 주식에 대하여 만기가 6개월이고 행사가격이 27,000원인 풋옵션과 콜옵션을 이용하여 스트래들을 구성하려 한다. 연간 무위험이자율은 6%이다.

(1) 콜옵션과 풋옵션의 가격을 블랙·숄즈 OPM을 이용하여 구하시오.

(2) 만기일의 주가에 따라 스트래들의 가치가 어떻게 달라지는지를 분석하시오.

15 현재 어떤 주식의 주가가 25,000원이며, 이 주식의 수익률의 표준편차는 연간 40%이다. 이 주식에 대하여 만기가 6개월로 동일하나, 행사가격이 각각 25,000원 및 27,000원인 두 가지 콜옵션을 이용하여 강세형 스프레드를 구성하려 한다. 연간 무위험이자율은 6%이다.

(1) 두 가지 콜옵션의 가격을 블랙·숄즈 OPM을 이용하여 구하시오.

(2) 만기일에 주가의 변동에 따라 이 강세형 스프레드의 가치가 어떻게 달라지는지를 분석하시오.

16 동일한 기초자산과 만기를 갖지만 행사가격이 다른 두 개의 풋옵션이 있다 하자. 어떤 투자자가 행사가격이 25,000원인 풋옵션을 매입하고 행사가격이 27,500원인 풋옵션을 매도하여 포트폴리오를 구성하였다.

(1) 만기일에 기초자산 가격이 달라짐에 따라 이 포트폴리오의 가치가 어떻게 결정되는지 분석하시오.

(2) 만기일에 이 포트폴리오의 가치와 기초자산 가격이 어떤 관계를 갖고 있는지 그림으로 그리시오.

17 갑돌씨는 80,000원에 1단위의 지수펀드를 매입하고, 주가변동의 위험을 피하기 위하여 행사가격이 80,000원이고 만기가 3개월이며 지수펀드를 기초자산으로 하는 유럽형 풋옵션 1개를 4,000원에 매입하였다. 그러나 을순씨는 만기가 3개월이고 행사가격이 78,000원인 풋옵션이 3,000원에 거래되고 있으므로, 더 저렴한 이 풋옵션을 매입하는 것이 더 유리하다고 주장하고 있다.

(1) 만기일에 지수펀드의 가격이 변동함에 따라, 두 사람의 투자전략으로 얻게 될 이익이 어떻게 결정될 것인지를 분석하시오.

(2) 두 사람의 투자전략 중에서 누구의 것이 어떤 경우에 더 유리하다고 말할 수 있는가?

(3) 두 사람의 투자전략 중에서 누구의 것이 더 큰 체계적 위험을 갖고 있는가?

18 코스피200의 현재의 지수는 100포인트이고 연간 수익률의 표준편차는 20%이며, 2개월 후에 5포인트의 배당지급이 확실하게 예상되고 있다. 연속복리 무위험이자율은 5%/年이다. 만기가 6개월 후이고 행사가격이 100포인트인 옵션에 대해 다음 물음에 답하시오.

(1) 블랙 · 숄즈 모형을 이용하여 유럽형 콜옵션의 가격을 구하시오.

(2) 블랙 · 숄즈 모형을 이용하여 유럽형 풋옵션의 가격을 구하시오.

19 어떤 주식의 현재 가격은 10,000원이며, 주가는 매 2개월마다 변동하는데 그 때의 상승계수 u는 1.05이고 하락계수 d는 0.95이다. 연속복리 무위험이자율은 5%/年이다. 만기가 6개월 후이고 행사가격이 10,000원인 옵션에 대해 다음 물음에 답하시오.

(1) 주가변동을 2항트리로 나타내시오.

(2) 마팅게일 가격결정모형에 의해 유럽형 콜옵션의 균형가격을 구하시오.

(3) 마팅게일 가격결정모형에 의해 유럽형 풋옵션의 균형가격을 구하시오.

(4) 2항트리를 이용하여 미국형 풋옵션의 균형가격을 구하시오.

제6부 증권분석과 포트폴리오관리

제14장 | 주식의 기본적 분석과 내재가치

제15장 | 기술적 분석

제16장 | 포트폴리오관리와 성과측정

I N V E S T M E N T

I N V E S T M E N T

제14장 주식의 기본적 분석과 내재가치

대부분의 개인투자자들은 주식만이 증권인 것으로 알고 있고 또 주식에 대하여 충분히 많은 것을 알고 있다고 생각한다. 예를 들어, 많은 증권투자자들은 주식에 대해서는 어느 정도 이해하고 있지만, 채권에 대해서는 그렇지 못하다고 생각하고 있다. 그러나 이런 생각은 커다란 오해이다.

채권의 원리금의 크기와 시기 및 이자율은 매우 쉽게 알아낼 수 있다. 그러나 대부분의 투자자들은 주식의 가치가 어떻게 결정되고 있는지, 어떤 요인 때문에 주가가 변동하는지, 미래의 배당과 시세차익이 어느 정도일 것인지에 대하여 그리 많이 알고 있지 못하다. 이 점은 증권전문가라고 하는 사람들에게도 해당된다.

어떤 증권전문가는 주식을 “쌀 때 사고 비쌀 때 팔아라”고 충고한다. 그러나 어떤 시점의 주가가 과연 싼 가격인지 또는 비싼 가격인지를 판단하는 것이 결코 쉬운 일이 아니다. 이 장에서는 주가의 높고 낮음을 판단하는 기준으로서 내재가치가 이용될 수 있으며, 이 내재가치가 어떻게 평가되는지를 설명하고자 한다. 주식의 내재가치를 평가하는 데 주로 사용되는 투자분석 방법은 기본적 분석(fundamental analysis)이다.

기본적 분석에서는 어떤 자산이든 그것의 가치를 결정하는 몇 가지 기본요인(fundamentals)이 존재하고, 이 기본요인에 기초하여 평가된 본질적인 가치, 즉 내재가치(內在價値, intrinsic value)를 중심으로 자산의 시장가격이 움직인다고 생각한다. 그러므로 기본적 분석에서는 자산의 내재가치를 결정하는 중요한 기본요인이 무엇인지, 특정한 기본요인의 변화가 내재가치에 어떤 영향을 미치게 될지, 여러 가지 기본요인의 값을 종합적으로 고려할 때 그 자산의 내재가치가 어느 정도인지 등을 추정하는 것이 일반적이다.

14.1 주식의 내재가치

14.1.1 주식가치평가의 단일기간모형

보통주(common stock)는 미래에 얻게 될 소득, 즉 배당과 매도가격이 약정되어 있지 않기 때문에, 변동소득증권(variable-income securities)의 대표적인 형태이다.[1] 보통주를 소유하고 있는 주주들은 잔여이익 및 잔여재산에 대한 청구권을 갖고 있으므로, 기업 위험을 최종적으로 부담하여야 한다. 따라서 주식으로부터 얻어지는 미래의 소득흐름(배당과 자본이득)은 다른 어떤 증권보다 큰 변동성을 갖는다. 이 점은 주식의 미래소득의 크기를 예측하는 것은 결코 쉬운 일이 아니며, 주식의 가치평가 역시 쉬운 일이 아니라는 것을 의미한다.

대부분의 개인 및 기관투자자들은 경영참여의 목적이 없이 배당 및 자본이득만을 목적으로 주식에 투자한다.[2] 이들은 미래에 예상되는 배당 및 자본이득의 가치에 비해 현재의 주가가 낮게 평가되어 있는 주식을 매수하고 현재 주가가 높게 평가되어 있는 주식을 매도하는 투자전략을 구사한다.

단순한 투자목적으로 주식을 보유하는 투자자의 경우, 주식의 내재가치는 배당 및 매각대금의 현재가치로 볼 수 있다. 주식의 내재가치를 평가하는 가장 단순한 경우로서 주식을 1기간만 보유하고 1기 후에 매도하는 경우를 생각해 볼 수 있다. 이 경우 현재($t=0$)의 주식의 내재가치(V_0)는, 현재 주어진 정보를 이용하여 1년 후의 기대배당과 기대 시장가격을 예측하고 이 기대배당과 기대가격을 적절한 요구수익률로 할인하여 구한 현재가치와 같다. 즉, 주식의 내재가치는 다음 식으로 나타내진다.

$$V_0 = \frac{E(DPS_1) + E(P_1)}{1+k} \tag{14.1}$$

단, V_0는 주식의 내재가치, $E(DPS_1)$은 현재($t=0$) 이용가능한 정보를 이용하여 예상한 1기 후 주당배당(dividend per share)의 기대치이고, $E(P_1)$은 현재($t=0$) 이용가능한 정보를 이용하여 예상한 1기 후의 기대가격이다. k는 요구수익률이다.

기본적 분석에서는 시장가격이 내재가치를 중심으로 무작위적으로 변동하며, 현재의 시장가격이 내재가치와 상당한 차이를 보일 경우 시장가격은 멀지 않은 시간 내에 내재가치에 수렴할 것이라고 생각한다. 따라서 내재가치를 중시하는 투자자는 주식의 시장가격(P_0)을 그가 평가한 내재가치(V_0)와 비교하여 매입 또는 매도 여부를 결정한다.

예를 들어, 어떤 투자자가 A주식을 매입하여야 할 것인지를 결정해야 하는 경우를 생각해 보기로 하자. 이 투자자는 1년 후 목돈이 필요하기 때문에 현재 A주식을 매입

1] 주식의 일종으로서 우선배당이 약정되어 있는 우선주(preferred stock)가 있다. 보통주주의 입장에서 볼 때, 우선배당(preferred dividend)이 약정되어 있으므로 우선주의 경제적 성격은 오히려 채권에 가깝다고 할 수 있다. 그러나 우선배당을 지급하지 못하는 경우라 하더라도 파산의 사유가 되지 않는다는 점에서 주식으로서의 성격도 갖고 있다.

2] 보통주주는 기업의 소유권을 행사하기 때문에, 어떤 투자자들은 경영참여 또는 기업지배의 목적을 위해 보통주를 보유하고자 하며, 그런 투자자들을 흔히 전략적 투자자라고 한다. 경영참가 목적의 투자를 전문으로 하는 펀드로서 PEF가 있다. PEF(private equity fund, 사적투자기금)는 경영이 부실하거나 주가가 저평가되어 있다고 판단되는 기업의 주식을 대량으로 매입하여 기업지배권을 취득하고, 장기에 걸친 기업지배 또는 경영참여를 통해 경영의 비효율성이나 저평가 요인을 제거한 후 보유주식을 매도함으로써 투자수익을 실현하고자 하는 펀드이다.

하면 1년 후에 팔아야 한다. 이 문제를 풀기 위하여 접근할 수 있는 방법은 이 주식의 시장가격이 내재가치보다 낮은지를 알아보는 방법이다.

먼저 A주식의 현재의 주가(P_0)가 34,500원이며, 현재 이용가능한 정보를 이용하여 예측한 금년도 말의 기대주당배당 $E(D_1)$이 3,000원이고 1년 후의 기대주가 $E(P_1)$이 41,000원이라고 하자. 그리고 A주식의 베타계수가 1.3이고 무위험수익률이 4%이며 시장 전체의 위험프리미엄은 8% 정도라는 것을 알고 있다면, 투자자가 원하는 요구수익률 k는 CAPM에 의해 다음과 같이 14.4%로 결정된다.

$$k = R_f + [E(R_M) - R_f]\beta_A = 0.04 + 0.08 \times 1.3 = 14.4\%$$

따라서 A주식의 내재가치 V_0는 다음과 같이 38,462원으로 구해진다.

$$V_0 = \frac{3,000 + 41,000}{1 + 0.144} = 38,462\text{원}$$

이 예에서 A주식의 내재가치는 38,462원이다. 현재의 시장가격은 34,500원이므로 내재가치보다 3,962원 정도 낮은 수준이다. 따라서 이 투자자는 3,962원의 부의 증가를 기대하고 A주식을 매입하고자 할 것이다.

거래가 활발히 이루어지고 있을 경우, 어떤 주식의 현재의 시장가격은 모든 투자자들이 평가한 내재가치의 평균치 또는 대표치를 반영한다고 할 수 있다. 현실의 시장에서 각각의 투자자는 미래의 배당, 주가 및 요구수익률을 서로 다르게 예상하기 때문에, 각 투자자는 동일한 주식에 대하여 서로 다른 내재가치로 평가한다. 어떤 주식에 대해 내재가치를 서로 다르게 평가하는 투자자들 사이에 매매가 이루어지므로, 그 주식에 대한 수요와 공급이 일치하도록 하는 수준에서 주가, 즉 시장가격이 형성된다.

위의 예에서 투자자가 A주식에 1년간 투자하여 얻게 될 기대수익률 $E(R_A)$는 다음과 같이 구해진다.

$$\begin{aligned} E(R_A) &= \frac{E(DPS_1) + [E(P_1) - P_0]}{P_0} = \frac{E(DPS_1)}{P_0} + \frac{E(P_1) - P_0}{P_0} \\ &= \frac{3,000}{34,500} + \frac{41,000 - 34,500}{34,500} = 0.0870 + 0.1884 = 27.54\% \end{aligned} \tag{14.2}$$

위의 식(14.2)에서 첫 번째 항과 두 번째 항은 각각 배당수익률(dividend yield)과 주가

상승률(rate of price appreciation)의 기대치를 의미한다. A주식에 투자하여 얻게 될 27.54%의 기대수익률은 요구수익률 14.4%보다 13.14% 정도 높다. 따라서 이 투자자는 A주식을 매입하는 것이 유리하다.

14.1.2 일정성장모형에 의한 가치평가

(1) 배당할인모형

앞항에서는 투자자가 어떤 주식을 1년간 보유할 경우, 주식의 내재가치가 어떻게 평가되는지를 보았다. 이를 일반화하여 T기 동안 어떤 주식을 보유하고 T기 후에 이 주식을 팔고자 할 경우의 내재가치를 평가해 보자. 이 경우 이 투자자가 얻게 될 소득흐름은 T기까지의 기대배당흐름과 T기 후의 기대주가이다. 따라서 이 주식의 내재가치 V_0는 다음 식으로 평가될 수 있다.

$$V_0=\sum_{t=1}^{T}\frac{E(D_t)}{(1+k)^t}+\frac{E(P_T)}{(1+k)^T} \tag{14.3}$$

단, $E(D_t)$는 t기말에 받게 될 기대배당액, $E(P_T)$는 T기말의 기대주가, k는 요구수익률이다.

식(14.3)에서 T기 후의 기대주가인 $E(P_T)$는, 이용가능한 현재의 정보를 사용하여 얻어진 미래주가의 기대치로서, T기 이후 영속적으로 받게 될 기대배당흐름을 할인하여 얻어진 T기말 시점의 현재가치이다.[3] 따라서 이 주식의 현재의 내재가치는 영속적으로 받게 될 미래 기대배당흐름의 현재가치로 표시할 수 있다.

배당할인모형

$$V_0=\sum_{t=1}^{\infty}\frac{E(D_t)}{(1+k)^t} \tag{14.4}$$

이 식(14.4)는 주식가치를 미래 기대배당흐름의 현재가치로 평가하고 있으므로, 흔히 배당할인모형(dividend discount model; DDM)이라고 부른다. 이 배당할인모형은 언뜻 보기

3] T기 후 기대주가는 $E(P_T)=\sum_{t=1}^{\infty}\frac{E(D_{T+t})}{(1+k)^t}$ 와 같다.

에 미래의 배당만을 고려하고 주식의 매도로 얻게 될 자본이득을 고려하고 있지 않는 것처럼 보인다. 그러나 이 모형의 도출과정에서 투자자가 원하는 T기에 주식을 매도할 것이라는 것을 이미 전제하였으므로, 이 배당할인모형은 T기에 매도하여 얻게 될 자본이득까지 고려하고 있다고 할 수 있다.

(2) 일정성장모형

식(14.4)의 배당할인모형은 주식가치가 미래 현금흐름, 즉 투자자들이 얻게 될 미래배당의 현재가치와 같다는 단순한 개념에 기초하고 있다는 점에서 커다란 설득력을 갖고 있다. 그러나 미래 모든 시기의 주당배당을 예측한다는 것은 사실상 거의 불가능하다.

따라서 미래배당에 관하여 현실성은 다소 떨어지지만 매우 단순화된 가정을 도입함으로써, 배당할인모형은 비교적 쉽게 적용할 수 있는 주식가치 평가모형으로 정리될 수 있다. 즉, 매기의 기대배당흐름이 일정한 성장률 g로 영속적으로 증가할 것이라고 가정한다면, 위의 배당할인모형은 다음과 같이 매우 단순한 주식가치 평가모형으로 정리된다.[4]

일정성장모형

$$V_0=\frac{E(D_1)}{k-g} \tag{14.5}$$

단, g는 매년의 배당성장률임.

식(14.5)는 주당배당이 매기 일정한 성장률 g만큼 영속적으로 증가할 것이라는 가정하에서 고든(M. J. Gordon)이 제시한 주식가치 평가모형이므로 일정성장모형(constant growth model) 또는 고든모형이라고 부른다.[5]

예를 들어, 금년도말의 기대주당배당이 5,000원으로 예상되고 있고 앞으로 이 주당배당이 매년 10%씩 영속적으로 증가할 것으로 예상된다 하자. 이 주식에 대한 투자자들의 요구수익률이 15%라면, 이 주식의 내재가치는 다음과 같이 50,000원으로 평가된다.

4] 이 일정성장모형은 일정성장 영속연금의 현재가치를 구하는 식과 동일한 방법으로 구해진다. 즉, 식(14.4)의 양변에 $(1+k)/(1+g)$를 곱한 식에서 식(14.4)를 뺀 다음, V_0에 관해 정리하면 식(14.5)가 얻어진다.

5] 그는 이 모형에 기초하여 기업의 재무결정과 주식가치의 관계를 설명하고자 시도하였으며, 그 대표적인 업적이 M. J. Gordon, *The Investment, Financing and Valuation of the Corporation* (Irwin, 1962)이다.

$$V_0 = \frac{2{,}500}{0.15 - 0.10} = 50{,}000\text{원}$$

식(14.5)의 일정성장모형이 갖고 있는 현실적 의미는 무엇일까? 그것은 배당수익률이 낮은 주식이라 하더라도, 주가상승의 가능성이 큰 주식—이른바 성장주(growth stock)—에 투자하는 것이 충분히 정당화될 수 있다는 것이다. 즉, 비록 현재는 적은 배당을 준다 하더라도 풍부한 성장기회를 갖고 있으면, 그런 주식에 대해 높은 이익과 배당을 기대할 수 있으므로 충분히 투자할 만한 가치가 있다는 것이다. 즉, 당기말의 예상배당인 $E(D_1)$이 그리 크지 않더라도, 배당성장률이 크면 분모의 $k-g$가 작아지므로 V_0는 상당히 큰 값을 갖게 될 것이기 때문이다.

14.1.3 기업의 성장기회와 주식가치

일정성장모형을 나타내는 식(14.5)에서 주당배당의 성장률 g가 주식가치에 대하여 대단히 중요한 영향을 미치고 있다는 것을 알 수 있다. 이 배당성장률 g는 기업의 내부유보율과 미래 투자기회의 수익성에 의존한다. 만일 유리한 투자기회를 갖고 있는 기업이 이익의 많은 부분을 높은 수익성을 갖는 투자기회에 재투자된다면, 미래의 이익과 배당은 현재보다 더 크게 얻어질 것이다. 설명을 단순하게 하기 위해 배당성향과 자기자본이익률이 앞으로도 일정하게 유지된다고 가정하면, 이익 및 배당의 성장률 g는 다음과 같이 얻어진다.[6]

$$g = b \times ROE \tag{14.6}$$

단, b는 내부유보율, ROE는 자기자본이익률이다.

6] 식(14.6)이 어떻게 얻어지는가를 알기 위하여, 현재의 자기자본가치를 S_0, 당기의 순이익을 X_1, 내부유보율을 b, 자기자본이익률을 $ROE(=X_1 \div S_0)$로 나타내기로 하자. 다음 연도 초의 자기자본은 현재의 자기자본과 내부유보하여 재투자된 부분의 합계이므로, 다음 기의 자기자본 S_1과 순이익 X_2는 다음과 같다.

$$S_1 = S_0 + bX_1$$
$$X_2 = ROE \times (S_0 + bX_1) = ROE \times S_0 + b \times ROE \times X_1 = X_1 + b \times ROE \times X_1 = (1 + b \times ROE)X_1$$

위의 식에서 보면, 다음 기의 순이익 X_2는 당기의 순이익(X_1)에 비해 $b \times ROE$의 성장률로 증가하고 있다. 배당성향이 일정하면, 주당배당은 주당이익과 비례하여 증가하므로, 주당배당 성장률도 $b \times ROE$와 동일하다. 또 X_2의 b만큼을 내부유보하여 재투자하고 자기자본으로부터 ROE만큼의 수익성이 기대된다면, 위와 동일한 논리로 3년도의 순이익 X_3도 X_2에 비해 $b \times ROE$의 성장률로 증가하게 될 것이다.

표 14.1 성장기회와 주식가치

	b=0%	b=30%	b=60%
사양주(ROE=10%)	20,000	17,500	13,333
정상주(ROE=15%)	20,000	20,000	20,000
성장주(ROE=20%)	20,000	23,333	40,000

식(14.6)에서 내부유보율(plowback ratio)은 순이익 중에서 내부유보된 부분의 비율로서, (1-배당성향)과 같다. ROE는 자기자본이익률(return on equity)로서 유보이익이 기업 내부에 재투자되어 어느 정도의 수익성을 가질 것인지를 나타낸다.

위의 식(14.6)은 기업의 배당정책과 투자기회가 주식가치에 어떤 영향을 미치게 될 것인가를 설명해 준다. 식(14.5)의 배당성장률(g)은 식(14.6)과 같고 당기말 기대배당액은 기대주당이익에 배당성향, 즉 (1-내부유보율)을 곱한 것과 같아야 하므로, 주식가치는 다음 식에 의하여 평가된다.

$$V_0 = \frac{(1-b)\cdot E(EPS_1)}{k-b\cdot ROE} \tag{14.7}$$

단, $(1-b)$는 (1-내부유보율), 즉 배당성향이고, $E(EPS_1)$은 금기말 기대주당이익이다.

이 식에서 기대주당이익 $E(EPS_1)$이 3,000원이고 요구수익률(k)이 15%인 경우, 기업의 배당정책과 수익성의 수준에 따라 주식가치가 어떻게 달라질 수 있는지를 보여주는 구체적인 계산결과는 〈표 14.1〉에 정리되어 있다.

〈표 14.1〉을 보면 내부유보율(b)이 0보다 클 경우, 자기자본이익률(ROE)이 더 높을수록 주식가치는 더 높게 평가된다. 또 ROE가 요구수익률(k)보다 높게 예상되는 주식의 경우, 내부유보율이 높을수록 주식가치가 더 높게 평가된다. 이와 같이 ROE가 요구수익률보다 높게 예상되는 주식은 수익성 있는 투자기회를 갖고 있는 회사의 주식으로서 흔히 성장주(growth stock)라고 부른다. 이와 반대로 ROE가 요구수익률보다 낮게 예상되는 주식은 사양주(declining stock)라고 부르며, 이런 주식의 경우 내부유보율이 높을수록 주식가치가 더 낮게 평가된다.

14.1.4 다단계 배당할인모형

앞에서 설명한 일정성장모형은 주당배당이 일정한 성장률 g로 영속적으로 증가할 것이라는 비현실적인 가정에 기초하고 있다고 할 수 있다. 실제로 대부분의 상품이 수명주기(life cycle)를 갖고 있는 것과 마찬가지로, 기업의 이익과 배당도 나름대로의 수명주기를 갖고 있다. 따라서 주식가치를 평가할 때, 이러한 이익 및 배당의 수명주기를 고려할 필요가 있다.

흔히 증권분석에서는 주당이익(EPS)과 주당배당(DPS)의 변화를 대체로 다음의 세 단계로 나누고 있으며, 이를 그림으로 표현하면 [그림 14.1]과 같다.

① **성장기**(growth stage) : 매출액이 급속히 증가하고 이익률이 높으며, 주당이익도 매우 높다. 수익성 있는 투자기회에 많은 자금을 투자하여야 하므로 내부유보를 많이 하게 되므로 배당성향은 상당히 낮다. 높은 이익률의 유인 때문에 점차 경쟁기업이 출현한다.

② **전환기**(transition stage) : 경쟁의 증가로 이익률과 주당이익 성장률은 성장기보다 낮아진다. 그러나 수익성 있는 투자기회가 줄어들기 때문에 내부유보를 줄이고 더 많은 배당을 지급하게 되어 배당성향은 증가한다. 따라서 주당배당의 성장률은 성장기보다 높아진다.

그림 14.1 EPS와 DPS의 라이프사이클

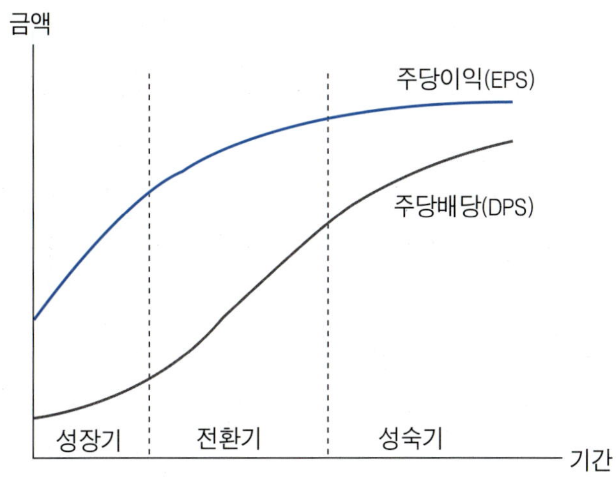

③ 성숙기(steady-state or maturity stage) : 새로운 투자기회로부터 평균적 수준의 수익성만이 기대된다. 주당이익 성장률이 안정된 수준에서 유지되고 배당정책도 일정하기 때문에, 주당배당의 성장률 역시 비교적 장기간 안정된 수준에서 일정하게 유지된다.

이와 같은 성장단계 구분에 따라, 어떤 회사의 기대주당배당이 처음 3년간(성장기) 10%의 성장률로 증가하고, 다음 5년간(전환기)에는 15%의 성장률로 증가하며, 그 이후(성숙기)에는 매기 7%의 성장률로 영속적으로 증가할 것으로 예상된다 하자. 제1년도말의 기대주당배당이 3,000원이라면, 성장기가 종료되는 제3년도말의 기대주당배당은 3,630원(=3,000×(1+0.1)^2)이 될 것이고 전환기가 종료되는 제8년도말의 주당배당은 7,301원(=3,630×(1+0.15)^5), 성숙기 첫해인 제9년도말의 주당배당은 7,812원(=7,301×(1+0.07))으로 예상된다. 이 주식의 요구수익률이 15%라면, 주식의 내재가치는 다음과 같이 평가된다.

$$V_0=\sum_{t=1}^{3}\frac{3,000\times(1+0.1)^{t-1}}{(1+0.15)^t}+\sum_{t=4}^{8}\frac{3,630\times(1+0.15)^{t-3}}{(1+0.15)^t}+\sum_{t=9}^{\infty}\frac{7,301\times(1+0.07)^{t-8}}{(1+0.15)^t}$$
$$=31,631\text{원}$$

14.1.5 주식의 자산가치

(1) 주당장부가

기업의 미래 수익력뿐만 아니라 기업이 보유하고 있는 자산도 주식가치를 결정하는 기본요인의 하나이다. 즉, 1주의 주식이 보유하는 순자산(純資産, net worth)의 가치에 의하여 주식가치를 평가할 수 있으며, 이를 자산가치(asset value)라고 부른다. 순자산이란 장부상 자기자본(=총자산-총부채)에서 실질가치가 없는 이연자산, 무형고정자산, 부도어음 등을 차감하고, 회계 기말부터 평가시점 사이에 이루어진 자기자본 증감을 조정하여 계산한다.

보통주 1주의 자산가치는 순자산 평가액을 보통주의 총수로 나눈 것이다.

$$\text{주당장부가}=\frac{\text{순자산}}{\text{발행주식총수}} \tag{14.8}$$

주당장부가는 재무상태표라는 객관적 자료로부터 쉽게 얻어지는 것이기 때문에 실무에서 상당히 중요하게 다루어지고 있다. 그러나 주식가치를 평가할 때 주당장부가를 너무 중시해서도 안 된다. 첫째 이유로서, 계속기업으로서 기업의 주식가치를 평가하여 주가가 결정되는 것이므로, 기업이 보유하고 있는 현재의 자산뿐만 아니라 미래의 성장기회까지도 반영하여 결정된다는 점이다. 둘째 이유는 주식의 장부가가 회계원칙과 관행의 산물로 얻어진 것이므로 기업자산의 진정한 시장가치와 어느 정도의 차이를 가질 수밖에 없다는 점이다. 이런 회계원칙의 예로서 역사적 원가에 의한 자산평가나 감가상각 및 재고자산 회계처리 등을 들 수 있다.

그렇다고 해서 주당장부가가 무의미한 것만은 아니다. 투자분석에서 주당장부가는 주가의 최저 수준을 나타내는 것으로 흔히 간주되고 있다. 즉, 주식의 시장가격은 장부가보다 낮은 수준으로 내려갈 수 없다는 것이다. 왜냐하면 주가는 재무상태표에 표시된 물리적 자산의 가치뿐만 아니라, 평판, 기술, 정보 및 경영능력 등을 유기적으로 결합하여 얻어진 무형적 자산의 가치까지 반영하고 있기 때문이다. 극단적으로 주가가 물리적 형태로서의 자산의 가치보다 낮으면 그 자산을 처분하여 주주들에게 분배함으로써 주당장부가를 실현할 수 있을 것이다.[7]

(2) 토빈의 q

자산가치의 일종으로 의미 있는 개념은 1주당 대체원가(replacement cost)—자산의 대체원가에서 부채를 뺀 나머지의 1주당 가치—이다. 만일 어떤 회사의 보통주의 시장가격이 대체원가보다 너무 높게 형성되어 있으면, 동일한 자산구조와 자본구조를 복제한 경쟁회사가 출현할 가능성이 커진다. 따라서 시장경쟁의 압력이 강할 경우, 주가는 1주당 대체원가로부터 크게 벗어나지 못한다.

이런 논리를 이용한 지표의 하나가 토빈(J. Tobin)이 제시한 q 비율이다.[8]

토빈의 q비율

$$q=\frac{\text{1주당 시장가격}}{\text{1주당 대체원가}} \tag{14.9}$$

7] 주가의 최저 수준을 나타내는 더 좋은 기준은 1주당 청산가치(liquidation value)이다. 주당 청산가치는 기업자산을 모두 매각하여 채무를 변제하고 남은 잔여재산의 1주당 가치이다. 그러나 청산가치에 관한 자료는 청산절차를 밟고 있는 경우 외에는 입수할 수 없다.

8] James Tobin, "A General Approach to Monetary Theory," *Journal of Money, Credit and Banking* (Feb. 1969).

만일 자본시장이 충분히 경쟁적이라면 이 q비율은 장기적으로 1에 가까워야 한다. 만일 q비율이 1보다 낮으면, 그 회사의 주가가 대체원가에 비하여 저렴하게 평가되어 있으므로, 그 회사는 주식인수 또는 기업합병의 표적이 된다. 그 결과 주가가 상승하여 1주당 대체원가에 가까워질 것이다. 반대로 q비율이 1보다 높으면, 투자자들은 그 회사와 동일한 자산과 자본구조를 갖는 회사를 복제함으로써 대체원가보다 더 높은 주가를 실현하려는 시도를 하게 될 것이다. 이 경우에는 경쟁회사의 출현으로 주가가 하락하게 될 것이다.

(3) 주가순자산비율(PBR)

현실에서 주식의 대체원가를 평가하는 것은 쉬운 일이 아니다. 따라서 주식의 시장가격이 자산가치에 비하여 어느 정도 높게 또는 낮게 평가되어 있는가를 나타내는 지표로 흔히 주가순자산비율(price/book ratio; PBR)을 사용한다.

주가순자산비율(PBR)

$$PBR = \frac{\text{주가}}{\text{1주당 장부가}} \tag{14.10}$$

이 PBR비율이 1보다 높으면 주식의 장부가에 비해 주가가 높게 형성되어 있다는 것을 의미한다. 이것은 장부에 나타낼 수 없는 미래 성장기회의 가치가 현재의 주가에 반영되어 있는 것으로 해석된다. 따라서 성장주(growth stock)는 높은 PBR을 갖는다. 반대로 PBR이 1보다 낮으면 주식의 장부가치가 주가보다 크다는 것을 의미한다. 증권실무에서는 PBR이 낮은 주식들을 흔히 가치주(value stock)라고 부른다.

이미 제9장에서 가치주의 투자수익률이 성장주보다 높게 얻어진다는 파마와 프렌치의 연구결과를 설명한 바 있다.[9] 이 연구결과가 발표된 이후 증권투자실무에서 PBR의 중요성이 더욱 커지고 있다.

9] Eugene F. Fama & Kenneth R. French, "The Cross-Section of Expected Stock Returns," *Journal of Finance*, Vol. 47 (1992), pp.427–465.

14.2 주가이익비율(PER)

14.2.1 PER의 의미와 이용

(1) PER의 의미와 계산

기초적 분석을 행하는 많은 증권분석가들은 주식의 시장가격이 상대적으로 고평가되어 있는지 또는 저평가되어 있는지를 판단하는 지표로서 주가이익비율(price/earnings ratio; PER)을 중요시하여 왔다. 이 PER는 다음과 같이 구해진다.

주가이익비율(PER)

$$PER = \frac{P_0}{EPS_0} \tag{14.11}$$

단, EPS_0는 최근 기말의 주당이익이다.

위 식에서 PER는 주가를 주당이익(EPS)으로 나누어 구하고 있으므로, 주당이익 1원이 주식시장에서 얼마의 가격으로 평가되고 있는가를 의미한다. 여기에서 주당이익은 주식의 수익력을 의미하므로, PER는 주식의 수익력에 비하여 주가가 상대적으로 높은지 또는 낮은지를 나타내주는 지표로 해석된다. 따라서 다른 조건이 유사한 주식들 중에서 PER가 특히 낮은 주식은 수익력에 비하여 저평가되어 있으므로, 앞으로 주가의 상승가능성이 큰 종목인 것으로 해석된다.

예를 들어, 주당이익과 주가를 제외하고 다른 모든 조건이 동일한 두 주식 A와 B가 있다 하자. 주식 A의 주당이익은 1,000원이고 주가는 10,000원이다. 주식 B는 주당이익이 2,000원이고 주가는 15,000원이다. 이 두 주식의 주가만을 비교하면, 주식 B가 높은 가격을 갖고 있다. 그러나 주식 A의 PER는 10배이고 주식 B의 PER는 7.5배이다. 따라서 주당이익에 비한다면, 주식 B의 주가가 상대적으로 저평가되어 있다고 할 수 있다.

PER를 구하는 목적은 어떤 주식의 주가가 그 주식의 수익력에 비하여 과대 또는 과소평가되어 있는지를 알고자 하는 데 목적이 있다. 여기에서 주식의 수익력이란 기업이 정상적 상태에서 미래에 얻게 될 것으로 예상되는 주당이익(EPS)을 의미한다. 그러나 실제로 PER를 계산할 때에는 직전 기말의 손익계산서에 보고된 순이익을 발행주식수로 나누어 계산된 주당이익을 사용한다.

이렇게 구해진 주당이익은 일시적인 경기변동의 영향을 받을 뿐만 아니라 회계처리 방법, 우발적 손익 또는 경영자의 의도적인 이익조작 등의 영향도 받는다. 따라서 과거의 회계적 주당이익을 사용한 *PER*가 기업의 정상적 수익력을 적절하게 나타내준다고 볼 수 없다.

기업의 정상적인 미래의 수익력을 고려하여 *PER*를 계산하는 하나의 방법은 다음 기의 기대주당이익을 사용하는 방법이다. 즉, 해당 회사의 장기에 걸친 회계적 순이익의 추세와 동일 업종에 속하는 다른 회사들의 순이익의 추이를 반영하여 다음 기의 기대주당이익을 추정하고, 이 기대주당이익을 기준으로 다음 식과 같이 *PER*를 계산하며, 이렇게 계산된 *PER*를 *forward PER*라고 한다.

$$forward\ \ PER = \frac{P_0}{E(EPS_1)} \tag{14.12}$$

주당이익의 계산에 따른 문제점을 보완하기 위한 수단으로, 다음의 주가/현금흐름비율(price/cash-flow ratio; *PCR*)을 계산하여 이용하기도 한다.

$$PCR = \frac{\text{주가}}{\text{1주당 현금흐름}} \tag{14.13}$$

위 식에서 현금흐름은 기업의 영업활동으로부터 얻어진 현금흐름을 의미하는 것으로서, 당기순이익에서 각종 비현금비용을 빼고 비현금수익을 더한 값이다. 이 *PCR*은 회계적 이익이 갖는 회계처리의 자의성과 조작을 어느 정도 제거하여 준다는 점에서 *PER*보다 신뢰할 수 있는 척도이다. 그러나 *PCR* 역시 일시적 경기변동이나 우발적 상황의 영향을 받기 때문에 주식의 정상적 수익력을 적절하게 나타내 준다고 말할 수 없다.

(2) *PER*와 효율적 시장가설

위에서 언급한 대로, *PER*가 낮은 주식은 주가가 내재가치에 비하여 저평가되어 있으므로, 앞으로 주가상승의 가능성이 큰 종목인 것으로 해석된다. 따라서 기본적 분석을 중시하는 증권분석가들은 *PER*를 이용하여 비정상성과를 얻어낼 수 있다고 믿는다.

그러나 만일 증권시장이 준강형 EMH를 만족시키는 정도로 효율적이라면, *PER*를 이용하여 평균 이상의 비정상성과를 얻을 수 없다. 준강형 EMH에서는 시장가격이 주당이익과 같은 공표된 정보를 충분히 반영한다고 본다. 만일 증권시장에서 준강형 EMH가 성립한다면, *PER*는 공표된 정보인 주당이익과 시장가격에 기초하여 계산된 것이므로,

PER에 내포되어 있는 모든 정보는 시장가격에 충분히 반영되어 있어야 한다. 따라서 준강형 EMH가 성립하는 시장에서는 PER를 이용하여 증권시장의 평균적 성과 이상의 비정상성과를 얻을 수 없다.

그러나 현실적으로는 PER가 낮은 주식으로 구성된 포트폴리오가 (+)의 비정상성과를 가져다준다는 실증적 증거도 알려져 있으며, 이에 대해서는 이미 제9장에서 설명한 바 있다. 그리고 증권실무에서도 PER는 투자종목 선정기준으로서 가장 중요한 기준들의 하나로 고려되고 있다.

14.2.2 PER의 결정요인

PER의 계산공식(14.11)에서, 주가 P_0가 일정성장모형인 식(14.5)에 의해 계산되는 내재가치와 동일하게 결정된다면, 이 식(14.5)를 식(14.11)에 대입하면, 다음의 식(14.14)가 얻어진다.[10]

$$PER=\frac{(1-b)(1+g)}{k-g} \tag{14.14}$$

단, b는 내부유보율임. 따라서 $(1-b)$는 배당성향을 나타낸다.

식(14.14)는 PER의 크기를 결정하는 주된 요소를 적절하게 나타내 주고 있다. 즉, 어떤 주식의 PER는 기업의 배당성향을 나타내는 $(1-b)$와 투자자들의 요구수익률을 나타내는 k 및 배당성장률을 나타내는 g에 의하여 결정된다.

① **시장이자율** : 요구수익률 k가 큰 주식은 더 작은 PER를 갖는다. 요구수익률은 무위험수익률에 주식의 위험프리미엄을 더하여 결정되는 값이다. 만일 시장이자율이 상승(또는 하락)하면, 모든 주식에 대해 무위험수익률이 그만큼 상승(또는 하락)하기 때문에 증권시장의 모든 주식의 PER가 하락(또는 상승)한다.

10] 이 식이 얻어지는 과정은 다음과 같다.

$$PER=\frac{P_0}{E_0}=\frac{\frac{D_0(1+g)}{k-g}}{E_0}=\frac{D_0}{E_0}\cdot\frac{1+g}{k-g}=\frac{(1-b)(1+g)}{k-g}$$

그림 14.2 위험과 요구수익률 및 PER의 관계

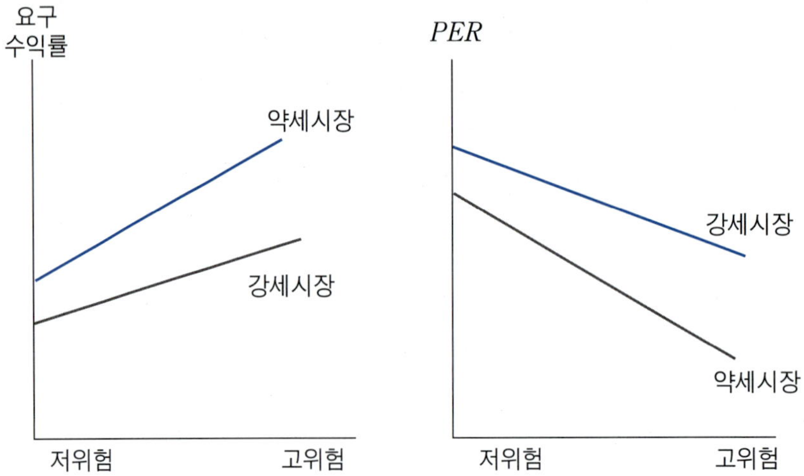

② **주식의 위험도** : 투자위험이 클수록 투자자들이 요구하는 위험프리미엄과 요구수익률도 커지기 때문에, 위험이 큰 주식의 PER는 낮고 위험이 작은 주식의 PER는 높다. 그리고 동일한 주식에 대해서도 증권시장의 경기변동에 따라 위험프리미엄의 크기가 달라진다. 일반적으로 약세시장(bear market)에서는 투자자들이 미래에 대하여 비관적 전망을 갖기 때문에, 동일한 위험에 대하여 더 큰 위험프리미엄을 요구한다. 반대로 강세시장(bull market)에서는 미래에 대한 낙관적 전망 때문에, 동일한 위험에 대하여 더 작은 위험프리미엄을 요구한다. 그 결과 [그림 14.2]의 왼쪽 그림에서와 같이 위험의 크기와 요구수익률 사이의 관계가 시장상황에 따라 달라진다.

이와 같이 시장상황에 따라 투자자들이 요구하는 위험프리미엄 및 요구수익률이 달라지기 때문에, PER와 위험의 관계 역시 시장상황에 따라 달라진다. 즉, [그림 14.2]의 오른쪽 그림에서와 같이, 약세시장에서 고위험 주식의 PER는 저위험 주식의 PER보다 훨씬 큰 폭으로 낮아진다. 그러나 강세시장에서는 고위험 주식의 PER와 저위험 주식의 PER의 차이는 작아진다.

③ **주당배당의 성장률** : PER의 크기를 결정하는 중요한 또다른 요인은 배당성장률 g이다. 이미 식(14.6)에서 설명한 대로 성장률 g는 내부유보율과 자기자본이익률의 곱으로 얻어진다. 특히 수익성 있는 투자기회가 풍부하기 때문에 높은 자기자본이익률이 기대되는 주식은, 더 큰 g를 예상할 수 있으므로 더 큰 PER를 갖는다.

④ **배당성향** : 식(14.14)의 분자를 보면, 배당성향 $(1-b)$가 클수록 PER는 더 커야 한다. 그러나 배당성향을 크게 하면 내부유보율 b가 작아지기 때문에 성장률 g가 낮아지므로, 배당성향은 PER를 더 낮게 하는 효과도 갖는다. 따라서 배당성향이 PER에 대하여 어떤 효과를 미치게 될지는 한마디로 말하기 어렵다.

14.3 주식의 기본적 분석

기본적 분석(fundamental analysis)은 주식의 내재가치를 평가하기 위한 증권분석이다. 기본적 분석에서 주식의 내재가치를 평가하기 위해서는 미래의 기대이익 및 배당을 예측하여야 한다. 그러나 기업의 경영성과는 거시경제의 움직임과 밀접하게 연관되어 있으므로, 기본적 분석의 일환으로 거시경제분석과 산업분석이 선행되어야 한다.

14.3.1 거시경제 요인과 주가

(1) 중요한 거시경제변수

거시경제분석은 경제 전반의 움직임을 나타내는 중요한 거시경제변수들, 예컨대 GDP성장률, 국제수지, 재정적자, 통화량, 물가, 이자율 등과 같은 변수들의 추이를 파악하고 미래의 예측치를 얻고자 하는 분석활동이다. 거시경제분석은 다음과 같은 목적을 두고 행해진다.

첫 번째 목적은 주식시장의 전반적 움직임을 예측하고자 하는 것이다. 주식시장은 경제 전반의 움직임과 밀접한 상관관계를 갖고 움직인다. 따라서 여러 가지 거시변수의 예측치를 이용하면, 주식시장 전체를 나타내는 주가지수의 움직임을 더 정확하게 예측할 수 있다.

두 번째 목적은 자산배분을 위한 예측자료를 얻고자 하는 목적이다. 투자자의 최종적 투자성과는 자산배분을 얼마나 잘 하였는지에 크게 의존한다. 특히 적극적 투자전략을 택하는 투자자들은 각 자산유형별 자산배분비율을 고정시키지 않고 경제 상황에 따라 적극적으로 자산배분비율을 변화시켜 나간다. 예를 들어, 거시경제분석의 결과 큰 폭의 주가상승이 예상된다면, 자산배분에서 주식포트폴리오의 투자비율을 증가시킴으로써 시장평균보다 높은 투자성과를 얻어낼 수 있다.

세 번째로, 자산유형별 포트폴리오—주식포트폴리오, 채권포트폴리오 또는 현금포트폴리오—를 재구성(rebalancing)하기 위한 기본방침을 설정할 때, 거시경제분석 결과가 이용된다. 예를 들어, 거시경제적 분석의 결과 이자율 상승이 예상된다면, 부채비율이 큰 주식의 투자비율을 줄이는 것이 더 바람직할 것이다.

투자자 자신이 거시경제분석을 스스로 행하는 경우는 극히 드물고, 대부분의 경우 경제연구소의 분석 및 예측 결과를 사용한다. 따라서 여기에서는 주식시장의 동향을 전망하는 데 중요시되는 몇 가지 거시변수의 성격을 간략히 설명하는 데 그치기로 한다.

실제의 포트폴리오관리에서 중요하게 다루어지는 거시경제변수는 시기와 상황에 따라 달라진다. 예를 들어, 1970년대와 80년대 초반에는 석유가격이 증권가격 결정에서 매우 중요시되는 거시경제변수이었으나, 1990년대와 2000년대에는 이자율과 환율이 더 중요한 거시변수로 간주되었다. 그러므로 경제연구소의 분석결과를 사용한다 하더라도, 어떤 변수를 특히 중요하게 고려하여야 할 것인가는 투자자 자신의 판단에 의존한다.

① **GNP 또는 GDP** : 국민총생산(GNP)은 한 나라의 국민이 1년 동안 생산한 부가가치 또는 최종생산물의 총계를 시장가격으로 평가한 것이고 국내총생산(GDP)은 국내에서 생산된 최종생산물의 총계이다. 거시경제지표로서 특히 중요한 것은 GNP 또는 GDP 성장률로 구해지는 경제성장률이다. 경제성장률이 높을 것으로 예측된다면, 이것은 경제규모가 더 급속하게 확대되어 기업이 풍부한 투자기회를 갖게 될 것이라는 것을 의미하며, 따라서 주식가치를 상승시키는 요인으로 작용한다. 한 나라의 생산력을 나타내는 다른 중요한 지표로서 산업생산지수와 생산자출하지수 등이 있다.

② **인플레이션** : 인플레이션은 전반적 물가의 상승을 의미하며, 흔히 소비자물가지수 상승률을 지표로 사용한다. 인플레이션의 원인과 효과는 거시경제학에서 의견의 일치를 보지 못하는 가장 활발한 논쟁거리의 하나이다. 마찬가지로 인플레이션이 주식가치에 미치는 영향에 대해서도 아직 충분한 합의가 이루어져 있지 못하다. 인플레이션은 실물자산의 명목가치가 상승하도록 한다는 점에서 주가상승 요인으로 작용한다. 그러나 인플레이션이 각종 비용 및 실효법인세율의 상승을 가져온다는 점에서는 주가하락 요인으로 작용한다.

인플레이션과 주가와의 관계에 대한 실증적 연구는 재프와 만델커(Jaffe & Mandelker; 1976)의 연구 이래로 많은 학자들에 의하여 이루어졌으며,[11] 대체로 주식의 실질수익률은 인플레이션과 (−)의 관계를 갖고 있다는 증거들을 제시하고 있다. 이런 결과는 물가상승이 주식의 실질가치를 하락시킨다는 것을 뜻하기 때문에, 주식이 인플레이션방어자산(inflation hedge)으로서의 역할을 한다는 통념이 옳지 않다는 것을 말해 주고 있다.

③ **이자율** : 이자율이 높으면 기업의 이자부담을 증가시켜 현금흐름을 감소시키고, 투자자들의 요구수익률을 상승하도록 한다. 따라서 이자율이 올라가면 주식가치는 하락한다. 또 이자율이 높으면 실물투자의 자본비용이 올라가고 NPV가 하락하기 때문에 건축계획, 기계 및 설비투자, R&D지출 등이 감소하여, 미래이익 및 배당의 성장률이 감소하므로 주식가치가 하락하게 된다.

④ **통화량** : 통화량은 국내경제활동에서 지급수단으로 사용되는 유동성의 크기를 의미한다. 통화량의 증가는 투자자들의 유동성을 풍부하게 하고 주식의 투자수요를 확대하기 때문에, 주가의 상승을 가져올 수 있다. 그러나 통화량 증가가 인플레이션 및 이자율 상승을 유발할 경우 오히려 주가를 하락시킬 가능성도 있다.

⑤ **환율** : 환율은 국내통화와 외국통화의 교환비율이다. 우리나라에서는 원화와 미국 달러, 미국 달러와 일본 엔, 미국 달러와 유럽의 유로(Euro)화 사이의 환율이 특히 중요시되고 있다. 일반적으로 1달러당 원화의 환율이 올라갈 것으로 예상된다면—예를 들어, 달러당 900원에서 1,000원으로 상승하면—, 수출증가 및 수입감소로 국제수지가 개선되고 주가에 대해서도 상승요인으로 작용한다. 그러나 1달러당 원화 환율이 올라갈 것으로 예상된다면, 외국인투자자들이 미리 투자자금을 회수하려는 움직임이 일어날 것이므로 주가가 하락할 수도 있다.

⑥ **국제수지** : 일정기간 동안에 우리나라와 다른 나라 사이에 일어난 모든 경제적 거래를 종합한 것으로 경상수지, 자본수지 및 양자를 종합한 종합수지로 나누어진다. 경상수지는 무역과 기타 재화 및 용역의 이동을 나타내는 것으로서 국제수지를 나타내는 가장 중요한 지표이다. 자본수지는 만기가 1년을 초과하는 장기자본거래와 1년 이하인 단기자본거래로 나누어진다. 경제의 대외의존도가 큰 우리나라에서는 국제수지가 매우 중요한 의미를 갖는다. 일반적으로 경상수지의 적자폭이 감소하거

11] J. F. Jaffe & G. Mandelker, "The 'Fisher Effect' for Risky Assets : An Empirical Investigation," *Journal of Finance* (May 1976), pp.447–458.
E. F. Fama, "Stock Returns, Real Activity, Inflation and Money," *American Economic Review* (Sep. 1981), pp.309–331.
R. Geske and R. Roll, "The Fiscal and Monetary Linkage between Stock Returns and Inflation," *Journal of Finance* (Mar. 1983), pp.1–33.

나 흑자폭이 증가한다면, 경제성장률의 증가와 기업 이익의 증가를 의미하기 때문에 주가상승을 가져오는 요인으로 작용한다.

(2) 경제정책과 주가

증권시장 전체의 주가 동향이 거시경제적 움직임과 밀접한 관련을 갖는다는 것은 지극히 명백한 일이다. 그리고 거시경제의 많은 부분은 정부의 경제정책에 의하여 조정된다. 따라서 주가 동향을 예측하기 위해서는 경제정책의 방향과 그 효과를 이해하여 두어야 한다.

정부의 경제정책은 기본적으로 두 가지 수단으로 이루어져 있다. 그 하나는 수요측 경제정책(demand side policy)이고 다른 하나는 공급측 경제정책(supply side policy)이다. 수요측 경제정책은 재화와 용역의 수요에 영향을 미치기 위한 경제정책으로서, 재정정책과 통화정책을 중심으로 이루어져 온 경제정책이다. 공급측 경제정책은 경제의 생산력을 확대·강화하기 위한 경제정책으로서, 세율인하와 규제완화를 통하여 근로와 투자에의 유인을 제공하고자 하는 정책이 중심을 이룬다.

① **재정정책** : 재정정책(fiscal policy)은 정부의 세입 및 세출을 조절하여 총수요 관리를 행하고자 하는 정책이다. 정부지출의 확대는 재화 및 용역의 총수요에 대하여 직접적인 영향을 미친다. 또 조세수입의 확대는 민간부문의 소득을 정부로 이전시키기 때문에, 곧바로 소비의 감소로 연결된다. 정부의 재정정책을 압축적으로 표현해 주는 지표가 재정적자(또는 흑자)이다. 재정적자가 확대된다는 것은 세출을 통한 총수요 확대효과가 조세를 통한 총수요 감소효과보다 크다는 것을 의미한다. 따라서 재정적자는 총수요 증가, 즉 경기회복의 중요한 수단으로 사용되고 있으며, 따라서 재정적자의 확대는 대체로 주가상승 요인으로 작용한다. 1997년 IMF 구제금융 이후 경기부양과 실업자 구제를 위하여 적자재정을 편성하여 정부지출을 크게 확대한 것이 재정정책의 대표적인 예이다. 다른 한편으로 재정적자가 커진다는 것은 정부의 자금차입이 증가한다는 것을 의미하므로 시장이자율의 상승을 가져오며, 그 결과 주가는 하락하게 된다. 따라서 재정적자가 주가에 미치는 순효과는 상황에 따라 달라질 수 있다.

② **통화정책** : 통화정책(monetary policy)은 통화량을 조절함으로써 거시경제에 영향을 미치고자 하는 경제정책으로서, 재정정책과 함께 수요측 경제정책의 대표적 수단의 하나이다. 통화정책은 두 가지 정책목표를 달성하기 위하여 이루어진다. 첫 번째

목적은 적정한 유동성을 확보해 줌으로써, 기업 또는 가계가 필요로 하는 자금을 적절하게 공급해 주고자 하는 것이다. 만일 방만한 통화정책이 이루어져 통화량 과잉이 일어나면, 경기과열과 인플레이션이 발생하여 근로자의 실질소득이 감소하게 된다. 두 번째 목적은 이자율을 조절하고자 하는 것이다. 일반적으로 통화량의 확대는 자금공급의 확대를 가져오므로 단기적으로 이자율을 낮추도록 하며, 그 결과 투자 및 소비를 촉진하게 된다. 그러나 일부 학자들은 통화공급의 확대는 물가상승 및 명목이자율의 상승을 가져오므로 실물경기에 대하여 지속적인 영향을 미칠 수 없다고 주장한다.

흔히 사용되는 통화정책의 가장 중요한 수단은 공개시장조작(open market operation)이다. 공개시장조작은 중앙은행이 통화량을 증가시키기 위하여 공채를 매입하거나, 통화량을 감소시키기 위하여 공채를 발행하는 것을 말한다. 이외에도 금융기관에 대한 재할인율 조절, 금융기관의 지급준비금 조절 등의 수단을 통해 통화정책이 이루어진다.

일반적으로 통화정책은 재정정책보다 집행하기 쉬우나 그 효과는 우회적이고 간접적이다. 재정정책은 매우 복잡한 정부예산 수립과정을 통하여 세워지므로, 번거로운 정치적 설득 및 절충과정과 긴 시간을 필요로 한다. 그러나 통화정책은 그 의사결정이 통화당국에 집중되어 있으므로, 거시경제의 흐름에 따라 비교적 융통성 있고 순발력 있게 집행될 수 있다.

통화량이 증가하면 시중의 자금사정이 풍부해지고 단기이자율이 하락하게 되므로, 더 많은 실물투자가 발생할 것이다. 그러나 통화량 증가는, 다른 한편으로, 소비를 자극하여 물가상승을 가져오고 그 결과 명목이자율의 상승을 가져온다. 따라서 통화량 조절이 이자율, 투자수요 및 국민소득에 미치는 영향은 재정정책보다 간접적이고 우회적이다.

2008년 세계금융위기 이후 경기회복을 위해 2012년까지 미국이 취한 양적완화(quantitative easening)는 대규모의 국채매입을 통해 통화량을 크게 증가시킴으로써 투자 및 소비를 활성화하고자 하는 정책이다. 그러나 부동산 또는 증권가격 과열이나 인플레이션을 자극할 경우 심각한 부작용을 가져올 수 있으므로 적절한 시기에 통화량 감축으로 정책을 전환하여야 한다.

③ **공급측 경제정책** : 재정정책이나 통화정책과 같은 수요측 정책은, 암묵적으로 시장이 스스로 완전고용상태를 달성할 수 없으므로, 정부의 개입에 의해 수요를 창출하여 줌으로써 완전고용에 가까워지도록 만들어야 한다고 본다. 그러나 공급측 경제

정책(supply-side policy)은 불필요한 규제와 마찰적 요인만 제거된다면 시장기구 스스로가 완전고용을 달성할 수 있다는 전제로부터 출발한다. 즉, 공급측 경제정책에서는 근로자와 기업들이 재화를 생산할 수 있는 최대의 유인과 능력을 갖도록 하는 환경을 만드는 데 목적을 둔다.

공급측 경제정책을 주장하는 사람들은 조세정책과 규제완화에 많은 관심을 갖는다. 그들은 세율인하와 규제완화는 기업과 근로자들이 더 활발한 경제활동을 벌리도록 할 것이라고 생각한다.

14.3.2 산업분석

산업분석은 거시경제분석과 동일한 이유로 중요성을 갖는다. 대부분의 산업의 경기변동은 거시경제와 밀접한 관련을 갖고 움직이지만, 특정 산업 고유의 요인에 따라 경기변동이 달라질 수 있다. 따라서 산업분석에서 가장 중요한 과제는 특정 산업의 라이프사이클과 산업 내부의 경쟁구조를 분석하는 것이다.

(1) 산업의 라이프사이클

특정 산업의 시장규모와 투자기회의 크기는 그 산업이 라이프사이클의 어떤 단계에 있는가에 따라 달라진다. 예를 들어, 생명공학산업은 아직 도입기에 있기 때문에 자동차산업보다 작은 시장규모를 갖고 있지만 풍부한 투자기회를 갖고 있다. 그 결과 생명공학산업은 큰 투자규모와 높은 투자수익률, 낮은 배당성향 등의 특징을 갖는다. 또 PC 산업은 거의 성숙단계에 이르렀기 때문에 산업 내 경쟁이 치열하고 투자수익률은 낮다.

일반적으로 어떤 산업은 [그림 14.3]과 같은 라이프사이클에 따라 발전 또는 쇠퇴하여 가며 각 단계에 따른 특징을 보인다.

① **도입기** : 80년대의 PC나 캠코더, 90년대의 생명공학 등과 같은 산업. 어떤 산업의 도입기에는 산업 전체적으로는 매우 빠르게 성장하지만 어떤 회사가 산업을 주도하게 될 것인지가 불분명하기 때문에, 산업 내에서 어떤 회사의 주식에 투자할 것인지를 선택하기가 매우 어렵다.

② **성장기** : 제품이 확고한 시장기반을 형성하게 되고 산업 내 선도기업이 점차 명확해진다. 선도기업의 위치가 안정되므로 시장점유율의 예측이 더 용이해진다. 산업

그림 14.3 산업의 라이프사이클

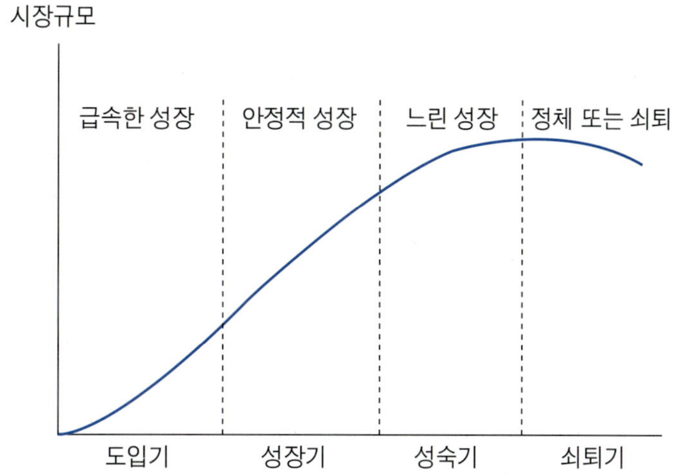

전체 및 선도기업의 성장률과 수익성이 경제 전체의 평균수준보다 훨씬 높다.

③ **성숙기** : 제품이 충분한 시장을 확보하게 되어 성장률이 현저히 둔화되어 경제 전반의 평균적 성장률 수준에 머무른다. 제품이 표준화되고 기업간 가격경쟁이 격화된다. 흔히 이 단계에 이른 기업들은 안정적 현금흐름을 가져다주지만 매력적인 성장기회를 갖고 있지 못하므로 "cash cow"라고 불린다.

④ **쇠퇴기** : 제품의 진부화, 대체상품의 등장, 저가상품의 등장 등 때문에 산업의 규모가 정체하거나 쇠퇴한다.

투자실무에서는 어떤 단계의 산업에 투자하여야 할 것인지에 대해 많은 관심을 갖는다. 일반적인 통념은 도입기나 성숙기의 주도기업에 투자하는 것이다. 그러나 그런 기업의 주식을 선별하기 위해서는 우수한 시장분석 및 기술예측능력을 갖고 있어야 한다.

유명한 포트폴리오관리자의 한 사람인 린치(Peter Lynch)는 통념과는 달리 저성장산업에 투자한다고 말하고 있다.[12] 저성장산업은 현금흐름이 안정되어 있고 경쟁이 적은

12] Peter Lynch, *One Up on Wall Street* (1989), p.131. 그는 산업 또는 기업의 유형과 그 특징을 ① slow grower(저성장산업. 현금흐름이 안정적이고 내부재투자가 적으므로 배당성향이 높다), ② stalwarts(코카콜라, 허쉬초콜릿 등과 같이 시장기반이 튼튼한 산업. 느리지만 지속적으로 성장하며 경기의 영향을 적게 받는다), ③ fast growers(연간 20%~30%의 성장률을 보이는 소규모의 공격적 산업), ④ cyclicals(매출액과 이익이 경기변동에 따라 변동하는 산업으로서 자동차, 철강, 건설산업 등이 그 예이다), ⑤ turnarounds(파산상태이거나 거의 파산에 가까운 상태의 기업으로서 기사회생하게 되면 막대한 투자수익을 가져다준다), ⑥ asset plays(주가에 가치 있는 자산의 가치가 반영되어 있지 않은 기업)으로 구분하고 있다.

반면, 사람들의 무관심으로 주가가 낮게 평가되어 있으므로, 저성장산업 주식은 높은 투자수익률을 가져다줄 수 있다. 이러한 사고방식은 이미 지적한 바 있는 가치주 프리미엄과 유사한 것이다.

(2) 산업의 경쟁환경

산업의 성숙과정은 필연적으로 기업의 경쟁환경의 변화를 가져온다. 포터(M. Porter)는 경쟁환경을 구성하는 요소로서 다음 다섯 가지를 들고 있다.[13]

① **진입가능성** : 산업에 새로운 경쟁기업이 진출하거나 그 가능성이 존재하는 것만으로도 기존회사들이 가격 및 이익이 크게 줄어든다. 따라서 진입장벽(entry barrier)은 산업 전반적인 수익성을 결정하는 핵심요소이다. 진입장벽은 고객의 상표충성심, 우수한 유통채널, 신뢰성 있는 품질보증 등 여러 가지 형태를 취할 수 있다.

② **기존기업들 사이의 경쟁** : 동일 산업 내에 경쟁기업이 여러 개 있을수록 경쟁이 치열해지고 가격과 이익이 낮아진다. 산업의 성장률이 낮아지거나 고정비 부담이 크면 이러한 산업 내 경쟁은 더욱 격화된다.

③ **대체상품의 압력** : 대체상품이 개발되면 기존산업의 성장률이 정체하거나 쇠퇴하게 된다. 양모에 대한 합성섬유의 영향이 그 예이다.

④ **구매자들의 교섭력** : 하나 또는 소수의 구매자가 제품생산량의 많은 부분을 구매하게 되면 그 구매자는 제품가격과 품질의 결정에 있어 생산자보다 우월한 교섭력을 행사하게 된다. 자동차회사가 부품회사에 대하여 행사하는 교섭력이 그 예이다.

⑤ **공급자의 교섭력** : 산업에 따라서는 원재료, 기술 또는 다른 생산요소의 공급이 독점적인 공급자에 의존하지 않을 수 없는 경우가 있다.

14.3.3 기업분석

(1) 기업의 경쟁력 분석

주식가치의 원천은 기업의 미래 현금흐름이며, 미래 현금흐름은 기업이 판매하는 제

13] Michael Porter, *Competitive Advantage : Creating and Sustaining Superior Performance* (Free Press, 1985).

품 또는 서비스의 경쟁력에 의존한다. 따라서 기업분석의 핵심은 어떤 기업이 어느 정도의 경쟁력을 갖고 있는지를 분석하는 것이다. 일반적으로 기업의 경쟁력 분석은 주로 다음과 같은 요인들을 분석하는 작업이다.

① **시장점유율과 고객들의 상표충성심** : 어떤 기업의 경쟁력을 나타내는 가장 중요한 지표는 시장점유율이다. 어떤 기업의 시장점유율이 높으면 강한 진입장벽을 구축하고 있으며 제품가격에 대하여 기업의 통제력이 크므로 안정적인 현금흐름을 얻을 수 있다. 또 고객들의 상표충성심(brand royalty) 역시 기업의 경쟁력을 나타내는 질적 지표이다. 특히 고급화된 상품의 경우에는 시장점유율보다 상표충성심이 중요시된다. 고객들의 상표충성심이 높은 상품은 비록 시장점유율이 낮더라도 지속적인 현금흐름을 가져다준다.

② **기업의 제품의 구성과 시장지위** : 대부분의 기업들은 여러 가지 상품을 동시에 생산 · 판매한다. 그 이유는 라이프사이클이 다른 다양한 상품을 판매함으로써 지속적으로 수익성 있는 투자기회를 유지하고 분산투자에 의해 기업 전체의 현금흐름의 위험도를 줄이고자 하기 때문이다.

흔히 개별 제품의 경쟁력을 분석하기 위하여 제품포트폴리오관리(product portfolio management; PPM)에서 사용하는 성장 · 점유 메트릭스를 사용한다. 성장 · 점유 메트릭스는 제품의 특성을 시장성장률과 시장점유율의 두 가지 차원으로 파악하고, 각 제품을 [그림 14.4]에서와 같이 Question Mark(의문표), Star(별), Cash Cow(젖소) 및 Dog(개)으로 분류한다. Question Mark는 신제품으로서 성장률은 크지만 아직 미래 전망이 불확실하고, 많은 투자지출을 수반하기 때문에 커다란 (−)의 현금흐름을 부담하는 제품이다. Star는 높은 성장률을 보이고 있고 시장에서의 경쟁적 지위 역시 안정되어 있으므로 사업전망이 매우 밝은 제품이지만 아직 충분히 큰 현금흐름이 얻어지지는 않고 있다. Cash Cow는 시장이 충분히 성숙된 제품으로서 성장률은 낮지만 높은 시장점유율을 확보하고 있기 때문에 커다란 (+)의 현금흐름이 얻어지고 있는 제품이다. Dog은 실패한 신제품 또는 쇠퇴기에 접어든 제품으로서 현금흐름이 기대되지 않기 때문에 조만간 철수하여야 하는 제품이다.

기업 전체의 제품믹스(product mix)에 대한 분석은 매출액, 공헌이익, 투자액의 제품별 구성을 분석하고 나아가서 성장 · 점유 메트릭스의 제품유형별 구성을 분석하는 것이다. 성장주 위주의 투자전략을 구사하고자 할 경우 Star의 비중이 큰 회사의 주식을 선택하고, 가치주 위주의 투자전략을 구사할 경우 Cash Cow의 비중이 큰 회사

그림 14.4 성장 · 점유 메트릭스

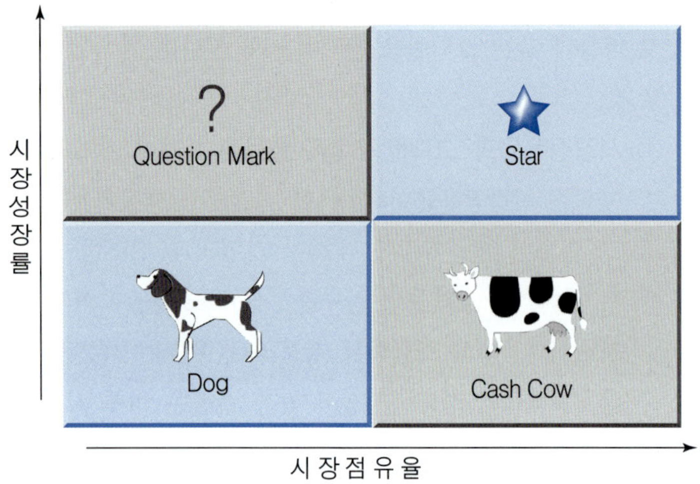

로서 현금흐름이나 자산가치가 큰 주식을 선택한다.

③ **지식 및 기술의 우위성** : 지식기반경영(knowledge-based management)이 강조되는 오늘날 기업의 성장에서 가장 중요한 요소는 지식과 기술수준이다. 특히 성장주의 선별에서는 기업의 핵심기술을 파악하는 것이 필수적 과제이다. 그러나 현실적으로 외부투자자가 기업의 핵심기술의 실체와 미래전망을 파악하는 것은 용이한 일이 아니다. 따라서 기업의 지식 및 기술수준을 나타내는 대용지표로서 R&D지출의 추세와 연구인력의 능력, 평판 및 실적이 중요시된다.

④ **경영자의 능력과 안정성** : 기업의 경영성과의 많은 부분은 경영자의 능력에 의존한다. 따라서 경영자의 장단점, 과거실적, 평판, 품성, 대인관계 등에 관한 자료도 주식의 선택에 고려되어야 한다. 또 기업의 노사관계, 정부관계, 은행관계 등에 관한 정보도 주식선택에 고려한다.

(2) *ROE*의 분석

증권투자의 실무에서는 주식가치를 평가할 때 *ROE*(return on equity, 자기자본이익률)를 상당히 중요시한다.[14] 그 이유는 *ROE*(=순이익÷자기자본)가 기업자산의 수익력과 자본

14] 예를 들어, 일정성장모형에서 주식가치를 결정하는 중요한 변수의 하나는 주당이익 및 주당배당의 성장률이다. 그리고 성장률 g는 자기자본이익률(*ROE*)과 내부유보율(b)의 곱으로 결정된다.

구조 및 다른 요인들을 종합적으로 반영하고 있을 뿐만 아니라 기업의 미래 수익력을 알려주는 지표이기 때문이다. 예를 들어, 최근 몇 년간 어떤 회사의 *ROE*가 증가추세를 보이고 있다면, 이것은 이 회사가 수익성 있는 투자기회를 이용하고 있으므로 앞으로의 *ROE*와 성장률(g)을 높게 기대해도 좋다는 신호로 해석된다.

그러나 여기에서 염두에 둘 필요가 있는 사실은 미래의 *ROE*를 예측하기 위하여 과거의 *ROE*를 맹목적으로 이용해서는 안 되고 경영활동의 구조적 변화를 충분히 반영하여야 한다. 이를 위해서는 *ROE*를 결정하는 여러 요인 사이의 논리적 관련을 이해하여 둘 필요가 있다. *ROE*는 순이익을 자기자본으로 나눈 값이므로, 이를 정리하면 다음과 같은 식으로 나타낼 수 있다.[15]

$$ROE = (1-\text{법인세율})\left[ROA + (ROA - \text{차입이자율})\frac{\text{부채}}{\text{자기자본}}\right] \tag{14.15}$$

단, *ROA*는 총자산이익률(=*EBIT*/총자산)이다.

식(14.15)는 *ROE*를 결정하는 요인으로서 총자산이익률(*ROA*), 차입이자율, 부채비율, 법인세율 등이 중요하다는 것을 보여 주고 있다. 이 중 법인세율은 조세제도에 의하여 주어지는 변수로서 모든 기업에게 거의 동일하게 적용된다. *ROA*는 총자산이익률로서 자산 전체의 평균적 수익성을 나타낸다. 이 *ROA*가 높다는 것은 회사의 자산이 수익성 있는 투자기회에 투자되어 있다는 것을 의미한다.

차입이자율 그 자체는 *ROE*에 대하여 (-)의 효과를 미친다. 그러나 그 효과의 크기는 *ROA* 및 부채비율의 크기와 관련하여 달라진다. 만일 *ROA*가 차입이자율보다 크다면, 더 많은 부채를 이용할수록 자기자본이익률이 증가하고 주식가치 역시 증가한다

15] $ROE = \frac{\text{순이익}}{\text{자기자본}}$

$$= \frac{(1-\text{법인세율})(EBIT - \text{지급이자})}{\text{자기자본}} \quad \text{(단, } EBIT\text{는 이자 및 법인세지급전 이익)}$$

$$= \frac{(1-\text{법인세율})(ROA \times \text{총자산} - \text{이자율} \times \text{부채})}{\text{자기자본}}$$

$$= (1-\text{법인세율})\left[ROA \times \frac{(\text{자기자본}+\text{부채})}{\text{자기자본}} - \text{이자율} \times \frac{\text{부채}}{\text{자기자본}}\right]$$

$$= (1-\text{법인세율})\left[ROA + (ROA - \text{이자율})\frac{\text{부채}}{\text{자기자본}}\right]$$

고 할 수 있다. 그러나 더 많은 부채를 사용하면, 재무위험(financial risk)이 증가하기 때문에 투자자들의 요구수익률이 증가하며, 그 결과 주식가치가 낮아진다. 따라서 부채 이용이 주식가치에 미치는 순효과는 한마디로 정의하기 어렵다.

*ROE*가 어떤 요인에 의하여 결정되는가를 알기 위한 또 다른 방법은 *ROE*를 몇 가지 재무비율로 분해하는 것이다. 실무적으로 이용할 수 있도록 *ROE*를 분해하는 한 가지 방법은 다음과 같은 것이다.

$$ROE = \frac{\text{순이익}}{\text{납세전이익}} \times \frac{\text{납세전이익}}{EBIT} \times \frac{EBIT}{\text{매출액}} \times \frac{\text{매출액}}{\text{총자산}} \times \frac{\text{총자산}}{\text{자기자본}} \qquad (14.16)$$

위의 식(14.16)을 보면, *ROE*가 서로 다른 경제적 의미를 갖는 몇 가지 재무비율의 곱으로 나타내지고 있다. 식(14.16)의 우변을 구성하는 재무비율들의 의미를 순서대로 설명하면 다음과 같다.

① **법인세율** : 순이익을 납세 전 이익으로 나눈 비율은 (1−법인세율)을 의미한다. 즉, 순이익은 납세 전 이익에서 법인세를 뺀 값이므로 이 비율은 (납세 전 이익−법인세)÷(납세 전 이익)=1−(법인세율)과 같다. 만일 법인세율이 인상되면, 이 비율이 낮아지므로 *ROE*가 낮아지게 된다.

② **이자부담** : 두 번째 비율은 납세 전 이익을 *EBIT*(=순이익+법인세+이자지급액, earnings before interests and taxes)로 나눈 값이다. 납세 전 이익은 *EBIT*에서 지급이자를 뺀 값이므로, 이 두 번째 비율은 (*EBIT*−지급이자)÷(*EBIT*) = 1−[지급이자÷*EBIT*]와 같다. 지급이자를 *EBIT*로 나눈 값은 기업자산 이용의 성과인 *EBIT* 중에서 지급이자로 지출된 부분을 나타내므로, 기업의 이자부담(interest burden)을 나타낸다. 이 이자부담이 클수록 식(14.16)의 두 번째 비율의 값이 작을 것이고, 그 결과 *ROE* 역시 작아지게 된다.

③ **매출액영업이익률** : 세 번째 비율은 *EBIT*를 매출액으로 나눈 값으로서 매출액영업이익률이라고 부른다. 이 비율은 제품판매가격 중에서 영업마진이 차지하는 비율이다.

④ **총자본회전율** : 네 번째 비율은 총자본회전율(asset turnover)이다. 이 비율은 기업이 자산을 어느 정도 능률적으로 이용하고 있는지를 측정하는 재무비율이다. 위의 매출액이익률과 총자본회전율을 곱하면, 다음 식에서 알 수 있는 바와 같이 총자산이익률(*ROA*)이 얻어진다.

$$ROA = \frac{EBIT}{총자산} = \frac{EBIT}{매출액} \times \frac{매출액}{총자산} \tag{14.17}$$

⑤ **자본구조** : 다섯 번째 비율은 총자산을 자기자본으로 나눈 비율로서, 이 비율 자체는 실무에서 거의 사용되지 않는 비율이다. 분자의 총자산은 부채와 자기자본의 합계이므로, 이 비율은 (1+부채비율)과 같다. 따라서 부채비율(=부채÷자기자본)이 크면, 이 다섯 번째 비율 역시 크게 된다.

(3) 경제적 부가가치(EVA)의 분석

주주부 또는 기업가치를 중시하는 가치중심경영(value-oriented management)에서는 경제적 부가가치(economic value added; EVA)가 주주부의 증가분을 나타내주기 때문에 경영성과의 척도로서 매우 중요시한다. EVA는 기업의 경영활동을 통해 실현된 기업가치의 증가분을 나타내는 것으로서 다음 식과 같이 계산된다.

경제적 부가가치

$$\begin{aligned} EVA &= 납세\ 후\ 영업이익 - 자본비용 \\ &= (영업이익 - 법인세) - (투자자본 \times 가중평균자본비용) \end{aligned} \tag{14.18}$$

식(14.18)에서 투자자본은 부채와 자기자본가치의 합계, 즉 기업가치를 나타내며 회계적으로는 총자산에 해당한다. 가중평균자본비용은 기업의 자산으로부터 얻어져야 할 최소의 기대수익률(법인세 지급 후 기준)이므로 식(14.18)의 우변의 두 번째 항은 어떤 기업에서 얻어져야 할 최소의 기대영업이익에 해당한다. 만일 납세 후 영업이익이 이 기대영업이익보다 높으면 그 차이만큼 주주의 부는 증가한다. 반대의 경우에는 그 차이만큼 주주의 부가 감소한다. 따라서 증권시장이 기업가치를 잘 반영한다면, 어떤 회사의 주가는 EVA만큼 반영하여 상승 또는 하락할 것으로 예상될 수 있다.

14장 연습문제 Exercises

01 어떤 회사의 주식이 1년 후 45,000원의 주가와 1,000원의 주당배당이 예상된다 하자. 이 주식의 현재의 주가는 38,000원이다.

(1) 이 주식의 기대 배당수익률과 주가상승률은 어느 정도이며, 1년 동안의 보유기간 수익률은 얼마인가?

(2) 이 주식의 베타계수는 1.3, 무위험수익률은 6%, 시장포트폴리오의 기대수익률은 14%로 추정된다. 이 주식의 요구수익률은 얼마인가?

(3) 이 주식의 내재가치는 얼마인가? 이 주식의 내재가치에 비하여 시장가격은 높다고 할 수 있는가?

02 위의 문제 1에서 예로 든 주식의 주당배당이 앞으로 영속적으로 매년 7%씩 증가할 것으로 예상된다 하자. 그 경우 이 주식의 요구수익률은 어느 정도이며, 내재가치는 얼마로 평가되어야 하는가?

03 Z회사의 ROE는 25%이고 내부유보율은 50%이다. 만일 금년도의 예상 주당이익이 1,800원이라면 이 회사의 주식은 현재 얼마의 가격으로 평가되어야 하는가? 3년 후에는 얼마의 가치로 평가되겠는가?

04 일정성장모형에 의하여 주식가치를 적절하게 평가할 수 있다고 하자. 어떤 주식에 대하여 다음의 자료가 주어져 있다.

현재의 주가 = 20,000원　주당 배당성장률 = 10%　당기말의 예상주당배당 = 2,000원

(1) 위의 자료로부터 이 주식의 기대수익률을 구하시오.

(2) 주식가치의 평가에서 일정성장모형이 갖는 문제점을 생각해 보시오.

05 어떤 주식에 대하여 다음의 자료가 주어져 있다.

ROE = 18%	당기말 예상주당이익 = 3,000원
베타계수 = 1.1	무위험수익률 = 10%
내부유보율 = 60%	시장포트폴리오의 기대수익률 = 17%

(1) 이 주식의 내재가치를 일정성장모형에 의해 평가하시오.

(2) 이 주식의 주가가 내재가치와 같다면, 이 주식의 PER는?

(3) 이 주식의 성장기회의 가치는 얼마인가?

(4) 이 회사가 내부유보율을 30%로 줄일 것이라는 내부정보를 당신만 알고 있다 하자. 그 경우 이 주식의 내재가치는 얼마가 되겠는가? 이 정보를 이용하여 당신은 어떤 투자전략을 취하는 것이 바람직한가?

06 다음은 Y제약에 대한 자료이다. 주식의 내재가치를 평가하는 세 가지 방법(자산가치, 배당할인모형 및 PER)에 기초하여 Y제약의 주식이 매력 있는 투자자산인지 판단하시오.

	Y제약	상장주식 전체
최근 주가	28,000원	19,000원
주당 장부가치	7,200원	
주당 청산가치	5,500원	
주당 대체원가	10,000원	
제1년도 예상 주당배당	1,200원	750원
주당 배당성장률	10%	8%
요구수익률	17.5%	
제1년도 예상주당이익	2,400원	2,200원
제1년도 이익 기준 PER	11.67배	8.64%
배당수익률	4.29%	3.95%

07 어떤 주식이 금년도 초에 주당 1,200원의 배당을 지급하였다. 이 회사의 앞으로의 주당 배당 성장률은 향후 5년간 5%, 그 이후 8년간 10%, 그 이후 영속적으로 5% 수준일 것으로 예상되고 있다. 이 회사의 주식에 대한 요구수익률은 15%이다. 이 주식의 가치를 다단계 배당할인모형을 사용하여 평가하시오.

08 S기업의 주당배당은 3년 전에 1,000원, 2년 전에 900원, 1년 전에 1,100원이었고 금년도 초의 주당배당은 1,200원이다. 이 기업의 베타계수는 약 1.2 정도로 생각되고 있다. 무위험수익률이 10%이고 시장의 위험프리미엄은 5% 정도이다. 이 기업의 배당성장률이 종전과 같은 추세로 유지된다고 한다면 이 기업의 보통주에 대한 금년 초의 배당락주가는 얼마로 평가될 수 있는지 계산하시오.

09 주가가 인플레이션과 (−)의 관계를 갖는다고 한다. 그 이유를 설명하시오.

I N V E S T M E N T

제15장 | 기술적 분석

15.1 기술적 분석의 의의

15.1.1 기술적 분석이란?

(1) 의의

이 장에서 설명하게 될 기술적 분석은 앞에서 다룬 기본적 분석과 현저하게 대비되는 분석방법이다. 기본적 분석에서는 주식의 수익력, 즉 미래의 이익과 배당을 결정하는 기본요인(fundamentals)에 대하여 관심을 갖는다. 이와는 달리 기술적 분석은 과거 주가 및 거래량이 미래의 주가의 움직임에 대한 신호를 제공해 준다고 믿는다.

기술적 분석(technical analysis)은 증권 또는 상품가격의 변동을 예측하기 위하여 과거의 가격이나 거래량과 같은 여러 가지 거래자료를 분석하는 기법들을 말한다. 기술적 분석에서도 시장가격이 증권의 수요와 공급에 의하여 결정된다는 전제에 기초하고 있지만, 자산의 수요와 공급이 일정한 추세 또는 반복적 패턴을 갖고 있다고 본다.

일반적으로 기술적 분석은 증권거래의 과거 자료를 도표(chart) 등의 수단에 의해 정리함으로써 의미 있는 패턴을 찾아내고, 이 패턴을 이용하여 미래의 주가를 예측하고자 한다. 즉, 기술적 분석은 증권거래의 역사적 자료가 내포하는 정보에 의하여 미래의 주가를 예측하고자 한다. 이와 같이 과거 자료를 이용하여 미래가격을 예측할 수 있다고 생각할 수 있는 이유는 다음과 같다.[1]

① 자산의 시장가격은 자산에 대한 수요와 공급에 의해서만 결정된다.
② 수요와 공급은 이성적 또는 비이성적인 여러 요인에 의하여 지배된다.
③ 시장의 사소한 변동을 무시한다면, 시장가격은 상당한 기간 동안 지속하는 추세에 따라 움직이는 경향이 있다.
④ 추세의 변화는 수요와 공급의 변동에 의하여 일어난다.
⑤ 수요와 공급의 변동은 그것이 어떤 이유로 발생하든, 시장의 움직임을 나타내는 도표(chart)에 의하여 조만간 추적될 수 있다.
⑥ 도표에 나타나는 몇 가지 패턴은 스스로 반복하는 경향이 있다.

1] R. D. Edwards and J. Magee, Jr., *Technical Analysis of Stock Trends*, 4th ed. (John Magee, 1958), p.86.

(2) 기본적 분석과의 비교

기술적 분석은 과거의 패턴이란 미래에도 반복하는 경향이 있고, 따라서 시장가격의 예측을 위하여 그 패턴을 이용할 수 있다고 믿는 데에서 출발한다. 그렇다고 해서 기술적 분석을 행하는 사람들이 내재가치를 중시하는 기본적 분석에 대하여 비논리적이라거나, 개념적으로 오류를 갖는 것이라고 비판하지 않는다. 실제로 기술적 분석을 다루는 사람들 역시 시장가격이 장기적으로 내재가치를 중심으로 변동하고 있다고 생각한다. 그러나 기술적 분석에서는, 내재가치를 결정하는 기본요인의 변화가 발생할 경우, 그 변화가 시장가격에 충분히 반영되기 이전에 가격의 추세 또는 패턴을 통하여 알아낼 수 있다고 본다.

기술적 분석을 중시하는 사람들은 기술적 분석이 적용하기가 쉽고 여러 개의 증권에 대하여 동시에 적용할 수 있기 때문에, 기본적 분석보다 실무적으로 더 나은 방법이라는 견해도 있다. 뿐만 아니라, 기술적 분석의 입장에서 볼 때, 기본적 분석은 실무적으로 몇 가지 단점을 내포하고 있다.

첫째, 기본적 분석에 의하여 내재가치를 알고 있다 하더라도 다른 투자자들 역시 내재가치를 알게 될 때까지는 시장가격이 내재가치와 차이를 갖는다.

둘째, 기본적 분석이 이용하는 미래이익의 자료는 기업의 손익계산서로부터 얻어져야 하는데, 이러한 회계자료는 흔히 자의적일 뿐만 아니라 미래이익의 예측능력을 결여하는 경우가 많다.

셋째, 기본적 분석에서 사용하는 PER나 요구수익률(할인율)은 극히 주관적이다. 그러나 기술적 분석에서 주가의 예측을 위하여 사용하는 추세나 패턴은 과거의 경험에 의하여 얻어진 객관적 자료이다.

이상과 같은 기본적 분석의 단점들이 곧 기술적 분석의 우월성을 입증해 주는 것은 아니다. 기술적 분석이 적절하게 될 수 있기 위해서는 기술적 분석에서 사용되는 정보가 과거의 주가나 거래량에 관한 역사적 정보이기 때문에 과거의 주가 변동이 미래에도 그대로 반복되어야 한다.

15.1.2 다우이론

오늘날 널리 사용되고 있는 기술적 분석은 원래 1900년대 초부터 형성되기 시작한 다우이론(Dow theory)에서 그 원형을 찾을 수 있다. 그 이후 많은 사람들은 이 다우이론에 변형과 수정을 가함으로써 오늘날 적용하는 기술적 분석의 여러 기법을 고안해 내게 되었다. 여기서는 이 다우이론이 어떤 과정을 통하여 형성되었으며, 주된 내용이 어떤 것인가를 간단히 살펴보기로 한다.

(1) 다우이론의 역사

비록 주가의 움직임에 관한 연구는 증권거래가 시작한 때부터 이루어졌다고 할 수 있으나, 주가의 분석과 예측을 위한 체계적 연구로서 최초로 널리 알려진 것은 다우이론이다. 다우이론은, 월스트리트 저널(Wall Street Journal) 창설자 중의 한 사람이며 이론을 고안한 찰스 다우(Charles H. Dow)의 이름을 딴 것이다. 1900년부터 1902년에 걸쳐 그는 월스트리트 저널을 통하여 이론의 기본적인 방법론을 발표하였다. 그의 친구이자 동업자인 넬슨(S. A. Nelson)은 다우의 이론을 증권시장 분석의 체계적인 방법으로 발전시키고 이를 그의 저서 『주식투기의 ABC』(1902)를 통하여 소개하였다.

다우이론의 상세한 내용은 월스트리트 저널의 편집자인 해밀튼(W. Hamilton)에 의하여 발전된 것이다. 해밀튼은 1903년부터 1929년까지의 252회의 논설과 『증권시장의 바로메타 : 주가의 움직임에 관한 다우의 이론에 기초한 예측가치의 연구』(1922)를 통하여 다우이론의 구체적인 내용을 발전시켰다. 물론 그 이후에도 다우이론에 대한 많은 해석과 논란이 계속되어 오고 있다.

(2) 다우이론의 내용

다우이론은 개별증권의 가격을 예측하는 데에도 사용되지만, 원래는 증권시장 전체의 추세를 예측하는 데 사용하기 위해 고안된 것이다. 다우 자신에 의하면 시장은 동시에 발생하는 세 가지 움직임을 언제나 갖는다. 그 첫째는 매일 매일의 소폭적인 가격변동이며, 두 번째의 것은 수주 내지 수개월 이상에 걸친 단기변동이고, 마지막으로 1년 이상 수년에 걸친 주변동이다.

다우이론에서는 이 세 가지 변동을 ① 일일변동(daily fluctuation), ② 2차변동(secondary movement), ③ 주변동(primary trend)이라고 한다.

[그림 15.1]은 이들 변동 가운데에서 주변동과 2차변동을 표시한 것이다. 다우이론에서 가장 중요시하는 변동은 주변동이다. 즉, 다우이론은 어떤 주변동에서 다른 주변동으로 전환하게 되는 시기를 포착하고, 이러한 전환이 이루어짐을 알리는 신호를 알고자 하는 데 주된 목적이 있다.

상승추세의 주변동에서 하락추세의 주변동으로 전환하거나 그 반대의 경우를 알려

그림 15.1 다우이론

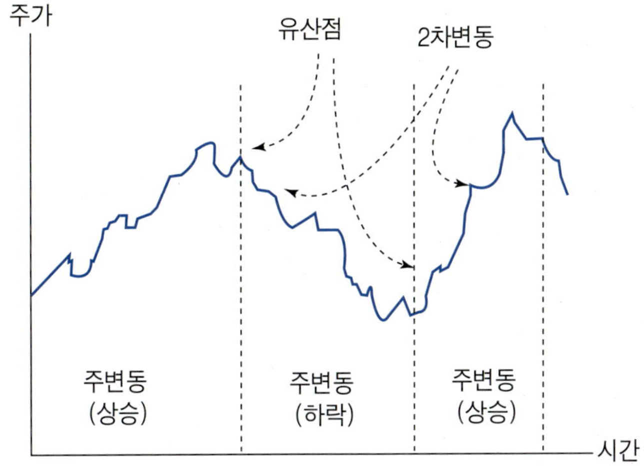

주는 것으로서 다우이론에서 가장 중요시하는 신호는 [그림 15.1]에 표시한 것과 같은 이른바 유산점(abortive point)이라는 것이다.

상승추세의 주변동에서 하락추세의 주변동으로 전환하는 경우에 나타나는 유산점은 그림에서와 같이 2차변동의 고점(高點)이 선행하는 고점보다 낮을 때를 나타낸다. 반대로 하락추세의 주변동에서 상승추세의 주변동으로 전환하는 경우에 나타나는 유산점은 2차변동의 저점(低點)이 선행하는 저점보다 높을 때를 나타낸다.

일반적으로 증권시장이 장기적인 주가상승의 주변동에 있을 때 이를 강세시장(bull market)이라 하고, 반대로 장기적인 주가하락의 주변동에 있을 때 이를 약세시장(bear market)이라고 부른다. 다우이론에서는 이 주변동이 다른 국면으로 변동할 경우 증권시장은 일정한 단계를 밟으며 진행하여 나간다고 본다. 예를 들어, 상승국면에서 하락국면으로 전환할 경우 흔히 다음의 세 가지 단계가 차례로 전개된다고 한다(하락국면에서 상승국면으로 전환할 경우에는 반대의 과정을 밟게 된다).

① 상승추세의 고점에 가까워지면서, 투자자들은 정상적인 시장에 비해 상대적으로 높은 가격이 형성되고 있다는 것을 알게 되기 때문에, 주식에 대한 신뢰감이 점차로 감소하게 된다.

② 미래에 대한 낮은 주가상승 전망 때문에 주식의 매도가 증가한다.

③ 미래에 대한 낮은 주가상승 전망이 시장 전반으로 확산되면서, 비정상적으로 낮은

가격으로 광란적으로 매도하게 된다. 이것이 증권의 내재가치를 무시하도록 만드는 집단심리효과이다.

15.2 도표에 의한 분석

다우이론이 고안된 이래 여러 가지 기술적 분석의 기법이 만들어졌다. 이 기술적 분석의 중심은 역시 도표(chart)를 작성하고 이를 해석함으로써 평균 이상의 비정상수익을 실현할 수 있는 투자전략을 발견하는 데 있다. 이 경우에 사용하는 도표의 대표적인 것으로 선도표, 봉도표, 점수도가 있다.

15.2.1 선도표

선도표(line chart)는 도표에 의한 분석기법 가운데에서 가장 단순한 방법이다. 이 선도표는 매시점(매일, 매주 또는 매월)의 가격을 선으로 이은 것이다. 예를 들어, 어떤 증권의 매일 매일의 종가나 증권시장의 주가지수를 가지고 선도표를 만들 수 있다. 이 선도표의 작성 자체는 이른바 "기법"이라고까지는 할 수 없으나, 이를 이용함으로써 몇 가지 전형적인 투자전략을 만들 수 있다. 이러한 투자전략의 대표적인 방법으로서 필터기법을 들 수 있다.

필터기법(filter technique)이란 시장가격이 저점으로부터 일정한 비율만큼 상승하면 매입하고, 고점으로부터 일정한 비율만큼 하락하면 매도(가능하면 공매)하는 투자기법이다.[2] 이 경우 증권의 매입과 매도를 결정하는 일정한 가격상승 또는 하락의 비율을 필터(filter)라고 부른다.

어떤 투자자가 10%의 필터를 가지고 필터기법을 적용하는 예를 [그림 15.2]를 가지

2] 이와 관련된 주식투자 격언으로 "천정에 팔지 말고, 바닥에 사지 마라"라는 말이 있다. 천정에 팔아서 바닥에 사면 마지막 1원까지의 자본이득을 얻을 수 있지만, 실제로 천정과 바닥을 정확하게 확인할 수 있는 사람은 거의 없다. 따라서 천정에서 약간 떨어진 가격으로 팔고, 바닥에서 약간 높은 가격으로 사겠다는 마음으로 투자하면, 결국 다른 사람보다 좋은 투자성과를 얻을 수 있다는 뜻이다.

그림 15.2 필터기법의 적용례

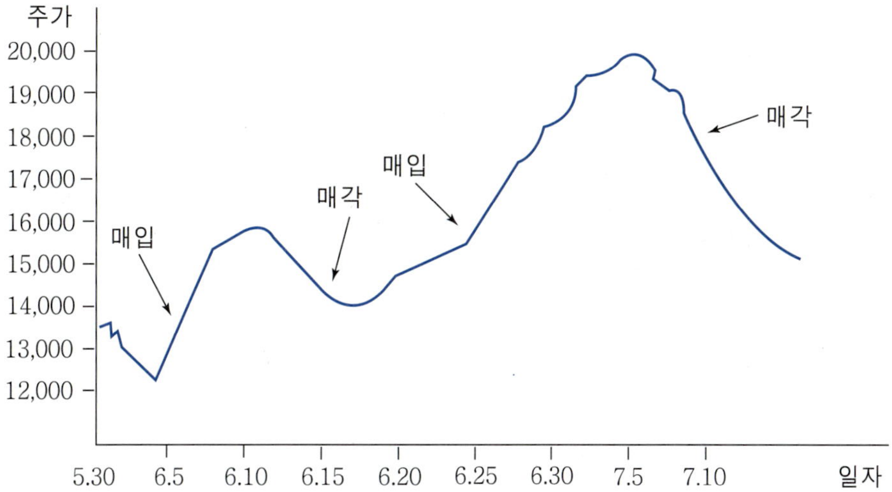

고 보기로 하자. 첫 번째의 저점인 6월 3일의 12,000원으로부터 10%인 1,200원이 상승한 시점에 증권을 매입하고 계속하여 고점인 6월 10일까지 보유한다. 6월 10일의 16,000원에서 10%만큼 하락한 6월 14일에 14,400원에 매도하고 1,200원의 차익을 실현한다. 6월 15일의 저점(14,000원)에서 10%만큼 상승한 6월 22일에 15,400원의 가격으로 다시 매입한다. 7월 5일에 20,000원 수준에서 고점을 실현하면, 이 수준에서 10% 하락한 7월 8일에 18,000원의 가격으로 매도하여 2,600원의 차익을 실현한다. 이러한 필터기법을 사용하여 투자자는 3,800원의 이익을 실현하였다.

15.2.2 봉도표

기술적 분석에서 가장 널리 사용되는 도표는 봉도표(bar chart)이다. 봉도표는 매일 매일의 가격변동을 수직의 막대로 표시한 것이다. 이 수직인 막대의 양끝은 그날의 저가와 고가를 나타내며, 이 수직의 막대에 수평으로 그은 조그만 막대는 그날의 종가를 나타낸다. 이처럼 그려진 매일의 주가 막대를 연속적으로 그린 경우에 [그림 15.3]과 같은 봉도표가 얻어진다.

봉도표를 이용하여 주가변동의 패턴을 찾아내는 방법은 매우 다양하다. 그 한 가지

그림 15.3 봉도표

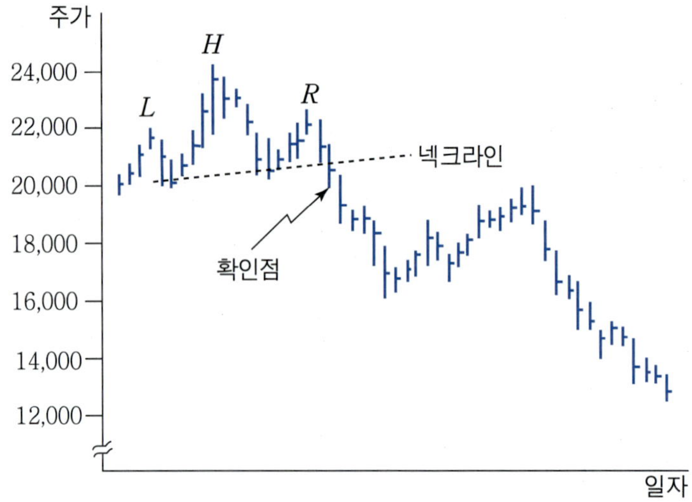

예는 증권가격이 상승세에서 하락세로 바뀔 때에 [그림 15.3]에서와 같이 나타나는 왼쪽 어깨, 머리, 오른쪽 어깨 및 확인점을 발견하는 것이다(증권가격이 하락세에서 상승세로 전환될 때에는 아래와 같은 과정의 반대 현상이 나타나게 된다).

① **왼쪽 어깨**(left shoulder) : 소강상태에서 벗어나 강한 매수세가 나타나고 가격이 고점을 실현하게 된다. [그림 15.3]에서 L로 표시되어 있다.

② **머리**(head) : 강한 매수세의 폭발이 이루어져 가격을 최고점으로 끌어올리게 되고, 다음 높은 가격으로 수요의 현저한 감소를 가져와 왼쪽 어깨에서 실현한 고점의 아래쪽으로 가격이 하락한다. [그림 15.3]에서 H로 표시되어 있다.

③ **오른쪽 어깨**(right shoulder) : 완만한 매수세가 나타나 가격을 다소나마 상승시키거나 머리의 최고점까지 밀어 올리지 못한다. [그림 15.3]에서 R로 표시되어 있다.

④ **확인점**(confirmation) : 왼쪽 어깨와 오른쪽 어깨를 잇는 선인 넥크라인(neck line)의 아래쪽으로 가격이 하락한 경우이다. 이 확인점은 증권의 매각 시점을 알리는 신호로 간주된다.

15.2.3 점수도

앞에서 설명한 선도표나 봉도표는 추세가 반전하게 되는 신호를 포착하는 데만 주된 목적을 두고 있고, 매일 또는 매주 그려야 할지 또는 매월 간격으로 그려야 할지가 분명치 않다. 이에 반하여 점수도(點數圖, point and figure chart)는 작성방법이 다소 복잡하지만 작성의 시간단위를 정할 필요가 없기 때문에 나름대로의 장점을 갖고 있다. 더욱이 점수도는 이른바 가격목표(price target)라고 불리는 가격예측치를 알려주기 때문에 실무적으로 널리 이용된다.

점수도는 증권의 가격변동이 얼마만큼 자주 발생하는가에 관계없이 점수(point)라고 불리는 임의로 정한 최소의 가격변동 단위(예컨대 100원 또는 200원 단위)만큼 가격이 변동할 때마다 일정한 기호로써 가격변동의 방향과 크기를 그려 나가는 것이다. 예컨대 100원의 가격변동을 한 단위로 할 경우 100원이 1점이 되고, 200원의 가격변동을 단위로 할 경우 200원이 1점이 된다. 이 점수단위의 선택은 증권가격의 미세한 변동을 제거하고 의미 있는 변동만을 표시할 수 있도록 하면 충분하다.

그림 15.4 점수도

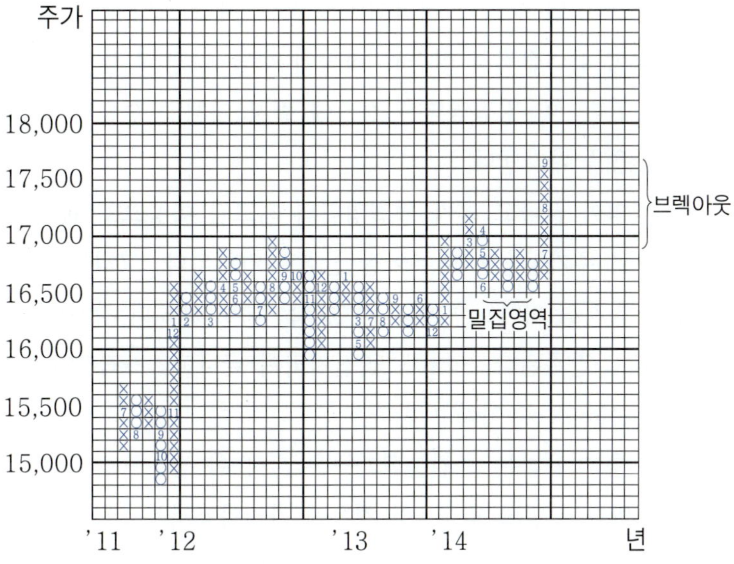

주) 숫자는 그 주가가 실현된 달이다.

(1) 작성방법

점수도를 작성하는 데는 수직축에 가격을 표시하는 굵은 모눈종이를 사용한다. 수직축의 가격단위는 미리 설정한 1점의 가격변동폭과 같도록 표시하여야 한다. 예를 들어, 100원을 1점으로 할 경우, 수직축은 100원을 단위로 주가를 표시한다. 점수도의 수평축은 일, 주 또는 월과 같은 시간을 표시하지 않고 증권가격의 추세가 바뀔 때마다 列을 바꿀 따름이다. 증권가격의 변동단위를 100원으로 한 점수도의 예는 [그림 15.4]이다. 증권가격이 100원이 오를 때마다 ×를 하나씩 위쪽으로 표시하여 나간다. 반대로 100원이 내릴 때마다 ○을 아래쪽으로 그려 나간다.

[그림 15.4]의 경우는 어떤 주식의 주가가 15,100원에서 15,200원으로 오를 때부터 그리기 시작한 것이다. 주가가 오름에 따라 100원을 단위로 하여 위쪽으로 ×를 그려 나갔다. 이렇게 하여 2011년 7월에는 15,500원까지 상승하였다. 그 이후에도 200원이 더 올라서 두 개의 ×가 추가되었다. 주가가 하락하게 되면 열을 바꾸어서 100원이 떨어질 때마다 ○을 하나씩 아래로 그려 나갔다. 그리하여 2011년 8월에는 15,300원까지 내려갔다. 이와 같은 방식으로 100원의 주가변동마다 ×또는 ○을 계속하여 표시하여 나가면 [그림 15.4]와 같은 점수도가 이루어진다.

(2) 해석

점수도의 분석에서는 이른바 밀집영역(congestion area)이 특히 중요시된다. 밀집영역이란 주가의 소폭적인 상승과 하락이 계속하여 띠의 모양을 이루는 영역이다. 즉, 어떤 주식의 가격이 4, 5점씩의 상승과 하락이 상당히 긴 기간 동안 계속되면 밀집영역이 이루어지게 된다. 이 밀집영역은 장기에 걸쳐 대체로 수요와 공급이 일치하는 상태가 지속되고 있음을 나타낸다.

이 밀집영역이 끝나고 ×가 밀집영역의 최고점 이상으로 올라가는 경우는 매수세가 강하여 앞으로 주가상승이 이루어질 신호로 간주된다. 그리고 밀집지역이 끝나고 ○가 밀집지역의 최저점 이하로 떨어지는 경우는 매도세가 더 강하여 앞으로 주가하락이 이루어질 신호로 간주된다. 이처럼 밀집지역이 끝나고, 가격추세가 상승 또는 하락하는 것을 브렉아웃(break out)이라고 한다.

이 점수도를 이용하는 증권분석가들은 흔히 이 점수도로부터 이른바 가격목표를 예측해 낼 수 있다고 믿고 있다. 이 경우에 가격목표라는 것은 브렉아웃이 일어난 후 새로이 도달하게 될 가격 수준을 말한다. 통상 이 가격목표는 밀집영역의 폭만큼 브렉아웃의 방향으로 연장하여 예측된다. 예를 들어, 밀집지역이 5개의 열만큼 계속했었다면

가격목표는 브레아웃의 방향으로 5점만큼 높은 수준에서 예측된다.

점수도에 의한 분석가들의 말대로 가격목표가 예측될 수 있다 하더라도 점수도 그 자체는 이 가격목표가 언제 실현될 것인지에 대하여서는 예측해 주지 못한다. 또 밀집영역의 폭과 가격목표 사이에 어떤 논리적 관계가 있는지에 대해서도 충분한 설명이 주어지지 않고 있다.

15.2.4 이동평균선

증권가격 또는 지수의 이동평균(moving average) 가격은 일일변동을 제거하고 장기적이고 평활화된 가격추세를 알고자 하는 데 사용된다. 어떤 날짜의 이동평균 가격은 그 날을 포함한 과거 일정기간의 매일의 가격을 평균한 값이며, 매일의 이동평균 가격을 선도표로 나타낸 것을 이동평균선이라고 한다. [그림 15.5]는 코스피200(2009년 1월~2013년 12월)의 120일 이동평균선과 20일 이동평균선을 그린 것이다.

그림 15.5 20일과 120일 이동평균선

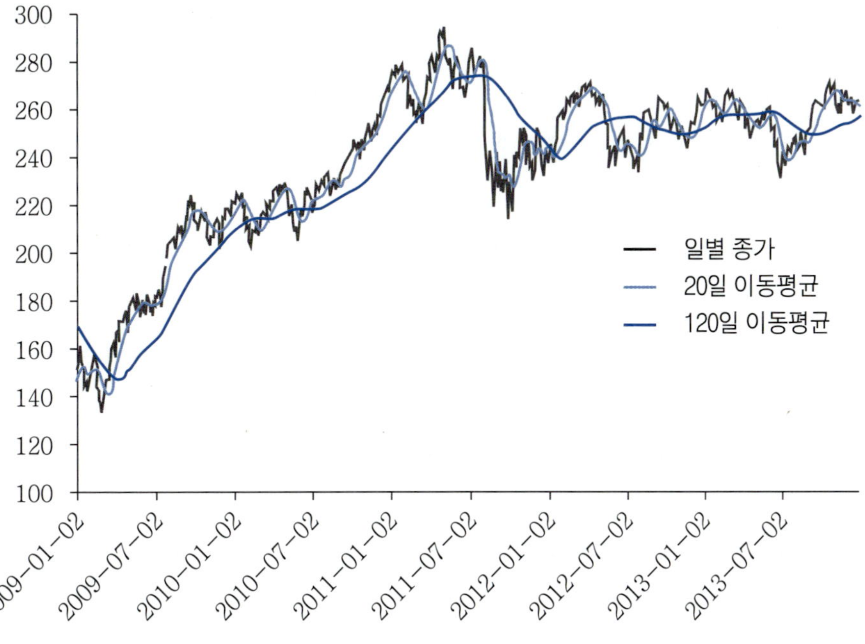

이동평균은 이동평균을 계산하는 기간에 따라 20일 이동평균, 60일 이동평균, 120일 이동평균 등이 사용되고 있다. 대체로 장기추세를 판단하기 위해서는 120일 이동평균이 중요시되고, 2차변동의 추이를 보기 위해서는 60일 이동평균이 중시되며, 단기적 변동을 보기 위해서는 20일 이동평균이 중요시된다.

(1) 이동평균선의 해석

이동평균선의 해석은 매일 매일의 가격을 표시한 선도표와 대비하여 이루어진다. 특히 매일 매일의 가격선이 이동평균선을 관통할 때를 중요한 신호로 해석한다. 실무에서 흔히 중시하는 매입과 매도의 신호를 열거해 보면 다음과 같다.

매입신호

① 이동평균선과 가격선이 평행하다가 가격선이 이동평균선을 아래에서 위쪽으로 관통하여 상승하는 경우.

② 이동평균선이 상승추세를 보이고 있는데, 가격선이 이동평균선을 위에서 아래로 관통하는 경우.

③ 가격선이 이동평균선에 닿지 않을 만큼 하락하였다가 다시 상승하기 시작한 경우.

④ 가격선이 이동평균선의 아래쪽에서 급속히 하락하다가 다시 상승하여 이동평균선에 접근하려 할 경우.

매도신호

① 이동평균선이 평평한데 가격선은 이동평균선의 위쪽에서 아래쪽으로 떨어지는 경우.

② 이동평균선은 하락 추세인데 가격선이 이동평균선의 아래에서 위쪽으로 관통하는 경우.

③ 이동평균선의 아래쪽에 있던 가격선이 이동평균선에 닿지 않을 만큼 상승하다가 다시 하락하기 시작한 경우.

④ 가격선이 상승추세의 이동평균선을 관통하여 급등하다가 다시 하락하려 할 경우.

(2) 장 · 단기 이동평균선의 이용

실무에서는 위와 같이 가격선과 이동평균선을 비교하여 매입 또는 매도의 신호를 얻기도 하지만, 더 많은 경우 장기이동평균선과 단기이동평균선을 비교하여 매입 또는 매도신호를 포착하고자 한다(예를 들어, 20일 이동평균선과 120일 이동평균선을 비교한다). 이처럼 단기이동평균선과 장기이동평균선을 비교하는 것은 매일 매일의 사소한 가격 변동에 집착하지 않고 장기추세 및 단기추세만을 고려하여 투자전략을 세울 수 있다는 장점을 갖는다.

단기이동평균선과 장기이동평균선으로부터 얻어내는 매입 또는 매도신호로서 흔히 언급되고 있는 것들은 다음과 같다.

매입신호

① 단기이동평균선이 장기이동평균선을 강하게 아래에서 위로 관통할 경우. 이 경우는 강세시장으로의 장세전환 신호로 간주되며, 이를 흔히 골든크로스(golden cross, 황금십자가)라고 부른다.

② 단기 및 장기이동평균선이 모두 상승추세를 보이고 그 간격이 점차 확대되고 있을 경우. 이 경우는 견실한 강세시장을 의미하는 것으로 해석된다.

③ 단기 및 장기이동평균선이 오랫동안 하락추세를 보이다가, 단기이동평균선이 더 이상 하락하지 않거나 다시 상승하는 경우. 이런 경우는 장기추세의 저점을 확인하는 신호로 흔히 간주된다.

매도신호

① 단기이동평균선이 장기이동평균선을 위에서 아래로 급속하게 관통하는 경우. 이 경우는 약세시장으로의 장세전환 신호로 간주되며, 이를 흔히 데드크로스(dead cross, 죽음의 십자가)라고 부른다.

② 단기 및 장기이동평균선이 모두 장기간 하락추세를 보이는 경우. 이 경우는 장기적인 약세시장을 의미하는 것으로 해석된다.

③ 단기 및 장기이동평균선이 오랫동안 상승추세를 보이다가, 단기이동평균선이 더 이상 상승하지 않거나 하락하는 경우. 이런 경우는 장기추세의 고점을 확인하는 신호로 간주된다.

(3) 이격도

이격도(離隔度, disparity)는 주가와 이동평균선이 떨어져 있는 정도로서 당일의 주가(또는 지수)를 이동평균가격으로 나누어 %로 표시한다. 이격도가 100% 이상이면 주가가 이동평균보다 높다는 것을 나타내고 100% 이하이면 주가가 이동평균보다 낮다는 것을 의미한다. 일반적으로 이격도가 너무 크거나 낮으면 시장가격이 추세로부터 너무 벗어나 있다는 것을 의미하므로, 매도 또는 매입의 신호로 간주된다.

마지막으로 지금까지 설명한 선도표, 봉도표, 점수도, 이동평균선에 의한 기술적 분석에서 공통적으로 안고 있는 문제는 도표해석의 문제이다. 도표는 사후적으로 볼 때 분명한 약세시장(bear market)이나 강세시장(bull market) 또는 다른 형태의 어떤 패턴을 보여주게 된다. 그러나 미래의 주가동향을 예측하기 위해 사전적으로 도표를 보면 분석가들마다 의견의 일치를 보지 못하고 서로 다른 예상을 행하는 것이 보통이다. 이런 사실은 기술적 분석이 체계적 논리에 의하여 구성되어 있지 않고 직관과 경험에 과도하게 의존하고 있음을 의미한다.

15.3 기타의 기술적 분석기법

기술적 분석은 도표를 중심으로 하여 이루어지고 있으나, 그밖에도 여러 가지 변형된 방법들이 고안되어 사용되고 있다. 그 중에서도 비교적 널리 알려진 분석기법으로서 시장의 폭, 상대적 강도분석, 거래량의 분석 등을 들 수 있다.

15.3.1 시장의 폭

시장의 폭(breadth of market)이란 상승세 또는 하락세가 얼마나 많은 주식까지 파급되어 있는지를 나타내는 척도이다. 시장의 폭을 계산하는 가장 간단한 방법은 〈표 15.1〉과 같은 것이다. 매일의 상승종목수에서 하락종목수를 뺀 등락차이를 누적함으로써 시장의 폭을 계산할 수 있다.

이렇게 계산된 시장의 폭을 선도표로 그린 것을 등락선(advance-decline line; ADL)이라고 부른다. 등락선이 아래로 꺾이면 약세시장의 시작을 의미하고 위로 꺾이면 강세시장의 시작을 의미하는 것으로 해석된다. 통상 등락선은 그것 하나만으로 이용하기보다는 다른 분석기법에 대한 보조적 기법으로 사용한다.

위의 시장의 폭과 유사한 지표로서 등락비율(advance-decline ratio; ADR)이 있다. 이 등

표 15.1 시장의 폭

일자	상승종목수	하락종목수	등락의 차이	시장의 폭
월	125	100	25	25
화	99	76	23	48
수	70	105	−35	13
목	53	119	−66	−53
금	98	72	26	−27

락비율은 상승종목수를 하락종목수로 나누어 계산하며, 일반적으로 이 값이 75% 이하이면 매입신호, 125% 이상이면 매도신호로 해석한다.

15.3.2 상대적 강도

어떤 증권의 가격은 강세시장에서 다른 증권보다 빠른 속도로 상승하고 약세시장에서 더 빠른 속도로 하락한다. 우리는 이런 증권을 상대적 강도(relative strength)가 큰 증권이라고 말한다. 상대적 강도를 이용하는 분석가들에 의하면, 어떤 증권의 상대적 강도는 장기에 걸쳐 변하지 않는 경향이 있으므로 과거에 상대적 강도가 큰 것으로 입증된 증권에 투자하면 더 높은 수익을 기대할 수 있다고 한다.

상대적 강도를 측정하는 방법은 여러 가지가 있으나 흔히 사용하는 측정방법은 〈표 15.2〉와 같이 가격변동의 상대적 비율을 가지고 측정하는 것이다.

〈표 15.2〉의 두 번째 열과 네 번째 열에는 종합주가지수와 주식 A의 주가를 10일 간격으로 관찰한 값을 싣고 있다. 세 번째 열과 다섯 번째 열은 10일 동안 이루어진 종합주가지수의 변동률과 주식 A의 주가변동률을 계산한 값이다. 마지막 열에는 주식 A의 가격변동률이 종합주가지수의 변동률로 나눈 상대적 변동률이다. 이 상대적 변동률들의 평균이 0.691이며, 이 값이 지난 3개월 동안의 자료에 기초하여 계산된 주식 A의 상대적 강도이다.

이 상대적 강도는 체계적 위험의 척도인 시장모형의 베타계수와 유사한 의미를 갖고 있다. 즉, 베타계수 1.0보다 큰 증권의 수익률은 증권시장 전체의 수익률 변동보다 크게 변동한다. 따라서 상대적 강도는 증권의 위험을 더 간편하게 측정하고자 한 것으로서, 실무적으로 베타계수의 근사치로 사용될 수 있다.

표 15.2 상대적 강도의 계산

일자	주가지수	주가지수 변동률(a)	주식 A의 주가	주가변동률 (b)	상대적 변동률(b/a)
5월 1일	920		9,800		
5월 11일	945	2.71%	10,200	4.08%	1.506
5월 21일	1,015	7.41%	10,850	6.37%	0.860
6월 1일	985	−2.96%	10,840	−0.09%	0.030
6월 11일	900	−8.63%	10,030	−7.47%	0.866
6월 21일	925	2.78%	10,370	3.39%	1.219
7월 1일	875	−5.41%	10,140	−2.22%	0.410
7월 11일	850	−2.86%	10,240	0.99%	−0.346
7월 21일	900	5.88%	10,830	5.76%	0.980
					주식 A의 상대적 강도 = 0.691

15.3.3 거래량을 이용한 기술적 지표

(1) 거래량

기술적 분석에서 간과할 수 없는 중요한 자료는 증권의 거래량(volume)이다. 즉, 거래량의 동향을 분석함으로써, 증권시장 전체나 어떤 특정한 증권이 약세인지 강세인지를 탐지할 수 있다. 일반적으로 기술적 분석에서 거래량은 투자자들을 지배하고 있는 분위기나 감정 상태를 나타내고 있는 것으로 이해하고 있다.

거래량의 분석에서는 주가가 크게 변동하는 시기, 즉 증권에 대한 수요와 공급이 새로운 균형으로 옮겨가는 시기의 거래량을 특히 중시한다. 예를 들어, 가격상승이 이루어진 때에 거래량이 많다면 시장전체의 동향은 강세시장(bull market)으로 향하고 있는 것으로 해석되고 있다. 반대로 가격하락이 이루어진 때에는 거래량이 많다면 시장전체의 동향은 약세시장(bear market)으로 향하고 있는 것으로 해석된다.

(2) OBV

거래량의 분석과 관련하여 중요시되는 지표로서 OBV라는 지표가 있다. OBV(on-balance volume)는 전일대비 주가지수 상승일의 거래량 누계에서 하락일의 거래량 누계를 차감하여 계산한다. OBV를 사용하는 목적은, 거래량이 주가에 선행하여 변동한다는 것을 전제로, 시장가격의 변화의 방향을 예측하는 데 있다.

즉, 강세시장에서는 주가 상승과 함께 거래량도 증가하므로 OBV도 상승곡선을 그린

그림 15.6 지수상관곡선의 해석

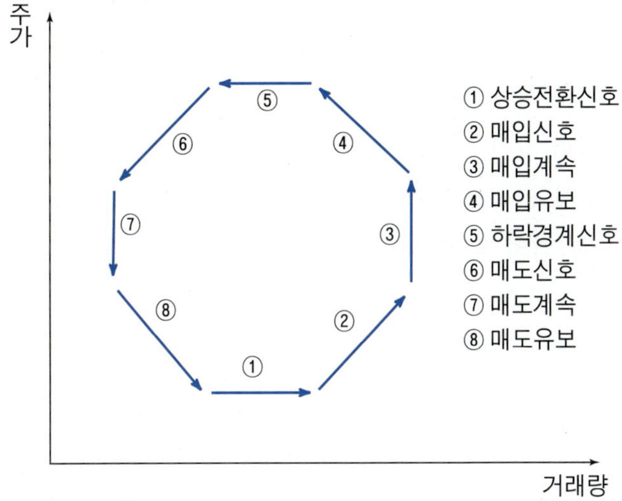

다. 약세시장에서는 주가하락과 함께 거래량도 감소하므로 OBV도 하강곡선을 그린다. 그리고 주가하락기에 OBV 곡선이 이전의 저점 수준 미만으로 떨어지지 않고 일정 수준에 머물러 있으면 조만간 주가는 상승하게 될 것이고, 주가상승기에 OBV 곡선이 이전의 고점 수준 이상으로 떨어지지 않고 일정 수준에 머물러 있으면 조만간 주가는 하락하게 될 것으로 예상된다.

(3) 지수상관곡선

지수상관곡선은 주가지수와 거래량의 관계를 도표로 표시한 것으로서 역시계곡선(counter-clock line)이라고도 불린다. 이 곡선은 X축에 거래량, Y축에 주가지수를 표시하여 시장의 동향이 어떻게 움직이고 있는가를 표시한다. 주가변동보다 거래량 변동이 선행한다는 것을 전제로 하므로 주가상승에 앞서 거래량 증가가 발생하고 주가하락에 앞서 거래량 감소가 나타난다고 본다. 지수상관곡선을 해석하는 간단한 방법은 곡선이 움직이는 방향에 따라 [그림 15.6]과 같이 해석하는 것이다.

15.4 기술적 분석의 한계

(1) 기술적 분석과 자본시장 효율성

이상에서 다룬 여러 가지 기술적 분석의 기법들 이외에도 여러 가지 방법들이 사용되고 있다. 이들 방법들이 지니고 있는 공통된 특성은 어떤 추세와 패턴이 존재하고 있어서 그것이 증권가격의 움직임을 지배할 것이라는 믿음이다.

기술적 분석이 실무적으로 많은 인기를 끌고 있는 것은 그것이 지니고 있는 단순성과 시각적 설득력에 커다란 이유가 있다. 기술적 분석을 사용하면 기본적 분석이나 포트폴리오분석에서와 같은 거시경제적 상황, 이자율 예측, 체계적 위험, 회계적 문제 등에 대해 크게 주의를 기울이지 않아도 된다. 더욱이 과거의 주가나 거래량을 관찰함으로써 간단한 도표나 수치를 알아내고 이로부터 매입 또는 매각의 신호를 용이하게 포착할 수 있다. 게다가 기술적 분석은 커다란 투기적 이득을 얻을 수 있다는 희망—증권시장이 효율적이라면 가질 수 없는 희망—을 준다.

기술적 분석을 사용하기 이전에 몇 가지 기본적인 사실이 인식되어야 한다. 첫째로 기술적 분석은 일종의 투기적 방법이다. 즉, 기술적 분석을 사용한 투자전략은 증권가격의 미래에 대하여 다른 사람들이 모르는 어떤 것을 자기만 알고 있고 다른 사람들은 다소 뒤늦게 그것을 알게 될 것이라고 가정한다. 그렇지 않으면 기술적 분석에 의하여 다른 사람들의 평균적 성과보다 나은 비정상성과를 실현할 수 없게 된다.

예를 들어, 어떤 투자자가 어떤 기술적 분석의 방법을 사용하여 특정한 패턴을 발견하고 가격상승의 신호를 발견하였다고 하자. 이 투자자는 이 신호에 따라 주식을 매입할 것이다. 그러나 다른 사람들이 뒤따라서 동일한 행동을 취해 주지 않는다면 가격상승은 이루어지지 않을 것이며, 따라서 기술적 분석은 쓸모없는 것이 될 것이다.

이처럼 기술적 분석은 다른 투자자들이 약간 뒤늦게 가격변동의 신호를 알아야 한다는 가정에 기초하고 있다. 그러나 증권시장이 어느 정도 효율적이고 투자자들이 이성적으로 행동한다면, 이 가정은 자기 혼자만의 생각에 지나지 않는다. 만일 증권시장이 효율적이라면, 역사적 정보가 내포하고 있는 정보는 어느 특정 투자자만 입수할 수 있는 것이 아니라 다른 모든 투자자들도 입수하여 이용하려 할 수 있으므로, 그 정보는 이미 시장가격에 반영되어 있다고 보아야 한다. 따라서 효율적 시장에서는 역사적 정보에 기초하여 어떤 투자전략을 구사한다 하더라도 평균 이상의 비정상성과를 얻을 수 없다.

기술적 분석이 비정상성과를 실현할 수 있도록 하여 주는가에 대하여 많은 실증적 검증이 주어져 왔다. 이러한 실증적 연구의 대표적인 것이 이미 다룬 바 있는 약형 EMH의 검증이다. 그 동안 이루어진 실증적 검증 결과들을 보면, 증권시장이 비교적 효율적으로 움직이고 있다고 생각되는 미국의 경우에도 기술적 분석 또는 이와 유사한 방법을 이용하여 비정상성과를 얻을 수 없다고 단정할 수 없다. 이미 제9장에서 다룬 정월효과, 월요효과, 수익률의 단기적 예측가능성, 평균회귀 등의 현상은 모두 주가의 움직임이 일정한 패턴을 보여주고 있다는 증거들이기 때문이다.

(2) 가격패턴의 자기파괴적 성격

기술적 분석의 이용과 관련하여 한 가지 흥미 있는 주제는, 어떤 기술적 분석수단이 성공적인 것이라고 널리 알려진 다음에도 계속하여 유용한 분석수단으로 작용할 수 있을 것인지의 문제이다. 예를 들어, 3%의 필터를 사용한 필터기법이 매우 유용한 투자전략이라는 것을 많은 투자자들이 알게 되었다고 하자. 그러면 저점에서 3% 상승한 가격수준에서 일시에 많은 투자자들이 특정 주식의 매수주문을 낼 것이고, 그 결과 가격이 갑작스럽게 상승하여 거의 모든 투자자들은 3% 상승한 가격으로 주식을 매입할 수 없게 될 것이다. 즉, 3%의 필터규칙을 적용할 수 있는 가격패턴은 파괴되어 투자자들이 이용할 수 없게 된다.

이와 같이 어떤 가격패턴이 존재하고 그 가격패턴이 투자자들에게 알려지게 되면, 결국 그 가격패턴은 스스로 파괴되어 더 이상 이용할 수 없게 된다. 가격패턴이 갖는 이러한 성격을 시장가격의 자기파괴(self-destruction)라고 부른다.

시장가격이 자기파괴적 성격을 갖는다고 해서 반드시 효율적 시장이 보장되는 것은 아니다. 왜냐하면 시장가격이 자기파괴와 함께 반전효과(reversal effect)를 갖고 있을 수 있기 때문이다. 예를 들어, 1주 또는 1개월 전에 매우 높은 수익률을 실현한 주식들은 그 다음 기에 낮은 수익률을 가져다주는 경향이 있고, 반대로 전 기간에 매우 낮은 수익률을 실현한 주식들은 다음 기에 높은 수익률을 가져다주는 경향이 있을 수 있다.[3] 이와 같은 반전효과가 존재한다면, 이를 이용하여 새로운 투자전략을 만들어 사용할 수 있다. 따라서 가격패턴의 자기파괴적 성격은, 자본시장의 효율성을 보증하는 것이라기보다는, 끊임없이 낡은 투자전략을 버리고 새롭고 우수한 투자전략을 모색하도록

3] 그 대표적인 증거가 Narashimhan Jegadeesh, "Evidence of Predictable Behavior of Security Returns," *Journal of Finance* (Sep. 1990), pp.881–98과 Bruce Lehman, "Fads, Martingales and Market Efficiency," *Quarterly Journal of Economics* (Feb. 1990), pp.1–28에 제시된 증거들이다.

만드는 시장의 역동성을 의미하는 것이라고 할 수 있다.

(3) 기술적 분석에 관한 다른 견해

기술적 분석의 유용성을 새로운 시각에서 변호하고자 하는 시도로서 브라운과 제닝스(D. Brown & R. H. Jennings)의 견해가 있다.[4] 그들은 시장에서 거래하는 다수의 투자자들은 주식의 진정한 가치에 대하여 나름대로의 사적 정보(private information)를 갖고 있고, 시간이 흐름에 따라 추가정보를 계속하여 얻고자 노력하는 것으로 보고 있다. 이 경우 각 투자자들은 거래가격을 관찰함으로써 다른 투자자들이 갖고 있는 정보의 일부를 추측할 수 있으며, 과거의 모든 가격을 관찰함으로써 다른 투자자들의 정보를 더 많이 추측할 수 있다(비유하여 표현한다면, 화투놀이에서 상대방이 지금까지 내놓은 화투들의 종류와 순서를 기억하면, 상대방이 현재 어떤 화투를 들고 있고 무엇을 노리고 있으며 앞으로 어떤 화투를 내놓게 될 것인가를 어느 정도 짐작할 수 있다). 따라서 모든 투자자들이 이용가능한 모든 정보를 합리적으로 이용하고 있다 하더라도, 기술적 분석은 거래전략의 수립에 도움을 준다고 할 수 있다.

EMH에 관한 그 동안의 논의는, 공표된 정보를 모든 투자자들이 공통적으로 이용하고 있는 것으로 전제하고, 그 정보를 시장가격이 충분히 반영하고 있는지에 대해서만 관심을 가졌다. 이와 비교하면, 브라운과 제닝스의 주장은 훨씬 더 복잡한 상황을 다루고 있다. 즉, 각 투자자들은 주식가치에 대하여 서로 다른 사적 신호(private signal)를 받아들이고 있다고 가정하고 있다. 그리고 일단 어떤 가격이 결정되면, 각 투자자들은 그 가격이 주는 신호가 다른 투자자들에게 좋은 뉴스로 받아들여지는지 또는 나쁜 뉴스로 받아들여지는지를 추측하고, 그 추측 결과를 이용하여 주식의 진정한 가치에 대한 추정치를 수정한다. 따라서 시장가격은 정보를 "반영(reflect)"할 뿐만 아니라 "표시(reveal)"하기도 한다.

4] David Brown & Robert H. Jennings, "On Technical Analysis," *Review of Financial Studies* (1989), pp.527–52.

15장 연습문제 Exercises

01 기술적 분석을 중요시하는 사람들은 주가가 일정한 추세를 갖고 있다고 믿고 있다. 이러한 믿음대로 현실의 주가가 움직이기 위해서는 어떤 조건이 필요한지 설명하시오.

02 다우이론에서 주가의 2차변동의 움직임을 가지고 장기적 추세의 전환을 예측하기 위하여 어떤 신호를 중요시하는가?

03 주가의 이동평균선을 이용한 주가예측방법을 설명하시오.

04 거래량과 주가의 관계를 중요시하는 기술적 분석기법들을 정리하여 설명하시오.

05 다음 자료를 이용하여 물음에 답하시오.

일자	저가	고가	종가	일자	저가	고가	종가
6월 1일	18,400	19,400	19,000	6월 21일	25,600	26,400	26,200
2	18,100	19,000	18,400	22	25,800	26,800	25,900
3	19,000	19,800	19,200	23	24,200	27,000	24,400
4	19,400	20,200	19,600	24	24,400	27,400	27,200
5	19,800	20,100	20,000	25	27,600	30,000	29,000
7	20,400	20,800	20,800	26	28,400	28,900	28,600
8	21,200	21,500	21,400	28	27,200	27,800	27,800
9	21,200	22,400	22,000	29	27,200	28,200	27,800
10	21,200	21,600	21,400	30	25,000	26,600	25,800
11	21,600	22,700	22,100	7월 1일	23,200	26,000	24,200
12	22,100	24,000	23,000	2	23,200	24,900	24,300
14	23,200	23,400	22,600	3	23,600	26,000	25,000
15	20,000	22,100	22,000	5	23,600	26,400	25,600
16	22,100	23,800	22,800	6	22,000	24,200	24,000
17	22,900	23,600	23,400	7	19,900	24,700	24,100
18	23,800	25,200	24,000	8	22,000	23,800	23,400
19	24,000	25,600	25,200	9	21,800	23,400	22,800

(1) 위의 자료로 선도표를 그리고 매입 또는 매각의 신호가 있는지 찾아 보시오.

(2) 위의 자료로 봉도표를 그리고 매입 또는 매각의 신호가 있는지 찾아 보시오.

(3) 위의 자료로 점수도를 그리고 매입 또는 매각의 신호가 있는지 찾아 보시오.

06 효율적 시장에서 기술적 분석은 유용한 증권분석의 방법이 되지 못한다고 한다. 그 이유를 설명하시오.

07 현실의 증권시장에서 기술적 분석이 유용한 분석방법이라고 주장하는 브라운과 제닝스(1989)의 견해를 설명하시오.

I N V E S T M E N T

제16장 포트폴리오관리와 성과측정

16.1 포트폴리오관리

16.1.1 소극적 관리와 적극적 관리

포트폴리오관리(portfolio management)는 투자자가 원하는 증권 또는 포트폴리오를 선택하고 여건의 변동에 따라 이미 선택된 포트폴리오의 구성을 수정하는 과정이다. 포트폴리오관리는 포트폴리오선택에 필요한 모든 의사결정과 활동을 포함하며, 투자자의 위험에 대한 태도, 그의 투자 가능한 富의 크기, 미래의 소득 전망, 투자기간 등에 크게 의존한다. 따라서 지금까지 이 책에서 설명한 내용들은 거의 모두가 포트폴리오관리와 관련된 내용이라고 할 수 있다.

이미 제2장에서 설명한 바대로, 포트폴리오관리는 투자자의 목표나 태도에 따라 소극적 관리와 적극적 관리로 나누어진다. 소극적 관리(passive management)는 포트폴리오의 위험(특히 체계적 위험)에 대응하는 정도의 기대수익률을 얻기 위한 포트폴리오관리로서, 주로 지수펀드를 사용한다.

적극적 관리(active management)는 포트폴리오의 위험에 대응하는 수준보다 더 큰 기대수익률을 얻기 위한 포트폴리오관리로서, 우수한 예측능력을 이용하여 특정 증권을 선별적으로 매입 또는 매도하거나 우수한 시기선택(market timing)을 통해 비정상성과를 얻고자 하는 것이다.

16.1.2 포트폴리오수정

포트폴리오관리는 포트폴리오선택뿐만 아니라 기존 포트폴리오를 개선하여 나가는 포트폴리오수정까지도 포함한다. 포트폴리오수정(portfolio revision)은 포트폴리오의 위험 · 수익 특성을 원래 의도하였던 바대로 회복하거나 기존 포트폴리오보다 낮은 위험 또는 높은 기대수익률을 얻기 위한 목적으로 포트폴리오의 구성을 변경하는 것이다.

(1) 포트폴리오수정의 필요성

일단 어떤 시점에 최적적인 것으로 판단되는 포트폴리오를 선택하였다 하더라도, 시간이 지남에 따라 추가적인 정보를 반영하여 투자자의 예상이 달라지고, 기존 포트폴리오보다 나은 포트폴리오가 출현하게 될 수도 있다. 이때 투자자의 예상을 달라지게 하는 요인들로서 기업의 이익 및 배당에 영향을 미치게 될 영업활동의 수준변동, 총위험 및 체계적 위험의 변동, 증권시장의 경기변동, 이자율변동, 법규 및 세금의 변동, 기타 경제적 · 심리적 요인의 변동 등을 들 수 있다.

증권시장의 가격이 변하고 투자자의 예상이 달라지면, 본래 효율적이었던 포트폴리오도 나중에는 비효율적인 포트폴리오로 될 수 있다. 또 투자자들은 새로운 투자기회—예를 들어, 새로운 주식의 상장 등—가 주어지게 되어 새로운 효율적 포트폴리오를 구성하여야 할 필요가 있을 수도 있다. 이 경우 현재 보유하고 있는 포트폴리오를 수정하여 새로운 효율적 포트폴리오로 이행하여야 한다.

포트폴리오수정은 현재의 비효율적 포트폴리오로부터 새로운 효율적 포트폴리오로 이행하기 위하여 포트폴리오 구성을 수정하는 것이다. 일반적으로 이 포트폴리오수정은 정기적으로 이루어진다. 즉, 정기적으로 새로운 정보를 반영하여 새로운 효율적 포트폴리오를 구성하는 방식으로 포트폴리오수정이 이루어진다.

(2) 포트폴리오 리밸런싱

포트폴리오수정은 포트폴리오 리밸런싱과 포트폴리오 업그레이딩의 두 가지로 나누어진다. 포트폴리오 리밸런싱(portfolio rebalancing)은 포트폴리오의 위험 · 수익 특성의 변동이 있는 경우, 원래 의도하였던 포트폴리오의 특성을 다시 회복하기 위하여 행하는 포트폴리오수정이다. 일반적으로, 포트폴리오를 구성하는 자산들의 가격이 변동하여 포트폴리오 구성비율이 달라졌거나 포트폴리오의 위험 · 수익 특성에 영향을 미칠 수 있는 새로운 정보가 존재할 때, 포트폴리오 리밸런싱이 이루어진다.

흔히 포트폴리오 리밸런싱은 일정한 간격을 두고 주기적으로 행하여지며 이를 정기적 리밸런싱이라 한다. 예를 들어, 어떤 투자자가 몇 가지의 주식에 동일한 금액만큼씩 투자하였다 하자. 일정한 시간이 경과하면 증권들의 가격이 변동하게 되어, 상대적으로 가격이 높아진 주식에의 투자비율이 증가하는 결과를 갖게 될 것이다. 이런 결과는 원래 의도한 바와는 달리 특정한 증권에 집중투자된다는 것을 의미한다. 따라서 정기적으로 각 주식의 시장가격을 반영하여 포트폴리오 리밸런싱을 행하여 원래의 포트폴리오 구성을 회복하여 주어야 한다.

개별자산의 상대적 가격변동으로 포트폴리오 구성비율이 달라진 경우, 투자비율이 높아진 주식을 매도하고 투자비율이 낮아진 주식을 매입함으로써 원래의 포트폴리오 구성과 동일한 투자비율이 되도록 하는 포트폴리오 리밸런싱을 고정목표 수정전략

(fixed target revision strategy)이라고 한다.

고정목표 수정전략은 포트폴리오를 원래부터 구성하고 있는 증권에만 국한하여 원래의 투자비율을 회복하는 데 목적이 있으므로, 새로운 증권을 추가적으로 편입한다거나 시장가격 이외의 새로운 정보를 얻기 위해 노력과 경비를 지출할 필요가 없다.

이 고정목표 수정전략이 지닌 장점은 세 가지이다. 첫째, 원래 의도하지 않았던 투자의 집중현상을 회피함으로써 비체계적 위험을 감소시킬 수 있다. 일반적으로 가격변동은 일부 증권에 투자비율이 집중하도록 하는 경향을 가져다주며, 이로 인해 투자자는 원래 의도하지 않았던 비체계적 위험을 부담하게 된다. 그러나 본래의 투자비율대로 포트폴리오구성을 회복하게 되면 본래의 의도대로 비체계적 위험을 부담하지 않게 된다.

둘째, 원래 의도하였던 수준의 체계적 위험을 다시 회복할 수 있다. 포트폴리오의 베타계수는 포트폴리오를 구성하는 각 개별자산들의 베타계수를 가중평균한 값과 같다. 따라서 가격변동으로 포트폴리오의 투자비율이 달라지면 포트폴리오의 베타계수 역시 달라진다. 따라서 포트폴리오 리밸런싱에 의하여 본래의 투자비율을 회복함으로써, 원래의 포트폴리오의 베타계수를 회복하게 된다.

셋째, 가격변동에 따른 자본이득을 충실하게 실현할 수 있도록 하여 준다. 포트폴리오 리밸런싱은 상대적으로 가격이 상승한 주식을 매도하여 가격이 하락한 주식을 매입하는 투자자금의 재배분 전략이라 할 수 있다. 상대적으로 가격이 상승한 주식은 자본이득이 충분히 실현되어 앞으로 가격상승의 가능성이 비교적 적다고 볼 수 있다. 반면 상대적으로 가격이 하락한 주식은 앞으로 자본이득을 실현할 수 있는 가능성이 더 큰 증권이라고 볼 수 있다. 따라서 포트폴리오 리밸런싱에 의한 자금의 재배분은 이미 실현된 자본이득을 자본이득 실현의 가능성이 큰 주식으로 자금을 옮겨주는 역할을 한다.

(3) 포트폴리오 업그레이딩

포트폴리오 업그레이딩(portfolio upgrading)은 포트폴리오의 위험을 감소하거나 기대수익률을 증가시키기 위하여 행하는 포트폴리오수정이다. 따라서 포트폴리오 업그레이딩은 새로운 정보를 반영하여 증권을 매입 또는 매도하는 경우 발생한다.

새로운 정보를 입수하게 되면 어느 한 증권의 미래성과에 대한 예상이 달라질 수도 있고 포트폴리오 전체의 규모와 구성을 바꾸도록 할 수도 있다. 새로운 중요한 정보는 어느 시점에서나 얻어질 수 있지만, 그것을 분석하는 것은 체계적인 투자분석 과정을 통하여 주기적으로 이루어지는 것이 일반적이다. 그 결과 각 증권의 기대수익률과 위험에 대한 예상이 새로이 얻어지며, 이에 따라 새로운 최적포트폴리오를 선택할 필요가 발생한다.

(4) 포트폴리오수정의 장애요인

현실적으로는 포트폴리오수정이 포트폴리오관리자의 필요에 따라 아무런 제한이 없이 이루어질 수 있는 것은 아니다. 포트폴리오수정을 제약하는 가장 중요한 요인은 거래비용이다.

포트폴리오수정은 증권의 매도 및 매입을 통하여 이루어지므로 거래비용을 수반한다. 거래비용에 포함되는 것들로서 증권정보의 수집과 분석에 따른 정보비용, 증권거래를 증권회사에 위탁하기 위한 수수료, 포트폴리오관리활동을 위한 간접경비 등을 들 수 있다. 일반적으로, 거래하는 종목 수가 많을수록, 그리고 거래의 빈도가 높을수록 거래비용은 증가한다. 경우에 따라서는 포트폴리오수정의 이득보다 거래비용이 더 많을 수도 있다.

거래비용의 존재는 일반적으로 최적포트폴리오의 선택을 불가능하게 한다. 포트폴리오수정은 거래비용을 가능한 한 적게 할 수 있는 범위에서 이루어져야 하므로, 포트폴리오수정 후의 포트폴리오는 최적포트폴리오에 가까운 어떤 포트폴리오이지 최적포트폴리오 그 자체가 아닐 수 있다. 실제로 어떤 포트폴리오를 선택할 것인가 하는 문제는 비용과 효과를 비교하여 해답을 찾아야 한다.

16.2 소극적 포트폴리오관리

소극적 포트폴리오관리는 가능한 한 포트폴리오관리의 노력과 비용을 최소화하고 평균 수준의 수익률을 실현하고자 하는 포트폴리오관리이다. 소극적 포트폴리오관리의 전형적인 방법은 최적위험포트폴리오로서 시장포트폴리오를 보유하는 것이다. 현실적으로 시장포트폴리오와 완전히 동일한 포트폴리오를 구성하는 것은 매우 어려운 일이다. 따라서 소극적 포트폴리오관리에서는 지수펀드를 흔히 이용한다. 지수펀드(index fund)는 주식시장 전체와 동일한 수익과 위험을 얻을 수 있도록 구성된 포트폴리오이다. 실무적으로 대표적인 주가지수와 동일한 위험과 수익을 갖고 그 주가지수의 움직임과 완전상관을 갖는 포트폴리오로 지수펀드를 구성하는 것이 일반적이다.

지수펀드는 1970년대 이후의 경기침체에 따른 투자위험의 감소를 위하여 포트폴리오이론을 응용한 것이다. 지수펀드가 일반화되기 시작한 것은 1973, 74년경 미국의 웰즈 파고은행이나 내셔널 뱅크 앤드 트러스트 등에서 지수펀드에 의해 자금운용을 시작한 이후이다. 초기에는 지수펀드의 소극적 성격 때문에 널리 활용되지 못했지만 1979년 이후 경기침체기를 거치면서 지수펀드는 급속히 보급되었다.

지수펀드는 대표적인 장기투자 수단이다. 지수펀드는 소극적 투자자가 주식시장의 평균적 위험과 수익을 얻도록 하기 위한 것이므로 일시적인 시세차익보다는 장기적 투자성과를 얻고자 고안된 것이다. 따라서 지수펀드는 1, 2년이 아닌 10년 이상의 장기간에 걸쳐 운용될 필요가 있다.

지수펀드의 성패를 결정하는 가장 중요한 요인은 주가지수 추적능력(tracking power)이다. 주가지수 추적능력은 지수펀드의 가치변동이 주가지수 변동과 어느 정도 일치하는가를 말한다. 주가지수 수익률에 대한 지수펀드 수익률의 베타계수와 상관계수가 모두 1에 가까울수록 지수펀드의 추적능력은 크다고 할 수 있다.

우리나라에서 지수펀드는 주로 세 가지 형태로 거래되고 있다.

첫째는 투자신탁회사의 수익증권 형태이다. 투자신탁회사는 투자자에게 수익증권을 발행하여 조달된 자금으로 지수펀드를 구성한다. 이 경우 투자자가 투자자금을 회수하기 위해서는 투자신탁회사에게 수익증권의 환매를 요청하여야 한다. 따라서 투자신탁회사는 환매자금을 미리 준비하고 있어야 하므로 투자자금의 많은 부분이 지수펀드에 투자되지 못하고 단기금융자산에 투자되어 있어야 한다.

두 번째 형태는 뮤추얼펀드의 주식 형태이다. 즉, 지수펀드 운용을 목적으로 하는 뮤추얼펀드(mutual fund), 즉 증권투자회사를 설립하고 뮤추얼펀드의 주식을 투자자들에게 발행하는 형태이다. 이 경우 투자자들은 뮤추얼펀드의 주식을 매도함으로써 투자자금을 회수할 수 있다. 지수펀드는 장기적 기금운용을 전제로 하는 것이므로 증권시장에서 뮤추얼펀드의 주식이 활발하게 거래되어 어느 때라도 투자자금을 회수할 수 있어야 한다.

세 번째 형태는 ETF(exchange-traded fund)이다. ETF는 특정 주가지수의 수익률이 얻어지도록 구성된 주식바스켓에 대한 청구권이다.[1] ETF는 증권거래소에서 자유롭게 거래

1] ETF는 다음과 같은 절차에 따라 만들어진다. ① 투자자는 지정판매회사(투자금융회사)를 통하여 주식바스켓을 납입하고 ETF 설정을 신청한다. ② 지정판매회사는 주식바스켓을 구성하여 자산보전기관에 납입하고 운용회사에 ETF 발행을 청구한다. ③ 운용회사는 주식바스켓의 납입을 확인하고 ETF를 발행한다. ④ 발행된 ETF는 투자자 계좌에 입고된 다음 거래소에서 자유롭게 거래될 수 있다.

참 고 코덱스200의 지수추적능력

코덱스200은 코스피200을 대상지수로 만들어진 지수펀드로서 2002년 10월 14일 유가증권시장에 상장된 이래 ETF 중 가장 활발하게 거래되고 있다. [그림 16.1]은 2011년 1월부터 2013년 12월말까지 코덱스200과 코스피200 지수의 움직임을 그린 것이다. 이 그림에서 파란 선은 코덱스200 일별종가이고 검정 선은 코스피200이다. 이 그림만으로 보면 두 자료의 움직임은 거의 구분하기 어려울 정도이다. 이것은 코덱스200이 코스피200을 상당히 잘 추종하고 있음을 의미한다.

그림 16.1 코덱스200과 코스피200

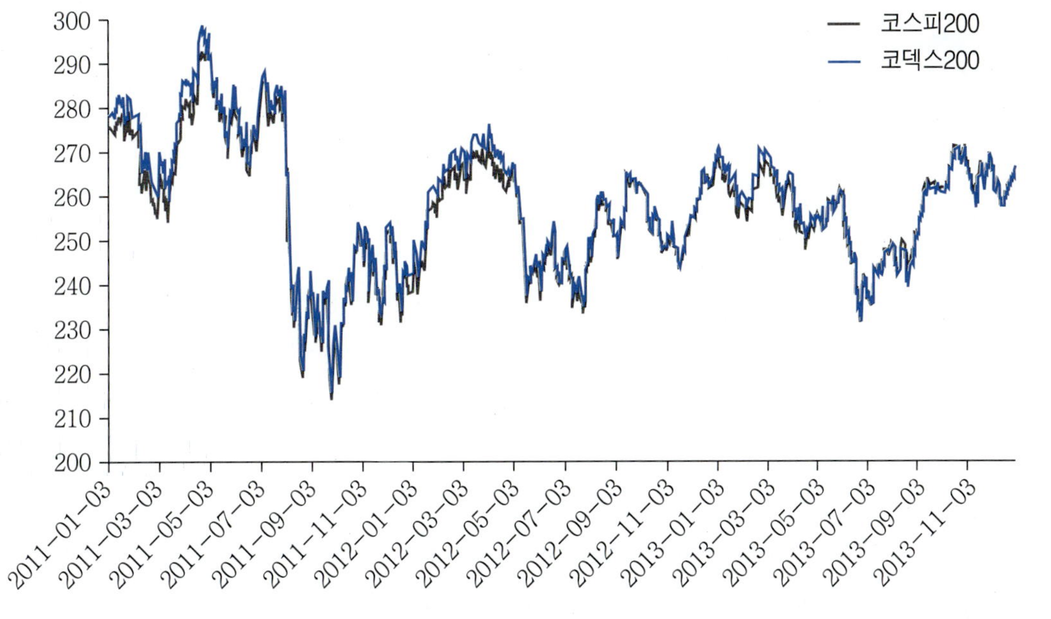

표 16.1 코덱스200의 추적능력

	코스피200	코덱스200
평균	0.0366%	0.0372%
표준편차	1.4949%	1.481%
상관계수	0.9127	

〈표 16.1〉은 2004년 10월 4일부터 2013년 12월 30일까지 코덱스200 일간수익률이 코스피200의 일간수익률을 어느 정도 잘 추적하고 있는지를 정리한 통계자료이다. 이 자료를 보면 코덱스200의 일간수익률은 코스피200보다 약간 큰 평균과 표준편차를 보이고 있으며, 코스피200과 0.9127의 상관계수를 보이고 있다. 따라서 코덱스200은 코스피200을 완전하게 추적하고 있는 것은 아니지만, 그렇다고 해서 지수펀드로 이용할 수 없을 정도로 빈약한 추적능력을 갖고 있다고 보기도 어렵다.

될 수 있을 뿐만 아니라 펀드의 추가와 해지 역시 자유롭게 이루어질 수 있다. 이런 장점 때문에, S&P 300 주가지수를 대상으로 구성된 ETF가 1993년 AMEX(American Stock Exchange)에서 거래되기 시작한 이래 그 규모가 급속하게 증가하고 있다. 우리나라에서도 2002년 10월부터 ETF 거래가 이루어지기 시작하였으며 현재 다양한 형태의 ETF가 주식시장에서 비교적 활발하게 거래되고 있다.

16.3 적극적 포트폴리오관리

16.3.1 적극적 포트폴리오관리의 이유

적극적 관리는 우수한 예측능력에 기초하여 특정 증권을 선별적으로 매입 또는 공매하거나, 적절한 시기선택(market timing)을 통해 평균보다 큰 비정상성과를 얻고자 하는 것이다. 자본시장이 효율적이라면 증권가격은 이용가능한 모든 정보를 충분히 반영하여 결정된 것이므로, 우수한 예측능력에 의존하는 적극적 포트폴리오관리에 의하여 비정상성과를 얻어낼 수 없을 것이다. 그럼에도 불구하고 많은 투자자들, 특히 전문적 포트폴리오관리자들은 적극적 포트폴리오관리에 의하여 비정상성과를 얻어낼 수 있다고 믿고 있다.

여기에는 나름대로의 이론적 근거와 실증적 증거가 존재한다. 먼저 이론적 근거를 살펴보기로 하자. 시장이 효율적이어서 어떤 적극적 포트폴리오관리자도 소극적 관리 이상의 성과를 얻을 수 없다 하자. 그 경우 투자자들은 적극적 포트폴리오관리자에게 자금을 맡기지 않고, 비용이 적게 드는 소극적 포트폴리오관리에 의해 자금을 운용하려 할 것이다. 그 결과 적극적 포트폴리오관리자들은 증권시장에서 사라지고, 시장가격은 더 이상 그들의 세련된 예측결과를 반영하지 않게 되어 시장이 다시 비효율적으로 될 것이다. 그리고 이런 상태에 도달하면, 또다시 세련된 예측기법을 구사하는 적극적 포트폴리오관리자가 등장하여 비정상성과를 얻어낼 수 있게 된다. 그 다음 적극적 포트폴리오관리자들 사이의 경쟁에 의해 시장가격이 모든 정보를 충분히 반영하게 되고, 또다시 위의 과정이 되풀이될 것이다.

적극적 포트폴리오관리를 지지하는 실증적 증거는 제9장에서 제시한 자본시장 이상현상(market anomalies)이다. 즉, 현실의 자산가격은 상당한 정도로 예측가능한 패턴을 보여 주고 있다는 많은 증거가 존재한다. 따라서 어떤 포트폴리오관리자가 우수한 분석 및 예측능력을 갖고 있다면, 그는 경제적으로 의미 있는 비정상성과를 얻을 수 있을 것이다.

그러나 만일 시장이 완전하게 효율적이고, 용이하게 지수펀드를 이용할 수 있으며, 지수펀드가 효율적 포트폴리오인 경우에는 적극적 포트폴리오관리가 가능하지도 않고 또 필요하지도 않다. 이 경우 투자자가 해결하여야 할 유일한 문제는 시장포트폴리오, 즉 지수펀드와 무위험자산을 적절한 투자비율로 결합하여 최적완성포트폴리오를 구성하는 것이다.

이미 제5장의 식(5.5)에서 최적완성포트폴리오를 구성하기 위한 위험포트폴리오의 투자비율 w^*은 다음 식으로 주어졌다.

$$w^* = \frac{E(R_M) - R_f}{A\sigma_M^2} \tag{16.1}$$

위 식에서 나타나 있는 바와 같이, 최적완성포트폴리오를 구하기 위해서는 지수펀드의 기대수익률 $E(R_M)$과 표준편차 σ_M을 예측하여 투자비율 w^*의 값을 구해야만 한다. 따라서 소극적 포트폴리오관리를 행하는 경우라 하더라도 어느 정도의 예측은 불가피하다. 이런 의미에서 본다면, 순수한 의미의 소극적 투자란 존재하지 않으며 모든 투자는 어느 정도 적극적 포트폴리오관리의 요소를 내포하고 있다고 볼 수 있다.

16.3.2 시기선택전략

(1) 시기선택전략의 의미

만일 어떤 투자자가 매년 초에 그 해의 수익률을 완전하게 예측할 수 있다면 어떤 결과가 얻어졌을까? 이러한 완전예측가(perfect timer)가 존재한다면, 그는 어떤 해의 주식수익률이 회사채 수익률보다 높을 것으로 예측되면 주식에 전액을 투자하고, 주식수익률이 회사채 수익률보다 낮을 것으로 예측되면 회사채에 전액을 투자할 것이다.

이와 같이 자산유형별 수익률의 예측결과에 따라 자산배분을 변경하는 것을 시기선택전략(market timing strategy)이라고 부른다. 만일 어떤 투자자가 자산별 수익률의 상대적인 크기를 완전하지는 않더라도 어느 정도 우수하게 예측할 수 있다면, 그는 자산별 투자비율을 변경하는 시기선택전략을 사용하여 더 우수한 투자성과를 얻을 수 있을 것이다. 따라서 대부분의 적극적 포트폴리오관리자들은 이러한 시기선택전략을 구사하기 위하여, 각 자산유형별 수익률의 예측에 많은 노력을 기울인다.

이러한 완전예측가의 성과는 계속하여 주식에만 투자한 경우보다 좋은 성과를 얻는다. 그렇다고 해서 회사채에만 지속적으로 투자한 경우보다 더 좋은 성과라고 단언할 수 있을까? 완전예측가의 투자성과가 회사채보다 높은 평균수익률을 얻고 있지만 투자위험 역시 더 컸기 때문에, 더 나은 투자성과라고 결론 지울 수 없다고 말할 수 있을까? 그렇지 않다. 왜냐하면, 완전예측에 기초한 시기선택전략의 경우, 표준편차는 위험을 적절하게 나타내는 지표일 수 없기 때문이다. 그 이유를 설명하기 위하여 다음 두 가지 투자전략 중에서 어느 하나를 택할 수 있다 하자.

A : 6%의 무위험수익률을 얻는 투자전략

B : 6%의 무위험수익률에 추가하여 0의 수익률과 10%의 수익률이 각각 0.5의 확률로 얻어지는 투자전략

이 두 투자전략의 기대수익률과 표준편차를 비교하면 다음과 같다.

	투자전략 A	투자전략 B
기대수익률	6%	11%
표준편차	0	5
최고 수익률	6	16
최저 수익률	6	6

위 두 투자전략을 비교하면, 투자전략 B가 A보다 큰 표준편차를 갖고 있으므로, 기대수익률과 표준편차만을 비교하면 B가 A보다 나은 투자전략이라고 말할 수 없다. 그러나 어느 누구나 위험에 대한 태도에 관계없이 투자전략 B를 선택할 것이다. 그 이유는 투자전략 B가 A를 언제나 지배하기 때문이다. 즉, 투자전략 B는 가장 불리한 경우에도 6%의 확실한 수익률이 얻어지고, 여기에 불확실한 (+)의 수익률이 추가적으로 얻어지기 때문이다.

이 예는 무위험채권에만 투자하는 전략과 완전예측가의 시기선택전략을 비유해 주고 있다. 투자전략 A는 무위험채권에만 투자하는 전략이고, 투자전략 B는 완전예측가가 시기선택전략을 구사하는 경우에 해당한다. 따라서 시기선택전략이 무위험투자보

다 높은 표준편차를 갖는다고 해서 더 불리하다고 해석해서는 안 된다.

(2) 완전예측의 가치

위의 예는 완전예측가의 시기선택전략이 위험자산에 대한 콜옵션으로서의 성격을 갖고 있다는 것을 보여주고 있다. 즉, 완전예측가는 무위험자산과 위험자산 중에서 높은 수익률을 가져다 줄 것으로 예측되는 자산에 100% 투자할 것이므로, 그가 얻게 될 수익률은 [그림 16.2]와 같이 나타낼 수 있다.

완전예측(perfect foresight)이 어느 정도의 경제적 가치를 갖는가를 분석하기 위하여 시기선택전략을 기호로 나타내 보기로 하자. 위험자산(즉, 지수펀드)의 현재의 가격을 S_0로 표시하면, 완전예측가는 기말의 지수펀드 가격 S_T가 $S_0(1+R_f)$보다 높을 것으로 예측하면, 지수펀드에 투자하여 기말에 S_T의 현금흐름을 얻을 것이다. 그리고 S_T가 $S_0(1+R_f)$보다 낮을 것으로 예측되면 무위험자산에 투자하여 $S_0(1+R_f)$의 현금흐름을 얻을 것이다.

이러한 완전예측가의 현금흐름은 무위험자산과 콜옵션에 투자하여 얻게 될 현금흐름의 합계와 동일하다. 즉, 어떤 투자자가 주가지수를 기초자산으로 하고 행사가격이 $S_0(1+R_f)$인 콜옵션에 투자함과 동시에 무위험자산에 S_0만큼 투자할 경우 얻게 될 기말의 현금흐름과 동일하다.

그림 16.2 완전예측의 현금흐름

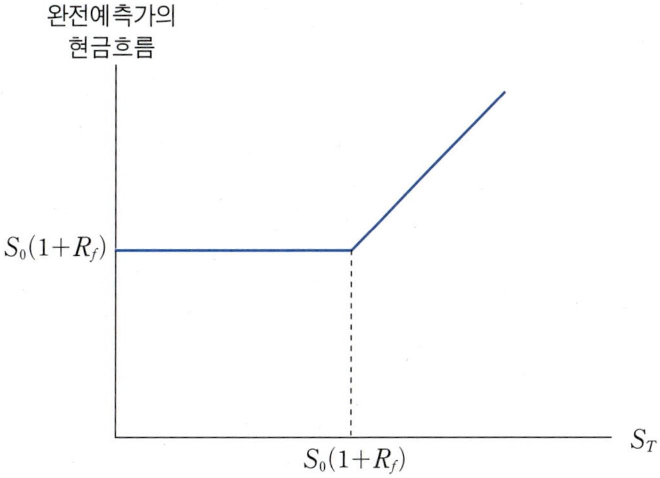

전혀 예측능력을 갖지 않는 투자자가 무위험자산에 투자하여 기말에 얻게 될 현금흐름은 $S_0(1+R_f)$뿐이다. 그러나 완전한 예측능력을 갖게 되면, 무위험자산의 현금흐름과 콜옵션의 현금흐름의 합계를 얻는다. 따라서 완전예측능력의 가치는 $S_0(1+R_f)$의 행사가격을 갖는 콜옵션의 가격으로 평가되어야 하고, 완전예측가가 그의 예측능력에 대한 대가로 정당하게 받을 수 있는 보수는 콜옵션 가격과 같아야 한다.[2]

(3) 불완전한 예측의 가치

매우 유능한 증권분석가라 할지라도 현실적으로 완전예측은 불가능하다. 대부분의 증권분석가는 전혀 예측능력이 없는 경우보다 다소 좋은 예측능력을 갖고 있을 따름이다. 이 경우 예측능력은 "정확하게 예측한 모든 경우의 비율"로 나타내지 않는다. 예를 들어, 빨간 구슬 80개와 파란 구슬 20개가 들어 있는 주머니에서 무작위로 구슬을 반복하여 꺼낼 경우 구슬의 색을 예측하는 경우를 생각해 보자. 아무런 예측능력을 갖지 않는 사람이라 할지라도, 200회의 시행에서 200회 모두 계속하여 빨간색이라고 예측하면 160회(=80%)는 맞출 수 있다. 이런 식으로 맞춘 80%의 정확한 예측이 예측능력을 나타낸다고 볼 수 없다.

예측능력은, "정확하게 예측한 모든 경우의 비율"이 아니라, "특정한 사건을 정확하게 예측한 비율"을 기준으로 측정되어야 한다. 위의 구슬 꺼내기 예에서, 전혀 예측능력이 없는 사람이 언제나 빨간색을 예측하였다면, 실제로 빨간색이 나온 경우에는 100% 정확하게 예측하였지만 파란색이 나온 경우에는 0% 예측한 셈이다. 따라서 그의 예측능력은 (1+0)−1=0으로 측정된다. 그러나 완전한 예측능력을 갖고 있는 사람이라면, 빨간색이 나올 경우에도 100% 정확하게 예측하고 파란색이 나올 경우에도 100% 정확하게 예측할 것이다. 따라서 그의 예측능력은 (1+1)−1=1로 측정된다.

이 예측능력의 개념을 수익률 예측의 경우에 적용하여 보자. 어떤 증권분석가가 위험자산 수익률>무위험수익률인 경우를 p_1의 비율로 정확하게 예측하고, 위험자산 수익률≤무위험수익률인 경우를 p_2의 비율로 정확하게 예측할 수 있다 하자. 이 경우 그의 예측능력은 p_1+p_2-1로 측정된다. 예를 들어, $p_1=p_2=1$인 완전예측가는 1의 예측능력을 갖는다. 언제나 위험자산 수익률>무위험수익률이라고 예측($p_1=1$, $p_2=0$)하거나 위험자산 수익률≤무위험수익률이라고 예측($p_1=0$, $p_2=1$)하는 사람은 0의 예측능력을

2] 한 가지 흥미 있는 사실은 완전예측가의 투자성과를 그린 [그림 16.2]가 프로텍티브 풋과 동일하다는 점이다. 즉, 완전예측가의 투자성과는 포트폴리오 가치의 최저수준을 $S_0(1+R_f)$로 설정한 경우의 포트폴리오보험과 동일하다.

갖는다.

어떤 분석가가 완전한 예측능력을 갖고 있다면, 그 예측능력의 가치는 앞에서 설명한 바와 같이 콜옵션의 가치와 동일하다. 그리고 전혀 예측능력을 갖고 있지 못한 사람의 예측능력은 0의 가치를 갖는다. 일반적으로 $0<p_1+p_2-1<1$의 예측능력을 갖고 있는 사람의 예측능력은 콜옵션의 가치에 그의 예측능력을 곱한 것만큼의 가치를 갖는다.

16.3.3 절충적 포트폴리오관리

현실의 증권시장은 "완전하게" 효율적일 수는 없으며, "어느 정도" 효율적이라고 볼 수 있다. 이런 경우, 증권분석을 통하여 과소 또는 과대평가된 소수의 주식을 찾아낼 수 있으며, 이런 주식에 투자하여 비정상성과를 얻어낼 수 있다. 여기에서 말하는 증권분석은 기본적 분석이나 기술적 분석을 통해 적정가격보다 높게 또는 낮게 평가된 증권을 찾아내는 과정을 의미한다.

증권분석에 의해 가격이 잘못 평가된 소수의 주식을 찾아내는 것은 그리 어려운 일이 아닐 수 있다. 그러나 그런 주식만으로 포트폴리오를 구성하는 경우, 높은 비정상성과를 기대할 수 있겠지만 동시에 높은 비체계적 위험을 부담하여야 한다. 따라서 포

그림 16.3 적극적 포트폴리오와 소극적 포트폴리오의 최적화과정

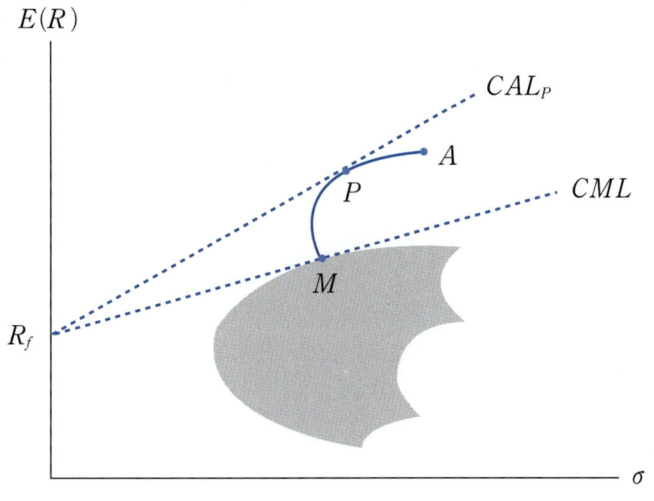

참 고 포트폴리오 구성을 위한 몇 가지 충고

[아래의 글은 1992년 4월 12일 월스트리트 저널에 "투자자문가들이 말하는 포트폴리오 구성을 위한 몇 가지 전략"이라는 제목으로 실린 글이다. 상당히 오래된 글이긴 하지만, 투자자들이 투자할 때 염두에 두어야 할 실무적인 교훈들이 잘 정리되어 있기 때문에 여기에 소개한다.]

오늘날 많은 투자자들은 투자회사에서 이용할 수 있는 어떤 하나의 주식형 펀드에만 투자하는 것이 아니라 여러 가지 펀드에 분산투자하고 있다. 그 이유는 어느 정도 괜찮은 수익을 얻으면서도 주가변동의 위험을 회피하기 위한 것이다. 모든 주식의 가격이 비례적으로 변동하는 것이 아니기 때문에, 여러 종류의 주식형 펀드를 하나의 포트폴리오에 담음으로써 주가변동의 회오리를 줄일 수 있다.

이하에서는 투자신탁 펀드에 대한 네 가지 투자전략을 소개한다. 이 네 전략들은 어느 정도 보완적인 관계에 있다. 예를 들어, 포트폴리오의 일부는 지수펀드에 할당하고 나머지 일부는 적극적으로 관리되는 펀드에 투자할 수도 있다.

① 지수펀드에 투자하라(TRY INDEXING) : 지수펀드는, 최근 폭발적 인기를 끌고 있는 형태로서, 특정 시장지수를 구성하고 있는 것과 동일하게 주식을 매입함으로써 시장지수와 동일한 성과를 얻고자 하는 펀드이다. 90년에 가장 많이 팔린 5개 주식형 펀드들 중의 하나인 뱅가드 그룹(Vanguard Group)의 "S&P500 지수펀드"가 대표적인 예이다. 그러나 이 지수펀드도 문제점을 안고 있다. 예를 들어, S&P500 지수펀드는 미국 주식의 전체 시장가치의 71% 정도를 담고 있지만 소기업 주식이나 외국 주식들은 담고 있지 못하다. 그래서 대기업 주식, 소기업 주식 및 외국 주식들을 각각 대표하는 몇 개의 지수펀드에 동시에 투자하는 것이 권장된다. 일반적으로 지수펀드는 다른 적극적인 펀드보다 저렴한 운용비용을 수반하고 있다. 일반적인 주식형 펀드의 연간 운용비용이 시가총액의 1.5% 정도인 데 반하여, 지수펀드의 운용비용은 0.3% 정도에 지나지 않는다. 또 지수펀드의 거래비용은 다른 펀드에 비하여 훨씬 낮다. 이러한 저비용의 유리성 때문에, 지수펀드는 대부분의 다른 종류의 펀드보다 좋은 성과를 가져다 줄 것으로 기대될 수 있다.

② 승자와 동행하라(GO WITH WINNERS) : 주식시장의 평균적 성과보다 높은 수익을 얻기 위해서는, 한편으로 지수펀드에 투자자금의 많은 부분을 투자하면서도, 다른 한편으로 선별적 관리자(stock-picker)—우수한 정보와 우수한 예측능력을 가지고 소수의 주식을 선별하여 포트폴리오를 구성하는 펀드매니저—가 관리하는 적극적 펀드에도 자금을 투자할 필요가 있다. 환언하면, 지수펀드와 함께 적극적 펀드에도 투자하여, 시장 평균 이상의 수익을 얻어낼 수 있다. 적극적 펀드는, 지수펀드와는 달리, 시장 전체보다 우수한 투자성과를 얻기 위하여 특정 종목에 선별적으로 투자한 포트폴리오이다. 일류의 펀드를 고르기 위해서는 비슷한 투자 스타일을 보이고 있는 펀드매니저들 중에서 그 동안 좋은 기록을 낸 선별적 관리자의 펀드들을 눈여겨 보아야 한다. 과거에 지속적으로 좋은 성과를 낸 포트폴리오관리자는, 지속적 성과 그 자체로서 우수한 정보와 우수한 예측능력을 갖추고 있다는 것을 증명해 주고 있다. 즉, 별과 같은 펀드관리자는 별빛 같은 수익을 계속하여 만들어내는 법이다(Star managers keep generating stellar returns).

③ 나이에 맞게 투자하라(ACT YOUR AGE) : 과거에 최고의 성과를 가져다주었던 펀드에 투자하는 것도 중요하지만, 나이에 맞게 펀드를 고르는 것도 중요하다. 일반적으로 말해서 젊은 투자고객은 장기의 수익을 중시하지만 나이든 고객은 낮은 투자위험을 중시한다. 따라서 젊은 투자자가 투자자금의 70% 정도를 주식에 투자해도 좋지만 은퇴한 나이든 투자자들은 40% 정도만 주식에 투자하여야 한다. 또 젊은 투자자는 소기업 주식 중심의 펀드와 대기업 주식 중심의 펀드를 적절하게 배합하여야 하지만, 나이든 투자자는 대기업 주식 중심의 펀드를 중심으로 투자하여야 한

다. 채권의 경우에도 젊은 투자자들은 만기가 긴 채권을 중심으로 채권포트폴리오를 구성하고 나이든 투자자들은 만기가 짧은 채권을 중심으로 포트폴리오를 구성하는 것이 좋다.

④ 시류(時流)에 따라 변화하라(CHANGE WITH THE TIMES) : 세월의 흐름에 따라 주식에 대한 기호도 달라진다. 즉, 시류에 따라 망해 가는 주식을 많이 보유하고 있는 펀드를 버리고 흥해 가는 주식을 많이 담고 있는 펀드를 매입하여 포트폴리오의 구성을 바꾸어 가야 한다. 예를 들어, 샌프란시스코의 한 투자자문가는 "성장"주식—빠르게 이익이 증가하고 있는 기업의 주식—과 소기업 주식 및 외국 주식에 중점을 둔 펀드를 권하고 있다. 그는 그런 펀드를 권하는 이유로서 상대적으로 저평가되어 있다는 점도 있지만, 지난 몇 년간 그런 주식들에 대한 투자자들 사이의 강한 정서적 변화가 일고 있다는 점도 들고 있다. 그는 증권시장에 블랙박스란 존재하지 않으며, 어떤 요인이 중요한가는 결국 판단의 문제라고 보고 있다.

이상의 내용을 요약하면, 투자자들은 지수펀드와 같이 충분히 분산투자된 시장포트폴리오로서 위험포트폴리오의 골격을 구성하고, 필요에 따라 적극적 투자전략을 구성할 수 있다.

트폴리오관리자는, 한편으로 충분한 분산투자를 행함과 동시에, 증권분석의 결과를 충분히 활용하여 시장 평균보다 높은 투자성과를 얻어낼 필요가 있다.

트레이너와 블랙(J. Treynor & F. Black)은 어느 정도 효율적인 자본시장에서, 효율적 분산투자와 함께 증권분석 결과도 충분히 활용하여야 한다는 주장을 제시하였다.[3] 그들이 제시한 포트폴리오관리모형에서 위험포트폴리오의 구성은 크게 두 부분으로 이루어진다. 하나의 부분은 소극적 포트폴리오(passive portfolio)로서, 시장포트폴리오 또는 지수펀드에 투자된 부분이다. 이 부분은 [그림 16.3]에서 포트폴리오 M으로 표시되어 있다.

또 하나의 부분은 적극적 포트폴리오(active portfolio)로서 증권분석에 의하여 과대 또는 과소평가된 것으로 판단되는 소수의 주식으로 구성된 포트폴리오이다. 이 적극적 포트폴리오는 높은 비정상 수익률과 비체계적 위험이 기대되는 포트폴리오이므로, [그림 16.3]에서 소극적 포트폴리오보다 높은 기대수익률과 위험을 갖는 포트폴리오 A로 표시되어 있다.

이 경우 포트폴리오관리자의 의사결정 문제는 포트폴리오 M과 포트폴리오 A를 결합하여 가장 바람직한 최적위험포트폴리오를 구성하는 것이다. 포트폴리오 M과 A를 결합하면 [그림 16.3]에서 실선으로 표시된 새로운 효율적 투자기회선을 얻게 된다. 따

3] Jack Treynor & Fisher Black, "How to Use Security Analysis to Improve Portfolio Selection," *Journal of Business* (Jan. 1973).

라서 포트폴리오 M과 A의 최적 투자비율을 결정하는 문제는 제6장의 최적위험포트폴리오선택문제와 동일한 성격의 문제가 된다. 즉, 자본배분선(CAL)의 기울기인 위험보상률($RVAR$)을 극대화하도록 포트폴리오 M과 A를 결합하여야 하며, 그 포트폴리오가 [그림 16.3]에서 포트폴리오 P로 나타나 있다.

16.4 헤지펀드

헤지펀드(hedge fund)는 100명 미만의 소수의 투자자로 구성된 조합 또는 유한책임회사 형태로 운영되는 투자신탁이다.[4] 우리나라에서는 2011년 12월에 처음 도입되었다. 우리나라에서는 투자자 1인당 최소 투자액을 5억원, 투자자의 총수를 최대 49명으로 제한하고 수탁액이 10조원 이상인 자산운용사, 자기자본이 1조원 이상인 증권회사, 일임재산이 5천억원 이상인 투자자문사만이 헤지펀드를 운용할 수 있도록 하고 있다.[5]

헤지펀드는 부유한 소수의 개인투자자 또는 기관투자자에게만 문호를 개방하고 용이하게 투자전략의 변경이 가능하고 파생상품 등의 고위험 · 고수익 자산에 융통성있게 투자할 수 있도록 허용되어 있으며 규제기관의 감독을 비교적 적게 받는다는 점에서 투자회사 또는 뮤추얼펀드와 구분된다. 일반적으로 헤지펀드는 자산운용의 융통성을 위해 자산운용에 관한 제한된 범위의 정보만을 투자자에게 제공하여도 되며, 투자자들은 일정 기간 동안 투자액을 회수할 수 없고 그 이후 회수하고자 할 때에도 수개월의 사전통보 기간을 지켜야 하도록 계약되어 있다.

4] 헤지펀드는 1949년 Alfred W. Jones라는 사람이 처음 설립한 것으로 알려져 있다. 헤지펀드의 "hedge"라는 말처럼 초기에는 위험을 제거하기 위한 목적이 강조되었으나, 오늘날 대다수의 헤지펀드는 고위험 또는 투기적 투자를 특징으로 하고 있다.

5] 우리나라 헤지펀드 규모는 2011년 12월 도입 당시 약 1,500억원 정도이었으나 2013년 12월 현재 26개의 헤지펀드가 약 1조원 정도의 투자자금을 운용하고 있다. 세계적으로는 1997년 2,000억달러 규모에서 2008년 세계금융위기 직전의 1조9천달러 규모로 증가하였다고 추정된다.

16.4.1 헤지펀드의 투자전략

헤지펀드의 투자전략은 본질적으로 기회주의적이다. 즉, 투자전략의 선택과 변경에 최대한의 융통성을 발휘하고자 하는 것이 헤지펀드가 존속하는 이유이다. 그러므로 헤지펀드의 투자전략을 몇 가지로 유형화하여 설명할 수 없다. 그러나 헤지펀드가 오랫동안 운용되어 왔던 미국의 경험을 정리하면 헤지펀드가 흔히 취하는 투자전략을 개략적으로나마 파악할 수 있다.

헤지펀드 투자전략의 많은 것들은 어떤 포트폴리오를 매수함과 동시에 다른 포트폴리오를 공매(또는 매도)하는 차익거래이다. 그리고 차익거래의 대부분은 예상과 달리 가격이 변동할 경우 큰 손실을 보는 차익거래이므로 무위험 차익거래가 아닌 위험차익거래(risky arbitrage)이다.

(1) 방향성 투자

방향성(directional) 투자란 자산가격 변동의 방향을 예측하여 이루어지는 투자이다. 어떤 섹터의 주가 상승 또는 하락이 예상되면 그 섹터의 대표주식을 매입 또는 공매하는 투자전략을 취하고, 예상이 충분히 실현되었다고 판단될 때 반대매매를 취해 차익을 실현하는 것이 방향성 투자이다. 가격이 예상대로 움직이지 않을 경우 투자자는 손실을 보게 된다.

방향성 투자가 장기에 걸쳐 이루어질 때에는 헤지펀드가 직접 경영권을 행사하여 이익을 극대화하기도 한다. 예를 들어, 론스타(Lone Star) 헤지펀드는 1997년 외환위기 이후 우리나라의 저평가된 몇 개의 부동산과 외환은행을 인수하였다. 이 중 외환은행에 대해서는 2003년 저평가된 주식을 매입하여 론스타 자신이 직접 경영권을 행사하였다. 그 결과 주식가치가 회복되었다고 판단되자 상당한 규모의 배당소득과 주식의 분할매각을 거쳐 2011년에 하나금융지주에 매각함으로써 대규모의 차익을 실현하였다.

(2) 비방향성 투자

비방향성(nondirectional) 투자는 일시적인 가격오차가 발생할 때 자산가격이 조만간 정상적 가격을 회복할 것이라는 판단에 기초하여 이루어지는 투자이다. 가격오차(mispricing)란 어떤 자산의 실제가격과 "정상적 가격"의 차이, 즉 실제로 형성된 시장가격이 이론적 또는 경험적으로 정당화될 수 있는 정상적 가격과 어느 정도 차이를 보이고 있는지를 의미한다. 가격오차가 (+)인 자산을 매입하고 (−)인 자산을 공매하는 차익거래를 행하면, 자산가격 변동의 방향과는 상관없이 가격오차가 0이 될 때 반대매매를 취함으로써 (+)의 차익을 실현할 수 있다. 헤지펀드는 방향성 투자보다는 비방향성 투자를 보다 많이 이용한다.

비방향성 투자의 예로서, 3년만기 AAA등급 회사채의 신용스프레드가 정상적으로 70bp 수준인데 최근 1% 수준으로 확대되었다고 하자. 헤지펀드가 현재가격 기준 1,000억원의 회사채를 매수하고 같은 크기의 국고채를 공매한 다음, 시장이 안정되어 정상적인 신용스프레드를 회복했을 때 회사채를 매도하고 국고채를 매입하는 반대매매를 취함으로써 차익거래 이익을 취할 수 있다. 이 예에서 채권시장의 이자율이 어느 방향으로 변동하든 신용스프레드가 예상대로 변동하면 차익거래 이익을 얻을 수 있으나, 그렇지 못할 경우 손실을 볼 수 있으므로 이 차익거래는 무위험 차익거래가 아니다.

(3) 시장중립 주식투자

시장중립 주식투자(equity market neutral; EMN)는 주식시장 전체의 가격변동 추세에 관계없이 주식시장에서의 가격오차를 찾아내어 이익을 얻고자 하는 투자를 의미한다. 일반적으로 초과수익률 시장모형의 알파계수는 어떤 주식의 가격오차를 나타내는 지표로 사용된다. 즉, 알파계수가 (+)이면 주가가 상대적으로 저평가되어 있고 (−)이면 고평가되어 있는 것으로 판단될 수 있으므로, 베타계수가 동일하면서 알파가 (+)인 포트폴리오를 매수하고 (−)인 포트폴리오를 공매하는 투자전략을 취하면 주식시장의 가격변동의 추세에 관계없이 알파의 차이에 해당되는 것만큼 이익을 얻을 수 있다. 주식포트폴리오의 공매가 많은 거래비용과 제약을 수반하고 있으므로 현실적으로 이용하기 어렵다. 따라서 많은 헤지펀드들은 포터블 알파(portble alpha)라는 방법을 사용한다. 포터블 알파는, 알파계수가 0에서 상당히 크게 벗어난 주식포트폴리오를 찾아냈을 때, 이 포트폴리오와 주가지수 선물에 반대포지션을 취함으로써 베타계수가 0인 포트폴리오를 만드는 방법이다.

간단한 예를 갖고 포터블 알파를 설명해보자. 어떤 헤지펀드가 다수의 주식에 대한 초과수익률 시장모형(코스피200 지수를 시장포트폴리오로 이용)을 추정하여 본 결과, 알파가 0.015이고 베타가 0.8인 주식포트폴리오 P를 찾아내어 200억원의 운용자금을 모집했다 하자. 이 포트폴리오의 초과수익률 시장모형은 다음과 같이 표현될 수 있다

$$R_{Pt}-R_{ft}=0.015+0.8\times(R_{Mt}-R_{ft})+\varepsilon_{Pt} \qquad (16.2)$$

단, R_{Pt}는 포트폴리오 P의 t기 수익률, R_{ft}는 무위험수익률, R_{Mt}는 코스피200의 수익률이다.

이 식에서 포트폴리오 P가 충분히 분산투자된 포트폴리오가 아닐 수도 있으므로 고유요인(또는 오차항)을 나타내는 ε_{Pt}가 식에 포함되어 있다. P의 알파가 (+)이므로(즉, 주식시장 전체에 비해 저평가되어 있으므로) P를 매수하고 주가지수 선물을 매도하는 차익거래로 (+)의 이익을 얻을 수 있다.

주가지수 선물은 알파가 0이고 베타계수가 1인 포트폴리오로 볼 수 있으므로, 시장모형은 다음과 같이 나타낼 수 있다.

$$R_{Ft}-R_{ft}=1\times(R_{Mt}-R_{ft}) \tag{16.3}$$

단, R_{Ft}는 코스피200 지수선물의 수익률이다.

주가지수 선물의 베타계수가 1이기 때문에 체계적 위험을 상쇄시키기 위해서는 P의 베타계수를 1로 만들어야 한다. 그 방법은 무위험이자율로 투자액 200억원의 25%인 50억원을 차입하여 125%에 해당하는 250억원을 P에 투자하는 것이다. 이 포트폴리오를 Q라고 하면 Q의 시장모형은 다음과 같다.

$$\begin{aligned} R_{Qt}-R_{ft}&=1.25\times[0.015+0.8\times(R_M-R_{ft})+\varepsilon_{Pt}] \\ &=0.01875+1\times(R_M-R_{ft})+1.25\times\varepsilon_{Pt} \end{aligned} \tag{16.4}$$

포트폴리오 Q에 200억원을 투자함과 동시에 주가지수 선물을 선물가격 기준으로 200억원을 매도함으로써 얻어지는 투자수익은 다음과 같다.

$$\begin{aligned} (R_{Qt}-R_{ft})-(R_{Ft}-R_{ft})&=0.01875+1\times(R_M-R_{ft})+1.25\times\varepsilon_{Pt}-1\times(R_M-R_{ft}) \\ &=0.01875+0\times(R_M-R_{ft})+1.25\times\varepsilon_{Pt} \end{aligned} \tag{16.5}$$

식(16.5)의 좌변은 Q를 매입하고 지수선물을 매도하여 얻어지는 초과수익률을 나타낸다. 우변에서 베타계수가 0이라는 것은 코스피200의 수익률이 어떻게 되든 그 영향을 받지 않는다는 것, 즉 시장중립적(market neutral)이라는 것을 의미한다. 그리고 알파는 0.01875로서 본래의 포트폴리오 P의 알파의 1.25배를 옮겨와 실현할 수 있다는 것(즉, 포터블 알파)을 의미한다.

이러한 포터블 알파 전략은 비체계적 위험을 수반한다. 충분히 분산투자되어 있으면서도 알파가 0과 현저한 차이를 보이는 포트폴리오를 구성하는 것은 현실적으로 매우 어려운 일이다. 따라서 소수의 주식만을 이용해야 할 경우의 포터블 알파는 상당히 큰 비체계적 위험을 수반한다. 또 과거자료를 사용하여 계산된 알파가 앞으로도 계속하여 얻어지지 못할 수도 있다.

(4) 사건관련 투자

사건관련(event-driven) 투자는 이미 발생했거나 또는 앞으로 발생할 가능성이 큰 사건(event)-합병, 파산, 기업분할, 신주발행, 액면분할, 자사주매입 등-을 이용하여 비정상 수익을 얻고자 하는 투자이다.

사건관련 투자의 예로서 파산관련 정보를 이용하는 경우를 예로 들 수 있다. 헤지펀드가 어떤 회사의 파산가능성에 관한 정보를 입수하였다 하자. 어떤 회사의 파산이 가까워지면 담보부채권과 후순위채권 사이의 스프레드가 확대되고 주가는 더 크게 하락하는 경향을 보인다. 따라서 헤지펀드는 후순위채권 또는 주식을 공매하고 담보부채권을 매수하는 차익거래를 행할 수 있다. 어느 정도 시간이 경과하여 파산이 임박해지면 후순위채권과 주식을 낮은 가격에 매수하고 담보부채권을 매도하여 차익거래 이익을 실현한다.

합병관련 정보를 이용한 차익거래도 가능하다. 실증적 연구결과에 의하면 합병이 공표되면 피합병회사 주가가 더 크게 상승하고 공격회사의 주가는 하락하거나 정체한다. 따라서 헤지펀드가 합병에 관한 정보를 시장에 반영되기 전에 입수하였다면, 피합병회사의 주식을 매입하고 공격회사의 주식을 매도하는 차익거래가 가능하다.

(5) 글로벌 매크로 투자

글로벌 매크로(global-macro) 투자는 세계 각국의 거시경제변수의 변화를 예측하여 특정 국가의 자산을 매입하고 다른 나라의 자산을 매도하는 투자이다. 투자대상 자산은 통화, 통화선물 및 선도계약, 국채, 대표적 회사의 회사채 및 주식 등 광범위하며, 투자기간이 장기일 때에는 부동산도 대상이 될 수 있다.

글로벌 매크로 투자의 대표적인 예로서, 조지 소로스의 퀀텀펀드(Quantum Fund)가 영국 파운드화의 평가절하를 예측하고 1992년에 대규모로 파운드를 공매하고 독일 마르크를 매수하는 차익거래를 행하였다. 다른 투자자들도 이에 동조하자 그 규모가 통제 불능한 수준에 이르게 되었다. 마침내 영국 파운드가 10% 이상 하락했을 때 퀀텀펀드는 반대매매를 통해 차익거래 이익을 실현하였다.

참 고 LTCM의 실패[6]

헤지펀드의 실패사례로서 LTCM이 중요하게 거론된다. LTCM(Long Term Capital Management, L. P.)은 미국 커네티컷주에 주소를 두고 있던 헤지펀드로서 1994년에 샐러먼 브라더스(Salomon Brothers Inc.)의 채권거래 담당 부회장을 역임했던 존 메리웨더(John W. Meriwether)에 의해 설립되었다. 이 펀드의 출자자(principal) 중에는 옵션가격결정모형으로 노벨경제학상을 받은 숄즈와 머튼도 포함되어 있었다.

설립 초기에 LTCM의 주된 투자전략은 미국국채의 off-the-run과 on-the-run의 수익률 차이를 이용한 스프레드 차익거래이었다고 한다. 이 차익거래는 수개월이 지나면 수익률이 수렴하기 때문에 일반적으로 수렴형(convergence type) 차익거래로 간주된다. 이 차익거래는 미세한 수익률 차이를 이용하는 것이기 때문에 매수/매도포지션이 엄청나게 큰 규모라야 실질적인 수익이 얻어진다. LTCM 설립 후 수년 동안 미국 국채를 이용하여 연간 20~40%의 자기자본이익률을 실현하였다. 점차 LTCM의 자기자본이 증가하고 국채를 이용한 유리한 차익거래 기회가 고갈되어감에 따라 부채비율을 늘리고, 유럽, 일본, 러시아의 국채를 이용한 차익거래, 합병관련 차익거래, 개발도상국의 방향성 주식투자 등과 같은 고위험 차익거래에도 나서게 되었다.

1998년 초에는 자기자본이 47.2억달러, 부채가 1,245억달러로서 2,638%의 부채비율을 보였다. 1998년 8월 러시아 국채 지급중지선언 직후 세계 금융시장이 공황상태에 빠지게 되자 LTCM의 거의 모든 차익거래와 방향성 투자에서 46억달러의 손실이 발생하고 차입금을 제때에 상환할 수 없게 되었다. 미국의 거의 모든 중요 금융회사가 LTCM의 채권자이었기 때문에 LTCM의 채무불이행이 미치는 영향은 상상하기 어려운 수준이었다. 미국 연방준비제도는 1998년 9월 LTCM 사태에 적극적으로 개입하고 채권자들로부터 36.25억달러의 구제금융을 지원받아 당장의 위기를 수습하였다. LTCM은 2000년 초에 해산되었다.

이 사례는 헤지펀드의 고위험 차익거래가 어떤 결과를 가져올 수 있는지에 대해 중요한 교훈을 주고 있다.

(6) 기타 차익거래

헤지펀드는 위에서 설명한 것들 이외에 다양한 형태의 차익거래 투자전략을 구사한다. 하나의 예로서, 상대가치(relative value) 차익거래라는 것이 있다. 이것은 상대적으로 고평가된 자산을 매도하고 저평가된 자산을 매수하는 차익거래이다.

또 스프레드 차익거래(spread arbitrage)라는 것도 흔히 사용된다. 이것은 동질적인 채권인데도 불구하고 만기수익률의 차이가 존재할 경우, 만기수익률이 낮은 채권을 매도하고 만기수익률이 높은 채권을 매입하는 차익거래이다. 예를 들어, 잔존만기가 거의 동일하지만 만기수익률이 낮은 on-the-run issue를 매도하고 off-the-run issue를 매입하는 차익거래도 스프레드 차익거래의 일종이다.[7] on-the-run issue도 수개월이 지나면 off-the-run issue로 바뀌기 때문에 만기수익률도 비슷한 수준으로 상승한다.

6] 이 부분은 주로 http://www.wikipedia.org에서 정리한 내용이다.

전환사채 차익거래(convertible bond arbitrage)도 가끔 사용된다. 헤지펀드가 어떤 회사의 주식을 공매하고 전환사채를 매수하는 차익거래를 행하였다고 하자. 주가가 상승하면 주식에서는 손실이 발생하지만 전환사채의 전환권을 행사하여 이익을 얻을 수 있다. 반대로 주가가 하락하면 전환사채의 가치는 큰 변동이 없겠지만 주식에서 이익이 얻어진다. 이 경우 주식과 전환사채의 수량을 어떻게 결정하는가가 매우 중요하다.

16.4.2 헤지펀드의 몇 가지 문제

투자자의 입장에서 볼 때 헤지펀드는 본래적으로 폐쇄적으로 운영되는 고위험 · 고수익 투자이다. 따라서 여러 가지 운영상의 문제가 나타날 수 있다. 여기에서는 수수료 구조와 성과측정에 관련된 몇 가지 문제만을 언급하기로 한다.

헤지펀드의 운영자는 일반적인 투자신탁 또는 뮤추얼펀드에 비해 훨씬 높은 운용보수를 받는다. 미국의 경우 헤지펀드의 운용보수는 관리보수(management fee)와 성과보수(incentive fee)로 이루어져 있다. 관리보수는 자산가액의 1~2% 수준이고 성과보수는 펀드에 따라 큰 차이가 있으나 기준치 이상의 초과이익에 대해 20% 또는 그 이상인 것으로 알려져 있다.

헤지펀드의 수수료 구조와 관련하여 기준치 문제(water mark problem)가 발생할 수 있다. 본래의 펀드가치를 회복하기 전까지 성과보수가 지급되지 않는 것이 일반적 관행이므로, 펀드매니저는 손실이 누적되어 펀드가치의 회복이 용이하지 않다고 판단되면 헤지펀드를 일찍 해체하고 새로운 헤지펀드를 설립하는 것이 유리하다. 따라서 헤지펀드가 장기적 시각에서 운용되지 못하는 문제가 발생한다.

헤지펀드의 수수료 구조와 관련하여 FoF의 문제라는 것도 있다. FoF는 펀드들로 이루어진 펀드(Fund of Funds)로서 다수의 헤지펀드에 분산투자된 펀드이다. 헤지펀드의 성과보수는 개별 헤지펀드 단위로 지급되는 것이기 때문에, 성과가 좋은 헤지펀드에 대해서는 성과보수가 지급되어야 한다. 그 결과 FoF 전체적으로는 기준치 미만의 성과인데도 불구하고 상당히 큰 성과보수가 지급되는 결과가 나타날 수 있다. 즉, 분산투자로 인해 투자자의 부가 감소될 수도 있다.

7] on-the-run issue는 최근 발행된 채권으로서 시장에서 거래가 활발한 채권이고 off-the-run issue는 발행된 지 오래된 채권으로서 거래가 활발하지 않은 채권을 말한다. 유동성의 차이 때문에 전자는 대체로 만기수익률이 낮고 후자는 만기수익률이 높다.

헤지펀드의 운영성과가 과대평가되어 있다는 점도 흔히 지적되고 있다. 헤지펀드는 흔히 유동성이 낮은 자산에 투자되므로 순자산가치의 평가가 용이하게 이루어지지 않는다. 따라서 헤지펀드 운영자들은 자산가치가 하락하면 과거 수치를 인용하여 손실을 은폐하려는 유혹에 빠질 수 있다.[8] 또 부실한 헤지펀드는 언제든 해산될 수 있으므로, 생존한 헤지펀드 또는 성공적 헤지펀드의 수치만 데이터베이스에 포함되어 헤지펀드 업계전반의 수치가 실제보다 좋게 나타난다.

16.5 포트폴리오의 성과측정

포트폴리오관리는 가능한 한 적은 위험을 부담하고 더 큰 기대수익률을 얻고자 하는 노력이다. 포트폴리오관리의 이러한 목적이 어느 정도 달성되었는가를 사후적으로 측정하는 과정이 포트폴리오 성과측정이다. 포트폴리오 성과측정(portfolio performance evaluation)은 사후적으로 포트폴리오를 보유하여 부담한 위험과 실제로 실현된 평균수익률을 적절한 척도로 나타냄으로써 어떤 포트폴리오의 성과의 좋고 나쁨, 또는 여러 포트폴리오의 성과의 순위를 결정하고자 하는 것이다.

오늘날 포트폴리오의 성과측정이 중요시되는 이유는 투자신탁이나 투자회사와 같은 간접투자수단이 널리 이용됨에 따라, 그들이 운용하는 여러 가지 펀드의 성과를 비교해 보아야 하는 데 있다.

16.5.1 동종집단과의 비교

실무에서 포트폴리오성과를 측정하기 위해 가장 널리 사용해온 방법은 특정 포트폴리오의 투자성과를 동종집단(peer group)의 투자성과와 비교하는 것이다. 예를 들어, 대규모 블루칩 주식에 주로 투자하는 A펀드의 수익률을 다른 많은 대형 우량주 펀드의

8] 헤지펀드 투자성과가 보여주는 특징의 하나는 높은 (+)의 시계열 상관성이다. 즉, 시장가치를 구하기 어려운 자산의 경우, 자산가치 변동의 추세치를 사용하여 당기의 자산가치를 추정할 경우 실제의 자산가치 변동과는 상관없이 수익률이 높은 (+)의 시계열 상관계수를 보이게 된다.

그림 16.4 포트폴리오 수익률의 비교

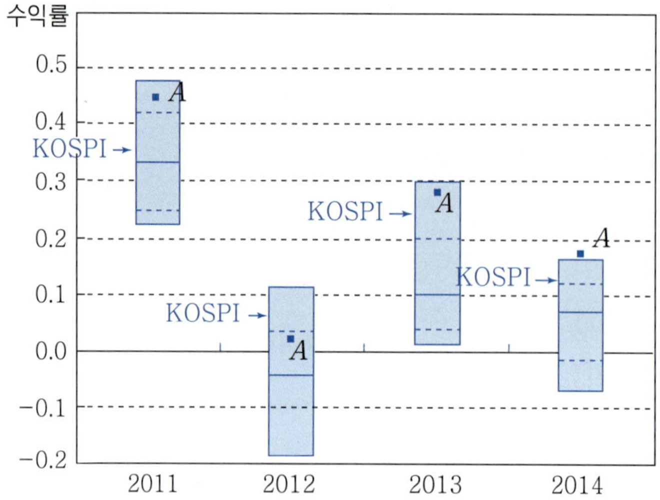

수익률과 비교하는 것이다. 이때 흔히 사용하는 수단은 [그림 16.4]와 같은 그림이다.

[그림 16.4]에는 연도별 막대가 그려져 있다. 이 막대는 *A*펀드와 동일한 성격을 갖고 운용된 다수의 펀드들이 각 연도에 실현한 수익률의 분포를 나타낸다. 막대의 위쪽 선은 전체 펀드들 중 상위 10%에 해당하는 펀드의 수익률이고 아래쪽 선은 하위 10% 수준을 나타낸다(일반적으로 성과가 극단적으로 높거나 낮은 경우를 고려하지 않기 위해서 위쪽과 아래쪽의 10%를 버린다). 막대의 중간 부분에 있는 실선은 각 펀드들의 수익률의 중위수를 나타낸다. 그리고 위쪽 점선은 각 펀드별 수익률의 상위 25%를 나타내고 아래쪽 점선은 하위 25%를 표시한다. 주식시장 전체의 성과를 나타내는 코스피지수의 수익률은 화살표로 표시되어 있고, 평가하고자 하는 *A*펀드의 수익률은 점으로 나타나 있다.

[그림 16.4]의 *A*펀드의 수익률은 매년 중위수보다 위쪽에 위치해 있으므로, 동종집단에 비해 대체로 높은 수익률을 실현해 왔다고 평가할 수 있다. 특히 2014년도에는 *A*펀드의 수익률이 막대 밖의 위쪽에 있으므로 상위 10% 내에 포함될 정도로 우수한 성과를 실현했다는 것을 알 수 있다.

이와 같이 포트폴리오성과를 동종집단과 비교하는 방법은 이해하기 쉽다는 장점을 갖고 있지만, 실현된 수익률이 어느 정도의 위험을 부담하고 얻어진 것인지를 고려하지 않는다는 단점을 갖고 있다.

16.5.2 포트폴리오 성과측정 척도

포트폴리오관리는 위험 · 수익의 교환관계(risk-return tradeoff)를 고려하여 이루어진다. 즉, 시장의 평균적 수준보다 높은 기대수익률과 낮은 위험을 갖는 포트폴리오를 구성하기 위하여 포트폴리오관리가 이루어진다.

이미 투자된 포트폴리오의 성과를 측정함에 있어서도 이러한 위험 · 수익의 교환관계가 고려되어야 한다. 따라서 과거에 실현된 평균수익률만을 가지고 포트폴리오의 성과를 측정하는 것은 일방적이며 무의미하다. 과거에 얻어진 포트폴리오의 성과를 측정하는 경우에도 실현된 평균수익률과 위험을 동시에 고려하여야 한다. 이를 위하여서는 포트폴리오의 평균수익률과 위험을 동시에 고려하는 성과척도가 사용되어야 한다.

포트폴리오성과를 측정하기 위하여 흔히 사용되는 척도로서, 샤프 척도, 트레이너 척도, 젠슨 척도 및 평가비율 등이 있고, 자주 사용되는 것은 아니지만 다운사이드 리스크를 강조하는 척도로서 소르티노 척도가 있다.

(1) 샤프 척도

샤프(W. Sharpe)는 자본시장선의 논리를 이용하여, 포트폴리오의 평균 초과수익률(mean excess return)—초과수익률은 어떤 기간의 실제 수익률에서 무위험수익률을 뺀 값임—과 표준편차의 비율에 의해 포트폴리오의 성과를 측정하고자 하였다.[9] 샤프 척도(Sharpe' s measure)는 다음과 같이 계산된다(아래에서 표준편차는 과거 자료를 사용하여 계산된 값이라는 의미에서 σ가 아닌 s를 사용하기로 한다).

샤프 척도

$$\text{샤프 척도} = \frac{\overline{R}_C - \overline{R}_f}{s_C} \tag{16.6}$$

단, $\overline{R}_C$는 포트폴리오 C의 평균수익률, $\overline{R}_f$는 무위험수익률의 평균, s_C는 포트폴리오 C의 표준편차이다.

샤프 척도는 각 변수의 값이 과거 자료로부터 구해진 것이라는 점을 제외하면 제5장에서 사용한 위험보상률(reward to variability ratio; RVAR)과 기본적으로 동일한 비율이다.

9] W. F. Sharpe, "Mutual Fund Performance," *Journal of Business* (Jan. 1966), pp.119-138.

식(16.6)의 우변에서 분자는 평균 초과수익률이다. 이 평균 초과수익률은 위험부담의 대가로 실현된 위험프리미엄이라고 할 수 있다. 따라서 식(16.6)은 실제 부담한 위험의 크기에 대해 어느 정도의 위험프리미엄을 실현하였는지를 측정해준다.

어떤 포트폴리오가 시장 평균과 동일한 투자성과를 얻었다면 샤프 척도의 크기는 $(\overline{R}_M - \overline{R}_f)/s_M$과 같을 것이다. 따라서 포트폴리오의 샤프 척도 값이 $(\overline{R}_M - \overline{R}_f)/s_M$보다 크다면, 위험부담에 비해 상대적으로 큰 위험프리미엄을 얻었으며 시장 평균보다 우수한 투자성과를 거둔 것으로 평가될 수 있다.

(2) 트레이너 척도

트레이너(J. Treynor)는 표준편차 대신 베타계수를 사용한 성과척도를 제시하였다.[10] 이는 포트폴리오의 성과를 측정하는 데 있어서 고려되어야 할 위험은 총위험이 아니라 체계적 위험이어야 한다는 생각에 기초하고 있다. 포트폴리오가 충분하게 분산투자되어 있다면, 투자자가 부담하는 위험은 체계적 위험이며 비체계적 위험은 거의 대부분 제거되기 때문이다.

트레이너 척도(Treynor' s measure)는 다음 식과 같이 나타낼 수 있다.

트레이너 척도

$$\text{트레이너 척도} = \frac{\overline{R}_C - \overline{R}_f}{\beta_C} \tag{16.7}$$

단, β_C는 포트폴리오 C의 베타계수이다.

식(16.7)은 실제 부담한 체계적 위험의 크기에 대해 어느 정도의 위험프리미엄을 실현하였는지를 측정해준다. 어떤 포트폴리오가 시장 평균과 동일한 투자성과를 얻었다면 트레이너 척도의 크기는 $\overline{R}_M - \overline{R}_f$와 같을 것이다. 포트폴리오의 트레이너 척도의 값이 $\overline{R}_M - \overline{R}_f$보다 크면, 그 포트폴리오는 시장 평균보다 우수한 투자성과를 거둔 것으로 평가될 수 있다.

10] J. Treynor, "How to Rate Management of Investment Funds," *Harvard Business Review* (Jan./Feb. 1965), pp.63–75.

(3) 젠슨 척도

젠슨(M. Jensen)은 포트폴리오의 성과를 측정하기 위하여 다음과 같은 척도를 제시하였다.[11]

젠슨 척도

$$\alpha_C = \overline{R}_C - [\overline{R}_f + (\overline{R}_M - \overline{R}_f)\beta_C] \tag{16.8}$$

단, $\overline{R}_M$은 시장포트폴리오의 평균수익률이다.

젠슨 척도의 우변에서 첫 번째 항은 포트폴리오 C가 실제 실현한 평균수익률이고 두 번째 항은 증권시장선(SML)에 의해 정당화될 수 있는 평균수익률이다. 따라서 젠슨 척도는 포트폴리오 C에 의해 실현된 평균수익률이 $CAPM$에 의하여 정당화될 수 있는 평균수익률에 비하여 어느 정도 많은지를 측정하여 준다. 젠슨 척도는 초과수익률 시장모형의 알파와 동일하며, 어떤 포트폴리오의 비정상성과를 측정할 때 가장 중요하게 사용되는 척도이다.

(4) 평가비율

흔히 충분한 분산투자를 행하지 않고 소수의 증권에 집중투자할 경우, 평균보다 높은 비정상성과가 얻어질 수 있다. 이 경우 비정상성과는 비체계적 위험을 부담한 대가로 얻어진 것이라고 볼 수 있다. 따라서 포트폴리오성과를 측정하기 위해서는 비정상성과의 크기뿐만 아니라 비정상성과를 얻기 위하여 부담한 비체계적 위험 역시 고려하여 주어야 한다.

포트폴리오의 비정상성과와 비체계적 위험을 함께 고려한 성과척도로서 평가비율(appraisal ratio)이 사용된다. 이 비율은 다음과 같다.

평가비율

$$\text{평가비율} = \frac{\alpha_C}{s(\varepsilon_C)} \tag{16.9}$$

단, $s(\varepsilon_C)$는 포트폴리오 C의 잔차의 표준편차이다.

11] M. Jensen, "The Performance of Mutual Funds in the Period 1945–1965," *Journal of Finance* (May 1968), pp.389–416.

평가비율의 분자는 포트폴리오의 비정상성과의 크기를 나타내는 젠슨 척도 α_C이다. 분모는 포트폴리오 C의 시장모형에서 잔차의 표준편차로서 비체계적 위험의 크기를 나타낸다. 따라서 이 비율은 비정상성과를 비체계적 위험으로 나눈 비율이다. 이 식 (16.9)에 의하면, 비록 젠슨 척도가 크다 하더라도 그것이 많은 비체계적 위험을 부담하고 얻어진 것이라면, 포트폴리오의 성과가 우수하다고 볼 수 없다.

(5) 소르티노 척도

흔히 많은 투자자들은 포트폴리오의 다운사이드 리스크(downside risk), 즉 허용가능한 최저수익률보다 낮은 수익률을 얻을 위험에 대해 더 큰 관심을 갖는다. 이 다운사이드 리스크의 크기를 고려하여 포트폴리오 성과를 측정하는 방법으로서 소르티노 척도가 있다.[12]

소르티노 척도

$$\text{소르티노 척도}=\frac{\overline{R}_C-\overline{R}_f}{\sqrt{sv_C}} \tag{16.10}$$

단, sv_C는 포트폴리오 C의 준분산이다.

이 소르티노 척도는 포트폴리오 위험의 척도로서 준분산(semi-variance)의 제곱근을 사용하고 있다. 준분산이란 허용가능한 최저값 아래쪽의 편차만으로 계산된 분산으로서 다음 식과 같이 계산된다.

$$sv_C=\frac{1}{N^*}\sum_{i=1}^{N^*}(R_{C,i}-R_{Min})^2 \tag{16.11}$$

이 식에서 투자자가 허용할 수 있는 최저의 수익률은 R_{Min}으로 나타나 있다. R_{Min}의 값으로서 무위험수익률이나 0을 사용할 수 있다. 그리고 N^*은 표본기간의 수익률을 크기순으로 배열했을 때 R_{Min}보다 적은 수익률을 실현했던 기간의 수이고 $R_{C,i}$는 아래쪽에서 i번째의 실제 수익률이다.

위의 다섯 가지 척도 중에서 어떤 것이 더 바람직한 척도인지는 분명하게 말할 수

12] F. Sortino & L. Price, "Performance Measurement in a Downside Risk Framework," *Journal of Investing*, 3 (1994), pp.59–64.

없다. 트레이너 척도에서 포트폴리오위험은 베타계수만으로 나타내지고 있으므로, 충분히 분산투자되어 비체계적 위험이 완전히 제거된 포트폴리오들의 투자성과를 비교할 때에만 사용될 수 있다. 샤프 척도는 포트폴리오위험을 총위험인 표준편차로 나타내고 있으므로, 충분히 분산투자되지 않은 포트폴리오의 성과를 측정하는 경우에도 사용할 수 있다. 젠슨 척도는 포트폴리오의 평균수익률이 *CAPM*에 의해 정당화될 수 있는 평균수익률보다 어느 정도 높은지를 측정해 주는 척도로서, 포트폴리오관리자의 포트폴리오 선택능력을 분석하는 데 유용한 지침을 제공해 준다. 소르티노 척도는 포트폴리오 가치 하락의 위험을 특히 중요시할 때 사용될 수 있는 척도이다.

(6) 포트폴리오 성과측정에 대한 롤의 비판

흔히 투자자들은 분산투자를 행하는 것으로 전제되어 왔으며, 따라서 증권시장선을 이용한 성과측정이 더 합리적인 것으로 생각되어 왔다. 그러나 롤(R. Roll)은, 제7장에서 설명한 바 있는 *CAPM*의 실증가능성을 부정한 것과 동일한 논리로, 증권시장선(*SML*)을 사용하는 한 포트폴리오의 성과측정 역시 불가능한 것이라고 주장하고 있다.[13]

롤에 의하면, 증권시장선을 도출하기 위해 사용한 시장지표가 "사후적(ex post)"으로 효율적 투자기회선(efficient frontier) 상에 있다면, 포트폴리오의 구성이 어떻게 이루어지든 그 포트폴리오의 평균수익률은 증권시장선 상에 위치하게 된다는 것이다. 따라서 트레이너나 젠슨의 척도를 사용하여 어떤 포트폴리오의 성과가 다른 포트폴리오의 성과보다 우수하거나 열등한 것으로 판정되었다면, 그것은 그 포트폴리오의 성과가 좋기 때문이 아니라, 효율적 투자기회선에 존재하지 않는 시장지표를 사용하여 각 포트폴리오의 베타계수와 증권시장선을 계산하였기 때문이라는 것이다.

만일 베타계수를 추정하기 위하여 사용한 시장지표가 효율적 투자기회선 상에 있는 효율적 포트폴리오라면, 모든 포트폴리오의 평균수익률과 베타계수는 증권시장선 상에 위치하게 될 것이므로, 모든 포트폴리오의 성과는 아무런 차이를 갖지 않는 것으로 평가된다. 따라서 트레이너 척도나 젠슨 척도를 사용할 경우, 포트폴리오의 성과의 차이는 베타계수를 계산하기 위해 사용한 시장지표가 효율적 포트폴리오가 아니라는 것만을 의미할 따름이다.

13] R. Roll, "Ambiguity when Performance is Measured by the Securities Market Line," *Journal of Finance* (Sep. 1978), pp.1051–1069.

16.5.3 포트폴리오 선택능력의 측정

위의 네 가지 성과척도는 포트폴리오관리자가 갖고 있는 포트폴리오 관리능력의 구체적인 측면을 측정해 주지 못한다. 포트폴리오관리에서 중요한 관리능력은 두 가지이다. 그 하나는 포트폴리오 선택능력(portfolio selectivity)으로서, 더 좋은 성과를 가져다 줄 것으로 기대되는 증권을 선택하여 최소의 위험을 부담하도록 포트폴리오를 구성할 수 있는 능력이다. 포트폴리오 선택능력을 측정하기 위해서는 비체계적 위험을 완전하게 제거하면서 더 높은 평균 초과수익률을 실현하고 있는지를 측정하여야 한다.

두 번째는 시기선택(market timing)능력으로서, 위험포트폴리오와 무위험자산에의 자산배분을 적절한 시기에 변경할 수 있는 능력으로서 포트폴리오관리자의 예측능력을 의미한다. 이 시기선택능력을 측정하기 위해서는 적절한 시기에 위험포트폴리오와 무위험자산의 자산배분이 달라지고 있는지를 측정하여야 한다.

포트폴리오관리자의 과제는 자본시장에서 평균적으로 얻을 수 있는 투자성과보다 높은 수익률을 실현하는 것이다. 이 경우, 자본시장에서 평균적으로 얻을 수 있는 투자성과는 증권시장선(SML)으로 표시된다. 그러면 어떤 포트폴리오가 SML보다 높은 평균수익률을 실현하였다고 해서, 그 포트폴리오관리자의 포트폴리오 선택능력(selectivity)이 우수하다고 평가할 수 있는가? 충분히 분산투자되지 않은 포트폴리오의 경우, 비록 베타계수는 작다 하더라도 비체계적 위험이 크기 때문에, 총위험은 상당히 클 수 있다. 이 경우 SML보다 높은 평균수익률을 얻었다고 해서 그 포트폴리오관리자의 선택능력이 우수하다고 할 수 없다.

파마(E. Fama)는 포트폴리오 선택능력은 포트폴리오의 비정상성과 중에서 불완전한 분산투자로 인한 손실을 차감하여 평가하여야 한다고 보고, 그 구체적인 성과 평가방법을 제시하였다.[14] 이하에서는 파마의 방법을 설명하기로 한다.

(1) 선택능력

파마는 포트폴리오관리자의 선택능력(selectivity)을 총선택능력과 순선택능력으로 구분하고 있다.

① **총선택능력**(total selectivity; TS) : 총선택능력은 어떤 포트폴리오로부터 얻어진 비정상성

14] E. F. Fama, "Components of Investment Performance," *Journal of Finance* (Jun. 1972), pp.551-567.

과로서, 실제로 실현된 포트폴리오의 평균수익률과 SML에 의해 정당화되는 평균수익률의 차이이다. 어떤 포트폴리오 C의 총선택능력은 젠슨 척도인 α_C와 동일한 것으로서 [그림 16.5]에서 TS로 표시되어 있다. 총선택능력은 다음과 같이 나타내진다.

$$TS_C = \overline{R}_C - [\overline{R}_f + (\overline{R}_M - \overline{R}_f)\beta_C] \tag{16.12}$$

② **순선택능력**(net selectivity; NS) : 순선택능력은 포트폴리오가 완전히 분산투자되었을 경우의 자산선택능력으로 정의된다. 만일 포트폴리오관리자의 선택능력이 우수하다면 그가 선택한 포트폴리오는 완전하게 분산투자된 포트폴리오일 것이므로 비체계적 위험이 없이 체계적 위험만을 포함하고 있을 것이다. 따라서 포트폴리오 C가 완전하게 분산투자된 포트폴리오라면, 그 포트폴리오의 위험은 다음과 같이 표시될 수 있다.

$$s_C = \beta_C \times s_M \tag{16.13}$$

단, s_C는 포트폴리오 C의 표준편차, s_M은 시장포트폴리오의 표준편차, β_C는 포트폴리오 C의 베타계수이다.

그러나 실제로는 포트폴리오 C가 불완전하게 분산투자된 것이기 때문에 어느 정도의 비체계적 위험을 포함하고 있다 하자. 이 경우 총위험 s_C는 $\beta_C \times s_M$보다 큰 값이 될 것이다. 만일 포트폴리오 C가 완전하게 분산투자된 것이었더라면(실제는 그렇지 않지만), 총위험 s_C가 체계적 위험만으로 이루어져 있을 경우 정당화될 수 있는 베타계수의 어떤 값이 존재할 것이다. 이 이론적으로 정당화 될 수 있는 베타계수, 즉 "정당한 베타계수"(warranted beta)는 다음과 같이 구해진다.

$$\beta_T = \frac{s_C}{s_M} \tag{16.14}$$

이 정당한 베타계수는 어떤 포트폴리오의 실제의 베타계수가 아니다. 어떤 포트폴리오가 완전한 분산투자를 달성하여 총위험이 체계적 위험만으로 구성되어 있을 경우, 어느 정도의 베타계수를 갖게 될 것인가를 추정한 것이다. 현실의 포트폴리오는 불완전하게 분산투자된 것이므로 그 포트폴리오에 대한 정당한 베타계수 β_T는 실제의 베타계수 β_C보다 커야 한다.

그림 16.5 포트폴리오 선택능력

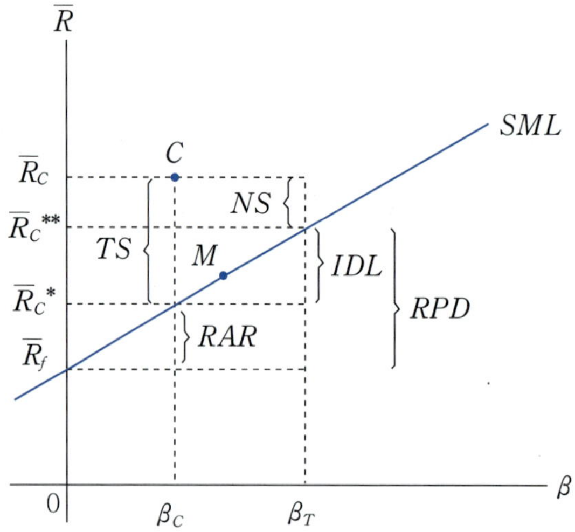

이런 관점에서 본다면, 순선택능력(NS)은 실제로 실현된 평균수익률과 정당한 베타계수로부터 얻어질 수 있는 평균수익률의 차이이다. 따라서 순선택능력은 다음과 같이 계산될 수 있다.

순선택능력

$$NS_C = \overline{R}_C - [\overline{R}_f + (\overline{R}_M - \overline{R}_f)\beta_T] \tag{16.15}$$

이 식(16.15)에서 첫 번째 항은 포트폴리오 C의 평균수익률이고, 두 번째 항은 정당한 베타계수에 알맞은 수준의 평균수익률이다. 이 두 값의 차이가 순선택능력이며 [그림 16.5]에 NS로 표시되어 있다.

(2) 불완전한 분산투자의 손실

위의 선택능력의 개념을 이용하면, 어떤 포트폴리오관리자가 불완전한 분산투자를 행함으로써 어느 정도의 손실을 가져왔는가를 측정할 수 있다.

어떤 포트폴리오의 실제의 베타계수가 β_C라면, 이 β_C만큼의 체계적 위험을 부담함으로써 얻었던 위험프리미엄을 실제위험의 보수(reward for actual risk; RAR)라고 부르며 그 크기는 다음과 같이 계산된다.

$$RAR_C = (\overline{R}_M - \overline{R}_f) \cdot \beta_C \quad (16.16)$$

그러나 만일 그 포트폴리오가 완전하게 분산투자된 것일 경우 그 대가로 얻게 될 위험프리미엄을 완전한 분산투자의 보수(reward for perfect diversification; RPD)라고 한다. 완전한 분산투자의 보수(RPD)는 정당한 베타계수에 대한 대가로 주어진 위험프리미엄이므로 다음과 같이 계산된다.

$$RPD_C = (\overline{R}_M - \overline{R}_f) \cdot \beta_T \quad (16.17)$$

환언하면 완전한 분산투자를 행한 경우 β_T만큼의 체계적 위험을 부담하게 될 것이고 이 경우 얻게 될 초과수익률은 위의 RPD만큼이 된다.

불완전한 분산투자의 손실(imperfect diversification loss; IDL)은, 포트폴리오관리자가 불완전한 분산투자를 행함으로써 초래한 손실의 크기를 나타내는 것으로서, 완전한 분산투자의 보수에서 실제위험의 보수를 뺀 값이다. 즉, 불완전한 분산투자의 손실(IDL)은 다음과 같이 계산된다.

$$IDL_C = RPD_C - RAR_C = (\overline{R}_M - \overline{R}_f) \cdot (\beta_T - \beta_C) \quad (16.18)$$

이 불완전한 분산투자의 손실(IDL)은 [그림 16.5]에 의해서도 설명될 수 있다. 실제위험의 보수(RAR)는 β_C만큼의 체계적 위험을 부담함으로써 실현되는 평균초과수익률로서 $\overline{R}_C^* - \overline{R}_f$와 같다. 완전한 분산투자의 보수($RPD$)는 정당한 베타계수로부터 실현될 수 있는 평균초과수익률로서 $\overline{R}_C^{**} - \overline{R}_f$이다. 따라서 불완전한 분산투자의 손실($ILD$)은 RAR과 RPD의 차이인 $\overline{R}_C^{**} - \overline{R}_C^*$이다.

[그림 16.5]에서, 총선택능력(TS)은 순선택능력(NS)과 불완전한 분산투자의 손실(IDL)의 합계와 같다. 이상과 같은 파마의 주장에 의하면, 어떤 포트폴리오관리자의 업적은 초과수익률에 의하여 평가되어서는 안 되고, 이 초과수익률로부터 실제위험의 보수(RAR)와 불완전한 분산투자의 손실(IDL)을 차감한 순선택능력(NS)에 의하여 측정되어야 한다.

16.5.4 시장예측능력의 측정

·포트폴리오관리자가 갖는 또 다른 과제는 적절한 시기에 위험포트폴리오와 안전자산 사이에서 투자자금을 이동하는 시기선택(market timing)전략을 행하는 것이다. 일반적으로 주식(=위험자산)시장과 채권(=안전자산)시장의 수익률에 대한 예측능력이 클수록, 제때에 주식과 채권 사이의 자금이동을 행할 수 있을 것이며, 그 결과 더 나은 시기선택전략을 구사하게 될 것이다.

설명을 간편하게 하기 위하여, 어떤 포트폴리오관리자가 지수펀드와 채권펀드의 두 가지 포트폴리오만을 가지고 시기선택전략을 구사하는 경우를 생각해 보기로 하자.

지수펀드는 시장포트폴리오와 동일한 기대수익률과 베타계수(=1)를 갖고 있는 포트폴리오이다. 따라서 아무런 시장예측능력을 갖고 있지 않는 포트폴리오관리자가 지수펀드와 채권펀드에의 투자비율을 60:40으로 일정하게 유지한다면, 그 결과 얻어지는 포트폴리오의 베타계수는 [그림 16.6]의 (a)에서와 같이 0.6이 될 것이다.

만일 어떤 포트폴리오관리자가 완전한 시장예측능력을 갖고 있다면, 그는 수익률의 예측결과를 이용하여 적극적으로 시기선택전략을 구사할 것이다. 즉, 지수펀드의 수익률이 무위험채권의 수익률보다 높을 것으로 예상되면($R_M > R_f$) 두 펀드에의 투자비율을 120:−20으로 하고, 지수펀드의 수익률이 채권펀드의 수익률보다 낮을 것으로 예상되면($R_M < R_f$) 두 펀드에의 투자비율을 40:60으로 변경한다 하자. 이 경우 포트폴리오

그림 16.6 시기선택능력과 포트폴리오의 특성선

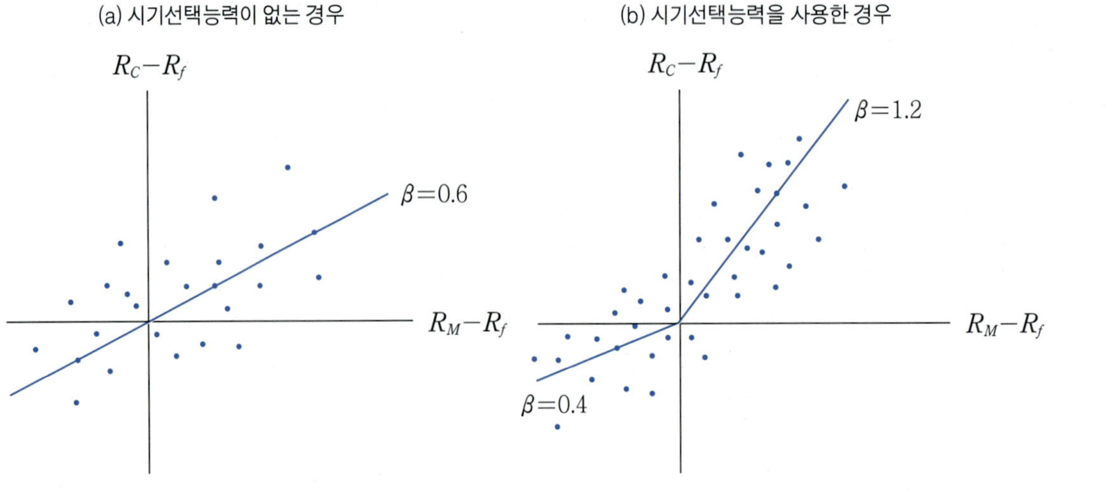

성과를 특성선으로 표시하면, [그림 16.6]의 (b)와 같이 나타날 것이다.

이 [그림 16.6]의 (b)에서 알 수 있는 바와 같이, 포트폴리오관리자가 더 큰 시장예측능력을 갖고 있을수록, 강세시장($R_M > R_f$)에서 포트폴리오의 베타계수가 더 크게 나타난다. 그리고 시장예측능력이 전혀 없는 경우에는 강세시장과 약세시장에서의 베타계수가 거의 차이를 보이지 않을 것이다. 따라서 포트폴리오관리자의 시장예측능력은 다음과 같은 회귀식을 추정하여 측정할 수 있다.[15]

$$R_C - R_f = \alpha + \beta(R_M - R_f) + \gamma(R_M - R_f)\delta_C + \varepsilon_C \qquad (16.19)$$

식(16.19)에서 δ는 $R_M \geq R_f$일 때 1의 값을 취하고 $R_M < R_f$일 때 0의 값을 취하는 더미변수(dummy variable)이다. 따라서 약세시장에서 포트폴리오의 베타계수가 β로 추정되고 강세시장에서는 베타계수가 $\beta + \gamma$로 추정된다. 만일 어떤 포트폴리오관리자가 높은 예측능력을 발휘하여 적절하게 시기선택전략을 구사하였다면, 그가 관리하는 포트폴리오의 γ가 0보다 커야 한다. 따라서 위의 회귀식에서 추정된 γ 값은 시기선택능력(market timing ability)을 나타내는 척도로 사용될 수 있다.

15] Roy D. Henriksson and R. C. Merton, "On Market Timing and Investment Performance II : Statistical Procedure for Evaluating Forecast Skills," *Journal of Business* (Oct. 1981).

16장 연습문제 Exercises

01 일단 포트폴리오가 선택되었다 하더라도 시간의 흐름에 따라 주기적으로 포트폴리오를 수정하여 주어야 한다. 그 이유는 무엇인가?

02 소극적 포트폴리오관리의 기초를 이루는 철학은 무엇이며, 구체적인 수단은 무엇인가?

03 적극적 포트폴리오관리가 이루어지는 이유는 무엇인가?

04 다음 자료는 투자신탁에서 취급하고 있는 두 개의 주식형 펀드로부터 얻어진 지난 5년간의 초과수익률(= $R_P - R_f$) 자료이다.

연도	1	2	3	4	5
A펀드	−32.55%	42.08%	26.35%	3.77%	51.44%
B펀드	−2.34%	24.80%	24.48%	17.85%	38.10%

(1) 위험중립형 투자자의 입장에서 어떤 펀드가 더 유리한가?

(2) 두 펀드의 위험보상률($RVAR$)을 구하시오.

(3) 위험회피계수가 A=3.5인 투자자가 위 두 가지 펀드 중 하나를 선택하여 안전자산 펀드와 결합하고자 한다. 어떤 펀드를 선택하는 것이 더 유리한가?

05 지수펀드의 월간수익률의 표준편차는 4% 수준이고 무위험자산의 월간수익률은 1%이다. 어떤 증권분석가가 지수펀드의 수익률을 완전하게 예측할 수 있다 하자. 이 경우 그 증권분석가가 완전한 예측능력의 대가로 전혀 예측능력이 없는 투자자들로부터 정당하게 받을 수 있는 보수의 크기는 투자자금의 몇 % 정도인가?

06 어떤 두 명의 증권분석가의 과거의 시장예측 기록을 검토하여 본 결과 다음과 같은 자료를 얻었다.

$R_M \geq R_f$인 달의 수		70개월
분석가 A가 정확하게 예측한 달의 수	45개월	
분석가 B가 정확하게 예측한 달의 수	52개월	
$R_M < R_f$인 달의 수		50개월
분석가 A가 정확하게 예측한 달의 수	35개월	
분석가 B가 정확하게 예측한 달의 수	30개월	

(1) 두 분석가의 조건부 확률 p_1과 p_2를 구하시오.

(2) 두 분석가의 예측능력을 구하시오.

(3) 지수펀드와 무위험수익률에 관한 문제 5의 자료를 이용하여, 두 분석가가 받을 수 있는 월간 보수의 크기는 투자자금의 몇 %인가?

07 포트폴리오관리자의 시장예측능력을 측정하는 방법을 설명하시오.

08 포트폴리오 선택능력을 측정하는 방법을 설명하시오.

09 다섯 가지 수익증권에 대하여 지난 10년간의 자료를 조사하여 본 결과 다음의 자료가 얻어졌다(무위험수익률 10%).

수익증권	평균수익률	표준편차	베타계수	잔차의 표준편차
A	24%	36%	1.5	20%
B	32%	40%	1.2	32%
C	26%	40%	1.0	35%
D	18%	25%	0.7	21%
E	40%	70%	2.0	57%
시장전체	20%	20%	1.0	

(1) 각 수익증권에 대하여 샤프 척도를 구하고 성과의 순위를 매기시오.

(2) 각 수익증권에 대하여 트레이너 척도를 계산하고 성과의 순위를 매기시오.

(3) 각 수익증권에 대하여 젠슨 척도를 계산하고 성과의 순위를 매기시오.

(4) 각 수익증권에 대하여 평가비율을 구하고 성과의 순위를 매기시오.

10 지난 10년간 주식시장 전체의 평균수익률이 18%, 표준편차가 20%이었고 평균 무위험수익률이 10%이었다. 어떤 수익증권의 평균수익률이 25%이었고, 표준편차가 40%이었으며, 베타계수가 1.5이라면 이 수익증권에 대하여 다음 각 값을 구하시오.

(1) 실제위험의 보수(RAR)

(2) 총선택능력(TS)

(3) 이론적으로 정당한 베타계수(β_T)

(4) 완전한 분산투자의 보수(RPD)

(5) 불완전한 분산투자의 손실(IDL)

(6) 순선택능력(NS)

부록

I N V E S T M E N T

부표 1: 현재가치계수표 $\left(PV = \frac{1}{(1+i)^t} \right)$

t \ i	1	2	3	4	5	6	7	8	9	10
1	0.99010	0.98039	0.97087	0.96154	0.95238	0.94340	0.93458	0.92593	0.91743	0.90909
2	0.98030	0.96117	0.94260	0.92456	0.90703	0.89000	0.87344	0.85734	0.84168	0.82645
3	0.97059	0.94232	0.91514	0.88900	0.86384	0.83962	0.81630	0.79383	0.77218	0.75131
4	0.96098	0.92385	0.88849	0.85480	0.82270	0.79209	0.76290	0.73503	0.70843	0.68301
5	0.95147	0.90573	0.86261	0.82193	0.78353	0.74726	0.71299	0.68058	0.64993	0.62092
6	0.94205	0.88797	0.83748	0.79031	0.74622	0.70496	0.66634	0.63017	0.59627	0.56447
7	0.93272	0.87056	0.81309	0.75992	0.71068	0.66506	0.62275	0.58349	0.54703	0.51316
8	0.92348	0.85349	0.78941	0.73069	0.67684	0.62741	0.58201	0.54027	0.50187	0.46651
9	0.91434	0.83676	0.76642	0.70259	0.64461	0.59190	0.54393	0.50025	0.46043	0.42410
10	0.90529	0.82035	0.74409	0.67556	0.61391	0.55839	0.50835	0.46319	0.42241	0.38554
11	0.89632	0.80426	0.72242	0.64958	0.58468	0.52679	0.47509	0.42888	0.38753	0.35049
12	0.88745	0.78849	0.70138	0.62460	0.55684	0.49697	0.44401	0.39711	0.35553	0.31863
13	0.87866	0.77303	0.68095	0.60057	0.53032	0.46884	0.41496	0.36770	0.32618	0.28966
14	0.86996	0.75788	0.66112	0.57748	0.50507	0.44230	0.38782	0.34046	0.29925	0.26333
15	0.86135	0.74301	0.64186	0.55526	0.48102	0.41727	0.36245	0.31524	0.27454	0.23939
16	0.85282	0.72845	0.62317	0.53391	0.45811	0.39365	0.33873	0.29189	0.25187	0.21763
17	0.84438	0.71416	0.60502	0.51337	0.43630	0.37136	0.31657	0.27027	0.23107	0.19784
18	0.83602	0.70016	0.58739	0.49363	0.41552	0.35034	0.29586	0.25025	0.21199	0.17986
19	0.82774	0.68643	0.57029	0.47464	0.39573	0.33051	0.27651	0.23171	0.19449	0.16351
20	0.81954	0.67297	0.55368	0.45639	0.37689	0.31180	0.25842	0.21455	0.17843	0.14864
25	0.77977	0.60953	0.47761	0.37512	0.29530	0.23300	0.18425	0.14602	0.11597	0.09230
30	0.74192	0.55207	0.41199	0.30832	0.23138	0.17411	0.13137	0.09938	0.07537	0.05731
35	0.70591	0.50003	0.35538	0.25342	0.18129	0.13011	0.09366	0.06763	0.04899	0.03558
40	0.67165	0.45289	0.30656	0.20829	0.14205	0.09722	0.06678	0.04603	0.03184	0.02209
45	0.63905	0.41020	0.26444	0.17120	0.11130	0.07265	0.04761	0.03133	0.02069	0.01372
50	0.60804	0.37153	0.22811	0.14071	0.08720	0.05429	0.03395	0.02132	0.01345	0.00852
75	0.47413	0.22646	0.10895	0.05278	0.02575	0.01265	0.00625	0.00311	0.00156	0.00079
100	0.36971	0.13803	0.05203	0.01980	0.00760	0.00295	0.00115	0.00045	0.00018	0.00007

t \ i	11	12	13	14	15	16	17	18	19	20
1	0.90090	0.89286	0.88496	0.87719	0.86957	0.86207	0.85470	0.84746	0.84034	0.83333
2	0.81162	0.79719	0.78315	0.76947	0.75614	0.74316	0.73051	0.71818	0.70616	0.69444
3	0.73119	0.71178	0.69305	0.67497	0.65752	0.64066	0.62437	0.60863	0.59342	0.57870
4	0.65873	0.63552	0.61332	0.59208	0.57175	0.55229	0.53365	0.51579	0.49867	0.48225
5	0.59345	0.56743	0.54276	0.51937	0.49718	0.47611	0.45611	0.43711	0.41905	0.40188
6	0.53464	0.50663	0.48032	0.45559	0.43233	0.41044	0.38984	0.37043	0.35214	0.33490
7	0.48166	0.45235	0.42506	0.39964	0.37594	0.35383	0.33320	0.31393	0.29592	0.27908
8	0.43393	0.40388	0.37616	0.35056	0.32690	0.30503	0.28478	0.26604	0.24867	0.23257
9	0.39092	0.36061	0.33288	0.30751	0.28426	0.26295	0.24340	0.22546	0.20897	0.19381
10	0.35218	0.32197	0.29459	0.26974	0.24718	0.22668	0.20804	0.19106	0.17560	0.16151
11	0.31728	0.28748	0.26070	0.23662	0.21494	0.19542	0.17781	0.16192	0.14757	0.13459
12	0.28584	0.25668	0.23071	0.20756	0.18691	0.16846	0.15197	0.13722	0.12400	0.11216
13	0.25751	0.22917	0.20416	0.18207	0.16253	0.14523	0.12989	0.11629	0.10421	0.09346
14	0.23199	0.20462	0.18068	0.15971	0.14133	0.12520	0.11102	0.09855	0.08757	0.07789
15	0.20900	0.18270	0.15989	0.14010	0.12289	0.10793	0.09489	0.08352	0.07359	0.06491
16	0.18829	0.16312	0.14150	0.12289	0.10686	0.09304	0.08110	0.07078	0.06184	0.05409
17	0.16963	0.14564	0.12522	0.10780	0.09293	0.08021	0.06932	0.05998	0.05196	0.04507
18	0.15282	0.13004	0.11081	0.09456	0.08081	0.06914	0.05925	0.05083	0.04367	0.03756
19	0.13768	0.11611	0.09806	0.08295	0.07027	0.05961	0.05064	0.04308	0.03670	0.03130
20	0.12403	0.10367	0.08678	0.07276	0.06110	0.05139	0.04328	0.03651	0.03084	0.02608
25	0.07361	0.05882	0.04710	0.03779	0.03038	0.02447	0.01974	0.01596	0.01292	0.01048
30	0.04368	0.03338	0.02557	0.01963	0.01510	0.01165	0.00900	0.00697	0.00541	0.00421
35	0.02592	0.01894	0.01388	0.01019	0.00751	0.00555	0.00411	0.00305	0.00227	0.00169
40	0.01538	0.01075	0.00753	0.00529	0.00373	0.00264	0.00187	0.00133	0.00095	0.00068
45	0.00913	0.00610	0.00409	0.00275	0.00186	0.00126	0.00085	0.00058	0.00040	0.00027
50	0.00542	0.00346	0.00222	0.00143	0.00092	0.00060	0.00039	0.00025	0.00017	0.00011
75	0.00040	0.00020	0.00010	0.00005	0.00003	0.00001	0.00001	0.00000	0.00000	0.00000
100	0.00003	0.00001	0.00000	0.00000	0.00000	0.00000	0.00000	0.00000	0.00000	0.00000

t \ i	21	22	23	24	25	26	27	28	29	30
1	0.82645	0.81967	0.81301	0.80645	0.80000	0.79365	0.78740	0.78125	0.77519	0.76923
2	0.68301	0.67186	0.66098	0.65036	0.64000	0.62988	0.62000	0.61035	0.60093	0.59172
3	0.56447	0.55071	0.53738	0.52449	0.51200	0.49991	0.48819	0.47684	0.46583	0.45517
4	0.46651	0.45140	0.43690	0.42297	0.40960	0.39675	0.38440	0.37253	0.36111	0.35013
5	0.38554	0.37000	0.35520	0.34111	0.32768	0.31488	0.30268	0.29104	0.27993	0.26933
6	0.31863	0.30328	0.28878	0.27509	0.26214	0.24991	0.23833	0.22737	0.21700	0.20718
7	0.26333	0.24859	0.23478	0.22184	0.20972	0.19834	0.18766	0.17764	0.16822	0.15937
8	0.21763	0.20376	0.19088	0.17891	0.16777	0.15741	0.14776	0.13878	0.13040	0.12259
9	0.17986	0.16702	0.15519	0.14428	0.13422	0.12493	0.11635	0.10842	0.10109	0.09430
10	0.14864	0.13690	0.12617	0.11635	0.10737	0.09915	0.09161	0.08470	0.07836	0.07254
11	0.12285	0.11221	0.10258	0.09383	0.08590	0.07869	0.07214	0.06617	0.06075	0.05580
12	0.10153	0.09198	0.08339	0.07567	0.06872	0.06245	0.05680	0.05170	0.04709	0.04292
13	0.08391	0.07539	0.06780	0.06103	0.05498	0.04957	0.04473	0.04039	0.03650	0.03302
14	0.06934	0.06180	0.05512	0.04921	0.04398	0.03934	0.03522	0.03155	0.02830	0.02540
15	0.05731	0.05065	0.04481	0.03969	0.03518	0.03122	0.02773	0.02465	0.02194	0.01954
16	0.04736	0.04152	0.03643	0.03201	0.02815	0.02478	0.02183	0.01926	0.01700	0.01503
17	0.03914	0.03403	0.02962	0.02581	0.02252	0.01967	0.01719	0.01505	0.01318	0.01156
18	0.03235	0.02789	0.02408	0.02082	0.01801	0.01561	0.01354	0.01175	0.01022	0.00889
19	0.02673	0.02286	0.01958	0.01679	0.01441	0.01239	0.01066	0.00918	0.00792	0.00684
20	0.02209	0.01874	0.01592	0.01354	0.01153	0.00983	0.00839	0.00717	0.00614	0.00526
25	0.00852	0.00693	0.00565	0.00462	0.00378	0.00310	0.00254	0.00209	0.00172	0.00142
30	0.00328	0.00257	0.00201	0.00158	0.00124	0.00097	0.00077	0.00061	0.00048	0.00038
35	0.00127	0.00095	0.00071	0.00054	0.00041	0.00031	0.00023	0.00018	0.00013	0.00010
40	0.00049	0.00035	0.00025	0.00018	0.00013	0.00010	0.00007	0.00005	0.00004	0.00003
45	0.00019	0.00013	0.00009	0.00006	0.00004	0.00003	0.00002	0.00001	0.00001	0.00001
50	0.00007	0.00005	0.00003	0.00002	0.00001	0.00001	0.00001	0.00000	0.00000	0.00000
75	0.00000	0.00000	0.00000	0.00000	0.00000	0.00000	0.00000	0.00000	0.00000	0.00000
100	0.00000	0.00000	0.00000	0.00000	0.00000	0.00000	0.00000	0.00000	0.00000	0.00000

부표 2 : 표준정규분포표

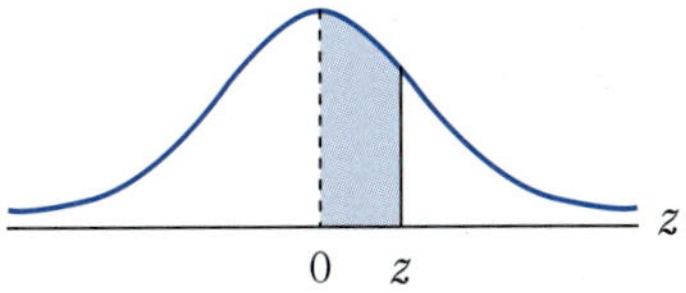

z	0	1	2	3	4	5	6	7	8	9
0.0	0.00000	0.00399	0.00798	0.01197	0.01595	0.01994	0.02392	0.02790	0.03188	0.03586
0.1	0.03983	0.04380	0.04776	0.05172	0.05567	0.05962	0.06356	0.06749	0.07142	0.07535
0.2	0.07926	0.08317	0.08706	0.09095	0.09483	0.09871	0.10257	0.10642	0.11026	0.11409
0.3	0.11791	0.12172	0.12552	0.12930	0.13307	0.13683	0.14058	0.14431	0.14803	0.15173
0.4	0.15542	0.15910	0.16276	0.16640	0.17003	0.17364	0.17724	0.18082	0.18439	0.18793
0.5	0.19146	0.19497	0.19847	0.20194	0.20540	0.20884	0.21226	0.21566	0.21904	0.22240
0.6	0.22575	0.22907	0.23237	0.23565	0.23891	0.24215	0.24537	0.24857	0.25175	0.25490
0.7	0.25804	0.26115	0.26424	0.26730	0.27035	0.27337	0.27637	0.27935	.28230	0.28524
0.8	0.28814	0.29103	0.29389	.29673	0.29955	0.30234	0.30511	0.30785	0.31057	0.31327
0.9	0.31594	0.31859	0.32121	0.32381	0.32639	0.32894	0.33147	0.33398	0.33646	0.33891
1.0	0.34134	0.34375	0.34614	0.34849	0.35083	0.35314	0.35543	0.35769	0.35993	0.36214
1.1	0.36433	0.36650	0.36864	0.37076	0.37286	0.37493	0.37698	0.37900	0.38100	0.38298
1.2	0.38493	0.38686	0.38877	0.39065	0.39251	0.39435	0.39617	0.39796	0.39973	0.40147
1.3	0.40320	0.40490	0.40658	0.40824	0.40988	0.41149	0.41308	0.41466	0.41621	0.41774
1.4	0.41924	0.42073	0.42220	0.42364	0.42507	0.42647	0.42785	0.42922	0.43056	0.43189
1.5	0.43319	0.43448	0.43574	0.43699	0.43822	0.43943	0.44062	0.44179	0.44295	0.44408
1.6	0.44520	0.44630	0.44738	0.44845	0.44950	0.45053	0.45154	0.45254	0.45352	0.45449
1.7	0.45543	0.45637	0.45728	0.45818	0.45907	0.45994	0.46080	0.46164	0.46246	0.46327
1.8	0.46407	0.46485	0.46562	0.46638	0.46712	0.46784	0.46856	0.46926	0.46995	0.47062
1.9	0.47128	0.47193	0.47257	0.47320	0.47381	0.47441	0.47500	0.47558	0.47615	0.47670
2.0	0.47725	0.47778	0.47831	0.47882	0.47932	0.47982	0.48030	0.48077	0.48124	0.48169
2.1	0.48214	0.48257	0.48300	0.48341	0.48382	0.48422	0.48461	0.48500	0.48537	0.48574
2.2	0.48610	0.48645	0.48679	0.48713	0.48745	0.48778	0.48809	0.48840	0.48870	0.48899
2.3	0.48928	0.48956	0.48983	0.49010	0.49036	0.49061	0.49086	0.49111	0.49134	0.49158
2.4	0.49180	0.49202	0.49224	0.49245	0.49266	0.49286	0.49305	0.49324	0.49343	0.49361
2.5	0.49379	0.49396	0.49413	0.49430	0.49446	0.49461	0.49477	0.49492	0.49506	0.49520
2.6	0.49534	0.49547	0.49560	0.49573	0.49585	0.49598	0.49609	0.49621	0.49632	0.49643
2.7	0.49653	0.49664	0.49674	0.49683	0.49693	0.49702	0.49711	0.49720	0.49728	0.49736
2.8	0.49744	0.49752	0.49760	0.49767	0.49774	0.49781	0.49788	0.49795	0.49801	0.49807
2.9	0.49813	0.49819	0.49825	0.49831	0.49836	0.49841	0.49846	0.49851	0.49856	0.49861
3.0	0.49865	0.49869	0.49874	0.49878	0.49882	0.49886	0.49889	0.49893	0.49896	0.49900
3.1	0.49903	0.49906	0.49910	0.49913	0.49916	0.49918	0.49921	0.49924	0.49926	0.49929
3.2	0.49931	0.49934	0.49936	0.49938	0.49940	0.49942	0.49944	0.49946	0.49948	0.49950
3.3	0.49952	0.49953	0.49955	0.49957	0.49958	0.49960	0.49961	0.49962	0.49964	0.49965
3.4	0.49966	0.49968	0.49969	0.49970	0.49971	0.49972	0.49973	0.49974	0.49975	0.49976
3.5	0.49977	0.49978	0.49978	0.49979	0.49980	0.49981	0.49981	0.49982	0.49983	0.49983
3.6	0.49984	0.49985	0.49985	0.49986	0.49986	0.49987	0.49987	0.49988	0.49988	0.49989
3.7	0.49989	0.49990	0.49990	0.49990	0.49991	0.49991	0.49992	0.49992	0.49992	0.49992
3.8	0.49993	0.49993	0.49993	0.49994	0.49994	0.49994	0.49994	0.49995	0.49995	0.49995
3.9	0.49995	0.49995	0.49996	0.49996	0.49996	0.49996	0.49996	0.49996	0.49997	0.49997

부표 3 : 주식수익률의 예시자료

월	주가지수	*SS*	*BB*	월	주가지수	*SS*	*BB*
1	0.113910	0.150160	0.204082	31	−0.005775	0.065089	0.025000
2	−0.099940	−0.133333	0.016949	32	0.017522	0.333333	−0.170732
3	−0.010090	0.025641	0.194444	33	0.112557	0.125000	0.029412
4	0.015916	−0.103125	−0.069767	34	0.052460	0.008889	0.102857
5	−0.067812	−0.101045	−0.015000	35	−0.028229	−0.071953	−0.025907
6	−0.038610	0.073643	−0.223350	36	−0.043782	−0.137658	0.058511
7	−0.076228	0.010830	0.045752	37	−0.099098	−0.022936	−0.221106
8	0.103638	0.142857	0.025000	38	−0.043077	0.070423	−0.051613
9	−0.087029	−0.028125	−0.097561	39	0.052039	0.010526	−0.013605
10	0.198046	0.045016	0.114865	40	−0.037326	0.046007	−0.034483
11	0.077618	0.009231	−0.006061	41	−0.016165	−0.082988	0.178571
12	0.022733	0.015244	0.036585	42	0.013496	0.104072	0.060606
13	−0.011615	0.051051	0.047059	43	0.043783	0.147541	−0.011429
14	−0.041160	−0.117143	−0.044944	44	−0.020898	0.000000	−0.017341
15	0.037001	0.103560	0.011765	45	0.075039	0.178571	0.058824
16	0.082220	0.158358	0.046512	46	0.007744	0.018182	−0.016667
17	0.042602	0.012658	0.000000	7	−0.059924	−0.136905	0.011299
18	−0.004573	−0.030000	0.000000	48	−0.051540	−0.027586	−0.022346
19	−0.025278	0.000000	0.177778	49	−0.004666	−0.003546	0.137143
20	−0.089131	−0.025773	−0.150943	50	−0.029574	−0.081851	−0.090452
21	0.081203	0.034392	0.094444	51	0.025011	−0.302326	0.033149
22	0.044306	0.094629	0.269036	52	0.122106	0.177778	0.705882
23	0.080376	0.156542	−0.060000	53	−0.079325	−0.349057	−0.012539
24	0.067960	0.159596	−0.148936	54	−0.094852	−0.007246	−0.015873
25	0.091817	0.250871	0.020000	55	0.005236	0.021898	0.016129
26	−0.028370	0.000000	−0.068627	56	−0.048947	−0.122857	−0.177778
27	−0.056221	−0.073816	0.036842	57	0.010467	0.055375	0.374517
28	0.047854	0.237594	−0.010152	58	−0.040625	−0.103395	−0.157303
29	0.033861	0.089915	0.005128	59	−0.041064	0.037866	0.980000
30	−0.006525	−0.057971	0.020408	60	−0.103595	−0.245439	−0.340067

INDEX

국문색인

ㄷ

ㄹ

ㅁ

ㅂ

INDEX

영문색인

A

B

C

D

E

S

T

introduction

저자소개

지 청

Email : jeechung@korea.ac.kr

저자약력

고려대학교 상과대학 경영학과 졸업
미국 Columbia 대학교 경영대학원 졸업
고려대학교에서 경제학박사학위 취득
미국 Stanford 대학교 Visiting Scholar
일본 와세다대학교 교환교수
금융통화운영위원 역임
한국증권학회장, 한국재무학회장 역임
한국경영학회장 역임
고려대학교 경영대학장, 경영대학원장 역임
금융발전위원회 위원장
고려대학교 국제대학원 지원재단 이사장
고려대학교 경영학과 교수(1969~2005년)
현재, 재단법인 사회과학원 이사장, 고려대학교, 중국 길림대학 명예교수

저서

경영의사결정론(공저, 1971)
재무관리 및 정책(공편저, 1975)
외국인직접투자론(1975)
현대재무관리론(1978, 1986)
현대재무이론(공편역, 1985)
한국경영론(공편저, 1985)
국제재무관리(공저, 1989)

조 담

Email : damcho@chonnam.ac.kr 홈페이지 : http://myweb.jnu.ac.kr/~damcho

저자약력

고려대학교 경영대학 경영학과 졸업
경영학박사(고려대학교 대학원)
홍익대학교 상경대학 경영학과 전임강사, 조교수 역임
한국재무학회 편집위원장 및 부회장, 한국재무관리학회 회장 역임
공인회계사 출제위원 역임
Texas Tech Univ. 교환교수
Univ. of Wisconsin-Madison 교환교수
Wharton School, Univ. of Pennsylvania 교환교수
삼성화재보험(주), 보험개발원 자문교수 역임
국민은행 리스크관리 위원장, KB금융지주 이사회의장 역임
현재 전남대학교 경영학부 교수

저서

한국증권시장론(1980)
현대재무이론(공편역, 1983)
재무분석론(1986)
경영분석론(공저, 1995)
금융규제 : 이유, 방법 및 방향(공역, 2002)
금융과 투자의 기초(공저, 2011)
금융계량분석(개정판, 2012)
행태과학으로 본 재무관리(번역서, 2012)
현대재무관리(전정6판, 2013)

투자론(제9전정판)

지 청 · 조 담 공저

제6전정판 1쇄 발행 1999년 7월 15일
제7전정판 1쇄 발행 2003년 6월 20일
제8전정판 1쇄 발행 2008년 2월 20일
제9전정판 1쇄 발행 2015년 1월 20일
제9전정판 2쇄 발행 2017년 8월 10일

발행인 회장 박 철 용
대표 박 세 원

발행처 **학 현 사**
우. 10881 경기도 파주시 직지길 522 파주출판도시
전 화 031) 955-8700(대표)
팩 스 031) 955-8705
메 일 hhspub@chol.com
http://www.hakhyunsa.com

출판등록 1992년 6월 20일
등록번호 제 406-2004-000033호
ISBN 978-89-5853-393-1
정가 33,000원